Kafka

Os anos decisivos

Reiner Stach

Kafka

Os anos decisivos

tradução
Sofia Mariutti

todavia

Para Ulrike

Introdução

A vida do dr. Franz Kafka, judeu natural de Praga, funcionário* de seguradora e escritor, durou quarenta anos e onze meses. Entre eles, dezesseis anos, seis meses e quinze dias foram dedicados à formação escolar e universitária, e catorze anos, oito meses e quinze dias à atividade profissional. Aos 39, Franz Kafka se aposentou. Morreu de tuberculose na laringe em um sanatório perto de Viena.

Excluindo-se as estadias no Império Alemão — sobretudo viagens de fim de semana —, Kafka passou cerca de 45 dias no estrangeiro. Conheceu Berlim, Munique, Zurique, Paris, Milão, Veneza, Verona, Viena e Budapeste. Viu o mar três vezes: o mar do Norte, o mar Báltico e o Adriático, na Itália. Além disso, testemunhou uma guerra mundial.

Franz Kafka nunca se casou. Ficou noivo três vezes: duas de Felice Bauer, uma trabalhadora assalariada** de Berlim, e uma de Julie Wohryzek, uma secretária de Praga. Supostamente, teve relações amorosas com outras quatro mulheres, além de encontros sexuais com prostitutas. Em toda sua vida, morou com uma mulher por apenas seis meses. Não teve filhos.

Como escritor, Franz Kafka deixou cerca de quarenta textos completos em prosa, dos quais nove podem ser chamados — em uma ampla interpretação do gênero — de narrativas: *O veredicto*, *O foguista*, *A metamorfose*,

* *Beamter*, "funcionário" ou "funcionário público". Como Kafka trabalhou numa empresa privada e numa semiestatal, optei por "funcionário" ao longo de todo o livro. [Esta e as demais notas de rodapé são da tradutora] ** *Angestellte* é uma categoria social que surge nessa época, à qual Siegfried Kracauer dedica um ensaio, *Die Angestellten*, traduzido no Brasil como *Os empregados*. Nela estariam incluídos pequenos vendedores, datilógrafos, funcionários de banco, lojistas. É uma classe social com ilusão de ascensão, que se acredita mais próxima da burguesia, cercada de brilho, mas com condições materiais não muito diferentes das dos operários.

Na colônia penal, *Um relatório para uma Academia*, *Primeira dor*, *Uma mulher pequena*, *Um artista da fome*, assim como *Josefina, a cantora, ou O povo dos camundongos*. Os textos que o próprio Kafka julgava concluídos compreendem cerca de 350 páginas da edição crítica hoje considerada definitiva de suas obras.

Para além disso, Kafka deixou cerca de 3400 páginas de notas de diário e fragmentos literários, incluindo três romances inacabados. Segundo as disposições testamentárias dirigidas ao seu amigo Max Brod, todos esses manuscritos deviam ser queimados; o próprio Kafka destruiu uma quantidade considerável de cadernos, impossível de determinar com precisão. Brod, por sua vez, não seguiu as instruções de Kafka e publicou tudo o que estava ao seu alcance. As cerca de 1500 cartas conservadas foram publicadas quase em sua totalidade.

"Como vai a vida?" "Vai indo, obrigado." Viver é um estado de espírito, não uma atividade. Só no fim a gente descobre se *teve* uma vida ou não. Em 1892, Italo Svevo publicou seu primeiro romance, o protótipo de romance moderno sobre um trabalhador assalariado:* *Uma vida*. O protagonista, um escrevente baixinho chamado Alfonso Nitti, parece uma caricatura maldosa e antecipada de Kafka. Alfonso tampouco consegue alcançar a satisfação sexual, sua capacidade de decisão também é paralisada pelo enfado de intermináveis horas no escritório, durante as quais se agarra à ilusão de uma futura produtividade intelectual, mas de fato não consegue levar nada a cabo além de alguns parcos fragmentos. A princípio, Svevo tinha outro título em mente: "Un inetto" ("Um incapaz", "Um inapto"), antes de se decidir pelo lacônico — e por isso mais potente — *Uma vida*. Isso não ajudou muito; ninguém reconheceu o caráter paradigmático desse herói, e provavelmente o rumor em torno do romance nunca chegou aos ouvidos de Kafka.

Uma vida? Se aplicarmos os parâmetros das sociedades ocidentais do século XXI, marcadas pelo hedonismo, à existência de Kafka, o resultado será desolador. Acreditamos que uma vida de oitenta anos é o mínimo que nos espera, do ponto de vista biológico. Um homem de quarenta anos está

* *Angestelltenroman*, gênero típico dos últimos anos da República de Weimar, no qual estão incluídos *Das kunstseidene Mädchen* [A moça de seda artificial], de Irmgard Keun, e *Fabian*, de Erich Kästner, livros que se debruçam sobre esse novo tipo social investigado por Kracauer (ver nota anterior).

no auge, não pensa no fim. Se ainda assim o fim chega para ele, falamos de uma vida *pela metade*, de algo inacabado e absurdo.

Essa carência fundamental se multiplica quando nos pautamos pelos atuais parâmetros de felicidade: saúde, sexualidade, vida em família, diversão, aventuras, independência, sucesso profissional. É certo que Kafka não levava uma vida à margem; ele tinha uma vida social e no fim chegou ao cargo de chefe adjunto de departamento, com direito à aposentadoria. Mas não amava sua profissão, e a relativa segurança vinha às custas de uma formação desproporcionalmente longa e extenuante — ou seja, de tempo de vida. As margens de decisão e a variedade de opções que hoje os jovens consideram garantidas estavam fora do alcance de Kafka. Aos trinta anos, ainda morava com os pais. Tirando alguns meses, passou a vida toda na mesma cidade, cercado por um círculo pequeno e quase constante de amigos. Tudo o que tinha foi consumido pela doença e pela hiperinflação. Viu pouco do "mundo", e o pouco que viu foi quase sempre correndo, pressionado por um regime de férias restrito. Suas tentativas de compensar isso também eram extremamente frugais: natação, remo, ginástica, jardinagem, descanso em sanatórios, excursões ao campo e modestos excessos nas tabernas de Praga. O mais chocante, contudo, era a desproporção entre os constantes e desesperados esforços de Kafka para alcançar a satisfação sexual e a rara felicidade alcançada — nunca de graça.

A essas limitações e perdas somava-se o imenso investimento de tempo e energia que Kafka fazia em nome da literatura. Ele via o ato de escrever como o verdadeiro foco de sua existência. Escrever o acalmava e estabilizava; quando escrevia um texto que dava certo, ficava feliz e autoconfiante. Mas também aqui a relação entre esforço e recompensa é bizarra. Para cada página manuscrita que ele considerava digna de ser preservada, havia dez ou vinte páginas que ele queria ver destruídas. Todos os projetos literários que ultrapassavam o escopo de uma narrativa fracassavam. O mesmo vale para suas experiências em outros gêneros literários: a linguagem poética lhe permaneceu inacessível, o plano de escrever uma autobiografia nunca foi realizado, e seus poucos, titubeantes experimentos no âmbito da escrita dramática não tiveram resultados palpáveis. Suponhamos que no legado de um compositor, ao lado de algumas poucas obras de música de câmara terminadas, haja dezenas de composições interrompidas, entre elas três sinfonias inacabadas. Isso quer dizer que ele é um fracassado, um incapaz? Por muitos anos, Brod tentou encobrir essa situação sem precedentes na história da literatura universal com uma estratégia de edição tendenciosa. Mas hoje não há mais nada a encobrir, a edição crítica das obras está disponível, e é inegável a impressão de que Kafka, como escritor, deixou para trás um campo de ruínas.

Quanto maior o raio de influência de um indivíduo, mais sua vida interessa, impressiona e causa efeito. Propriedades, conquistas, carreira, influência, poder, parceiros sexuais, descendentes, admiradores, sucessores, inimigos: é essa espécie de dimensão *horizontal* — a extensão social de uma existência — que a torna notável e a arranca do redemoinho do anonimato. Kafka passou a vida toda se perguntando, de um modo que à primeira vista parece ingênuo, como consolidar e controlar tal raio, como cavar espaço para si mesmo no mundo. Foi um leitor apaixonado de biografias, mas não que as devorasse indiscriminadamente. Uma condessa austríaca do século XVIII, um general, um filósofo e um dramaturgo do século XIX, um proprietário rural, um explorador polar e uma ativista socialista do século XX — seus mundos podem ser incompatíveis, mas não as estratégias para defender e ampliar sua esfera de atuação. Kafka esperava extrair, do conjunto dessas estratégias, uma *arte de viver*.

Ele não foi muito longe nessa arte. O fracasso múltiplo de Kafka é óbvio e inegável, e os primeiros leitores de seus diários e cartas tiveram a impressão de que ele era terrivelmente isolado, frágil, como que impalpável e confinado socialmente a um ponto, a um *círculo de raio zero*. Ele não havia, afinal, retratado a si mesmo dessa maneira, falando até mesmo em "um sucedâneo de vida"? Pois é. Mas ainda não haviam aprendido a lê-lo. Um fantasma, um inseto, um cão aéreo, um macaco, uma toupeira cega, um judeu errante — tudo era tomado ao pé da letra. O Kafka dos anos 1930 e 1940 *não era desse mundo*.

Ainda hoje, uma biografia de Franz Kafka intitulada *Uma vida* soaria (talvez sem querer) irônica. Mesmo que no presente tenhamos mais clareza sobre suas relações sociais, e que ele tenha ganhado uma dimensão mais palpável com a publicação de várias fotografias de seu meio, essa realidade pouco mudou. E se descobrissem em algum canto poucos segundos de filme que mostrassem Kafka em movimento, ou o rolo de um ditafone que tivesse conservado sua voz, seria uma feliz surpresa, mas não ganharíamos muito com isso. É impossível imaginá-lo aqui, na poltrona da frente, no caixa do supermercado, no bar da esquina. O que fica é uma aura cultural que mantém certa distância; um estranhamento, uma *alteridade* que não esquecemos por nem um segundo e que está inextricavelmente ligada ao seu fracasso e à sua fama.

Ele nos coloca numa linha tênue. De um lado, o parco saldo de sua vida, uma carência profunda, que se torna ainda mais aflitiva conforme reduzimos sua existência ao que há de concreto, ao seu esqueleto. Do outro lado, a veneração cega em torno de sua aura, que não questiona o quanto se sacrifica em felicidade e liberdade, o quanto há de sofrimento psíquico — para não dizer miséria — na criação de uma obra literária tão singular. Nem de um modo nem de outro essa vida se revela, e nas duas atitudes, isso é certo, há um elemento de barbárie.

Em todo caso, perguntar-se o que um homem desses de fato tirou da vida é tão inevitável quanto o espanto diante do incompreensível. Nenhum leitor dos diários e das cartas de Kafka, muito menos seu biógrafo, pode escapar a essa questão — a não ser que observe seu protagonista de modo desinteressado, como se olhasse para um inseto sob um vidro. Mas não seremos nós a decidir se o preço foi alto demais. Cada época, cada grupo social, cada indivíduo toma essa decisão de acordo com parâmetros que não podem ser simplesmente transferidos para outros contextos. Mas como esses parâmetros são, ao mesmo tempo, impulsos poderosos que fazem cada um determinar o curso das coisas de uma forma ou de outra, buscar a felicidade aqui ou ali, aqueles que passarem por cima desses parâmetros ou os substituírem por seus próprios critérios depararão, ao contemplar a vida alheia, com um mistério impenetrável, ao qual só caberá oferecer soluções falsas e notas de rodapé moralizantes. "Esta é precisamente a natureza lamentável das biografias triviais", observa Wolfgang Hildesheimer no prefácio de sua biografia de Mozart. "Elas encontram explicações fáceis para tudo, dentro de um âmbito de probabilidades que podemos compreender."*

Essa questão do horizonte hermenêutico se torna tanto mais premente quanto mais independente e criativa é a pessoa que buscamos compreender. A riqueza da existência de Kafka desdobrou-se essencialmente no âmbito psíquico, no invisível, em uma dimensão *vertical* que parece não ter nada a ver com a paisagem social e que, contudo, a permeia por toda a parte,

* Wolfgang Hildesheimer, *Mozart*. Trad. de Eduardo Francisco Alves. Rio de Janeiro: Jorge Zahar, 1991, p. 10.

em cada ponto. Um leitor de primeira viagem de *O desaparecido* ou *O castelo* não verá nenhuma relevância na profissão do autor, em seu estado civil, seus gostos e desgostos. Os diários corroboram essa impressão de uma interioridade totalmente autônoma: a capacidade de Kafka de captar uma situação num relance e ainda assim com toda a nitidez, de reter os detalhes significativos, de notar conexões ocultas e registrar tudo isso em uma linguagem repleta de imagens precisas, evitando qualquer ambiguidade, é uma capacidade que beira o milagroso e zomba de toda forma de explicação social ou psicológica. Uma pessoa assim costumava ser chamada de "gênio". Mas o gênio não tem história, não tem lugar, vem *lá do fundo* (não se pode dizer de outro modo), e se isso é humanamente possível — assim supomos —, teria de ser possível em qualquer lugar e a qualquer momento. Para que então uma biografia? Para entender que o gênio também precisa comer e fazer a digestão?

É claro que o conceito de gênio é questionável. Um cavalo de corrida pode ser "genial" (para citar o famoso exemplo de Musil), enquanto um escritor que consegue realizar alguma coisa não quer ser louvado pelo que lhe ocorre naturalmente. Isso sem falar nos estudos literários, cuja tarefa é justamente dar um contexto histórico ao que parece singular: para eles, a "genialidade" é um problema metodológico, e quem usa esse termo desavisado fica conhecido como amador.

Mas antes dos estudos literários vem a literatura. É inconcebível que um leitor tarimbado, com boa capacidade de apreciação, passe pelos textos de Kafka sem sentir o choque da genialidade — mesmo se ele achar que esses textos são sem graça, extravagantes, cruéis ou obscuros. O mundo de Kafka é inóspito, e demoramos bastante para adentrá-lo. Ainda assim, suas frases penetram por debaixo da pele, fazem pensar, são difíceis de esquecer. Duas questões vêm à tona, incontornáveis: "O que significa tudo isso?" é uma delas, e "Como acontece uma coisa dessas?" é a outra. E dependendo do chamado que o leitor seguir, ou ele cairá no matagal da interpretação das obras, ou na dificuldade de tentar resolver uma cruzadinha biográfica insolúvel.

O próprio Kafka sempre evocou a imagem de um abismo interior, tanto nos diários quanto nas cartas: "Tudo o que tenho são certas forças que se concentram na literatura numa profundidade nunca vista em circunstâncias normais [...]"; "Completa indiferença e embotamento. Uma fonte seca; água numa profundidade inalcançável e ainda assim incerta". E por aí vai, em inúmeras variações. A verdade não vem de cima, como inspiração ou graça; nem das riquezas do mundo, da experiência sensorial, do trabalho ou da compaixão humana; a verdadeira literatura tem que vir do fundo, e o que não está enraizado no fundo é artificioso, mera "construção". A imagem faz sentido e é clara — ao menos *para ele*, para o seu *caso* —, ainda que talvez se prefira adotar, no lugar da "verdade" invocada por Kafka em muitos momentos, o conceito de autenticidade, que é mais prudente. Mas se for esse o caso, se a imagem de uma profundidade interior de difícil acesso diz de fato alguma coisa sobre a potência estética de Kafka — que por vezes é arrebatadora, por vezes falha —, então só nos resta segui-lo até lá, ou mesmo descer ainda mais fundo, para dar uma olhada.

"Mais um livro sobre Lessing!", observou Hebbel uma vez em seu diário. "E, contudo, se o próprio Lessing ressuscitasse, não teria nada de novo a dizer sobre si mesmo." É assim que se sente um calouro ao visitar a estante "K" de uma biblioteca de germanística: sufocado. Kafka atrás de Kafka. "Interpretações completas" dos anos 1950 e 1960 marcadas pelo uso, manuais e comentários sobre determinadas passagens, ensaios reunidos, bibliografias terrivelmente pesadas e ainda por cima ultrapassadas, e, finalmente, incalculáveis pilhas de monografias acadêmicas sobre a estrutura do fragmento X, sobre a influência do autor Y ou sobre o conceito de Z "em Kafka". A situação na internet não é muito melhor. Um estudante americano atrás de algumas informações básicas que fosse ingênuo o bastante para digitar a palavra "Kafka" no mecanismo de busca teria a alegria de escolher entre mais de 130 mil referências em língua inglesa — o dobro de "Humphrey Bogart" e algumas a mais que "Goethe". É, parece duvidoso que Kafka, caso ressuscitasse, ainda tivesse qualquer coisa de surpreendente para nos dizer.

Em seguida vem a desilusão. A maioria é especulação livre ou exercício acadêmico compulsório. Não há tese, por mais disparatada que seja, que não tenha sido defendida em algum lugar por alguém, não há método que já não tenha sido aplicado à leitura da obra de Kafka. Entre eles, pesquisas que parecem jogos autistas: difícil imaginar um possível destinatário. Há meia dúzia de citações clássicas que podem ser encontradas em quase todos os trabalhos, quando eles não se citam uns aos outros, extensivamente. Parece um negócio que se basta, uma forma de culto ao qual ou você tem acesso, ou não. O que chama a atenção é que as poucas pérolas que há para se descobrir — ensaios brilhantes, jogos mentais estimulantes — são quase todas de *não* especialistas.

Decepciona também o excesso nebuloso da internet: tirando as imagens coloridas, as fontes ornamentais e as animações em Java, a web provou ser um recurso secundário. Tudo o que há de interessante sobre o tema Kafka vem, outra vez, da estante "K", onde daria para pesquisar com mais conforto; sem falar que ali não há filtros de qualidade — e as consequências disso já são conhecidas. O palco dessa mídia mais recente é dominado pelo princípio da repetição e do plágio relaxado, e a única pergunta que resta é se o que está sendo encenado ali é a ascensão, a paródia ou se já é o declínio do culto a Kafka.

Esgotado, o público leigo interessado dirige suas esperanças à escrita biográfica. Uma narrativa inteligente, colorida, se possível ilustrada, escrita por um autor que esteja na vanguarda da pesquisa, sem ter de se exibir por isso — esse continua sendo, conforme uma opinião muito difundida por aí, o melhor meio de se familiarizar com um clássico. Afinal, ninguém mais precisa ter medo de ser enganado com fatos cronológicos e banalidades hagiográficas, pois já se foi o tempo em que biografias eram produzidas em série como mercadorias. As exigências aumentaram drasticamente, e as últimas biografias de Goethe, Schopenhauer, Wittgenstein, Thomas Mann, Virginia Woolf, Nabokov, Joyce e Beckett nos levam a pensar se a biografia não deveria ser enfim alçada a uma forma autônoma de arte literária.

Mas eis a próxima surpresa. A grande biografia de Franz Kafka não existe. Mesmo as tentativas de escrever uma biografia completa são poucas, e até agora não há no mundo todo mais do que três ou quatro introduções à sua obra que sejam dignas de leitura. Na Alemanha, onde se lê e fala a língua de Kafka, não há *uma única* biografia de Kafka, mais de 75 anos depois de sua morte e cinquenta anos depois da primeira edição decente de sua obra — exceto a biografia de sua juventude, escrita por Klaus Wagenbach, difícil de encontrar até em sebos, e o *Kafka-Handbuch* [Manual para a leitura de Kafka], escrito por Hartmut Binder, também já há muito esgotado e mais consultado do que lido por causa de seu estilo enciclopédico. Tendemos a falar em um ato declaratório na história da recepção crítica, uma anomalia que precisa de esclarecimento urgente. O que aconteceu? De onde vem esse silêncio abrupto depois de tanto barulho, de onde vem essa timidez?

Com certeza não é por falta de material. Mesmo que ainda haja lacunas consideráveis, sabemos muito mais hoje sobre a vida de Kafka e seu entorno do que sabíamos nos anos 1970. A pesquisa de décadas de Hartmut Binder gerou sozinha tantos resultados que ainda é difícil avaliar o quanto ela transformará nossa imagem de Kafka a longo prazo. Além disso, há monografias riquíssimas sobre a família de Kafka (Northey, Wagnerová), sobre sua relação com as editoras (Unseld), sobre sua identidade judaica (Baioni, Robertson), sobre o meio cultural de Praga (Spector) e sobre vários outros aspectos. Hans Gerd Koch comentou extensivamente os diários e as cartas; e a edição crítica das obras de Kafka, somada a algumas edições fac-similares, nos dá um acesso profundo a seu processo criativo. Isso sem falar que mesmo fontes biográficas já bem conhecidas, como as *Briefe an Felice* [Cartas a Felice], ainda não foram avaliadas de forma sistemática. É um paraíso comparado ao cenário árido e insípido que ainda se tinha como "pano de fundo biográfico" nos anos 1960. Hoje o biógrafo pode beber de múltiplas fontes. Pode e deve.

É provável que quase ninguém tenha se decidido a traçar um amplo retrato biográfico devido à própria natureza do tema. Quantidade não é só uma vantagem: um quebra-cabeça de muitas peças é mais interessante, mas também mais difícil de montar. O fato biográfico e a biografia não se comportam como parcelas e soma, e a tarefa do biógrafo não se limita a passar a limpo as fichas rabiscadas e depois fechar o arquivo (mesmo que, estranhamente, alguns dos mais importantes especialistas em Kafka continuem fazendo isso). "O que tenho a oferecer", escreve Nicholas Boyle, biógrafo de Goethe, em seu prefácio, "é uma síntese das sínteses, e essas compilações em que se baseia meu trabalho terão valor por muito mais tempo do que ele próprio. Mas se ninguém fizer uma síntese de tempos em tempos, que valha por certo tempo, para que servirão as compilações?" Não daria para ser mais preciso e honesto. Nem mais exigente. Quando se trata de Kafka, falar em "síntese das sínteses" ganha um sentido especial, que talvez ajude a entender a estranha carência de biografias do autor.

Digamos que estamos diante da tarefa de escrever a biografia de um atleta proeminente. Esse atleta vem de um núcleo familiar destroçado, teve problemas com drogas por um tempo, mas acabou por superá-los quando passou a cuidar dos próprios filhos no tempo livre e, além disso, se engajou na Anistia Internacional. O tópos de uma vida como essa oferece um molde para a representação biográfica: a origem, a dedicação ao esporte como forma de compensação, a própria carreira esportiva, o momento de crise, o interesse em causas sociais, e enfim o casamento e os filhos como esfera íntima e janela para o futuro. Os blocos temáticos, e mesmo a divisão de capítulos, já estão claramente definidos, e caso o biógrafo não aposte logo de cara em técnicas de montagem e patchwork, seu trabalho pode se limitar a ligar esses blocos por meio de transições suaves. Afinal, o leitor não deve ter a impressão de que uma vida está sendo ticada como uma lista de compras de supermercado.

A maior parte das biografias, inclusive as melhores, deve ter surgido assim: por meio de uma espécie de estrutura em cadeia. Inicialmente, a imagem da vida vivida se desmembra em certo número de segmentos temáticos mais ou menos independentes uns dos outros que precisam ser pesquisados, em geral de modo também independente: origem, formação, influências, realizações (ou erros), relações sociais, religião, contexto político e cultural. Talvez, no fim, essa interdependência toda turve aquela imagem clara; mas se o biógrafo não quiser entregar ao leitor um volume caótico, só lhe resta sustentar, a princípio, a fantasia de uma clareza tópica, e sintetizar cada um dos temas separadamente, isto é, "fechar" as células dessa cadeia. Só então, num segundo momento, ele tentará unir as células individuais umas às outras, minimizando os espaços vazios entre elas: uma síntese das sínteses.

A primeira consequência disso é que o retrato de uma vida cheia de acontecimentos *não* traz à tona, justamente, os aspectos técnicos esperados pelo público leigo. Acontecimentos podem ser contados de modo linear, e muitas vezes é possível demonstrar a relação causal entre eles. Tornam o relato mais extenso, mas não necessariamente mais difícil: as células estão enfileiradas, e o paradigma desse tipo de biografia é a "jornada da vida".

Por vezes há um número limitado de motivos em torno de certa figura, mas é difícil entender a relação entre eles, e assim um tratamento bem diferente se faz necessário. São personagens complexos, vidas em que "tudo está relacionado com tudo". Kafka é o caso mais paradigmático nesse sentido: um homem de poucos movimentos, que se debateu a vida toda com os mesmos problemas e raras vezes embarcou em coisas novas. Conflito com o pai, judaísmo, doença, batalha em torno da sexualidade e do casamento, vida de assalariado, processo criativo, estética literária: não é necessária uma análise muito extensiva para dar nome aos pontos centrais dessa existência, tão estática que é preciso se perguntar (e esta pergunta *já foi feita*) até que ponto se pode falar em uma evolução. Essa rede, ao que parece, nunca foi lançada ao mundo, ela simplesmente estava *lá*.

Pois é — uma rede. Tudo parece estar perto de tudo. O conflito de Kafka com um pai superpoderoso moldou sua identidade judaica, a imagem de seu próprio corpo e sua vida sexual. Ao mesmo tempo, seu envolvimento com o sionismo e a cultura dos judeus do Leste Europeu,* sua hipocondria e suas "tentativas de casamento" reforçaram o conflito familiar, embaralhando o nó edipiano até torná-lo insolúvel. Como olhar de modo mais preciso para a relação de Kafka com o judaísmo — contextualizando-a com sua formação, sua leitura de escritos judaicos, sua amizade com Brod, sua "visão de mundo", ou com base na sua experiência real do antissemitismo? O que é causa, o que é consequência? Com a menor mudança de ênfase, a imagem se transforma radicalmente, talvez se torne incorreta, ou seja, invertida. Até que ponto o biógrafo pode se permitir certa simplificação para reconstruir tais ecos e ressonâncias, para conseguir *narrá-los*? A multiplicidade das inter-relações entre as células temáticas da cadeia torna qualquer geometria narrativa impossível. É como se tivéssemos de imaginar um objeto quadridimensional a partir de um decalque tridimensional, que seria como a sombra deste objeto. Como sabemos, essa tarefa é solúvel, mas qualquer solução implica uma perda de detalhes e, com isso, também de clareza. Um pedaço de linha de costura e uma lâmina de barbear projetam — em certas circunstâncias — a mesma sombra.

Kafka ensina a humildade. Quem se atreve a lidar com ele precisa contar com o fracasso. Em inúmeros textos secundários, é tão grande o abismo entre as explicações oferecidas pelo autor e as citações do próprio Kafka, que o leitor sente calafrios. Mesmo as melhores sínteses — tomemos como exemplo o grande ensaio de Elias Canetti "O outro processo" — contêm passagens cuja precisão verbal e factual fica muito aquém da de Kafka. Isso é inevitável, e o biógrafo precisa ter clareza de que está entrando numa competição que não poderá ganhar.

Mas que tampouco poderá evitar. Ninguém vai exigir do biógrafo de um virtuose no piano que ele tenha ouvido absoluto, nem do biógrafo de um aventureiro que ele passe na prova de Arrais. O biógrafo de um

* *Ostjuden*, termo que aparecerá muitas vezes, não encontra equivalentes em outras línguas. Eram assim chamados, genericamente, judeus falantes de iídiche que imigravam para o Império Austro-Húngaro ou para a Alemanha, vindos de países da Europa do Leste. O termo aparece em oposição a *Westjuden*, judeus integrados à língua e à cultura locais.

filósofo, contudo, deveria saber pensar, e o biógrafo de um escritor, escrever. É uma questão trivial, mas intimidante em suas consequências hermenêuticas. Com uma obstinação sem precedentes e, ao mesmo tempo, com perfeição, Kafka transformou a *linguagem* em um meio de desenvolvimento pessoal. Só resta ao biógrafo pegar exatamente as mesmas ferramentas com as próprias mãos e usar exatamente o mesmo meio para narrar esse desenvolvimento.

Assim, no entanto, ele se dirige para um lugar que está *ocupado* — e permanentemente ocupado. Pois Kafka nunca dorme. Não há uma frase de efeito, uma impureza semântica ou uma metáfora fraca que lhe escape — mesmo que ele esteja deitado na areia escrevendo cartões-postais. Sua linguagem não "flui" por si só, nem transborda pelas margens; ela é dominada como um bisturi em brasa que atravessa uma pedra. Kafka não deixa passar nada, não esquece nada. Os momentos de espírito ausente e tédio de que ele sempre se queixa não se fazem notar, pelo contrário: há uma presença de espírito constante que é quase dolorosa, pois o torna inacessível. *Um homem deve estar atento.** Já os outros ele deixa para trás, um depois do outro. Não encontra mais o caminho de casa, torna-se alheio ao mundo e aos homens, mesmo em um sentido mundano, cômico.

Em seu romance *A verdadeira vida de Sebastian Knight* — que trata da impossibilidade de escrever uma biografia adequada —, Nabokov elabora esse sofrimento de uma insônia profunda, a partir da perspectiva de quem a vive, de dentro:

> um homem que está com fome comendo um filé está interessado em comida e não, digamos, na lembrança de um sonho com anjos usando cartolas que ele teve por acaso sete anos atrás; mas no meu caso todas as venezianas, tampas e portas da mente se abriam de uma vez a todas as horas do dia. A maior parte dos cérebros tem domingos, o meu se recusava até a um meio expediente. Esse estado de constante alerta era extremamente doloroso não apenas em si, mas em seus resultados diretos. Todo ato comum que eu obrigatoriamente tinha de cumprir assumia uma aparência complicada, provocava uma multidão de ideias

* Referência ao livro *Einer muss wachen* (1939), de Manfred Hausmann, sem tradução no Brasil.

> associativas na minha cabeça, e essas associações eram tão esquivas e obscuras, tão absolutamente inúteis para aplicação prática, que eu ou escapava da questão em pauta ou a transformava numa confusão por mero nervosismo.*

Esse trecho se aplica inteiro a Kafka, palavra por palavra. É incrível como ele transformou pouca coisa em "confusão", apesar de tudo. Onde quer que o colocassem, tinha um bom desempenho, fosse como aluno de escola, estudante universitário, funcionário. Mas nada lhe era dado de mãos beijadas; cada decisão, mesmo a mais insignificante, precisava ser tomada a partir de um fluxo de associações. "Tudo logo me dá o que pensar", Kafka escreveu um dia. Tudo logo lhe dava o que escrever. Mas primeiro ele precisava traduzir a vida.

Essa estranha dialética entre presença e ausência chega ao âmago de sua obra literária. É impossível passar batido pelos inúmeros resíduos do cotidiano e pelas preocupações pessoais que Kafka depositou em seus escritos. Mas também é impossível passar batido pela universalidade exemplar de sua obra. Essa contradição, esse mistério é talvez a pedra de toque de qualquer empreitada biográfica. Quando o homem mais discreto em sua vida social provoca uma onda de choque na história da cultura universal, cujos ecos reverberam até hoje, é inevitável olhar para vida e obra como mundos incompatíveis, cada um com suas próprias regras. "A vida do autor não é a vida do homem que ele é",** diz Valéry de modo apodíctico nas anotações à margem de seus ensaios sobre Leonardo. E o próprio Kafka cavou ainda mais fundo: "Para o próprio artista, a forma de ver a arte e a vida já é diferente". Temos que respeitar isso. Mas o biógrafo não pode parar por aí. Ele precisa esclarecer como uma consciência a que *tudo dá o que pensar* pôde tornar-se uma consciência que a *todos dá o que pensar*. Essa é a tarefa.

"Só nos conhecemos a nós mesmos", escreveu Lichtenberg em seus *Sudelbücher* [Cadernos de rascunhos], "ou melhor, poderíamos nos conhecer, se quiséssemos; mas aos outros só conhecemos por analogia, como aos selenitas." Já sabemos há muito tempo que isso é duplamente falso. Para se

* Vladimir Nabokov, *A verdadeira vida de Sebastian Knight*. Trad. de José Rubens Siqueira. Rio de Janeiro: Alfaguara, 2013. ** Paul Valéry, *Introdução ao método de Leonardo da Vinci*. Trad. de Geraldo Gérson de Souza. São Paulo: Editora 34, 1998, p. 171.

conhecer a si mesmo, não basta nem de longe *querer* se conhecer. E quanto aos outros, combinando experiência de vida com os mais simples conhecimentos de psicologia, tem sido possível prever, surpreendentemente, certas atitudes e até mesmo impulsos e pensamentos. Mas há coisas que irrompem de modo tão espontâneo, às vezes violento, que não há analogia capaz de impedir o espanto.

"Empatia" é a palavra mágica do biógrafo. A empatia entra em jogo quando a psicologia e a experiência falham. Mesmo que uma vida seja empiricamente bem documentada, ela continuará sendo misteriosa se o biógrafo não despertar a disponibilidade do leitor, sua capacidade de se identificar com um personagem, uma situação, um ambiente. É curioso como certas biografias volumosas são estéreis, literalmente inchadas de dados e referências; elas pretendem dizer tudo o que pode ser dito, mas passam ao largo de seu assunto, e por isso não satisfazem a curiosidade.

Por outro lado, a empatia pode ser uma droga metodológica, e usá-la de maneira irrefletida sai caro. Sem dúvida ela oferece momentos felizes de iluminação: sentimos na pele o que o outro viveu, e então compreendemos, aparentemente sem esforço, o que antes parecia um enigma — ou ao menos acreditamos compreender. Mas a empatia não é um sentimento que cada um aciona quando quer, e sim uma competência complexa, que — não muito diferente daquele atributo que chamamos de "inteligência" — precisa do conhecimento e da educação. Empatia sem conhecimento não quer dizer nada. Para entender o elemento obsessivo e neurótico presente nos hábitos e nas decisões de Kafka, não basta ser neurótico (ainda que isso possa ser útil, às vezes). A empatia não serve de nada quando se trata de entender a situação desse garoto, o único filho homem, que vai ao templo de mãos dadas com o pai três ou quatro vezes por ano, nos feriados judaicos, e ali se entedia enquanto o pai pensa visivelmente nos negócios ou nos mais recentes slogans antissemitas — e mesmo um observador criado dentro da fé judaica não formará uma imagem clara caso não tenha vivenciado aquele momento histórico.

O estranhamento cultural, a distância temporal dos eventos e o elemento psicótico de uma sociedade ou de um indivíduo traçam um limite externo para a capacidade empática. Mas também há um limite interno, bem mais difícil de determinar: o limite da identificação descontrolada. Quem o ultrapassa, via de regra, vai compreender menos, e não mais. *Ter se identificado* pode ajudar, e o esforço intelectual e emocional de se libertar desse estado de veneração sem distanciamento é um bom ponto de partida para um biógrafo de Kafka. A capacidade de se identificar, *a título de experiência*, é um dos pressupostos para quem quer investigar uma vida alheia. Mas há uma tentação constante por essa satisfação que parece fácil de obter e que, contudo, depois de provar seu perfume aliciante, temos de negar a nós mesmos.

A empatia aplaca a dor da ignorância. Mas a ignorância em si ela não é capaz de remediar. Há meses na vida de Kafka sem nenhuma documentação; parece que a transmissão de dados foi interrompida. Que sentido faria encobrir ou maquiar com elementos fantasiosos esses buracos, essas ausências? Por outro lado, podemos reconstruir certos dias de sua vida praticamente de hora em hora, e esses são os momentos mais prazerosos do trabalho biográfico; quando conseguimos ao menos visualizar os contornos de uma cena a partir do material que chegou até nós — o prazer de um trabalho detetivesco bem-sucedido. Mas o que significa isso quando se trata de uma vida que se realiza na "profundidade", em uma intensidade *interior* tão avassaladora? Era comum que Kafka passasse metade do dia na cama, em um sofá qualquer, letárgico, impenetrável, sonhando acordado — e ele se queixou disso muitas vezes, tantas, que daria para contabilizar numa planilha. Mas o que sabemos desses momentos? Sabemos que grande parte do que ali foi sonhado tiraria o fôlego de milhões de pessoas.

Mesmo o biógrafo com o método mais sagaz não consegue ir além da imagem de uma imagem: a atmosfera, as associações, o colorido do momento, os medos e desejos que o preenchem, mímica e gestual, vozes, ruídos, cheiros... tudo pode ter sido um pouco diferente do que imaginamos. Com certeza, tudo era muito mais nuançado: mesmo a imaginação mais precisa, dotada de conhecimento e empatia, mesmo um contato direto com o material histórico, tudo isso ainda é nebuloso, comparado com o que *realmente* foi. Não há imaginação, por mais poderosa que seja, que possa evitar a dor de não saber, o esmorecimento progressivo de toda memória, o fato de que passado é passado. Tudo o que a imaginação pode fazer é produzir evidências, aguçar os contornos, aumentar a resolução da imagem. Tudo o que pode dizer é que assim deve ter sido, pode ter sido, precisa ter sido.

Esta biografia de Franz Kafka não pretende preencher contornos vazios: todos os detalhes, incluindo os eventos descritos, são documentados; nada é inventado. Em alguns casos, associações entre acontecimentos e datas feitas a partir de deduções indiretas, ainda que altamente prováveis, foram consideradas como fatos documentáveis: mas isso só quando abrir mão delas fosse levar a um estreitamento excessivo da perspectiva hermenêutica. Sempre que possível, fontes não confiáveis foram identificadas como tal. Nem tudo o que foi tirado diretamente dos diários e das cartas de Kafka foi atestado em cada detalhe — ou o número de notas teria ultrapassado o aceitável.

Visualizar as cenas e situações da vida de Kafka, dar-lhe contornos históricos — tudo isso demanda tempo e espaço. Seria praticamente impossível fazer um bom trabalho em um único volume de proporções razoáveis. A decisão de abrir as cortinas em 1910 foi determinada pelas fontes bibliográficas: é o ano em que ele começa a escrever os diários. O período que começa ali e vai até os meses iniciais da Primeira Guerra Mundial é o mais bem documentado da vida de Kafka, e sem dúvida o mais importante, pois é quando são tomadas, uma após a outra, as decisões que definirão a última década de sua vida. Kafka teve duas fases criativas extraordinariamente fecundas entre 1912 e 1914, quando escreveu várias de suas narrativas completas e dois dos três fragmentos de romance de que temos notícias, sem falar na correspondência com Felice Bauer, que é de longe a mais intensa que ele manteve, além da mais significativa como fonte. Também remontam a essa época algumas experiências dolorosas que marcaram sua autoimagem e que por toda a vida ele considerará definidoras, em especial o cancelamento de seu noivado poucas semanas antes do início da guerra. No começo de 1915, as circunstâncias da vida de Kafka mudam, e inicia-se um longo período de improdutividade.

A decisão de não começar a biografia em 1883, o ano do nascimento, e sim no fim da adolescência de Kafka, no prelúdio de seu primeiro grande período criativo, pode parecer estranha à primeira vista, mas também foi determinada pelas fontes bibliográficas. Desde que Klaus Wagenbach publicou sua biografia da juventude, muito rica em material, em 1958 — naquele tempo várias testemunhas oculares ainda podiam ser consultadas —, o que se sabe sobre a infância de Kafka, os anos de escola e de faculdade não mudou muito. Como não temos vasto acesso ao material autobiográfico daqueles anos, seguem abertas lacunas consideráveis, que ainda devem esconder certas surpresas. Sem dúvida, essa situação insatisfatória melhoraria se o espólio de Max Brod, seu amigo de longa data, finalmente fosse disponibilizado para pesquisa. Trata-se de uma fonte de primeira linha para a história e a literatura, relevante não só no que diz respeito a Kafka. O material desse espólio, especialmente os diários e a correspondência de Brod, seria desejável para pesquisar *todas* as fases da vida de Kafka, é claro; mas quando se trata do período entre o seu vigésimo aniversário e o começo de seus próprios diários, o material é insubstituível. Seria irresponsável — e, para o biógrafo, pouco motivador — trabalhar a partir de uma base que será consideravelmente ampliada num futuro próximo e que, portanto, precisará de revisão. O leitor também não ficaria feliz com um produto provisório, que não faz muito além de manter uma ordem cronológica. Mas então só resta cruzar os braços?

O biógrafo tem um sonho. Daria para chamar de utopia, mesmo que talvez não seja mais do que um vício secreto, uma ambição. Ele quer partir daquilo que aconteceu. Ele não quer só saber; ele quer *viver* aquilo que foi vivido por aqueles que ali estiveram presentes. Como foi *ser Franz Kafka*. Ele sabe que isso é impossível. O leitor não é o único que conhece aquela notória tristeza presente nas entrelinhas de toda história de vida, que geralmente termina com separação e morte. Também o biógrafo a conhece. Ele tem de reconhecer: é totalmente ilusória a esperança de que, com uma pesquisa sólida e uma simpatia profunda, ele dará um passo adiante e chegará um pouco mais perto. A vida alheia nos escapa, como um animal que, ao anoitecer, surge na beira da floresta para em seguida desaparecer de novo. Embustes metodológicos não ajudam em nada; as gaiolas da ciência seguem vazias. O que ganhamos, então, com todo o esforço? *A verdadeira vida de Franz Kafka*... certamente não. Mas um olhar efêmero em sua direção, ou um longo olhar, sim, talvez isso seja possível.

Prólogo:

A estrela negra

Quarta-feira, 18 de maio de 1910. Um corpo celeste se aproxima da Terra. Há meses os jornais falam de um possível choque, de explosões imensas, de chuvas de fogo e maremotos, do fim do mundo.

Os tempos pré-históricos já o conheciam; ele deixava em pânico os homens da Idade Média. Mas há muito se provou que o cometa Halley é um fenômeno periódico pontual. Não um mensageiro da desgraça enviado por forças celestiais, mas sim um pedaço de rocha porosa e gelo, cuja aparição pode ser prevista com a precisão de dias e horas. A cada 76 anos ele surge da escuridão de espaços distantes do Sol e traça uma cauda de luz pelo céu. Desde a invenção da análise espectral, sabe-se do que é feito esse corpo: hidrocarbonetos e sódio, além de elementos e compostos já conhecidos há muito tempo. Entre eles, um pouco de ácido cianídrico, letal para o homem. Ainda não se sabe que o núcleo do cometa é preto, mais preto que carvão.

Os especialistas olham com desdém. Como sempre, o Halley passará longe da Terra, dessa vez a mais de 20 milhões de quilômetros de distância. Só a sua cauda vai relar a atmosfera, ou seja: gás e um pouco de poeira infinitamente diluídos. Uma teia de aranha seria mais perigosa para um elefante em marcha, ironiza um astrônomo de Berlim, para dar fim às perguntas sensacionalistas de sempre. Não ajuda em nada. Quem quer acreditar no fim do mundo se concentra na ideia do ácido cianídrico.

A histeria mais incorrigível está nos Estados Unidos, onde profetas astutos aproveitam a ocasião para tirar o último centavo do bolso de seu rebanho. A Europa esclarecida está rachada. Enquanto em áreas periféricas e rurais o medo do cometa assombra as pessoas, levando algumas delas a atos desesperados, a indústria de entretenimento das metrópoles reage com ironia. O cometa é um *evento*, e o fim do mundo, uma ocasião a celebrar, que não se repetirá tão cedo. Em Paris, os restaurantes ficam abertos até o amanhecer, hordas de pessoas se empurram de bar em bar, reina uma atmosfera de festa. Também em Viena, onde um leve terremoto encarrega-se da agitação adicional, milhares estão nas ruas; no monte Kahlenberg, camarote com vista para a cidade, famílias inteiras estão acampadas há dias.

Nas cidades provincianas, tudo corre mais tranquilo; ali, é a curiosidade que impera. Ninguém está fazendo festa, ninguém está exaltado, mas ao mesmo tempo ninguém quer perder nada. Assim estão as coisas, por exemplo, em Praga, onde, sob o olhar nervoso da polícia, a Karlsbrücke se torna o ponto de encontro dos flâneurs até bem depois de meia-noite. O dia foi quente, e a noite morna acorda os espíritos. Quem quer ter uma boa visão do céu vagueia até as partes mais altas da cidade, até o Riegerpark, o platô do Castelo Belvedere, o Laurenziberg. Cerca de cem pessoas passeiam cautelosas por ali, muitas delas com binóculo, e o escuro é preenchido por diálogos abafados.

Em um desses grupos, o papo está especialmente animado, pois ali estão reunidos escritores: um tal de Franz Blei, de Munique, que acaba de completar quarenta anos e chegou há poucas horas em Praga, acompanhado de sua mulher Maria, uma dentista bem-sucedida, e o filho dos dois; Max Brod, 26 anos, funcionário dos Correios e escritor, que teve uma decepção amorosa durante o dia e está precisando de um pouco de alento; sua irmã Sophie, que tampouco se casou por ora; e finalmente, magro e vigoroso, um ano mais velho que Brod e um palmo mais alto do que todos os outros, Franz Kafka, funcionário de seguradora, também ele escritor, que permite antever, com as quinze páginas que publicou até agora, o talento de um futuro destaque local.

São mais as mulheres que esperam alguma coisa da aparição do cometa; os homens estão com outras coisas na cabeça, e para nenhum deles o ensejo particular desse passeio será digno de menção. Não é o fim do mundo que os une; são "interesses" literários, aquela participação peculiar em um "mundo alternativo" feito de palavras, pendular, espectral, da mais delicada constituição, no qual, entretanto, as mais terrenas rinhas, disputas e pressões de grupo estão na ordem do dia. Quem polemiza contra quem em qual revista, quem encontrou abrigo em qual redação, a quem os prêmios literários são dados de bandeja (por que logo *ele*?), quais contratos ultrajantes é preciso aceitar com esse ou aquele editor — tudo isso cria o tecido social da "literatura", aquele organismo sensível que entraria em colapso caso não houvesse sempre novos indivíduos para manter o *mercado* editorial girando, com a mesma perseverança que especuladores da bolsa de valores mantêm os negócios fervilhando.

Ao mesmo tempo, esse negócio serve de base para que os escritores se entendam quando se encontram. Não é por "correntes" que os autores se definem, e sim por editoras, jornais, círculos de amigos e grupos de iguais. Um episódio envolvendo duas pessoas que ontem foram vistas juntas à mesa de um café e hoje se chamam mútua e publicamente de escrevinhadores de terceira categoria é esquisito, sem dúvida, mas bastante compreensível. Ele traz realidade à literatura, assim como ao diálogo *sobre* a literatura. Pois a questão de quem está do lado de quem gera menos mal-entendidos do que as questões puramente estéticas, e nomes de peso são uma marca mais inequívoca do que obras e suas interpretações, que sempre variam. Isso vale ainda mais para escritores como Max Brod e Franz Blei, que não se veem só como produtores, mas também como mediadores da literatura. Assim, é possível imaginar mais ou menos do que se falava lá em cima, no escuro do Laurenziberg.

Brod e Blei não eram principiantes, havia anos que eles já tinham certa relação profissional, baseada em preferências literárias comuns. Blei havia resenhado o primeiro livro de Brod, uma reunião de narrativas chamada *Tod den Toten!* [Morte aos mortos!], de 1906, e os dois haviam vertido juntos obras de Jules Laforgue para o alemão. Blei gozava da reputação de um pau para toda obra, um camaleão literário, mas era conhecido sobretudo como tradutor e editor de revistas erótico-literárias, de títulos tão preciosos quanto *Der Amethyst* [A ametista] e *Die Opale* [A opala], com as quais Brod, por sua vez, já havia colaborado várias vezes com textos breves.

Kafka lia e amava esses fascículos, era inclusive um de seus poucos assinantes, e assim Brod (que levou bastante a sério essa predileção) teve facilidade de libertar o reservado amigo de seu papel preferido, o de espectador, e convencê-lo a mandar seus próprios textos para Blei. Foi assim que o nome Franz Kafka apareceu pela primeira vez na revista *Hyperion*, um luxuoso órgão de esteticismo literário, de dimensões extravagantes e periodicidade bimestral. Eram oito textos em prosa, reunidos sob o título *Contemplação*. Mais tarde, Kafka ainda liberou algumas passagens de seu *Descrição de uma luta* — aquele antirromance no qual estava trabalhando havia anos —, mas disso ele logo se arrependeria. No mais, uma das poucas críticas que Kafka se aventurou a escrever foi dedicada a um livro de Franz Blei, e quando enfim ficou claro que a *Hyperion* sairia de circulação depois de menos de dois anos de atividade, como tantas outras coisas que Blei punha para rodar, Kafka traçou um obituário amigável e profundo: "Eine entschlafene Zeitschrift" [Uma publicação falecida].[1]

Blei resenha Brod, Brod serve de mediador para Kafka, Kafka resenha Blei, Blei publica Kafka e Brod — e assim delineiam-se os delicados contornos de uma liga literária, uma dessas muitas sociedades de citação mútua dentro do negócio, cujo objetivo é avançar da periferia para os núcleos bem estabelecidos, onde se armazena este recurso cultural antes chamado de "fama" e hoje chamado de "sucesso". Essa liga, no entanto, logo se revelaria insustentável, pois seus nós eram frouxos. A artificialidade rococó que Blei chamava de arte era anacrônica demais, e Brod, que logo descobriria o judaísmo e a "comunidade", tampouco tiraria proveito de suas impressões oscilantes.

Kafka participou um pouco, só por amizade, mas de nada adiantou esperar dele uma complacência literária. Ele se deixava influenciar, mas não adulava e não queria ser adulado, ao menos não em público. Ainda sentia aquele desprezo pelo *negócio*, tão característico dos autores estreantes do século XX, e mais tarde, quando Blei bateu os olhos no "obituário", deve ter entendido que não dava para contar com Kafka. Pois aquele texto de quase duas páginas, à primeira vista benevolente, alçando a "falecida" *Hyperion* a preciosidade literária e Blei a "homem admirável", impõe uma barreira polêmica quando é examinado com atenção, ao chamar de supérfluo e até mesmo de nocivo o papel de Blei (e assim, também, o de Brod) como mediador:

> Aqueles cuja natureza os distancia da comunidade não podem aparecer regularmente em uma revista sem pagar um preço; ali eles se sentirão, entre os outros trabalhos, sob uma espécie de luz de ribalta, que os fará parecer mais estranhos do que são; eles não precisam de defesa, pois a incompreensão não é capaz de afetá-los, e o amor os encontra em toda parte. Tampouco precisam de fortalecimento, pois se querem continuar sendo genuínos, só podem se inspirar em si mesmos, de modo que não se pode ajudá-los sem antes prejudicá-los.

Em outras palavras: *o que tem brilho próprio não precisa de iluminação*. Uma tese forte para um autor que por muito tempo ainda seria invisível a olho nu.

A noite segue amena, tudo está calmo. Mas nuvens pendem sobre a cidade, e aqueles que esperam para ver o espetáculo ficam decepcionados. Por volta da meia-noite, os primeiros grupos já estão a caminho de casa. Eis que de repente vem a claridade, e à uma da manhã o céu se revela, cheio de estrelas. Os que não foram embora olham fixamente para cima. Não há traço do cometa: nem estrela cadente, nem incêndio, nem bola de fogo, nem fim do mundo. Nada. Duas horas mais tarde, começa a amanhecer, o céu mostra seu esplêndido azul-ferrete. Às 4h10, o sol nasce. Nesse momento, o cometa Halley, visto de Praga, está bem à frente da esfera incandescente: invisível. A estrela negra desaparece sob uma cascata de luz.

Os escritores Franz Blei, Max Brod e Franz Kafka não notam nada disso; estão dormindo. Em poucas horas, todos eles estarão sentados à mesa diante de sua correspondência, seus diários, recortes de jornal, poemas e arquivos de seguro. Mais uma vez, passaram ilesos.

1.
Entre os Kafka

Suportar para ser suportado
é o princípio fundamental de toda comunidade

Franz Grillparzer, *Diário*, 1831

Estou sentado em meu quarto, no quartel-general do barulho da casa toda. Ouço baterem todas as portas, e o barulho que fazem me poupa de ouvir apenas os passos de quem caminha entre uma e outra; ouço ainda a porta do forno que se fecha na cozinha. O pai irrompe pelas portas de meu quarto, que atravessa arrastando seu roupão de dormir; no cômodo vizinho, raspam as cinzas da estufa, e Valli pergunta do corredor, como se gritasse de uma rua parisiense em direção ao indefinido, se o chapéu dele já foi escovado; um silvo que se pretende amistoso para comigo amplifica o grito da voz que responde. Abrem o trinco da porta da frente, que ressoa como se de uma garganta cheia de catarro, a porta então se abre soando como o canto breve de uma voz feminina e se fecha com um tranco abafado, masculino, o mais inconsiderado de todos os sons. O pai se foi, e começa então o barulho mais delicado, difuso e desesperançado introduzido pelo canto de dois canários. Eu já havia pensado nisso antes, e o canto dos canários me faz pensar novamente se não devo abrir uma fresta de minha porta e rastejar feito cobra até o quarto vizinho para, então, do chão, pedir silêncio a minhas irmãs e sua criada.*

"Grosser Lärm" [Grande barulho] é o nome que Kafka dá a esse texto em prosa, que ele registra no diário no dia 5 de novembro de 1911 e publica exatamente um ano depois — já que a situação descrita não melhorou em nada — em uma revista literária de Praga, para o "flagelo público de minha família".[1] No entanto, é pouco provável que Hermann Kafka tenha visto com seus próprios olhos o rasto que seu roupão de dormir deixou na

* Franz Kafka, *Diários 1909-1923*. Trad. de Sergio Tellaroli. São Paulo: Todavia, 2021, p. 121.

literatura alemã. O pai, embora fosse um homem forte de menos de sessenta anos, não podia ficar muito "animado", essa era a regra; sua pressão arterial não andava lá tão bem, ele tinha dificuldade para respirar, o coração lhe dava trabalho, e ele não tinha muito senso de humor para brincadeiras às *suas* custas. Já as três irmãs, essas sem dúvida receberam seus exemplares com um risinho no rosto: "Valli", estava escrito, preto no branco; Franz nem sequer tentou disfarçar o nome de sua irmã do meio.

O texto saiu em um domingo, e os poucos amigos que conheciam a vida de Kafka na intimidade reconheceram de cara o barulho típico de *domingo*. Pois as demais manhãs no apartamento alugado no quarto andar do prédio na Niklasstraße 36, em Praga, estavam totalmente a serviço da vida profissional, e não concederiam a ninguém o tempo de se sentar com calma à mesa para fazer uma ata das circunstâncias acústicas.

Normalmente, o dia a dia dos Kafka começava em torno das seis horas da manhã: tirar as cinzas do forno, arrumar o café da manhã, aquecer a sala e preparar a água quente para o banho — todos trabalhos braçais, desagradáveis e barulhentos, dos quais se encarregava uma criada, naturalmente. Ainda assim, a irmã mais nova de Kafka, Ottilie, também chamada de Ottla, precisava sair da cama logo em seguida. Pois ela tinha uma tarefa havia anos; toda manhã, depois de tomar um café da manhã apressado, corria com um molho de chaves até a Zeltnergasse — perto do Altstädter Ring, a cerca de um quilômetro — e abria a Loja de Artigos de Luxo Hermann Kafka. Às 7h15, a equipe já estava diante da porta de entrada.

Quando Ottla saía de casa, era a vez de seu irmão. O quarto dele, pequeno e sem aquecimento, ficava mal posicionado entre o quarto dos pais e a sala. De um lado, ele ouvia a louça ressoar, do outro, os sussurros da mãe e os bocejos altos e inconsiderados do pai, virando-se energicamente na cama de casal, que rangia. No meio disso tudo, o que dava para o corredor era uma porta de vidro fosco ornamentado: se alguém acendia a luz lá fora, dentro do quarto também ficava claro.

Tudo ficava perto e apertado na casa dos Kafka: a voz sonora do pai era onipresente, a família toda sempre recebia visitas, e conversas a sós tinham que ser combinadas com antecedência, caso alguém quisesse trocar mais do que alguns sinais furtivos. Ainda assim, as anotações de Kafka não indicam que alguém sofresse com essa falta de intimidade — tirando ele próprio, é claro, que na manhã de domingo era sempre tomado por uma leve náusea ao avistar a cama desarrumada dos pais, a poucos passos da sua (mas sobre isso ele não podia escrever). E não podia sequer se queixar: era o único membro da família que dispunha de seu próprio quarto, enquanto suas três irmãs, Elli, Valli e Ottla, tiveram de se conformar por anos com um único "quarto de meninas". Elli se casou no outono de 1910 e saiu do apartamento. Mas Kafka continuaria dividindo seu espaço de vida com cinco adultos (incluindo a criada), e pensaria cada vez mais em acabar com essa situação, não só por causa da atmosfera inóspita das manhãs.

Não fazia muito sentido enrolar na cama. Enquanto na porta ao lado os famosos canários (que depois de morrer eram sempre substituídos por novos) deixavam tudo ainda mais barulhento, Kafka corria para o banheiro e se lavava, penteava e fazia a barba com um esmero embaraçoso. Ter seu próprio banheiro era um luxo que ele valorizava especialmente, e com certeza esse foi um dos motivos centrais para a escolha desse apartamento. Em muitas das habitações de Praga, os moradores ainda precisavam trazer baldes e bacias de água de fora, com as próprias mãos — os Kafka sabiam disso por experiência própria —, e isso era exaustivo e demorado. Numa casa dessas, seria difícil sustentar os parâmetros higiênicos perseguidos por Kafka; a não ser que o dia começasse um pouco mais cedo.

Mas, por mais funcional que fosse o banheiro de Kafka, sua toalete matinal continuava sendo um procedimento lento. Raramente ele passava mais tempo do que o necessário à mesa do café da manhã, onde lhe eram servidos bolos, leite e compotas de frutas. O expediente dos funcionários do Instituto de Seguros contra Acidentes de Trabalho [Arbeiter-Unfall-Versicherungs-Anstalt (AUVA)] começava às oito da manhã, e o caminho até lá era quase duas vezes mais longo do que o caminho até a loja dos pais. Kafka pegava um pãozinho recheado *de nada*, e sem esperar o elevador — que demorava demais —, descia correndo os quatro andares, saltando sempre vários degraus por vez, então andava com passos notavelmente largos pelas ruas do centro histórico de Praga, era um dos últimos a cumprimentar o porteiro do instituto, voando, e corria escada acima para o seu departamento, que também ficava no quarto andar. "[...] assim, muitas vezes acontecia de eu vê-lo disparar numa velocidade vertiginosa para dentro do escritório",[2] lembrou-se mais tarde um de seus colegas. Dava para acertar o relógio a partir de Kafka: 8h15.

Anos depois, ele constataria que a "proximidade imediata da vida profissional" levava sua produtividade literária à paralisação.[3] Se seus pais tivessem visto essa entrada do diário, teriam dificuldade de entendê-la. A vida deles *era* a vida profissional. Não que eles misturassem o público com o privado, pelo contrário: esse limite era rigidamente respeitado; nenhum funcionário da loja de artigos de luxo (até onde sabemos) jamais pisou na casa de seu "chefe", e problemas familiares ou financeiros nunca foram discutidos na frente dos empregados de casa. Mas os Kafka tinham, sim, uma empresa familiar, e isso podia ser entendido de duas formas: não só o negócio pertencia à família — com a expectativa tácita de que seria assim para sempre —, como também a família pertencia ao negócio. Ninguém questionava que o avô de Kafka, Jakob Löwy, ainda ajudasse, embora já tivesse mais de oitenta anos. Quando eles precisavam de uma assessoria jurídica, consultavam advogados da família. E era tão natural que o dia a dia seguisse os horários de funcionamento da loja que os pais de Kafka nunca se sentiram muito bem nos momentos de ócio forçado, durante as breves viagens de férias ou temporadas em estações termais. Eles não se recuperavam *do* negócio, e sim *para* o negócio. Mesmo nos finais de semana do alto verão, quando a família ia para uma pequena casa de férias alugada nos arredores de Praga, acontecia de Hermann Kafka ficar trabalhando sozinho na loja, algumas horas a mais, antes de se juntar aos outros.

Os escritos de Kafka não lançam muita luz sobre o destino do "negócio", que, até onde os filhos se lembram, era o principal tema das conversas dos pais. A coisa crescia devagar e sempre, mas deve ter passado por crises assustadoras, cujas causas só podemos especular. Os Kafka trabalhavam em um setor delicado, pois negociavam em atacado a venda de objetos que ninguém precisava ter: guarda-chuvas, bengalas, luvas, lenços, botões, tecidos, bolsas, roupas íntimas de luxo, regalos... todos "acessórios", os primeiros de que se abre mão em tempos difíceis. Os índices de vendas desses itens eram, portanto, bons indicadores do padrão de vida geral. Ainda assim, no outono de 1912, eles conseguiram mudar a loja para um dos endereços mais emblemáticos de Praga: o Palácio Kinsky, no Altstädter Ring, o prédio onde ficava a escola que Kafka um dia frequentara. Na verdade, foi uma mudança de menos de cem metros, bastava virar a esquina. Mas ver o letreiro da loja na praça principal do centro histórico de Praga significava um crescimento do capital simbólico, que logo seria convertido em tilintar de moedas no bolso.

Sem dúvida, Kafka via as intermináveis preocupações do vendedor como o combustível da independência econômica. Dia após dia, seus pais lhe davam detalhes precisos dessas preocupações, como se essa fosse a essência da vida em família. Mesmo quando decidia não lhes dar ouvidos — e isso passou a acontecer cada vez mais, conforme Kafka começou a ter os próprios problemas profissionais —, sua vida era controlada pela agenda complexa e incômoda que a loja impunha a todos. Só depois que ele saía de casa, o pai se sentava para o café da manhã. Usualmente, o chefe se posicionava atrás do balcão da loja em torno das 8h45, Julie Kafka ainda mais tarde, já que ela ainda precisava debater várias questões com a criada e com Valli, que cuidava da gestão do lar, e providenciar as compras. Entre uma e duas horas, os pais voltavam, e o almoço era servido. Enquanto isso, Ottla se encarregava da supervisão dos funcionários, por isso alguém costumava levar seu prato quente à loja. Quando Kafka chegava do escritório, por volta das 14h30, os pais estavam levantando da mesa; talvez descansassem por um instante na poltrona e então voltavam para a loja. Às quatro ou cinco acabava o expediente de Ottla (que tinha uma tarde livre por semana), o dos pais só às oito. Entre uma coisa e outra, aparecia e desaparecia "a Fräulein", uma tcheca chamada Marie Wernerová, que auxiliava na gestão do lar e que depois de muitos anos se tornou o factótum da família.

Antes de a paz enfim reinar, as noites eram longas. Só por volta das 21h30 era servida a última refeição, na maior parte das vezes os "restos" do almoço, enquanto Kafka, um vegetariano tão incorrigível quanto exigente, montava ao seu redor, sob o olhar desdenhoso do pai, todo um sortimento de pratos e potinhos que se alternavam conforme o seu desejo: iogurte, nozes, castanhas, tâmaras, figos, uvas, amêndoas, passas, bananas, laranjas ou outras frutas caras, acompanhadas de um pouco de pão integral.

Para terminar, uma hora de tempo livre, que Hermann Kafka passava lendo a edição vespertina do *Prager Tagblatt* e jogando cartas. Ele preferia, é claro, a companhia dos parentes homens, mas na ausência deles era obrigado a jogar com a mulher, que tinha se rendido havia muito tempo a essa sina e que às vezes, depois de um dia esgotante de trabalho, ficava até às onze ou mais no Franzefuß. Segundo Kafka, esse jogo exigia menos inteligência do que cortar lenha, mas naturalmente ele não se atrevia a dizer isso. Os intermináveis assobios, cantorias, gargalhadas sarcásticas e marteladas de cartas sobre a mesa o deixavam tão nervoso que ele só conseguia participar raramente, apesar das ordens do pai. Preferia ficar sentado no seu quarto frio, com as pernas enroladas em um cobertor de lã. Em algum momento, o pai também acabava ficando cansado, inevitavelmente.

Então seu roupão de dormir seria arrastado de novo pela sala, na direção oposta. A porta do quarto dos pais seria fechada, e uma segunda vida, bem diferente, começaria: a vida noturna do escritor Franz Kafka.

Acontecia de seus pais passarem uma ou duas semanas em Franzensbad, uma pequena cidade na Boêmia com uma estação termal, exaltada como "O banho mais extraordinário da Áustria para a cura do coração". O médico da família insistia nisso. Mas quem tomaria conta da loja nesse tempo? Não dava para exigir que Ottla passasse onze horas seguidas de pé atrás do balcão de vendas, mesmo que ela às vezes fizesse isso no outono. Então *Franz* também precisava dar uma mão. Ele ia no fim da tarde para a loja, checava a correspondência (incluindo o que havia de privado, que o carteiro sempre deixava *ali*), mandava cartas aos pais para tranquilizá-los quanto às vendas e entregas, despedia-se dos funcionários, aferrolhava a porta de entrada e levava o molho de chaves para casa. Nada demais. Ele não se importava de bater um papo com a equipe, em alemão ou tcheco, e todos ficavam contentes, do aprendiz ao caixa, quando, por um tempo, em vez do chefe resmungão, aparecia seu filho, tão bem-educado, que demonstrava respeito mesmo pelas atividades mais simples. Quando Kafka refletia com calma sobre a energia que a loja sugava e consumia, desde sempre, e sobre como anuviava os pensamentos e sentimentos de todos, começava a odiá-la. Mas não a odiava quando estava *lá*.

Também no escritório Kafka era valorizado, de modo geral. Ele era de fato um tanto insondável, e seu sorriso constante não revelava se estava bem ou mal, se o trabalho e a carreira no Instituto de Seguros contra Acidentes de Trabalho o satisfaziam ou não. Mas era atencioso, também com contínuos e datilógrafas, não participava nem das intrigas habituais da repartição nem das conversas furadas entre alemães e tchecos sobre a política nacional, era raramente caprichoso e nunca tinha necessidade de defender seu próprio território.

Seus superiores sabiam havia muito tempo a sorte que tinham em contar com ele, e se encarregaram de que Kafka galgasse os níveis da hierarquia oficial o mais rápido possível: em outubro de 1909, depois de pouco mais de um ano, ele foi designado estagiário do instituto, em maio de 1910, assistente jurídico, em fevereiro de 1911, procurador do instituto e, logo depois, dirigente adjunto do departamento. Com certeza, o superior direto de Kafka, Eugen Pfohl, e o diretor executivo, dr. Robert Marschner, também estavam defendendo seus próprios interesses. Pois só com essas promoções formais era possível afastar Kafka das atividades de rotina e delegar a ele tarefas mais complexas, à altura de suas capacidades, aliviando a responsabilidade dos chefes.

Uma das principais tarefas do Instituto de Seguros contra Acidentes de Trabalho era enfim fazer valer uma lei criada havia duas décadas e ainda duramente combatida: aquela que estipulava a participação financeira dos empresários no seguro contra acidentes de seus trabalhadores. Kafka teve primeiro de aprender como se estabeleciam as cotas: quanto maior o número de acidentes, maior a cota per capita paga pelo empresário. As estatísticas de acidentes eram feitas e avaliadas por matemáticos do próprio instituto; a "classificação" definitiva das empresas em uma das "categorias de risco" ocorria então segundo um esquema cuidadosamente pensado, e sob a supervisão de "inspetores" com formação técnica.

Mas é claro que nenhum empresário da Boêmia aceitava que no certificado de sua empresa houvesse mais acidentes do que a média ou, o que era pior, acidentes evitáveis. Centenas, milhares de recursos eram apresentados, e inúmeros apelos contra os oficiais intratáveis de Praga iam parar direto no Ministério do Interior de Viena, passando por cima dos funcionários. Afinal, o que significava "acima da média" e o que era "evitável"? Será que advogados e especialistas em seguros — pessoas que só conheciam a caneta e a tinta como ferramentas de trabalho — teriam alguma competência para entrar nesse debate?

De fato, esse era o ponto mais sensível do departamento de Kafka. Quando um industrial reclamava, era preciso provar a ele que sua empresa não estava em dia com as normas de segurança. Mas o que significava estar em dia? Isso não podia ser estipulado por decreto, em definitivo; tinha de ser averiguado de tempos em tempos, se possível por meio de uma inspeção presencial. Kafka, já advogado formado, logo adquiriu essa competência técnica, frequentando cursos e viajando pelas cidades industriais do norte da Boêmia. Em sua ampla mesa de escritório, ao lado das pilhas instáveis de recursos, sempre havia publicações sobre prevenção de acidentes, e nas áreas em que Kafka se especializara — sobretudo a indústria madeireira e as pedreiras —, havia poucos praticantes que sabiam usar os detalhes técnicos tão bem quanto ele.

A essa somava-se outra competência que se provou extremamente útil para o instituto: a desenvoltura de Kafka na escrita. Pois a função social dessas seguradoras público-privadas não era apenas aplicar multas sobre acidentes, mas também preveni-los, o que dependia de propaganda, informação e uma leve pressão. Assim, nos relatórios anuais do instituto eram sempre publicadas novas instruções técnicas para a prevenção de acidentes, que buscavam informar os empresários das normas indispensáveis de segurança. Um desses artigos, *Unfallverhütungsmaßregel bei Holzhobelmaschinen* [Medidas de prevenção de acidentes com máquinas de aplainar madeira], divulgava um eixo novo e mais seguro para plainas mecânicas. Uma obra-prima da propaganda, que chocava com ilustrações de mãos decepadas e, ao mesmo tempo, apelava ao interesse econômico, assegurando que a tecnologia menos propensa a acidentes era também a mais barata. Esse artigo não está assinado, mas sabemos que foi escrito por ninguém menos que Kafka.[4]

Kafka também deve ter se dado bem no trato verbal com os furiosos querelantes. Quando, em setembro de 1910, os pequenos empresários do distrito de Gablonz "convidaram" um representante da seguradora de Praga — na verdade exigiram sua presença, para desabafar —, foi Kafka o nomeado para essa tarefa. Sua participação, aguardada por ele com compreensível nervosismo, foi anunciada na imprensa do dia, e a ata completa da reunião, que pôde então ser lida no *Gablonzer Zeitung*, dá uma ideia do tamanho da ignorância social que era preciso enfrentar na Boêmia. Apesar de todas as tentativas de apaziguamento, Kafka se viu sujeito a ataques massivos, incluindo a acusação absurda de que o instituto estaria se comportando de modo vexatório e que a proteção contra acidentes só serviria para prejudicar a produtividade. "Estar com a cabeça e os olhos no trabalho é a melhor proteção contra qualquer acidente", resmungou um dos empresários.

Kafka devia ler e ouvir frases desse tipo todos os dias, e os textos que escreveu no escritório indicam que ele fazia todos os esforços possíveis e imagináveis para refutá-las. Suas queixas sobre a monotonia do trabalho, que aparecem bem cedo nos diários, não dão conta de toda a verdade: quando Kafka estava na repartição, ele levava a coisa a sério, e seu medo constante de não conseguir cumprir todas as obrigações estava mais ligado ao grande número de cartas por despachar do que à responsabilidade profissional em si. É provável que os colegas de Kafka lavrassem mais rápido os casos que lhes eram designados. Mas, em termos de esmero, ninguém competia com ele, e Kafka também tirava satisfação desses "escritos oficiais", afinal não fazia nenhuma questão de escondê-los de seus amigos obcecados pela literatura e alheios à técnica.

Ainda assim, ele tinha cada vez mais convicção de estar gastando recursos irrecuperáveis em coisas que, em seu íntimo, não lhe importavam. Aos poucos, foi ficando agoniado com isso. *De fora*, odiava o instituto, assim como a loja dos pais, e quando, às duas da tarde, no fim do expediente, saía pelo portal em direção à luz do dia e ao barulho da rua, sentia repugnância de pensar que na manhã seguinte teria de *entrar* lá de novo e ficar contando os minutos. Sentiu como se tivesse vendido metade de sua vida, como se cada dia de sua vida começasse às duas da tarde, e não era um grande consolo saber que os outros trabalhavam muito mais duro. Sem dúvida ele conseguira um dos postos mais cobiçados, que assegurava seu ganha-pão e, ainda assim, deixava-lhe a tarde livre. "Jornada contínua", diziam no jargão corporativo, e Kafka conhecia a vida profissional da Boêmia o bastante para saber que estava entre os mais privilegiados. Mas o problema não era só o tempo desperdiçado.

No dia 19 de fevereiro de 1911, o dr. Kafka, procurador do instituto, ficou em casa, e na mesa de seu superior, Eugen Pfohl, chegou uma carta de desculpas como nunca antes vista naquela repartição:

> Ao pretender me levantar da cama hoje, simplesmente desmoronei. A razão para tanto é simples: estou trabalhando demais. Não no escritório, e sim em minhas outras ocupações. O escritório só contribui aí com uma parcela inocente, já que, se não tivesse de ir até lá, eu poderia viver sossegadamente para o meu trabalho e não teria de passar todo dia seis horas ali, um tempo que, sobretudo na sexta e no sábado, estando eu atarantado com minhas coisas, me atormentou de uma maneira que o senhor nem poderia imaginar. De resto, bem sei, isso tudo é conversa; o culpado sou eu mesmo, o escritório faz-me exigências as mais claras e legítimas. Só que, justamente para mim, essa é uma vida dupla terrível, da qual é provável que só a loucura ofereça saída. Escrevo isto à bela luz da manhã, e certamente não o escreveria se não fosse tão verdadeiro e se não o estimasse como a um filho.
>
> No mais, amanhã por certo terei me restabelecido e estarei de volta ao escritório, onde a primeira coisa que vou ouvir é que o senhor me quer longe de seu departamento.[5*]

* Franz Kafka, *Diários 1909-1923*, op. cit., p. 44.

Uma amostra de como Kafka conseguia brilhar em situações de desespero, com um charme capaz de desarmar qualquer um. Ele sabia que Pfohl não podia arquivar essa carta com os documentos dos funcionários (e o texto só chegou até nós porque ele o formulou primeiro em seu diário), e estava totalmente seguro de que o descrito na carta *não* aconteceria: não, Pfohl não o queria de forma alguma "longe" dele, e essa não foi a última vez que Kafka lançou mão desse trunfo.

Hoje não passaria pela cabeça de nenhum trabalhador assalariado oferecer ao próprio chefe tamanha prova da própria falta de motivação. Mas nem no meio profissional de Kafka, que era regido mais pelo protecionismo do que pelas leis trabalhistas, essa mistura de comunicado pessoal e oficial era usual; era uma violação das regras do jogo, que só quem gozasse de especial confiança poderia se permitir.

Mas que "outras ocupações" tão ominosas eram essas que Kafka responsabilizava por seu esgotamento, que tipo de "coisas" eram essas que o ocupavam tanto a ponto de não sobrar espaço para as obrigações profissionais? Ele só faz alusões, como se o destinatário tivesse que entender do que se trata. A carta de Kafka é um indício claro de que ele não tentava esconder de seus superiores suas atividades noturnas — as quais sempre voltava a enaltecer, teimoso e provocador, como "trabalho". E ainda mais: ela mostra que ele podia contar com certa leniência.

Kafka passava os dias no trabalho sobretudo com advogados, especialistas em seguros, empresários e engenheiros, mas se engana quem imagina uma cena de iletrados. Eugen Lederer, diretor do departamento de acidentes e proprietário de uma fábrica de cerveja, publicava poesia em tcheco, e seu assistente, Krofta, também tinha grandes ambições literárias. Alois Gütling, que trabalhava na sala ao lado e por anos ajudou Kafka com cálculos técnicos e estatísticos, era um wagneriano delicado, sempre vestido com elegância, que publicou três volumes de poesia, dizem que com as sugestões e os contatos de Kafka. Por fim, havia o diretor, Marschner, que lia com Kafka, "ombro a ombro, poemas de um livro de Heine", "enquanto na antessala empregados e chefes de gabinete, partes litigantes, talvez com as questões mais urgentes, esperavam impacientemente para ser atendidos".[6] Ainda que soe anedótico, incidentes do tipo não deviam ser raros. Pois Marschner, que também escreveu uma série de textos sociopolíticos, não era leitor apenas nas horas vagas; ele fazia suas próprias pesquisas sobre Goethe, Stifter e Nietzsche, e por elas inclusive receberia, mais tarde, o Goethe-Preis da cidade de Karlsbad. Não é de admirar que Kafka sempre falasse com entusiasmo da inteligência de seu chefe, enquanto Marschner, por sua vez, fazia vista grossa para os eternos atrasos de seu advogado lido, eloquente e de excepcional serventia como editor.

Mas uma coisa era cultivar seus interesses literários, e outra era declarar, como Kafka fez em sua carta a Pfohl, que escrever era o mais importante, e que essa inclinação só poderia ser reprimida às custas da loucura. Mesmo Marschner, que com toda a sua erudição vivia uma espécie de "vida dupla", não seria compreensivo com uma exigência tão radical. Será que Kafka não estava se levando muito a sério? "Escrever" era uma atividade que um em cada dois jovens da burguesia falante de alemão em Praga tinha experimentado em algum momento, e as poucas páginas que Kafka tinha publicado em revistas até então podiam inclusive dar mostras de talento, mas não do posto único que ele reclamava para si próprio. Pfohl e Marschner teriam ficado horrorizados de ver o que Kafka escreveu no diário imediatamente depois de sua carta de desculpas: "sem dúvida, agora sou o centro de Praga do ponto de vista intelectual". Isso estava infinitamente distante da realidade, era um despautério — mesmo que Kafka logo tenha tornado essa frase ilegível com uma forte rasura.

Mas não era sempre que ele abria as asas, e o lugar de Kafka nunca foi o centro — onde quer que isso fosse. Ele não conseguia se conter, se situar. Mesmo com as pessoas que lhe eram mais próximas, não havia qualquer possibilidade de diálogo, qualquer incentivo, critério ou revisão, para não falar em crítica objetiva. Os pais de Kafka ficavam inquietos de ver que seu único filho homem, prestes a completar trinta anos, ainda não quisesse abrir mão do seu passatempo de juventude. Era um homem adulto, que preenchia pilhas de cadernos escolares de escritos, e assim sacrificava o sono da noite. Se alguém o repreendesse e lhe dissesse que era irracional viver assim, ele poderia alegar que vivia de modo mais saudável do que qualquer outra pessoa: passeava, nadava, caminhava, não fumava, não bebia, não tomava chá nem café, e não comia gordura animal. Mas Kafka exagerava na saúde, como em tudo. Quando voltava de um passeio, ao cair da noite, a família ficava espantada de saber que com seu passo rápido ele tinha chegado a vilarejos distantes, aonde os demais só iam de trem. Depois de sair da cidade com amigos num domingo, sentava-se à mesa queimado de sol, como um turista. Nos meses quentes do verão, ele ia todos os dias à Escola Civil de Natação — a piscina à beira do Moldau, que ficava a poucos minutos de distância de casa —, ou saía com o próprio barco a remo e se deixava levar pela correnteza, ao longo de quilômetros, para então subir o rio de novo, se exercitando. Isso sem falar nos peculiares exercícios de ginástica que fazia de janela aberta, mesmo nos dias mais frios, praticamente nu e seguindo as instruções de um professor de ginástica reconhecido internacionalmente, J. P. Müller, cuja apostila *Mein System* [Meu sistema] sempre ficava aberta ao lado, para Kafka "müllerizar", conforme se dizia à época. Ele tinha de tomar cuidado para não se tornar um tio Rudolf, seu pai resmungava.

Essa era uma ameaça pesada e, por isso mesmo, digna de consideração. Pois tio Rudolf era o bobo da família, um homem simples, tímido mas linguarudo, que levava a vida solitária de um contador solteiro e não parecia nem envelhecer nem amadurecer; um hipocondríaco com toda sorte de manias indecifráveis. Eram várias as semelhanças na aparência, Kafka não podia negar, e mesmo sua mãe, que a princípio rejeitara a comparação, aos poucos foi ficando em silêncio. Ela amava o filho, e ainda que compartilhasse com Hermann o pragmatismo para a vida, buscava sempre suavizar e relativizar os ataques do marido, independente de sua motivação. Mas mesmo ela já não reconhecia havia muito tempo o próprio "sangue" em Franz, no modo como ele se sentava à mesa, ausente, de um jeito que parecia desinteressado no futuro do clã. Por vezes estava animado, quando voltava do cinema ou parodiava uma figura notória que tivesse encontrado, para então se calar de novo e se arrastar impenetrável pelo apartamento, a sombra da família. É, às vezes ela parecia entender melhor seu meio-irmão Rudolf, o excêntrico, do que o próprio filho.

"Vivo na minha família", resumiria Kafka mais tarde, "entre as melhores pessoas, as mais amorosas, mais estranho do que um estranho. Com minha mãe troquei em média menos de vinte palavras por dia nos últimos anos, com meu pai, pouco mais que saudações. [...] Falta-me todo o senso de convivência em família."[7] Com tudo o que sabemos, não era exagero ele dizer isso; mas tampouco era toda a verdade. Pois Kafka era tão capaz de vislumbrar as necessidades, alegrias e limitações dos outros, em toda sua intensidade — a ponto de senti-las —, que não só participava de suas vidas, mas quase as simulava internamente. Enquanto isso, os pais se mantiveram sempre presos no horizonte da própria experiência, e nunca sequer imaginaram que logo ao lado deles, escondido atrás de um semblante inocente, abria-se um universo interior de dimensões monstruosas.

Tampouco as três irmãs conseguiram reduzir significativamente esse abismo. Ottla, a mais jovem, foi a única que ganhou a confiança do irmão, e por isso era a primeira a saber — e, em teoria, sinalizar para as demais — a hora de deixar Franz em paz. Como ela passava o dia todo na loja, Kafka podia, por sua vez, inteirar-se com ela de certas coisas que os pais acobertavam, ou só comunicavam em parte: desavenças com os empregados, negócios malsucedidos, aborrecimentos com as autoridades. Ainda assim, a família sabia o que esperar das reclamações do pai, habituais e persistentes; elas se dirigiam indiscriminadamente contra pessoas, inconvenientes, situações, mas não deviam ser levadas ao pé da letra. Diferente de seu irmão, Ottla não conseguia ignorá-las; estava pronta para tomar o partido dos funcionários do mais baixo escalão quando a injustiça do pai se tornava ofensiva, e com isso confirmava as suspeitas de Hermann de estar cercado de "inimigos pagos" dentro do próprio negócio.

Claramente, Ottla nem sempre escolhia os melhores momentos para demonstrar sua independência, o que era natural, já que lhe faltavam modelos femininos: ela "teimava", era sensível e instável como uma adolescente — uma menina, que não aparentava ter mais do que seus dezenove anos. E quanto à perspectiva de um futuro casamento, que talvez resolvesse seus problemas de vez, ela sempre foi e continuava sendo a última de uma lista de espera rigorosamente supervisionada pelos pais. "Você ainda é uma criança", escreveu-lhe a mãe quando um pretendente apareceu antes da hora. "Suas duas irmãs estão na frente, você ainda tem muito tempo para isso. Escreva a ele que seus pais ainda estão longe de te deixar casar."[8] Aparentemente, Ottla aproveitou para prolongar por ainda mais tempo esse papel da mais jovem, leve e brincalhona, e dava respostas que nem passariam pela cabeça das irmãs, mais conformistas.

Kafka tinha a mais profunda simpatia pela teimosia com que ela defendia suas próprias convicções, por mais imaturo que isso pudesse parecer no dia a dia. Mesmo ele, um funcionário bem abastado, um homem com toda a liberdade de sua idade e seu sexo, tinha que fincar o pé e segurar as pontas para resistir aos próprios pais e recusar suas intervenções — que dizer de Ottla, dependente, pouco instruída e totalmente insegura quanto ao futuro. Ele tentava apoiá-la, ajudava-a com os livros, trazia notícias da vida cultural de Praga e lia em voz alta para ela. Kafka lutava pelo próprio asseio com o afinco de um missionário, o que também influenciava e impressionava a irmã: ela começou a fazer ginástica e, com o passar dos anos, se tornou uma vegetariana radical. Quando Kafka começou a se interessar pela cena sionista de Praga, Ottla deu um passo adiante e entrou para a Associação de Meninas e Mulheres Judias, altamente exigente do ponto de vista ideológico.

Ela estava dando um passo na direção certa, mas Kafka não refletia muito sobre o fato de que Ottla, uma pessoa que se deixava guiar pela delicadeza, também tinha seus potenciais próprios e desconhecidos. Ela tinha necessidades e capacidades sociais muito mais desenvolvidas que as dele, e Kafka observava sua crescente falta de compromisso moral com uma admiração abstrata, mas não só com entusiasmo. Em 1914, Ottla começou a passar os domingos livres em uma instituição para cegos, onde lia em voz alta, dividia cigarros e fazia amizades.

> Um entretenimento um tanto perigoso e dolorido, sem dúvida. Os cegos mostram com a ponta dos dedos o que em geral se expressa com olhares. Eles apalpam o vestido, tocam as mangas, acariciam as mãos, e essa menina grande e forte, que infelizmente desviei um pouco do caminho correto, ainda que sem culpa, chama isso de sua maior alegria. Ela diz que só entende por que acorda feliz quando se lembra dos cegos.[9]

Vemos em Kafka a visão prática da vida e a preocupação dos pais, por vezes atenuadas, mas inconfundíveis. Só quando ele enfim soube que Ottla estava vivendo, por sua própria conta e risco, uma relação amorosa com um homem que não era judeu e nem ao menos alemão — só nesse momento ele deve ter entendido que Ottla precisava se emancipar também *dele* para levar a cabo o movimento de fuga conjunto dos irmãos. Sim, é certo, ele também a havia "reprimido", conforme escreveu no diário, depois de ter lido uma carta dela e ali encontrado suas próprias expressões: "É como se meu macaco a tivesse escrito".[10] Mas ela estava se libertando, e Kafka, nove anos mais velho, mais inteligente, mais experiente, estava sendo deixado para trás. Ele nem podia imaginar que, graças a essa teimosia de menina, teria uma relação equilibrada com a irmã mais adiante.

"Menos de vinte palavras por dia"... alguém que não conhecesse os Kafka de perto dificilmente acreditaria nisso. Será que o clima sempre havia sido tão frio por lá? De modo algum. Houve uma ruptura, uma traição. E nela Franz desempenhou o papel principal.

No dia 27 de novembro de 1910, Elli, a irmã de Kafka, então com 21 anos, casou-se com Karl Hermann, um homem de negócios seis anos mais velho. Naturalmente, foi um casamento arranjado; não ocorreu nem aos pais nem à própria Elli deixar por conta do romantismo o vínculo com uma família estranha — tão delicado do ponto de vista social —, ou o futuro do capital duramente batalhado. Até onde a memória alcançava, isso nunca foi tratado de forma diferente entre os Kafka e os Löwy, e eles próprios, os pais, eram a prova viva de que assim também se davam casamentos felizes, ou ao menos funcionais: alianças estáveis que duravam até a morte.

Detalhes sobre a "consolidação" do casamento de Elli não chegaram até nós, e por isso não sabemos quão grande era o leque de candidatos que a casamenteira judia pôde oferecer. Sem dúvida houve um ou outro encontro discreto, para que o pai verificasse as habilidades para os negócios e a "liquidez" do candidato — quando se tratava de dinheiro, a princípio era ele quem dava a última palavra —, enquanto a mãe avaliava a aparência e sobretudo o caráter, para então discutir esses aspectos com a filha, em particular. Se Elli sentisse repulsa por uma das fotos apresentadas, a mãe não hesitaria em apresentar fortes argumentos financeiros: no fundo era ela quem decidia, e tinha de cuidar para que a reputação da família, as possibilidades de ascensão social e um mínimo grau de simpatia estivessem em razoável equilíbrio. Se tudo isso fluísse na mesma direção, a operação teria sido bem-sucedida.

Mas dessa vez ela nem precisou convencer a filha, pois Elli achava seu futuro marido atraente; a mãe também estava impressionada com a elegância do tenente reservista, e o chefe da família, difícil de agradar, estava positivamente surpreso com o espírito empreendedor de que sentia falta no próprio filho. No entanto, esse não era um "casamento por dinheiro". A família Hermann, que vinha de Zürau, um vilarejo no oeste da Boêmia, até tinha suas próprias terras; mas Karl tinha sete irmãos com quem precisaria dividir tudo, e essa base era muito pequena para começar um empreendimento próprio.

Enquanto isso, o genro aparecia com ideias de negócio que impressionavam até mesmo o velho e desconfiado Hermann Kafka. Karl Hermann queria construir um centro de produção que não tivesse concorrência em Praga, e assim lhe ocorreu — não sabemos como — trabalhar com amianto, uma substância muito usada na indústria para fabricar portas corta-fogo e juntas seguras e resistentes ao calor. Um negócio com produtos de amianto teria futuro certo enquanto houvesse indústria.

Naturalmente, para começar tal empreendimento, o dote de Elli precisava ser generoso, e a maior parcela dessa quantia deveria ser destinada à fábrica, e não à gestão do lar. Isso fazia sentido para os Kafka; a loja deles também havia sido erguida, trinta anos antes, a partir do dote de Julie Löwy, e essa história de se endividar com um banco em vez de com a própria família era um mau hábito moderno, que só fazia rir ao clã judaico. Para eles havia métodos próprios, de eficácia há muito tempo comprovada, de arranjar "garantias".

Hermann Kafka não só valorizava seu genro, ele o admirava. Admiração, é claro, não era o mesmo que confiança. Afinal, tratava-se de um montante de cinco dígitos em coroas tchecas, provavelmente mais do que o lucro de um ano inteiro da loja,[11] e deixar tal capital à disposição de um homem que eles conheciam havia poucos meses era impensável. Os Kafka precisavam manter o controle, mas sem reprimir a iniciativa do genro. Era contraditório, certamente. Mas para que serviam os advogados da família?

A solução que eles enfim encontraram teve, de fato, uma mão do advogado: uma parte do pagamento que os Kafka se comprometiam a fazer não iria para Karl Hermann, e sim para o próprio filho Franz, e este, por sua vez, como sócio, levaria a quantia ao empreendimento. Assim, um membro da família teria acesso garantido aos livros, e, como uma espécie de bônus, Franz teria, um dia, a oportunidade de escapar de sua carreira de funcionário de semiestatal, um beco sem saída do ponto de vista social. Pois, em caso de sucesso, ninguém poderia impedi-lo de se passar de sócio comanditário a sócio comanditado e de se tornar, em todo o sentido da palavra, o que agora era apenas nominalmente: um fabricante. O que mais um filho tão desinteressado em dinheiro poderia querer, além de que os pais colocassem um trampolim social bem diante de seus pés? Nada. E, por isso, no dia 8 de novembro de 1911, no escritório do advogado dr. Robert Kafka, à Wenzelsplatz 35, leu-se em voz alta o contrato de sociedade que fundava a Fábrica de Amianto de Praga Hermann & Co.[12] "& Co": esse era *Kafka*.

A primeira fábrica de amianto de Praga era uma empresa modesta, que estava mais para uma oficina, nos parâmetros de hoje, e ocupava um pátio nos fundos de um edifício. O endereço era Žižkov, Boriwogasse 27, no meio de um subúrbio cinza, predominantemente habitado por famílias tchecas de trabalhadores, onde o aluguel e a mão de obra eram baratos. Já que nem Kafka nem Karl Hermann entendiam coisa alguma de amianto, contratou-se um encarregado alemão, que comandava cerca de vinte trabalhadoras. Produziam-se materiais isolantes, sobretudo "caixas de empanque",[13] e o trabalho era dividido entre catorze máquinas propulsadas por um único motor a diesel com potência de 35 cavalos. Infelizmente, não se conservou uma foto do local, mas há uma descrição que saiu do punho do próprio empresário:

> Ontem, na fábrica. As moças em suas roupas insuportavelmente sujas e folgadas, com os cabelos desfeitos de quem acabou de acordar, uma expressão no rosto fixada pelo barulho incessante das correias de transmissão e das máquinas por certo automáticas mas que empacam imprevisivelmente — essas moças não são seres humanos, ninguém as cumprimenta, ninguém se desculpa ao esbarrar nelas, e, se chamadas a fazer algum trabalhinho, elas o executam e logo voltam para sua máquina, com um gesto de cabeça mostra-se a elas onde intervir; estão ali de saiote, à mercê do poder mais minúsculo e nem sequer dispõem de compreensão serena e suficiente para, com olhares e mesuras, reconhecer esse poder e se fazer simpáticas a ele. Quando, porém, dá seis horas e elas avisam umas às outras, aí, então, desatam o lenço do pescoço e dos cabelos, espanam o pó do corpo com uma escova que perambula pelo salão e que as impacientes clamam para si, enfiam a saia pela cabeça e, tanto quanto possível, limpam as mãos; são, por fim, mulheres, podem sorrir a despeito da palidez e dos dentes ruins, chacoalham o corpo teso, já não se pode esbarrar nelas, fitá-las ou deixar de vê-las, mas, antes, apertamo-nos contra as caixas sujas de graxa para lhes dar passagem, tiramos o chapéu quando elas dão boa-noite e não sabemos o que fazer quando uma delas segura nosso casaco de inverno, para nos ajudar a vesti-lo.[14]*

Não é o mundo linear e discreto dos eletromotores, é a mecânica suja do século XIX que Kafka tem em mente, uma tecnologia oleosa e barulhenta, sempre falha, que depende de correias de transmissão de couro. Ele já conhecia tais oficinas; não raro, alguém que tirava seu ganha-pão dali se sentava com feridas terríveis no escritório da seguradora. Ao menos a

* Franz Kafka, *Diários 1909-1923*, op. cit., p. 207.

prevenção contra acidentes — disso podemos ficar seguros — era exemplar na Fábrica de Amianto de Praga.

Com a distância de um século, soa macabro que justo Kafka, defensor, graças a sua profissão, dos direitos dos proletários, expusesse "suas" trabalhadoras a uma substância de alto grau cancerígeno. Aparentemente, as mulheres usavam lenços na cabeça e no pescoço para proteger a pele das fibras de amianto; mas em nenhum momento se fala em máscaras. Uma única escova para roupas circula pelo salão no fim da jornada de trabalho, como se assim elas estivessem prontas para a noite, o que revela o grau de ignorância das trabalhadoras, do encarregado e dos fabricantes. Há que se imaginar Kafka nessa cena, envolto por uma nuvem de amianto; tanto ele quanto seu cunhado levavam para casa essas fibras, inevitavelmente. Lá, prestava-se especial atenção ao ar fresco, e o próprio Kafka abria constantemente as janelas, deixando o ar viciado sair e a fuligem urbana de lenhito entrar, para o sofrimento da família.

Seus pais nunca leram as notas que ele escreveu sobre a fábrica, e não é difícil imaginar como as teriam recebido. Aquele não era nem o estilo nem a perspectiva do futuro fabricante, era a voz do filho mimado, que de novo estava mancomunando com o pessoal do serviço. O que interessava a Kafka era a fisionomia, o gestual e a expressão das pessoas, aquele aspecto característico que transparecia nos mais inconscientes movimentos do corpo. Ele descreve um ambiente de ritmo desumano, que torna supérfluo e impossível qualquer tipo de intimidade, gentileza, erotismo, qualquer forma de compreensão mútua. Tal qual um etnólogo experiente, Kafka percebe como aquilo que vivencia tem efeito sobre seu próprio comportamento, que se ajusta perfeitamente às circunstâncias. Seu olhar vai fundo, para fora e para dentro. Mas seu interesse não vai além da vontade de observação e de reconhecimento. Nada, absolutamente nada sugere que esta é a *sua* fábrica.

Em poucas semanas, os pais de Kafka começaram a entender que seu engenhoso plano tinha um problema. O filho não dava as caras no negócio da família. A maquinaria mal começara a rodar, e ele já havia retomado seus antigos hábitos; ia passear à tarde ou se sentava à escrivaninha com cadernos e livros, e chegou até a sair à noite de casa, enquanto na sala o pai e o cunhado tratavam de preocupações da fábrica. Era ultrajante. Ele não tinha encorajado o pai, que a princípio estava apreensivo com os riscos, e concordado expressamente em "vigiar" o cunhado com sua presença regular na fábrica? Ao que parecia, ele havia esquecido que não estava fazendo um favor, e que a chance de um dia se tornar um empresário rico não era um *shot for nothing*, um jogo sem aposta. Kafka era, ao mesmo tempo, "sócio solidário", e isso significava que, em caso de falência, eles não perderiam apenas a participação do pai, mas ele responderia com todo o seu capital privado, ou seja, suas economias. Os pais acreditavam que essa pressão seria suficiente para, de tempos em tempos, lembrar o filho de suas promessas e de seus verdadeiros interesses.

Mas não era preciso lembrá-lo disso; durante semanas e meses, Kafka se viu exposto a uma maré de autocensuras, que lhe roubavam o sono sem oferecer uma solução prática. Em um momento de estupidez, às cegas, ele entregara sua vida a uma obrigação que lembrava desesperadoramente o "eterno retorno do mesmo": manhãs no escritório, tardes na fábrica, noites e finais de semana para balanço de contas, planos e decisões. Isso sem falar nas habituais reclamações que chegavam até ele, e pareciam fazer parte dos negócios como o ar da respiração. Kafka entendeu tarde demais que isso não significava apenas o fim da escrita; era o fim da concentração, da autoconfiança, era, conforme ele escreveu nos últimos dias desse ano fatídico, o "aniquilamento total da minha existência".[15] O pai resmungava sem parar, até o genro o perseguia com olhares que pareciam censurá-lo — e tudo isso não serviu de nada; Kafka estava decidido a parar de correr contra o tempo. Disse que não entendia nada da fábrica. Não estava ajudando ninguém, de pernas para o ar. Ninguém acreditou no que estava ouvindo. Então cessaram as acusações. E o silêncio tomou conta da mesa de jantar.

A fundação da fábrica de amianto, a rápida perda de controle econômico e a eventual falência do negócio estão entre os episódios mais excruciantes e graves na vida dos Kafka. Os conflitos — em parte discretos, em parte acalorados — durariam por anos, sempre alimentados por novos problemas financeiros e pela hesitação desesperada do filho, que pela primeira vez se viu diante de uma cerrada frente de acusadores. Ele, o único da família que tinha alguma noção de tecnologia industrial, os havia encorajado, e essa decisão precipitada, esse delito que lhe parecia mínimo, resultou no pior castigo. Kafka já não entendia como podia ter se enfiado em um assunto que lhe era tão alheio, distante e profundamente indiferente. Tudo se deu como em um sonho, um pesadelo que não queria terminar.

E não poderia terminar enquanto Kafka não conseguisse dar um sentido à fissura que começou a se abrir na sua cabeça. Sim, ele odiava o escritório, a loja, a fábrica. Mas todas essas esferas seguiam um propósito, levantavam uma bandeira. Ninguém podia desconfiar desse propósito, ninguém podia contestá-lo; qualquer um que dedicasse a vida a essas esferas *cheias de sentido* encontrava nelas satisfação e orientação. Os pais *sempre* souberam o que queriam, e enquanto Kafka tinha clareza de que abominava a agitação implicada nisso tudo, em momentos de fraqueza ele acreditava reconhecer ali uma sabedoria superior, de uma autossuficiência que ele nunca alcançaria. *De quê* viviam e *para quê* viviam: para os pais, as irmãs, os parentes e colegas, era tudo a mesma coisa. Já para ele, o de quê e o para quê, o porquê e o para quê, o motivo e o propósito, a origem e o destino, o começo e o fim iam em direções diametralmente opostas, fragmentando toda a sua vida.

"Não vou mais abandonar meu diário. É a ele que preciso me agarrar, porque é só onde posso fazê-lo."[16] Grande momento para se lembrar disso. Quando, tarde da noite, a paz enfim reinava, Kafka abria as gavetas secretas de sua escrivaninha e sacava alguns cadernos in-oitavo, pretos ou marrons. Se estivesse frio demais, ele levava os cadernos, uma caneta tinteiro e um frasco com tinta preta para a sala, ainda aquecida pela brasa dormida — onde o silêncio só era rompido pelo canário, que se mexia debaixo do seu pano, e pelo relógio pesado e cheio de ornamentos entronado no aparador. Às vezes também se ouvia o ronco abafado do elevador, mas era raro alguém voltar tão tarde para casa; a porta do prédio já estava trancada havia muito tempo, e quem ainda quisesse sair ou entrar teria que tocar na casa do zelador. Ele era o único que tinha uma chave. E isso custava seis centavos.

Se Kafka deixava o olhar correr solto pela sala, inevitavelmente dava com a estante: uma lembrança silenciosa de que escrever tinha a ver com publicar e de que não se podia escrever sem ler. Todos os livros ali enfileirados, quase sem exceção, pertenciam a ele; no quarto já havia o armário de roupas, e não sobrava espaço para uma segunda "caixa" (*Kasten*, como ele dizia, por ser austríaco). Mas Kafka não era um colecionador, não precisava de muito espaço. Havia alguns clássicos alemães — Goethe, Kleist, Hebbel, Grillparzer —, nenhum deles completo, além de Flaubert, Dostoiévski e Strindberg, diários e biografias sem ordem aparente, algumas obras filosóficas e jurídicas dos anos de estudante, guias de viagem, é claro, livros juvenis talvez e alguns dos *Schaffsteins Grünen Bändchen* [Pequenos volumes verdes de Schaffstein], com aventuras em regiões exóticas. Sem falar em livros ocasionais que amigos haviam escrito, exemplares presenteados com dedicatórias: "para o querido dr. Franz Kafka", ou "para o Franz", dependendo do autor.

Mas nenhum livro levava seu próprio nome. Era estranho. Até onde se lembrava, Kafka sempre tinha se refugiado nesses cadernos de oleado; era o lugar onde ficava a sós consigo mesmo, onde tudo o que os sentidos registravam era o traço da tinta e o leve ruído da caneta arranhando o papel. Um livro impresso não dava a mínima ideia desse estado vivo, fluido, flutuante, era uma cópia congelada, a imagem de uma imagem, e Kafka precisou de tempo e esforço para reconhecer a importância de ter sua obra impressa. Isso mudaria, mas até então só alguns poucos leitores haviam tido a chance de vislumbrar sua fonte, que sempre voltava a ser interrompida e lhe parecia digna de todo sacrifício, ainda que ele não pudesse dizer exatamente o que "sairia" dali. Kafka escrevia, mas não dava uma forma aos seus escritos; riscava e destruía mais do que guardava. De um emaranhado de anotações, só saíam alguns poucos textos em prosa, e nem os trechos publicados na *Hyperion* nem o inventivo *Descrição de uma luta* haviam tido alguma repercussão. Outra narrativa, *Die Hochzeitsvorbereitungen auf dem Lande* [Preparativos para um casamento no campo],* que naufragou no meio de uma frase depois de várias tentativas de começo, não podia nem sequer ser pensada como um "reaproveitamento" fragmentário, sem falar em seu fracasso mais recente, "O mundo urbano", iniciado em 1911 e interrompido depois de algumas páginas: uma narrativa com um pai resmungão, cujo vulto cobre uma janela inteira, e um filho de aspecto duvidoso, um fanfarrão, que leva uma "vida desregrada" e há dez anos está fazendo doutorado... Não, teria sido difícil lançar-se em tais fantasias de desgraça, ainda mais agora, no meio das brigas em torno da fábrica de amianto.

Esse era, portanto, o "trabalho" de Kafka, essas eram as "coisas" que — mesmo na confusão do dia a dia — lhe importavam mais do que tudo. "É a ele que preciso me agarrar", ele havia prometido a si mesmo, e esse "preciso" seria repetido inúmeras vezes em sua vida. Escrever cartas para editores, ler provas, reclamar de erros de digitação, agradecer por honorários

* Título de Kafka não publicado no Brasil mas referido por Modesto Carone em aparatos editoriais como *Preparativos para um casamento no campo*. Essa tradução será doravante empregada no presente volume.

de algumas coroas, resenhar e ser resenhado, tudo isso era um jogo com regras que ora valiam, ora não, um jogo com rostos que iam e vinham. O "preciso" era um empoderamento, um grande consolo — e ao mesmo tempo uma *lei* sinistra e sem nome, que aparecia numa forma vaga e ameaçava enterrar tudo embaixo de si. "Uma invocação ecoa constantemente em meu ouvido", ele escreveu três dias depois. "'Se viesses, tribunal invisível!'" — esse chamado foi ouvido, e logo.

2.
Solteiros, velhos e jovens

> [...] *portanto às vezes a vida mais difícil é aquela que trata do nada.*
>
> Kierkegaard, *Stadien auf dem Lebensweg* [Estádios no caminho da vida]

Franz Kafka é o solteiro da literatura mundial. Ninguém, nem o leitor mais aberto, consegue imaginá-lo ao lado de uma "sra. Kafka", e a imagem de um chefe de família de cabelos brancos, cercado de netos brincando, é totalmente inconciliável com aquela figura esguia e de riso constrangido a que chamamos *Kafka*, que desabrochou cedo e se apagou cedo. Kafka como oficial, como conselheiro, como vencedor do prêmio Nobel — até o mais improvável soaria mais provável.

Há motivos válidos e equivocados para que seja assim. Um dos mais equivocados é a nossa tendência de projetar os paradigmas estéticos e morais que Kafka defendia — paradigmas que ele sempre subordinou ao conceito polivalente de "pureza" — em sua vida real, vivida. Ele não era nem inocente nem puro, nem incorpóreo nem assexual. Durante seus anos de universidade, Kafka teve tantos casos sexuais e amorosos quanto qualquer outro homem burguês de sua idade, e circulava muito bem pelo submundo das tabernas de Praga, com suas fronteiras fluidas entre entretenimento e prostituição. Kafka também frequentava bordéis, o que talvez tivesse espantado suas irmãs, mas dificilmente seus pais, que sem dúvida prefeririam um filho "normal" em todos os aspectos a um asceta. Havia um eufemismo corrente para a iniciação sexual, *sich die Hörner abstoßen*, literalmente, "desfazer-se dos chifres",* uma atividade aceita e até mesmo socialmente desejável numa determinada fase da vida de um homem: pois assim se esperava evitar que aquele negócio chamado casamento, cercado de grandes responsabilidades, fosse afetado por desejos sexuais inoportunos.

* A expressão tem origem no latim *depositio cornum*, e está ligada a rituais de iniciação de estudantes, correntes nas universidades europeias da Idade Média até o século XVIII. Não há expressão correspondente em português.

Anos mais tarde, o pai o acusaria expressamente — diante da mãe — de ter renegado estratégias de vida já consagradas havia muito tempo quando quis se casar com uma mulher que desejava, em vez de se tranquilizar com uma prostituta.

Mas, mesmo entre amigos sensíveis, idas a bordéis não eram consideradas embaraçosas. Naquele tempo, até a mais fugaz das relações sexuais corria o risco de dar em noivado ou escândalo, por isso ninguém questionaria um "cliente" jovem e solteiro quanto à real necessidade de estar ali. Mesmo Kafka, cujo pudor era fácil de suscitar, não hesitou em visitar casas de prostituição em Praga, Milão e Paris na companhia de Max Brod. Era mais excitante, mas não muito mais condenável do que outros entretenimentos "baratos".

É claro: cada coisa no seu tempo — essa lei seguia valendo para o entorno de Kafka, mesmo que houvesse liberdade sexual. Seus amigos fantasiavam quando refletiam sobre isso, mas todos tinham consciência de que era um estado de transição, uma moratória, que teria de ser sucedida por *outra* forma de lidar com a sexualidade. Mesmo Max Brod, que vivia uma vida francamente promíscua, não suportaria a ideia de seguir passando as noites nas tavernas aos quarenta ou cinquenta anos, com uma "menina" paga no colo e estudantes lançando risinhos irônicos da mesa ao lado. Não, embaraçoso não era frequentar bordéis, embaraçoso era ser um solteirão que realmente "precisava" daquilo. E, por mais que Brod temesse a falta de erotismo do casamento, ele não queria renunciar à possibilidade de um dia se estabelecer, tanto do ponto de vista social quanto sexual.

As perspectivas não eram muito diferentes para o bibliotecário Felix Weltsch, outro amigo próximo que sempre se encontrava com Brod para ler textos filosóficos — às vezes na companhia de Kafka, que colaborava com umas poucas interjeições. Um ano mais novo que Kafka e com dois doutorados nas costas, Weltsch também era solteiro, mas administrava a situação com um rigor neurótico. Havia anos registrava os altos e baixos de uma relação que ia levando, e temia seu fracasso mais como derrocada moral do que emocional. "É preciso querer o impossível", respondia quando o recriminavam, e assim colocava sua existência sobre um trilho que só poderia levá-lo a um casamento excruciante e conflituoso, o que era visível e previsível para todos, menos para ele. Weltsch colecionava cartas de amor, cópias de cartas de amor e memorandos taquigráficos de conversas, ordenava-os e reunia-os como se fossem autos de um tribunal e lia partes deles em voz alta para Kafka e Brod. Embora não tenhamos acesso aos detalhes dessa malfadada história, é de imaginar que em algum momento Weltsch tenha parado de ver sentido em toda a empreitada, de tão obcecado. Como seu salário era baixo, ele não tinha chances de ascensão e nunca conseguiria viver dos seus escritos filosóficos; qualquer um que o observasse de relance notaria que Weltsch estava caindo em uma armadilha social. Seu humor sóbrio escondia que essa era uma questão central para ele, e por vezes enganava até os amigos. Mas, no instante em que Weltsch decidiu se casar, Kafka ficou assustado de reconhecer sua própria imagem espelhada.

A desorganizada vida amorosa de Brod era mais prazerosa, mas no fundo revelava a mesma desordem, a mesma discrepância, e por mais que ele conseguisse celebrar o êxtase de um momento, não aceitava o luto inevitável à integração na sociedade. Ele evitava viver esse luto, e para combatê-lo se envolvia em atividades. Era tão mulherengo que deixava até as criadas da família inseguras, o que tinha desdobramentos dramáticos. Primeiro porque, apesar de sua própria desonestidade, ele não conseguia controlar os ciúmes; depois porque era difícil evitar encontros indesejados em Praga, com sua dimensão provinciana. Brod seguia morando com os pais, mas tinha alugado um quarto (que seu irmão Otto também gostava de usar) especialmente para as aventuras sexuais, e assim dispunha de um canto protegido, fora do campo de visão da família, diferente de Kafka. Seus escritos íntimos mostram uma figura vacilante do ponto de vista erótico, nos seus vinte e poucos anos, oscilando entre desejo, ódio, irritabilidade, sentimentalismo e uma excitação adolescente que podia ser despertada tanto por um beijo recusado quanto por um gesto feminino de autonomia e determinação. Isso sem falar no constante medo da gravidez, que tornava cada "experiência" um jogo de apostas altas e aumentava o potencial de excitação.

Mas, não muito diferente de Weltsch, que era sistematicamente infeliz, Brod estava focado em seu caso com uma jovem chamada Elsa Taussig, que tinha sede de educação e, portanto, podia ser educada, ia a concertos de música clássica, estudava línguas estrangeiras, sonhava com uma formação universitária e tinha as próprias experiências literárias. Só quando falava dela, Brod pronunciava a palavra "casamento", ainda que não estivesse tão claro se Taussig era qualificada o bastante para ser sua mulher. Pois os sentimentos que nutria por ela oscilavam e eram tão imprevisíveis quanto os que nutria por qualquer outra mulher: Brod a perseguia com seus ciúmes, reconciliava-se ao vê-la em um novo vestido de primavera, passava horas felizes com ela "no quarto" e no dia seguinte a achava de novo apagada, pálida e magra. Por vezes se entusiasmava com suas ideias teatrais — escreveu a narrativa de humor "Aus einer Nähschule" [De uma escola de costura] a partir de vivências de Elsa Taussig — mas depois voltava a achar enervante sua melancolia, ingênuas as observações que fazia sobre suas obras, e infantil sua incapacidade de "falar naturalmente" com Kafka. Mas ele estava perseguindo um projeto chamado *casamento*, que não seguia uma lógica pessoal, exatamente como havia sido na geração dos pais. E assim Brod, o poeta amoroso, também entendia que era sua obrigação dar aos pais detalhes sobre as condições financeiras da escolhida, além de mostrar-lhes algumas fotos.

Kafka observava essa conduta como conselheiro e espectador benevolente, mas sem trilhar ele próprio o caminho seguido por Weltsch e Brod. Ele via as liberdades do solteiro como um fenômeno controlado; no fundo, eles não eram tão diferentes de estudantes de direito bêbados, que mesmo quando excediam todos os limites não questionavam a necessidade do exame de final de curso. Cada coisa no seu tempo. Mas Kafka foi o único desse círculo íntimo de amigos que se viu atormentado por dúvidas, e elas ficavam cada vez maiores. Certo, para a sociedade e a família, o casamento era um "exame" pelo qual ele teria de passar em algum momento, e essa expectativa era totalmente legítima. Por outro lado, o casamento era uma realização que não lhe parecia tão natural, que demandava certos recursos psicológicos de sua parte. Será que ele passaria nessa prova? As experiências dos anos anteriores davam mostras de que esse não era seu forte. Ele nunca havia sido muito bem-sucedido em uma relação de longo prazo com uma mulher. Podia admirar os êxtases amorosos de Brod, mas sem de fato entender o que o amigo sentia. Ainda não conhecia a aflição do ciúme. Seria o ciúme uma carência, uma incapacidade? Talvez. Mas quando Kafka observava a si mesmo, sentia que a coisa não o levava *nessa direção*. Os outros estavam traçando um raio predeterminado. Ele olhava para um único ponto.

> É possível identificar muito bem em mim uma concentração para a escrita. Quando ficou claro em meu organismo que a escrita era a tendência mais produtiva de meu ser, tudo o mais acorreu ao seu encontro, esvaziando todas aquelas capacidades que, de início, dirigiam-se para as alegrias do sexo, da comida, da bebida, da reflexão filosófica e da música. Tudo isso minguou em mim. E era necessário, porque o conjunto

de minhas forças era tão diminuto que só reunidas elas poderiam servir minimamente ao propósito da escrita. É claro que não encontrei esse propósito por conta própria e de maneira consciente; ele é que se encontrou por si só e, agora, estorva-o tão somente o escritório, mas de maneira radical. De todo modo, não me é lícito agora chorar por não ser capaz de tolerar nenhuma amada, por entender do amor quase tanto quanto entendo de música, por ter de me contentar com seus efeitos mais ligeiros e superficiais [...].[1*]

Kafka escreveu isso no começo de 1912: era seu típico balanço da virada de ano. Não se fala em casamento, e a sexualidade aparece como uma capacidade entre outras de igual valor. Kafka formula aqui pela primeira vez seu projeto de vida e, ao mesmo tempo, o germe de um mito interior, ao qual se agarrará e que desenvolverá com consistência: não é ele que toma a decisão final, e sim seu "organismo", portanto sua constituição, portanto uma coisa imutável. Mas essa decisão já está tomada, Kafka a decifra, quase a recita — com um orgulho visível pela própria resolução de sacrificar o que for necessário sem reclamar.

Parece frívolo. Um homem de 28 anos renuncia aos prazeres da vida, com um ato mais ou menos violento de vontade; milhares fizeram isso antes de Kafka por motivos religiosos. Mas a única coisa que sustenta essa renúncia é sua autoimagem. Seja bom ou ruim, sou assim, e portanto tudo isso não é mais uma questão para mim. Esse gesto nervoso e prematuro não se torna mais convincente quando Kafka logo preenche o vazio e dá um sentido totalmente diferente à sua vida. Ele fala em "chorar". Não parece entender o verdadeiro valor daquilo que está rejeitando.

O fato é que Kafka ainda não havia tido uma experiência concreta de uma vida totalmente dedicada ao ato de escrever; não conhecia os tormentos dessa renúncia definitiva, nem fazia ideia de como a grande prova já estava próxima. Mas também não se pode dizer que ele havia ignorado as consequências a longo prazo. Mais do que refletir sobre elas, por muito tempo ele as vivera em sua imaginação, colocando na balança seu desejo por uma vida pessoal; havia ainda criado uma imagem externa de forçado desconsolo.

* Franz Kafka, *Diários 1909-1923*, op. cit., pp. 187-8.

> Parece tão ruim permanecer solteiro e já velho pedir acolhida — mantendo com dificuldade a própria dignidade — quando se quer passar uma noite em companhia das pessoas, estar doente e do canto da sua cama fitar semanas a fio o quarto vazio, despedir-se sempre na porta do prédio, nunca abrir caminho para o alto da escada ao lado da esposa, ter no quarto apenas portas laterais que dão para apartamentos de estranhos, trazer numa das mãos o jantar para casa, ter de admirar os filhos alheios e não poder continuar repetindo "não tenho nenhum", tomar por modelo, no aspecto físico e no comportamento, um ou dois celibatários das lembranças de juventude.
>
> Assim vai ser, só que na realidade, hoje como mais tarde, ali estará o mesmo de sempre, com um corpo e uma cabeça real — ou seja, com uma testa também — para bater nela com a mão.*

"A infelicidade do celibatário" é o título desse texto em prosa que Kafka escreveu em novembro de 1911, semanas antes de fazer seu balanço de vida no diário. É um autorretrato no sentido estrito da palavra: não "assim serei", mas "*assim aparentarei*". Tudo o que poderia compensar a solidão foi omitido: esse solteiro imaginário é totalmente desprovido de criatividade, não escreve, não lê, não toca nenhum instrumento, assim como os futuros heróis de Kafka, todos solteiros que nunca irão além de lamentáveis hobbies. Pois *nada* é capaz de ocupar o lugar da vida.

Kafka está diante de um espelho, mas nega a si mesmo qualquer possibilidade de apelo. Ele sabe que a comunidade não é obrigada a mitigar sua "infelicidade". Pois a comunidade fala com a própria voz da vida, enquanto o solteiro abriu mão da vida. Por muito tempo, Kafka se viu diante da ameaça de um dia não ser mais considerado membro da família humana; e não era só um capricho hipocondríaco do jovem preocupado com a aposentadoria. Por "solteirão" ou "velho" solteiro não se entendia necessariamente um homem velho, e sim alguém que havia deixado passar o momento certo de formar uma família. Blumfeld, aquele "solteirão" que Kafka descreveria em um fragmento mais longo subindo a seus tristes aposentos, tem vinte anos de trabalho de escritório às suas costas e mais três décadas de solidão pela

* Franz Kafka, "A infelicidade do celibatário". In: *Contemplação/ O foguista*. Trad. de Modesto Carone. São Paulo: Companhia das Letras, 2021, p. 21.

frente: um homem de cerca de quarenta anos, portanto. Mesmo em *Der Schwierige* [O homem difícil], de Hofmannsthal, de 1921, o protagonista de 39 anos é qualificado como "solteirão": um estigma, uma espécie de dívida social que começa a crescer cedo e nunca será perdoada.

Kafka tinha dúvidas de que um dia chegaria a ser tão velho. Como precisava lidar sempre com estatísticas demográficas, sabia que se aproximava da metade de sua vida; já era tempo de pensar na segunda metade. Mas "com um corpo assim nada se consegue", escreveu no diário uma semana depois de "A infelicidade do celibatário".[2] Ele se sentia debilitado, à beira do colapso, consumido por tensões constantes e insuficiências que percorriam todo o corpo, e todos deviam notar que ele não era um homem no auge de sua vida. Kafka tinha um aspecto juvenil, acontecia de o tomarem por um aluno de escola, justo ele, que era funcionário e doutor. Era engraçado, mas também perverso. Um solteiro no corpo de uma criança: um monstro social.

Mais do que aceitar esse estigma, Kafka se identificou em tal grau com ele que uma mudança radical nas suas perspectivas de vida se tornou inconcebível. Ele ainda não tinha nem trinta anos e já estava projetando sobre si mesmo a terrível imagem do solteirão. O medo de ficar sozinho até o fim transformou-se na certeza de não ter forças para evitar essa sina. Mas ele sabia que a comunidade invejava secretamente a autonomia de quem só se preocupava consigo mesmo — não era um consenso que solteiros e "solteironas" eram esses seres tristes, pálidos e ridículos que as histórias em quadrinhos gostavam de desenhar. Mas Kafka era atormentado por um sentimento profundo de vazio, pelo medo de desviar sua vida para fora da própria vida, e suspeitava que a autonomia, alçada a um fim em si mesmo, não poderia fazer nada para combater essa realidade. Ele chamava isso de "sentimento de quem não tem filhos", que lhe era familiar havia muito tempo, e fora despertado novamente com o casamento das irmãs; mas Kafka só conseguiu encontrar as palavras exatas para descrevê-lo dois anos antes de morrer: "depende sempre de você, quer você queira ou não, depende continuamente de você, a cada instante e até o fim, a cada momento de nervosismo extremo, e sem resultado nenhum. Sísifo era um solteirão".[3]

Haveria modelos alternativos? Sem dúvida, mas eles só apareciam raramente, e Kafka não achava que deviam ser tomados como "exemplos". A energia com a qual Brod habitava seu corpo fraco e visivelmente disforme deixava Kafka atônito, como se fosse uma façanha atlética. Querer o impossível, como pregava Weltsch, era uma ideia bonita, mas só daria para pensar nela se o "possível" fosse fácil de alcançar. Com Weltsch, ele teria "formado uma espécie de irmandade dos solteiros", como definiu mais tarde, "que para mim, ao menos, era totalmente assombrosa em alguns momentos".[4] Para *ele*: Kafka sabia que para Weltsch era bem diferente. A batalha com a noiva terminaria um dia. E então viria o casamento, e talvez com ele outras batalhas. Mas não a vida de Sísifo, essa não.

O raio social de Kafka era limitado demais para que ele pudesse buscar exemplos de modo sistemático. Até então, o único cenário em que ele observara um grupo com interesses intelectuais variados havia sido um salão filosófico organizado pela mulher de um farmacêutico, Berta Fanta. Mas ali nunca eram debatidas questões pessoais, e Kafka, que ficava cada vez mais entediado com discussões teóricas, se retirou. Depois disso ele se limitou a dois ou três amigos íntimos, que encontrava com frequência; podia aparecer em suas casas sem avisar. Só em 1911, passou setenta dias com Max Brod, incluindo uma viagem que fizeram juntos a Milão e Paris, passando pela Suíça. Somavam-se alguns compromissos com Weltsch, assim como os encontros semanais na casa do escritor Oskar Baum, onde os amigos liam em voz alta trechos de seus trabalhos — um costume que eles mantinham havia anos.

Baum era o único casado nesse círculo íntimo, e o único que já tinha um filho pequeno. Mas Kafka não podia medir seu destino a partir do dele, pois Baum era cego. Precisava de ajuda da tecnologia para escrever (trazia sempre consigo uma máquina de braile) e dependia muito mais da leitura em voz alta do que os outros. Era preciso buscá-lo para ir a um café e para breves passeios; já as tavernas, os cabarés e os teatros lhe eram vedados (embora escrevesse também para os palcos). Para viagens de férias, faltava-lhe dinheiro. Baum sustentava a família quase que exclusivamente como organista e dando aulas de piano, e vivia esperando um convite ou uma carta de algum editor que prometesse acabar com essa situação. Mas como em seus dois primeiros livros ele tratava da sina da cegueira (e sobretudo da *assistência social* aos cegos),[5] acabou sendo identificado por muito tempo com esse gênero, e Brod, que tentava servir-lhe de mediador, tinha que se esforçar para tirar essa pedra do caminho.

A mulher de Baum quase sempre estava presente, por isso era raro eles tocarem em problemas pessoais mais delicados, e até então Kafka não conhecia muito bem esse casamento. Em 1911, ele ainda usava o pronome formal de tratamento, *Sie*, para se dirigir ao amigo; assessorava-o com a revisão de manuscritos, e é provável que reclamasse da vida dupla que levava, dia e noite, mas ainda não devia suspeitar de que mesmo Baum, de constituição psíquica muito mais robusta, começava a sentir que a convivência com mulher e filhos era inconciliável com a concentração do processo criativo. Ainda assim, não era só com solteiros ou fantasmas que Kafka passava seu tempo livre. Sua mãe quase ficou feliz de saber disso. Um professor de música, com família: era alguém que inspirava confiança, e que seu filho talvez pudesse tomar como exemplo. De modo que, no começo de março de 1911, preocupada com o comportamento cada vez mais extravagante de seu filho, ela escreveu uma carta para Oskar Baum, na qual lhe rogava que enfim "colocasse a cabeça do Franz no lugar". Uma "carta tocante", como observa Brod em seu diário.

O mundo dos judeus de Praga era cristalino, a rede de observação bem trançada, e a voz dos pais nunca estava longe. Ainda assim, sobre esse palco estreito brilhava uma utopia que prometia uma espécie de redenção, uma vida para além da solteirice e do casamento, uma vida levitante, flutuante, voltada apenas para a arte. Essa utopia se chamava *Werfel*. Kafka já admirava esse rapaz havia muito tempo; tudo caía nos seus braços desavisadamente, bastava que ele os estendesse. É verdade que Werfel não era um exemplo a ser seguido, no qual Kafka poderia confiar; a diferença de sete anos de idade entre eles criava um abismo em termos de experiência e responsabilidade, que não deixava aquela proximidade saudável se estabelecer. Mas a vitalidade de Werfel já era um consolo para Kafka, e o fato espantoso de que alguém pudesse se exibir tanto sem que o mundo lhe virasse as costas.

Werfel, que mal havia saído da escola, era uma criança no jardim do Éden: gorducho, olhos saltados, barulhento e impertinente, ingênuo no limite do ridículo, sentimental, de notório otimismo, facilmente excitável, favorecido pela superproteção materna e ao mesmo tempo vítima dela, bem abastado e com perspectivas de receber uma grande herança. Irradiava um entusiasmo quase físico, que podia se dirigir tanto ao objeto mais insignificante quanto à humanidade inteira, e que arrebatava qualquer um com sua intensidade. Nenhum garçom entrava em cena quando Werfel de repente irrompia no Café Arco e declamava seus novos poemas, com um páthos que silenciava todas as conversas do ambiente: e mesmo o pessoal do Gogo, o legendário bordel aristocrático de Praga, na Gemsengasse, aplaudia com animação quando o admirável rapaz cantava árias de cor com sua bela voz de tenor.

Werfel era uma descoberta de Max Brod, que fez longa campanha pelo estreante com seu editor de Berlim, Axel Juncker. Brod amava o papel de mentor público, mas era incapaz de reconhecer a autonomia e a singularidade das produções literárias, e muito menos de observar calmamente como seus protegidos iam encontrando pouco a pouco seu caminho. Werfel ficou feliz da vida quando, em abril de 1911, seis meses antes de lançar seu primeiro livro, *Der Weltfreund* [O amigo do mundo], descobriu seus próprios poemas na revista *Die Fackel* [A tocha], editada por Karl Kraus: era o reconhecimento máximo, que não podia ser oferecido por Brod. E embora fosse uma confirmação também para Brod, que teve seu crivo literário endossado por uma instância independente, ele não estava no clima de comemorar. Pois justo agora ele se metera numa polêmica jornalística com Kraus, que usou armas muito mais potentes e envergonhou Brod com uma série de citações inglórias de sua própria obra. Brod ficou fora de si, mas em Praga ninguém levantou a voz para defendê-lo, e Werfel tampouco viu razão para se envolver na briga de seus padrinhos.

Brod teve uma forte desilusão ao se ver catapultado para fora do centro imaginário da literatura de Praga, o que se nota tanto no modo indefensável como reagiu a esse episódio, quanto em sua autobiografia que sairia décadas depois, *Streitbares Leben* [Vida de conflito]. "Que bonito é", escrevera no diário em maio de 1911, "ver sua influência florescer em um espírito tão talentoso quanto inflamado, e vê-lo chegar a expressões totalmente novas, mas intimamente ligadas às minhas!" Nessa altura, ele ainda acreditava que seu *Tagebuch in Versen* [Diário em versos] (1910) tivesse sido decisivo para os hinos de Werfel. Quando, dias mais tarde, abriu a *Fackel*, encontrou essa genealogia rachada. Justo na página oposta a um poema de Werfel, Kraus brincou com a semelhança entre o nome de Brod e a palavra *Brot* [pão], para mostrar que a literatura de Brod era melosa, de má qualidade: *Geist auf Brod geschmiert ist Schmalz* [O espírito que cobre o Brod é manteiga].[6] Werfel não podia fazer nada, mas tampouco se importou muito. Enquanto Brod queria declarar sua cidade natal uma zona interditada para o comediante de Viena, Werfel convidou o Kraus da *Fackel* para leituras em Praga, e ainda por cima o apresentou a sua família, como se nada tivesse acontecido. Era mais que ingratidão, era traição. E Brod acreditou nisso até o fim da vida; ele exagerou a dívida de gratidão de Werfel e, mais do que isso, não hesitou em manipular os diários de Kafka para enfraquecer a suspeita de que o que sentia era pura inveja.[7]

Essa suspeita já era evidente para seus contemporâneos e, ao contrário de Brod, Kafka não hesitou em reconhecer sua inveja.

> Odeio W[erfel]., não porque o inveje, mas o invejo também. É saudável, jovem e rico, e eu não sou nada disso. Além do mais, com sua musicalidade, escreveu cedo e facilmente coisas muito boas, tem atrás e diante de si a mais feliz das vidas; já eu trabalho com pesos de que não consigo me livrar e inteiramente apartado da música.[8]*

Acima de tudo, Werfel podia contar com o apoio da família, bem diferente de Kafka, que se sentia cada vez mais alienado da sua, e desde a fundação da fábrica de amianto a situação parecia irreversível. A mãe de Werfel perdoava o mau desempenho do filho na escola, alegando que os maravilhosos poemas que ele escrevia deixavam-lhe pouco tempo para estudar — daria para imaginar alguma coisa do tipo saindo da boca dos Kafka? É verdade que Rudolf Werfel, um industrial condecorado, também acreditou por muito tempo que toda puberdade um dia chega ao fim e que Franz um dia assumiria a fábrica de luvas da família; qual seria a alternativa? Ele mandou o filho para um escritório da empresa em Hamburgo para que adquirisse conhecimentos básicos e, como essa empreitada logo deu errado, insistiu em que Franz se alistasse no serviço militar. Mas, embora nenhuma dessas medidas educativas tenha dado frutos, no fim os pais se orgulharam de seus sucessos literários, e inclusive cuidaram de seus interesses editoriais.

O efeito direto da linguagem de Werfel logo fez Kafka deixar seu "ódio" de lado. "Por um momento temi que o entusiasmo fosse me arrastar diretamente até o desatino", escreveu em dezembro de 1911, poucos dias depois da publicação de *Der Weltfreund*. Foi uma das poucas ocasiões em que concordou com o crivo de toda a cena literária de Praga.[9] O primeiro volume de poemas de Werfel foi uma sensação, com 4 mil exemplares vendidos já no primeiro mês, e as portas se abriram para o jovem rapaz em

* Franz Kafka, *Diários 1909-1923*, op. cit., p. 163.

Viena, Leipzig e Berlim, como em um sonho, enquanto ele continuava celebrando o êxtase da criação espontânea em casa, de preferência com pessoas da sua idade. Willy Haas, seu amigo mais íntimo e editor da revista *Herderblätter*,* o dramaturgo Paul Kornfeld, à época ainda um médium espírita, e Ernst Deutsch, ator nato: todos eles colegas de turma que testemunharam Werfel remexendo suas coisas atrás de um toquinho de lápis e uma folha em branco.

Meu único desejo, ó homem, é ser ligado a você!
Seja você negro, acrobata, ou caso ainda repouse nas asas maternas profundas,
Caso soe pelo pátio sua cantiga de menina, caso você pilote sua jangada na
[luz do entardecer,
Seja você soldado ou aviador, cheio de perseverança e bravura.

Você também levava uma espingarda na bandoleira verde quando criança?
Ela disparava e uma rolha amarrada escapava do tubo.
Meu homem, quando eu canto lembranças,
Desfaça-se em lágrimas comigo, não seja duro![10]**

A ideia de que Werfel — loiro, reluzente de suor, uniforme de voluntário e sabre a tiracolo — tenha recitado esses versos no Café Arco é difícil de conciliar com sua fama inicial de poeta: é kitsch, e é cômico. De fato, essa poesia do tipo "ó homem" se tornou alvo de troça, inclusive entre inúmeros de seus admiradores dos primeiros tempos — sobretudo *depois* da guerra. Muitas vezes eles nem se lembravam de que *antes* da grande catástrofe essa linguagem simples, dinâmica e aparentemente avessa a artifícios arrebatava os ouvintes, para além das habituais disputas entre nacionalidades, partidos e religiões. Novos horizontes da reconciliação pareciam se abrir, uma extraordinária valorização da natureza infantil, a potência do sentimento para além da psicologia, a defesa da pura intensidade da vida, que não dependia de argumentos.

* A revista da Herdervereinigung [Associação Herder]. ** "*Mein einziger Wunsch ist, Dir, oh Mensch, verwandt zu sein!/ Bist Du Neger, Akrobat, oder ruhst Du noch in tiefer Mutterhut,/ Klingt Dein Mädchenlied über den Hof, lenkst Du Dein Floß im Abendschein,/ Bist Du Soldat oder Aviatiker voll Ausdauer und Mut.// Trugst Du als Kind auch ein Gewehr in grüner Armschlinge?/ Wenn es losging, entflog ein angebundener Stöpsel dem Lauf./ Mein Mensch, wenn ich Erinnerung singe,/ Sei nicht hart und löse Dich mit mir in Tränen auf!*"

Mas dependia da exaltação, que sempre estava à disposição de Werfel, para renovar esse êxtase, e várias vezes Kafka usou o termo "monstruoso" para descrever a presença singular de Werfel. "Um monstro!", escreveu no diário em agosto de 1912. "Mas olhei-o nos olhos e suportei seu olhar a noite toda." "Werfel é de fato uma maravilha", diz uma carta, pouco depois. "O homem é capaz de monstruosidades." No fim do ano, Kafka ainda não consegue se desvencilhar dessa visão:

> Werfel me leu novos poemas, que mais uma vez, sem dúvida, provêm de uma natureza monstruosa. [...] E o menino ficou bonito e lê com uma ferocidade (que chega a ser monótona, aliás, essa é minha única objeção)! Ele sabe tudo o que já escreveu de cor, e parece querer se dilacerar durante a leitura, pois o fogo incendeia esse corpo pesado, esse peito grande e essas bochechas redondas.

De vez em quando, Kafka dirigia um olhar quase apaixonado para Werfel, e as dúvidas iniciais quanto a essas erupções "monótonas" não fizeram com que ele deixasse de idealizá-lo como aparição humana: "Curvado, quase deitado na cadeira de madeira, o belo perfil do rosto pressionado contra o peito, quase resfolegante de plenitude (e não propriamente de gordura), inteira e completamente independente de seu entorno, impertinente e impecável". Dez anos depois, Kafka já estava havia muito tempo desencantado com a trajetória literária de Werfel, mas ainda defendia sua marcante aparência. Não, Werfel não era gordo, de modo algum, escreveu para Milena Jesenská, e mesmo que fosse, só os gordos são dignos de confiança. "Para mim, W. se torna mais bonito e amável a cada ano [...]."[11]

Ainda assim, solteiro, e Kafka logo entendeu que Werfel era um "judeu do Oeste" tão desarraigado quanto ele próprio. Será que ele nunca havia pensado sobre isso? Quem imaginaria Werfel como um velho pai de família, dedicado e responsável? Ou Werfel se esforçando para subir as escadas até seus aposentos solitários no último andar, com a parca ceia na mão? "Werfel, um solteirão [...]" — não, desse risco ele parecia ter escapado quando criança, sua felicidade não havia sido conquistada, antes lhe fora oferecida; era como se sua condição de escolhido iluminasse por dentro sua feiura. Um dom, um presente. Werfel era um grande vencedor. E por isso era natural que tivesse pais ricos e irmãs bonitas, que seu quarto na infância desse para o parque da cidade, que as mulheres no Gogo o amassem, que ele não precisasse estudar e nem ficar sentado horas a fio no escritório, que ele escrevesse best-sellers de poesia, que em 1912 ele tenha passado a ser editado em Leipzig pelo jovem Kurt Wolff, generoso e dono de vasta cultura literária, e que enfim tenha se tornado editor da única editora importante de língua alemã que poderia ter trabalhado com alguém como ele, aquela que lançava as suas obras. *The winner takes it all.*

"Isso nunca vai passar de Bodenbach", disse Werfel quando Brod leu para ele pela primeira vez breves textos em prosa de Kafka. Bodenbach era a estação na fronteira da Boêmia, onde começava o Reich alemão. Werfel achava que lá ninguém entenderia aquele alemão críptico de Praga. Brod ficou furioso e levou os manuscritos embora. Mais tarde, Kafka reuniu seus primeiros textos em um pequeno volume, e Werfel supervisionou toda a produção — do lado de lá da fronteira. Kafka o presenteou com um exemplar. E na folha de rosto escreveu: "O grande Franz saúda o pequeno Franz".

3.
Atores, sionistas, homens selvagens

Não posso andar perto
de alguém que fracassa.
Nem que seja pensando nos negócios.

Ignaz Hennetmair sobre Thomas Bernhard

É cerca de meia-noite quando acabam as performances de um pequeno grupo de teatro de judeus do Leste da Europa, em uma sala anexa ao decadente Café Savoy. É um programa colorido, como sempre: recitais, canções com acompanhamento de piano, solos de humor, e enfim *Sulamith* [Sulamita], um "melodrama musical e oriental em quatro atos" escrito por Abraham Goldfaden, o legendário fundador do teatro iídiche.

Todos estão esperando um dos atores anunciar as atrações da próxima noite. Os espectadores estão sentados às mesas do café, sobre as quais há xícaras e copos vazios; ruídos da cozinha penetram pela porta; alguns clientes se dirigem aos toaletes, ao fundo. A cortina do palco, que é mínimo, fica fechada por um tempo notadamente longo; nota-se que há mãos segurando-a por dentro, uma fresta se abre, volta a se fechar. Enfim ela é puxada para os lados, de cima, mas como as duas faces de tecido são mantidas juntas por um botão a meia altura, só se pode ver o torso do ator Isaac Löwy, que agora dá um passo à frente. É curioso como ele se mantém encurvado, parece distraído por alguma importunação vinda de baixo, que procura repelir com as mãos. Claramente, alguém está puxando suas pernas para impedi-lo de falar; a batalha vai ficando mais violenta, enfim Löwy perde o equilíbrio, agarra-se à cortina e arranca-a do teto, junto com o arame que a sustenta. Agora o palco está aberto, a luta continua diante dos olhos de todos, vê-se um segundo ator, ainda agachado, que agarra Löwy e enfim o empurra do palco.

Gritos assustados; todo mundo se aglomera no canto do salão. O dono do estabelecimento chega correndo e tenta acalmar o funcionário do governo, que normalmente passa uma noite depois da outra ali entediado, e que agora tentará impedir outras apresentações. Não, ninguém vai arriscar a licença por causa dessa ralé galega se esbofeteando em cima do palco. Isso até o maître Roubitschek já entendeu, que agora empurra o ator Löwy em direção à porta para enxotá-lo dali, enquanto seus colegas trepam nas mesas e cadeiras para fixar a cortina outra vez. Mesmo a associação de escriturários judeus, que havia incluído a companhia em seu programa cultural, está escandalizada e decide chamar uma assembleia extraordinária naquela mesma noite. Enfim se ouve, através da cortina — que nesse meio-tempo foi novamente erguida —, a voz de uma atriz: "E, de cima do palco, ainda queremos ensinar moral ao público...".

Um sermão totalmente malsucedido, que Franz Kafka, como testemunha ocular, transmitiu para a posterioridade.[1] Com raiva reprimida a duras penas. Pois para ele o que estava por trás das reações do dono do estabelecimento, dos garçons e dos escriturários era aquele velho ressentimento que se voltava contra os atores por toda parte, e que não dizia respeito a sua arte, mas sim a sua origem, sua aparência e sua língua.

Eles esperavam outra coisa de Praga. Ali viviam cerca de 30 mil pessoas de religião mosaica; entre elas, mais da metade era falante de alemão, a princípio com acesso ao iídiche. Era, portanto, uma pequena minoria dentro de Praga — ainda assim, o equivalente à população inteira de uma pequena cidade —, que toda noite se reunia nos teatros, em salas de concerto e em associações, e que frequentava conferências, cursos, leituras. Esse furor cultural, voltado tanto para o entretenimento quanto para a formação, ia se reproduzindo até as camadas mais baixas da pequena burguesia. Tinha que ser possível fazer com que algumas dessas pessoas se interessassem pela cultura popular judaica da Rússia e da Galícia. Mas o salão de festas do Hotel Central, uma das mais belas sedes de eventos que Praga tinha para oferecer, ficou vazio, e por isso a Companhia Original Polono-Judaica de Lemberg foi obrigada a se mudar, depois de apenas duas apresentações, para o Café Savoy, que tinha um proxeneta como porteiro e um palco de dez metros quadrados onde uns pisavam nos calos dos outros.[2] E assim a coisa continuou, até meados de janeiro de 1912, quando o repertório da companhia se esgotou. Antes disso, eles se apresentaram para uma dúzia de clientes habituais, entre eles Kafka, que estava lá desde o começo. Quando, depois das apresentações, os atores se sentavam à mesa dos espectadores e discutiam e se reconciliavam diante de todos, era como se uma grande família judaica se encontrasse.

É claro que o público culto de Praga passava ao largo do Café Savoy; só a língua em que ali se declamava e cantava já era motivo suficiente para tanto.

Pois mesmo para aqueles que fossem capazes de acompanhar os textos, o "jargão" (como tantos da geração do próprio Kafka se referiam) iídiche* representava uma forma linguística em extinção, que havia sido superada de longe pelo alemão canônico. Os judeus assimilados — e essa era a maioria esmagadora — se identificavam com a alta cultura alemã e *queriam* ser identificados com ela; por isso estavam cada vez menos dispostos a se expor à companhia de pessoas cuja forma de falar "balbuciante",** que oscilava o tempo todo entre alemão e iídiche, correspondesse às piores caricaturas antissemitas. A maioria dos judeus não devia nem sequer ter consciência de que havia obras dramáticas escritas em iídiche.

E que tipo de obras eram essas? Onde podiam ser estudadas? Na escola ninguém nunca ouvira falar nelas, e os folhetins dos grandes jornais raramente traziam alguma informação a respeito. Quando traziam, sempre mencionavam a falta de distanciamento do público judeu, que não contava com observadores "neutros" — declarando, assim, que aquilo não era arte de verdade, mas sim exibicionismo e fantochada.[3] As peças só eram impressas em caracteres hebraicos e, naturalmente, só podiam ser compradas nas livrarias judaicas. Quem chegava a ultrapassar essa dupla barreira de língua e alfabeto se decepcionava. Pois o teatro iídiche, incluindo as peças já muito encenadas de autores "clássicos" como Abraham Goldfaden e Jakob Gordin, tinha uma linguagem árida e, na forma escrita, não dava uma ideia muito clara da dinâmica das apresentações, que se alimentavam da improvisação e da alternância entre fala, dança e música. Esses autores preferiam eliminar um ato inteiro da peça a fazer cortes "nas chicotadas, no arrancar à força, nos golpes, nos tapinhas nos ombros, nos desmaios, nas gargantas cortadas, no claudicar, nas danças com botas russas ou com a saia levantada, no rolar sobre o canapé".[4] E, assim, Kafka não ficou sabendo que *Der wilde Mensch* [O homem selvagem], de Gordin, em que ele observou tudo isso, não terminava com um assassinato, e sim com uma reconciliação geral.

Kafka, que já no ano anterior havia assistido a um espetáculo em iídiche, sabia muito bem que o importante não eram finesses linguísticas ou formais, e sim o poder de convencimento do gesto. Mesmo ele precisava

* Kafka usava a palavra *Jargon* para se referir ao iídiche. Daqui em diante, todas as ocorrências de *Jargon* serão traduzidas por "iídiche". ** *Mauscheln* é um verbo de vários sentidos, usado pelo próprio Kafka, que pode significar "trapacear", "balbuciar" e até mesmo "falar iídiche".

admitir que a companhia de Lemberg oferecia um teatro amador, quando comparado aos padrões europeus de artes cênicas. O cenário era deplorável, o trono era uma cadeira de cozinha, a sinagoga, um arco gótico de papelão, e os inimigos, um exército persa de três homens pisando forte sobre o palco. Os atores esqueciam falas, pisavam no próprio figurino, quando se abraçavam seguravam as perucas uns dos outros para que não caíssem e, quando faltavam, eram substituídos por figurantes para os quais era preciso soprar o texto, e que deixavam escapar risadinhas na cena da morte. Isso sem falar nos duvidosos dísticos apresentados pelos assim chamados *Natursänger*,* em geral com a colaboração do público. O próprio Kafka, incitado pela ação em cima dos palcos, muitas vezes cantava junto, e em pouco tempo aprendeu os textos de cor.

Ele tinha a sensação de estar diante de um milagre em termos de autenticidade humana, e esse milagre não perdia a força quando se aproximava dos atores. Eram pessoas pobres, pouco instruídas, que havia anos se viravam como dava, e via-se pelo seu aspecto que conheciam a fome. Suas circunstâncias de vida eram desoladoras; Kafka escreveu, chocado, que a "imitadora de cavalheiros" Flora Klug e seu marido só foram embora de Praga porque fazia dezoito meses que não viam seus filhos. Também Isaac Löwy, nascido em Varsóvia e, portanto, cidadão russo, não tinha quase nada além dos figurinos, que garantiam sua parca subsistência. Ainda assim, Löwy estava entre os poucos que já haviam assistido ao teatro "ocidental", e por isso sabia contra quais modelos tinha de lutar. Era muito lido, e virava e mexia passava noites inteiras sozinho, recitando e cantando. Sua ortografia, contudo, era de um menino de oito anos. Mas isso não queria dizer nada — um dia Kafka conheceu uma analfabeta que repetia seu texto quantas vezes fosse preciso até dominá-lo.

Essa gente tinha uma missão, e se agarrava a ela com uma ingenuidade e um entusiasmo que desarmavam qualquer um. Logo depois de levar suas posses à casa de penhores, estavam debatendo quem seria seu autor mais significativo. Queriam passar a cultura popular judaica adiante, apresentar ao público a própria história, as próprias raízes, e para isso se agarravam

* Literalmente, "cantores naturais", com performances que chamam a atenção pela naturalidade. O termo já foi usado tanto para falar de literatos como Goethe quanto de cantores dos Alpes que faziam música de forma ingênua, mais especificamente aqueles que cantavam à tirolesa, alternando rapidamente a voz normal com o falsete.

à repetição fiel e secular dos acontecimentos históricos, com os quais o público judeu já estava familiarizado, graças às suas festividades. Àqueles que nunca haviam comemorado o Purim, nem seguido com risos e lágrimas as cenas bíblicas celebradas por atores amadores nos feriados judaicos, a excitação dos espectadores que acompanhavam acontecimentos distantes em 2 mil anos devia parecer totalmente ingênua e sem sentido. Mas os atores contavam com a poderosa ferramenta da identificação, e era como se a consciência ferida dos judeus fosse tocada por uma descarga elétrica quando mergulhavam nesse mundo simbólico que só pertencia a eles. Mesmo Kafka, que tentava manter distância dessas vivências ao escrever sobre elas nos diários, precisava reconhecer que era quase tão suscetível quanto o resto do público, em grande parte iletrado e quase sempre prestes a se misturar à ação que se passava sobre o palco.

> Algumas das canções, a pronúncia de *jüdische Kinderloch* e alguns momentos daquela mulher no palco — porque ela é judia e nos atrai para si, porque nós, espectadores, somos judeus e não temos nenhum anseio ou curiosidade pelos cristãos — provocaram-me um tremor nas faces.[5]*

Ao longo de dezenas de páginas, Kafka tentava entender a fundo o segredo desse efeito sobre ele. Esboçava o enredo das peças que havia visto (pois ainda não sabia ler hebraico e precisava reforçar a memória), analisava notas cênicas escritas à mão, registrava falas dos atores e observava as mudanças de figurino. Mas, acima de tudo, ficava arrebatado pela mímica e pelo gestual; era uma linguagem de sinais expressiva, própria dos judeus do Leste da Europa, que usava o corpo todo, e que ele inventariou formalmente, comparando-a nos mínimos detalhes com as feições normais que via quando os atores sentavam à sua mesa depois das apresentações. Kafka ficou amigo deles, ouvia histórias e leituras, lhes dava conselhos (e provavelmente dinheiro), e aos poucos desenvolveu uma paixão de matiz erótico, ainda que tímida (que ele tomou por amor), por Mania Tschisik, que tinha trinta anos e, ao lado de seu marido e uma pequena filha, fazia parte da companhia. Observava suas entradas com avidez, sentava-se sempre que possível ao seu lado, rastejava atrás dela na rua e uma vez fez com que flores

* Franz Kafka, *Diários 1909-1923*, op. cit., p. 74.

chegassem até ela no palco, um gesto próprio para o grande teatro, que causou considerável desconfiança na sala dos fundos do Savoy. Mas tudo parou no jogo, e naturalmente ele continuava sendo o *Herr Doktor*, com quem todos se sentiam em dívida e que, ao que parecia, era um idealista. Na vida real, contudo, os Tschisik tinham outras preocupações.

A amizade de Kafka com Isaac Löwy, quatro anos mais novo que ele, era mais sólida e duradoura: parecia ser o único dos atores que não estava satisfeito com os próprios feitos e que sonhava com um teatro judaico de formato totalmente diferente. Löwy (que nasceu Isaac Meir Lewi e mais tarde passaria a se chamar Jacques Levi) havia fugido aos dezessete anos da casa dos pais (rigidamente ortodoxa e, portanto, hostil ao teatro) e havia acabado em Paris, onde se formara como ator autodidata. Kafka podia passar horas e horas ouvindo Löwy contar sua vida, cheia de privações e anedotas: os estudos do Talmude em uma *yeshiva* de Varsóvia, as festas religiosas dos chassídicos, o trabalho em fábricas de Paris, as performances na Basileia, em Zurique, Berlim e Viena. "Ele narra melhor do que lê, recita e canta, é aí que seu fogo realmente atinge as pessoas", julgava Kafka, que via no amigo uma vitalidade que lhe faltava: "quando livre para fazer o que quer, é um homem total e ininterruptamente entusiasmado, um 'judeu quente', como se diz no Leste".[6]

Löwy também parece ter idealizado Kafka, a princípio. É provável que o tenha conhecido primeiro como companheiro de Max Brod, mas Brod era um autor conhecido — e Löwy ficava surpreso e animado de ver que ali, pela primeira vez em sua carreira, escritores de verdade reuniam-se diante do palco, enviados de uma esfera superior, que lhe parecia digna de todo esforço e toda humilhação. Eles também o apresentaram a Oskar Baum, Franz Werfel e à família Weltsch, e décadas depois Löwy ainda faria rapsódias sobre a "plêiade de escritores de Praga", que o havia aquecido "com seus raios de sol".[7]

Quase todo fim de tarde, Löwy ficava perambulando em frente ao prédio da Niklasstraße 36, esperando seu novo amigo descer. Ou eles faziam um longo passeio, durante o qual Kafka lhe mostrava, orgulhoso, as atrações turísticas de Praga, ou paravam num café para ler em voz alta aquilo que Kafka não conseguia ler sozinho. Em certas ocasiões, Brod ou Weltsch juntavam-se a eles, às vezes Ottla também. Mas, de todos eles, Kafka era o mais próximo de Löwy, e é provável que Löwy só tenha confiado a ele como ficava triste de ver a realidade miserável do teatro iídiche, comparada a tudo o que era considerado arte no Ocidente. "Você era", escreveu dois anos mais tarde, de Viena, "o único que me fazia bem... o único que falava à minha alma, o único que chegou perto de me entender."[8]

Chegou perto? É claro que o próprio Löwy logo sentiu a resistência que o olhar penetrante de Kafka oferecia a qualquer tentativa de aproximação. A identificação à distância fazia bem e aquecia o corpo; mas de perto ela queimava, e Kafka também logo entendeu que não dava para sustentar aquela admiração irrestrita. Löwy não era uma figura independente do ponto de vista intelectual e cultural, e muito menos o modelo exemplar do autêntico judaísmo que Kafka e Brod queriam ver nele. Na verdade, Löwy ficava com a consciência pesada quando pensava no clã que havia deixado para trás em sua terra natal, embora estivesse a par de sua mentalidade estreita. Ao mesmo tempo, não conseguia se conformar com o modo como o Ocidente esclarecido misturava cultura e negócios, e por isso temia continuar dependendo da boa vontade de alguns judeus nostálgicos até o fim de seus dias, caso não fosse surpreendido por um golpe de libertação. Ele tinha ficado preso no meio do caminho.

Para onde, então? Para a América? Para a Palestina? De volta para a Rússia? Löwy não conseguia se decidir. Viajou por mais um ano com a companhia de Lemberg, então fundou seu próprio ensemble, que teve tão pouco sucesso quanto o anterior e levou-o à ruína financeira em tempo recorde. Kafka tentara de todos os modos dissuadi-lo; ele havia entendido, nesse meio-tempo, "que tudo o que Löwy faz é tão bom na intenção quanto infantil e disparatado na execução", e isso era uma forma moderada de dizer.[9] Lowy conseguiu assumir compromissos simultâneos em Berlim e Leipzig, de modo que os atores passavam praticamente todas as noites no trem e quase caíam do palco de cansaço, e fez papel de ridículo com um cartaz em que Mania Tschisik era anunciada como "prima-dona" e ele próprio como "dramaturgo". Dá para imaginar os comentários dos transeuntes em Berlim. Por uma noite, as pessoas até encaravam o sentimentalismo exótico dessa massa que cantava, estrebuchava e falava iídiche; outra companhia que havia sido convidada a se apresentar ali anos antes mostrou ter tino para a propaganda ao se intitular Sociedade Oriental de Operetas de Budapeste — eles apostavam na mais nova mania oriental dos burgueses ilustrados.* Mas com

* *Bildungsbürger*, burgueses da *Bildungsbürgertum*, burguesia ilustrada, em oposição à pequena burguesia.

o tempo ficaram só as pessoas do Scheunenviertel,* o gueto judaico, todas de mentalidade semelhante, e mesmo a polícia de Berlim e seus censores não tinham muito interesse em lutar contra esse povo: "Considerando o círculo limitado de pessoas ao qual esse lixo é destinado (judeus russos e poloneses da classe trabalhadora), na minha opinião não se devem fazer objeções à apresentação". É, quem queria ver primas-donas ia a outras casas.[10]

A rapidez com que Kafka se encantou, e a convicção de que havia descoberto, naquele grupo de atores exaltados, a verdade que buscava desesperadamente no ato de escrever — tudo isso só pode ser compreendido se tivermos como pano de fundo os debates sionistas que alcançaram seu ponto de ebulição na Praga dos anos pré-guerra, no círculo mais próximo de Kafka. O estopim foram três performances de Martin Buber diante da Associação Bar-Kochba dos Ginasianos Judeus de Praga, que sob a direção de Hugo Bergmann, um colega de classe de Kafka, seguia uma linha estritamente sionista. Ali, Buber redefinira o conceito de sionismo, com uma retórica extremamente nebulosa, ainda que sugestiva, e assim extasiara a geração seguinte de judeus ilustrados.

A princípio, o plano de Theodor Herzl de reunir os judeus em um território próprio e assim dar fim à história de sofrimento desse povo eternamente "hóspede" não era nada mais do que um plano *político*, que os parlamentos e governos decidiriam se seria concretizado, e que portanto ele buscava promover com os meios tradicionais do lobby político: petições, diplomacia secreta e pressão pública. Era um plano radical, que para muitos parecia utópico, e que tinha traços claramente defensivos: Herzl considerava que não havia sentido em insistir nas tentativas de assimilação, por isso sugeria que os judeus recuassem. A questão de *para onde* era secundária, e provavelmente o próprio Herzl aceitaria qualquer área de assentamento que fosse politicamente segura num futuro próximo. O momento desse "sionismo político" e pragmático chegou em 1903, durante o VI Congresso Sionista da Basileia. Lá, Herzl apresentou a oferta surpreendente do governo britânico de estabelecer em Uganda um protetorado para o assentamento judaico, e rogou a seus simpatizantes que pensassem com carinho

* Literalmente, "Bairro dos celeiros", área do Mitte, no centro de Berlim, à época centro da imigração dos judeus do Leste da Europa. Os celeiros que dão nome ao bairro foram transferidos para fora da cidade pelo risco de incêndio.

nessa oportunidade. Mas os delegados do Leste da Europa ficaram indignados. Se eles seriam enxotados de seus lares — naquele ano a violência antissemita havia atingido um novo pico na Rússia —, a única terra em questão era a terra dos pais, a pátria, *Eretz* Israel. E era para lá que os fluxos de refugiados continuavam se dirigindo, quisesse a liga sionista mundial ou não.

Herzl não era um estrategista frio, mas havia subestimado o poder que a tradição e a religiosidade judaicas tinham de forjar uma identidade. Do mesmo modo, demorou para entender que a jovem intelligentsia judaica da Alemanha e da Áustria, que buscava o seu caminho entre as tradições de pensamento ocidentais e um conhecimento deficitário da história judaica, não ficaria por muito tempo entusiasmada com uma ideia política abstrata. Sem dúvida, o "Estado próprio" que os simpatizantes de Herzl prometiam era uma ideia em alta, pois anunciava a criação de um corpo novo, rejuvenescido, que um dia romperia o cordão umbilical com as monarquias caducas da Europa. Mas onde estava o novo espírito que pertencia a esse corpo? Que língua esse espírito falaria, que formas culturais produziria, quais seriam suas tradições? Em outras palavras, o que era o judaísmo em si, *sem* o mundo dos não judeus, "sem desejo ou curiosidade por cristãos"?

Era uma questão de identidade, nada menos que isso, e Martin Buber foi um dos primeiros a declarar que se tratava de um problema central do movimento. Ele não conseguiu, com isso, impressionar os oradores políticos dos congressos sionistas, e nesse ambiente sua voz continuou sendo ignorada. Por outro lado, os estudantes acompanhavam atônitos o que dizia, e ficavam sem ar de tão excitados. Ele não prometia o êxodo, e sim uma jornada para dentro, um renascimento judaico, que devia começar ali e naquele momento. "Comunidade de sangue" em vez de sociedade; unidade do Eu, nação judaica, pensamento nacionalista, mito e êxtase — eis as palavras-chave (hoje difíceis de engolir) do "sionismo cultural", que tinha menos receio de se aproximar dos padrões de pensamento antissemitas do que do mundo racional bem-ordenado, mas anêmico, da burguesia esclarecida. Buber entendia a introspecção e a intensidade do chassidismo como uma espécie de reserva energética que devia ser aproveitada para uma futura cultura nacional do judaísmo.

Essas ideias tiveram o efeito de um golpe de libertação sobre Brod. Sentiu como se de repente lhe revelassem a proposta que o tiraria de um lamaçal de indiferença que já durava anos; ele inclusive retratou literariamente essa experiência de despertar no romance *Arnold Beer* (1912), em que o herói do título depara com seu verdadeiro objetivo de vida ao encontrar a avó, uma judia arquetípica. Kafka ficou impressionado com essa virada rápida e decisiva de Brod; o modo como o amigo começou a fazer campanha para o sionismo, com uma perseverança quase fanática — sem considerar quantos adeptos isso lhe custaria no meio expressionista, que estava nascendo —, contrastava radicalmente com a dificuldade de tomar decisões que Kafka via em si próprio.

Ele nunca conseguiria escrever de modo programático como Brod, mesmo sob as condições externas mais propícias. Não queria convencer ninguém, não queria provar nada a ninguém, mas sim dar uma forma pura àquilo que o inquietava. E por mais que a conspiração dos jovens sionistas de Praga lhe agradasse, e Brod o fosse introduzindo pouco a pouco nesse círculo aberto e familiar, os conceitos vagos que eles ficavam jogando uns aos outros não faziam sentido para Kafka. Achava o próprio Buber simpático e seu papo interessante, mas suas falas deixavam-no entediado, e seus escritos pareciam-lhe "coisas tépidas"[11] — talvez porque Buber, dono de um ecletismo irrefletido, sugava todos os bens da cultura e da educação e os colocava a serviço do sionismo cultural, do Mestre Eckhart a Nietzsche, do romantismo alemão à mística chassídica.

A promessa de renovação judaica sustentada por Buber era problemática, especialmente quando se levava em conta a realidade do judaísmo, e a presença em Praga de atores judeus do Leste da Europa escancarava esse problema. O próprio Buber admitia que os judeus "incivilizados" do Leste da Europa eram de certo modo mais autênticos, "mais judeus" que os judeus do Oeste, burgueses ilustrados e liberais. Mas isso estava longe de torná-los modelos, na melhor das hipóteses os tornava um "material" mais adequado para uma futura nação judaica. Aparentemente, nem Buber nem seus simpatizantes em Praga notaram que estavam caindo em uma armadilha hermenêutica ao definir, de novo a partir do "Ocidente", o nível a que os judeus do Leste da Europa deviam se "elevar". Para competir com as altas culturas da Europa Ocidental, eles definiam também a única língua que poderia garantir a afirmação histórica e a identidade judaica: o hebraico. Com base nesses critérios, o que Löwy e sua companhia tinham a oferecer não era a verdadeira arte judaica, e sim sua caricatura triste, ou seja, *porcaria*, apresentada naquela reles *Mameloschn* (língua materna, o iídiche) que carregava os estigmas da pobreza e da perseguição: a língua do *Schtetl* [a pequena comunidade habitada por uma maioria judaica]. Décadas depois, e apesar de várias outras experiências com judeus do Leste da Europa, Brod ainda não conseguia superar essa questão e falava em "comediantes amadores", em uma "atividade artística degenerada e meio corrompida, mas realmente popular". "Tudo o que eles mostravam era equivocado e infeliz, mas a verdade se deixava entrever por toda parte [...]."[12]

Nathan Birnbaum, inventor do termo "sionismo" e antagonista de Herzl, via a coisa de modo bem diferente. Em 18 de janeiro de 1912, durante uma "noite de canções populares" do Bar-Kochba de Praga, declarou: "Os judeus do Leste da Europa são pessoas completas, alegres e vigorosas, donas de um humor forte e original".[13] Certamente, o famoso (e hoje esquecido) sionista cultural não deixou passar uma só performance dos atores no Café Savoy, e Kafka por sua vez ouviu a fala de Birnbaum com o maior entusiasmo. Pois andava difícil conciliar suas novas amizades com a atitude didática exigida por Buber e até mesmo por Brod. Será que era realmente plausível e responsável dizer a essas pessoas o que seria "a verdade" delas? Essa era uma ideia absurda para Birnbaum; conforme se reconhecia a cultura judaica do Leste como um meio vibrante e potente, era insensato querer fundar uma nação judaica sobre alicerces puramente intelectuais. Essa nação já existia, e não só como "alegoria", como dizia Brod,[14] mas sim como fato histórico. E a base dessa nação era a língua iídiche.

"Ser um exemplo, ou não ser em absoluto"; esse era o lema de Birnbaum, e isso não significava mobilizar palavras ou ideias, mas sim a própria vida. É bem provável que a postura de Birnbaum se aproximasse mais da experiência direta de vida de Kafka do que as discussões acadêmicas alimentadas na Associação Bar-Kochba, embora isso não possa ser verificado em suas anotações — durante a "noite de canções populares", ele estava concentrado na observação de rostos e gestos, como costumava fazer com frequência. E não é nenhuma contradição ou "vacilo" da parte de Kafka ter achado, de quando em quando, o sionismo organizado repulsivo, ao mesmo tempo que ficava animado e se abria para as novas experiências e momentos de identificação proporcionados pelo novo judaísmo. Ele se lançava com avidez às obras de referência disponíveis sobre a história dos judeus,[15] pedia que lhe contassem sobre os costumes e rituais judaicos e anotava tudo que ouvia. Mas nunca participou dos debates ideológicos da revista sionista *Selbstwehr* [Autodefesa], embora conhecesse pessoalmente todos os seus editores e colaboradores, e, nas muitas cartas que deixou, revela seu desinteresse pelas questões teóricas do sionismo, ao evitá-las. Ele procurava "a verdade" em outro lugar, a verdade era a expressão direta, autêntica, genuína, na escrita, sobre o palco e na vida; sim, mesmo uma coisa equivocada poderia ser "a verdade" no contexto certo.

Quando, anos mais tarde, a partir da sugestão de Kafka, Isaac Löwy tentou esboçar sua própria trajetória de vida para a revista *Der Jude* [O judeu], pediu ajuda com o texto: seu alemão continuava gramaticalmente desajeitado e atravessado por inúmeros termos do iídiche. Kafka, seu amigo, daria uma forma melhor para a coisa, afinal ele era um escritor. Mas Kafka procurou, por sua vez, a ajuda de Brod. Melhorar o estilo de Löwy requeria uma "mão inviável de tão delicada", escreveu, e logo acrescentou a prova disso: "na plateia do teatro polonês, ele vê, em oposição àquela do teatro judaico, *frakierte Herren* e *neglegierte Damen*.* Não se pode dizer de forma mais esplêndida, mas a língua alemã se nega a fazê-lo".[16]

Os amigos de Kafka já haviam visto em muitas ocasiões como ele dispunha de uma energia que ninguém lhe atribuiria. Agora, o círculo em torno da *Selbstwehr* e do Bar-Kochba também veria como Kafka era capaz de resistir com obstinação às pressões de grupo e à doutrinação quando estava convencido do sentido e da verdade daquilo que estava fazendo. Ele sabia o que os sionistas de Praga achavam do teatro amador do Café Savoy. Hans Kohn, por exemplo, escreveu na *Selbstwehr* de 29 de setembro de 1911:

> Os atores, excluindo-se aqueles que interpretavam os papéis cômicos dos criados, mostravam não ter muita prática, e seu esforço para falar o alto-alemão não era exatamente benéfico ao páthos da peça; ainda assim, recebiam com frequência uma salva de palmas em plena cena, especialmente depois da entrada do *Kol-Nidre*,** que não era nada má.

Os representantes da comunidade judaica não poderiam ter julgado com mais distanciamento. Entre eles, havia um estudante que se dedicava a

* *Frakierte Herren* e *neglegierte Damen* poderiam ser expressões correspondentes a "senhores fraqueados" e "senhoras negligeadas", verbos inventados a partir de *Frack* e *Negligé*, com grafias erradas e particípios também "desajeitados", para usar a palavra de Stach.

** Do aramaico "todos os votos", reza cantada na sinagoga antes do serviço noturno do Yom Kippur.

aprender hebraico durante o dia, ia parar no encontro dos representantes da nação judaica à noite, e lá tinha que segurar a onda por quase quatro horas.

Kafka não se preocupava com esses julgamentos. Estava decidido a fazer alguma coisa, pois não estava mais aguentando observar em silêncio a companhia de Löwy planejar com tanta determinação seus próximos fracassos, e ainda por cima na frente do próprio público. Aquela gente decidia onde se apresentar a partir dos custos de viagem, dos horários dos trens ou mesmo por sorteio, e apesar das experiências arrasadoras que haviam tido em Praga, sempre eram atraídos para as grandes cidades, embora não pudessem concorrer com sua programação cultural. Mas então não seria melhor fazer uma sequência de apresentações na Boêmia, como companhia convidada?, perguntou Kafka. Em Pilsen, em Teplitz? Sim, com certeza. E como se organiza uma coisa dessas? Muito simples: com a ajuda dos sionistas.

E assim Kafka escreveu, inabalável, uma circular para os grupos de sionistas da Boêmia, e fez cópias dessa circular a seus próprios custos. A resistência dos sionistas de Praga deve ter sido considerável, sobretudo dos estudantes do Bar-Kochba; Kafka escreveu que "impôs" o envio dessa circular — um termo incompatível com a imagem que tinha de si próprio, de alguém que vivia na defensiva. E impôs ainda mais coisas: "Como a companhia tem atores excelentes", leram assustados os assinantes da *Selbstwehr*,

> e encena peças interessantíssimas, de modo que a apresentação transmite uma imagem valiosa da vida dos judeus do Leste da Europa, e em um formato muito envolvente, seria vivamente recomendável organizar uma ou duas apresentações para as associações judaicas (sem que haja necessidade de um palco específico).[17]

Atores excelentes, vivamente recomendável: lá estava, preto no branco.

"Quem se deita com os cachorros acorda com pulgas." Eis o comentário breve e contundente de Hermann Kafka. Seu filho havia trazido um cara estranho para casa, pela segunda vez. Supostamente um ator, mas com roupas puídas e um alemão que era melhor nem escutar. E Franz defendia esse homem com tal tenacidade, com tal indignação! Até o pai recuou por um momento, surpreso, e baixou a voz: "Você sabe que não posso me irritar, que preciso ser poupado. E, ainda assim, me sai com uma coisa dessas. Já tenho motivos de sobra para me irritar, motivos em número mais do que suficiente. Portanto, não me venha com palavras assim". Não era a primeira vez que Kafka ouvia isso. "Eu me esforço para me conter", respondeu friamente e deu a última palavra, o que era bem raro. Mas não se conteve, nem um pouco. Poucas semanas depois, levou seu amigo Isaac Löwy — um amigo que acreditava ter se tornado "imprescindível" para ele — para a cerimônia de circuncisão de seu sobrinho Felix na sinagoga, onde estavam presentes muitos parentes e conhecidos.[18]

Por muito tempo, Kafka guardou esse embate na memória, e lembrou o pai expressamente disso em *Carta ao pai*, aquele grande acerto de contas que só colocaria no papel mais de dez anos depois.[19] Ele estava indignado sobretudo porque via em Löwy um homem confiável, sincero, inocente, à mercê de tais agressões sem motivo. É claro que Löwy estava em uma posição muito mais fraca do que Werfel, por exemplo, que era tão infantil e entusiasmado quanto ele, mas, ao mesmo tempo, narcisista e mimado. Werfel era imune, e ninguém lhe queria mal nenhum — então para ele não custava nada abraçar a humanidade. Löwy, por outro lado, já havia levado porrada muitas vezes, inclusive em Praga, e sempre se reerguia, sem abrir mão de seu otimismo com a humanidade. Era vergonhoso comparar tal homem com parasitas.

De onde vinha esse ódio? Judeus do Leste da Europa eram considerados impuros, sobretudo na visão dos judeus do Oeste, e o próprio Kafka, que convidou o amigo para ir ao teatro nacional tcheco, não pôde deixar de pensar nos piolhos que deviam estar saltando da cabeça de Löwy para a sua durante a apresentação. Para piorar, agora ele tomava conhecimento de que Löwy estava com uma doença venérea. Talvez fosse realmente melhor tomar alguma distância.

Será que o problema era a pobreza de Löwy? A família de Hermann Kafka já havia entendido fazia tempo que o patriarca precisava sempre traçar uma linha que o apartasse dos de "baixo" para se certificar de que havia deixado a própria origem pobre definitivamente para trás; que ele desprezava os fracassados e só tinha consideração pelos vencedores; e mesmo o pessoal da loja devia suspeitar que as grosserias recorrentes do chefe serviam sobretudo a sua autoafirmação, como um gorila que bate no próprio peito. Mas será que ele precisava realmente fazer aquilo diante de um ator qualquer, que já era humilde o bastante?

Certamente não. Mas Kafka subestimava e fingia não ver o contexto, os "motivos para se irritar" que o pai colecionava, ainda que estivesse bem a par de tudo. Na loja, vários empregados pediram demissão de repente, e agora pai e filho tentavam reconquistá-los em conversas individuais. Em casa, havia a negociação com a casamenteira que procurava um noivo para Valli, e o irmão ainda não tinha dado uma opinião decisiva a respeito. Mas o pior era a fundação da fábrica de amianto, que não despertava em Kafka o menor interesse. *No mesmo mês*, do nada, apareciam esses atores, e Hermann Kafka não podia deixar de pensar, com razão, que Franz se preocupava muito mais com eles do que com o futuro da própria família. Não havia um dia em que não encontrasse aquela gente, e ainda por cima enfiou Ottla no meio daquilo. Sim, os culpados eram aqueles atores, e antes de ver um deles em carne e osso, Hermann Kafka já estava certo de que eram baderneiros, elementos perturbadores, ralé. E agora ainda por cima dentro de sua própria casa...

Kafka estava deitado na cama, insone, encolhido, febril. Estava com medo do palco. Faltavam poucos dias para uma apresentação de Löwy no salão de festas da Câmara Municipal Judaica. Ali apareceria um público totalmente diferente do público do Café Savoy, cidadãos comuns, membros da comunidade judaica que fitariam Löwy como um animal exótico. Seria impossível deixá-lo ali sozinho e também confrontar aquelas pessoas com o ruído do iídiche sem prepará-las para isso; na melhor das hipóteses, estariam lá por curiosidade. Alguém precisava assumir o comando da *conférence*, dizer algumas palavras introdutórias. Oskar Baum tinha se prontificado; não falava iídiche, mas entendia alguma coisa de música popular. Então desfez o combinado, deixou-se de novo convencer por Kafka e no dia seguinte declinou em definitivo. As pernas de Kafka tremiam, agora ele próprio teria que assumir o posto, mas por dias nada lhe ocorria. "Não vou conseguir fazer a palestra, me ajude!", escreveu a Löwy,[20] que estava viajando pela Boêmia, mas sabia muito bem que aquilo não precisava ser levado a sério. Havia semanas que Kafka estava devorando a literatura referente ao tópico; além disso ele era culto, articulado. Por que não seria capaz de fazer o papel de apresentador por alguns minutos?

O problema não era só a palestra. Kafka se esforçara para convencer a direção do Bar-Kochba a assumir o patrocínio do evento, mas ninguém queria se engajar muito na coisa, e eles inclusive o desaconselhavam a ir em frente. Isso sem falar na comunidade religiosa, que só disponibilizaria o salão pelo aluguel usual — sessenta coroas tchecas, muito dinheiro para Löwy —, e sem tomar parte na organização. Alguém precisava fazer o trabalho prático, e essa tarefa ficou quase toda nas mãos de Kafka. Compor o programa. Imprimir os ingressos. Alugar o salão de festas. Numerar os assentos. Contratar um pianista e encontrar a chave do piano. Montar um palco. Organizar a venda de ingressos. Pedir as autorizações da polícia e da comunidade. Redigir notas para a imprensa. Recolher doações. E não menos importante: contratar um especialista para escrever pequenas notas de esclarecimento para cada um dos números do programa.

Se ele quisesse, podia fazer mais isso. Os pais observavam com amargura a energia que ele despendia com completos estranhos, a mesma energia que deixava de colocar na "própria" fábrica e na própria família. Meticuloso e orgulhoso, Kafka enumera no diário as muitas pessoas com que teve de lidar em poucos dias: mais de vinte, sendo que procurou algumas delas várias vezes. Somavam-se a isso reuniões com os pais de Brod, os únicos judeus mais velhos de toda a região que estavam dispostos a pôr a mão na massa. E as leituras à noite para se preparar, e o desespero de pensar no que devia ser dito.

Enfim, 24 horas antes de sua entrada, vieram as ideias decisivas. Ele havia selecionado, junto com Löwy, alguns destaques da literatura iídiche: poemas, canções e cenas dramáticas. Como o principal entrave era a língua, tinha que dizer alguma coisa sobre a origem do iídiche — nesse momento não podia contar com nenhum conhecimento do público, e aproveitou a oportunidade para citar en passant certas palavras do iídiche que, mais até do que o alto-alemão moderno, se aproximavam do alto-alemão médio (um argumento que qualquer defensor do iídiche usaria). Mas tais ensinamentos permaneceriam abstratos enquanto não fosse superada a distância *emocional* dos espectadores. Medo do estrangeiro e arrogância em relação aos culturalmente inferiores: Kafka conhecia muito bem essa dialética, nesse aspecto não havia a menor diferença entre aquele público, seus amigos sionistas e seus pais. E assim decidiu encarar de frente essa dupla resistência.

> Antes de ouvirem os primeiros versos dos poetas judeus do Leste da Europa, eu queria lhes dizer, senhoras e senhores, que entendem muito mais de iídiche do que imaginam.
>
> Não me preocupo muito com o efeito que essa noite terá sobre cada um de vocês, mas quero que ele seja logo liberado, se assim merecer. No entanto, isso não pode acontecer enquanto alguns de vocês tiverem

tanto medo do iídiche, a ponto de quase exibirem esse medo no rosto. Não vou falar daqueles que são arrogantes para com o iídiche. Mas medo do iídiche, medo com um fundo de aversão, digamos que eventualmente é até compreensível.

A fala do dr. Kafka era osso duro de roer, e aqueles que não a entenderam de cara na chave do humor devem ter achado uma grande petulância dizer ao público pagante que o medo estava estampado no seu rosto.

Mas a coisa só melhorava. Depois de o público ser obrigado a ouvir que o iídiche não tinha gramática e era no fundo um amalgamado de dialetos, feito só de palavras estrangeiras, Kafka continuava: "Com tudo isso, acredito por hora ter convencido a maioria de vocês, senhoras e senhores, de que não vão entender uma palavra de iídiche". Sem dúvida, daria para explicar cada uma das obras, mas o que eles ganhariam com isso? "Se ficarem presos a essas explicações, vocês vão procurar nas apresentações o que já sabem e não verão o que de fato está acontecendo." Não seria prudente, então, ao menos ajudar com traduções? Não, tampouco. Pois o iídiche pode ser transposto para todas as línguas possíveis, mas "na tradução para o alemão ele é aniquilado".

Nesse ponto, se não antes, alguns espectadores estavam se perguntando o que tinham ido fazer ali. Como é que eles entenderiam o espetáculo? Kafka seguia explicando que era preciso descer do pedestal do alto-alemão e pensar na secreta "língua franca dos judeus alemães", que incluía muitas "nuances" do iídiche. E antes que os ouvintes tivessem tempo de ponderar que essa afirmação mais parecia fazer parte do arsenal antissemita, Kafka continuou:

> Os senhores se aproximarão muito do iídiche se pensarem que, além de conhecimento, também há forças e conjunções de forças atuantes em vocês que os tornam capazes de entender o iídiche por meio dos sentidos. Só assim o comentador pode ajudar, acalmando-os para que não se sintam mais excluídos e reconheçam que não podem mais reclamar de não entender o iídiche. Isso é o mais importante, pois a cada reclamação escapa um pouco da compreensão. Se ficarem em silêncio, por outro lado, de repente estarão no meio do iídiche. Quando o iídiche tiver se apoderado dos senhores — e iídiche é tudo, palavra, melodia chassídica e a própria essência deste ator judeu do Leste da Europa —, não

> reconhecerão mais aquela paz de antes. Então sentirão a verdadeira unidade do iídiche, tão forte que terão medo, mas não mais do iídiche, e sim de vocês mesmos.[21]

Kafka estava andando sobre a corda bamba, e chegou perto de quebrar um tabu. Pois judeus assimilados reagiam com extrema sensibilidade à suspeita de que ainda houvesse neles *Jiddischkait*,* e a afirmação de que *eles* eram os excluídos, e não os pobres judeus do Leste da Europa, era uma inversão bastante ofensiva de um sistema de valores pelo qual cada um deles já havia sacrificado o bastante. Kafka não podia ter medo do palco para lançar provocações como essas, mas ao lado de Löwy logo sentiu uma surpreendente afluência de forças:

> Alegria com L[öwy]. e confiança nele, consciência orgulhosa, supraterrena, durante minha palestra (frieza em relação ao público, apenas a falta de prática me priva da liberdade de gesticular com entusiasmo), voz potente, memória fácil [...].[22]**

Kafka sabia que esse estado não duraria muito, nem os primeiros lampejos de empatia que ele talvez tivesse despertado em alguns dos ouvintes. Ninguém podia sentir amor pela cultura dos judeus do Leste da Europa sem sofrer, pois retornar a ela era impossível — mesmo para Löwy. Ora, uma sensação de proximidade que não pode ser vivida logo desaparece, e ainda por cima desencadeia novas resistências, pois ninguém quer sofrer à toa. Assim, Kafka não deve ter ficado muito surpreso ao ler a resenha que a *Selbstwehr* publicou sobre a noite organizada por ele. Sua palestra foi considerada "refinada" e "encantadora", um disparate educado. Já sobre a apresentação de Löwy, disseram o seguinte:

* *Jiddischkait* poderia ser livremente traduzido por "iídicheza", ou "iídichidade", termo inexistente em português. O dicionário alemão *Duden* tampouco reconhece a palavra nessa língua. Já o dicionário estadunidense *Merriam Webster* equivale *Yiddishkeit*, grafado com "Y", a *jewishness* ou seja, "judaísmo", já que *jidisch* em iídiche significa "judaico", do alemão *jüdisch*. Mas neste contexto, em que Kafka fala para judeus adeptos do modo de vida judaico (mas não chassídico), *jiddischkait* poderia ser definido como "caráter ou qualidade ou modo de vida daqueles que falam iídiche, dos judeus chassídicos". ** Franz Kafka, *Diários 1909-1923*, op. cit., p. 207.

> Foi muito interessante ouvir essas canções e esses poemas majoritariamente judaicos, em parte já conhecidos em Praga, não só na voz de um judeu do Leste da Europa, como na voz de um ator sem a formação ocidental. Com isso, parte do apelo artístico se perdeu, mas em compensação tudo ganhou em valor histórico, documental [...]. O público, que a princípio estranhou um pouco aquela língua insólita, no fim entrou no clima e chegou a compreensão desejada...

Ao contrário do resenhista anônimo, seria bom acrescentar.[23]

Os atores se dispersaram. Kafka nunca mais viu Mania Tschisik, ainda encontrou Löwy algumas vezes, tentou em vão convencê-lo a emigrar para a Palestina, recebeu inúmeras cartas suas, no fim também repreensões, que soavam como se Löwy estivesse decepcionado com a amizade deles. Mas Kafka levou as experiências do começo dessa relação até o fim de sua vida. Os cães que cantam e dançam sem pudor, a que ele dedica muitas páginas na narrativa "Investigações de um cão", oferecem uma imagem sensorial refratada muitas vezes em sua psique. Certos gestos e personagens considerados especialmente kafkianos nasceram no teatro iídiche e na sala dos fundos do Café Savoy.

A palestra de Kafka sobre a língua iídiche é menos conhecida, considerada um incidente pontual. Ainda assim, essa espantosa aparição mostra como teria sido um outro Kafka, mais engajado na vida pública. Ele não doutrinava seus ouvintes, como Brod tinha prazer em fazer, não os ofuscava como Karl Kraus, com seus artifícios semânticos, e tampouco os entediava com aquela radicalidade impessoal dos primeiros expressionistas. Era como se Kafka atacasse seus ouvintes pelas costas; jogava com suas expectativas, reafirmando-as só para destruí-las em seguida, e esse jogo era agressivo, intenso, moderno, refletido, o que não se via muito entre seus contemporâneos. Kafka sempre fará planos de deixar Praga e se mudar para Berlim, para o centro da literatura, para viver da literatura. Lá, ele teria deparado com uma crítica mais perspicaz, que não teria deixado passar esse seu lado oculto, isso é certo.

Mas no momento decisivo Kafka olhou *para trás*. A "consciência supraterrena" não foi suficiente. E por isso seu registro orgulhoso da noite bem-sucedida termina com as palavras "Meus pais não estavam lá".

4.
Literatura e solidão: Leipzig, Weimar

É próprio da grandeza humana na proximidade de questões elevadas dedicar-se a negócios paralelos.

August Klingemann, *Nachtwachen* [Vigias]

"Onde é que há garotas por aqui?" Max Brod olhou cheio de esperança para o velho carregador que levava a bagagem da plataforma para o pavilhão. "Vai beber uma cerveja na rodoviária, é só *quinze centavos*."* Muito solícitas, as pessoas de Leipzig. Mas os turistas de Praga não se satisfaziam com dicas desse tipo. Ainda assim, estava quente, um bom copo de cerveja sempre caía bem, e no fim eles encontraram sozinhos o caminho até o Walhalla. Claramente, estava muito longe dos padrões com que estavam acostumados. "[...] subimos, e logo descemos", Brod escreveu em seu diário. "Mulheres horríveis. Fuga."[1]

De novo estava viajando com Kafka, e ele sabia o que isso significava. Muito tempo no hotel para a higiene pessoal, encontros circunstanciais, indecisão constante, comida vegetariana. E dessa vez tudo estava um pouco mais complicado, pois não havia dois quartos individuais e os amigos foram obrigados a dividir um quarto, o que era inédito. E isso significava que eles tinham de tomar uma decisão: ou ficavam com o ar fresco, às custas de um barulho terrível vindo da rua, difícil de suportar até para os ouvidos acostumados aos ruidosos paralelepípedos de Praga, ou com a relativa paz das janelas fechadas, e assim se sentiam "enterrados vivos", conforme Kafka se queixava, um tanto patético. A janela ficou fechada por um tempo. Mas Kafka se vingou e apareceu em um pesadelo de Brod. Então Brod se levantou e abriu a janela. E dormiu de novo tranquilo, com o travesseiro em volta da cabeça.

* No original, a fala tem marcas do dialeto local: *Trinken Sie auf'm Bahnhof'n Glas Bier, kost' auch bloß fuffzn Pfenge.*

Leipzig era a cidade das livrarias e editoras na Alemanha, e por isso eles tinham vindo. Dessa vez, Kafka havia começado suas férias de verão já em junho, e Brod também se permitiu tirar uma semana. Enfim eles tinham a oportunidade de dar as caras juntos, em carne e osso, e Brod insistira que deviam aproveitar essa chance. Kafka precisava de um editor, já estava em tempo. E não só porque suas gavetas estavam cheias de folhas escritas — das quais Brod fora tomando conhecimento pouco a pouco —, mas sobretudo porque estava desperdiçando seu talento em revistas que ninguém conhecia. Só se encaixando à indústria literária e assinando contratos editoriais ele teria aquela disciplina revigorante que lhe era tão necessária. Kafka precisava de uma tarefa bem definida, e Brod queria se certificar de que o amigo recebesse essa tarefa em Leipzig. Depois eles ainda passariam alguns dias juntos em Weimar, e Kafka tinha feito uma reserva em um sanatório para o resto das férias.

Brod também tinha seus motivos para estar ali. Ele andava infeliz com seu próprio editor havia algum tempo. Axel Juncker, um livreiro de Copenhague que se estabelecera em Berlim na virada do século, continuava gozando da fama de descobridor de talentos — afinal, Else Lasker-Schüler havia publicado seu primeiro livro na editora, e por um tempo até Rilke trabalhou para ele como "editor externo". Mas o que seu catálogo oferecia era uma miscelânea pouco marcante, e Juncker raramente conseguia trazer seus autores a lume, pois passava o dia sentado em sua livraria, nunca foi além do status de "negócio de um homem só", e tampouco tinha os contatos certos nas instâncias decisivas da cena literária. Quem buscava o sucesso acabava deixando sua editora; assim fizeram Rilke, Brod, e enfim também Werfel.

Para Juncker, por sua vez, parecia cada vez mais difícil lidar com a hiperatividade de Brod. Ele recebia constantemente cartas nas quais Brod exigia maior empenho editorial, honorários mais altos e aprimoramento no design dos livros, ao mesmo tempo que anunciava novos projetos literários e recomendava vários nomes que deveriam ser publicados com urgência: entre eles Max Mell, Oskar Baum, Hedda Sauer, Kurt Hiller, Paul Leppin, Otto Pick, Werfel e Kafka, todos seus amigos e conhecidos. Juncker se mostrava solícito, sem assumir compromissos, mas por vezes também ficava irritado; assim, no verão de 1911, acusou Brod de ter se perdido entre tantas publicações em revistas, e isso era um modo delicado de dizer, afinal, ele devia saber que além de escrever Brod se ocupava com problemas filosóficos, compunha obras ao piano e aspirava por um papel de liderança no sionismo cultural. Juncker também se inquietava com o fato de que, com seus mais novos romances — *Jüdinnen* [Judias] (1911) e *Arnold Beer: Das Schicksal eines Juden* [Arnold Beer: A sina de um judeu] (1912) —, Brod corria o risco de se tornar um autor de um tema só, e assim aborrecer o público leitor que já se estabelecera.

O que fazer? Brod tinha problemas financeiros e sonhava com o sucesso de best-sellers. Mas ele havia se comprometido contratualmente a entregar um manuscrito por ano a Juncker, e só se livraria desse jugo se um editor mais importante o ajudasse. É provável que, no mais tardar no inverno de 1911-2, Brod tenha começado negociações discretas com concorrentes de Juncker, e ele não deve ter sido especialmente seletivo nesse processo; só assim daria para explicar que ele tenha se deslocado até Jena no começo de julho — sem a companhia de Kafka — para negociar justo com Eugen Diederichs, o proprietário de uma editora com uma visão de mundo conservadora, nacionalista e de tendências antissemitas. Se Brod tivesse dado uma olhada no programa editorial corrente de Diederichs, teria se poupado da viagem: "Nós, alemães, queremos os heróis, os homens de qualidade, como objetivo último de nosso desenvolvimento". O próprio editor escreveu isso. É improvável que Brod e todos aqueles seus nomes secretos de Praga sobrevivessem a esses critérios.

Em Leipzig, havia uma dupla bizarra de editores sobre a qual Brod depositava todas as suas esperanças. Ernst Rowohlt, conhecido como "o gigante rosa",* 25 anos, bom de copo, rechonchudo, risada retumbante de arreganhar os dentes, contumaz contador de piadas e parvoíces. E Kurt Wolff, da mesma idade, esbelto e atlético, de charme contido e acentuados modos aristocráticos. O que os uniu, no começo de 1910, foram alguns interesses literários em comum, além do amor por livros feitos para colecionadores. Rowohlt tinha experiência como tipógrafo, impressor, encadernador, livreiro e vendedor, enquanto Wolff tinha o dinheiro e a formação em história da literatura necessária para publicar clássicos em edições de alta qualidade. Rowohlt atuava na linha de frente, trabalhando e dormindo em um escritório caótico da editora. Kurt Wolff ficava nos bastidores, a princípio

* Há uma aliteração nesse apelido em alemão: *rosa Riese*.

como sócio comanditário; ele se casara cedo e morava em um apartamento de classe média alta, com empregados e uma biblioteca principesca. Só depois de fracassar com sua tese de doutorado em teoria literária, esses pesos foram se deslocando, e Wolff começou a se interessar pela mais nova literatura e a participar das negociações com autores.

Para encontrar Ernst Rowohlt, em geral não era necessário marcar uma reunião; bastava se dirigir, perto da hora do almoço, à Wilhelms Weinstube, uma taberna onde sempre apareciam, ao lado de Rowohlt e de seu editor Kurt Pinthus (que antes trabalhou como crítico de teatro), algumas figuras importantes de Leipzig que adoravam se intrometer no programa da editora. Mas se um autor conhecido, ainda "ligado" a outra editora, estivesse chegando de viagem e viesse parar ali, os dois diretores editoriais achariam mais apropriado atuar em conjunto. E assim Brod, que tinha recebido um convite de Rowohlt em abril, foi chamado na manhã de 29 de junho de 1912 a um dos escritórios da editora: a casa da famosa tipografia Drugulin.

As pastas que ele trazia consigo estavam muito cheias, e assim como Axel Juncker, agora Rowohlt e Wolff também estavam entendendo que Brod não trataria apenas de seu próprio futuro, mas queria apresentar logo dezenas de projetos para publicação. Uma seleção de escritos autobiográficos de Grillparzer. Laforgue e Flaubert em francês. Uma série totalmente inovadora de guias de viagem. Um anuário editado por Brod para celebrar uma nova modernidade literária, "ingênua", "alegre" (no qual seriam incluídos Werfel, Otto Pick, Robert Walser, Otto Stoessl e, naturalmente, o próprio Brod);[2] havia ainda uma obra dramática de sua autoria intitulada *Die Höhe des Gefühls* [A elevação do sentimento], assim como uma obra escrita em colaboração com Felix Weltsch. Por fim, Brod trazia consigo algumas amostras de textos de Kafka, um autor certamente já conhecido pelos leitores da *Hyperion*, a revista dos bibliófilos. Os dois editores acharam tudo muito "interessante", mas é claro que não puderam deixar de notar o peso de chumbo daquele pacote inesperado. E então Brod teve de explicar como ele imaginava se desligar de seu atual editor.

Enquanto isso, Kafka matava tempo passeando; visitou o Museu Alemão do Livro, uma biblioteca pública e, por fim, um restaurante vegetariano. Estava achando ótimo que Brod mais uma vez quebrasse o gelo, poupando-o, na medida do possível, do constrangimento de ser iludido com promessas vazias. Kafka nunca seria capaz de convencer um editor de *nada*, enquanto Brod não hesitava em dizer exageros e estava disposto a prometer qualquer coisa para abrir as portas certas. E de fato, por volta das duas da tarde, Brod voltou com o esperado atestado de vitória: os jovens editores tinham mordido a isca, também queriam conhecer Kafka, e assim a próxima parada seria a Wilhelms Weinstube, onde Rowohlt os esperava com grandes taças de Weinschorle,* ao lado de Pinthus e de Walter Hasenclever, seu amigo e editor "livre".

Esse encontro memorável não está documentado, mas é de imaginar que não tenha sido muito marcante para Ernst Rowohlt. O visitante de Praga era um observador tímido e silencioso, o oposto daquele tipo de homem no qual Rowohlt gostava de se espelhar, cheio de vitalidade. E como na relação com os autores ele se guiava mais pelo instinto de "ondas de vibração de mesmo comprimento" do que pelo bom uso da língua, a comunicação com Kafka deve ter lhe parecido bem trabalhosa. "R[owohlt]. quer um livro meu e fala muito sério", Kafka escreveu. É claro que já não podemos determinar *em que medida* essa proposta era séria, e com base em que hinos de louvor e promessas de Brod ela veio à tona.

Sem dúvida, Rowohlt deixou Kafka intimidado, pois o jovem editor era um homem espaçoso e consciente de seu próprio poder, mas nada burguês, que pertencia à mesma linhagem de Werfel e Löwy. Kafka se sentia pequeno e amordaçado diante de tais fenômenos da natureza. "Rohwolt, que é bom, inteligente e competente", elogiou-o pouco depois (Kafka insistia em escrever seu nome errado).[3] E como tomou Rowohlt por seu futuro editor, infelizmente deu pouquíssima atenção ao cavalheiro jovem e gentil a que foi brevemente apresentado no escritório da editora, naquela mesma tarde, e que era quase tão bom observador quanto ele próprio. Wolff, o sócio comanditário, guardaria aquela aparição admirável na cabeça por bastante tempo, e com "assombrosa clareza de detalhes": Kafka, um homem alto, esguio e silencioso, e ao seu lado Brod, ao menos um palmo mais baixo do que ele, tagarelando sem parar.

> No primeiro instante, tive uma impressão que nunca se apagaria: o empresário apresenta a estrela que descobriu. Claro que foi assim, e essa impressão foi penosa, devido à natureza de Kafka, que teria sido incapaz de contornar essa apresentação com um leve gesto, uma piada.

* Mistura de vinho com água gasosa.

> Ah, como ele sofria. Silencioso, desajeitado, frágil, vulnerável, intimidado como um estudante diante de seus examinadores, convencido da impossibilidade de corresponder às expectativas despertadas pelos elogios do empresário. Como ele podia ter concordado em ser apresentado como uma mercadoria a um comprador?! Será que queria que publicassem suas ninharias? Não, não, não. Respirei aliviado quando a visita terminou e me despedi dos olhos mais belos, da expressão mais comovente de um homem sem idade, que estava então no seu trigésimo ano, mas que pela sua aparência, oscilando entre doente e mais doente ainda, me pareceria sempre sem idade.

É provável que lembranças posteriores de Wolff tenham contribuído para construir esse exagero carinhoso. Pois Kafka ainda não devia parecer doente em junho de 1912, e o "não, não, não" podia até ser depreendido de seu olhar, mas não de suas palavras, afinal, ele já havia inclusive prometido a Rowohlt que entregaria a mercadoria. Além disso, na despedida, Wolff conseguiu ouvir de Kafka uma frase que provavelmente nenhum editor nunca mais escutou ou vai escutar da boca de um autor: "Sempre lhe serei mais grato pela devolução de meu manuscrito do que por sua publicação".[4] Kafka não deve ter sido poupado de um merecido cutucão nas costas desferido por seu empresário.

Mas a expedição foi bem-sucedida, sem dúvida. Embora os cavalheiros tenham pedido um tempo para avaliar o que lhes interessava e o que não entre as várias ofertas de Brod, era improvável que ele recebesse uma recusa fria. Até então, os representantes da literatura contemporânea publicados pela Rowohlt eram Herbert Eulenberg, que tinha um sucesso moderado, e Max Dauthendey, invendável, e Brod podia muito bem entrar nesse páreo. Talvez os editores não estivessem tão convencidos quanto Brod de suas qualidades literárias, mas isso não importava muito, pois para um pequeno negócio em expansão, a quantidade de contatos que Brod prometia arranjar tinha o mesmo peso, ou um peso ainda maior, que a qualidade.

Wolff entendeu isso desde o primeiro momento. Sua colaboração com Rowohlt acabou dando errado, pois ele não queria mais se contentar com aquele papel passivo, e em novembro de 1912 assumiu sozinho a direção da editora. Mas isso não alterou a abrangente afirmativa que Brod recebera de Rowohlt, e Wolff se tornou por muitos anos o editor de Brod, sem abrir mão de certa distância irônica quanto a suas maquinações. Wolff tivera a impressão, conforme escreveu em suas memórias, "de que ele me enviava de Praga todos aqueles que se esforçavam minimamente para ser escritores, mas no fundo sabia que ao lado de Kafka e Werfel, ou tchecos como Březina e Bezruč, a maior parte deles era menor e insignificante".[5] Era uma observação precisa, friamente calculada. Brod ainda levaria alguns anos para entender que, por trás da máscara aristocrática e dos modos impecáveis de Wolff, havia um crivo literário quase incorruptível.

O caso de Kafka era de longe o mais difícil. Rowohlt assegurara que publicaria seu primeiro livro. Kafka assegurara que lhe mandaria em breve um manuscrito. Era um combinado bastante vago, e ninguém sabia o que esperar, de fato, daquele autor. Brod havia pavimentado o caminho, deixando claro para Rowohlt que Kafka subestimava desesperadamente as próprias capacidades, e que por isso mesmo era preciso fortalecê-lo e encorajá-lo. Mas Brod só podia se referir aos textos em prosa já publicados, e talvez tivesse alguma influência sobre o que Kafka entregaria no final; não podia prometer absolutamente nada.

Brod havia tido experiências insólitas com a escrita de Kafka, e não apenas surpresas agradáveis. Era fácil chegar a um acordo com Kafka sobre os modelos a serem seguidos: a produção universal de Goethe e a simplicidade refinada de Flaubert eram a medida de todas as coisas, e quando eles estendiam o cânone para os autores que mereciam ser estudados, o consenso entre eles continuava sendo amplo: Kleist, Hebbel, Grillparzer, Dostoiévski, Strindberg... sem falar de um fenômeno como Werfel, que arrebatava tanto Kafka quanto Brod.

Mas para que *serviam* os modelos? Para entender o que era possível, e para não baixar muito o nível de exigência. Só que Kafka encontrava "o Possível" nos lugares mais inusitados; podia ficar tão entusiasmado com a metáfora bem-sucedida de um folhetinista de terceira categoria quanto com uma frase precisa no meio de uma narrativa, cuja sequência já não lhe interessava. Parecia-lhe um milagre que esse tipo de "verdade interior" estivesse sempre à disposição de certos autores. Mas eles não eram os únicos que dispunham dela, e por isso Kafka não se preocupava muito com o que "deveria" ter sido lido, nem com o grau de reconhecimento de um autor dentro de uma hierarquia.

Ele observava as próprias empreitadas literárias, o próprio "trabalho", com esse mesmo olhar. Podia acontecer de ele escrever duas, três páginas de supetão, para então constatar que dali restaria uma única frase, pois ela continha justamente aquela "verdade interior" que era o único objetivo da literatura. Inúmeros fragmentos foram originados assim, entre eles tentativas que Kafka interrompia já antes do primeiro ponto-final. Mas, nos encontros semanais na casa de Oskar Baum, também acontecia de ele sacar uma folha de repente e ler um pequeno texto, prosa curta e curtíssima, no qual as palavras haviam sido inseridas cuidadosamente como notas musicais.

Isso não era satisfatório, nem para ele nem para os seus amigos, e Kafka teve de ouvir dezenas de vezes que estava aquém de suas próprias possibilidades literárias. Como é que uma "obra" poderia surgir dessa maneira? Kafka dava de ombros. Ele sabia que apesar de anos de esforço nunca conseguira terminar seu *Descrição de uma luta* por causa de sua inconstância, por estar sempre à mercê de seu ânimo momentâneo. Observava a técnica de trabalho de Brod. Sua capacidade de criar textos razoáveis nas condições mais adversas era até admirável — uma vez escreveu uma narrativa enquanto Kafka estava deitado no sofá ao lado —, mas não era exatamente aquilo que Kafka almejava. Ele queria perfeição. E devia se perguntar se Brod também não estaria desperdiçando seu talento, ao não empregar seu tempo e sua energia de modo mais sistemático e ao não ser mais crítico quanto às suas próprias realizações.

Em agosto de 1911, no começo da viagem dos dois para a Itália e Paris, Kafka deparou com uma nova ideia. E se eles escrevessem *juntos* sobre aquela viagem? Era uma ideia óbvia, pois a viagem criava uma determinada proximidade, uma facilidade de comunicação, e eles já tinham o costume de registrar em seus cadernos o que lhes chamava a atenção: "Irresponsável viajar, e mesmo viver, sem tomar notas",[6] pensava Kafka, e Brod também sentia uma espécie de pena de todos os turistas que não traziam nada "próprio" para casa além de alguns filmes usados.

Que tal comparar, retrabalhar e combinar as anotações? Brod ficou animado, e varreu do mapa as inquietações que logo brotaram. É claro que era possível escrever a dois; até o grande Flaubert já havia escrito relatos de viagem com Maxime du Camp. O próprio Brod tinha prática nisso; a obra filosófica escrita em colaboração com Felix Weltsch estava chegando ao fim, e anos antes ele fizera traduções do francês com Franz Blei, ombro a ombro. Nunca houve problemas. Dessa vez a tarefa era muito mais interessante, pois o tema do texto, que dera início à escrita conjunta, era justamente a viagem de férias de dois amigos, além de suas diferentes perspectivas do mundo e o desenvolvimento de uma relação na qual essas diferenças se espelhavam e espalhavam. *Richard und Samuel: Eine kleine Reise durch mitteleuropäische Gegenden* [Richard e Samuel: Uma pequena viagem pelas regiões do centro da Europa], assim seria chamada a pequena obra, um título deliberadamente inofensivo que escondia um abismo.

Ao que parece, todos esses espelhamentos que Brod tomava por refinamentos estéticos — escrever sobre a observação, observar a escrita, escrever sobre uma pessoa e ao mesmo tempo ser descrito por ela —, todos esses ecos eram distrações passando pela cabeça de Kafka, que o levavam ao desespero. Isso não era intimidade, era vivissecção. Nunca ele fora obrigado a ver com tanta clareza tudo que o separava de Brod, e assim jogar um balde de água fria na única amizade confiável que se sentia capaz de manter. "Eu e Max devemos ser fundamentalmente diferentes", escreveu pouco depois, e isso *não* era destinado ao amigo.

> Por mais que admire seus escritos, quando eles se apresentam a mim como um todo inacessível à minha intervenção ou à de qualquer outra pessoa, mesmo em se tratando de uma série de pequenas resenhas, como hoje, o fato é que cada frase que ele escreve para *Richard e Samuel* está vinculada a uma concessão relutante de minha parte que me é profundamente dolorosa.[7*]

E Kafka sentia que sua própria escrita estava sendo envenenada pela obrigação constante de ler ou de *ouvir* em voz alta tudo o que fluíra de sua caneta algumas horas antes. Era um revés; ele sabia que estava decepcionando o amigo mais uma vez, e por um tempo até pensou em começar um caderno novo, *privado*, que dedicaria exclusivamente à relação com Brod.

Aos poucos, Brod também foi ficando nervoso. Kafka sempre aparecia com passagens que não se encaixavam no conceito que eles haviam definido depois de uma longa negociação, e enfim declarou que aquelas notas todas de viagem não tinham valor. Brod reprimiu sua raiva a duras penas e o convenceu a seguir trabalhando, mas no fim de 1911 ele próprio entendeu que a coisa não estava funcionando, que a escrita colaborativa com Kafka era impossível. Depois disso eles ainda terminaram o primeiro capítulo,

* Franz Kafka, *Diários 1909-1923*, op. cit., p. 140.

Kafka escreveu um breve parágrafo introdutório, então entregaram o fascículo a Willy Haas, que o publicou em maio de 1912 na *Herderblätter*. O capítulo é intitulado *Die erste lange Eisenbahnfahrt* (*Prag–Zürich*) [A primeira longa viagem de trem (Praga-Zurique), e termina com uma promessa boba: "Continua em breve...".

Alguns anos depois, Brod lembrou o amigo de que eles ainda tinham na gaveta um fragmento escrito em conjunto. "Você sempre gostou muito de Richard e Samuel, eu sei", Kafka respondeu calmamente. "Foram tempos maravilhosos, por que haveria de ser boa literatura?"[8]

O agravamento da questão da solteirice. O aborrecimento em torno da fábrica de amianto e a alienação da própria família. O fracasso da colaboração com Brod. A vivência do teatro judaico do Leste da Europa. A amizade com Isaac Löwy, os estudos da história judaica, a noite da palestra. Tudo aconteceu mais ou menos ao mesmo tempo, um ruidoso estilhaçamento da vida, como Kafka nunca tinha vivido. Estava em tempo de pôr um ponto-final nisso tudo e voltar a refletir sobre a única coisa que importava: "nada posso ousar fazer por mim enquanto não tiver produzido um trabalho maior, que me satisfaça plenamente".[9]

Kafka estava decidido a reunir forças para encarar um projeto com o qual se identificasse e no qual pudesse trabalhar com liberdade, sem interferências externas: *América*. Não se sabe ao certo como nem quando ele tomou essa decisão; parece que se comprometeu a guardar silêncio, não só com seus amigos, mas também consigo mesmo, pois nem o diário nem as cartas apontam para essa virada estética radical que o levou daquele pingue-pongue martirizante e descompromissado de *Richard e Samuel* para um primeiro romance, longo e abrangente. É provável que tenha chegado a essa virada só depois da partida de Löwy, e uma entrada de diário indica que, no dia 16 de março de 1912, ele deu início àquele trabalho colossal que originaria *Der Verschollene* [O desaparecido]. Uma coisa é certa: ele queria começar uma coisa *totalmente diferente*, e não queria falar a respeito com ninguém, muito menos com Brod.

Desde a adolescência, Kafka tinha a ideia de escrever um romance que tratasse dos Estados Unidos. Naquela época, ele queria escrever sobre dois irmãos brigados: "um deles ia-se embora para a América, ao passo que o outro permanecia trancafiado numa prisão europeia".[10] É fácil identificar aí o duplo de um Eu que sonha em sair da "prisão" de Praga. Seguir desenhando essa ideia era bem possível para alguém que vivia no seio de uma família que sempre recebia cartas tentadoras dos Estados Unidos: de dois dos irmãos de Julie Kafka, Alfred e Joseph Löwy, assim como de vários primos que haviam emigrado e estavam vivendo destinos cheios de reviravoltas. Mais tarde, Kafka incluiria em seu romance muitos detalhes de que ele só pode ter tomado conhecimento por meio desses parentes. Mas um retrato convincente de um mundo que ele nunca havia visto com seus próprios olhos exigia uma pesquisa de outras proporções, e assim, no mais tardar na primavera de 1912, Kafka começou a adquirir conhecimento especializado de modo mais sistemático: ele lia matérias de jornal e reportagens sobre os Estados Unidos — como os artigos de crítica social escritos por Arthur Holitscher e publicados na *Neue Rundschau* —, ouvia palestras, lia a literatura pertinente e agora também ouvia com mais atenção quando as conversas no escritório se voltavam para as modernizações segundo o modelo do Novo Mundo.[11]

Em Leipzig, Kafka não disse uma palavra sobre todas essas atividades — ele não tinha nenhuma intenção de assumir um compromisso já no primeiro encontro com seus futuros editores, que submeteria o prazer do novo trabalho às pressões implicadas nas estratégias de publicação. É claro que nenhum editor queria ver "pedacinhos", Kafka sabia disso, eles queriam romances, e isso porque os leitores também queriam romances. Se seu plano de escrever *América* vingasse, eles teriam uma surpresa ainda melhor. Por isso ele se limitou a falar em um "primeiro rascunho", ainda provisório, que demoraria muito para estar em condições de ser lido, e Brod, que já não se aguentava de curiosidade, não pôde ver nenhuma linha, apesar de seus pedidos. "Nunca superestimar o que já escrevi; se o fizer, torno inatingível para mim o que tenho a escrever."[12]

Weimar, 29 de junho de 1912. Noite de sábado, meia-noite. Os turistas de Praga estão diante da casa de um antepassado literário. Sua fachada ampla e imponente domina uma praça típica de cidade pequena. Eles olham para cima, contam as janelas apagadas, pousam as mãos contra o muro.

Ao fim de uma breve peregrinação, os amigos adentravam um cenário estranhamente iluminado. Sem dúvida, aquela visita havia sido uma ideia de Kafka. Ele conhecia muito bem a obra de Goethe, no Gymnasium tirara bom proveito das aulas de um verdadeiro especialista, aprendendo a dar valor também à prosa do autor (o que à época ainda não era nada evidente). O combustível dessa obra, sua universalidade intelectual e sensível, a assimilação criativa de *tudo* a partir de reservas aparentemente ilimitadas, logo se tornou um modelo existencial para Kafka — e isso deve ter acontecido bem antes de a literatura deslocar todos os seus outros interesses para o segundo plano. Ao mesmo tempo, sua veneração a Goethe era tudo menos cega; ele abominava seus imitadores, reclamava que, "em razão da pujança de suas obras, é provável que Goethe tenha retardado o desenvolvimento da língua alemã", e planejava até um ensaio sobre "A natureza terrível de Goethe".[13] Mas quanto mais prementes se tornavam as questões em torno da própria identidade, mais atenção Kafka direcionava àquele homem que tinha conseguido ser ele mesmo por mais de oitenta anos, sem um instante de vazio ou de tédio. No inverno anterior, Kafka havia lido tudo o que encontrara sobre a pessoa e a vida de Goethe — biografias, autobiografias, cartas, memorandos de conversas, diários. E ao fazer isso, ele se dava conta de uma influência intelectual revigorante, mas ambivalente: assim que a alegria da leitura esmorecia, aprofundava-se o sentimento de sua própria inutilidade. Mais que um caso de veneração, era uma droga.

Já fazia dez anos que Kafka queria saber que cara teria o lar de um homem desses. Isso o interessava mais do que qualquer outro assunto da germanística, e ele considerava uma "ironia fina, maravilhosamente fina" que tenham mudado seu nome de casa de Goethe para Museu Nacional de Goethe.[14] Agora ele vagueava por esse quarto, que já conhecia havia muito tempo de ilustrações, e estava um pouco decepcionado.

> Casa de Goethe. Salas de recepção. Vislumbre do escritório e do quarto de dormir. Visão triste, que lembra avós mortos. O jardim que segue crescendo sem parar desde a morte de Goethe. A faia que escurece seu escritório. Ainda quando estávamos sentados no vão da escada, lá embaixo, ela passou correndo por nós com a irmãzinha.[15]

Entre os vestígios passageiros do gênio puro, Kafka é subitamente tomado pela natureza: o jardim, a faia, é isso que sobrevive à vista. Mas quem é "ela"?

Chamava-se Margarethe Kirchner e era a filha do administrador, ou seja, do homem que andava com as chaves daquele "museu" no bolso. Uma menina de dezesseis anos recém-completados, ainda bastante imatura, que só pensava em aulas de dança e vestidos de baile. Kafka não conseguia mais desviar os olhos dela. Aquela criatura vivia, brincava e ria em uma casa que pertencera a um grande homem morto. Isso era poesia.

"Kafka está se dando bem no flerte com a bela filha do zelador", escreveu Brod. "Então é por isso que ele passou tantos anos querendo vir até aqui." Essa ironia tão fina era destinada à sua noiva, e por isso não incluía muitos detalhes. A realidade era um pouco diferente. "Ela está ao lado de uma roseira", Kafka escreveu. "Empurrado por Max, vou até lá..." Essa não era a última vez que o empresário intervinha para apoiá-lo; alguns dias mais tarde, como ainda não havia sido possível pegar a menina fora do campo de visão dos pais (que eram rigidamente protestantes), os amigos tentaram um ataque conjunto: "Entretenho o pai com meus conhecimentos de fotografia, enquanto Kafka convence a filha a sair com ele. Levo o pai para trás da grande cerca viva". Isso aconteceu no aniversário de 29 anos de Kafka — um belo presente e uma cena memorável, que foi inclusive registrada em uma foto.[16]

Brod tinha toda a simpatia do mundo por esse tipo de aventura, e teve o prazer de participar daquela surpreendente relação. Pois, para turistas acostumados a viajar em busca de cultura, a casa de Goethe não oferecia nenhum momento contemplativo. Ano após ano, uma procissão de 30 mil visitantes passava por aqueles cômodos, sem contar os inúmeros grupos escolares, e era difícil ter uma impressão autêntica do lugar enquanto os comentários do guia de viagem *Baedeker* ressoavam nos ouvidos. Mas agora os amigos haviam sido convidados a aparecer fora dos horários de visitação, e quando, no começo da noite, alguém se sentava sozinho no jardim silencioso da casa de Goethe, conseguia esquecer por alguns minutos em que século estava.

Brod não deixou de dizer ao amigo, contudo, que considerava aquela tal de "Grete" uma pirralha decididamente estúpida, mas é claro que sua opinião não teve o menor efeito. Estava difícil de cumprir com Kafka as visitas planejadas havia tanto tempo: a casa de Schiller, a vila de Franz Liszt, a cripta dos príncipes, o Castelo Belvedere e, o mais importante, a casa de veraneio de Goethe no Ilmpark, que os dois esboçaram em seus cadernos. O desenho de Brod ficou fiel, enquanto o de Kafka mais parecia uma barraca pegando fogo. O pior era que o papagaio que morava ali chamava justamente por "Grete!".

Os dois estavam nervosos, pois Brod voltaria ao escritório em poucos dias e tinha decidido aproveitar o tempo para fazer "contatos". Volta e meia ele andava até os Correios, na esperança de receber um sinal decisivo de Rowohlt. Deslocou-se até Jena para falar com Diederichs, aquele outro editor. E visitou, com Kafka — provavelmente sem avisar —, os dois representantes da literatura contemporânea que viviam em Weimar: Paul Ernst, um dramaturgo conservador, e Johannes Schlaf, um autor singular que um dia fora parceiro de Ernst no naturalismo e agora era seu inimigo. Por um estranho acaso, Kurt Hiller também acabou aparecendo, aquele careca linguarudo que havia sido teórico do começo da cena expressionista em Berlim e que um dia festejara o romance *Schloss Nornepygge* [Castelo Nornepygge] de Brod como um milagre. Brod ficou bastante incomodado quando ele começou a delirar outra vez, incluindo dessa vez suas obras mais recentes. Alguma coisa não fazia sentido; ou era um mal-entendido ou um absoluto desconhecimento. Brod já não tinha deixado claro o bastante que acreditava ter superado o fatalismo de *Schloss Nornepygge*? As pessoas não viviam dizendo por aí que ele tinha se voltado para conteúdos "positivos" e colocado sua criação a serviço de uma futura cultura judaica? No fim, a desconfiança de Brod revelou-se totalmente legítima. Pois apenas três semanas mais tarde a resenha de Hiller sobre *Arnold Beer* seria publicada na *Aktion* [Ação], a principal publicação da vanguarda de Berlim, e com um tom bem diferente do de Weimar: "Tornear histórias, pintar os fatos de tal modo que eles se tornem palatáveis... nós simplesmente não suportamos isso".[17]

Nas notas de Kafka, não há uma palavra sobre essas conversas. Ele observou atentamente Johannes Schlaf, que parecia contente em seu universo particular, mas considerou que Hiller era um mero representante do *negócio* e nem sequer tomou nota de suas insinuações irônicas sobre Goethe, pois não valia a pena. Sim, Kafka também estava nervoso e não conseguia se concentrar em nada; escrevia com diligência em seu caderno, mas só lhe chegavam fragmentos de tudo o que havia para ver em Weimar, e ele sabia que teria de viver daquelas experiências durante todo o ano. No arquivo de Goethe e Schiller, onde havia vários documentos originais disponíveis para consulta, ficou em choque quando se deu conta de como Goethe trabalhava com poucas emendas: não havia nem uma rasura na famosa "Lied der Mignon"!* Aquilo lhe deu o que pensar por bastante tempo. Mas entre as visitas e reuniões, ele sempre voltava correndo para a casa de Goethe; passava horas sentado no bar da frente para observar a entrada, passeava

* "Canção de Mignon", personagem que aparece em algumas obras de Goethe, como *Os anos de aprendizagem de Wilhelm Meister*.

pela rua onde Grete frequentava uma escola de costura, e nem mesmo a presença de Hiller o impediu de saltar da mesa e fugir no meio de uma conversa, quando acreditou vê-la à distância. Até a cota diária de natação, pela qual Kafka costumava ansiar tanto com a chegada do verão, já não parecia tão atraente.

Como não dava para evitar encontros indesejados no estreito mundo de Weimar, Kafka acabou entrando em um estado de constante espera por Grete, e isso era o que mais o atormentava. Uma vez, ela disse que precisava ir correndo para casa, mas dali a uma hora ressurgiu três vezes seguidas de uma ruela qualquer, acompanhada de uma amiga protetora, e passou correndo pelos admiradores de Praga, que a saudaram constrangidos. O encontro a dois não queria dar certo, e apesar de diversas confirmações da parte dela ("Mesmo se chover?" "Sim."), Kafka esperou em vão diante da escola de costura de Grete, segurando uma caixa de bombons com colar e coraçõezinhos. Ah é, ela disse no dia seguinte, teve de ir embora mais cedo, e estava tendo *tantos* aborrecimentos nas aulas de dança. Kafka não desistiu; ela parecia ter algum respeito por ele e estar disposta a marcar um novo encontro.

Estava mais do que na hora. Pois conforme os planos só faltavam 24 horas para eles partirem de Weimar — o que ainda daria para fazer nesse intervalo? Será que Kafka achava mesmo que conseguiria lançar uma âncora na despedida, com a mesma mão que fazia o sinal de adeus? Ele não sabia mais no que acreditar, fazia dias que estava com um nó na garganta de pensar no fim. Mas a beleza daquele rosto feminino, sua inocência ainda imune de reflexão, a ideia de uma vida *entre* os homens em vez de ao lado deles, e enfim a proximidade onírica, irreal e quase familiar de Goethe (que também começava a atormentar Brod), esses eram campos de força que se sobrepunham e fortaleciam uns aos outros, não muito diferente dos campos de associação de um bom poema. "Não desistir de mim mesmo!", ele havia escrito alguns meses antes, confiante e ainda impressionado com sua palestra tão bem-sucedida sobre o iídiche. "Ainda que daí não resulte redenção nenhuma, quero, sim, ser digno dela a todo momento." Isso certamente dizia respeito à escrita, e era um pensamento elevado. Mas a redenção não vem de cadernos escolares todos rabiscados. O que Kafka viveu em Weimar foi a impregnação da poesia na própria vida, e se ele queria ser "digno" dela, se não escolheu a loucura ou a morte, agora tinha que suportar a dor da rejeição.

Passeio de uma hora com Grete. Ao que parece, ela obteve da mãe, com quem ainda fala da rua, pela janela, o consentimento para tanto. Vestido cor-de-rosa, meu coraçãozinho. Inquietação por causa do grande baile à noite. Nenhuma ligação com ela. Conversa esgarçada, sempre começando de novo. Um passo ora bastante veloz, ora muito lento. Empenho para não deixar claro de maneira alguma que não nos une nem ao menos um fio. O que nos impele a caminhar juntos pelo parque? Apenas a minha teimosia? — À noitinha [...] visita à casa de Grete. Postada diante da porta entreaberta da cozinha, veste o traje de baile já louvado com grande antecedência, que nem é tão bonito quanto o habitual. Olhos de quem chorou muito, claramente por causa de seu parceiro de dança, que, de resto, já lhe causou muita preocupação. Despeço-me para sempre. Ela não sabe disso, e, ainda que soubesse, não daria importância nenhuma. Uma mulher trazendo rosas perturba ainda mais a pequena despedida.[18]

Ele prometeu que daria notícias. Ela prometeu responder. Mas aquela foi uma despedida para sempre. Kafka não suspeitava que aquilo fosse um prelúdio, uma espécie de esboço do que ele viveria nos anos seguintes. Margarethe Kirchner, por sua vez, não tinha como saber com quem estava lidando, e provavelmente nunca soube. Na mesma noite, ela foi com os pais para o baile, que deve ter sido o primeiro de sua vida. Às 4h30 da manhã eles voltaram para casa, para a casa de Goethe.[19]

Era domingo, 7 de julho, e a breve folga de Max Brod estava de fato chegando ao fim. A viagem de volta a Praga o levou mais uma vez a Leipzig, e por isso ele havia combinado outro encontro com Ernst Rowohlt, no qual enfim saberia as impressões do editor sobre suas várias propostas. Era um dia emocionante, decisivo para o futuro literário de Brod.

Kafka o acompanhou e embarcou no mesmo compartimento do trem. Estava a caminho de Halle, de onde partiria na manhã seguinte para as montanhas de Harz. Os amigos ainda tinham noventa minutos para relembrar tudo o que viveram. Logo o trem regional entrou na pequena estação de Corbetha, onde Brod precisava fazer sua baldeação. Dois, três minutos de pausa. Kafka desceu com ele até a plataforma. Saudou a todos, Rowohlt, Elsa, Oskar Baum e os demais. Então, na hora da despedida, Brod deu-lhe um leve beijo na bochecha. Era a primeira vez. E nunca mais aconteceria.

5.
Última parada: Jungborn

O que não é estranho é invisível.

Paul Valéry, *Cahiers* [Cadernos], 1912

Certifico que o sr. Franz Kafka, doutor em direito, assistente jurídico do Instituto de Seguros contra Acidentes de Trabalho para habitantes da Boêmia em Praga, precisa urgentemente passar por um tratamento eficaz de ao menos quatro semanas em um instituto bem dirigido, devido a distúrbios digestivos, peso corporal reduzido e uma série de problemas nervosos, e para esse fim necessita de pelo menos um mês de férias.

Dr. Siegmund Kohn,
clínico geral[1]

Ainda que Kafka tivesse direito a três semanas, o parecer médico lhe proporcionou uma semana adicional. No entanto, ele lidou com essa liberdade de modo um pouco diferente do recomendado pelo médico. Encontrou um editor. Foi a museus, piscinas, visitou escritores malucos e perseguiu uma adolescente durante dias. No dia 8 de julho de 1912, Kafka enfim pousou sua mala no prédio da administração de um "instituto bem dirigido" e anotou seu nome no livro de registro de hóspedes. "Jungborn. Instituto de tratamento de Rudolf Just. Centro de medicina natural e casa de convalescença. Lar do bem-estar e do modo de vida natural." Um lugar fora da civilização, um oásis na encosta norte das montanhas de Harz, onde o dr. Kafka já era esperado.

No começo do século XX, o termo *Jungborn* [fonte da juventude], tão bem cunhado, era uma marca registrada que funcionava na linguagem corrente como sinônimo de mudança de vida e medicina natural. Adolf Just, um livreiro e autodidata que fundara o sanatório em 1896, estava sempre se queixando da audácia daqueles que rotulavam todos os produtos possíveis — incluindo chocolates, carnes em conserva, charutos e biscoitos caninos — com o selo "Jungborn", que não era patenteado, para se beneficiar de suas conotações positivas (como as marcas "eco" e "bio" de hoje). Entretanto, o próprio Just tinha sua parcela de responsabilidade por essa inflação e comercialização do nome. A partir da ideia central de que uma vida o mais "natural" possível seria o melhor método de cura — e de que isso dependeria de *aceitar* o efeito saudável da luz, do ar, da água, da terra e das plantas sobre o corpo humano —, Just desenvolvera havia muito tempo uma visão de mundo que absorvia cada vez mais temas e objetos da vida cotidiana. Se havia mesmo aquilo que chamavam de "roupas íntimas naturais" — e era exatamente isso que Just afirmava —, então era legítimo querer produzi-las e vendê-las como "roupas íntimas Jungborn". A mesma coisa valia para colchas, banheiras, sapatos, e ainda mais para frutas em conserva amadurecidas ao "ar puro de Harz", pão integral, substitutos de café e, finalmente, para a "manteiga de avelãs de Adolf Just". Todos esses produtos podiam ser encomendados do catálogo da "Jungborn: loja de vendas por correio Rudolf Just", comandada pelo irmão mais novo de Just. A família oferecia o pacote completo para uma vida em comunhão com a natureza.

Sem dúvida, essa marca era familiar a Kafka havia um bom tempo, e não seria nada surpreendente se um dia encontrassem a prova de que ele estava entre os clientes regulares da loja de vendas por correio. Em setembro de 1911, voltando de Paris, ele havia passado alguns dias em Erlenbach, um sanatório naturista perto de Zurique, onde princípios semelhantes eram seguidos. Ele sabia o que o esperava quando chegou a Jungborn, o centro do movimento, e sabia que era *ali* que se reuniam seus defensores mais fervorosos.

Ao observar a vista aérea de todo o território, que Just reproduziu em seu best-seller *Kehrt zur Natur zurück!* [Voltem para a natureza!], a primeira coisa que chama a atenção são as dimensões. Jungborn não era uma mera clínica de tratamento com jardim; estendia-se por mais de 80 mil metros quadrados, a área de uma vila turística mediana. Por toda a sua extensão, havia "moradas de luz e ar" construídas em madeira, com claraboias e janelas de todos os lados. Quase todos os hóspedes ficavam nessas cabanas, e em noites mornas de verão simplesmente levavam a colcha para fora, dormiam na grama ou ficavam ouvindo pássaros, lebres e ratazanas.

A regra mais importante do tratamento em Jungborn era expor o próprio corpo ao ar e à luz pelo máximo de horas possível, independentemente do clima e da estação do ano. Isso queria dizer que os hóspedes andavam quase sempre nus pelo terreno, e a nudez implicava uma engenhosa subdivisão da área. Havia um parque a céu aberto para os homens e outro para as mulheres, além de parques para a família e parques individuais, estes últimos para hóspedes que "a princípio se envergonhavam". As famílias também podiam ficar vestidas no Friedrichspark e se dividir ao longo do dia entre os parques masculino e feminino. Todos esses setores eram separados por muros de madeira de até três metros de altura, e não podiam ser vistos de fora. Só nos espaços de convivência as pessoas apareciam vestidas: nos refeitórios, no escritório, na sala de conferências e no Eckerkrug, restaurante anexo que servia de ponto de encontro para aqueles que comiam carne.

Por mais evidente que o princípio naturista de nudez fosse para Kafka, no começo Jungborn foi uma prova de fogo. Ainda que diante de sua cabana passassem, sentassem e deitassem homens pelados o tempo todo, ele levou dias para conseguir sair de casa sem seu traje de banho. Mas isso ia contra a etiqueta, e como em Jungborn havia um programa de atividades coletivas — incluindo ginástica matinal, jogos com bola e canto —, devia ser estranho ver um único calção de banho no meio de todos. Kafka logo percebeu que atraía menos os olhares quando não tentava proteger do público nu seu corpo magro e abaixo do peso. Pouco depois de uma semana, ele já estava disposto a ser *desenhado* nu.

Kafka não se manteve distante por um tempo só por vergonha e um sentimento de inferioridade física; havia também motivos estéticos. O jovem corpo masculino não o desagradava totalmente, e uma vez ele até reparou em dois "belos rapazes suecos de pernas compridas, tão bem torneadas e retesadas que só com a língua se poderia percorrê-las", conforme uma das entradas de diário que enviou a Brod, sem dúvida morto de inveja, suando sob a camisa, o terno e a gravata. Mas no sanatório havia mais cidadãos de idade avançada, e ele constatou que não gostava "dos velhos que saltam nus os montes de feno". Às vezes ficava um pouco nauseado com essa visão, mas esse sentimento acabou passando.[2]

Para entender a resistência que Kafka teve de enfrentar em Jungborn, é preciso ter em mente que a ideia de tirar férias ali não passava pela cabeça de muitos judeus. A ideologia naturista de Adolf Just estava atrelada à subjetividade protestante e ao amor por Jesus, seu longo prospecto era expressamente dirigido a leitores cristãos, e o programa diário de tratamento incluía uma missa a céu aberto. Era possível ficar de fora — o dr. Friedrich Schiller, o funcionário público de Breslau com quem Kafka travou amizade, considerava a religião um disparate, e deixava isso bem claro para todos. Mas um judeu não podia tirar o calção de banho sem ser identificado como judeu. Os olhares furtivos em direção ao seu pênis, que selavam sua falta de pertencimento, devem ter sido uma experiência totalmente nova para o Kafka *adulto*. E essa era a verdadeira prova de fogo de Jungborn, que suas notas de viagem escondem.

Ele não deve ter enfrentado uma rejeição aberta, pois a experiência de grupo — um fenômeno conhecido dos quartéis, spas e clubes de férias, e estimulado de todas as formas pensáveis em Jungborn — dissolvia tensões sociais e fazia com que todos se voltassem para a preocupação coletiva em torno do corpo. "Os hóspedes em tratamento em Jungborn estão sempre alegres e animados", dizia a propaganda de Just, e não sem razão. "A vida tranquila que os hóspedes levam aqui oferece diversão e entretenimento dos mais inocentes."[3] As entradas do diário de Kafka reforçam a impressão de que conflitos e discussões objetivas eram evitados com todas as forças. No entanto, como judeu, Kafka era alvo de uma atividade missionária intensa. Um discípulo da Comunidade Cristã, que trazia na mala uma pilha de cartilhas, ficou responsável por ele. Kafka tinha o dom de escapar — mas isso não o impedia de ler quase todos os dias trechos da Bíblia que havia dentro de sua cabana.

Para aproveitar Jungborn, era preciso ter uma tolerância considerável a toda forma de obscurantismo. Os tratamentos mais absurdos eram discutidos com seriedade e em detalhes. Havia uma sobreposição aleatória de questões médicas, terapêuticas e religiosas, o que gerava estranhos curtos-circuitos — a interpretação vegetariana da Bíblia era especialmente popular —, e por vezes alguns princípios perigosos. "Se o homem não cometesse erros", escreveu Adolf Just, "e servisse a Deus e ao próximo, vivendo uma vida simples, de modo tranquilo, altruísta e humilde, em total abnegação de si mesmo e fiel devoção [...], certamente não haveria doenças crônicas." Ele concluía dizendo que dezenas de doenças crônicas, da enxaqueca à tuberculose, no fundo eram idênticas.[4]

Jungborn tinha seu médico certificado, mas nem ele fez emendas a esse discurso, muito pelo contrário. Just havia sido inteligente (assim ele acreditava) de procurar um médico "que defendesse o tratamento e o estilo de vida naturais"; mas foi dar com um adepto de um movimento esotérico chamado Mazdaznan, que pretendia curar o mundo através das técnicas corretas de respiração e falava aos hóspedes sobre os perigos da luz da lua. Kafka visitou esse médico por causa de seus distúrbios digestivos, e achou que não estava escutando muito bem quando ele lhe aconselhou parar de comer frutas, justo em um sanatório que tinha a "dieta de frutas" como obrigação diária. Kafka foi ter com Adolf Just, que logo o alertou da incompetência desse médico.

Mesmo assim, Kafka se sentia bem ali (ainda que não pretendesse voltar a Jungborn). Estava convencido de que fazia sentido insistir nos cuidados individuais, e já os integrara havia muito tempo ao seu próprio estilo de vida. Jamais abria mão da alimentação sem carne, da prática sistemática de ginástica, ou do "fletcherismo", a técnica de mastigar cada pedaço por alguns minutos antes de engoli-lo — mesmo que o pai mostrasse seu descontentamento, cobrindo o rosto com o jornal. Quando deparava com uma crença obscura, não sentia nenhuma necessidade de corrigi-la, e considerava uma reunião cheia de sectários e hipocondríacos mais interessante do que incômoda.

Assim, ele participou de todas as atividades oferecidas. Da ceifa, do revolvimento do feno, da colheita de frutas (que incluía subir numa árvore de cerejas), de excursões e passeios coletivos. Cantou nos corais, andou de sandálias e descalço, jogou cartas. Foi a um torneio de tiro ao alvo ali perto, em Stapelburg, e a um baile, onde abordou uma menina — o que seria impensável em Praga. Uma noite, quando voltou para a cabana, descobriu que uns engraçadinhos tinham colocado seu penico em cima do armário, estendido uma toalha molhada em cima da cama e entulhado os livros dentro do travesseiro — tudo isso como castigo por ele *não* ter participado de um passeio. É um belo exemplo de como Kafka já fazia parte daquilo, e de como os muitos professores que passavam as férias ali se portavam como estudantes.

Ele seguia mantendo Max Brod informado de tudo o que acontecia, e o amigo parece ter ficado admirado de ver Kafka se envolver com prazeres simples e pessoas alheias à literatura. Mas Brod seguia subestimando aquele sentimento pungente de solidão que sempre acometia Kafka quando a proximidade física não se traduzia numa verdadeira proximidade, e foi reprimido:

> Não diga nada contra a convivência! Vim até aqui em parte pelas pessoas, e estou contente de ao menos nisso não ter me enganado. Que vida levo em Praga! Essa minha ânsia por pessoas, que se transforma em medo quando é resolvida, só se arranja nas férias; sem dúvida estou um pouco mudado.

Mas a "necessidade constante e infundada de confiar em alguém",[5] que Kafka sentiu poucas horas depois de chegar a Jungborn, obrigou-o a fazer uma escolha. Assim, ele se uniu ao dr. Schiller, que lhe parecia o mais dotado de bom senso e que também cultivava interesses literários; mais tarde, Kafka tentaria convertê-lo à literatura de Flaubert. Sim, ele sabia que saúde e relaxamento não eram um fim em si mesmo — ainda que todos ali parecessem acreditar nisso —, e que não estava naquele regime de engorda para beneficiar o instituto de Praga. Ele tinha agora um editor, e estava a caminho de se tornar escritor. Talvez suas promessas em Leipzig tivessem sido um pouco precipitadas, é claro, ele ainda precisava repensar tudo aquilo, e tampouco sabia o que deveria escrever a Rowohlt, que estava esperando algum sinal seu. Parecia-lhe agora que o primeiro livro ainda precisava de um tempo, e ele evitou tratar desse tema delicado com Brod.

Ainda assim, no começo da noite Kafka dirigia-se ao escritório com a pena e o tinteiro, a fim de folhear o manuscrito *América*, incluir algumas linhas e olhar pela janela até escurecer. "Para mim, o preceito mais importante de Jungborn, mais do que seus preceitos realmente fundamentais, é que não seja permitido falar no escritório."[6] Mas o silêncio trazia consigo a tristeza. Era impossível não lembrar de Weimar. Ele enviara alguns cartões, e ela de fato respondeu, com uma cartinha que consistia em uns poucos floreios, e havia inclusive algumas fotos anexas. Era pura "literatura", Kafka comentou, aparentemente irônico, "do começo ao fim". Literatura, portanto, invenção. "Pois, se não a desagrado, como me parecia, então lhe sou tão indiferente quanto uma panela. Mas então, por que ela escreve do modo como desejo? Se desse mesmo para enlaçar garotas com a escrita!"[7]

Kafka se lembrará desse clamor muito em breve e muitas vezes; uma frase que o conduziu a uma profundidade antes só imaginada. A solidão se alastrava assim que ele ficava sozinho, e essa solidão lhe parecia agora uma massa profunda, obscura, estratificada, que nada era capaz de atravessar. Certo, algum alívio era possível: conversas, passeios e "passatempos" faziam com que Kafka esquecesse de si mesmo por algumas horas, e isso era animador. Ele quase nunca experimentava essa sensação em Praga. As cartas amigáveis de Brod calavam um pouco mais fundo. O amigo pensava nele mais do que Kafka esperava e, mesmo lutando contra a melancolia, andava mais dedicado do que nunca. Mas isso ainda não chegava à raiz do problema.

Brod lhe havia enviado um poema, provavelmente escrito à mão, um poema que, não por acaso, tratava das alegrias que os dois haviam compartilhado no último verão. Chamava-se "Lago de Lugano", e Brod o publicou mais tarde com um acréscimo: "para o meu amigo Franz Kafka".

Libélulas repousavam sobre as nossas pernas,
Os delicados pares de asas esticados. —
Da parede quente, água adentro nos estirávamos
E devíamos parecer-lhes flores ou pedras.

Lá em cima com seu puro pó de cal
Ardendo de branco sol, a rua denteava;
Em nossa direção voltavam-se uvas pesadas
E se inclinava das videiras o frescor feminal.

Mas nossas almas eram, querido amigo,
estimuladas por um passado de amargura
E ressoavam ao longe em palavras escuras

Também sabíamos, embora agora com bronzeado lindo,
Que dias próximos com os mesmos fardos
*nos dobrariam e empalideceriam, impávidos.**

Kafka ficou alegre, o poema lhe agradou (com exceção das "uvas pesadas"), mas ainda mais como um *presente* que ele poderia grudar na parede da sua cabana, uma prova de que não estava sozinho no mundo. Prometeu decorá-lo, e tentou até convencer Brod de dedicar-lhe o poema *exclusivamente* — isso é, de nunca imprimi-lo: "[...] pois, sabe, mesmo a mais fantasiosa das uniões é a coisa mais importante nesse mundo para mim".[8] A história de não publicar era uma brincadeira, ele não exigiu de fato esse sacrifício; mas sua justificativa era profunda e séria, e por um instante reabriu-se um abismo no qual qualquer presente de papel se desfaria em cinzas.

Brod ficou feliz com as palavras de Kafka, e sabia que elas seriam menos carinhosas se tivesse mandado um poema *ruim*. Duas semanas mais tarde,

* *"Libellen rasteten an unseren Beinen,/ Die zarten Flügelpaare ausgespannt.—/ Ins Wasser hingestreckt von heißer Wand/ Mochten wir ihnen Felsen oder Blumen scheinen.// Hoch oben zackte sich mit ihrem reinen/ Kalkstaub die Straße, sonnenweiß gebrannt;/ Zu uns die schweren Trauben hergewandt/ Neigte sich die Kühle frauenhaft aus Weinlaubhainen.// Doch unsre Seelen waren, lieber Freund,/ Erregt von leidvoller Vergangenheit/ Und klangen auf in Worten schwarz und weit.// Auch wussten wir, wiewohl jetzt hold gebräunt,/ Daß nahe Tage uns in gleiche Bürden/ Beugen und unerbittlich bleichen würden."*

recebeu de Jungborn um texto poético, tão "puro" quanto, mas de outro tipo. Era uma canção popular que Kafka já havia cantado com Brod algumas vezes, sem conseguir lembrar direito da melodia. Chamava-se "In der Ferne" [À distância], tinha quase a mesma idade de Kafka, e fora escrita por Albert Graf von Schlippenbach. Uma coisa popular, ou, para ser mais exato, completamente trivial. Mas que lhe rasgou a alma, e de tal modo que ele só conseguiria confessar a uma mulher, meses depois: estava "apaixonado" por essa canção, e não poderia abrir mão da cópia que havia feito, pois ali se criara uma "comoção total" em uma forma perfeita. "E posso jurar", acrescentou sem mais esclarecimentos, "que a tristeza do poema é genuína."[9]

Pois passar bem, pequena alameda,
Te digo adeus, meu teto quieto!
Pai, mãe e amada, com tristeza
me viram partir de perto.

Aqui distante, tão distante,
Como quero minha pátria!
Companheiros cantam hilariantes
Mas essa é a cantiga errada.

É certo que verei outras vilas
além de outras meninas!
Ah, há outras meninas, é verdade,
Mas nenhuma delas é a minha.

Outras vilas, outras meninas,
Eu lá no meio sem ar!
Outras meninas, outras vilas,
*Oh, como eu queria voltar.**

* "*Nun leb wohl, du kleine Gasse,/ nun ade, du stilles Dach!/ Vater, Mutter, sah'n mir traurig/ und die Liebste sah mir nach.// Hier in weiter, weiter Ferne,/ wie's mich nach der Heimat zieht!/ Lustig singen die Gesellen/ doch es ist das falsche Lied.// Andre Städtchen kommen freilich,/ andere Mädchen zu Gesicht!/ Ach, wohl sind es andere Mädchen,/ doch die eine ist es nicht.// Andre Städtchen, andere Mädchen,/ ich da mitten drin so stumm!/ Andre Mädchen, andere Städtchen,/ o wie gerne kehrt ich um.*"

6.
Uma senhorita de Berlim

Há, porém, contatos unilaterais e recíprocos. Aqueles fundamentam estes.

Novalis, *Pólen**

Kafka parou de resistir à publicação do livro, mas não deixou de hesitar. É notável como o retorno à tagarelice da família e ao tamborilado das máquinas de escrever no escritório o deixava de mau humor; sem falar nas exigências maçantes da fábrica, onde foi preciso mais uma vez supervisionar o conserto do motor, cujo gás de escape deixava-o sem ar por horas, sendo que sua presença ali era totalmente dispensável. Para alguém que acabava de passar três semanas perambulando pelas encostas do Harz, sem nenhuma responsabilidade, rolando nu na grama como uma criança, isso era difícil de suportar.

Dessa vez, Kafka não podia contar com aquele velho hábito de se refugiar em seu canapé. Pois ele prometera entregar um manuscrito, e agora Brod cobrava que ele chegasse à seleção final dos textos, dizendo que Rowohlt já estava perguntando pelo livro. Afinal, a essa altura só podia se tratar da *seleção* — Kafka não tinha gavetas cheias de manuscritos inéditos? Brod faz um comentário azedo a esse respeito em seu diário. Mas Kafka precisava aprender uma nova forma de trabalhar, um novo modo de lidar com os próprios textos. Deixá-los "prontos para a publicação" implicava uma mudança forçada de perspectiva. Ele estava acostumado a ter como único critério de êxito literário a coesão e a coerência internas — a "indubitabilidade", conforme diria mais tarde, referindo-se a *O veredicto* —, e agora tinha de levar em conta os possíveis *efeitos* de seus textos sobre um público leitor totalmente anônimo. Esse efeito de longa distância não é só incontrolável; é irreversível. Depois que o texto é impresso, aquela vontade tão forte de aperfeiçoamento é negada ao autor por toda a eternidade. Daí Kafka

* Friedrich von Hardenberg Novalis, *Pólen: Fragmentos, diálogos, monólogo*. Trad. de Rubens Rodrigues Torres Filho. São Paulo: Iluminuras, 2001, p. 86.

se preocupar tanto com os detalhes de ortografia e pontuação, o que deixava Brod cada vez mais nervoso.

É mais fácil entender essa insegurança se levarmos em conta que Kafka não tinha textos novos que continuassem vivos e o tocassem. O acordo era que eles incluiriam um número indeterminado de textos em prosa no volume *Contemplação*, ao lado dos que já haviam sido publicados em revistas. Mas Brod se iludiu quanto às possibilidades de Kafka naquele momento (assim como Rowohlt e Wolff, podemos presumir), partindo do pressuposto de que ele realmente queria publicar um livro. Kafka se viu obrigado a liberar para a impressão os fragmentos antigos e havia muito malogrados de *Descrição de uma luta*, e no diário só havia mais sete rascunhos que fossem apresentáveis ou ao menos valessem mais esforços. Dedicou-se por várias noites a esse material escasso, na maioria textos com os quais já nem conseguia se identificar; no dia 7 de agosto, perdeu a vontade e escreveu a Brod uma carta cancelando tudo — uma carta que partiu de sua consciência pesada:

> Estou sem condições de revisar os fragmentos restantes, e não estarei em condições nos próximos tempos. Já que não consigo agora, mas sem dúvida conseguirei em boa hora, você quer mesmo me aconselhar — e com que fundamento, eu te pergunto — a publicar, em sã consciência, textos ruins que depois me causariam repugnância [...]? Diga se não tenho razão! Esse trabalho e essa reflexão artificiais têm me perturbado o tempo todo e me causado tristezas desnecessárias. Só no leito de morte podemos deixar que coisas ruins permaneçam ruins para sempre. Assuma que tenho razão, ou ao menos que você não me leva a mal; assim poderei começar alguma coisa nova, com a consciência tranquila e mais calmo no que te diz respeito.[1]

Apesar do tom indubitável, Brod sentiu que ainda havia uma pequena brecha; a promessa implícita de entregar "alguma coisa nova" no futuro, se o deixassem em paz só dessa vez, soava como a desculpa esfarrapada de um estudante que não fez a lição de casa. Mas Kafka estava falando muito sério. Mesmo que no sanatório Jungborn, sob condições mais propícias, ele só tenha avançado algumas linhas com o manuscrito, acreditava que o trabalho inútil de remendar *Contemplação* estava lhe roubando um tempo precioso que ele poderia empregar em uma produção literária satisfatória. Sim, no diário ele cita como impedimento a "presunção danosa e ridícula" que resultava de sua "leitura de coisas velhas visando à publicação".

À luz dos eventos que em poucos dias transformariam radicalmente o cenário, é fácil constatar que Kafka estava se enganando: não era a falta de tempo nem a presunção que o impediam de se concentrar na literatura. Mas ele tinha uma sensação cada vez maior de ser capaz de escrever textos muito melhores, textos que satisfariam seu desejo de alcançar uma perfeição possível, e não estava errado. O que lhe faltava era um chacoalhão inicial, mas naquele momento era impossível saber qual seria a natureza desse chacoalhão. Brod, por sua vez, não entendia o que Kafka estava esperando. Achava a prosa de *Contemplação* "divina", conforme escreveu no diário na ocasião da entrega do manuscrito, e não acreditava que Kafka ainda pudesse ter uma ruptura decisiva *diante de si*. O que ele desejava, sem dúvida, era que Kafka encontrasse o caminho para uma realização maior, um romance, e torcia para que o sucesso — e o orgulho — de uma primeira publicação em livro lhe oferecessem o ímpeto necessário para isso. Brod já havia observado fenômenos do tipo mais de uma vez, não só na sua própria trajetória, mas também no vasto mercado editorial que lhe era familiar. Mas, para sua tristeza, revelou-se que as marés criativas de Kafka obedeciam a influências totalmente distintas — e nesse sentido, o cabo de guerra em torno de *Contemplação* foi só um pálido prelúdio do que estava por vir.

Naquele momento, Kafka não queria continuar, e não é difícil imaginar como Brod reagiu a isso. Suas represálias devem ter sido realmente severas, afinal, o amigo havia feito uma promessa diante de testemunhas, e agora não podia voltar atrás invocando uma "tristeza" qualquer. Kafka tinha *plenas* condições de dar aos seus breves textos uma forma que pudesse respaldar mais adiante, Brod não tinha a menor dúvida disso, e essa certeza parece ter tido um belo poder sugestivo, como toda convicção cega. Pois um dia depois dessa carta, a colocação no diário de Kafka era lacônica: "'Trapaceiro' concluído de forma mais ou menos satisfatória. Com as últimas forças de um estado de espírito ainda normal". Essas últimas forças ainda duraram alguns dias, de modo que na noite de 13 de agosto eles conseguiram combinar um encontro na casa de Brod para determinar a ordem dos textos e discutir como procederiam com a editora. Trinta e uma páginas do manuscrito estavam prontas.

Certas datas da história do pensamento, da história da literatura e da história geral ficam gravadas como momentos "fatídicos" na herança cultural das gerações seguintes, e por vezes também na memória daqueles que estiveram diretamente envolvidos. Muitas vezes, nesses momentos, impulsos e ideias já prontos há muito tempo e represados no inconsciente assaltam o pensamento e o inundam de um golpe, como consequência de um evento externo e ocasional. O despertar de Jean-Jacques Rousseau, diletante universal que acabaria se tornando um crítico da civilização, em uma tarde de outubro de 1749, na estrada de Paris a Vincennes; o primeiro contato de Hölderlin com Susette Gontard, que se tornaria "Diotima", no dia 31 de dezembro de 1795, em Frankfurt am Main; o alvorecer da ideia de um "eterno retorno do mesmo" no cérebro de Nietzsche, durante um passeio às margens do lago de Silvaplana em agosto de 1881; a despedida de Valéry da literatura na noite de trovoadas de 4 de outubro de 1892, em Gênova. Não raro, tais vivências são retratadas como momentos de glória: as pessoas afetadas têm a sensação de serem levadas por uma onda, totalmente sem querer; vivem uma intensidade de sentimentos e pensamentos até então desconhecida; pontos de escuridão são clareados, e o caminho correto, por tanto tempo procurado, de repente se revela em todo o seu esplendor. Desses momentos podem partir ondas de produtividade contínuas, por toda a vida, que encobrirão as circunstâncias mundanas nas quais se deu o doloroso empurrão inicial.

A noite de 13 de agosto de 1912 é um desses momentos que transformaram visivelmente a história da literatura alemã, e talvez da literatura mundial. Mas, diferente de outros exemplos notáveis, ela teve um toque tragicômico. Pois esse momento foi *provocado por um plano* de Brod, que considerava o dia da entrega do manuscrito do primeiro livro de Kafka decisivo para a literatura, um dia que haveria de ser conhecido pelo mundo ilustrado, e cujas consequências o próprio autor ainda não podia prever. Essa expectativa foi mais do que atendida, de uma forma que superou o que Brod poderia ter sonhado, ainda que ele não temesse os superlativos; e de uma forma que deixou suas estratégias de publicação caírem no vazio. Enquanto ele trabalhava para determinar o curso que conduziria Kafka ao sucesso literário, este entrou em um transe do qual despertaria como outra pessoa. E um feliz acaso permite que reconstruamos *como* isso se deu, instante por instante, tal qual numa câmara lenta da história.

Como de costume, Kafka chegou uma hora atrasado. Brod, que já esperava por esse dia havia muito tempo para suportar a imprevisibilidade de Kafka, deve ter ficado bastante nervoso. O que o teria detido? O clima atroz lá fora? Teria ele dado uma última mão em *Contemplação*? Nada disso. Ao que parece, ele ainda não tinha sequer pensado sobre a questão que estaria em pauta naquela noite: a organização dos textos em prosa. Não que ela lhe fosse indiferente, mas Brod tinha muito mais experiência nessas coisas; Kafka estava acostumado a confiar nele, e os dois falariam sobre isso à vontade e com calma, como em tantas noites no passado.

Mas havia uma surpresa esperando por Kafka ("não existem boas surpresas", ele escreveria no mês seguinte à irmã de Brod): outra convidada estava sentada à mesa da sala de jantar, junto à família de Brod, uma jovem mulher que ele nunca havia visto ali. E isso era incômodo. Por mais que Kafka costumasse ficar animado quando uma (mas só *uma*) pessoa estranha adicionava um tempero novo à conversa, em um círculo de confiança, naquele dia ele teria preferido um ambiente familiar, mais informal, já que só Brod conhecia a angústia em torno das questões que seriam tratadas. Levemente irritado, ele lhe estendeu a mão sobre a grande mesa redonda — um pequeno *faux pas*, pois ainda não o tinham apresentado — e sentou-se de frente para ela.

Tratava-se, como ele logo viria a saber, de uma parente distante, uma prima de Max Friedmann, cunhado de Brod. Chamava-se Felice Bauer, uma judia de Berlim que estava hospedada em um hotel de Praga e no dia seguinte viajaria para Budapeste, onde morava uma irmã sua, já casada. Estavam todos vendo fotos das férias e Kafka participou do processo, passando a ela uma por uma pela mesa. Felice Bauer observava as fotos com atenção, só desviava o olhar para ouvir os respectivos esclarecimentos, e até deixou para depois a comida que lhe foi servida nesse meio-tempo. Quando Brod comentou alguma coisa a respeito, ela respondeu que nada era mais repugnante do que pessoas que não paravam de comer. Kafka era todo ouvidos.

Embora naquela noite não houvesse lugar para as conversas literárias de sempre, Brod falou longamente sobre a opereta que planejava apresentar.[2] Quando o telefone tocou, Felice aproveitou para descrever uma cena pueril que ela havia visto no Residenztheater de Berlim, uma cena que girava em torno de um telefone. (Kafka decorou a cena.) Ao que parece, Kafka falou rindo sobre o teatro iídiche, o que Felice entendeu como ironia, conforme seria revelado mais tarde. Quando começaram a falar sobre as relações distantes da família de Praga e de Berlim, por educação, a srta. Bauer foi rude e lembrou-se de ter apanhado muito do irmão e de diversos primos na infância — incluindo o cunhado de Brod, provavelmente —, de modo que seu braço vivia cheio de hematomas. Sua profissão também foi mencionada: ela havia começado a trabalhar três anos antes como taquígrafa na Carl Lindström A.G., que produzia gramofones e ditafones, entre outros aparelhos, e foi promovida a um cargo de responsabilidade em tempo recorde. Ainda assim, ela não considerava nada desdenhosa a datilografia, atividade que agora outras mulheres realizavam para ela; tinha até "prazer" em datilografar manuscritos, e pediu que Brod enviasse seus trabalhos a Berlim. Surpreso, Kafka bateu com a mão sobre a mesa.

Aparentemente, ainda não havia ocorrido a nenhum dos presentes perguntar à datilógrafa qual era sua postura em relação ao sionismo, quando ela mencionou, en passant, já ter se dedicado intensamente à língua hebraica. Kafka, que de novo não acreditava no que estava ouvindo, sacou um exemplar da revista mensal *Palästina* [Palestina], que "por acaso" trazia consigo. Não estava em tempo de fazer como os muitos turistas de Praga que iam à Palestina, e aventurar-se nessa viagem? Até então, Brod nunca havia pensado seriamente em confirmar a existência da Terra Prometida com seus próprios olhos. Por que não? Kafka, que em outras circunstâncias estaria atormentado por milhares de dúvidas, de repente se mostrou disposto a tudo para ir à Palestina, até mesmo a sacrificar as férias inteiras do ano seguinte. E o milagre aconteceu: a srta. Bauer concordou em fazer uma viagem com esses senhores que acabara de conhecer; uma viagem que à época ainda tinha o caráter de expedição, e prometia desconfortos de todo tipo — sem falar que só os trechos de barco levavam o tempo equivalente a duas preciosas semanas de férias. Será que Felice estava falando sério? Ela deixou claro que não era volúvel, e estendeu a mão. Kafka a apertou.

Então eles se deslocaram para a sala do piano — como as botas da srta. Felice estavam ensopadas, ela teve que arrastar os pés nas pantufas da mãe de Brod, para seu embaraço —, e ali Kafka pôde enfim espalhar seus manuscritos. Brod deve ter ficado chocado com a pequena quantidade de folhas — como é que dali sairia um livro? A questão da ordem foi mais fácil de resolver: os oito textos que já haviam sido publicados na *Hyperion* seriam mantidos na sequência original. Assim, o volume abriria com "Crianças na rua principal", luminoso idílio de verão, e fecharia com "Ser infeliz", o texto mais sombrio e fantasmagórico (literalmente). A princípio, Kafka incluiu à mão a dedicatória "para M. B.", depois ficou se perguntando por que não havia escrito o nome completo, afinal, sua amizade com Max Brod não era nenhum segredo — e assim o trabalho estava feito. Enquanto a coisa toda se desenrolava, o papo seguia entre os demais, que não foram considerados "dignos" de ler os breves textos (Felice Bauer guardou esse gesto indelicado na memória), mas eles deram o troco e se superaram pensando nas formas mais espirituosas de enviar o manuscrito com segurança. Kafka, que ficava ansioso com esse tipo de coisa, foi ridicularizado por todos, mas Brod sabia que não devia mais largar aquele manuscrito tão batalhado; como funcionário dos Correios, preferiria cuidar ele mesmo do envio. Ler as anotações de Kafka nos dias seguintes, de uma infelicidade pungente, nos faz pensar que *Contemplação* não teria chegado aos expositores das livrarias se Brod não tivesse se encarregado dele até o último momento.

Otto, o irmão de Brod, foi o responsável por entreter o grupo com música, como sempre; houve uma pequena performance ao piano, até que o cansaço tomou conta do ambiente, e com ele a informalidade. A mãe de Brod cochilou no sofá, Otto começou a mexer no aquecimento e o pai na estante de livros, enquanto os demais conversaram mais um pouco sobre literatura. Felice Bauer mostrou estar bem informada (ou talvez só bem preparada): tinha lido *Arnold Beer*, de Brod, e até começado *Schloss Nornepygge*, que não conseguira ler até o fim — nesse momento Kafka voltou a ficar sem ar: não seria uma ofensa ao anfitrião? —, mas ela mesma estava admirada com isso, de modo que daria mais uma olhada no livro em breve. (Não estava dizendo isso só por educação, pois algumas semanas depois foi, de fato, pedir informações a Brod, que não tinha mais vontade nenhuma de comentar o menos sionista de seus livros.) A noite se encerrou com uma piada boba do Herr Direktor, que puxou um livro ilustrado da estante para mostrar "Goethe de cuecas" à srta. Bauer. "Continua sendo um rei, mesmo de cuecas", ela disse para fugir do assunto, o que fez Kafka sentir uma "pressão na garganta". Felice se apressou a calçar as botas, enquanto Kafka, apoiado contra a mesa, disse à meia-voz que gostava da berlinense "a ponto de suspirar" — um "comentário realmente idiota", como ele admitiria mais tarde.

Agora, a moça precisava ser acompanhada até o hotel Blauer Stern, e o pai de Brod se ofereceu, assim como Kafka, que já gostava de prolongar o caminho para casa. Em geral, Kafka estava desperto a essas horas, e um de seus costumes mais antigos era fazer longos passeios à noite por Praga (que era muito mais escura do que uma cidade dos nossos dias). Mas hoje ele havia passado por uma transformação e tanto. Andava lacônico ao lado dos dois, e embora tenha notado todos os detalhes surpreendentes de Felice Bauer — ela ficara lendo até as quatro na noite anterior, e ainda não tinha empacotado as coisas para seguir viagem —, parecia ausente, tropeçou mais de uma vez da calçada para a rua e, chegando ao hotel, se apinhou com a srta. Bauer no mesmo intervalo da porta giratória. Quando ela lhe perguntou onde ele morava — só estava querendo saber, por educação, se ele teria que desviar muito do caminho —, Kafka entendeu que ela estava pedindo seu endereço postal, para poder iniciar, assim que voltasse para casa, uma correspondência sobre a viagem que haviam planejado à Palestina. Ao longo da noite, ele aludira a essa viagem algumas vezes, pois desconfiava que ninguém a levaria a sério; agora, como era a hora de se despedir, Kafka reuniu o que lhe restava de presença de espírito e relembrou-a da promessa selada com um aperto de mãos. Então a porta do elevador se fechou e a verdadeira Felice Bauer, de carne e osso, desapareceu por nada menos do que sete meses.

Só temos uma perspectiva tão boa dessa noite memorável porque ela foi descrita em detalhes pelo próprio Kafka em uma carta a Felice Bauer.[3] Com orgulho e um pouco de vaidade, ele se gabava de sua memória, que registrara aquelas horas com a precisão de uma câmera. (Nem tanto: ele errou a cor do chapéu dela, e não se perdoou por isso.) E as demais perspectivas? Infelizmente, Brod não deixou nenhum registro da noite; para ele, o mais importante era *Contemplação* — e logo voltou a se ocupar do livro, assim que as visitas se despediram. Felice Bauer, por sua vez, sentiu-se extremamente "desconfortável", conforme confessaria mais tarde, pois teve a sensação de que não estava sendo notada por ninguém. Conversar era exaustivo quando não se dominava o assunto — e esse era o caso da opereta de Brod e de *Contemplação*, de Kafka. Quanto ao próprio Kafka, ela não havia prestado muita atenção nele. Não era alguém que fosse preciso conhecer — afinal, como escritor ele não passava de um rumor de Praga — e sua aparência tampouco a impressionou. Isso ficaria claro para Kafka quatro anos mais tarde; ela o lembraria pontualmente da data do primeiro encontro (enquanto ele não sabia sequer quantos anos tinham se passado), mas havia esquecido que naquela noite ele a acompanhara aos tropeços até o hotel.[4]

Bem diferente da experiência de Kafka, que desde o primeiro instante gravou com avidez cada detalhe, mergulhando na vida de uma mulher alheia a ele, como que hipnotizado. Seu retrato é infernal, de tão preciso:

> Srta. Felice Bauer. Quando cheguei à casa dos Brod, em 13/8, ela estava sentada à mesa e, na verdade, parecia uma criada. Não fiquei nem um pouco curioso para saber quem era, resignei-me de pronto. O rosto ossudo e vazio exibia abertamente a própria vacuidade. Pescoço nu. Blusa pendurada nos ombros. Trajava roupa bem caseira, embora ela própria não o fosse nem um pouco, como se revelou mais tarde. (Aproximar-me tanto de seu corpo a aliena um pouco. E, no entanto, em que estado

> me encontro agora, totalmente alienado de tudo que é bom, e ainda sem sequer acreditar que seja assim. Se hoje, em casa de Max, as novidades literárias não me distraírem em demasia, pretendo ainda tentar escrever a história de Blenkelt. Ela não precisa ser longa, mas tem de tocar.) Nariz quase quebrado. Cabelos loiros, algo rijos e sem graça, queixo forte. Enquanto me sentava, contemplei-a mais atentamente pela primeira vez e, uma vez sentado, já dispunha de um veredicto inabalável.[5*]

Eis o que diz o diário uma semana depois do encontro. Esse retrato é como um soco (e certamente feriu Felice Bauer, então viúva do sr. Marasse, quando lhe mostraram a edição dos diários, décadas mais tarde). Parece que Kafka só via uma forma de lutar contra sua irritação constante: aquela clássica arma masculina da observação dura e fria (isso se ele mesmo não se interrompesse para lamentar a "alienação" que o acometia). Agora é o leitor quem deve estar irritado. Como alguém pode se "alienar" de uma completa desconhecida? Cabe perguntar. Ignorando tudo o que há de *expressivo* em um rosto feminino ao descrevê-lo, será que Kafka espera mesmo se aproximar dessa mulher, que não tem outro rosto com o qual se expressar?

Quando jovem, ele já havia escrito uma série de retratos femininos, que se distinguem por sua precisão hiper-realista. Seu olhar parece estar sugando o que vê, viciado, como se ele não quisesse se contentar com uma mera impressão, e sim remodelar o que via por conta própria. Durante uma dessas tentativas, tomou consciência da estranheza produzida por essa fixação do que não pode ser fixado:

> Enquanto aguardava o advogado, eu contemplava a escriturária e refletia sobre a dificuldade de apreender seu rosto, mesmo enquanto eu o observava. Confusa era, em especial, a relação entre o penteado, que, para todos os lados e quase à mesma distância, se projetava à volta da cabeça, e o nariz retilíneo e, de modo geral, demasiado comprido. A um giro mais ostensivo da moça, que lia um documento, fui quase surpreendido pela observação de que, graças àquele meu refletir, fizera-me mais estranho a ela do que se lhe tivesse roçado a saia com o dedo mínimo.[6**]

* Franz Kafka, *Diários 1909-1923*, op. cit., pp. 242-3. ** Ibid., p. 127.

Em vez do dedo mínimo na saia, que seria uma vivência, ele fica só com uma imagem. Nota-se que a forma como Kafka registra as coisas, estranhamente carente de erotismo, é tudo menos um gesto defensivo. Seu olhar não é preciso por falta de emoção, e sim por *desespero*: ele tenta intensificar o olhar (e, na sequência, a reflexão sobre o que foi visto) de modo que o olhar se torne *vivência*. Mas a relação criada pelo pensamento não é nada mais do que uma relação pensada. A experiência da proximidade feminina pela qual Kafka anseia não pode ser obtida de uma maneira incorpórea; a mão estendida não pode ser substituída por nenhum meio. Escrito cinco anos antes e já publicado duas vezes naquela altura, o fragmento em prosa "O passageiro", que Kafka agora incluía no volume *Contemplação*, é como um modelo experimental que gera a definitiva prova contrária:

> Estou em pé na plataforma do bonde e totalmente inseguro em relação à minha posição neste mundo, nesta cidade, na minha família. Nem de passagem eu seria capaz de apontar as reivindicações que poderia fazer, com direito, na direção que fosse. Não posso de modo algum sustentar que estou nesta plataforma, que me seguro nesta alça, que me deixo transportar por este bonde, que as pessoas se desviam dele ou andam calmamente ou param diante das vitrines. É claro que ninguém exige isso de mim, mas dá no mesmo.
>
> O bonde se aproxima de uma parada, uma jovem se coloca perto dos degraus pronta para descer. Aparece tão nítida para mim que é como se eu a tivesse apalpado. Está vestida de preto, as pregas da saia quase não se movem, a blusa é justa e tem uma gola de renda branca fina, ela mantém a mão esquerda espalmada na parede do bonde e a sombrinha da mão direita se apoia no penúltimo degrau mais alto. Seu rosto é moreno, o nariz levemente amassado dos lados termina redondo e largo. Tem cabelos castanhos fartos e pelinhos esvoaçando na têmpora direita. Sua orelha pequena é bem ajustada, mas por estar próximo eu vejo toda a parte de trás da concha direita e a sombra da base.
>
> Naquela ocasião eu me perguntei: como é que ela não está espantada consigo mesma, conserva a boca fechada e não diz coisas desse tipo?*

* Franz Kafka, "O passageiro". In: *Contemplação/ O foguista*. Trad. de Modesto Carone. São Paulo: Companhia das Letras, 2021, pp. 28-9.

Esse "passageiro", cujas pupilas se dilatam tanto a ponto de se tornarem lupas, ainda não compreendeu que está matando aquilo que acredita estar assimilando com vivacidade. Seu olhar não só congela o "objeto", como o disseca. Se ele tivesse realmente "apalpado" a garota, ela lhe pareceria mais do que "nítida". Mas o que resta em suas mãos não é a realidade, e sim uma espécie de poeira seca, que só no plano das ideias encontra semelhanças com a experiência real. O efeito cômico desse deslize surge no abismo entre o primeiro e o segundo parágrafos da narrativa: se esse "eu" incorpóreo não sente o chão sob seus pés, se não sabe por que e para que vive, e portanto vagueia pelo mundo como uma quimera, não é contando os pelinhos de uma menina desconhecida que ele conseguirá uma vida de verdade.

Outra coisa soa estranha na descrição que Kafka faz de Felice Bauer: a ideia de "veredicto inabalável". Alguns intérpretes entenderam com isso que Kafka já estava decidido desde o primeiro momento a criar sua própria imagem dessa mulher, a abusar dela como palco de suas projeções solitárias. Na verdade, é o contrário. Kafka se lembra desse ato de consciência* porque seu veredicto daquela noite — "criada", de rosto "vazio" etc. — se inverteu radicalmente. E não só esse veredicto; ele próprio, Kafka, se mostrou profundamente "abalável". Afinal, fazia dias que estava pensando naquela estranha, depois de ter feito uma triste figura com sua "resignação" precipitada.

Será que Kafka estava apaixonado? No primeiro instante, não, mas no fim da primeira noite, sem dúvida, e ele guardou por muito tempo essas duas impressões contraditórias. Kafka agia como um garotinho apaixonado, já não se reconhecia. Ao longo do caminho até o hotel, enquanto se entregava a um de seus "estados de estupor, não exatamente raros, nos quais não reconheço nada com clareza além de minha própria inutilidade",[7] estudava as possibilidades de travar uma relação. Pensava em iniciar uma correspondência — daí o mal-entendido em torno do endereço —, e ao mesmo tempo pairavam em torno dele "resoluções incertas" de ir com flores à estação de trem na manhã seguinte. Ele desistiu desse plano quando lembrou que havia um rival no seu caminho,

* Na fenomenologia de Edmund Husserl (1859-1938), é através do "ato intencional da consciência", também chamado de "noese", que ela se projeta em um objeto correlato, também chamado de "noema", conferindo existência a esse objeto e a ela própria.

o diretor da filial da Lindström em Praga,[8] com quem a srta. Bauer estivera no dia anterior no Hradschin, o distrito do castelo, e que também poderia muito bem aparecer na estação. Além disso, onde ele arranjaria flores tão cedo? Realmente, tudo isso lembrava muito as preocupações de um amor infantil.

No dia seguinte, assim que chegou ao escritório, Kafka enviou por mensageiro um pedido urgente a Brod. O amigo deveria conferir *mais uma vez* a ordem do material, pois ele próprio estivera "sob a influência da senhorita enquanto eles ordenavam os textos". (Na verdade, Kafka não estava prestando nenhuma atenção: antes de o manuscrito estar formatado, ele já havia esquecido a sequência de novo.)[9] A carta que escreveu no mesmo dia a Rowohlt para acompanhar o material revela um autor transformado, mais uma vez. O que lampeja é uma autoconfiança sagaz, que ninguém teria atribuído a Kafka depois dos tormentos das semanas anteriores:

> Apresento aqui a prosa curta que o senhor queria ver; os textos provavelmente já darão um livrinho. Enquanto eu os reunia para esse fim, vi-me por vezes ante a escolha entre tranquilizar meu senso de responsabilidade e a avidez de ter também um livro meu entre os belos livros do senhor. Por certo, nem sempre decidi com pureza. Agora, porém, é natural, ficaria feliz se esses textos o agradassem a ponto de o senhor publicá-los. Afinal, mesmo dispondo-se de grande experiência e sensibilidade, não se enxerga à primeira vista o que há de ruim neles. A característica individual mais difundida entre os escritores decerto consiste em que cada um deles, a sua maneira muito própria, oculta o que tem de ruim.[10]*

Mas poucos dias depois já veio o ricochete emocional:

> Que Rowohlt devolvesse o material e que eu pudesse, então, trancafiar tudo de novo, desfazer o já feito de modo a simplesmente me sentir tão infeliz quanto antes.[11]**

* Franz Kafka, *Diários 1909-1923*, op. cit., pp. 240-1. ** Ibid., p. 242.

Kafka estava totalmente desequilibrado. De novo andava passando muito tempo na cama, sofrendo com abscessos, folheando os próprios diários — o que não lhe fazia bem —, e seguia matutando sobre a senhorita de Berlim. A ideia das flores ainda não tinha sido deixada de lado. Pois Felice Bauer faria uma parada em Breslau na volta de Budapeste, e Kafka sabia o horário aproximado. E se ele pedisse ao dr. Schiller, seu companheiro de Jungborn que morava em Breslau, que entregasse flores a Felice? Talvez pela primeira vez na vida, Kafka não estava com medo de tomar atitudes que fugissem às convenções. Estava inclusive disposto a apostar tudo nelas.

Por ora, sua habitual cautela ainda prevalecia. Um passo em falso poderia arruinar tudo. A zona estreita sobre a qual defendia, dia após dia, sua existência individual, parecia estar ruindo — e ele não tinha participação nenhuma nisso. Uma rápida sucessão de eventos o impedia de acalmar os pensamentos furiosos em torno do casamento, da família e do problema com o pai, que voltaram a acometê-lo desde a aparição de Felice Bauer.

Tudo começou no fim de agosto, quando o "tio de Madri", Alfred Löwy, chegou para visitá-los por alguns dias — uma figura que parecia a Kafka mais paradigmática do que nunca. Löwy tinha construído uma carreira, conhecia o mundo e inclusive já havia recebido um aperto de mão do presidente americano Theodore Roosevelt, o que lhe rendia certo respeito entre os Kafka de Praga, e também junto a Franz. Por outro lado, o tio seguia solteiro, e assim havia renunciado ao calor e ao senso de propósito proporcionados pela vida familiar. Para Kafka, essa biografia levantava uma questão fundamental: será que havia alguma forma de sucesso ou de realização profissional capaz de compensar a infelicidade tão temida de uma existência condenada para sempre à solteirice? Em outras palavras: seria possível imaginar um solteiro *contente*? Depois de alguns dias de hesitação, parece que ele fez essa pergunta diretamente ao tio, e como a resposta confirmou seus piores temores, ele a registrou minuciosamente no diário. Para ilustrar o que dizia, o tio contou de uma pensão cara na qual comia à noite com certa frequência, sempre entre os mesmos distintos hóspedes:

> Já conheço bem todos eles, cumprimento as pessoas à minha volta ao me sentar e, em razão de meu humor peculiar, não digo mais nenhuma palavra, a não ser ao me despedir. Aí, sozinho na rua, não logro compreender de fato a que propósito há de ter servido essa noite. Vou para casa e me arrependo de não ter me casado. Naturalmente, isso passa,

seja porque pondero as consequências, seja porque meus pensamentos se perdem. Vez por outra, porém, a questão retorna.[12]*

Duas semanas depois, no dia 14 de setembro, Hermann Kafka celebrou seu aniversário de sessenta anos. Vale imaginar a família prestando homenagem a ele, como um satélite em torno de um planeta, e os sentimentos que acometeram o filho enquanto se unia ao coro dos congratulantes. Os pensamentos de Kafka sobre o casamento, que o rodeavam de sombras, devem ter lhe parecido nulos perto da presença retumbante do pai, que ele não podia evitar naquela data. Para completar a desgraça, no dia seguinte haveria outra festa de família: o noivado de sua irmã Valli, o apogeu de uma negociação que se arrastava havia meses, conforme os modelos tradicionais. Com toda essa atividade, o problema da existência em família deve ter se tornado um emaranhado hostil na cabeça de Kafka. Ele registra pensamentos incestuosos — uma raridade —, assim como um poema sem título que claramente revela que o estalo inicial para a narrativa *O veredicto*, a qual seria escrita no fim de semana seguinte, já havia ocorrido em segredo:

Do fundo
do cansaço
ascendemos
com novas forças

Senhores sombrios
que aguardam
até que as crianças
se enfraqueçam[13]

Na noite seguinte, Kafka se refugia na casa da família de Brod, ainda que Max tenha viajado com Felix Weltsch. Ele fica decepcionado, ao que parece, também por não encontrar o Herr Direktor, mas prefere ficar entediado com a mãe de Brod a suportar a própria família em clima de festa. Kafka não encontra mais sossego, é como se dentro dele houvesse um barulho cada vez maior. Há dias, assim que se deita na cama, ele formula

* Ibid., pp. 244-5.

consigo mesmo as frases de uma carta imaginária, sempre com novos começos, uma carta que enfim transformará radicalmente essa vida miserável. Na sexta-feira, dia 20 de setembro de 1912 — poucas horas antes do Dia do Perdão judaico, o Yom Kippur —, a tensão se torna insuportável, e numa espécie de estado de sonambulismo, o imaginário se condensa em realidade, em resolução concreta. Depois das usuais seis horas de trabalho no escritório, Kafka não vai para casa; ele se senta à máquina de escrever, introduz ali uma folha com o cabeçalho do Instituto de Seguros contra Acidentes de Trabalho (e, nessa ocasião especial, também uma folha de papel-carbono), e lentamente — a máquina não lhe é familiar — começa a digitar: "Estimada senhorita! Caso a senhorita não se lembre minimamente de mim, o que é bem possível, me apresento mais uma vez: me chamo Franz Kafka [...]".

7.
Êxtase inicial: *O veredicto* e *O foguista*

I go through all this
before you wake up

Björk Guðmundsdóttir, *Hyper-Ballad*

Por que Felice Bauer? Na literatura sobre Kafka, há múltiplos esforços para dar conta do assombro diante dessa decisão incompreensível de Kafka, e da insistência com que ele se agarrou a essa decisão por quase cinco anos, também incompreensível. Canetti, Deleuze e Guattari, Theweleit e Baumgart fizeram tentativas nesse sentido. Todos estão de acordo em um ponto: Kafka "usou" essa mulher, ignorou suas necessidades e desejos e lhe incumbiu de funções que ela só poderia cumprir se renunciasse completamente a si mesma. Muito se fala do refinamento de Kafka, de sua habilidade tática, e até de "vampirismo". Ao mesmo tempo, há um tom de pesar no discurso de alguns desses autores, por Kafka ter gastado todas as suas energias com essa mulher sem sofisticação, que não parecia estar à sua altura intelectualmente, e ter assim bloqueado, talvez para sempre, o caminho para uma relação mais madura e satisfatória. Ou seja: ele agiu contra a sua comunidade, mas não valeu a pena. Um espírito tão lúcido havia de ter previsto isso. Por que, então, Felice Bauer?

Não é possível "esclarecer" a noite de 13 de agosto de 1912 nem o que aconteceu depois dela. Pois um esclarecimento digno desse nome partiria do pressuposto de que conhecemos os fatores principais da situação. Mas a escolha do objeto amoroso — e sem dúvida se tratava de tal escolha, seja lá o que Kafka "tivesse em vista" com isso — é controlada em sua maioria por motivos inconscientes, que aparecem deturpados nas declarações dos envolvidos, e ainda mais nas lembranças de testemunhas. E mesmo que quiséssemos negar todo o dogma psicanalítico, seria muito difícil tornar *essa* escolha objetal plausível como escolha consciente, como "escolha" no sentido mais cotidiano do termo, com sua repentinidade perturbadora, sua violência e obsessão.

Alguns poderão argumentar que sabemos mais sobre o inconsciente de Kafka do que sobre o inconsciente da maioria das pessoas que "conhecemos" pessoalmente há anos. Isso é verdade, mas só mostra que a presença física do observador não é tão decisiva assim para entender indivíduos e suas relações sociais (e é bom que seja assim, ou todo entendimento teria um horizonte tão estreito quanto aleatório). Quase tudo o que sabemos sobre o inconsciente de Kafka tem origem em sua auto-observação, que, por mais verdadeira que seja, evita as feridas mais dolorosas para não terminar em autodissolução. A autoanálise de Freud, que soa curiosamente inofensiva se comparada à de Kafka, ilustra isso muito bem — embora tenha sido Freud quem descobriu que a escolha do parceiro sexual *sempre* tem a ver com aqueles pontos mais doídos, e por isso mais recônditos de nossa existência. Daí formarem-se tantos casais que todos, excetuando-se os dois envolvidos, consideram incompreensíveis (quando não ridículos). A famosa foto do noivado, em que Kafka está atrás de sua noiva e parece rir só com metade do rosto, mostra um desses pares. A impressão preponderante é de que os dois não "combinam". Mas a princípio esse "não combinar" significa só que o motivo comum por trás desse casal está oculto. Para nós sem dúvida, e talvez mesmo para eles.

Enfim, melhor abrir mão da psicologia do que se valer de má psicologia. Quem diz que o "vazio" de Felice dava para Kafka exatamente o que ele precisava, um terreno de projeção e escrita, um campo para testar uma relação que só se concretizava em sua fantasia, está caindo em um clichê bastante questionável da pesquisa sobre Kafka, e esquecendo que a princípio ele não era menos "vazio" para ela. Felice não tinha nada nas mãos, exceto algumas cartas curiosamente excitantes e sem distanciamento, e precisava ajudar a memória com fotografias, enquanto Kafka dispunha do "material" de uma noite inteira — segundo ele próprio —, um esboço que traçava com contornos cada vez mais precisos. Esse material ilustrativo deve ter feito ressoar toda uma rede de desejos secretos.

Kafka ansiava por intimidade, por uma confiança duradoura, mas só lhe parecia possível construir essa confiança com uma mulher que se distanciasse igualmente dos dois arquétipos neuróticos do feminino, o da mãe e o da prostituta. O acolhimento de mãe era confortável, mas inaceitável como base de uma relação. Pois a dedicação da mãe não partia de uma compreensão da natureza do seu filho, e inclusive podia ser acompanhada de um julgamento totalmente equivocado. Kafka sabia que, mesmo dentro de uma família funcional, se podia criar um estranhamento terrível, e poucas semanas mais tarde sentiria isso mais uma vez, e com uma força até então desconhecida.

Por outro lado, a segurança oferecida por toda mãe seria perpetuada e alcançaria outro nível, na intimidade que ele tanto almejava; Kafka não desejava ter uma "parceira", e sim uma mulher que o "acolhesse", conforme ousaria expressar mais tarde a Milena Jesenská, com muito mais sinceridade. Portanto ele buscava uma mãe, sim, mas não uma mãe por instinto, não uma mãe institucionalizada, não um animal materno e de família.

Uma mulher que colocasse seus encantos sexuais a serviço da construção de um ninho tampouco estava em questão. Kafka odiava toda forma de coquetismo, não só por causa de seu notório pavor sexual, mas sobretudo porque era incapaz de separar por muito tempo suas "aspirações sexuais" de suas "aspirações afetivas" — para usar os termos de Freud. Um ataque a sua sexualidade era um ataque a sua pessoa, e ele nunca conseguia ignorar que as prostitutas que frequentara eram mulheres, pessoas com traços individuais, e não meras parceiras contratuais. Dissociar a sexualidade do resto — como fez Brod com naturalidade durante seu casamento — seria impensável para Kafka, mesmo *dentro* do casamento.

A recusa da maternidade e da sexualidade como forças motrizes institucionalizadas limitava consideravelmente o número de mulheres com as quais Kafka teria podido imaginar uma vida em comum. Um "ser" feminino em paz consigo mesmo, que calmamente recusasse as exigências familiares e as convenções de gênero, e ainda tivesse a capacidade de deixar o amado desfrutar de sua própria independência — tal "mulher dos sonhos" ainda era uma utopia no começo daquele século, e isso deve ter contribuído mais para o desespero de Kafka do que sua "incapacidade para o casamento", uma ideia vaga de que ele sempre se queixava. Mesmo mulheres emancipadas e senhoras de seu destino como Lily Braun, a advogada feminista de esquerda que Kafka admirava, pagavam o preço com sua blindagem emocional e outros traços sentimentais que tornavam a ideia de uma vida a dois difícil, apesar de toda a boa vontade dos dois lados.

E então Felice Bauer apareceu em seu campo de visão — em uma situação que não oferecia nenhuma ameaça, por ser fora do contexto familiar e em um evento social sem caráter erótico. É claro que, aos 24 anos, ela não se emancipara nem um pouco de sua família, pelo contrário: a ligação estreita com a mãe, Anna, parece ter sido uma das primeiras características que ela julgou digna de dividir com Kafka. É possível que sua própria formação de taquígrafa tenha sido diretamente motivada pelas preocupações em torno da família, afinal era uma profissão que lhe possibilitaria sustentar os quatro irmãos o quanto antes. Nas cartas de Kafka, há inúmeros indícios de que ela protegia o espaço interior de sua família de modo bastante identitário e resoluto. Foi assim, por exemplo, com o noivado de seu único irmão, Ferdinand ("Ferri"), no domingo de Pentecostes de 1913, um evento familiar que fez com que ela deixasse em segundo plano uma conversa premente com Kafka, que estava em Berlim. Felice chegou a contar para Kafka detalhes dos futuros sogros do irmão — mas escondeu dele a virada catastrófica que essa história teria, pouco depois.

Felice Bauer personificava um novo tipo social: a trabalhadora assalariada. Sóbria, comprometida com o princípio de realidade, oscilava todos os dias entre o polo *quente* da família e o polo *frio* do escritório, e essa dupla atribuição não dava mostras de ameaçar sua solidez emocional. Ela não parecia ter dificuldades em se encaixar no mundo profissional, mesmo que ali a superproteção materna e o comportamento feminino fossem considerados contraproducentes. A habilidade de organização era um requisito, e o charme feminino um adicional bem-vindo, desde que as relações de trabalho não fossem sexualizadas. É claro que tampouco havia espaço para inibição ou uma afetação de donzela, já que os dois sexos precisavam se dar bem durante mais de cinquenta horas por semana naquele ambiente. Das funcionárias mulheres, exigia-se um comportamento "natural", descomplicado, que colocasse em prática coisas tão antinaturais como a suspensão deliberada do erotismo em prol do processo de trabalho. A rápida ascensão de Felice Bauer, assim como todos os documentos a seu respeito, demonstra que ela incorporou completamente esse tipo social. Tudo indica que foi justamente seu enraizamento tão forte na família o que possibilitou seu avanço em um campo profissional dominado por homens, e que ela manteve dentro de limites suportáveis o desgaste que o acompanhava — do qual Kafka logo tomaria conhecimento.

Foi essa feminilidade "contida", aliada a uma seriedade aparentemente adormecida e sem afetação, que proporcionou ao desejo latente de Kafka um objeto. Mas só a "eficiência" de Felice não teria bastado para desafiá-lo — afinal, sua mãe também era eficiente, por vezes insuportavelmente eficiente. O que mais deixava Kafka admirado era como ela não ligava para as preocupações pequeno-burguesas. A situação em que conheceu Felice Bauer, como uma hóspede viajante, teve um papel fundamental nisso, pois trouxe à tona sua autoconfiança e autonomia como benefícios emancipatórios de sua condição de assalariada, e a convenção social acabou ficando em segundo plano. Daí Kafka ter ficado tão entusiasmado com a liberdade de Felice na gestão do próprio tempo (arrumar as malas à noite, ler até às quatro da manhã), com sua naturalidade no uso de serviços (café da manhã no vagão-restaurante), com seu modo calmo e concentrado de absorver informações em vez de comida (ver fotos durante a refeição) e com seu equilíbrio entre a gentileza e a manifestação direta de uma opinião (vide o comentário sobre o romance de Brod). Kafka ficou contente de saber que Felice dispunha de uma cultura literária básica, mas com certeza seu interesse pelo sionismo foi um fator muito mais determinante — não por causa da comunhão de "convicções" entre eles, pois esse nunca foi um elemento decisivo para as relações de Kafka, e sim porque entre os judeus aculturados esse interesse era um indício de independência intelectual, sobretudo em Berlim. A perspectiva de fazer uma viagem com a srta. Bauer para a Palestina deve ter soado para ele como o abrir-se de uma janela; mas o impacto mais duradouro e profundo veio da *maneira como* ela entrou nesse acordo — plácida, relaxada e segura de si.

Kafka não deve ter se sentido nada bem de lembrar da confusão amorosa de Weimar, que se desenrolara poucas semanas antes. Agora, depois da noite na casa de Brod, ele não poderia mais dizer o que queria nem o que procurava ali. Era como uma brincadeira infantil de tempos distantes, que um dia o fizera se esquecer do mundo e que agora se revelava em toda a sua futilidade. Aqui, em Praga, as regras eram outras. Em geral, ele não sentia atração sexual e não conseguia desfrutar da presença de jovens mulheres, pois ficava acanhado. Mas agora isso não era um problema, pelo contrário: abria-lhe a possibilidade de ao menos *querer* uma relação mais próxima, sem medo.

Embora Kafka tenha se refugiado, mais tarde, em certo ascetismo, esse conceito não deve ser lido como estrela-guia de sua paixão. Sua ânsia por intimidade incluía a proximidade física, é claro; por mais que ele se envergonhasse de seu corpo, ainda havia desejo, mas nesse sentido ele havia "escolhido" uma mulher difícil, como seria revelado. Pois ele a escolhera baseando-se em certas qualidades — coerência, independência, responsabilidade, competência para a vida prática — das quais em parte ela teria de se livrar para dar espaço à verdadeira intimidade, uma intimidade que também envolvesse fraquezas e devoção. Kafka teria que viver com essa contradição, quer idealizasse Felice Bauer, como agora, quer a aceitasse como ela era, conforme faria muito mais tarde. Essa era uma daquelas lições que ainda esperavam por ele, e cujas dimensões não podia imaginar em setembro de 1912.

Ele dera o primeiro passo, agora era uma questão de tempo. *Que* passo havia dado? Suas primeiras linhas para a berlinense foram bastante inócuas; se agarravam ao único ponto que eles tinham em comum até então, a "prometida" viagem à Palestina. Kafka sugeriu que preparassem a viagem por correspondência, mas assegurou não ser pontual na escrita de cartas e tampouco esperar respostas pontuais, para retirar da coisa toda a seriedade. Uma mentira inofensiva, que ele floreou com suas piadas de praxe — diplomáticas, um pouco literárias, mas que no conjunto ainda mantinham uma distância adequada. Com isso, estava dada a largada; era a vez da srta. Bauer, e se ela se recusasse a participar do jogo, Kafka não precisaria se martirizar por sua dificuldade de tomar decisões, ao menos não dessa vez.

Poderia ter sido assim, mas foi diferente. Pois já fazia muito tempo que ele carregava nas costas uma mistura explosiva de sentimentos de abandono, enamoramento, confinamento, expectativas de felicidade e infelicidade, que se infiltravam em camadas cada vez mais profundas e tocavam as zonas mais sensíveis de sua existência. Não sabemos ao certo com que tipo de relação Kafka sonhava acordado, pensando em Felice; mas a noite com ela, que ele repassou inúmeras vezes como um filme, e as cenas com sua própria família, que o lembravam reiteradamente de sua posição de dependência e isolamento, devem ter lhe dado uma clara sensação de que dessa vez *não* era brincadeira. Havia uma decisão a ser tomada, e Kafka começava a entender que essa talvez fosse a primeira verdadeira decisão da sua vida, uma decisão que não transformaria apenas sua relação com a família, mas com o mundo todo; um ato de emancipação que desafiaria todas as instâncias à sua volta. A ideia de anunciar ao pai, com quem não falava mais do que o necessário, que sua adolescência tinha chegado ao fim e que pensava em assumir uma posição análoga à dele lhe suscitava medos profundos. O poema citado indica que ele só conseguia conceber tal confronto com um opositor sinistro e mau; a transição da fantasia para a ação — isto é, a primeira carta a Felice — soltava definitivamente os cachorros já despertos.

Kafka ainda não tinha consciência da força dessa dinâmica que o lançaria a um cenário totalmente diverso, se não ao casamento. Passou o domingo seguinte em um estado extremamente depressivo; de novo havia parentes fazendo uma visita maçante, e ele era totalmente inapto para a conversinha miúda dessas ocasiões. Quando se sentou à máquina de escrever e abriu o diário — eram cerca de dez da noite e a paz enfim reinava no apartamento —, a última coisa que tinha em mente era dar um "tratamento" literário àquilo que o afligia. Ele queria, conforme escreveria mais tarde a Felice, "descrever uma guerra; um rapaz veria da janela uma massa de pessoas atravessando a ponte e se aproximando, mas então tudo deu um giro em minhas mãos", e no decorrer da noite isso se tornou uma narrativa, na qual esse rapaz, bem ajustado socialmente mas de caráter questionável, é varrido da vida pela sentença de morte do próprio pai; *O veredicto*.

> Esse conto, *O veredicto*, eu o escrevi na noite de 22 para 23, de uma vez só, das dez da noite às seis da manhã. As pernas, enrijecidas de ficar sentado, mal consegui tirar de debaixo da escrivaninha. O cansaço terrível e a alegria com a história que se desenrolava diante de mim e com meu avanço como se por uma torrente. Várias vezes durante a noite suportei meu peso sobre as costas. Como se pode ousar tudo, como, para tudo, até mesmo para as ideias mais estranhas, há uma grande fogueira na qual elas perecem e ressuscitam. Como, diante da janela, o céu se fez azul. Um carro passou. Dois homens atravessavam a ponte. Às duas horas, olhei para o relógio pela última vez. Enquanto a criada atravessava o corredor pela primeira vez, escrevi a última frase. O apagar da lâmpada e a claridade do dia. As leves dores no coração. O cansaço que se esvaiu no meio da noite. A entrada, trêmulo, no quarto de minhas irmãs. A leitura em voz alta para elas. Antes, o espreguiçar-se diante da criada, dizendo: "Escrevi até agora". O aspecto da cama intocada, como se tivesse acabado de ser trazida para cá. A convicção confirmada de que, na escritura do romance, encontro-me em baixios vergonhosos da escrita. Somente assim é possível escrever, somente numa tal circunstância, abrindo completamente corpo e alma.[1*]

Pela primeira vez, Kafka registrou em detalhes as circunstâncias nas quais um texto foi escrito, o que dá a medida da euforia que deve ter sentido naquela manhã. Ele, que sempre sentiu uma insegurança desesperadora em relação a tudo o que colocava no papel, leu essa narrativa em voz alta *imediatamente*, à primeira luz do dia, antes mesmo de fazer uma leitura meticulosa, o que comprova que estava totalmente seguro do que havia criado. Enfim entendeu pelo que tanto esperava, e celebrou esse instante sem reservas, para não dizer sem hesitação.

* Franz Kafka, *Diários 1909-1923*, op. cit., p. 259.

Para ter uma medida da alegria de Kafka com esse impulso produtivo, é preciso ter em mente como ele demorou para chegar a esse ponto, a longa sequência de experiências frustradas que deixou para trás e sua incrível persistência, que foi enfim recompensada. Temos acesso apenas a uma seleção pobre e aleatória da "obra inicial" de Kafka, que na verdade consiste em milhares de páginas manuscritas, produzidas ao longo de uma década e meia e destruídas no forno de sua sala. É a safra da primeira metade de sua vida literária produtiva. Só a primeira versão de *O desaparecido* tinha chegado, nesse meio-tempo, a duzentas páginas grandes de caderno, e agora ele sabia muito bem que esse trabalho de ao menos nove meses havia sido inútil. Pois a partir daquele momento, tudo que estivesse aquém do padrão estético estabelecido por *O veredicto* já não seria aceitável, e ele não precisou tomar nenhuma decisão explícita para chegar a essa conclusão. Depois daquela noite, Kafka não conseguiria mais se ocupar de meros retoques a exercícios de estilo medíocres.

O que mais o deixou entusiasmado foi o estado mental que conseguira manter até a conclusão da última frase. Ele estava arrebatado e alucinado, mas ao mesmo tempo concentrado e controlado. *O veredicto* havia sido escrito em um "contexto", e isso lhe parecia um indício essencial da coesão e autenticidade do que fora criado. Mesmo depois, embora não fosse capaz de interpretar essa visão noturna, não teve nenhuma dúvida a seu respeito, já que ela o ajudara a alcançar outro nível de intensidade criativa. Com *O veredicto*, o autor dera um salto sem volta na forma, no estilo e nos motivos, e isso ficou claro com a publicação da obra completa. Mas o próprio Kafka só tomaria consciência disso durante uma *leitura em voz alta*, à qual ninguém precisou coagi-lo. No dia 24 de setembro, ele leu a história para um pequeno grupo reunido na casa de Oskar Baum — incluindo, outra vez, Ottla e Valli —, e o que "abriu" seu corpo, dessa vez, não foi o efeito da escrita, e sim o efeito do já escrito: "Perto do fim, girava a mão verdadeiramente sem controle diante do rosto. Tinha lágrimas nos olhos. A indubitabilidade da história confirmou-se".[2]

Até então, só com textos de outros autores ele sentira essa força estética explosiva, essa excitação difícil de controlar e transmitida aos ouvintes com maestria; foi assim, por exemplo, com *Der arme Spielmann* [O pobre músico], de Grillparzer, que ele lera para sua irmã Ottla quatro dias antes de conhecer Felice; a coisa teria irrompido dele "com uma naturalidade desumana", conforme se lembrava mais de um ano e meio depois.[3] Mas agora ele estava sendo confrontado — de modo tão familiar e tão estranho — com um texto de sua própria autoria, que lhe deixava com lágrimas nos olhos, justo a ele, o observador que estava sempre no controle de tudo. Não, aquilo não era mais brincadeira.

Foi uma erupção sem par na literatura universal: de um golpe sem precedentes históricos, o cosmos de Kafka se fez presente, já totalmente mobiliado com aquele inventário kafkiano que confere à obra uma inconfundível unidade: a instância paterna, superpoderosa e ao mesmo tempo "suja", a racionalidade oca de um narrador onisciente seletivo, as estruturas jurídicas que se sobrepõem ao dia a dia, a lógica onírica do enredo e o turbilhão da narrativa, sempre *contrário* às expectativas do herói. Reinhard Baumgart estava certo ao notar que, comparados a *O veredicto*, os breves textos do volume *Contemplação* têm o efeito de uma "prosa à prova", uma prosa ainda prudente em sua radicalidade, fugindo ao mesmo tempo da luta e da catástrofe.[4] De fato: se tomarmos ao pé da letra aquela famosa frase de *Carta ao pai*, de Kafka, "Meus escritos tratavam de você", então esses "escritos" evitaram, ao longo de quinze anos, seu objeto mais genuíno; fugiram do assunto, no sentido mais estrito da expressão. Isso explica o abalo de Kafka, pois pela primeira vez, com *O veredicto*, ele havia conectado o tema, as personagens e o enredo de um texto com o próprio ensejo da escrita, produzindo assim um curto-circuito entre literatura e vida. E ele chamou a clareza ofuscante produzida por esse curto-circuito de "indubitabilidade".

Na manhã daquele 23 de setembro, Kafka pouco a pouco retornou à vida, como se despertasse de um desmaio. Pediu desculpas ao seu superior alegando justamente um "pequeno desmaio", que segundo ele não teria "importância nenhuma" — era mais um daqueles rodeios petulantes e bem-humorados aos quais se sentia inclinado em momentos de excitação extrema. Dormiu algumas horas, concedeu-se um dia de folga e, depois do jantar (tarde como de costume), voltou ao diário. Há algo de comovente em sua crença de que conseguiria dar vida a uma nova narrativa apenas 24 horas depois de *O veredicto*; Kafka ainda não sabia lidar com seus poderes recém-adquiridos, e apesar do cansaço e da excitação, tentou levar ao papel a história de um solteiro, já planejada havia muito tempo. Era a história de uma ruína, pois o tal "Gustav Blenkelt", personagem tão duvidoso quanto falastrão, poria fim à sua vida de apenas 36 anos. Não sabemos muito mais sobre ele, pois depois de dois parágrafos inquietantes e de linguagem estéril, Kafka abandonou essa história para sempre.

Foi um pequeno revés, mas ele não se deixou abalar dessa vez. Pelo contrário; de repente Kafka parecia dono de uma determinação sem precedentes, que o incitava a extrair seu trabalho literário dos eventos diários e humores ocasionais. Ele resolveu implantar uma gestão rígida do próprio tempo, que lhe permitiria dedicar algumas horas por noite à escrita, e em um estado relativamente descansado. Como só dava para pensar em sono ou no seu trabalho literário quando todos os outros membros da família estivessem na loja ou dormindo, Kafka não teve escolha. Decidiu-se a levar um modo de vida avesso ao ciclo da natureza, que o distanciaria mais um passo da normalidade e das obrigações familiares do dia a dia:

> Das oito às duas horas ou 14h20, escritório, até às três horas ou 15h30, almoço, depois disso sono na cama [...] até às 19h30, então dez minutos de ginástica, nu e com a janela aberta, uma hora de caminhada, sozinho ou com Max ou com mais algum amigo, depois jantar em família [...] então às 22h30 (mas muitas vezes acaba sendo 23h30) sentar-se para escrever e permanecer, dependendo da energia, vontade e sorte, até uma, duas, três horas, sendo que uma vez já fiquei até às seis da manhã.[5]

Os pais de Kafka já haviam tido que lutar para se acostumar aos hábitos alimentares do filho, que de fato jantava "em família" e não *com* a família. Agora, todos deviam olhar com desaprovação para ele, um funcionário de meio período e proprietário de fábrica que estava calmamente levantando da cama quando todos estavam voltando do trabalho. Mas Kafka era obstinado; demorava para tomar uma decisão e só desistia dela sob forte pressão. Ficava abalado com a crítica alheia, mas isso não mudava nada. Pouco depois, Brod escreveria a Felice Bauer: "Graças a Deus, Franz é de uma teimosia maravilhosa e se agarra exatamente àquilo que lhe faz bem".[6] Mas logo ele teria que relativizar essa opinião, pois revelou-se que Kafka havia subestimado o peso de seu novo modo de vida. A soneca da tarde, que lhe era tão necessária, parecia quase sempre curta demais, de modo que ele precisava dos domingos para tirar o constante atraso no sono.

Enquanto isso, Kafka tomava outra decisão que traria várias consequências: em vez de desistir de *O desaparecido*, que ele já havia considerado insatisfatório, decidiu dar ao projeto um novo tratamento — um sinal claro de que estava acreditando nas próprias forças. Em uma das noites seguintes, lançou-se ao trabalho, e encontrou mais uma vez o caminho para a concentração e para aquela "paz do entusiasmo, que deve ser própria ao clarividente", invocada em diálogo com Rudolf Steiner e desde então desaparecida, para a sua infelicidade. E o mais importante: Kafka conseguiu preservar esse entusiasmo em meio à sua rotina de escritório (esse entusiasmo tinha algo de paradoxal, por ser controlado); passou dias, semanas em um constante estado de excitação, desperto e sensível. Quando, no domingo seguinte, dia 29 de setembro, Brod e Weltsch voltaram de uma viagem juntos pela Itália, foram recebidos na estação de trem por um Kafka em chamas, que lhes contou com orgulho do excesso noturno que resultou em *O veredicto* e do trabalho no romance, ainda no limbo — o que não era de seu costume.

"Kafka em êxtase", Brod anotou no seu diário, "passa as noites escrevendo. Um romance que se passa na América." Dois dias depois: "Kafka num êxtase inacreditável". Mais um dia depois: "Kafka continua muito inspirado. Um capítulo pronto. Estou contente com isso". Segundo essas notas, Kafka deve ter concluído *O foguista*, o primeiro capítulo de *O desaparecido*, já na noite de 1º de outubro — um ritmo de quem está de fato extasiado, se pensarmos que *O foguista* é duas vezes e meia mais longo que *O veredicto*, que lhe havia custado ao menos oito horas de trabalho. Esse feito parece ainda mais incrível se considerarmos a qualidade e a complexidade desse texto. *O veredicto* é uma obra de câmara, uma peça de duas personagens. O amigo distante e a noiva não são de carne e osso, são meras superfícies refletoras. O próprio Kafka via a coisa assim, pois uma vez chamou a narrativa de um "giro em torno de pai e filho".[7] *O foguista*, por outro lado, opera com toda uma hierarquia de personagens que precisam se adequar — em sua natureza, modo de expressão, função social e interação — a um ambiente que Kafka não conhecia por experiência própria, só de leituras. Mas dessa vez ele conseguiu se virar sem os gestos dos atores do teatro iídiche, que conferem um aspecto cômico e teatral a certas passagens de *O veredicto*. Discretamente, constrói-se uma tensão que não será resolvida pela saída tradicional, a morte. Pois essa tensão provém de uma perspectiva narrativa "unívoca", totalmente inusual para os contemporâneos de Kafka, uma perspectiva que expõe apenas o que está dentro do horizonte de percepção do protagonista, e assim o leitor entra em um estado de identificação cada vez mais forte com essa personagem, como se estivesse sob o efeito de um campo gravitacional. Em *A metamorfose*, *O processo* e *O castelo*, Kafka refinou bastante essa técnica narrativa tão característica de sua obra, mas foi com *O foguista* que ele aprendeu a usá-la.

Os primeiros críticos já notaram que esse texto é escrito no mais puro alemão, em um alemão provocante, de tão "clássico". A linguagem é como um mármore polido; sua frieza nunca soa afetada, mas dá contornos nítidos às coisas e às pessoas, que parecem estar sob uma luz neon; dessa linguagem é apagado tudo o que há de lúdico, qualquer traço de um "eu" narrativo. Esse perfeccionismo hermético, que encontra poucos momentos análogos mesmo na obra tardia de Kafka, sugere que ele não tenha apenas aprimorado ou retrabalhado a primeira versão de *O desaparecido*. Pode parecer estranho que ele tenha escolhido colocar a euforia de *O veredicto* a serviço de um plano já abandonado; mas não há dúvida de que essa euforia o levou muito além de sua concepção inicial.[8] Por isso ele logo destruiu a primeira versão, como tantas coisas que vieram antes — uma perda certamente terrível para *nós*. Pois em *O desaparecido*, pela primeira vez as fantasias de punição ultrapassam o âmbito da família e se tornam o princípio estrutural do enredo, e se pudéssemos provar que tais fantasias eram as forças propulsoras do projeto *América* desde o começo, isso significaria que Kafka já havia descoberto seu leitmotiv no começo de 1912, ainda que não dispusesse dos recursos para dar-lhe uma forma adequada. Assim compreenderíamos por que aprimorar *Contemplação* foi um dever enfadonho para ele: eram exercícios de uma época passada, que agora se encerrava. Não se podia esperar deles aquela concentração no essencial que ele tanto prezava.

É irônico, portanto, que a carta de anuência de Kurt Wolff, com a qual ficou selada a primeira publicação de Kafka em livro, tenha irrompido em meio a essa crise de setembro. Wolff não se deixou desencorajar pela parca extensão do manuscrito, mas perguntou ao autor se ele não poderia fazer alguma sugestão quanto à diagramação. Kafka sugeriu aquilo que Wolff devia ter em mente, isto é, que eles usassem uma fonte bem grande para inflar os textos, de modo que o número de páginas justificasse a encadernação. Assim foi feito, e Kafka ficou encantado com o acabamento generoso, de margens largas e papel tintado. É claro que ele notou que a bibliofilia estava beirando a caricatura. Eram tão poucas palavras em cada uma das 99 páginas do livro *Contemplação*, publicado já no começo de dezembro, que Kafka foi obrigado a pensar em Moisés e suas Tábuas da Lei. Reencontrar aquelas frases tateantes, flutuantes, que por vezes pareciam formuladas em queda livre, nessa forma cinzelada e fixada para a eternidade, despertou sentimentos ambíguos e turvou um pouco o orgulho do "primeiro livro", que Kafka sentiu por algum tempo como qualquer outro autor.

8.
Quase um salto pela janela

> *As pragas estão bem escalonadas e no fundo Jó tem razão, e não o Senhor.*
> *Tudo começa com as pequenas coisas.*
>
> Thomas Kapielski, *Davor kommt noch* [Antes disso ainda vem]

Felice Bauer também retomou sua vida cotidiana. Havia muita coisa para contar, chegando a Berlim: os detalhes da vida familiar de um famoso escritor de Praga; o quarto de hotel e as cabines do trem de ferro; os problemas que a irmã Else e seu marido húngaro estavam vivendo em Budapeste; o encontro com um amigo, provavelmente da juventude, na volta por Breslau. A família de Felice, que já estava acostumada havia muito tempo com sua independência, ficou feliz de constatar mais uma vez que dava para contar com essa "menina", que sabia se mover pelo mundo e sempre encontrava o caminho de volta para casa, na hora certa e sem nenhum arranhão.

Quanto à prometida viagem à Palestina... para dar conta de uma aventura daquelas não bastava competência; podia haver contratempos bem piores do que um guarda-chuva esquecido no trem expresso para Praga. Será que Felice havia pensado nisso, ao assumir aquele compromisso tão espontaneamente? E quem era esse tal de Kafka, rapaz que escrevia sob as asas de Brod? Ela achava que eles tinham mais ou menos a mesma idade. Ninguém nunca tinha ouvido falar dele em Berlim. No fundo, era só uma pessoa que Felice tinha conhecido na viagem, e ela só era capaz de dar informações vagas a seu respeito. Os pais não ficaram nada animados, e isso também deve ter despertado dúvidas em Felice. A inocência e a empolgação de sua viagem evaporaram sob o efeito de perguntas que no fundo eram bastante pertinentes.

Mas ela era uma mulher de palavra. Embora Kafka estivesse fazendo barulho demais em torno daquele aperto de mão, e guardando aquela lembrança como um compromisso de papel passado, ele fez bem em não tomar o gesto como uma brincadeira. Formulou de um jeito diplomático, mas claramente apelativo: "Se a senhorita ainda quiser fazer essa viagem — naquela ocasião você disse não ser volúvel, e tampouco pude notar nada do tipo [...]".[1] Essa intimação discreta teve efeito, ainda mais porque chegou com um atraso de seis semanas, e é provável que no fundo Felice a temesse mais do que esperasse. Ela precisou refletir por alguns dias para encontrar uma resposta equilibrada entre a sinceridade e a precaução. Os alertas da mãe não deviam ser ignorados, mas ela *tinha* que responder, mesmo que fosse só para ser gentil com os Brod, que foram seus anfitriões. Felice Bauer não tinha a menor ideia de qual era o objetivo daquele rapaz, até que ponto ele devia ser levado a sério, e não imaginava que as palavras usadas para responder o chamado vibrante e divertido de Kafka, por mais inofensivas que fossem, poderiam ter o efeito de uma fagulha no palheiro.

No sábado 28 de setembro de 1912, um dia quente e ensolarado de outono, Kafka passou assobiando baixinho pelo corredor deserto do Instituto de Seguros contra Acidentes de Trabalho. Era feriado na Boêmia, o Dia de Venceslau, e nada o teria levado a verificar a caixa de correio naquela manhã se o silêncio da srta. Bauer já não lhe parecesse longo demais. Era uma decepção compreensível, já que a vida de Kafka seguia agora uma agenda diferente, interior. Nesse curto intervalo de tempo, enquanto em Berlim a família de Felice ainda deliberava sobre a viagem à Palestina — não haviam se passado mais de seis dias —, ele tinha visto nascer sua primeira história "indubitável", durante a noite, corrido com ela até a casa de amigos, lido-a em voz alta, corrido de volta para a escrivaninha como se estivesse sendo chicoteado por dentro, inundado por imagens cuja inquietante precisão ele procurava reter. Kafka quase não dormia, estava totalmente desperto e focado em si mesmo; e enquanto esperava por uma resposta que podia chegar a qualquer hora, que *tinha* de chegar alguma hora, ocupava-se das primeiras páginas de *O foguista*, envolvido pela fantasmagoria noturna de uma América sonhada.

Mas agora a resposta estava lá, em meio ao insólito silêncio do escritório. Escrita em uma caligrafia grande, clara, quase infantil de tão redonda, a carta de Felice falava da resistência dos pais, com palavras bem pensadas, sem chegar a um sim ou não definitivos. Ela pedia notícias da apresentação da opereta de Brod e dos manuscritos de Kafka, amigavelmente, sem compromisso; mandava saudações a todos e, como único sinal de espanto, perguntava como é que ele havia conseguido seu endereço.

Kafka não conseguia controlar sua excitação. Isso já não era sonho, reflexão, observação — isso era realidade, um contato limitado às palavras, mas real. Daria para exigir dele que seguisse as convenções da correspondência burguesa? Impossível. Ele trabalhara por dias e noites na sua primeira carta, mas dessa vez não havia tempo para diplomacia. Mal havia devorado as primeiras linhas de Felice Bauer, pegou papel, pena e tinteiro:

> Estimada senhorita, desculpe-me por não escrever à máquina, mas tenho tanto a lhe escrever, a máquina está lá fora, no corredor, e além disso esta carta me parece tão urgente [...].
>
> [...] Minha pobre carta teve de passar por tanta coisa antes de ser escrita! Agora que a porta entre nós começa a se mover, ou ao menos temos a maçaneta nas mãos, posso dizer, se é que não preciso dizer. Os estados de espírito que me tomam, senhorita! Uma chuva de nervosismo não para de cair sobre mim. O que quero agora, em seguida não quero mais. Quando chego ao topo da escada, não sei em que estado estarei ao entrar em casa. Preciso acumular incertezas dentro de mim, antes que se tornem uma pequena certeza ou uma carta. Quantas vezes! — para não exagerar, direi que ao longo de dez noites — esbocei aquela primeira carta antes de ir dormir. Uma das minhas aflições é que eu não seja capaz de escrever em um fluxo o que preparei muito bem anteriormente. Minha memória é de fato bastante ruim, mas nem mesmo a melhor das memórias me ajudaria a escrever com precisão um parágrafo, mesmo que pequeno, pensado anteriormente e só guardado em uma nota mental, pois dentro de cada frase há passagens que, antes de escritas, são provisórias. Assim, quando me sento para escrever a frase memorizada, só vejo fragmentos, não vejo nem o que há entre eles, nem para além deles, e a única coisa a fazer seria jogar a pena fora, se é que isso daria conta do meu torpor. Todavia, refleti sobre aquela carta, pois não estava nem um pouco decidido a escrevê-la, e tais reflexões são o melhor meio de me manter apartado da escrita [...].
>
> Mas esse caminho não vai me levar a lugar nenhum. Estou falando sem parar sobre minha última carta, em vez de lhe escrever o muito que tenho para lhe escrever. Por favor, note de onde vem a importância que tal carta ganhou para mim. Ela vem do fato de que a senhorita me respondeu àquela carta com esta que está aqui ao meu lado, que me dá uma alegria absurda e sobre a qual agora repouso a mão, para sentir que

> a possuo. Me escreva de novo em breve! Não se esforce; uma carta exige esforços, independente da forma como é encarada; me escreva então um pequeno diário, isso exige menos e entrega mais. É claro que a senhorita precisa escrever nele mais do que seria necessário para si própria, afinal, não a conheço. Por isso, ao menos uma vez, será preciso registrar a que horas chega ao escritório, o que tomou de café da manhã, para onde dá a vista da sua janela no escritório, que tipo de trabalho é feito ali, como se chamam seus amigos e amigas...[2]

Não era uma carta, e sim a caricatura de uma carta, uma "erupção", como ele admitiria um pouco mais tarde, e a rigor uma impertinência, mesmo que a destinatária tivesse toda a boa vontade do mundo. O que é que aquela senhorita desconhecida deveria fazer com aquilo? As inúmeras negativas e limitações, as queixas sobre o próprio "nervosismo" eram brincadeiras irônicas que podiam ser ignoradas? Seriam necessárias muitas repetições até que Felice entendesse a seriedade desses lamentos. Quanto à alegria, um tanto exagerada, em relação à carta dela, tratava-se naturalmente de lisonja. Mas o que ela devia pensar dos sinais íntimos, daquela urgência imperiosa, do "nós" e da "porta entre nós"? Essas palavras absorventes não tinham, no fundo, um tom maníaco? Mesmo que Felice Bauer não tivesse lido essa carta com um olhar crítico, seria difícil passar batido pelo extremo egocentrismo ali contido. Era uma carta que tratava quase exclusivamente de cartas, um escrito sobre a escrita.

Mas Kafka sabia muito bem o que estava fazendo, e quando suspeitou que o tom usado por ele havia sido mal interpretado, talvez como uma pose excêntrica, quase ficou indignado. Poucos dias antes, sua vida se intensificara vertiginosamente, e ele se dera conta de que a intensidade pela qual havia ansiado por tanto tempo era agora realidade, e que era possível retê-la. Por isso não falava de nada que não fosse a intensidade da escrita, e por isso não era capaz de escrever se não fosse com a intensidade de uma explosão, que reproduzia com fidelidade a dinâmica desencadeada. Kafka sabia que estava aumentando consideravelmente a aposta, segundo as regras que valem para toda forma de comunicação. Sua primeira carta admitia um espectro de respostas descompromissadas, a segunda não mais. Aquela havia sido uma jogada de abertura original, mas não criava nenhuma obrigação, esta já era um gambito, a jogada no xadrez que pressupõe alguma prontidão do adversário para assumir riscos. Aquilo era osso duro de roer; ele estava exigindo dela um diário e, portanto, as confidências mais pessoais possíveis, com a justificativa de que os dois ainda não se conheciam. O próprio Kafka deve ter notado a comicidade desse ardil. Mas não lhe restava nada além de apostar que, com a sabedoria para a vida prática que ele havia diagnosticado em Felice, ela reconheceria e apreciaria o verdadeiro impulso por trás dessas linhas vibrantes e um pouco impertinentes.

Por ora, Kafka confiava nisso; mas ele não conseguia suportar o equilíbrio incerto e provisório entre proximidade e distância, que caracteriza qualquer aproximação entre duas pessoas. Sabia que tinha de esperar. Mas quando se deitava na cama entre duas e três da manhã, depois do trabalho em *O foguista*, que o consumia e alegrava, podia acontecer de seu cérebro fantasiar cartas intermináveis, martelando novas tentativas até o amanhecer. Em duas ocasiões, não aguentou a pressão e de fato dirigiu-lhe algumas linhas: falavam em uma "obrigação irrefreável" de escrever a ela, e por um instante ele revelou o cerne ardente de uma representação materna: "Para quem seria mais saudável me lamentar, agora, do que para a senhorita, que é tão tranquila?".[3]

Kafka não podia enviar tais páginas, e sabiamente as trancou na gaveta de sua escrivaninha. Que fazer? A senhorita de Berlim estava em silêncio. Será que a teriam privado de sua segunda carta para sabotar a viagem à Palestina? Kafka descartou essa possibilidade, afinal ele mesmo já havia colocado esse plano em suspensão com uma única breve frase, para poupá-la de mais embaraços. Mas a excitação cheia de contentamento dos primeiros dias, que o ajudara a alcançar uma concentração vibrante e aparentemente inesgotável, agora ameaçava se transformar em uma espera paralisante e vazia, que faria o fluxo da escrita secar outra vez. Isso não podia acontecer, jamais. No dia 13 de outubro, depois de duas semanas sem resposta, Kafka decidiu se fazer lembrar mais uma vez, e agora de modo mais enérgico:

> Por que é que a senhorita não me escreveu? — É possível, e pela forma como foi escrita até provável, que houvesse alguma besteira na minha carta capaz de desconcertá-la, mas não é possível que lhe tenha passado despercebida a boa intenção presente em cada uma das minhas palavras. — Será que uma carta se perdeu?[4]

Infelizmente ele não conseguiu manter esse tom direto por muito tempo, e poucas frases depois essa carta também dá em um devaneio, que o leva à porta da casa da amada, onde ele, como carteiro de si mesmo, maltrata a campainha impiedoso, "com um prazer que dissolve toda tensão!". O próprio Kafka ficará assustado com a conotação sexual dessa imagem — não, era um esforço jogado fora, ele não podia levar essa carta ao correio sem correr o risco de ser declarado louco pela família Bauer, que possivelmente a leria junto com Felice.

Na noite seguinte, Kafka estava mais uma vez na casa dos Brod, aonde costumava ir praticamente dia sim, dia não. Conforme ele se lembrava da aparição de Felice, aquele ambiente íntimo adquiria um novo e singular significado, e a família de Brod também terá aludido mais de uma vez àquela noite memorável. Pois é claro que eles estavam a par de que o melhor amigo de Max havia se apaixonado, para sua alegria e tristeza, e a vivacidade crescente de Kafka não deixava nenhuma dúvida disso. Assim, eles teriam um prazer ainda maior em oferecer-lhe uma surpresa especial, agora que ele estava dando os primeiros sinais de desesperança.

Os pais de Brod tinham recebido uma carta da filha Sophie, que morava em Breslau, e nessa carta havia um comentário que deixou Kafka totalmente estarrecido: Felice Bauer, a prima de seu marido, estaria mantendo uma "correspondência intensa" com o dr. Kafka, dizia ela. Era um falso testemunho, um boato, um mal-entendido infeliz, sem dúvida, mas também uma coincidência sinistra. Kafka estava imaginando exatamente aquilo, e com tanta veemência que a realidade parecia por vezes um ruído de fundo. De repente, sua fantasia era colocada como um *fato*. Se a expressão "sinal do destino" — jamais usada por Kafka — fazia algum sentido, era nesse caso.

Na mesma noite, ele pediu esclarecimentos a Sophie Friedmann. Não tentou esconder que torcia por sua mediação, e descreveu-lhe em detalhes suas tentativas malogradas de fazer a srta. Bauer lhe escrever, provendo-a com fatos de uma precisão jurídica. A carta é um exemplo clássico da capacidade de Kafka de conjugar uma sinceridade capaz de desarmar qualquer um, e inclusive de ferir seus próprios interesses, com um refinamento diplomático. Um momento fundamental dessa diplomacia consistia justamente em tematizar essa sinceridade, com discrição e ironia, e assim tematizar na mensagem a própria forma da mensagem:

> Para ser totalmente franco com a senhora, no decorrer desses dezesseis dias escrevi mais duas cartas para a senhorita, que ainda não enviei, e elas são a única coisa que me permitiria falar em uma correspondência intensa, caso eu tivesse senso de humor.[5]

Era um grito de ajuda abafado, polido, e por isso mais eficaz ainda. Talvez Max tenha alertado Sophie da urgência da coisa, por isso ela respondeu imediatamente. Não, dizer que Felice Bauer estava trocando uma correspondência intensa com alguém em Praga não foi força de expressão, foi um fato que ela mesma constatou. Para comprovar, Sophie citava as frases de uma carta de Felice que tratavam do assunto, palavra por palavra — mas não eram palavras muito conclusivas. Depois de uma leitura atenta, Kafka concluiu que seu monólogo de quatro páginas, escrito em um estado de excitação e felicidade, tinha sido recebido com bons olhos em Berlim, e possivelmente Felice já tinha até respondido, havia muito tempo, embora ele não tivesse encontrado nada na correspondência do escritório, que andava revirando nas últimas semanas. Seria possível que justo *esta* carta tivesse se perdido?

Mais tarde, Kafka e Felice Bauer fariam um acordo tácito de manter a lenda da carta perdida. Por algum tempo ele tentou convencer Felice de reconstituir sua resposta; mas a correspondência que chegou até nós não oferece nenhuma pista de que ela tenha atendido a esse pedido. Ele teve de se conformar com a explicação mais provável: Felice queria responder sua segunda carta, e por isso falou prematuramente em uma "correspondência", mas essa carta acabou sendo deixada de lado, como uma obrigação menos importante e um tanto maçante, para enfim ser esquecida no dia a dia agitado de Felice. Era uma negligência inofensiva, que ela acabou mascarando com uma mentira igualmente inofensiva — o que mais ela poderia fazer? Kafka não suspeitava que já se insinuava um padrão de comportamento que no ano seguinte iria levá-lo ao limite de sua capacidade de sofrimento. Felice ainda anunciaria muitas cartas que ela considerava boas o bastante por terem sido escritas, mas que chegaram dias atrasadas, pelos motivos mais diversos. Ela tinha formas totalmente diferentes de lidar com seu medo do abandono, e nunca entendeu em que medida tais promessas não cumpridas arruinavam a confiança de Kafka, extremamente frágil e cada vez mais difícil de recuperar.

Kafka não tinha exagerado ao falar naquela "chuva de nervosismo" que caía sem parar sobre ele. Há um incidente que escancara como ele andava instável e irritadiço naqueles dias. Deu-se durante o "tempo de espera" inicial de sua correspondência com Felice, e esgotou por algumas horas sua capacidade de retomar sozinho o equilíbrio psicológico. Tratava-se da Fábrica de Amianto de Praga mais uma vez, aquele negócio familiar dos Kafka que vinha se estabelecendo a duras penas havia um ano e que, em vez de render receitas modestas, era palco de constantes aborrecimentos e desavenças. Eles haviam errado de longe nos cálculos financeiros, o que ficou claro a poucos meses do início da produção. O capital de giro era reduzido demais e precisava ser expandido, mas Hermann Kafka não estava disposto a subir a aposta, depois de ter visto o dote de Elli e o quinhão de Franz — este último proveniente de suas economias — esvaírem-se irreversivelmente. O marido de Elli, Karl, viu-se sozinho na direção da fábrica, e não via mais saída. O único caminho que lhes restou foi pedir um empréstimo ao bem abastado "tio de Madri", em maio de 1912. Franz ficou responsável por escrever a carta com esse pedido, e se Alfred Löwy não tivesse atendido a essa demanda, embaraçosa para todos os envolvidos, talvez o negócio não tivesse chegado sequer ao seu primeiro balanço anual.

Como era impossível provar que o genro havia cometido algum deslize, eles se concentraram na outra pessoa responsável por esse mal-estar, o filho Franz, sempre tão desinteressado no negócio. Todos os alertas de que ele — como primogênito e sócio da empresa — tinha a obrigação de vigiar o que estava sendo feito com o patrimônio dos Kafka foram em vão. Ele não aconselhara e supostamente até mesmo rogara ao pai que disponibilizasse o capital inicial necessário ao marido de Elli? Kafka responderia juridicamente pelos prejuízos da fábrica com a totalidade de seus bens, mas nem isso era capaz de levá-lo ao escritório mais de duas ou três vezes por mês, para folhear contrariado o livro-caixa e o jornal especializado *Gummi-Zeitung*, ou conduzir uma visita de autoridades à oficina.

Kafka estava mostrando mais uma vez aquela teimosia tão familiar ao seu entorno. As preocupações em relação à fábrica o importunavam, mas cada vez mais ele usava o silêncio como resposta às censuras retumbantes do pai e aos lamentos da mãe, que, apesar de mais delicados, eram mais firmes. Se dependesse dele, eles teriam interrompido a empreitada o mais rápido possível e dado o dinheiro por perdido. Pois aquela jornada fora dos padrões que ele havia implantado em setembro e mantido, apesar de todo o transtorno, não tolerava outras sobrecargas. E a escrita noturna, atividade à qual se voltavam todas as outras como os vetores de um campo magnético, custava-lhe uma energia corporal e mental que o sono curto depois do almoço não conseguia compensar. Kafka tomava a liberdade de dormir quando os outros estavam trabalhando; para a família, essa era a prova irrefutável de que nada além da preguiça o impedia de ir a Žižkov por uma ou duas horas durante suas tardes livres. E mesmo que eles conhecessem em parte a importância das ocupações do filho no tempo livre, sua jornada de trabalho era o dobro da de Kafka no escritório, e eles estavam chegando ao fim de sua sexta década de vida. Era impossível entender como um rapaz de 29 anos podia considerar a soneca diária mais importante do que uma obrigação familiar de tanto peso. Sem falar que no seu emprego Kafka lidava com os problemas da produção industrial, e não podia ser tão ignorante e inábil como mostrava para o cunhado (e, secretamente, até para si mesmo).

Essa situação tensa ameaçou explodir quando Karl Hermann teve de fazer uma viagem de trabalho de duas semanas e deixar a fábrica sob a supervisão de seu capataz alemão. Desde sempre o pai de Kafka desconfiara dos relatórios contábeis do marido de Elli, e se a agilidade do jovem homem de negócios não lhe impusesse certo respeito — no fundo ele era, sim, um genro a seu gosto —, o escândalo teria vindo à tona já na primavera. Mas, agora que o futuro econômico da família estaria nas mãos de um estranho (ainda por cima estrangeiro), o velho Kafka estava convencido de que o negócio colapsaria muito em breve, por fraude e má gestão. Não havia mais desculpa, Franz precisava ir à fábrica, e diariamente, caso a catástrofe ainda pudesse ser evitada.

Hermann Kafka, que andava espumando de raiva por causa do silêncio hostil do filho, passou um bom tempo tentando evitar o confronto aberto e exercer uma pressão indireta sobre Franz, principalmente através da mulher, que passava o dia inteiro por perto e vivia à mercê de suas invectivas. Sua função era passar as queixas do marido adiante, de uma forma menos ofensiva e mais efetiva, apelando à consciência de seu destinatário. Era uma tarefa triste, e seu único benefício era duvidoso: por vezes ela podia emprestar a autoridade do patriarca para fazer valer seus próprios interesses.

Como sempre, esse ritual estabelecido havia anos não passaria batido por Kafka na noite de 7 de outubro, mas não haveria grandes consequências se dessa vez Ottla não tivesse engrossado o coro dos descontentes. Ela devia saber que era injusto colocar em Franz toda a culpa pela amargura e pelas más condições de saúde do pai. Mas ela não conseguia entender por que o irmão não podia ajudar o cunhado ao menos por um tempo, nessa situação emergencial que havia surgido; a mera presença dele na fábrica seria mais que suficiente. É claro que ela sabia que ele estava trabalhando em um romance à noite, e deve ter notado como a intensidade da escrita o livrara rapidamente do desânimo do ano anterior. Mas ela também não podia negar que sem as colocações do irmão aquela maldita empresa nunca teria sido fundada.

Kafka entrou em pânico. Ottla, sua única confidente, se posicionando contra ele em uma questão tão importante, na presença da mãe — isso o atingiu em seu ponto nevrálgico, afinal ela representava seu último vínculo com o seio da família. Sua rejeição significava a exclusão definitiva, mais um "veredicto", cujo efeito devastador seria condensado na excomunhão fraterna de *A metamorfose*, algumas semanas mais tarde. Por que a irmã o estava traindo? Será que seus próprios sentimentos de culpa haviam sido transferidos para ela, para se multiplicar e então torturá-lo por dentro e por fora? Kafka se convenceu prontamente dessa interpretação dos fatos, só para não ter de direcionar contra Ottla a raiva incontrolável que crescia dentro dele. Por que um lampejo dessa autoconfiança que o incitava ao trabalho em *O desaparecido* não chegava até ela, uma autoconfiança que talvez um dia pudesse dar um fim a toda culpa e a todo medo?

Quando o pai chegou em casa, naquela noite, Kafka desapareceu em direção ao seu quarto na primeira oportunidade, sem se explicar direito. Só o que poderia agora salvá-lo era seu manuscrito, sua América imaginada — aquele continente interior no qual sua verdadeira vida se realizava. Ou ao menos era isso que lhe parecia naquele momento. Ainda na noite anterior, ele avançara dez belas páginas com o romance — "eu poderia ter passado a noite inteira escrevendo, e o dia e a noite e o dia e enfim levantar voo". Ele não deixara de lado o terceiro capítulo por ter esgotado as imagens, e sim por cansaço. Por sorte a trama se encontrava em um ponto fácil de retomar, isto é: o inocente Karl errava pelos corredores sombrios de uma casa de campo americana. Era um episódio de rumo inequívoco, cujo objetivo devia estar claro para Kafka. Mas dessa vez ele estava enganado. O problema não era mais a mera sombra da família, de que ultimamente ele conseguia se livrar como se estivesse voando; era uma declaração formal de guerra, uma invasão física, uma tentativa de unir as forças para enxotá-lo daquele território imaginado.

Kafka escreveu uma página; então largou a pena, levantou-se, chegou perto da janela e olhou para as luzes elétricas da ponte Čech, envolvidas pela neblina. Na mesma noite descreveu o desespero que o inundou naquele momento, em uma longa carta a Brod:

[Entendi] claramente que agora só havia duas possibilidades para mim, ou pular da janela depois de todos terem ido para a cama, ou ir diariamente à fábrica e ao escritório do meu cunhado pelos próximos catorze dias. A primeira opção dava-me a chance de livrar-me de toda a responsabilidade, tanto pela instabilidade da escrita quanto pela desolação da fábrica; a segunda opção sem dúvida interromperia minha escrita — não posso simplesmente esfregar os olhos para espantar o sono de catorze noites — e me daria a possibilidade, se eu tivesse força de vontade e esperança o bastante, de retomar em catorze dias do ponto onde hoje parei.

Por isso não saltei; e a tentação de transformar esta carta numa carta de despedida (minhas ideias para ela vão em outra direção) não é muito forte. Passei muito tempo de pé junto à janela e me apoiei contra o vidro e várias vezes me pareceu conveniente assustar o cobrador de pedágio sobre a ponte com minha queda. Mas me senti o tempo todo firme demais para que a decisão de me espatifar no pavimento pudesse alcançar a devida profundidade dentro de mim. Pareceu-me, também, que permanecer vivo interromperá menos minha escrita — ainda que só se fale de interrupção — do que a morte. E que entre o começo do romance e sua continuação em catorze dias, de alguma forma me movimentarei e viverei — especialmente na fábrica, especialmente em relação aos meus pais, que estarão contentes — no cerne do meu romance.

Talvez eu não esteja te expondo isso tudo para que você faça um julgamento, meu querido Max, pois de todo modo você não pode ter um veredicto a respeito, mas como eu estava firmemente decidido a saltar sem uma carta de despedida — afinal, antes do fim guarda-se o direito de estar cansado —, eu queria, já que devo recuar e voltar ao meu quarto como habitante, te escrever uma longa carta de até logo, e aqui está ela.[6]

Para medir o efeito que essa carta exerceu sobre Brod, é preciso ter em mente a sequência apertada dos eventos, a aceleração extasiante da vida de Kafka, com a qual Brod estava admirado havia algumas semanas, como testemunha. Quando essa carta chegou ao seu escritório na estação central dos Correios de Praga, na manhã de 8 de outubro, ainda não tinham se passado sequer dois dias desde que Kafka lhe havia lido pela primeira vez *O veredicto* e *O foguista*. Fazia só algumas horas que ele tinha uma ideia concreta e realista do que Kafka era capaz de fazer no âmbito da literatura, e talvez só agora ele entendesse que, quando Kafka chamou as frases enxutas de *Contemplação* de meros exercícios, não era um eufemismo.

Além disso, Brod ainda estava em estado de choque com a nova radicalidade *temática* de Kafka. Normalmente, Brod sabia manter uma distância segura entre literatura e vida, mas o retrato de um rapaz com uma vida aparentemente bem-sucedida que colapsa em minutos, e que comete suicídio por ordem do pai, deve ter provocado nele um pavor subcutâneo, que ele não foi capaz de transformar em prazer estético. E esse pavor ainda estava totalmente presente quando Kafka ameaçou tornar verdadeiro aquele cenário mortal, lançando-se à morte exatamente como o duvidoso Georg Bendemann. Será que ele estava falando sério? Será que alguém que está realmente cansado da vida escreve cartas desse tipo? Não haveria, mais uma vez, um tanto de literatura em jogo? Mesmo que Brod tivesse se enganado naquele momento, talvez seduzido pela dicção fria e cintilante de Kafka, o postscriptum que o amigo adicionou, pela manhã, à sua "carta de até logo", o convenceu:

> eu os odeio todos, um atrás do outro, e acho que nesses catorze dias mal vou conseguir cumprimentá-los. Mas o ódio — e isso se volta contra mim — fica melhor do lado de fora da janela do que dormindo tranquilo na cama. Estou bem menos seguro do que durante a noite.

Estava claro. Kafka estava mais preso do que nunca a uma dinâmica de amor e ódio, e essa erupção deve ter deixado Brod alarmado. Ele sabia que não era tão simples convencer Kafka de "abrir mão" de sua depressão. Mas aquele Kafka sempre tão sensato e senhor de si estava fora de controle, e parecia não levar em conta o "frio terror" (conforme Brod diz em suas memórias) que desencadearia com tal carta, e *isso* era um sinal inequívoco de que precisava de ajuda.

Brod reagiu rápido, e usou a única possibilidade de intervenção que ainda lhe parecia razoavelmente compatível com as regras de conduta burguesas e sua relação desde sempre distante com a família de Kafka. Era evidente que não cabia falar com o pai, tomado por ressentimento, que havia muito tempo o chamara de *meschugge*, "pinel" em iídiche. Mobilizar as irmãs era inútil, pois quando se tratava das coisas sérias da vida — isto é, dinheiro —, a voz delas não contava muito mais que a das crianças. Restava a mãe, que comparada aos outros era um poço de bom senso para a vida prática, mas Brod tampouco estava em bons termos com ela. Não era de admirar, já que o filho, que se dizia tão sobrecarregado, passava muito mais tempo entre os Brod do que com a própria família.

Mas Brod não tinha tempo para ser tático e pesar os prós e os contras. Em uma carta de oito páginas, que possivelmente incluía excertos do que Kafka escrevera, ele implorava a Julie Kafka que enfim abrisse os olhos para o desespero secreto de seu filho e para suas verdadeiras necessidades. Ele não deixou faltarem palavras drásticas (para Felice Bauer, falou em uma "intervenção brutal").[7] A resposta de Julie Kafka sugere que Brod não só confiou no efeito chocante de suas más notícias, como soube apelar aos sentimentos da mãe:

> Acabei de receber sua valiosa carta e o senhor reconhecerá na minha caligrafia trêmula como ela me deixou nervosa. Eu, que daria o sangue de meu coração para cada um dos meus filhos para fazê-los todos felizes, sinto-me agora impotente. Mas, mesmo assim, farei tudo que puder para ver meu filho feliz. [...] Ainda hoje direi a Franz, sem fazer alusão à sua carta, que não precisa mais ir à fábrica amanhã. Espero que ele concorde comigo e se acalme. Eu lhe peço, estimado doutor, que o acalme e agradeço-lhe imensamente por seu amor pelo Franz.

São poucas linhas, mas dão mostras da pressão que Julie Kafka estava sofrendo. Ela deve ter sentido intensamente a distância do próprio filho naquele momento, mesmo que não a entendesse. Por outro lado, não considerava revogar as leis inabaláveis da família, nem que fosse só daquela vez, e confrontar diretamente o patriarca com uma situação na qual talvez houvesse mais coisas em jogo do que alguns milhares de coroas. Não, o pai não devia ser perturbado de forma alguma por causa de sua doença, ela escreveu a Brod, e *sem* ele só haveria uma solução. Seria preciso fingir que Franz estava indo à fábrica, como um bom garoto; enquanto isso, ela pediria a outra pessoa que se encarregasse do assunto. Tinha em mente um irmão mais novo de Karl Hermann, que Kafka havia declarado inapto em sua carta a Brod.

Essa conspiração banal, que só podia funcionar em uma família *muda*, parece ter atenuado o conflito em torno da fábrica por algumas semanas. Kafka voltou a se concentrar no romance e nas saudades da senhorita de Berlim, e a palavra "fábrica" desaparece com estranha rapidez dos documentos que foram preservados. Mas conforme os Kafka preteriam esse assunto, instaurava-se um silêncio enervante que se reproduziria como uma onda no futuro. Meses depois, no dia 30 de janeiro de 1913, Kafka escreverá a Felice: "Agora já acho que, além do trabalho no escritório, não faço quase nada, e por ter negligenciado a fábrica mal ouso olhar para o meu pai, que dirá dirigir-lhe a palavra".

Na biografia de Kafka, sempre tropeçamos em episódios que permanecem nebulosos, embora estejam documentados com toda a precisão desejável, muitas vezes a partir de diversas perspectivas. Essa penumbra nos mantém em um estado de curiosidade e dúvida; percebemos que nos enganamos e que tudo foi bem diferente do que imaginávamos. Mesmo quando levamos em conta que se trata de uma espécie de transferência, e passamos a julgar Kafka a partir de seus próprios critérios puristas — o que é bem duvidoso do ponto de vista hermenêutico —, resta uma indefinição, uma centelha à margem dos fatos, não só nos olhos de quem observa. É como se o caráter ambivalente e fragmentado de Kafka fosse continuamente cercado por eventos ambivalentes e insolúveis *objetivamente*.

O episódio "suicida" de outubro de 1912 é um dos exemplos mais impressionantes desse fenômeno. Não faz sentido questionar se Kafka chegou "realmente" perto da morte; essa é uma pergunta ingênua do ponto de vista psicológico, que *nunca* poderá ser respondida de modo plausível, ainda mais a partir da distância imposta pela história. Mas, visto de perto, esse episódio lança questões difíceis de ignorar, e revela facetas que — se não fosse uma questão de vida e de morte — poderiam ser chamadas de grotescas. Qual era o objetivo de Kafka com sua carta a Brod? A que impulso obedeciam suas palavras? Apesar de seu estado de desespero, ele estava dando satisfações sobre o que escrevia. Isso fica claro com a observação críptica de que suas "ideias" para a carta iam "em outra direção", uma alusão que não é contemplada pelo jogo de palavras entre "carta de despedida" e "carta de até logo". Kafka sabia muito bem que estava formulando um grito de ajuda, e que Brod jamais poderia responder a ele com meras palavras tranquilizadoras. Afinal, ele cita as críticas da família como desencadeadoras de seu estado, especialmente as de Ottla, e então coloca o romance e sua iminente interrupção em primeiro plano. Brod só deve ter visto duas alternativas: ou o autor continuava o romance, ou morria saltando pela janela. Kafka sabia a monstruosidade que estava fazendo com seu amigo e empresário, já que lhe permitira olhar a obra pela primeira vez apenas *dois dias antes*.

"Anteontem, fui alvo de críticas por causa da fábrica. Passei então uma hora no canapé, pensando em pular da janela." Como Brod teria se sentido caso tivesse lido essa entrada do diário de Kafka, escrita exatamente seis meses antes? Naquela época, no começo de março, a atividade literária de Kafka se limitava a fazer resoluções que logo deixava para trás, e ao ato de folhear e *destruir* manuscritos mais antigos, que haviam se tornado "repugnantes" para ele.[8] Não havia nada em sua escrivaninha que demandasse um ritmo constante, dia e noite. E por isso mesmo era difícil justificar à família e a si próprio sua indiferença. Ele não tinha como se opor às contínuas lamúrias do pai quanto à falta de "gratidão dos filhos", que viviam à sua custa "como reis". Kafka tinha o costume (e a grande capacidade) de se ver através dos olhos dos outros, e por isso formou uma imagem extremamente nítida de uma cena familiar absurda, de tão teatral: enquanto, na sala, Hermann Kafka e Karl Hermann, sogro e genro, lutavam pela continuidade da Fábrica de Amianto de Praga, o "sócio" responsável estava estendido no canapé do cômodo ao lado, de porta trancada, entediado. Seus sentimentos de inutilidade e nulidade, que costumavam ficar latentes, tornaram-se conscientes quando ele se viu obrigado a reconhecer a troca de perspectiva e se ver *do outro lado da porta* (uma porta que, não por acaso, aparecerá na ilustração de capa de *A metamorfose*). E esse mecanismo neurótico era um teclado que a família de Kafka sabia tocar, sem dúvida, ainda que não de forma totalmente consciente.

Se Kafka estava pensando nas mesmas imagens de morte em março e em outubro de 1912, era porque aquela situação das irmãs e dos pais se queixando em coro não era um mero desencadeador, mas uma cena primária, que tocava o cerne de sua identidade. A novidade era que, com um *work in progress*, a tensão entre a vida de dentro e a vida de fora havia aumentado. Era um ótimo pretexto para mobilizar um aliado, para a sorte de Kafka e o azar de Brod. Este partiu de pressupostos totalmente equivocados para defendê-lo, afinal ainda não imaginava (e não poderia imaginar, dado que seu amigo trabalhava cada vez mais e melhor) como era efêmera a autoconfiança que Kafka obtinha com o trabalho literário. Uma única palavra maldosa da irmã podia fazer a coisa desmoronar. Brod estava fazendo a coisa certa, mas a tarefa era insolúvel.

Pois que tipo de "solução" era essa que Brod encontrara para Kafka? Julie Kafka se comprometeu a enganar um pouco o marido, e assim ela, o filho e talvez até Ottla teriam que fazer uma encenação de semanas. Era uma solução que, na melhor das hipóteses, deixaria um filho satisfeito por escapar momentaneamente à subjugação paterna. Será que Kafka não via como era vergonhoso precisar de *dois* mediadores para fazer frente ao pai? Inacreditável. Quando ficou sabendo da intervenção do amigo — Brod, tagarela, não conseguiu mantê-la em segredo por muito tempo —, Kafka deve ter ficado triste de saber que não devia aquele alívio momentâneo a um contra-ataque corajoso ou à sua própria obstinação, mas à repetição de um ritual familiar antiquíssimo. Mais uma vez, a mãe fazia o papel de moderadora, evitando o mais terrível e, ao mesmo tempo, prolongando o terror. Embora tenha vindo às custas de novos sentimentos de culpa, essa folga bastou para que à noite Kafka se sentasse outra vez diante do manuscrito de *O desaparecido*, menos de 24 horas depois de estar a um passo de "desistir" definitivamente de si mesmo. "O que quero agora, em seguida não quero mais", ele havia escrito a Felice. Essa era a verdade. Naquele instante, Kafka era um homem ausente e feliz, que mergulhava mais uma vez na história de Karl, o inocente que fora expulso. Ninguém mais o importunava, a mãe havia feito um bom trabalho. No cômodo ao lado, ouviam-se as usuais conversas sobre os parentes, a empresa, os usuais ruídos do jogo de cartas. O cobrador de pedágio da ponte Čech, que Kafka podia observar da janela, fazia calmamente seu trabalho. A neblina tinha se tornado ainda mais espessa.

Naquela mesma terça-feira, dia 8 de outubro de 1912, Nicolau I, rei do pequeno Estado montanhoso de Montenegro, celebrava seu aniversário de 71 anos. O dia foi solenizado com uma declaração de guerra ao Império Otomano, entregue por volta do meio-dia. Era uma turbulência insignificante às margens do Império Austro-Húngaro. "Nada trágico", ouvia-se nos círculos diplomáticos de Berlim. Mais tarde, os livros de história falarão no começo da Primeira Guerra dos Bálcãs. Infelizmente, as redações dos jornais de Praga não receberam a notícia a tempo da edição vespertina.

9.
A menina, a moça e a mulher

Se eu não tivesse falado,
pelo amor de Deus,
quem eu teria precisado ouvir?

Botho Strauß, *Das Partikular* [O particular]

"O encontro por carta tem pouquíssima serventia; é como um murmúrio de duas pessoas na orla, separadas por um lago." Não foi para Felice Bauer, e sim para Hedwig Weiler, que Kafka escreveu essa frase apaixonada, ainda sob a influência de um verão sensual no campo, quando tinha 24 anos. É uma imagem triste, mas extremamente poética e doce, que não desvenda os horrores do irrevogável estranhamento, apenas os ilumina. Talvez por isso ele tenha sido obrigado a vivenciar pela segunda vez o momento de verdade que essa imagem contém, mas agora de uma forma realmente catastrófica.

Quinze anos mais tarde, bem depois de se separar de Felice, esse entendimento arrefeceu, fossilizou-se: "Como puderam acreditar que as pessoas se relacionariam umas com as outras por cartas! É possível pensar em uma pessoa distante, e é possível tocar uma pessoa próxima, todo o resto está além da capacidade humana". Kafka escreveu isso a Milena Jesenská em março de 1922; é um resumo certeiro de uma experiência que durou cinco anos, por vezes desesperada, por vezes alegre, mas em última análise autodestrutiva. Ele buscava extrair das cartas a intimidade de uma relação real — e mais do que isso, mais do que aquela intimidade usual que costuma vir como consequência da proximidade erótica, e que por isso também tem seus limites. Ele buscava compreensão absoluta, confiança sem reservas, exclusividade, simbiose.

Kafka queria o impossível, e é difícil imaginar que não tenha estado *sempre* ciente disso. Era como se em setembro de 1912 ele tivesse decidido cavar uma passagem subterrânea de Praga a Berlim sem usar nada além de suas próprias mãos. Enquanto os outros viajavam por cima, à luz do dia, ele queria uma ligação oculta, só dele e de Felice, como que de quarto a quarto. Isso não estava apenas além de suas capacidades; estava, de fato, "além da capacidade humana". Ele ficou cansado e teve de desistir de seu túnel, um trecho risível perto do que ainda havia por vencer. A galeria enfim ruiu, e dela nada restou. Mas o que ele havia trazido à tona em cinco anos de "trabalho na relação" ficou ali, foi conservado, exposto, publicado. Uma montanha de escritos, no total 511 cartas, postais e fragmentos de cartas, que juntos preenchem quase setecentas páginas.

As *Cartas a Felice* de Kafka estão entre os documentos mais extraordinários da literatura mundial; pela densidade linguística e pela intensidade de suas autorreflexões, não podem ser comparadas a nenhuma outra correspondência. Seus traços exibicionistas não têm nada em comum com aquela necessidade de confissão, galopante já nos tempos de Kafka, de uma sociedade cada vez mais versada na psicologia, e ainda menos com a exposição individual de hoje, aparentemente mais radical, mas na verdade orientada para a mídia. Ler essas cartas pode ser desconcertante, e não são poucos os leitores que sentem uma vergonha dolorosa, uma relutância que obriga a questionar se a publicação desses documentos é justificável. O germanista Erich Heller, um dos editores das cartas, teve dúvidas a esse respeito até seu último ano de vida. Por outro lado, Canetti quis consolar a si mesmo e aos leitores com a ideia de que tampouco Kafka, "cuja máxima qualidade era o respeito", se envergonhava de ler as cartas de Kleist, Flaubert e Hebbel.[1] Esse argumento é uma faca de dois gumes, que vai dar numa questão bem grosseira do ponto de vista moral: será que temos o direito de lançar luz sobre a esfera privada de uma pessoa que fita, por sua vez, a esfera privada dos outros? É claro que Kafka teria ficado horrorizado e repudiado a publicação de suas cartas; como ele subestimou a própria obra até o fim da vida, nunca imaginou que haveria um interesse público em sua correspondência privada. Mas é igualmente impensável que ele se dispusesse a agir como editor e agente de um "público interessado" em um caso semelhante — por exemplo, os documentos sobre a relação de Flaubert e Louise Colet, que à época ainda não haviam sido publicados.

As *Cartas a Felice* se tornaram conhecidas relativamente tarde; elas não foram incluídas nas obras completas organizadas por Max Brod. Por muito tempo, Felice Bauer não conseguia se decidir entre disponibilizar ou não as cartas para fins de pesquisa, que dizer então de vendê-las. No ano de sua emigração, respondeu evasivamente uma pergunta a respeito. Ela já estava morando em Los Angeles, e o maço de cartas ainda estava em um sótão em Genebra:

> Não sei dizer se e quando conseguirei estar em posse dessas coisas de novo [os bens deixados para trás], e ao mesmo tempo não sei nem se me separaria dessas cartas, que representam um grande período da minha vida, é claro. Mesmo que seja só por um tempo. É que essas cartas são extremamente pessoais e remontam à época da mais dura batalha, à qual o sofrimento físico infelizmente pôs fim, coroando, por assim dizer, sua aspiração à renúncia. Ele, que tanto havia amado a vida, teve de renunciar a vivê-la até o fim e concluir sua obra.[2]

Só em 1955, quando Felice Bauer ficou gravemente doente e entrou em apuros financeiros, ela cedeu à pressão da família, ainda que relutante ("As cartas são tudo que me resta") e vendeu as cartas pela soma hoje irrisória de 8 mil dólares para a editora Schocken, em Nova York. Antes da entrega, passou noites inteiras lendo aquelas páginas envelhecidas, topou com algumas cartas dos dias mais sombrios e não conseguiu lidar com a ideia de revelá-las a leitores anônimos. Essas cartas ela destruiu.

Em 1967, sete anos depois da morte de Felice Bauer, foi publicada a primeira edição, com uma medida corretiva extremamente significativa: também continha as cartas de Kafka a Grete Bloch, amiga de Felice. De repente, multiplicou-se o conhecimento que se tinha sobre as circunstâncias da vida de Kafka. Pois, em oposição aos diários ou às cartas a Brod, que partem de pressupostos evidentes aos dois, Kafka teve primeiro de esboçar um quadro de seu dia a dia para Felice Bauer. Por maior que fosse sua aversão à areia movediça e simplória do real, quando se tratava de deixá-la a par de sua própria vida, era indispensável *narrar*, e com precisão: hábitos de alimentação e sono, roupas, doenças, vida em família, amigos, trabalho no escritório, viagens. As *Cartas a Felice* são os únicos documentos que oferecem um quadro coerente do microcosmo de Kafka, e não apenas de 1912 a 1917, mas de um passado distante; é um quadro tão rico em detalhes que mesmo as omissões conscientes se tornam vividamente aparentes. Certos dias da vida de Kafka se deixam reconstruir hora a hora, só com base nessa fonte.

No entanto, a segunda voz está faltando. Quando o estranhamento entre os dois se tornou tão grande a ponto de levá-los à separação definitiva, Kafka queimou as mais de quatrocentas cartas que deve ter recebido de Felice Bauer.[3] Isso confere a todo o corpus das cartas o caráter de um monólogo monstruoso, mesmo nos momentos em que Kafka faz ou responde perguntas, dá conselhos ou comenta eventos que Felice lhe contou. É como escutar uma conversa de alguém ao telefone: depois de um tempo, é inevitável ficar com a impressão de que você está ouvindo um tagarela, redundante e autocentrado, já que a parte que cabe ao interlocutor distante fica oculta nas repetições, nuances, insinuações e abreviações características de uma conversa privada.

A tese corrente de que Felice Bauer teria sido para Kafka uma espécie de tela vazia sobre a qual ele se projetava a seu bel-prazer deve-se em grande parte a essa leitura distorcida. É verdade que Felice tornou-se objeto de fantasias ardentes e impetuosas enquanto era uma "página em branco" para Kafka. É o que costuma acontecer quando pessoas com grande capacidade de imaginação iniciam relações amorosas. Quem não sabe, sonha. A questão é: conforme nos aproximamos, preferimos continuar sonhando ou queremos saber de fato *quem é* a pessoa desejada? Sem dúvida, inúmeros exegetas de Kafka caíram aqui em uma armadilha hermenêutica: como a destinatária em Berlim continua sendo, *para eles*, uma superfície vazia de projeção (tão vazia que a capa da primeira edição do livro de Canetti na Alemanha mostra uma Felice *sem rosto*), eles acabam notando apenas o aspecto projetivo da correspondência parcial que se preservou, e não se dão conta de que o próprio Kafka lutou contra esse mecanismo, não sem sucesso.

Ao longo de cinco anos de amizade, Kafka descobriu muitas coisas sobre Felice Bauer — em parte graças à boa vontade dela, em parte por ter sido persistente nas perguntas. O leitor de hoje não sabe quase nada a seu respeito. É curioso como foram poucas as tentativas de tapar esses buracos, mesmo que parcialmente. Ao que parece, os contornos nebulosos da trabalhadora assalariada de Berlim não foram capazes de despertar a curiosidade intelectual. Isso fica especialmente claro quando contrapomos esse caso aos esforços de se criar um retrato realista de Milena Jesenská, que se intensificaram desde o fim dos anos 1980. Milena é considerada, de longe, a personagem "mais interessante" da vida de Kafka — em primeiro lugar, porque se expressava muito bem, mas sobretudo porque levava a vida distante da normalidade burguesa. Ela foi a única pessoa de todo o entorno de Kafka a escapar de sua imensa sombra, e depois de algumas décadas sendo conhecida apenas como "amante de Kafka", recuperou sua vida própria na memória cultural.

É mais que compreensível que a atenção não tenha sido dividida igualmente entre duas figuras femininas tão opostas: a exceção é sempre mais estimulante, e pessoas bem articuladas despertam empatia e ânsia por identificação. Uma pesquisa que só se deixe guiar por tais impulsos certamente falhará ao deparar com os abismos do ordinário. Quando olhamos para contextos sociais aparentemente familiares a partir de uma distância própria da etnologia, expomos camadas que não se abrem quando simplesmente nos identificamos. Karl Kraus publicou na *Fackel* anúncios de pessoas que queriam se casar, de um estupor desesperado, cujo interesse só se revela quando são lidos da maior distância possível, isto é, como sintomas. Esse olhar não será necessariamente impiedoso. O próprio Kafka chorou uma vez ao ler sobre o processo de uma infanticida e diagnosticou no mesmo instante: "história inteiramente esquemática".[4]

Não há dúvidas de que a figura de Felice Bauer é muito melhor que a de Milena para ilustrar as delícias da normalidade burguesa. Mas Felice não podia viver essa normalidade sem pagar por ela um preço considerável. Sua vida misturava o espírito da família burguesa, as exigências de um cânone cultural já quase anacrônico, a encenação do papel feminino e o redemoinho crescente de uma rotina baseada na divisão de trabalho. Mesmo através do olhar idealizado de Kafka, nota-se o esforço mental necessário para sobreviver com alegria a tal campo minado. Nesse sentido, Felice Bauer oferece o retrato de uma vida feminina que pode até ser sintomática para a época, mas nada plana, que provavelmente se revelaria bastante significativa e "interessante", caso virasse objeto de um estudo de caso histórico-social.

O biógrafo que ignorasse tal realidade seria um desavisado. Ao longo de cinco anos, Kafka se agarrou a um plano de vida ilusório, baseado em projeções, decepções consigo mesmo e recalques, cuja proporção não podemos estimar enquanto a "proporção de realidade" dessa história de amor continuar obscura. É verdade que só podemos alcançar tal proporção por meio da escrita de Kafka. E no fim é ele mesmo que nos ajuda a sair desse dilema. Sua avidez por detalhes vivos do dia a dia de Felice, que ele logo anunciou ao pedir-lhe um "diário", continuou sendo insaciável ao longo de meses; ele realmente devorava as cartas, que nunca lhe pareciam precisas o bastante, vívidas o bastante e, portanto, completas. (Kafka só teria ficado satisfeito com um filme que retratasse a vida de Felice em tempo real e, assim, permitisse contemplar alguns instantes pelo tempo que quisesse.) Como ele estava sempre pedindo mais detalhes e precisão nas explicações, era obrigado a se referir de várias maneiras às peças que já havia reunido do mosaico da vida de Felice, e assim acabava transmitindo-as até nós — fosse dando uma ideia geral das cartas dela ou citando-as palavra por palavra. Kafka se reporta a essas cartas com tal seriedade e precisão, que parece atribuir às saudações mais passageiras, anotadas casualmente a lápis, o caráter de decisões oficiais. ("Não se prenda tanto a cada palavra!", ela o criticará uma vez em Berlim.) Assim, quando fazemos uma leitura direcionada exclusivamente a "Berlim", conseguimos destacar e reunir inúmeros fragmentos empíricos da longa correspondência. Daí resulta um retrato de baixa definição, grosseiro, mas podemos distinguir traços humanos, femininos, que são inconfundíveis e nos fazem esquecer do fantasma "Felice Bauer", que até agora assombrou a literatura.

Talvez o aspecto mais surpreendente dessa correspondência seja a rapidez com que os anseios e projeções dos dois se emaranharam. Felice Bauer ficou em silêncio por três semanas, até decidir ceder às pressões do dr. Kafka (depois de uma advertência discreta da sra. Friedmann) e reservar um lugar em sua vida para aquela conexão até então supérflua. Foi um passo importante. Quando um homem e uma mulher trocavam cartas, ainda que fossem um *meio* de comunicação daquele tempo, havia uma grande dose de compromisso envolvida. Muitas vezes, casamentos começavam por correspondência, e, comparada ao telefone, a carta continuava sendo o meio adequado para se travar relações substanciais. Felice não estava sendo ingênua ao se deixar iludir pela introdução lúdica de Kafka; as cartas de uma mulher em idade de se casar continham uma promessa de proximidade, independente de seu conteúdo, e se Kafka fazia uso do carteiro para ganhar uma mulher (ele jamais esquecia por quantas mãos suas cartas passavam), isso cumpria, *a princípio*, a função social que tais "amizades epistolares" ainda tinham à época.

O que mais espanta é como Felice Bauer foi rápida, não só em permitir tal compromisso, mas também em avançar com ele. Em sua primeira longa carta a Kafka, que chega no dia 23 de outubro, ela já esboça um retrato de seu dia a dia que abre várias possibilidades de assunto: as idas ao teatro; os livros, doces e flores que ela ganha de presente de colegas; as muitas revistas que lê. E pasmem: junto com essa carta ela manda uma flor.

Só quatro dias mais tarde, depois de tomar conhecimento de que Kafka lhe dedicou *O veredicto*, Felice se permite fazer uma primeira confidência e admite a ele que seu amigo Max lhe deu nos nervos, aquela vez em Praga. Ela não nutre uma falsa reverência pelo parente famoso, e isso agrada a Kafka. No dia seguinte, abre um pouco mais a porta e permite que lhe escreva sempre que quiser. Dois dias depois, pergunta se não seria desagradável receber uma carta por dia no escritório — uma preocupação totalmente legítima, já que em uma só semana ela escreveu ao menos cinco vezes, talvez até seis, de modo que mandou mais cartas do que recebeu. Felice está mimando Kafka, e mesmo assim ele fica irritado quando tem de esperar em vão por uma carta. Sem dúvida, ela sente que a pressão dele por um fluxo contínuo de cartas, ainda que limitado ("cinco linhas"), não é bem uma piada como sua dicção refinada e confusa faz acreditar — e promete escrever-lhe *diariamente* a partir do dia 3 ou 4 de novembro. É como se uma avalanche de papel fosse provocada.

Kafka está feliz e consegue acompanhar o ritmo — embora tenha dificuldade de diferenciar as intermináveis cartas com as quais tem fantasiado na penumbra da noite das que de fato foram escritas. Mas ele não está em busca de um questionário epistolar, com uma sequência de perguntas e respostas — cartas *desse tipo* os dois já tinham que passar o dia todo ditando, e a pergunta "de quem é a vez?" nunca ocorreu nem a ele nem a Felice. Kafka queria um fluxo de energia que o ligasse a alguma coisa com vida, em outras palavras, um *ciclo* de energia, e sua constante preocupação em torno de cartas perdidas ou não entregues, que ele procurou aplacar desde o primeiro dia com postagens registradas e expressas, baseava-se no medo de ver ruir de novo a autoconfiança cada vez maior que tal energia lhe proporcionava. Aquilo que entrava na vida de Felice como uma pulsação cada vez mais forte, ouvida em intervalos cada vez mais curtos, no caso dele era uma fala sem limites, que não era interrompida por nenhuma demanda social, e nem mesmo pelo sono. Kafka queria continuidade em suas cartas a todo preço, da mesma forma que queria continuidade no trabalho da noite em *O desaparecido*. Ele pedia insistentemente que a fagulha da confiança — e mais tarde do amor — sobrevivesse a dias totalmente vazios (isto é, sem cartas), deixando transparecer seu medo de que essa fagulha se apagasse assim que um dos dois desviasse os olhos.

Nas primeiras semanas, Kafka sempre precisava ser lembrado de que cartas também são uma forma de comunicação e pedem por respostas concretas. Já em suas primeiras cartas, Felice lhe pedira para descrever seu "estilo de vida", e sobretudo seu trabalho no escritório, que ela imaginava ser interessante e cheio de responsabilidades. Mas Kafka não deu ouvido a essa voz, e quando enfim resolveu falar de sua vida de funcionário, encenou uma pantomima burocrática grotesca, à la Dostoiévski:

Quando enfim chega uma carta, depois de a porta da minha sala ter se aberto mil vezes para dar passagem não ao contínuo com a carta, e sim a uma infinidade de pessoas que, com uma expressão no rosto que me aflige de tão calma, sentem que estão no lugar certo, aqui, onde na verdade só o contínuo com a carta e ninguém mais tem o direito de pisar — quando então essa carta chega, por um tempinho acho que agora posso ficar tranquilo, que vou me satisfazer com ela e que o dia vai correr bem. Mas então eu a li, e há mais coisas nela do que eu poderia querer saber, a senhorita dedicou sua noite à carta e talvez mal tenha restado tempo para o passeio pela Leipziger Strasse, leio a carta uma vez, deixo-a de lado e leio-a novamente, pego um documento mas na verdade só leio sua carta, estou de pé ao lado do datilógrafo para quem devo ditar, e de novo sua carta passa lentamente pela minha mão, acabei de sacá-la e alguém me pede alguma coisa, e sei muito bem que não deveria estar pensando na sua carta agora, mas é a única coisa que me ocorre — depois de tudo isso, contudo, sigo faminto como antes, inquieto como antes, e a porta começa de novo a se mover de modo curioso, como se o contínuo já estivesse voltando com a carta. Essa é a "pequena alegria", para usar sua expressão, que suas cartas me dão.[5]

É notável o prazer que Kafka tira do aspecto cênico e gestual, suavizando a sensação de que está ansioso. Desse modo, o desconcerto de Felice deve ter se transformado em fascínio e diversão. Ainda mais porque Kafka parecia ter enfim acordado e lembrado para que de fato servem as cartas:

Mas não respondo absolutamente nada e mal faço perguntas, e tudo isso porque a alegria de lhe escrever, sem que eu me dê logo conta disso, faz com que todas as cartas para a senhorita sejam para a eternidade, e aí naturalmente nada de concreto precisa ser dito na primeira página.

Um argumento esplêndido. Por sorte Kafka lembrou-se a tempo de que uma largada infinita não leva a um salto infinito, e que uma grande quantidade de palavras "abstratas" jamais teria a qualidade de uma única sílaba "concreta". Ele precisava enfim se apresentar, deixar de se esconder atrás de uma escrita sinuosa que não permitia uma proximidade verdadeira, à medida que se alimentava de mera imaginação.

Mas a Felice com a qual ele deparava agora não queria coincidir com as lembranças da noite na casa de Brod, nem com a teia de fantasias que a envolvia. A agradável recapitulação do primeiro encontro, que logo depois da resposta de Felice saiu do controle e se tornou uma carta com a estatura de um tratado, não lhe servia apenas para ancorar um "nós" ainda incerto em sua história de vida, como acontece a tantos casais. Havia uma pergunta ressoando claramente: "Ainda é *você*?". Kafka tinha em mente a imagem de uma jovem mulher com habilidade para a vida prática, circunspecta, descontraída, realmente independente, uma imagem que tocava seus mais profundos anseios por segurança. O que chegava de Berlim era a realidade de uma assalariada incrivelmente eficiente, sem dúvida, mas marcada por claros sintomas de sobrecarga.

Felice Bauer trabalhava desde agosto de 1909 na Carl Lindström A.G., um dos mais importantes centros de produção alemães de gramofones e máquinas para escritório. A princípio empregada como taquígrafa, depois ela ficou responsável pela distribuição de aparelhos Parlograph, a mais avançada tecnologia de ditafone à época.[6] Era uma atividade que combinava com sua natureza extrovertida e sociável, mas impunha-lhe a participação em exaustivas feiras de vendas, compromissos de representação e dezenas de reuniões e ditados por dia. Em geral, sua jornada de trabalho acabava só às dezenove horas; mas por vezes ela ficava até mais tarde sozinha no escritório, até que sua mãe, rigorosa, pegava o telefone e a chamava para casa (os Bauer andavam atualizados e, não fazia muito tempo, tinham seu próprio aparelho). Ela ainda tinha energia para trabalhos paralelos de datilografia, que executava por hora e faziam valer a rapidez de seus dedos (é claro que só no sistema de dois dedos, ainda tolerado à época). Duas vezes por semana, participava de um grupo de ginástica, no fim de semana realizava trabalhos manuais, instruída pela mãe, e além disso cuidava dos irmãos. Ler e escrever cartas, isso ela só conseguia fazer na cama — evitava levar a máquina de escrever para o quarto —, e para relaxar só restavam passeios curtos ou idas esporádicas ao teatro. Uma vida assim só podia causar reações psicossomáticas: Kafka ficava aterrorizado de ler sobre as constantes dores de cabeça de Felice, que ela combatia com aspirina e Pyramidon [um analgésico à base de aminopirina], sobre o cansaço excessivo e os olhos doloridos, sobre os pesadelos e as crises de choro que pareciam assaltá-la sem motivos.

Essa não era a "grande tranquilidade" com a qual ele havia sonhado. E agora, ainda por cima, tomava conhecimento de que ela tinha medo do vão escuro da escada e à noite gostava de ser acompanhada do portão até a porta de casa. Era tão inacreditável que ele quis confirmar o que leu. "A senhorita, que parece tão tranquila e confiante", escreveu balançando a cabeça em sinal de desaprovação. Mas, naquela noite na casa de Brod, ela não dissera como se sentia desconfortável de ficar sozinha no hotel? Kafka não entendia — ou talvez entendesse bem demais — como pôde esquecer justamente esse detalhe. Aquela não era mais a Felice forte, era uma garota amedrontada que era preciso pegar pela mão e da qual era preciso tirar a caixinha de comprimidos.

Projeções, sem dúvida. Mas as cartas de Kafka mostram como a interligação entre imaginação e realidade é muito mais refinada do que sugere o clichê da "tela vazia". O que ele podia fazer, se a realidade de Berlim se impunha com tanta força? Abrir mão da imagem de Felice como uma fonte permanente de energia, à qual ele tanto se afeiçoara? Essa imagem não era só uma ideia fixa; Felice tinha uma determinação de dar medo, e aguentava de fato mais do que ele nos piores tempos do seu emprego anterior, as Assicurazioni Generali. Ignorar o lado mundano dessa vida? Isso iria decididamente na contramão de sua ânsia por mais proximidade. Pois era o próprio Kafka quem exigia fatos e mais fatos, e assim fazia com que Felice desse esclarecimentos a seu próprio respeito que não o deixavam se iludir.

A solução de Kafka para esse conflito só pode ser compreendida se seguirmos sua lógica característica. Os fragmentos da realidade registrados por ele nunca se organizavam em padrões sociais ou ideológicos. Não por acaso, em seus diários, que descrevem precisamente todo um arsenal de gestos humanos, a palavra "típico" aparece uma única vez. Kafka não tipificava, ele condensava a realidade vivida em imagens, cenas e movimentos significativos. Assim, ele relembrava certos gestos e olhares que havia observado em Felice, como se transformasse o gesto em substrato da pessoa. Daí seu vício em fotografias, nas quais esperava reconhecer a "Felice forte". Quando novas experiências somavam-se às suas lembranças, ele tentava integrá-las às imagens já gravadas, de modo que aos poucos uma sequência muda de cenas se cristalizasse — como quando nos lembramos de uma pessoa que morreu há muito tempo e revemos sempre os mesmos poucos segundos, um curta-metragem que talvez tenha se originado da sobreposição de momentos totalmente diferentes.

Kafka gostava de se entregar ao ímpeto dessas construções visuais, e aquilo que tantas vezes chamaram de "lógica onírica" de suas obras é um efeito involuntário da condensação imagética. Mas na vida real havia limites para tal jogo. Mesmo com toda a boa vontade, ele não conseguia conciliar a ideia de Felice chorando com a imagem que havia criado a partir da lembrança daquela única noite. Isso o tomava e irritava tanto que em certa ocasião ele chegou a chamar o choro dela de seu "único defeito". O que o impedia de tornar esse defeito o cerne de uma nova imagem?

Foi exatamente isso que acabou acontecendo, e já nas primeiras semanas da correspondência. Sob a pressão da realidade, um retrato completamente diferente de Felice começou a se formar, como que uma segunda projeção, na qual se depositaram imagens que ele próprio fantasiou. "Cara srta. Felice!", ele escreve no começo de novembro. "Estão dilacerando-a bem diante de meus olhos! A senhorita não anda encontrando gente demais, uma quantidade desnecessária de gente?" "Estou sendo um pouco presunçoso, sem saber ou entender muito do assunto, mas a senhorita soa tão nervosa em sua última carta que dá vontade de segurar sua mão por um instante." Uma "Felice fraca" está entrando em cena, e uma semana mais tarde Kafka já está muito mais próximo dela:

> Veja, você precisa dormir mais do que outras pessoas, pois eu durmo pouco, mas não muito menos do que a média. E não consigo imaginar lugar melhor do que seus queridos olhos para guardar minha parcela não utilizada do sono universal. E por favor, sem sonhos ruins! Estou rodeando sua cama em pensamento e clamando por sossego.[7]

Também o sono é um gesto. Nele desencadeavam-se fantasias de cuidado materno e proteção que não batiam com a imagem da senhorita que viajava tão confiante. Kafka ficava assustado conforme vinham à tona as fraquezas de Felice. Mas em vez de rever aquela imagem idealizada, evocou uma segunda imagem, na qual se condensava visualmente tudo o que havia de fraco nela: a imagem da menina dormindo.

> [...] eu não poderia trabalhar tranquilo sabendo que você ainda está acordada, e ainda mais por minha causa. Quando sei que você está dormindo, por outro lado, eu trabalho com muito mais energia, pois é como se você estivesse totalmente entregue aos meus cuidados, desamparada e necessitada de amparo em seu saudável sono, e como se eu trabalhasse por você e pelo seu bem-estar. Com tais pensamentos, como meu trabalho poderia parar? Durma, então, durma, você trabalha muito mais do que eu durante o dia. Durma sem falta; a partir de amanhã já não me

escreva mais cartas na cama, ou mesmo hoje, se meu desejo for forte o bastante. Em vez disso, pode jogar pela janela seu estoque de aspirina antes de ir dormir.[8]

Duas fantasias, duas imagens do feminino: a mulher que protege e a que é protegida. Essa contradição seria irrevogável enquanto o desejo de fusão de Kafka se dirigisse às *duas* figuras. Ele sentia a tensão, voltava-se por vezes a uma, por vezes à outra, dependendo de como andava sua relação com Felice. E talvez tenha sido essa pequena possibilidade de desvio, de transição entre uma imagem e outra, que o impediu por tanto tempo de cumprir a promessa de proximidade que seguia reafirmando.

Uma vez, a Felice forte e a fraca se encontraram. Ela lhe enviou uma foto de quando era uma menina de uns dez anos. Kafka quase foi às lágrimas — "Os ombros estreitos! Tão frágil e fácil de segurar!" —, e imediatamente reconheceu que *aquela* era a menina que, "sem ter se explicado até agora, fica apreensiva demais em quartos de hotel". Felice logo lhe mandou uma segunda foto — talvez estivesse com um pouco de ciúme de si mesma —, em que aparecia como uma mulher adulta, bem à vontade. E de repente Kafka ficou inseguro:

> Fiquei esquisito com a nova fotografia. Me sinto mais próximo da menininha, a ela eu poderia dizer tudo, pela moça tenho demasiado respeito; acho que, ainda que também se trate de Felice, é de fato uma senhorita crescida, e não só uma senhorita assim por acaso. Ela é engraçada, a menininha não era triste, mas terrivelmente séria, isso sim; ela parece ser bochechuda (talvez seja só um efeito da iluminação noturna), a menininha era pálida. Se tivesse que escolher entre as duas, na vida, não é que eu correria em direção à menininha sem refletir, não é isso que quero dizer, mas eu só andaria, mesmo que muito devagar, até a menina, ainda que continuasse olhando para trás à procura da senhorita crescida, sem perdê-la de vista. É claro que a melhor coisa seria se a menininha me guiasse até a grande senhorita e me elogiasse para ela.[9]

Havia duas fotografias em suas mãos, a da menina e a da senhorita. As duas o olhavam fixamente. Seu olhar passeava de uma à outra, tentando sobrepor as imagens. Não funcionava, alguma hora ele teria de escolher.

10.
O amor e a ânsia por cartas

A Felicidade é daqueles
que bastam a si mesmos.

Aristóteles, *Ética a Eudemo*

A preocupação se espalhava no seio da família Bauer. Eles pressentiam que uma transformação estava próxima, ainda que fosse impalpável. O que estava acontecendo com "Fe"? De todos os irmãos, ela havia recebido a maior parcela de bom senso; era a única com quem *sempre* dava para contar. Mas agora, justo Felice parecia ter se envolvido em uma história desastrosa, e ninguém conseguia arrancar dela nada de palpável sobre como aquilo tinha começado. Tudo o que eles sabiam até o momento era que se tratava de um escritor. Claramente, Felice andava lendo demais; a leitura de Strindberg nos últimos meses lhe havia feito a cabeça. Em Praga e em Viena, os cafés estavam tomados por poetas vestidos desleixadamente e de comportamento duvidoso; será que Felice se deixaria iludir por essa gente? Não é difícil imaginar a expressão de vergonha da família à mesa, quando ela confessou ainda não ter notícias de nenhuma publicação desse "escritor". O exemplar autografado de *Contemplação*, tão fino, que ela exibiu três meses depois, não deve ter soado muito mais convincente. Alguém vive disso? É claro que não, na verdade o dr. Kafka é um funcionário de uma seguradora qualquer, que só escreve nas horas vagas. Com boa renda? Felice não tinha ideia. De família respeitável? Felice não sabia.

Mas, pelo amor de Deus, o que havia nas cartas que esse senhor mandava diariamente, para ela responder com tão inquietante perseverança? Kafka sabia muito bem por que remetia sua correspondência para o escritório de Felice, mas quando ele não queria que o fluxo de energia fosse interrompido nem durante o fim de semana, era inevitável escrever para a Immanuelkirchstraße 29, onde Anna Bauer apalpava os envelopes corpulentos com desconfiança e fazia comentários hostis enquanto os passava adiante com relutância. Mas Felice não ligava. Quando, tarde da noite, exausta, ela se sentava na cama e preenchia página por página, os pedidos e apelos não serviam de nada; não adiantava nem desligar de vez a iluminação da casa. Nesse caso, ela se levantava, ia tateando o quarto escuro até encontrar velas e fósforos e mergulhava em uma atmosfera de falsa clandestinidade.

É claro que ela tinha curiosidade e fazia perguntas, as quais Kafka não poderia ignorar por muito tempo. Supõe-se que em poucos dias ele já estivesse sentindo a pressão abafada da vigilância social que vinha do entorno de Felice. Em Berlim, eles queriam ter uma *ideia concreta* daquele com quem estavam lidando, e Kafka soube honrar essa exigência. Ele também queria realidade, estabelecer um contato com uma pessoa concreta, e a perspectiva de uma relação epistolar imaterial e "romântica" que fosse se prolongando o aborrecia desde o princípio. Mas ele não tinha vontade e nem seria capaz de se definir a partir de sua posição social, de desnudar sua existência de fora para dentro, seguindo as convenções burguesas de cortejo. "Doutorado em direito, oficial de seguradora, 29 anos, família de vendedores bem abastada, solteiro, judeu, com vocação literária, muito magro, hipocondríaco" — a sequência correta seria mais ou menos essa, não só por discrição, mas para trazer à tona referências sociais e mostrar sua capacidade de integração e seu "pertencimento". Mas no começo de novembro, quando Kafka decide escrever uma longa carta de apresentação com uma visão geral de suas condições de vida, ele fere essa regra básica do jogo, e começa mal:

> Minha vida consiste e no fundo sempre consistiu em tentativas de escrita, na maior parte fracassadas. Mas, se eu não escrevesse, deitaria de uma vez no chão, pronto para ser varrido. Pois sempre fui miseravelmente fraco e, ainda que eu não reconhecesse abertamente, acontecia de eu precisar economizar de todos os lados, perder um pouco de cada canto para manter uma força que fosse suficiente, em caso de emergência, para aquilo que me parecia meu objetivo principal. [...] Uma vez fiz uma lista detalhada do que eu havia sacrificado pela escrita e o que me havia sido tomado por amor à escrita, ou melhor, cuja perda só seria suportável com essa explicação.
>
> E de fato, por mais que eu seja magro, e sou o homem mais magro que conheço (o que quer dizer alguma coisa, pois já estive em muitos sanatórios), ainda assim não há nada em relação à minha escrita que poderia ser chamado de supérfluo, nem no bom sentido da palavra. Se há uma força superior que quer me usar ou me usa, então estou

em suas mãos, e ao menos sou um instrumento bem elaborado; se não, não sou absolutamente nada, e de repente ficarei para trás em um vazio temerário.

Agora minha vida se alargou com o pensamento em você, e durante o tempo que passo acordado é provável que não tenha ficado sem pensar em você nem quinze minutos, e que por muito mais do que quinze minutos não tenha feito nada além disso. Mas mesmo isso está ligado à minha escrita, a ondulação da escrita é o que me define, e certamente em um momento fraco de escrita eu nunca haveria tido a coragem de me dirigir à senhorita [...].

Minha vida é totalmente voltada para a escrita, e se ela passa por mudanças, é só para se adequar da melhor forma possível à escrita, pois o tempo é curto, as forças são escassas, o escritório é um terror, o apartamento é barulhento e é preciso tentar abrir o caminho com artifícios, quando uma vida agradável e em linha reta não se faz possível.

Kafka não costumava se lembrar em ordem cronológica dos eventos que se davam em um curto intervalo de tempo; reunia-os em um só ponto. Na verdade, ele não havia decidido mandar a primeira carta a Berlim em uma fase "fraca de escrita", e sim em uma fase de torturante inatividade, e o nascimento inesperado de *O veredicto*, durante a noite, só ocorreu dois dias depois. Mas fazia muito tempo que ele havia sobreposto esses dois aspectos intensos de sua vida, e naquele momento já estava vendo Felice irmanada com sua escrita. Ele cita, inclusive, exemplos concretos do efeito involuntário dela sobre seus textos, o que mais tarde só voltaria a acontecer uma vez, e é difícil para ele retomar um protocolo ordenado de sua existência; agora ele quer finalmente deixá-lo para trás. Depois do choque dessas confissões, a destinatária deve ter ficado bem surpresa de saber que Kafka se agarrava a uma rotina meticulosamente organizada, ainda que bastante esquisita, das oito da manhã até bem depois da meia-noite. Sem dúvida ele não era um escritor de café. Mas tampouco um conquistador sofisticado, ou não teria desperdiçado seu único trunfo social com três frases aborrecidas:

Para ser preciso, não posso esquecer que não sou só um funcionário, mas também um fabricante. Pois meu cunhado tem uma fábrica de amianto, eu sou sócio (ainda que só com um aporte financeiro de meu pai), e enquanto tal também sou registrado. Essa fábrica já me trouxe

> sofrimento e preocupação o bastante, mas não quero falar disso agora, de todo modo eu a negligencio há bastante tempo (isto é, eu a privo de minha participação, de resto inútil) como dá, e tem dado bem certo.[1]

Não sabemos se Felice se atreveu a mostrar essa carta para a família. Considerando as convenções de sua classe, é uma carta de uma sinceridade inaudita, sem aquela reserva irônica que costuma servir de proteção, sem inclinações diplomáticas ou jogos metafóricos, e se àquela altura Kafka decidisse fazer um balanço detalhado da situação da fábrica em seu diário, teria podido reaproveitar a maior parte das frases.

A tese corrente de que Kafka teria deliberadamente manipulado as mulheres é pouco convincente, ao menos durante essa fase inicial da relação com Felice Bauer. É claro que ele queria "enlaçá-la pela escrita", e talvez admitisse certos paralelos com a exploração emocional descrita em *Diário de um sedutor*, de Kierkegaard, ainda que mais tarde só conseguisse ler esse texto "contrariado" (ou justamente por isso). Mas o sedutor de Kierkegaard está sempre no controle, e as cartas são apenas uma tática para dar um tempero erótico às suas vítimas, enquanto essa tática ainda é frágil para os momentos sóbrios de presença física: "Em uma carta posso muito bem me lançar aos seus pés etc., o que seria bem esquisito se o fizesse pessoalmente; e a ilusão seria desfeita".[2] Kafka também tem medo de que um sentimento desperto por palavras fervorosas sofra uma desilusão, mas sua preocupação não diz respeito à natureza imaginária e fugaz desse sentimento, muito pelo contrário: ele está firmemente convencido de ter apelado ao que há de mais valioso na mulher desejada, ao seu âmago. Daí ser tão grande o medo de ser desmascarado, no primeiro reencontro, como um objeto falso, indigno de tal dedicação. "Não se iluda quanto àquele com quem a senhorita está lidando": eis o acorde de base de sua longa carta de apresentação. Em um primeiro momento totalmente sedutor, esse tom eclipsa todas as outras vozes, muitas cartas depois, e se torna um ruído enervante e redundante.

Alguém poderá objetar que uma sinceridade irrestrita pode ser empregada taticamente, isso é, com objetivos claros, tanto quanto qualquer outra máscara. Mas mesmo ignorando que Kafka logo teria cortado tal jogo, com sua condição de instabilidade, ainda assim esse jogo teria uma aposta insanamente alta. Kafka sabia que qualquer destinatária burguesa sairia de cena depois dessa carta, se não antes. Já a *sua* Felice responderia; mas ele não conseguia prever se sua voz chegaria pura ou distorcida à consciência de uma quase completa desconhecida.

Ao longo de quatro torturantes dias, Kafka esperou por uma "pequena decisão" de Felice. Enquanto Brod, deixando-se iludir mais uma vez por uma animada leitura em voz alta de Kafka, acreditava que o amigo estivesse eufórico,[3] este seguia em um estado de agitação nervosa que o levou a fazer uma advertência descontrolada à Felice: "não mereço mesmo nem uma palavra?". Quando enfim está com a resposta em mãos, Kafka fica desiludido com a tolerância pragmática de Felice. Ela dizia que estava tudo bem, que ele podia escrever sempre "as coisas como realmente são". E que ele passaria a receber uma carta por dia. Mas e a saúde dele, e esses sanatórios todos? Sem pensar, Kafka havia mencionado "leves dores no coração". Não seria melhor consultar um "médico famoso"? Quanto à escrita, ela o aconselhou a ter "meta e moderação".

Meta e moderação. Essa era a realidade ao mesmo tempo ansiada e temida por ele. Foi um primeiro choque com o senso prático de Felice, e justo no terreno mais sensível. Claramente ela não havia entendido, talvez o considerasse sentimental e risse de seus exageros narcísicos, típicos de escritores. Felice não tinha como saber que ele andava apreensivo, cuidando de sua capacidade de escrever, recém-adquirida, observando-a e testando-a noite após noite. E Kafka não conseguira lhe dar uma ideia de como sua autoestima e seu estado emocional oscilavam a todo instante com a curva de temperatura da escrita. Era repentino, era dolorido. Ele respondeu com a frieza de quem está ferido:

> A fraqueza humana já tem "meta e moderação" o bastante. Será que eu não deveria colocar tudo o que tenho no único lugar onde consigo me manter de pé? Eu seria um tremendo tolo se não o fizesse! É possível que minha escrita não seja nada, mas nesse caso eu sem dúvida também não sou absolutamente nada. Se me poupar nesse ponto, na verdade não estarei me poupando, e sim me matando.[4]

Felice foi atingida por essa reprimenda severa, ainda que não conseguisse compreender seu sentido. Viver racionalmente era sinônimo de suicídio? Ela tampouco estava poupando forças, mas ao menos sabia que o desperdício fazia mal a longo prazo. Ignorar essa regra era infantil. Se você está doente, vai ao médico. Se tem dor de cabeça, toma aspirina. Se não tem escolha e precisa trabalhar, não fica irritado todos os dias com isso. Se está frio lá fora, você não sai andando por aí em trajes de verão. E se você está extremamente cansado, vai para a cama. Eram trivialidades que Kafka questionava com uma obstinação inexplicável. Ele chegava a ser grosseiro, sem ganhar absolutamente nada com isso. Dois meses depois, ela sugeriu que ele limitasse a escrita a uma ou duas horas por dia; Kafka, totalmente incorrigível, contestou: "Dez horas, isso seria perfeito".[5] Ela precisava seguir a única lógica que tornava sua vida suportável, assim como Kafka precisava seguir a sua. Quando se abria esse abismo, ela vislumbrava sua figura vacilante: ele lhe parecia "inseguro" e "estranho". Agora, menos de três semanas depois do começo da correspondência, ela lhe lançava essas duas palavras, com toda a inocência do mundo.

Na manhã do dia 8 de novembro de 1912, por volta das seis horas, um grito ressoou pela casa dos Kafka. Todos saltaram da cama, menos Franz. O que havia acontecido? Marie Wernerová, a "Fräulein", acabara de anunciar com uma voz pungente que Elli, a irmã mais velha de Kafka, havia dado à luz uma menina saudável pouco depois da meia-noite. Logo havia um tumulto, com várias pessoas falando ao mesmo tempo, risos e portas batendo. Kafka escutava com atenção. Ninguém pensou em acordá-lo. E era bom que fosse assim. Ele não havia escrito nada naquela noite, nem mesmo uma carta. Depois de um longo passeio, havia voltado ao quarto congelando, e acabara cedendo ao próprio cansaço. Agora, depois de seis horas de um sono maldormido, vinha essa notícia. Era a segunda vez que ele se tornava tio. De novo teria que se esforçar para mostrar ao menos um interesse cordial, aquele sorriso falso de quem não está envolvido, já que na verdade ele não sentia "nada além de uma inveja raivosa", "da minha irmã, ou melhor, do meu cunhado, pois nunca terei um filho",[6] como reconheceu no mesmo dia.

Algumas horas mais tarde, sentado à mesa do escritório, Kafka estava confuso. Ele deixara entrar um cliente, que agora o encarava e esperava educadamente para ser atendido. Mas Kafka ainda estava mergulhado na leitura de uma carta, uma carta de Felice, que o contínuo acabara de lhe entregar e que ele percorria com uma atenção inabalável pela décima vez. Lá estava a palavra que Kafka temia mais do que qualquer outra, a palavra cuja verdade ele sentira na pele de manhã cedo, e que agora ressoava como uma maldição categórica: "estranheza". As colocações e repreensões dele soavam inseguras, sensíveis, estranhas. De fato, eram mesmo, ela tinha razão, ele estava precisando ouvir exatamente aquelas palavras.

Kafka voltou para casa, almoçou, escreveu uma resposta à "caríssima senhorita", da qual não conseguia se defender muito bem ("será que eu preciso que minhas cartas me digam o que quero dizer?"), saiu do apartamento por mais um tempinho (provavelmente, para visitar Elli) e deitou-se na cama, tomado pela mais profunda depressão. Daquele jeito a coisa não podia continuar. Kafka percebeu como estava dependente, não só do amor das irmãs e da indulgência de alguns poucos amigos, como também dos estados de espírito e das palavras de uma pessoa distante, quase desconhecida. Por canais secretos, sua escrita parecia estar ligada àquela intensidade que fora atiçada pela centelha do desejo, àquela intimidade que se aquecia aos poucos, mesmo que só na imaginação. Assim, era bem provável que qualquer rejeição, qualquer "não" vindo de Berlim abafasse tudo outra vez. Kafka ainda teve energia para avançar três ou quatro páginas aceitáveis em seu romance, mas isso não o tranquilizou. Ele sabia que por vezes devia seus melhores e mais profundos textos à depressão, que deixava sua consciência mais aguçada. Mas logo atrás, à distância de um suspiro, vinha uma ameaça de indiferença, de paralisia total. Mais uma vez — já era meia-noite e meia — ele agarrou o papel e a pena:

> Depois da carta, a tarde de hoje será inesquecível para mim, de tão terrível [...]. É assim que fico quando não escrevi nada para mim mesmo (ainda que naturalmente esse não seja o único motivo). Se vivo só para mim e para aqueles que são indiferentes ou habituais ou presentes, que graças a sua indiferença ou ao hábito ou a sua força viva e presente remedeiam minha carência, então a coisa passa despercebida, mesmo para mim. Mas quando quero me aproximar de alguém e me empenhar de verdade, então a desgraça se torna irrefutável. Então não sou nada, e o que vou fazer com o nada?[7]

Depois de ter passado a noite inteira acordado, Kafka estava com um aspecto terrível no dia seguinte, e enquanto caminhava pela cidade, Brod paciente ao seu lado, por um triz não foi atropelado por uma carroça. Essa teria sido uma solução, Kafka vociferou. Chegando em casa, à mesa de jantar, ficou totalmente calado.

Quando folheamos as cerca de cem cartas que Kafka escreveu a Felice em 1912, um termo mágico salta aos olhos várias vezes, como um leitmotiv literário: "proximidade". Kafka fala em proximidade para construir proximidade, e constata proximidade para mantê-la. Ele não a define, mas rodeia incansavelmente esse sentimento; só em dezembro há a "proximidade batalhada" e a "proximidade que traz alegria", a "enlouquecida" e a "colossal", e por fim até a proximidade como imperativo: "mais perto, mais perto, mais perto".[8]

Muito mais tarde, dois anos antes de morrer, Kafka contestaria veementemente que fosse possível se aproximar realmente de alguém só com cartas.[9] O leitor de hoje é obrigado a pensar que ele se envolveu com Felice Bauer numa aventura sem futuro e, mais do que isso, anacrônica. Cartas — assim nos parece hoje — são medidas provisórias. Elas ajudam a tornar a distância e a ausência suportáveis, mas como meios de comunicação foram há muito tempo substituídas por técnicas mais rápidas e confortáveis. Quando Kafka espera como um viciado pela "droga" de cada dia que vem de Berlim, quando restringe sua vida social a fim de criar espaço para escrever uma, duas ou três cartas por dia a Felice, ele transforma esse meio em fim, e assim o sobrecarrega descontroladamente.

Essa interpretação, contudo, que é claramente marcada pela amnésia cultural do fim da era de Gutenberg, anula a história da carta como uma das formas centrais de expressão da individualidade moderna. A carta (mesmo a carta comercial) nunca foi um mero meio de comunicação. A cultura epistolar dos séculos XVIII e XIX desenvolveu padrões de discurso extremamente sofisticados, que primeiro se desprenderam dos estereótipos do ritual social, e depois também da dinâmica de comunicação oral. Tanto Gellert, autor do mais influente manual epistolar do século XVIII, quanto Karl Philipp Moritz, uma geração mais tarde, recomendavam que se prescindisse completamente de falsidade e pompa estilística; a carta tinha de simular a situação de uma conversa ao vivo, da forma mais natural possível. Goethe, por outro lado, já compreendia a essência monológica da carta, instruído pela própria experiência.[10] Para ele, o solitário autor de cartas, que não está exposto nem à presença física nem à crítica de seu interlocutor, deixa virem à tona seus estados de ânimo, seus medos e suas necessidades, que bloqueiam imediatamente toda possibilidade de um diálogo informal. Quanto mais peso esse aspecto narcísico ganhava — e o romantismo alemão acelerou esse processo —, mais a carta se distanciava de suas funções originais de troca e comunicação.

Mas a carta não perdeu sua reputação cultural — pelo contrário, ela era defendida no fim do século XIX em oposição aos novos meios de comunicação, desprezados por serem considerados superficiais —, e isso pode ser atribuído à crescente valorização da verdade e da autenticidade pessoal. A carta era agora *expressão* no sentido mais estrito da palavra; ela havia se tornado um meio de revelar a subjetividade e compartilhá-la socialmente. Assim, a decadência iminente da cultura epistolar reflete um colapso da capacidade de expressão e por fim o colapso da própria subjetividade — uma interpretação que Adorno defendeu de modo enfático.[11] É claro que essa tese não explica por que justo personalidades tão fragmentárias como Kafka, Mann, Rilke e Hesse teriam dedicado uma parcela considerável da vida a correspondências infindáveis, e muitas vezes sob o signo de expectativas ilusórias. No caso desses "sujeitos", especificamente, outras possibilidades de "expressão" menos precárias estavam disponíveis — caso essa fosse a única coisa que lhes importasse. Se cartas são de fato vitrines da alma burguesa, nas quais só se pode apresentar o que há em estoque ali dentro, é difícil entender por que essas pessoas, para quem levar a cabo a obra literária era tudo, gastariam tanto tempo e esforço em modelos efêmeros.

Chegamos perto de desvendar esse mistério quando entendemos que uma carta não se esgota jamais na expressão, mas contém um excedente que recai sobre seu autor. É certo que toda carta reflete algo dado — um estado de espírito, um caráter, uma personalidade —, mas a coisa não para por aí. Pois a carta também confere a tudo que expressa um grau maior de realidade; e assim ela repercute sobre o autor, provocando uma ressonância psíquica.

Esse efeito retroativo já foi observado no nível da história cultural. Quando, no século XVIII, um grupo de pessoas instruídas inicia correspondências intensas e bastante pessoais, isso é *expressão* de um novo estilo de vida burguês e sentimental, que valoriza estados mentais "privados". Por outro lado, essas cartas também *produzem* uma esfera entre o público e a intimidade, que nunca havia existido dessa forma. As volumosas correspondências familiares, características do século XIX, refletem uma nova consciência de clã e, ao mesmo tempo, são pressupostos dessa consciência.

Essa mesma dialética se repete dentro das próprias relações humanas: cartas são *expressão* de uma relação, mas ao mesmo tempo *criam* essa relação e a moldam. Assim, podem propor uma relação que ainda não existe do lado de fora da correspondência — até que se torne real. E essa retroalimentação ocorre novamente no nível do monólogo e da solitária confirmação da imagem que se tem de si mesmo: a carta tem raiz na experiência, mas a composição de uma carta é uma experiência em si, contanto que parta de uma consciência concentrada, totalmente voltada para si mesma. A carta pode ser expressão de uma subjetividade estremecida, insegura, mas no momento em que ela se expressa, já é um pouco menos insegura. O eu difuso que luta para ter compostura se espelha na carta e reconhece, *ali*, seus contornos. A carta que expressa um vazio desesperado coloca *alguma coisa* em seu lugar.

Desse modo, é coerente que Kafka sempre incluísse entradas do diário em suas correspondências, e que duas vezes tenha sugerido a Felice Bauer trocar as cartas por páginas de diário. Tanto anotações de diário quanto cartas têm um efeito determinante sobre aquele que escreve; são meios de se regulamentar e se moldar, e, portanto, técnicas meditativas. Kafka é um exemplo perfeito de por que o sujeito vacilante, inseguro, que precisa se esforçar para se expressar propriamente, e que só consegue se fazer entender com um grande investimento emocional, justo esse sujeito cria as maiores expectativas em relação ao efeito terapêutico da carta e, portanto, sempre recai em monólogos.

Assim se desfaz outro aparente paradoxo: Kafka, que sempre buscava proximidade, preferia a correspondência, um meio de comunicação lento e desafiador, e relutava em *telefonar*, especialmente para mulheres, embora esse meio de comunicação ao menos oferecesse uma ilusão de presença física. Mas a redundância típica de muitos telefonemas, que ainda hoje pode ser observada, dá razão a Kafka. Nem a rapidez nem a objetividade criam automaticamente proximidade. O uso informal do telefone é uma realização cultural recentíssima. A princípio, havia um receio difuso das vozes fantasmagóricas que chegavam pelo auscultador, irrompendo como "barulhos noturnos" na vida dos primeiros usuários do telefone, conforme recorda Walter Benjamin.[12] É um receio que se reproduz até hoje na aversão por secretárias eletrônicas. As vozes alteradas que carecem de sensualidade, a ausência de gestos e expressões, as pausas em silêncio que não podem ser compensadas por olhares e criam um vazio ameaçador, a necessidade de reagir como que cegamente a uma chamada, e por fim a impotência diante de uma interrupção súbita da conversa — tudo isso cria uma pressão adicional sobre o sujeito, em vez de lhe dar estabilidade e forma, como faz a carta. Max Brod, que era menos tímido, dedicou um poema à proximidade alcançada por telefone (no qual, aliás, a cabine telefônica figura como "caixão").[13] Enquanto isso, Kafka buscava ser "todo ouvidos", mas na maior parte das vezes não dava certo. Tudo o distraía: a espera de horas pela conexão interurbana (que na agência dos Correios de Praga era limitada a uma chamada de três minutos), os ruídos na linha, os olhares de quem estava à volta. Ele tinha a sensação de esquecer "absolutamente tudo" durante um telefonema, de perder a presença de espírito e a capacidade de se expressar. Uma única vez ele teve *prazer* em falar com Felice ao telefone: ele a havia *visto* poucas horas antes.[14]

Quanto às cartas, Kafka sabia que elas não só expressavam proximidade, como também criavam proximidade. Havia exemplos encorajadores, como a correspondência entre Robert Browning e Elizabeth Barrett, que resultou em casamento e cuja leitura ele recomendou a Felice, provavelmente com segundas intenções. Kafka também estava consciente dos perigos de uma intensidade avassaladora e falsa, que ele procurava combater com o "material" mais substancioso possível, partindo dos pontos mais concretos possíveis da vida de Felice. O juízo fulminante que depois ele faria da correspondência completa, depreciando-a como se tivesse sido uma decepção atroz e uma grande ilusão desde o princípio, traz o selo da derrota. Nos primeiros meses da amizade com Felice Bauer, ao menos, Kafka foi muito mais realista do que Rilke com Magda von Hattingberg, para citar uma relação que também se desenvolveu a partir das cartas, mas se fundava apenas em idealizações e por isso logo fracassou.[15]

Kafka caiu em outra tentação, não menos traiçoeira, que provém da natureza material da carta. Ao contrário do discurso oral, a carta é um objeto palpável, vinculado a determinados rituais imutáveis. Uma carta não é lida ou ouvida do nada, ela é *entregue* e *recebida*, e isso em horas previsíveis do dia. A aparição do carteiro é um instante solene. A princípio, a mensagem que ele traz está oculta, e o próprio recebedor é quem decide quando dissolver a tensão e abrir o envelope. Tudo isso torna a carta basicamente um *presente* e uma forma privilegiada de comunicação, carregada de símbolos.

Enquanto objeto, a carta carrega os traços de sua origem. A caligrafia, o traço minucioso da pena e o esboço a lápis são como um sismógrafo, que transmite o estado de espírito do remetente. Uma marca de dedo, a lembrança de um perfume e o borrão de uma lágrima sugerem sua presença física. A espera que a carta exige, a demora, não tinha há um século o peso que tem hoje, nem de longe. Naquela sociedade, os minutos não significavam muita coisa, e os segundos, absolutamente nada, portanto era bem possível imaginar receber uma carta ainda "quente". Um trem expresso de Berlim a Praga tomava oito horas, e uma carta só um pouco mais do que isso. O que Felice escrevia no fim da tarde de um sábado chegava às mãos de Kafka na manhã de domingo, e o carteiro passava todos os dias. Era um meio de comunicação razoavelmente rápido e, mais do que isso, confiável. Apesar da preocupação constante de Kafka com o bom funcionamento do sistema dos Correios, foram pouquíssimas as cartas que se perderam.

Esse aspecto material, físico da carta e a constante promessa de presença real criavam uma tentação irresistível para Kafka. Ele começou a tratar as cartas como fetiches sexuais, de uma maneira nunca antes vista: espalhava-as à sua frente, deitava o rosto sobre elas, beijava-as e sentia seu perfume. Levava as cartas de Felice aos passeios e às breves viagens de trabalho, para sentir sua "posse" e sentir-se revigorado. Aos poucos, Kafka estava deixando sua vida ser guiada por esses objetos de papel inconspícuos, e por vezes se importava mais com a aparição pontual da carta do que com seu conteúdo. O preço dessa falsa proximidade era claramente alto: o fetiche em torno da carta ia perdendo seu efeito, como se ela esfriasse em suas mãos, e ele precisava substituí-la o mais rápido possível por um novo objeto para manter o nível de intensidade. Kafka logo percebeu que estava se tornando terrivelmente dependente. E ainda assim precisou de outras fontes de tristeza, como sempre, para tomar uma atitude: primeiro a sensação de não fazer parte da felicidade da irmã, que agora tinha um filho, e depois a censura de Felice por sua estranheza, que queimava por dentro como uma chicotada.

Max Brod, que por acaso estava em Berlim, decidiu fazer mais uma vez o papel do emissário. Ele tinha novidades desagradáveis para compartilhar com sua parente Felice Bauer, e quando ligou para ela no escritório, foi difícil explicar com clareza a seriedade da situação. Provavelmente ela só receberia mais uma carta de Kafka, uma carta de despedida, que já devia estar a caminho. Kafka não queria mais nada, estava decidido a dar um fim àquilo. Felice riu desse telefonema, talvez já tivesse entendido que Brod tinha uma inclinação para o drama, afinal nada de mais havia acontecido e talvez Kafka só estivesse sentindo um desânimo passageiro. Mas dessa vez ela estava enganada.

Dois dias antes, no sábado, 9 de novembro, Kafka havia escrito uma mensagem curta, mas inequívoca: "Você não deve mais me escrever, e eu também não lhe escreverei mais". Por que não? "Só posso tê-la deixado infeliz com meus escritos, e quanto a mim, não tenho mesmo remédio. [...] Esqueça logo a assombração que sou e viva alegre e tranquila como antes."[16] Não era uma carta de despedida, era um rompimento. Ainda debilitado por uma noite em claro, Kafka não conseguiu levá-la até a caixa do correio.

Em vez disso, deixou transcorrer o fim de semana sem fazer nenhum movimento. Talvez achasse que Brod encontraria uma saída, como havia acontecido algumas semanas antes. Mas Felice ainda não sabia de nada, e na manhã de segunda-feira chegaram três cartas dela, uma seguida da outra. Com a pressão do trabalho no escritório, que estava especialmente odioso naquele dia, Kafka estava mais firme, e se perguntava se não haveria mesmo um caminho intermediário entre essa paixão assoladora que se agarrava a folhas escritas e o retorno a uma solidão que sem dúvida seria envenenada pela memória. Ela não teria ao menos direito a uma explicação?

Kafka suportou silenciosamente o almoço em casa, e então sentou-se à escrivaninha para enfim mandar algumas sentenças bem estruturadas para Berlim. Talvez fosse possível, sim, limitar a correspondência e empregar o tempo ganho no romance. Seu único amparo era o trabalho em *O desaparecido*, que continuava caminhando bem. O próprio Kafka não sabia de onde estava tirando aquilo. Ele chegara ao fim do sexto capítulo, era de longe o texto mais longo e coeso que já havia escrito. Isso não podia ser ameaçado, e ele chegou a anotar os títulos de cada capítulo, para que ela acreditasse e entendesse. E naquele instante Kafka acreditou em si mesmo. O importante era o romance. O romance exigia que ele superasse seus limites de uma forma controlada, mas podia acabar se tornando uma dissolução real e indomável. E havia outra tempestade retumbando:

> Pois a senhorita vê que agora estou disposto, quer você queira ou não, a me lançar aos seus pés e me entregar a você, sem que reste vestígio ou lembrança de mim para qualquer outra pessoa, mas não quero nunca mais, seja eu culpado ou inocente, ler uma observação como a daquela carta.[17]

Esse já não era aquele jogo do suicídio, com frases frias, distanciamento literário e a tão paradoxal diplomacia do desespero. Dessa vez tratava-se da desintegração do eu, à qual Kafka tentava resistir em vão. Medo de voltar à solidão, medo de se tornar definitivamente incapaz de escrever, medo de ser insultado, medo das exigências sexuais, do casamento, da família — mais tarde Kafka chamará esse estado de "colapso", a sensação de ser lançado de lá para cá como uma máquina centrífuga que se sacode, indomável. Quando à noite ele tenta de novo dizer a Felice como as coisas realmente estão, o ponto de ebulição é atingido; a armadura da convenção, do respeito e da autodefesa não resistem mais à pressão. De estilo desajeitado e confuso, esta é uma das cartas mais angustiantes de Kafka,[18] escrita no momento da implosão, quando os medos difusos e contraditórios que atuavam nos mais diversos níveis convergiram em um único ponto de pânico.

Srta. Felice!

Agora vou lhe fazer um pedido que parecerá realmente insano, e eu não o julgaria de outro modo se recebesse esta carta. Mas é também a mais dura prova à qual poderia submeter a mais bondosa das pessoas. Então lhe peço: escreva-me só uma vez por semana, e de modo que eu receba sua carta no domingo. É que não suporto suas cartas diárias, não estou em condições de suportá-las. Respondo sua carta e me deito na cama, por exemplo, aparentemente tranquilo, mas uma palpitação percorre todo o meu corpo e não sei de mais nada além da senhorita. O modo como eu te pertenço [...] não há realmente outra forma de expressá-lo, e essa forma é demasiado débil. Mas justamente por isso não quero saber como você está vestida, pois isso me confunde tanto que não consigo mais viver; e por isso não quero saber que você me tem em boa conta, pois nesse caso por que ainda estou sentado no meu escritório ou aqui em casa, tolo, em vez de me lançar no trem de olhos fechados para só abri-los quando estiver ao seu lado? Oh, há um péssimo, péssimo motivo pelo qual não faço isso, em poucas palavras: ainda me resta um pouco de saúde para mim mesmo, mas não o bastante para o casamento, e ainda menos para a paternidade. Mas quando leio sua carta, eu poderia ignorar ainda mais do que aquilo que não pode ser ignorado.

Se ao menos eu já tivesse sua resposta! E como é horrível minha forma de te torturar, e como te obrigo a ler, na tranquilidade do seu quarto, esta carta, a mais terrível que já repousou sobre sua escrivaninha! Realmente, às vezes me parece que estou apelando como um fantasma ao seu afortunado nome! Se ao menos eu tivesse enviado minha carta de sábado, na qual te implorava para nunca mais me escrever e fazia a mesma promessa. Meu Deus, o que me impediu de mandar a carta? Tudo estaria bem. Será que ainda há uma solução pacífica? Será que ajuda se nos escrevermos apenas uma vez por semana? Não, só uma pequena parcela do sofrimento seria remediada dessa maneira. Já vejo que tampouco suportarei essas cartas de domingo. E assim, para reparar o que deixei passar no sábado, eu te peço, com o poder de escrita já um pouco falho ao fim desta carta: deixemos tudo, caso valorizemos nossa vida.

Se eu queria assinar meu nome acompanhado de "teu"? Nada seria mais falso. Não, meu e para sempre ligado a mim, esse sou eu, e preciso tentar viver com isso.

Franz

Kafka não quer mais proximidade, e sim fusão; não mais distância, e sim separação. Ele já não consegue se equilibrar na corda bamba, vai cair. E ao ver essa queda, o leitor satisfaz inevitavelmente um pouco de seu voyeurismo: Kafka, que sempre foi o instrumento controlado de uma linguagem imaculada, enfim chega ao limite de sua diplomacia, enfim está nu. Mas esse sentimento engana. Não há um âmago profundo ao qual teríamos chegado. Não há uma última camada. Por trás do espaço emocional interior, iluminado por flashes, há outras portas. E essas seguem entreabertas — por ora.

11.
Semanas felizes, pequenas intrigas

Há contato entre vós. Teríeis provas?

Rilke, Segunda elegia de Duíno*

"A carta feminina é uma fantasia masculina, que sonha com uma mulher que não seja só objeto, mas também sujeito do amor."[1] Se essa bela frase de um acadêmico fosse verdadeira, Kafka teria realizado seu sonho mais profundo em novembro de 1912. Pois Felice Bauer, submetida à "mais dura prova" por seu parceiro de correspondência, não tinha escolha além de agir por conta própria. Ele havia pronunciado pela primeira vez a palavra "casamento", passado abruptamente para a intimidade do *du* [tu ou você] e, *ao mesmo tempo*, sugerido a separação, ainda que isso não soasse definitivo nesse ponto. Tudo ou nada, essa era a mensagem. Ele estava colocando o futuro da relação totalmente nas mãos dela, e se ela não optou por fugir — a fuga nunca foi de seu feitio —, agora tinha que encarar um desafio bem complexo; era isso que ela estava começando a entender.

Não sabemos praticamente nada sobre os sentimentos de Felice Bauer. Mas sua reação à carta angustiada de Kafka revela aquela mistura característica de senso prático — demasiado prático — e uma "língua do coração" segura, instintiva, que Kafka admirou, amou e temeu ao longo de cinco anos. Ela não entendeu seu desespero, mas entendeu *que* ele estava desesperado, tão desesperado, que talvez papel e tinta já nem ajudassem. Kafka precisava que alguém o ajudasse a esfriar a cabeça, e Felice estava pensando seriamente em viajar a Praga para isso; na verdade ela já estava *decidida* a fazê-lo. Pode ser que a consideração pela família a tenha impedido, e talvez também um pouco do medo do confronto direto. Mas ainda havia a possibilidade de mandar Brod no seu lugar, e ela pediu que ele aplacasse

* Rainer Maria Rilke, *Elegias de Duíno*. Trad. de Dora Ferreira de Souza. 6. ed. São Paulo: Biblioteca Azul, 2013, p. 23.

o extremado e incompreensível "nervosismo" de Kafka, para usar uma palavra do próprio Brod.[2]

Felice já não estava escrevendo a Kafka como amiga, e sim como amante. Descontraída, correspondeu ao *du* e encontrou as palavras para fazê-lo feliz. Não sabemos que palavras são essas; elas desapareceram como quase tudo que saiu de suas mãos. Observações das semanas seguintes indicam, contudo, que ela lhe sugeriu uma espécie de pacto, uma promessa de confiança recíproca e *serena* que pairasse acima de todas as adversidades e estados de ânimo. Mas, caso tal carta chegasse até Kafka, será que ele ainda iria querer recebê-la? Depois de seu terrível surto, nada era certo. Mas Felice, como sempre dotada de senso prático, já tinha pensado numa solução para isso: no *envelope* de sua carta (que os colegas de trabalho de Kafka podiam ver), escreveu algumas frases tranquilizadoras, para acabar de cara com o medo que ele poderia ter de uma decisão do tipo "tudo ou nada", que ele próprio a incitara a tomar. Felice não precisava ter se dado ao trabalho; tremendo de nervoso, Kafka rasgou o invólucro cegamente em busca do ansiado *du* e, quando o achou, todo o medo e todo o nervosismo deram lugar a um relaxamento que ele não sentia havia anos. "Tinha acabado de ler a carta, duas ou três vezes, e fiquei calmo como há muito desejava, a ponto de ter rezado por isso três noites atrás." "Hoje eu era a pessoa mais calma do escritório, calma como só a pessoa mais austera poderia exigir de si mesma depois de uma semana como a última." No mesmo dia, ele escreveu a Brod: "tudo ficou inimaginavelmente bem".[3]

Felice havia tomado uma decisão, conduzindo a amizade com Kafka para uma direção que, segundo as convenções de seu entorno, levaria ao casamento. Tomado pela alegria, Kafka não deve ter entendido como era sério esse passo, pelo menos não a princípio. Quando se tratava de homens, as opções de uma mulher burguesa eram extremamente reduzidas, se comparadas às de hoje. Mesmo Felice, que era tranquila e não tinha nada contra um flerte descompromissado ocasionalmente, estava sujeita à etiqueta da honra feminina, que era constantemente avaliada e, portanto, tão preciosa quanto fugaz. Uma reputação era "manchada" rapidamente, e no fim a pessoa estava "comprometida". A pressão para tornar relações sexuais legítimas pesava muito mais sobre as mulheres: eram elas que cuidavam disso, e se um casal acreditasse que podia construir uma vida em comum com base apenas em sentimentos, a mulher era a primeira a se responsabilizar pelas consequências. Enquanto isso, a natureza instintiva do homem era considerada uma circunstância atenuante e inata. A expressão *wilde Ehe*, ao pé da letra, "casamento selvagem", mostra que o concubinato era visto como uma ameaça social. Era sem dúvida uma ruína moral, e ainda mais social, que, conforme veremos, a família Bauer já conhecia.

Se ainda assim Felice escolheu Kafka, e tão prematuramente, isso se devia à empatia, ao charme e à sinceridade desafetada de sua linguagem. Para os leitores de hoje, as cartas de Kafka a Felice soam muitas vezes demandantes, obsessivas e masoquistas. Mas uma mulher do começo do século XX deve ter apreciado que Kafka não revelasse o mínimo traço de machismo, exibicionismo ou atrevimento, mesmo nos momentos mais apaixonados de cortejo. Kafka representava a exata antítese de tal tipo "guilhermino",* que se considerava "ousado", mas na verdade era apenas descarado. Uma mulher podia se abrir para Kafka como se estivesse se abrindo para uma boa amiga. A esse traço feminino, somava-se seu interesse insólito e lisonjeiro pelas preocupações do dia a dia de uma mulher.

Essa dedicação se tornava ainda mais lisonjeira conforme Felice se convencia de ter conhecido uma pessoa extraordinariamente talentosa, uma pessoa que "era capaz de grande coisa", conforme ela escreveria mais tarde. Sem dúvida, os elogios de Brod tiveram seu efeito, assim como a correspondência de Felice com a irmã de Brod, Sophie, que também admirava Kafka. Desde cedo, Felice sentiu sua inferioridade intelectual, mas Kafka não *deixava* que ela sentisse isso, e quando ela se queixou de que ele estaria "à frente dela em tudo", ele negou isso sem nenhuma condescendência; ficou realmente ultrajado. Por trás da fachada frágil de Kafka, ela notava uma força de vontade inabalável, que podia muito bem ser chamada de teimosia, e o invejava por isso. Pois apesar de toda a sua autoconfiança, vitalidade e positividade diante da vida, Felice Bauer deve ter sentido por vezes que sua feminilidade era profundamente deficitária, como um casulo de obrigações sociais que não deixava passar nenhuma voz interior e que, caso deixasse, poderia se revelar vazio. Diferente de Kafka, ela não estava acostumada a pisar sobre o chão vacilante das questões existenciais, e evitava dedicar-se demais àquilo que não podia mudar. Mas o medo subliminar de uma falta constitutiva — não saber nada, não possuir nada, não *ser*

* *Wilhelmisch* — característico de Wilhelm II (Guilherme II), autoengrandecedor.

nada —, que acometia as mulheres e decorria de sua condição social, continuava pesando sobre suas costas e tomava-a em momentos de fraqueza. Por sorte, Kafka deixou um desses momentos registrado, o único em todos esses anos que nos permite ver um relance do inconsciente de Felice. Em um período de grande sobrecarga emocional, tentando lidar totalmente sozinha com uma crise familiar, ela confessou a Kafka ser uma "pessoa fraca", "que não sabe lidar consigo mesma, nem mesmo em fases tranquilas". Essa frase contrastava tanto com o que se via de fora, que Kafka foi incapaz de levá-la a sério: "Escute, você não está querendo se disfarçar e me assustar comigo mesmo? Confie em mim, que tenho experiência nisso, esse tipo de gente tem um aspecto diferente do seu, e outro olhar". Dessa vez, era *ele* quem não estava entendendo.[4]

Mas será que *ela* sabia onde estava se metendo? Provavelmente não. Pode ser que estivesse com pena do tormento de Kafka. Ele desconfiava que, para além dos envelopes, o pouco calor que havia entre eles se baseasse inteiramente na piedade dela. Essa desconfiança, cada vez mais dura e dolorosa, era totalmente fundada. Não que Felice fosse especialmente piedosa, mas seu altruísmo era notório. Dava-lhe alegria dar alegria. Sempre que havia necessidade, Felice ajudava; presenteava mendigos e crianças pobres, comprava o que fosse do vendedor ambulante, maltrapilho, do qual todos desviavam. A mãe de Felice tinha dificuldade de suportar essa generosidade, que fazia Kafka gostar ainda mais dela. Mas havia uma desvantagem; Felice era particularmente cega em relação às condições *objetivas* de felicidade e infelicidade. Como para ela era fácil ajudar, achava que ajudar era fácil para todos, e que para encontrar os meios bastava tomar a atitude correta.

Essa filosofia de vida voluntarista era incompatível com o pessimismo de Kafka. "Não tente ser engraçada, se você não é", assim ele a adverte uma vez, quando ela não consegue vencer o próprio mau humor. "Para alcançar a alegria não bastam resoluções, são necessárias também circunstâncias alegres."[5] Nada mais verdadeiro que isso. Será que se jurar mutuamente uma confiança tranquila era tão diferente, será que era menos ingênuo? Kafka poderia ter dito que "para alcançar a tranquilidade não bastam promessas, são necessárias também circunstâncias tranquilas", mas não disse. Ele aceitou feliz que ela tentasse esfriar sua cabeça; sua necessidade profunda se sobrepôs à reflexão, não menos profunda, e isso marcou o primeiro de uma série de momentos nos quais se anunciava o fracasso *dela*.

Pois a vida de Kafka estava aquém do conhecimento dele, enquanto o conhecimento de Felice estava aquém da vida dela. Para perceber essa incompatibilidade, era necessário o conhecimento. E no fim, quem tinha esse conhecimento era *ele*.

O lado alegre, inocente, atrevido de Kafka viria à tona uma última vez. Mas não imediatamente, é claro. O *du* da amada não foi a panaceia que ele desejara, e quando certa manhã ele acordou de sonhos intranquilos, assaltado pela imagem terrivelmente precisa de um inseto humano chamado Gregor Samsa, haviam se passado exatamente três dias desde que recebera aquela carta tão sensata e tranquilizadora de Felice. Ainda assim, se pudéssemos ler as cartas de Kafka do intervalo de meados de novembro ao fim de dezembro de 1912 sem nenhum conhecimento biográfico prévio, ou se de toda a correspondência só tivessem restado essas 88 cartas e postais (uma parcela significativa), formaríamos a imagem de um casal apaixonado, por vezes estranhamente desesperado, separado talvez por condições adversas, que fica se rodeando, cuidando, divertindo e consolando mutuamente. Eles trocavam recordações, sonhos e sobretudo fotografias, que Kafka não cansava de contemplar, interpretar e comentar: "A mão no quadril, a mão na têmpora, isso é vida, e já que essa é a vida à qual pertenço, ela não pode ser esgotada pelo olhar". Retratos dele próprio mobilizavam uma autodepreciação insolente, que parecia estar soterrada havia muito tempo, desde os tormentos do ano anterior: "esse olhar visionário, só tenho diante dos flashes", ele escreve na noite de 2 para 3 de dezembro, e três dias depois receia que a amada se deixe levar e escreva um telegrama entusiasmado: "Franz, você é belíssimo".[6]

Kafka estava ganhando autoconfiança. Se até então ele se revelara ciumento, resguardando a tão ansiada vida a dois e expulsando terceiros do território íntimo de suas conversas, agora ele deixava as marionetes dançarem para alegrar Felice. Os empregados do Instituto de Seguros contra Acidentes de Trabalho, figuras burlescas que seriam impensáveis em um escritório moderno, serviam-lhe de material para cenas de humor irresistíveis. Kafka já sabia que Felice gostava de rir, e costumava rir muito. Então a descrição dos três mensageiros mais ou menos diligentes que ele treinara para entregarem pontualmente as cartas de Felice deve ter surtido seu efeito:

O primeiro é um funcionário chamado Mergl, humilde e solícito, mas sinto uma aversão incontrolável por ele, pois observei que, quando é sobre ele que coloco minhas esperanças, sua carta raramente chega. A aparência desse homem, involuntariamente atroz, me causa arrepios em tais casos. Hoje foi assim, eu poderia ter dado uma sova ao menos naquela mão vazia. E, contudo, ele parece se compadecer. Não me envergonho de confessar que algumas vezes, em tais dias vazios, já perguntei qual era sua opinião, se ele achava que talvez no dia seguinte a carta chegaria, e ele sempre fazia reverências enquanto dizia estar convencido disso. Uma vez — agora me ocorre —, eu esperava uma carta sua com uma determinação insensata, deve ter sido naquele mês ruim do começo, e aí no caminho o funcionário me reportou que a coisa teria chegado e estaria sobre minha mesa. Mas quando cheguei correndo à minha mesa, só havia um cartão-postal de Max, de Veneza, com um quadro de Bellini que retratava *O amor, senhor do globo terrestre*. Mas de que servem generalidades nesse caso individual, e suficientemente doloroso por si só! O segundo mensageiro é Wottawa, o chefe do departamento de remessas, um solteirão velho e baixinho de rosto enrugado, coberto por manchas coloridas das mais diversas tonalidades, de barba por fazer, que vive mascando tabaco com os lábios úmidos, mas é de uma beleza celestial quando saca sua carta do bolso da camisa, parado entre as duas portas, e a passa para mim, o que na verdade — bem entendido — não é sua tarefa. Ele suspeita de alguma coisa, pois sempre tenta chegar antes dos outros dois, quando tem tempo, e não se incomoda de ter que subir os quatro andares. Em todo caso, volta a me atormentar a ideia de que às vezes, para que ele possa me entregar a carta em mãos, a tome do funcionário, que em certos casos a traria antes. O fato é que a coisa não transcorre sem inquietação. A terceira esperança é a srta. Böhm. Sim, esta fica realmente feliz quando me entrega a carta. Ela chega radiante e me dá a carta, como se, ainda que aparentemente fosse de outra pessoa, na verdade dissesse respeito só a nós dois, a ela e a mim. Se ocorre de um dos outros dois conseguir trazer a carta, e eu lhe digo isso, ela quase chora e resolve firmemente tomar mais cuidado no dia seguinte. Mas o prédio é muito grande, somos mais de 250 funcionários e alguém pode facilmente tomar-lhe a carta.[7]

Felice deve ter tido a impressão de que um vassalo estava fazendo um relatório sobre a atividade tola e inocente de um reino fabuloso cuja rainha secreta era ela. Afinal, eram os mensageiros *dela* que, atropelando-se uns aos outros, levavam as ilustres linhas ao seu destino. Até a mãe da rainha deve ter dado risada. E se Kafka só queria "seduzir" Felice, ele teria de continuar trazendo esses breves e delicados momentos de luz ao dia a dia tenso da amada.

Mesmo que aquelas fossem as últimas e felizes semanas de 1912, isso já não era possível, e Kafka não era o único culpado. Havia terceiros se intrometendo sem ter sido chamados, e Kafka teria preferido mantê-los distantes para todo o sempre. Pois se Felice era a promessa de uma vida mais independente e livre, essa vida não podia estar enraizada na existência vigiada do filho eterno. A família não podia saber de *nada*, Kafka temia seus olhares e comentários como veneno e, ao que parece, mesmo Ottla não fora inteirada dessa vez, afinal sua "traição" ainda não havia sido totalmente perdoada. Sabiamente, Kafka trancou as cartas de Felice em uma gaveta da escrivaninha cuja chave levava consigo. Provavelmente, ele imaginava que em dado momento apresentaria fatos já consumados à família inteira. Seria um ato grandioso que surpreenderia a todos, mas exigiria muito ânimo para não acabar como *O veredicto*.

Isso não poderia ficar assim por muito tempo. A carta alarmante de Brod seguia reverberando sobre a mãe de Kafka, que se afligia com os estados de espírito cambiantes do filho. Kafka se esgueirava pelo apartamento como uma sombra e já não se convencia a participar do que quer que fosse. Uma vez ela o surpreendeu às lágrimas em sua escrivaninha, e quis saber de uma vez por todas o que estava acontecendo. Franz sorriu, consolou-a e não disse nada. Quando o filho saiu de casa, ela percorreu o quarto com os olhos procurando alguma pista. Não se aventurou a enfrentar a bagunça de papéis e livros espalhados. Mas no cabide estava pendurado o paletó do terno que ele usava para trabalhar. E do bolso de dentro sobressaía a ponta de um envelope. Julia Kafka não resistiu. A letra era feminina.

"A carta não oferece nenhuma proteção; qualquer um pode tomar conhecimento do que está escrito nela", escrevia o sociólogo Georg Simmel quatro anos antes. "Talvez por isso a indiscrição em relação à *carta* seja tida como algo especialmente ignóbil, e para sensibilidades mais apuradas, a própria vulnerabilidade da carta seja um baluarte de sua permanência em segredo."[8]

Muito bem colocado. Mas os Kafka estavam bem distantes desse tipo de refinamento da alta burguesia. Julie estava decidida a aproveitar a oportunidade, e deve ter achado um sinal dos céus que justo nessa carta Felice aconselhasse o "nervoso" Kafka a conversar com a mãe, que com certeza o amava. Assim, poucos dias depois Felice receberia, ao lado das cartas ardentes de Franz (que acabara de se decidir pelo *du*), outro escrito da casa dos Kafka, que deve tê-la surpreendido bastante:

> Você tem, querida senhorita, a opinião correta a meu respeito, o que é natural, é claro, afinal toda mãe costuma amar seus filhos, mas não consigo descrever o modo como amo o meu, e cederia com prazer alguns anos da minha vida, se assim pudesse comprar sua felicidade.
>
> Qualquer pessoa no seu lugar seria o mais feliz dos mortais, pois nenhum desejo jamais lhe foi negado pelos pais. Ele estudou o que tinha vontade de estudar, e como não quis se tornar advogado, escolheu a carreira de funcionário, o que parecia ser muito bom para ele, já que trabalha em jornada contínua e poderia usar a tarde para si mesmo.
>
> Já sei há muitos anos que ele se ocupa da escrita em suas horas de lazer. Mas achava que isso fosse apenas um passatempo. Não faria mal a sua saúde se ele dormisse e comesse como outros jovens de sua idade. Ele dorme e come tão pouco que mina sua saúde, e temo que só entenda isso quando já for — Deus me livre — tarde demais. Por isso lhe peço que de alguma forma chame a atenção dele para isso, e que lhe pergunte como vive, o que come, quantas refeições faz, como ocupa o dia de modo geral. Mas ele não pode nem imaginar que lhe escrevi [...].[9]

Quem lê cartas alheias tem motivos claros para exigir discrição. Julie Kafka suspeitava que um eixo maternal Praga-Berlim não seria muito edificante para o filho. Mas não imaginava que ao fazer isso estava pisando em seu santuário. Pois, desde o primeiro instante, Kafka viu sua amada cosmopolita como antítese utópica da vida que levara até então, e essa idealização só poderia continuar efetiva enquanto ele ignorasse que a competência de Felice e a competência de Julie tinham muito a ver uma com a outra. Ele admirava essa competência de longe e odiava-a quando o atingia pessoalmente. Mas as duas exigiam dele "meta e moderação", era isso que doía.

Kafka levou poucos dias para descobrir o que estavam aprontando às suas costas. Brod, o fofoqueiro, havia ajudado mais uma vez e revelara a intriga, pois Felice tinha começado a lhe perguntar, de modo suspeito, sobre hábitos de alimentação e formas seguras de armazenar as cartas. Kafka ficou fora de si. Ele escreveu a Felice que os pais eram perseguidores inescrupulosos, que se intrometiam em tudo e não queriam nada além de rebaixá-lo ao nível deles.[10] A partir dessas palavras, certamente um tanto moderadas, pode-se imaginar a amargura de Kafka ao pedir satisfações à mãe. Ele tinha a sensação de que a casa voaria pelos ares se dessa vez não deixasse a raiva fluir livremente. A ideia de dever aos pais até mesmo a cordialidade e preocupação de Felice era terrível. Havia uma parcela inconfessa dessa cólera que se dirigia a Felice, afinal, ela havia entrado no jogo, em vez de confiar nele, e isso só tornava a coisa pior. E sabe-se lá o que teria acontecido caso Kafka tivesse visto com seus próprios olhos a carta da mãe. Pois o que ela colocou ali — não lhe negamos nenhum desejo, qualquer outro estaria feliz — soava como uma acusação, e até mesmo como uma humilhação.

No relato que Kafka faz desse incidente, sentimos como ele ficou aliviado de finalmente liberar a pressão. Essa tormenta já tinha chegado a um limite havia tempos, e depois disso ele conseguiu conversar descontraidamente com a mãe, como havia muito não fazia. Julie, que estava contente de ouvir de novo a voz do filho, chegou a formular uma espécie de carta de desculpas a Felice, que submeteu ao bondoso crivo de Kafka. Mas não, não era assim. Ela devia escrever de modo cordial, mas menos humilde. De repente ele estava com a faca e o queijo na mão, enquanto os outros estavam mergulhados na culpa.

Uma tal cena, assim como a correspondência "secundária" que ela gerou (de Julie para Felice, de Felice para Max, de Felice para Julie, de Max para Felice) teria sido inconcebível no seio da família Bauer. Ali, eles costumavam ter conversas diretas, e ninguém podia ou queria se separar a ponto de construir uma esfera íntima que todos tivessem de respeitar. A sinceridade destemida de Felice, que Kafka achou tão admirável desde o princípio, tinha origem em um ritual de combatividade praticado por toda a família: os Bauer preferiam resolver os conflitos em público e às lágrimas, em vez de silenciosamente dentro dos próprios quartos. Assim, a discrição, a reserva e a consideração encontravam um terreno ainda menos propício do que entre os Kafka, que comparativamente eram inibidos. E isso sem chegar perto daquelas "sensibilidades mais apuradas" em relação ao segredo epistolar.

Não é tão fácil esconder um pacote de cem cartas num lugar seguro. Uma vez, em meados de dezembro de 1912, quando Felice ligou no meio do dia para casa, ouviu respostas monossilábicas, e revelou-se que a mãe e a irmã Toni estavam no seu quarto. Pode-se imaginar o que estava acontecendo ali, e os novos conflitos que as cartas de Kafka devem ter desencadeado, saqueadas de modo tão infame. Ao contrário da opinião do autor, elas eram fáceis e rápidas de ler. Eram cartas de amor, sem dúvida. E quem iria acreditar que eram consequência de um único e insignificante encontro em Praga? Os dois tinham de ter se encontrado em segredo, não havia outra explicação. Felice negou, chorou. Kafka, como de costume, sóbrio e talentoso na resolução de problemas práticos, escreveu uma carta engenhosa para Felice, que ela podia deixar à mostra e que tornava crível o inacreditável.

É claro que a doçura do segredo se dissipara para sempre, tanto em Berlim quanto em Praga. Agora todos estavam alertas, franzindo o cenho e fazendo perguntas impertinentes. No que dizia respeito à sua própria família, Kafka logo se conformou. Eles eram assim, os pais. As coisas não andavam muito melhores para Max; seu pai remexia constantemente em armários e gavetas. Quanto a Felice, não seria fácil para ela justificar essa amizade tão singular. Kafka não tinha a dimensão de como essa pressão era forte. Talvez só agora estivesse se dando conta de que estava ampliando seu raio social e com isso também sua vulnerabilidade. Não se casa com uma noiva, casa-se com uma família, e isso valia mais ainda entre os judeus. Mas afinal quem eram eles, os Bauer? Inocente como sempre, Felice perguntara a ele havia pouco se queria saber mais alguma coisa sobre seu passado. "Mas, caríssima", ele respondeu, "ainda não sei absolutamente nada."[11]

12.
A família Bauer

As pessoas não são más,
quando dispõem de bastante espaço.

Joseph Roth, *Hotel Savoy**

Felice Leonie Bauer, também conhecida como "Fe", nasceu no dia 18 de novembro de 1887 em Neustadt, na Alta Silésia. Seu pai, Carl Bauer, natural de Viena, casara-se com a filha de um tintureiro sediado em Neustadt, de sobrenome Danziger. Os judeus daquela geração costumavam ter muitos filhos, e assim eram os Danziger: tinham cinco meninos e cinco meninas. Por isso, é pouco provável que Anna Danziger, que já passava dos trinta anos na ocasião do casamento, pudesse contribuir ao matrimônio com um dote digno de menção. Com certeza, não o bastante para abrir um negócio próprio. Carl Bauer continuou sendo subalterno; trabalhava como caixeiro-viajante e sempre ia para a Holanda e a Escandinávia. Não sabemos o que ele vendia à época; depois da virada do século, passou a vender seguros de uma empresa chamada Iduna.

Felice era a quarta de cinco filhos: sua irmã Else veio ao mundo em 1883, seu único irmão, Ferdinand (Ferri), em 1884, Erna em 1886, e em 1892, quando a mãe já tinha 42 anos, nasceu Toni, a irmã mais nova. A influência das mulheres devia ser forte nesse lar — não só porque o pai vivia longe, às vezes durante várias semanas, mas também porque seu senso patriarcal não era lá muito desenvolvido. Carl Bauer era um tipo bem-intencionado, mas não muito distinto; era influenciável, suscetível às tentações da vida, sempre pronto para se divertir. Era um pai que fazia as lições de casa dos filhos e lhes enviava cartas espirituosas; que podia chorar lendo um romance, mas que sabia apreciar muito bem as liberdades de um trabalho que o tirava sempre de casa.

* Joseph Roth, *Hotel Savoy*. Trad. de Silvia Bittencourt. São Paulo: Estação Liberdade, 2013, p. 110.

Embora não fosse muito bem-sucedido, esse pai era bondoso, e por muito tempo foi idealizado pelos filhos, pois era o oposto da mãe, rígida e dominadora. Ele sempre tinha histórias excitantes para contar, enquanto Anna personificava as obrigações do dia a dia. Essa mãe tinha ideias extremamente conservadoras sobre o papel da mulher na família, continuou a defendê-las quando as condições de vida mudaram drasticamente, e tentava transmiti-las às filhas. Era a típica representante de uma geração judaica de transição, que ainda tinha raízes fincadas na ortodoxia e procurava conservar uma lembrança da cultura e da moral familiar judaicas, mas ao mesmo tempo já havia internalizado as normas de uma reputação burguesa "cristã". Ela defendia vigorosamente a família como um grupo identitário, desencorajava trajetórias individualistas e considerava as visitas obrigatórias à casa dos tios e das tias, que reforçavam o espírito do clã, mais importantes do que qualquer forma de realização pessoal. A competência para a vida prática e a resiliência de Felice devem ter correspondido perfeitamente ao ideal de criação da mãe — mas ela não conseguia entender que o cargo de responsabilidade da filha não podia ser conciliado com a tirania matriarcal a que as mulheres de sua própria geração estavam sujeitas, bordando e tricotando eternamente. Felice, que no decurso de sua longa jornada de trabalho tinha que tratar com homens o tempo todo, não podia trocar olhares com possíveis admiradores durante as férias na praia sem que isso fosse observado e comentado pela família. Uma vez, o próprio Kafka ficou admirado e perguntou se a independência financeira da filha bem-sucedida não era nem um pouco respeitada na família Bauer.[1]

A disparidade entre a vida tradicional judaica, as normas sociais burguesas e a racionalidade do mundo profissional moderno deve ter se imposto quando a família se mudou para Berlim, em 1899. Na grande Berlim, os judeus chegavam a compor, à época, cerca de 5% da população, e no distrito onde os Bauer se fixaram (que depois se tornaria Prenzlauer Berg), mais de 6%. Desses, só cerca de um terço nascera em Berlim; os demais eram imigrantes. Não havia mais aquela homogeneidade do modo de vida judaico, com a qual os Bauer estavam acostumados no vilarejo silesiano; na sinagoga falavam-se dialetos que eles nunca haviam escutado. É típico que em tais situações se desenvolvam conflitos geracionais entre os imigrantes, que muitas vezes vão dar em estranhamento mútuo e falta de comunicação. Enquanto os mais jovens desfrutam da variedade cultural do entorno e das liberdades a ela associadas, os mais velhos se agarram ao clã e aos rituais tradicionais. Esse comportamento é especialmente perceptível entre os judeus, já que o culto é essencial para reforçar a coesão e a autoafirmação da família. É improvável que ainda se cozinhasse comida kosher na casa dos Bauer em Berlim, mas eles não eram daqueles judeus que só apareciam na sinagoga nos feriados mais importantes. Na estante de livros, as obras de Schiller conviviam em harmonia com o livro *Volkstümliche Geschichte der Juden* [História popular dos judeus], de Heinrich Graetz, e com o livro de rezas em hebraico. Nos anos 1920, Anna Bauer ainda era um membro ativo da comunidade judaica, e ela considerou uma afronta quando Kafka não enviou seus votos no ano-novo judaico.

A crescente tensão entre a tradição e o entorno urbano teria incomodado ainda mais a família Bauer caso as filhas tivessem oportunidades melhores de educação. Mas esse horizonte ainda era limitado do ponto de vista institucional. Else, Erna, Felice e Toni chegaram meia geração mais cedo do que seria preciso, e nenhuma delas teve a possibilidade de frequentar um Gymnasium.* Só em 1893, quando Felice tinha seis anos e Else, dez, foi criado no Império Alemão o primeiro Gymnasium para mulheres (é claro que não em Breslau, nem em Berlim, e sim em Karlsruhe). Dois anos depois, as primeiras mulheres seriam admitidas em universidades como ouvintes — a maioria delas mulheres que, com aulas particulares caríssimas, conseguiram passar no Abitur para externos (um exemplo proeminente é Katia Pringsheim, mais tarde esposa de Thomas Mann). Só nos anos imediatamente anteriores à guerra houve oferta suficiente de estabelecimentos de ensino que preparassem meninas para o nível acadêmico — tarde demais para as irmãs Bauer, que não foram além da Realschule e (presume-se) cursos em uma escola de comércio. Todas elas entraram no mundo profissional relativamente cedo. Else ganhava uma ninharia para trabalhar na loja de seu tio Louis; quanto a Erna e Toni, sabemos que elas tinham ocupações burocráticas temporárias, provavelmente como secretárias ou contadoras. Os Bauer não podiam se permitir

* Conforme explicado em nota anterior, o Gymnasium é uma das opções de escola secundária no ensino alemão, que dura nove anos, levando o aluno ao 13º ano de escolaridade e provavelmente à universidade. Em seguida, o autor falará no Abitur — espécie de Enem alemão, que existe desde o século XVIII e garante o ingresso nas universidades — e na Realschule — outra opção de escola secundária na Alemanha, que dura seis anos, levando o aluno até o décimo ano de escolaridade e provavelmente a um ensino técnico.

um intervalo entre a escola e o casamento para tocar piano e jogar tênis, como era usual em círculos burgueses.

É claro que Ferri, o único filho homem, poderia ter escolhido o caminho que o levaria ao estudo universitário. Mas esse rapaz, que vivia cercado de mulheres, como o galo do terreiro, parece ter desfrutado de liberdades incompatíveis com a disciplina exigida nas escolas superiores. Mimado e protegido, concentrava em si as fraquezas do pai, a tal ponto que se tornou inapto para o convívio social. Era um vigarista, charmoso e bonitão, amado incondicionalmente por Felice e provavelmente pelas outras irmãs, mas nada confiável, que se aproveitava inescrupulosamente da solidariedade da família. Ferri Bauer rodava o país como caixeiro-viajante de uma empresa de espartilhos, sempre curto de dinheiro e dependente da ajuda financeira da mãe. Quando tinha 27 anos, o rapaz escreveu uma carta bem característica, na qual confessa aos pais ter se apropriado indevidamente do dinheiro de clientes e não saber como lidar com a prestação de contas (o que não o impediu de tirar férias em Rügen pouco antes, igualmente às custas da mãe). Depois de garantir que aquela seria realmente a última vez que ele recorreria a sua ajuda, ameaçou cometer suicídio caso ela negasse, para então assegurar docilmente à mãe: "vou te devolver em dinheiro vivo e de coração".[2] Tudo isso não deve ter dado em nada, pois essa não foi a última vez, antes um ensaio para futuras turbulências. Mesmo que Kafka estivesse distante, os efeitos dessas turbulências chegariam até ele.

Cinco catástrofes morais ameaçavam a família burguesa da era guilhermina: infidelidade conjugal praticada de forma aberta, gravidez de uma filha antes do casamento, conflitos com a justiça, homossexualidade patente e suicídio. Cada um desses eventos podia, *por si só*, arruinar a reputação de uma família e rebaixá-la na hierarquia social. As estatísticas mostram que esse tipo de debacle social ocorria menos em famílias judaicas do que em famílias não judaicas. Suicídios, separações e filhos fora do casamento eram mais raros nas famílias judaicas, sem dúvida graças a uma rede densa e abrangente entre elas, que não só garantia controle social, mas também oferecia suporte. Quem infringia regras ou incorria em conflitos morais dentro da família judaica tinha de enfrentar as usuais proibições e ainda os parentes distantes. Sempre havia tios e primos confiáveis, mas distantes o bastante para não poderem intervir diretamente (lembremos do "tio de Madri", de Kafka). A partir dos anos 1880, quando o antissemitismo se fez notar novamente na Alemanha e no Império Austro-Húngaro, essa dinâmica de pressão e suporte deve ter ganhado ainda mais importância. Os judeus burgueses, que não queriam se expor aos ataques de um entorno repleto de inimigos latentes, tinham de respeitar as regras mais estritamente do que os outros. "Filhos adotivos devem ser duplamente bonzinhos": essa frase parafraseava essa pressão por conformidade, que se reproduzia no interior da família como uma preocupação constante e irradiava para fora como ambição cada vez maior. O status social não era brincadeira para pais judeus, e toda nonchalance era inoportuna. Entre os Kafka, não era muito diferente. Mas a família de Felice foi atingida por *quatro* das cinco catástrofes burguesas no intervalo de apenas duas décadas.

Quase dois anos depois de a família Bauer se mudar para a cidade grande, o pai de Felice tentou escapar de sua predestinada velhice ao lado de Anna: alugou uma casa no oeste de Berlim e ali se instalou com outra mulher. Era um passo escandaloso para aqueles tempos, que não ameaçava somente o "nome" da família, como também sua saúde financeira. Felice era competente, mas tinha só catorze anos à época, e não se podiam esperar contribuições de Ferri, que agora era promovido a porta-voz da família. Uma carta da família dá a entender que a mãe estava contraindo dívidas e que a qualquer momento os móveis da casa poderiam ser penhorados.[3] Por sorte, Carl Bauer se dispôs a pagar pensão; ele estava com a consciência pesada em relação às crianças, que recebia em casa ou levava para comer no Aschinger, na Alexanderplatz. Muitas vezes, Felice tinha de cruzar a cidade para buscar dinheiro na casa do pai, e assim ela logo assumiu um papel delicado de mediadora entre os pais inconciliáveis, uma função que a torturava, mas que lhe dava autonomia.

Esse limbo terminou abruptamente em cerca de três anos, quando a amante de Carl Bauer morreu. Aquele homem afável não conseguia suportar o luto e a solidão, e pediu ajuda à sua irmã Emilie, que morava em Viena, esperando por seu conselho e consolo. A resposta mostra como os judeus administravam suas crises íntimas:

> Caro irmão!
>
> Fico admiradíssima com a notícia do falecimento de sua governanta, que não me desperta nenhum interesse, é um sinal de Deus, que tenha acontecido assim de uma pessoa que viveu com um homem casado, com cinco filhos para alimentar, sem falar da esposa, ter pago por isso com a vida.

> E agora preciso falar sério com você. Você se queixa e se lamenta como se estivesse chorando a perda de um dos membros da sua família, e diz que não sabe o que vai fazer agora, que você está sozinho no mundo, e não é assim, o que é mais natural do que voltar para a sua família, as crianças te querem bem e vão te receber de braços abertos e se alegrar de ter o pai por perto. Só depende de você. Você não precisa de duas casas, que custam muito dinheiro e alimentam estranhos.[4]

O que hoje nos parece uma crueldade era, naquela época, o conselho prático da "irmã que te quer bem" e que estava francamente preocupada com o futuro de Carl (mais tarde ela inclusive se mudou para Berlim por sua causa). Emilie não estava fazendo nada além de lembrá-lo de que as obrigações sociais — dadas por Deus e inalteráveis — tinham primazia sobre os sentimentos individuais — fugazes, sem legitimidade e, além de tudo, dispendiosos. A felicidade da família era a medida e a garantia da felicidade do indivíduo. Sem dúvida, esse mesmo refrão fora entoado no entorno familiar de Anna Bauer e da jovem Felice,[5] e pode-se imaginar o que o marido resignado teve de ouvir quando finalmente cedeu e voltou para o porto seguro da família.

Será que Kafka soube algum dia do pecado de seu futuro sogro? É provável que sim, embora nada em suas cartas indique isso. Mas os desdobramentos dessa história e os poucos documentos da família que foram preservados oferecem uma chave importante para entender o comportamento ambivalente de Felice, que logo pareceria inconsistente. Ela havia internalizado cedo os imperativos de uma moral familiar, defendidos sobretudo pela mãe. Mas mais tarde se deixou impressionar também pelos traços antiburgueses do pai, tão amado. Além disso, o comportamento aberto e "moderno" do mundo dos assalariados permitiu-lhe assumir uma distância irônica em relação às preocupações mesquinhas da família. Assim, Felice desfrutava do refúgio íntimo que encontrou em sua correspondência com Kafka. Ali podia se expressar livremente, sem medo de fazer confidências. Os sentimentos, os sonhos e as lembranças de suas primeiras cartas já prometiam aquela sinceridade calorosa que Kafka tomava por proximidade.

Mas ela jamais conseguia fazer confidências quando se tratava do status da família. Pelo contrário: quando se tratava do "todo" — e entre os Bauer muitas vezes se tratava do todo —, vinham à tona os vínculos mais antigos e mais profundos, e Felice colocava-se quase que inconscientemente a serviço de uma discrição burguesa. Os muros de silêncio que Anna Bauer havia erguido também fizeram frente a Kafka, para quem de repente todas as portas se fecharam. Esse desmazelo, que não era nada "pessoal", mas seguia unicamente uma "lei" superior, atingiu Kafka em cheio. Ele o considerou tão significante que o elevou a motivo central de sua obra. As mulheres em *O processo* e *O castelo*, que só ajudam o protagonista enquanto a "lei" não as chama, são reflexos dessa experiência.

Será que Kafka e Felice Bauer estavam reproduzindo uma situação que ela já havia vivido com a própria família? A ideia é sedutora, pois nessa relação Felice sem dúvida representava o pragmatismo maternal, fundado em segurança e responsabilidade, enquanto Kafka perseguia o projeto da realização pessoal, solitária e antissocial, um caminho pelo qual Carl Bauer arriscara alguns passos dez anos antes. Ela não tinha que amá-lo por isso — desafiando sua própria lei?

Com as parcas informações que temos sobre a família de Felice, só podemos elaborar hipóteses. E Kafka evitava tocar nessas ligações familiares profundas. Então talvez ele soubesse muito pouco, e escapava-lhe o essencial, de que não se toma conhecimento por cartas. Mas ele sentia a resistência. A porta da casa de sua amada era muito bem protegida.

13.
Para a América e de volta: *O desaparecido*

Quando leio um livro,
quero ter a ver com alguém.

Franz Grillparzer, *Selbstbiographie* [Autobiografia]

Quando observamos de longe os altos e baixos, as idas e vindas da produtividade de Kafka, revela-se um padrão característico: depois de uma fase de trabalho intenso de várias horas por dia, altamente produtiva, que se instaura da noite para o dia, segue-se uma redução gradual da capacidade imaginativa, que se estende por semanas, até desembocar em uma paralisação resignada de meses e meses, apesar de sua resistência e desespero. Não sabemos por que Kafka precisou percorrer esse ciclo várias vezes, e não saberemos enquanto não dispusermos de um paradigma categórico para a criatividade artística. O próprio Kafka nunca conseguiu entender a lógica secreta que iniciava e interrompia o fluxo de sua energia criativa; estava sempre se esforçando para esgotar o reservatório que se revelava disponível no momento.

Duas características de tal padrão são dignas de nota, e as duas trazem grandes consequências para o conteúdo da própria obra literária. Em primeiro lugar, são *eventos* reais, e nunca meras *ideias*, que abrem as eclusas e levam Kafka — ou melhor, lançam-no — ao auge de suas possibilidades de expressão, pelo menos por algum tempo. São eventos que tocam sua existência de modo tão direto e doloroso que o impelem para além de sua autorreflexão circular e o forçam a um novo começo: no verão de 1912, deu-se o encontro com Felice Bauer e a difícil decisão de cortejá-la; no verão de 1914, por outro lado, o trauma de um rompimento quase público do noivado. Nas duas vezes, Kafka sentiu estar sendo empurrado para a margem de sua própria existência, nas duas vezes ele mobilizou uma poderosa vontade de entrar nos moldes para combater a força centrífuga da dissolução mental.

Ele sabia que esses não eram abalos do destino, ocasionais. A reação violenta à aparição de Felice foi o desfecho de uma fase de latência que durou mais de um ano. A ameaça de uma existência solitária e sem sentido havia chegado a um ponto terrivelmente sensível e doloroso. O flerte obsessivo, quase impróprio com a adolescente de Weimar havia sido o último sinal de que um desenlace — fosse ele feliz ou catastrófico — estava próximo. O golpe que finalmente levou a esse desenlace remexeu nas associações, nos pensamentos obsessivos e nas imagens que ele havia armazenado na fase latente, e esse redemoinho que irrompeu das profundidades psíquicas forneceu os fascinantes leitmotiven dos textos literários, que então fluíram pelo papel como se ele os estivesse passando a limpo.

Na introdução ao seu romance *O agente secreto*, Joseph Conrad conta como a ideia de uma personagem central feminina (Winnie Verloc) se consolidou a partir de algumas observações que ele coletou ao acaso. O destino ficcional dessa personagem foi a base para o desenvolvimento do romance, assim como de todos os outros personagens, do colorido local, do contexto político etc.[1] A dinâmica de Kafka está no extremo oposto dessa forma de criação cristalizadora de Conrad. No instante em que uma nova fase produtiva se inicia — como na madrugada de 22 para 23 de setembro de 1912 —, Kafka começa a criar a partir de um reservatório que já está *cheio*. Os diários comprovam que os campos de tensão, as metáforas, os gestos e os detalhes já estão prontos, frequentemente até na forma exata que terão no futuro. Kafka não "trabalha" o abalo sofrido, ele trabalha o material acumulado que foi liberto pelo abalo. Assim se explica que as referências e associações entre os elementos visuais e linguísticos de seus textos tenham uma densidade tão única e desafiadora. Tudo parece corresponder a tudo. É como se Kafka não precisasse inventar ou desenvolver mais nada e pudesse usar toda a sua força criativa na *integração*, na perfeita articulação de todos os componentes.

Disso resulta uma segunda característica do padrão produtivo de Kafka. As dificuldades cada vez maiores que ele enfrentava ao escrever textos mais longos — e que em última instância fizeram com que ele não conseguisse concluir nenhum de seus romances — não se deviam às próprias obras ou a falhas de concepção e execução. O problema era que a fartura oferecida por esse reservatório da capacidade imaginativa se esgotava, e assim cada vez menos elementos "adequados" estavam disponíveis. Kafka começa então a buscar soluções; repetições e divagações entram em cena, alguns segmentos ameaçam se descolar do todo, a densidade do texto diminui, assim como a dinâmica do enredo. No fim, o fluxo narrativo é represado, como se chegasse diante de um muro e só pequenos veios pudessem passar para o outro lado.

Quando Kafka pôs no papel as primeiras linhas de *O desaparecido*, no dia 26 de setembro de 1912, tinha consciência de que tal processo de colapso poderia acontecer. Ele já havia passado por coisa semelhante: durante o tratamento em Jungborn, não conseguira avançar muito com a primeira versão do romance. O jovem Kafka, que trabalhava em vários projetos de romance ao mesmo tempo, viu reduzir-se aquela excitação inicial, tão promissora, que todo romancista procura prolongar à sua maneira.

Mas dessa vez tudo era diferente. O abismo entre o sucesso e o fracasso havia crescido de modo vertiginoso. "Somente assim é possível escrever", Kafka constatara logo depois do sucesso surpreendente de *O veredicto*. Com essa pressão nas próprias costas, ele arriscara escrever um novo começo para *O desaparecido*. Em poucos dias, o primeiro capítulo, "O foguista", já havia eliminado qualquer possibilidade de retorno em direção aos "baixios vergonhosos" das primeiras experiências: de fato, assim era *possível* escrever, e para tanto não eram precisas noites de fábula.[2] Kafka estava feliz. E por estar feliz, o *possível* se tornou *necessário*. Ele elevou o grau de exigência que teria de cumprir no futuro para o ar rarefeito das alturas sobre-humanas.

Essa dialética entre sucesso literário e uma exigência cada vez maior consigo mesmo explica por que Kafka estava sempre se queixando da qualidade real de seus textos. Ele não sentia que essas novas exigências a sua capacidade vinham de dentro; sentia que era uma onda de pressão vinda de fora. Ou ele cavalgava essa onda, ou seria tragado por ela. "Ele nunca assume compromissos", Max Brod escreveu para Felice Bauer no dia 11 de dezembro de 1912. "Por exemplo: quando não se sente dotado de toda a energia para escrever, é capaz de não escrever nenhuma linha por meses, em vez de se contentar com uma escrita mediana, também boa." Caso tivesse visto essas linhas, Kafka teria balançado a cabeça em desaprovação. O que seria uma "escrita mediana, também boa"? Havia a escrita bem-sucedida e havia rabiscos que deviam ser queimados, disso ele sabia desde *O veredicto*.

No outono de 1912, Kafka conseguiu manter a voltagem inicial por bastante tempo, e como nas cartas a Felice há inúmeras observações sobre o progresso de *O desaparecido*, sabemos bem o quanto ele trabalhou de setembro a janeiro. Por sorte, o manuscrito final foi preservado, e transformações em sua letra nos permitem constatar quantas páginas ele conseguia andar a cada "sentada". Assim, é possível definir com precisão o dia e a hora em que muitas passagens do romance foram escritas. O sexto capítulo, "O caso Robinson" — o último trecho que Kafka proveu de número ordinal e título —, foi fechado no dia 12 de novembro. Na edição hoje corrente, os seis primeiros capítulos correspondem a mais de 260 páginas, a partir das quais se calcula uma cota de em média cinco páginas por dia. Foram raras as vezes na vida de Kafka em que ele conseguiu manter tal constância na produção, por isso ele ficava desesperado com qualquer interrupção ou ameaça de interrupção. Parecia um desespero desmedido e sem sentido, mas era consequência da profundidade do fluxo da escrita, e de sua gloriosa *amplidão*.

Paciência era a última coisa que se podia exigir de Kafka nesses meses. Ele havia entrado em uma empreitada que não tolerava avanços em pequenas doses, um projeto ao qual submetera completamente o seu dia a dia, se não sua vida inteira. Certamente *O desaparecido* já havia sido planejado, em seu primeiro rascunho, como um romance episódico.* A ruína gradual de um menino exemplar de dezessete anos chamado Karl Roßmann, do princípio promissor sob a patronagem do tio rico em Nova York até a lama de um ambiente antissocial e sombrio, definia a estrutura em que o enredo transcorreria, assim como a direção na qual apontariam as linhas de tensão de cada seção da narrativa. Isso dava segurança. Por outro lado, Kafka tinha clareza de que o declínio de Karl decorreria como um sonho se ele não produzisse um retrato convincente da América, um panorama social, um corte transversal ao longo do qual o leitor seria conduzido. "O romance é tão longo, como se tivesse sido projetado para o céu inteiro", ele escreveu no dia 10 de julho a Brod, que apesar dos constantes pedidos não chegou a ver uma linha do que Kafka escrevera.

Esse medo de exceder os limites do romance não abandonou Kafka nem durante o trabalho na segunda versão. Sua história era "destinada ao infinito", conforme ele comunica a Felice no dia 11 de novembro, pouco antes de completar o sexto capítulo. Talvez ele ainda não tivesse decidido de fato, nesse momento, quantos episódios [Stationen] seu herói ainda teria de percorrer. Mas conforme surgiam personagens e motivos, ele via como seria difícil chegar a um desfecho satisfatório. Manter esse enredo cada

* *Stationenroman*. Na tradução da presente obra para o inglês (*Kafka: The Decisive Years*, trad. de Shelley Frisch), empregou-se *episodic novel*, termo comum para falar de Dickens, que será citado a seguir. No *Oxford Handbook of German Philosophy in the Nineteenth Century*, *Stationenroman* é traduzido por *popular adventure story*. Em português, poderia se chamar também "romance de aventura".

vez mais rico e complicado sob controle requeria uma concentração ainda maior. Agora ele reagia com uma agressividade maior a perturbações do que em qualquer outro momento, e isso não é nenhuma surpresa. Pois se o novo conceito que servia de guia para Kafka, "indubitabilidade", deveria se mostrar eficaz mesmo nessa grande empreitada, então ele havia embarcado em uma prova de fogo, que não seria enfrentada só com inspiração furiosa.

Já não bastava produzir descrições convincentes e conclusivas dos mais diferentes ambientes — o que era difícil o bastante para um autor que não havia visto quase nada do mundo além de sanatórios e algumas atrações turísticas. Mas Kafka queria representar alguma coisa mais universal com *O desaparecido*, uma lógica que abarcasse todos os meios da sociedade, a lógica da expectativa, contravenção e punição, que nos carrega para baixo em espirais íngremes, uma lógica que a cada nível adquire uma nova tonalidade e ainda assim permanece sempre a mesma. Para tornar mais crível e ainda mais "indubitável" uma coisa tão abstrata, Kafka precisava ligar os diferentes ambientes uns aos outros, de modo plural e discreto ao mesmo tempo, por meio de referências cruzadas, leitmotiven, repetição de personagens e conflitos. E só aqui começava a verdadeira arte que ele exigia de si mesmo.

De fato, a rede de cruzamentos que Kafka espalhou pelo romance, em todas as direções, é impressionante e altamente emblemática. Cada detalhe remete a alguma coisa, significa alguma coisa, esconde alguma coisa. Isso diferencia de cara *O desaparecido* daquele romance de formação que o próprio Kafka chamou de seu mais importante modelo literário: *David Copperfield*, de Dickens, do qual ele se ocupara, provavelmente, no ano anterior. É curioso que o primeiro a resenhar *O foguista* logo tenha pensado em Dickens,[3] talvez por causa do golpe de sorte que faz com que o herói expulso encontre um tio milionário a bordo do navio de imigração, o que lembra as inverossimilhanças grosseiras que Dickens gostava de colecionar. Só muito mais tarde, com *O processo* e com as narrativas de *Um médico rural*, Kafka conseguiria admitir para si próprio essa influência, quando já havia deixado para trás a longa sombra do *Mr. Sentiment* vitoriano. Apesar da reflexão estética fria, que o leva para muito além de Dickens, nota-se o olhar invejoso que Kafka dirigia a toda forma de produtividade desimpedida:

> *O foguista* é pura imitação de Dickens, assim como, mais ainda, o romance planejado. A história da mala, o rapaz que faz a todos felizes e os encanta, o trabalho vil, a amada na propriedade no campo, as casas

> sujas etc., mas sobretudo o método. Minha intenção, vejo agora, era escrever um romance à maneira de Dickens, só que enriquecido das luzes mais nítidas do nosso tempo e daquelas mais pálidas, as quais extrairia de mim mesmo. A riqueza e o fluxo irrefletido e poderoso de Dickens, mas, por isso mesmo, passagens de uma debilidade aterradora, em que, cansado, ele só remexe no que já alcançou. A impressão de barbárie decorrente do todo desconexo, um barbarismo que, no entanto, evitei graças a minhas fraquezas e às lições aprendidas com esse meu epigonismo. Crueldade por trás do estilo transbordante de sentimentos. Blocos de crua caracterização inseridos artificialmente em cada ser humano, sem os quais Dickens não seria capaz nem por um momento de levar adiante sua história.[4]*

Essas palavras duras não o impediram de ler em voz alta trechos de *David Copperfield* pouco depois, para comprovar que Dickens *não* era chato,[5] e tampouco o impediram de *retirar O foguista* do decreto testamentário de aniquilação de sua obra[6] — um indício claro de que não cabia falar em "imitação", mesmo no sentido mais amplo da palavra. Kafka pode ter visto semelhanças de método, mas a tensão que ele conferiu à sua narrativa realista, atribuindo funções aos detalhes mais insignificantes, foi seu próprio feito estético. Mesmo o leitor mais superficial sentirá o vazio amedrontador que Kafka deixa ali onde, no caso de Dickens, o narrador onisciente reina. Pela primeira vez, em *O desaparecido*, revela-se que a unanimidade da perspectiva, a limitação radical do horizonte à consciência do herói, é muito mais do que uma técnica narrativa. Mesmo diante da desgraça mais terrível e das injustiças mais dolorosas, o leitor de Dickens mantém o bem-estar do observador: ele se sabe fora do alcance, não muito diferente do leitor de jornal que se informa sobre atrocidades distantes. Ele sabe: *há outras coisas*. Kafka, ao contrário, solta violentamente essa última agarra; seu leitor só pode se prender ao olhar sincero e "inocente" de um rapaz que entende todos os pormenores com precisão aflitiva, mas não sente a violência da ordem que rege tudo.

Ainda assim, a esperança não morre. Pois Karl pode ser ignorante, mas aprende, e com ele o leitor também aprende alguma coisa sobre as leis que

* Franz Kafka, *Diários 1909-1923*, op. cit., p. 492.

regem essa América particularmente cenográfica. Com razão, considerou-se *O desaparecido* o mais luminoso dos três romances de Kafka: aqui, ainda irrompe ocasionalmente o raio puro da compreensão, que em quase todas as outras obras de Kafka permanece um rumor, uma promessa vazia. As autoridades anônimas em *O processo* e *O castelo* acompanharão as tentativas desesperadas de compreensão de K. com uma indiferença desumana. Não é preciso cegar ninguém em um mundo que já não tem luz. Em *O desaparecido*, por sua vez, as forças do destino ainda dependem de truques para manter sua vítima na ignorância e atraí-la de uma jaula à outra: isso as torna, se não contestáveis, ao menos *palpáveis*.

Isso fica mais claro do que nunca no terceiro capítulo, em que Kafka expõe, quase à maneira do romance policial, as peças do quebra-cabeça que no fim formarão um retrato completo do que está acontecendo nos bastidores. Quando Karl, em clara oposição à vontade de seu tio, aceita o convite do maternal sr. Pollunder, e viaja com ele para sua casa de campo, lá eles encontram o sr. Green, que chegou "agora há pouco". Esse homem é o executor que o tio enviou para entregar a Karl à meia-noite, em ponto, sua carta de despejo. Os sinais dessa catástrofe foram dados desde o princípio; mas só à meia-noite, com o recebimento da carta, Karl entende — e com ele, o leitor — o comportamento estranho de Green. Conforme se aproxima do momento decisivo, o romance fica mais lento, a ponto de quase chegar ao "tempo real", o que fortalece a impressão de que os poderosos experimentam uma satisfação sádica ao manter sua vítima rebelde em suspense. E isso, ao mesmo tempo, os diminui. Pois a lei que rege suas ações é pérfida, manipuladora, violenta. Ela evita que a vítima entenda as coisas no momento certo, mas não tem o poder de bloquear de uma vez por todas o caminho em direção à compreensão.

"A lógica, na verdade, é inabalável", diz a última página de *O processo*, "mas ela não resiste a uma pessoa que quer viver."* Uma das ironias mais profundas da obra de Kafka é que essa ideia só seja traduzida em palavras quando ela já não pode ajudar — com um romance de atraso. Pois se o acusado Josef K. tivesse lido a história do pobre Karl Roßmann, ele teria se conscientizado antes de que o terror da lei encontra seu limite no desejo

* Franz Kafka, *O processo*. Trad. de Modesto Carone. São Paulo: Companhia das Letras, 1997, p. 256.

do indivíduo de sobreviver e entender as coisas. Só isso já torna *O desaparecido* "luminoso". Mas a partir daí Kafka não abrirá mais mão do mito da violência patriarcal, que ele havia tocado pela primeira vez no fragmento "O mundo urbano" e formulado na mais pura linguagem, quase destilado, em *O veredicto*. Esse mito continua com força, ele se ergue do túmulo paterno e apodera-se do mundo.

A primeira frase de *O desaparecido* já fala de uma condenação. Os pais de Karl o enxotam para outro continente bem longe ("como se põe um gato da porta para fora quando está incomodando",* diz o tio, justo o tio). Por quê? Porque uma criada ficou louca por ele, só isso. É o pior castigo, e a essa altura já fica evidente que foi o único a ser levado em consideração. O homem que Kafka faz perecer ainda consegue olhar espantado nos olhos da lei, em vez de definhar sob sua sombra como o acusado em *O processo* e o agrimensor em *O castelo* — mas, mesmo assim, *O desaparecido* adquire logo cedo os tons cinzentos e beckettianos de um fatalismo carregado. É como se não só o herói esmorecesse, mas o próprio romance — e é difícil imaginar que Kafka possa ter planejado esse movimento desde o princípio.

O que havia acontecido? Ele não queria descrever a "mais moderna" das Américas, como garantiu a seu editor?[7] De fato, até a última página o romance está saturado de informações, de detalhes que ele havia registrado das conferências de Soukup, das reportagens de Holitscher e de fotografias. Mas um exame minucioso das fontes revela que ele ficava mais impressionado com fenômenos hipertróficos: a rápida proliferação das mais novas tecnologias, que arrasta consigo as pessoas, a luta pela sobrevivência no meio das massas, a perversão e a rigidez gélida das relações sociais. Entre os grandes autores de língua alemã, Kafka é o primeiro a descrever uma greve (ainda que só como obstáculo para o trânsito); o primeiro a mostrar uma grande empresa como um sistema de funcionários que trabalham feito formiguinhas; o primeiro a compreender e elaborar a loucura da taylorização e a total desvalorização das capacidades individuais como um tema literário:

* Franz Kafka, *O desaparecido ou Amerika*. Trad., notas e posf. de Susana Kampff Lages. 3. ed. São Paulo: Editora 34, 2012, p. 33.

O salão dos telégrafos não era menor, aliás era maior do que a agência telegráfica da cidade natal de Karl, a qual certa vez ele havia percorrido em companhia de um colega que era conhecido por lá. No salão dos telefones, para onde quer que se dirigisse o olhar abriam-se e fechavam-se as portas das cabines telefônicas, e aquele tilintar confundia os sentidos. O tio abriu a porta mais próxima e sob uma faiscante luz elétrica viu-se um funcionário, indiferente ao barulho das portas, com a cabeça encaixada numa tira de aço que lhe apertava os fones contra as orelhas. Sobre uma mesinha pousava o braço direito, como se ele lhe fosse particularmente pesado, e apenas os dedos que seguravam o lápis faziam movimentos inumanamente regulares e velozes. Era muito lacônico ao microfone, e várias vezes percebia-se que ele tinha algo a objetar ao interlocutor, pretendendo fazer perguntas mais precisas; mas antes que pudesse realizar sua intenção, certas palavras que ouvia obrigavam-no a baixar os olhos e escrever. Ele não era obrigado a falar, como explicou o tio a Karl em voz baixa, pois os mesmos comunicados que aquele homem anotava eram simultaneamente registrados por dois outros funcionários e depois comparados, de forma que na medida do possível erros fossem evitados. No mesmo instante em que o tio e Karl tinham saído pela porta, um estagiário se esgueirou para dentro, saindo com um papel coberto de anotações feitas no entretempo. No meio da sala havia um movimento permanente de pessoas que corriam de um lado para outro. Ninguém cumprimentava, os cumprimentos haviam sido abolidos, cada qual ia seguindo os passos de quem o precedia, olhando para o chão sobre o qual pretendia avançar da maneira mais rápida possível, ou então, capturando com olhadelas para os papéis que tinha em mãos o que na certa eram apenas palavras ou números isolados e que esvoaçavam com seu passo apressado.[8]

Enquanto Holitscher e Soukup procuram conduzir a leitura com constantes julgamentos morais e políticos (o que está no direito deles, pois esse impulso se chama iluminismo), Kafka aposta apenas na precisão da linguagem. Em 1912, anos antes da introdução da linha de montagem e décadas antes da invenção do robô industrial, é necessária certa dose de clarividência para colocar em cena com tal força plástica a relação conflituosa entre homem e técnica. Quando indivíduos apressados olham para o chão, como um pressuposto do ato de andar, por trás da comicidade de tal imagem surge o terror de uma sensualidade funcionalizada, uma abstração incorpórea que reduz as pessoas a "sistemas autodidáticos".

Sentimos que Kafka tira prazer de tais descrições. É o prazer proporcionado pela palhaçada, pelo aspecto grotesco da mecânica do corpo humano, que se afirma enquanto estrebucha e gesticula contra as ciladas do mundo; o mesmo prazer que Kafka sentia diante da tela cintilante do cinema e do teatro amador de Isaac Löwy. E, no entanto, ele faz da palhaçada o meio de transmitir uma mensagem assombrosa: não estrebuchamos porque estamos vivos, mas porque somos esmagados quando paramos. O braço inerte, "particularmente pesado", com os dedos se movimentando "inumanamente" é um símbolo cuja força só Chaplin alcançaria, depois de Kafka, em *Tempos modernos*: esse braço é pesado por ser supérfluo. Só o que se move conta.

Mas o que é ainda mais decisivo — e aqui Kafka vai muito além de Chaplin — é que o comportamento humano já não expressa nada; ou ele se torna função, ou se extingue. As pessoas não só deixam de se cumprimentar, como deixam de se olhar nos olhos, de fazer sinais com as mãos, e de ter aquela tolerância em relação aos momentos de indeterminação, ambiguidade e redundância — uma tolerância vital. No sexto capítulo de *O desaparecido*, Kafka inclui outra descrição precisa de um ambiente de trabalho, a "portaria" de um hotel labiríntico, na qual dois "subporteiros" fornecem informações em diversas línguas, em um ritmo vertiginoso, mas ao mesmo tempo uniforme, como que sem pausa para recuperar o fôlego, até que, esgotados em menos de uma hora, são substituídos numa troca célere. A pura funcionalidade é levada aqui a um extremo que beira o absurdo, daí a comicidade dessa cena. Pois a máscara humana por trás do balcão pode até fornecer informações precisas, mas para isso são necessárias perguntas igualmente precisas. Quem se expressa sem precisão não recebe uma resposta provisória — nem sequer recebe uma resposta. E tampouco há o que fazer em relação ao tumulto *diante* dos balcões.

Uma das mais relevantes descobertas da modernidade, ao menos desde que o trabalho humano se tornou computadorizado, é que um grande aumento da precisão não produz ordem, e sim anarquia. Mas o que mais irrita no romance de Kafka é que essa descoberta tem um acontecimento mítico como pano de fundo. Logo no começo, em "O foguista", o mito se distingue claramente do mundo tecnicista, este último descrito com traços realistas: o transatlântico, enquanto grande empresa bem gerida, parece pertencer a outro mundo, e não àquele do "veredicto" do pai, da sexualidade vampiresca da criada e da fábula de resgate do rapaz expulso. O leitor não nota nenhuma ruptura, pois o que parece inconciliável está tão misturado esteticamente que dá a impressão de construir uma unidade mais elevada. É preciso se afastar da primeira impressão da leitura para entender que em plena sala do capitão, um ambiente descrito de modo tão plástico e sensorial ("Sim, nessa sala sabia-se exatamente onde se estava"),* desenrola-se uma das inúmeras cenas kafkianas de tribunal. Não é nenhum lapso do autor (coisa que acontece vez ou outra em *O desaparecido*)[9] que a Estátua da Liberdade deslizando do lado de fora não esteja erguendo uma tocha, e sim uma *espada*. Mas mesmo esse tribunal exige precisão, o que é essencialmente "moderno", pois "tudo convidava à pressa, à clareza, à exposição totalmente precisa".[10]

Kafka dava muito mais valor a "O foguista" do que aos demais capítulos de *O desaparecido*, que deixou desaparecerem em sua escrivaninha por um tempo, considerando-os "completamente fracassados" e "descartáveis".[11] Infelizmente, não temos notícia de como ele formou esse veredicto fulminante; mais tarde, ele o relativizaria — possivelmente sob a influência dos amigos — a ponto de considerar a possibilidade de concluir o romance. Talvez fosse mais um caso daquela espécie calculada de pessimismo?

Sem dúvida, a inquietação de Kafka em relação a *O desaparecido* tinha a ver com o abismo que se abria entre uma escrita treinada no realismo de Flaubert e os elementos míticos que ganhavam cada vez mais terreno conforme ele mergulhava mais fundo em sua "América". Esses mundos se separam, se distanciam e no fim do romance são completamente estrangeiros um ao outro. Mesmo a cena na portaria do "Hotel occidental" parece mais um estranho interlúdio, uma digressão que Kafka se permite depois de uma nova cena de tribunal pintada com uma precisão torturante — isto é, o interrogatório ao qual Karl precisa se submeter depois de uma série de infortúnios. Nada nesse "julgamento" é real: o camareiro-mor que mastiga um pedaço de bolo, e que a princípio ignora o "acusado" para de repente gritar com ele, parece antes a caricatura de um oficial sádico do Império Austro-Húngaro. A ideia de que vários superiores se ocupem por horas das falhas triviais e dos rodeios verbais de um ascensorista, no meio de um negócio tão agitado, é pouco crível — ainda mais porque o castigo, que só pode ser o

* Franz Kafka, *O desaparecido ou Amerika*, op. cit., p. 22.

pior, já está estabelecido desde o começo. Kafka não mostra, aqui, a "América"; ele mostra o efeito mais sombrio da "lei".

Quando se observam os dois extremos da trajetória de Karl, fica evidente como é violenta a separação entre realidade e mito, a ponto de os dois se tornarem incompatíveis. No começo, há a lucidez de "O foguista", quando as personagens estão elegantemente equilibradas, como em um móbile, cada uma com seu peso e seu grau de liberdade. No fim, seu destino é o alojamento caótico de uma personagem feminina ancestral e monstruosa, uma gruta na qual as pessoas e as coisas grudam umas nas outras, um verdadeiro "pesadelo sujo", conforme a definição de Borges. A cantora Brunelda, a quem Karl acaba por servir, não é uma "mulher", e sim a personificação de um medo — um ser infantil e voraz, glutão, que grita, sufoca em sua gordura e parece ter emergido diretamente dos pântanos da pré-história. E lado a lado com essa criatura, Karl observa o carnaval de uma campanha eleitoral americana, que Kafka reconta em todos os pormenores — como um bom menino, quase daria para dizer — a partir das observações de Soukup. Uma única frase, inconspícua, funciona como uma eclusa, que lança inesperadamente o leitor de um mundo para o outro: "No entanto, também Karl logo esqueceu Brunelda e suportou o peso dos braços dela sobre os seus ombros, pois os acontecimentos na rua absorviam toda a sua atenção".[12]

Mesmo passando por tais provações, o romance não perde a coesão, pois a linguagem de Kafka tem um grande poder de integração, mantendo sempre a mesma distância, registrando o café da manhã de Brunelda, composto de restos, com a mesma neutralidade com que descreve a estrutura de uma hospedaria da cidade. Essa linguagem encerra o inconciliável e consegue dominar a matéria em tal medida, parecendo-lhe tão natural e apropriada, que sua artificialidade gerou um choque quando o romance foi adaptado ao cinema, em 1984. Todas as personagens do filme *Klassenverhältnisse* [Relações de classe], de Danièle Huillet e Jean-Marie Straub, falam alemão com uma pureza "kleistiana",* do diretor da corporação ao batedor de carteira, mas o riso provocado por essa fé na linguagem, que é tão estranha ao cinema, só é libertador num primeiro momento. Pois a linguagem logo

* *Kleistsch* — termo também não dicionarizado em alemão, referente a Heinrich von Kleist (1777-1811), poeta, dramaturgo e ficcionista do romantismo alemão.

desconsidera as expectativas midiáticas do espectador, que fica com a impressão de que só dessa forma um texto de Kafka poderia ser "exibido", de que qualquer rasgo de naturalismo forçado ao retratar a realidade americana, qualquer vestígio de expressividade ao retratar o mundo interior teria arruinado o romance, e com ele o filme. (Por isso talvez seja bom que Fellini tenha fracassado com sua versão barroca.)

Mas como concluir tal obra? Em meados de novembro, Kafka começa a se queixar de que a qualidade do romance está caindo; de repente, mesmo capítulos já concluídos parecem-lhe questionáveis, e ele cancela mais uma vez a leitura que prometera fazer na casa de Baum: "Faltam-me as forças necessárias para tirar essa coisa da lama".[13] A ideia de escrever *A metamorfose* o obriga a deixar o romance de lado por três semanas, e então se acumulam distúrbios de toda sorte. Kafka está cansado e segue arrastando *O desaparecido*, sem convicção. Ele teria preferido jogar o manuscrito pela janela, conforme escreve a Felice Bauer. Mas aí a coisa ganha vida por mais uma noite — "eu poderia e deveria tê-la estendido pela eternidade" — e essa noite o lembra do êxtase que, algumas semanas antes, ele declarou ser pressuposto da literatura.[14] Por um bom tempo, será a última dessas noites.

Felice deve ter ficado admirada com os relatórios diários do trabalho de Kafka. Um tormento só, esse romance. E Brod lhe garantira que alguma coisa naquela obra ofuscava toda a literatura que ele conhecia até então.[15] Será que Kafka não estava mais conseguindo se concentrar o bastante por causa dela, Felice? Às vezes ele se entusiasmava e dizia coisas que levavam a essa conclusão. Em 11 de novembro, aquele dia em que passou abruptamente ao *du*, Kafka havia anunciado a ela que nos dias úteis só lhe mandaria mensagens curtas, "pois quero me dedicar até o último suspiro ao meu romance". E quatro dias depois lhe confessava, "entre nós", que já não escrevia quase nada, pois "tenho tanto a tratar com você, tantos motivos para pensar em você". Soou como uma ameaça.[16]

Kafka deixou registrada e admitiu a influência de Felice Bauer sobre sua obra. Foi a aparição dela que tornou possível o golpe de libertação de *O veredicto*. Por isso lhe dedicou essa narrativa e mais tarde sempre falaria em "a sua história". Mas, excetuando-se alguns ecos com seu nome, que ele só descobre mais tarde e anota meticulosamente, o texto não teria, segundo ele, "a mínima relação" com ela... ao menos até onde ele podia ver, conforme acrescenta com cuidado.[17] Será que ele estava sendo sincero? Não sabemos, mas Felice parece ter deixado a coisa por isso mesmo, sem fazer perguntas importunas.

Bem diferente dos críticos literários, que tornaram a relação entre obra e biografia um campo de batalha metodológico, especialmente no caso de Kafka. Quem estuda hoje essa bibliografia invejará os primeiros leitores de Kafka, que não sabiam quase nada sobre sua vida e ainda podiam ler sua obra como literatura e não como um amontoado de referências e símbolos autobiográficos. Isso acabou em 1936, quando cartas e trechos dos diários foram publicados pela primeira vez, pois logo as várias declarações de Kafka sobre a relação entre vida e escrita, de uma radicalidade sem precedentes, se tornaram marcas identitárias do discurso cultural no Ocidente. Desde então, a *Kafka factory* tem continuamente desmontado, triturado e remontado essas citações. Na maior parte das vezes, são exercícios acadêmicos compulsórios, e só nos casos mais raros é um jogo inteligente com um final aberto.

Hoje já sabemos mais, sem dúvida. A relação entre a vida cotidiana, o mundo interior e a obra artística de uma pessoa está entre os campos de pesquisa mais desafiadores das ciências humanas. Quem lê os textos de Kafka com um olhar aficionado para sua biografia extrairá um quadro geral bastante nebuloso. Até hoje, todas as tentativas de capturar vida e obra ao mesmo tempo são divergentes — tão divergentes, que mesmo as produções mais convincentes nos fazem questionar se biógrafos, ensaístas e estudiosos da literatura estão perseguindo um projeto *comum*.

Isso se deve, antes de mais nada, à imprecisão de nossos conceitos. Frases do tipo "O fato X e a pessoa Y influenciaram a obra Z" ou "A obra Z teve a função X na vida do autor Y" são tão genéricas que deveria ser proibido *deter-se* em tais afirmações. O pior é que elas aparecem aqui e ali, pois quando se trata de uma empreitada científica voltada para fatos reais, descobrir uma "influência" secreta continua sendo um sinal de extraordinária perspicácia. Mas afinal, o que esse conceito significa, "influência"?

Felice Bauer influenciou a obra de Kafka. Isso pode significar que ela o influenciou por ter aparecido em determinado momento, ou simplesmente por existir, ou pelas funções que Kafka lhe atribuiu, ou pelo jogo entre tensão e alívio que ela mantinha em curso. É nesse plano que opera o grande ensaio de Canetti, "O outro processo", que se dedica a esse aspecto *dinâmico* da influência, conforme poderíamos chamá-lo por ora:

> A avaliar os resultados — e que mais temos a nosso dispor para julgar a vida de um escritor? —, o comportamento de Kafka nos três primeiros meses da correspondência com Felice era exatamente o que ele necessitava. Percebera de que carecia, a saber, de alguma segurança à distância, de uma fonte de energia, que não perturbasse sua sensibilidade mediante um contato por demais próximo, de uma mulher que existisse para ele, sem esperar mais da parte dele do que palavras, de uma espécie de transformador [...].[18]

A obra literária aparece como objetivo inquestionável, enquanto a relação humana é apenas um meio de garantir o abastecimento emocional de combustível e manter um bom nível de estímulo criativo. Canetti prossegue dizendo que para Kafka era importante — e ele fazia isso "estreitamente ligado ao amor" — que Felice esperasse alguma coisa dele, afinal ela o havia conhecido como "escritor" no primeiro breve encontro. Entretanto, esse interesse estimulante em sua obra não veio à tona:

> [ele] se dá conta de que o alimento das cartas de Felice, indispensável ao seu trabalho, lhe foi oferecido às cegas. Ela ignorava a quem nutria. As sempre atuantes dúvidas de Kafka tornavam-se avassaladoras. Ele já não tinha certeza de seus direitos às cartas dela, desses direitos que conquistara em momentos melhores, e sua criação literária, essência da sua própria vida, começava a estancar. [...] Com isso teve fim a bênção que para Kafka representara Felice.[19]

A metáfora de "alimento" emprestada de Kafka confere a esse retrato tão simples um quê de verdade. Canetti não consegue explicar por que Kafka ainda levou quase cinco anos para abrir mão dessa mulher, por que parecia precisar de suas cartas para viver, e não só para escrever. Consequentemente, traça a história dessa relação como a história de um declínio, que Kafka só poderia prolongar com autoengano.

Também podemos notar "influências" no *material* literário, a superfície temática, que é parte essencial de todo texto literário. Encontrar os fatos, partículas de experiência e vestígios de leitura que Kafka incorporou à sua obra é responsabilidade do colecionador acadêmico, cujo élan detetivesco é uma atitude iluminista, no melhor sentido do termo. Trata-se de um antídoto contra a veneração de Kafka nos anos 1950 e 1960, e contra a ideia obscura de uma criatividade solitária e genial. Sem dúvida, Kafka era aquilo que se chamava de "gênio" nos séculos XVIII e XIX e de "talento excepcional" no século XX. Mas ele não era tão genial nem tão alucinado a ponto de querer criar seus textos a partir de uma interioridade carente de experiências, "pura", ex nihilo. Pelo contrário: seu modo controlado e refinado de lidar com influências e fatos é o que o qualifica como um autor da modernidade, que pertence à mesma linhagem de Musil, Joyce, Broch e Arno Schmidt.

Kafka fala sempre de uma "profundidade" interior à qual procura ter acesso, a partir da qual espera criar, e nenhum escritor levou tão ao pé da letra essa metáfora típica da criação poética. Em uma observação muito citada, ele diz que *O veredicto* saiu dele "como num verdadeiro parto, coberto de sujeira e muco".[20] Soa como um ato natural de criação, uma potência orgânica e inconsciente. Mas nessa mesma entrada do diário, Kafka começa a procurar por uma "realidade" que poderia ter ficado depositada no texto, e descobre não só conexões entre o nome de Frieda Brandenfeld (a noiva do protagonista) e Felice Bauer, como também a lembrança de um amigo de escola que tinha em mente enquanto descrevia a figura do amigo emigrante. Logo depois de pôr a narrativa no papel, outras relações se fizeram presentes: "é claro" que havia pensado em Freud, em obras de Brod, Wassermann e Werfel, assim como em sua própria farsa familiar, "O mundo urbano".

São indicações raras e valiosas, pois Kafka não seguiu comentando suas obras posteriores dessa forma. Mas são meras migalhas, se comparadas ao monte de achados que a pesquisa em torno de Kafka acumulou desde então. Sobretudo a de Hartmut Binder, um estudioso da literatura que passou décadas buscando pistas e descobriu referências cruzadas o bastante para preencher manuais inteiros. Ele conecta detalhes e datas da vida real de Kafka — o que viu, ouviu, viveu, sonhou, leu — com as menores unidades de sua obra, até entender a estrutura semântica de seus textos. Os dois volumes do *Kafka-Kommentar* (1975-6) de Binder oferecem, só para *O desaparecido*, mais de cem páginas repletas de explicações, que devem mais ser estudadas do que lidas. Em publicações posteriores, o autor ainda apresentaria outras descobertas.

Não há nenhum reparo a fazer ao seu método. Mas sentimos certa apreensão diante dessa diligência toda, a mesma apreensão que Kafka sente em relação a outra forma de explicar as coisas, a psicanálise, "que no primeiro momento é surpreendentemente satisfatória, mas logo estamos com a mesma velha fome outra vez".[21] Toda série de evidências carrega consigo uma promessa de compreensão e esclarecimento que jamais conseguirá cumprir, mesmo que haja um acúmulo de provas substanciais. Indícios da gênese das obras são como sinais no caminho que ajudam o leitor a diferenciar suas próprias fantasias daquelas do autor. Eles não o poupam do esforço da empatia, pelo contrário; a superabundância obstrui o olhar, em vez de ampliá-lo, e no pior dos casos pode até ter um efeito fastidioso e asfixiar todo o pensamento hermenêutico. Do outro lado estão as surpreendentes notas de Walter Benjamin sobre Kafka, que foram escritas sem nenhum conhecimento de sua biografia.

Quem desmembra a obra de Kafka em um amontoado de partículas biográficas acabará querendo interpretar essa obra como autobiográfica. Mas o dilema já começa com a avaliação dos fatos. Será que precisamos mesmo saber *tudo*? Cabe perguntar se leríamos *O desaparecido* de outra forma caso as cartas de Kafka a Felice tivessem desaparecido. É certo que o leríamos de outra forma se não soubéssemos do entusiasmo de Kafka com o teatro iídiche, pois não notaríamos (entre outras coisas) a dimensão dos gestos humanos, que têm um papel tão central em seus romances. Mas o que ganhamos quando descobrimos que em *David Copperfield*, de Dickens, há uma personagem que se parece com um coadjuvante de *O desaparecido*, e que o zelador do prédio na Niklasstraße 36, em cujo último andar Kafka escreveu a maior parte do romance, tinha como ocupação principal a de *foguista* em um hotel?

Quando deslocadas do contexto de pesquisa, que é um fim em si mesmo, tais informações se tornam cômicas, pois são totalmente embotadas se comparadas à inquietação permanente que emana das histórias de Kafka. Elas só acalmam, em vez de oferecer insights. E deixam escapar o verdadeiro enigma que esses textos apresentam, isto é, que apesar de saturados de alusões privadas, eles se sustentam como construções estéticas.

O próprio Kafka esteve diante desse enigma. Infelizmente, só tivemos acesso a suas observações sobre *O desaparecido* a partir das lembranças vagas de Brod. Mas sabemos que ele passou meses refletindo sobre *O veredicto*, que ao brotar como lava assumiu para ele as cores de uma utopia concreta. Embora ele conseguisse determinar com precisão de que lugar de sua vida vinham certos detalhes, não acreditou por nem um momento estar ganhando alguma coisa fundamental com isso. No dia 3 de junho de 1913, ele pergunta a Felice: "Você vê algum sentido em *O veredicto*, digo, algum sentido direto, coerente, que possa ser seguido? Eu não o encontro, e tampouco consigo dar nenhuma explicação a respeito". Ela deve ter devolvido a pergunta: se o autor não entende o que escreve, como é que sua leitora poderia entender? Mas Kafka insiste, alguns dias mais tarde: "*O veredicto* não pode ser explicado. Talvez alguma hora te mostre passagens do diário a respeito. A história está cheia de abstrações inconfessas".[22]

O veredicto tinha uma lógica convincente, era uma história "indubitável", mas Kafka teve de assumir para si próprio que os axiomas dessa lógica eram impenetráveis. Certamente esses axiomas tinham a ver com o aspecto mais íntimo de sua vida, com sua posição dentro da família, com Felice — mas não no nível do material literário ou de algum jogo semiconsciente com "influências" quaisquer ("Como posso querer soldar uma história pulsante a partir de fragmentos?"),[23] e sim em uma camada mais profunda, lá onde o recalcado luta por expressão, onde experiências se misturam a metáforas e símbolos, onde novas formas surgem a partir de formas gastas, onde a própria base emocional balança sob a pressão do mundo exterior, onde todos os horrores do desamparo humano estão reunidos, onde residem a fobia social e a cobiça. Só ali se decide que influências terão algum efeito, quais serão incorporadas, ignoradas ou preteridas. Kafka sempre falou em "escuridão" ao se referir a essa zona, uma escuridão dentro da qual seria preciso escrever, como se estivesse entrando em um túnel.[24] O pensamento segue relutante para tais catacumbas, e talvez Kafka só tenha conseguido *ver* por um único instante o núcleo ardente de sua história. Lá não moravam apenas um deus pai que aniquila seu filho e um filho que se deixa banir da vida, sem vontade própria. Não, outra coisa está passando pela cabeça de Kafka, que ele prefere não escrever para a amada em Berlim, pois tem a ver com ela, uma coisa que ele só consegue confidenciar ao seu diário: "Conclusões extraídas do 'Veredicto' para meu caso. Por caminhos tortuosos, devo a história a ela. Mas Georg sucumbe por causa da noiva".[25]

14. Da vida das metáforas: *A metamorfose*

Strange events permit themselves
the luxury of occurring.
Charlie Chan*

"*As Gregor Samsa awoke one morning from uneasy dreams he found himself transformed in his bed into a gigantic* [...]."** Kafka para, pensa, mas apesar de todos os esforços não lhe ocorre em *que* seu herói poderia ter se metamorfoseado. Ao menos é assim no curta-metragem vencedor do Oscar *It's a Wonderful Life* (1993), de Peter Capaldi. Quando o autor aflito vê uma barata passeando sobre o manuscrito, ele chega à sua ideia decisiva.

Mesmo que não tivéssemos acesso a todos os detalhes biográficos das *Cartas a Felice*, uma coisa seria certa: *não* foi assim que se deu o nascimento de uma das narrativas mais célebres do século XX. Em nenhuma de suas empreitadas literárias, Kafka partiu de um pensamento sem corpo, de uma ideia geral ou do esqueleto grosseiro de uma ação. Ele nunca tratou imagens e metáforas como ilustrações a posteriori, nunca as *buscou*. No princípio — eis a primeira lei no universo de Kafka — está a imagem, e não são poucos os seus textos que podem ser lidos como desdobramentos de uma única e memorável imagem, como demonstração daquilo que uma imagem oferece.

Kafka já estava familiarizado com imagens de pessoas degradadas em animais havia muito tempo, provavelmente desde a infância. Seu pai adorava rechear suas falas de palavrões brutais, e sempre usava essas imagens. A cozinheira, desajeitada, era uma "vaca", o ajudante da loja, tuberculoso, um "cão doente", o filho, que se sujava à mesa de jantar, um "porcão". Apenas um ano antes, Hermann praguejava sobre Isaac Löwy: "Quem se deita com os cachorros acorda com pulgas". Não foi a primeira vez que essa frase

* "Eventos estranhos se dão ao luxo de acontecer." Aforismo tirado do filme *The Chinese Ring* (1947). ** "Quando certa manhã Gregor Samsa acordou de sonhos intranquilos, encontrou-se em sua cama metamorfoseado num [...]." Retirado da tradução de Modesto Carone para *A metamorfose*.

feriu os ouvidos de Kafka, mas foi a primeira vez que ele protestou contra o que ouviu.

Desde cedo, Kafka deve ter associado imagens de animais com a ideia de uma insignificância terrível. Como criança atenta, ele certamente notou que ser bicho era uma maldição, não só na boca do pai, mas também na realidade. Cavalos extenuados ainda faziam parte da paisagem das metrópoles nos anos 1890; os adultos não paravam para pensar nas criaturas que viviam no zoológico e no circo, sem falar no inferno dos matadouros. O animal sofre, mas seu sofrimento não entra na contabilidade moral da história da humanidade. O animal é considerado mudo, porque suas formas de expressão não são consideradas "linguagem". E, sobretudo, o animal não conhece a vergonha: apresenta seu corpo de tal forma que relembra o homem constantemente de sua própria animalidade, e isso é penoso. A consequência é o asco, a repulsa e a violência contra esses parentes demasiado próximos.

Mas os piores são os insetos. Chamar um homem de praga é a maior ofensa que pode haver; tratá-lo como praga, matá-lo sem sequer olhar para ele, sem dar a ele nenhuma atenção, parece impossível, e incompatível com a dimensão comunicativa de cada gesto humano (três anos depois, a guerra química provará que isso é, sim, possível). O extermínio de um inseto, de toda uma espécie de insetos, não significa nada para nós. Esses seres têm um senso de propósito vital que só conseguimos ver como uma coisa negativa, prejudicial, como agressão programada, que dispensa nossos escrúpulos. Anos mais tarde, enquanto Kafka lutava contra sua fobia de ratos, tentou dar uma explicação psicológica — o que não era de seu costume — para esse atavismo, que não tinha relação com nenhuma ameaça real:

> Certamente ele [o medo de ratos] está ligado, assim como o medo de insetos, ao modo inesperado, inoportuno, inevitável, até certo ponto silencioso, obstinado, deliberadamente secreto como esses animais aparecem, à sensação de que eles cavaram as paredes centenas de vezes por todos os lados e ali ficam à espreita, de que, com a noite que lhes pertence e sua miudeza, eles nos são tão distantes, e por isso ainda menos vulneráveis a nós. A miudeza, especialmente, dispara uma importante parcela de medo, a ideia de que pudesse haver por exemplo um animal com o aspecto idêntico ao de um porco, portanto divertido em si, mas que fosse tão pequeno quanto uma ratazana e meio que saísse ofegante de um buraco no chão — é uma ideia terrível.[1]

Essa explicação não é tão convincente, ou ao menos não vale para todo o universo, como Kafka assume. Mas o que importa aqui são os dois adjetivos que quase sempre acompanham suas fantasias com animais, carregando-as de uma tensão característica: "silencioso" e "distante". Como ainda veremos, essas são as duas características que ele mais temia, e que o levaram inesperadamente do medo à identificação com os animais.

Kafka foi tomado pela ideia de *A metamorfose* exatamente no mesmo lugar em que seu herói foi tomado pelo choque da metamorfose: na cama, ao acordar. Era dia 17 de novembro de 1912, um domingo. Ele não estava com vontade de levantar-se, nem de fazer absolutamente nada. Quinta-feira, três dias antes, talvez houvesse sido o dia mais feliz de sua vida, o dia em que a mulher amada o tratara por *du* pela primeira vez; mas desde então ele não recebera mais nenhuma carta de Berlim, nem uma linha, nem um olá. Então ela não devia estar falando tão sério. Caso não chegasse nada até o fim do dia, tudo estaria acabado. Por isso ele podia muito bem ficar na cama e esperar por uma decisão em silêncio. Kafka pensava no seu romance, e sem dúvida já notava a depressão se aproximar; havia duas noites que mais empurrava *O desaparecido* do que se deixava levar por ele. E naquele dia tampouco podia contar com o consolo de Brod, pois desde que voltara de Berlim, onde havia falado com Felice ao telefone, o amigo andava realmente mal-humorado, a ponto de nem sequer responder suas cartas. Para piorar, Kafka havia cancelado o encontro do dia anterior, simplesmente porque dormira até mais tarde, de que adiantava agora pedir desculpas?

Kafka estava deitado de costas e deixava o olhar correr pelas paredes e pelo teto do quarto. Estava frio e de fora vinha uma luz de novembro, turva e cinzenta, como já vinha acontecendo havia alguns dias. À janela gotejava o orvalho. Abandonado por Brod, abandonado por Felice. Ao lado, os sons animados da família, a algazarra na cozinha, o sussurro das saias, o bater de portas da "Fräulein", tudo exatamente como na semana anterior, quando Elli deu à luz seu filho e o entusiasmo que irrompeu no apartamento poupou totalmente o quarto de Kafka, como se fosse uma despensa, como se ele não pertencesse mais àquele lugar. Agora a família estava tomando café da manhã sem ele. Não, Kafka não sairia da cama enquanto uma carta não chegasse, agora eram Ottla e a governanta que precisavam se revezar, subindo as escadas para ver se havia traços do carteiro. Ele não podia dar as caras naquele estado.

O que é que brotou dentro de Kafka nesse momento sombrio e o "pressionou no mais íntimo", conforme escreveu a Felice ainda naquela noite?

A imagem de um eu-besouro deitado em um leito humano? Também. Mas essa não foi uma visão surpreendente, e sim a lembrança de uma ideia extravagante e fugaz. Ele a formulara por acaso, alguns anos antes, na narrativa *Preparativos para um casamento no campo*, que nunca foi concluída. Nesse fragmento, o noivo relutante sonha mandar seu "corpo vestido" para o casamento e permanecer ele próprio impassível na cama — exatamente como sempre fizera, quando criança, diante de "questões perigosas":

> Deitado na cama, tenho a forma de um grande besouro, uma melolonta ou uma vaca-loura, acho. [...] A forma de um grande besouro, sim. Fiz então como se estivesse hibernando e pressionei minhas perninhas contra meu tronco abaulado. E ciciei um pequeno número de palavras, ordens para meu corpo triste, que mal cabe em mim e se envergou. Logo fico pronto, ele se inclina, sai correndo e executará tudo da melhor forma enquanto descanso.

Era um belo truque, e a forma de besouro parecia perfeita para se defender das demais exigências da vida. Um jogo mental, uma piada. Mas como seria se essa forma se revelasse uma doença assustadora, um descarrilamento que conduzisse uma pessoa diretamente para fora da vida? Em 1909, apenas três anos depois de *Preparativos para um casamento no campo*, o autor dinamarquês Johannes V. Jensen fez experiências com essa ideia em sua narrativa *Kondignogen*, metamorfoseando uma pessoa em um animal pré-histórico e atroz — embora talvez se tratasse de um processo interior, de sonho ou alucinação, ou mesmo de um delírio. Kafka certamente teve contato com esse texto, pois alguns detalhes físicos de seu besouro são heranças diretas do "Kondignogen". Mas, no fim, Jensen trazia seu herói de volta para a comunidade humana, e assim se sujeitava a um final fabular, a redenção no encontro com uma garota — e Kafka não acreditava mais nisso naquele momento.

Podemos presumir, portanto, que naquela manhã Kafka estava sendo importunado não pela imagem de um homem se metamorfoseando em animal, que já era sua velha conhecida, e sim pela conclusão de que a metáfora animal — e em especial a do animal insignificante e inferior, com a qual ele só brincara até então — era uma metáfora central para a sua existência. Na obra de Kafka, *A metamorfose* marca o começo de toda uma série de animais pensantes, falantes e sofredores, de cães instruídos e chacais vorazes, toupeiras psicóticas, macacos esclarecidos e ratos presunçosos. Esse tópos tinha raízes que chegavam às escuridões psíquicas mais profundas, e ao mesmo tempo ele era tão flexível, polimórfico e ambíguo, que permitia nuances narrativas praticamente aleatórias.

Essa metáfora era tentadora, sobretudo porque o olhar do animal para o homem é um olhar *de fora* — o único fora animado e imaginável em um mundo sem transcendência. O animal não é uma "parte interessada", conforme Kafka diria mais tarde. Ele é a testemunha muda e vive junto ao homem, não com ele. O que os homens discutem entre si é indiferente ao animal. O corpo é, para o animal, a coisa mais próxima e mais importante. A forma e a vulnerabilidade do corpo determinam a existência do animal. O animal sente a superioridade monstruosa do homem como constrangimento e como medo apenas, sem compreender sua fonte.

Já fazia tempo que a autoimagem de Kafka começava a se aproximar daquilo que ele imaginava ser o ponto de vista de um animal. A metáfora do solteiro não era mais suficiente, precisava de uma radicalização. Pois os traços extravagantes e hipocondríacos que acompanham a solteirice desbotavam quando comparados à estranheza radical que acometia Kafka agora que o encontro com Felice o obrigava a definir sua vida. Era como um "calafrio", aquela sensação de resfriado que Gregor Samsa experimenta como um dos primeiros sinais de seu novo corpo. Esse frio não vinha da solidão; vinha de *ser outro*. "Vivo na minha família", Kafka escreveria um ano mais tarde para Carl Bauer, "entre as pessoas melhores e mais amorosas, mais estranho do que um estranho". E agora isso era mais verdadeiro do que nunca. Pois as duas linhas de fuga — a exterior, que deveria levá-lo a Berlim, e a interior, com os devaneios da ficção literária — direcionavam-no para fora da família.

Precisamos tomar cuidado para não forjar uma sequência lógica a essas ideias e jogos mentais de Kafka. Tais associações, imagens e cenas interiores se impunham a ele como conexões novas, fluidas, a princípio vagamente ligadas umas às outras — até que ele descobrisse uma imagem convincente ou uma metáfora que acolhesse completamente tais conexões e as tornasse passíveis de serem colocadas em palavras. Estranheza, insignificância, exclusão e mudez são ideias que Kafka condensou com tanta clareza na figura do inseto que elas criam uma ressonância violenta na cabeça do leitor. Mas todas essas ideias já tinham um papel importante no mundo interior de Kafka havia tempos, *antes* de ele ter a inspiração literária decisiva. Faltava-lhes apenas uma unidade plástica e associativa, que foi proporcionada a posteriori por tal inspiração.

Assim, em novembro de 1912, Kafka escrevia a Felice em sua longa carta de apresentação: "Minha vida consiste e no fundo sempre consistiu em tentativas de escrita, na maior parte fracassadas. Mas, se eu não escrevesse, deitaria de uma vez no chão, pronto para ser varrido". Quem conhece *A metamorfose* reconhecerá a imagem: "— Morto? — disse a senhora Samsa e ergueu os olhos interrogativamente para a faxineira, embora pudesse verificar por si mesma e até reconhecer tudo sem verificação. — É o que estou tentando dizer — disse a faxineira e para provar empurrou o cadáver de Gregor com a vassoura mais um longo trecho para o lado".[2]* Kafka escreveu isso cerca de um mês depois da carta na qual confessava pela primeira vez à mulher desejada sua paixão por literatura. A imagem lhe parecia tão clara que, aparentemente, ele se agarrou a ela sem levar em consideração a lógica da coisa. Pois a família de Kafka, sobretudo os pais, não o "varreria", e sim o *felicitaria*, caso ele parasse de escrever. A atitude ostensiva de desprezo do pai não se devia ao fracasso das ambições literárias do filho, e sim à própria escrita. Kafka está claramente falando de coisas muito diferentes na essência, o declínio de sua autoestima ("eu") e a humilhação por parte da família ("Gregor"), mas usando a mesma imagem para as duas.

Depois de concluir *A metamorfose*, Kafka insistiria nessa primazia da imagem "correta" em relação a uma reprodução realista das situações. Pois agora ele havia encontrado uma imagem contundente para suas brincadeiras autodepreciativas e para as queixas de estranhamento que desde sempre apareciam no meio de suas colocações. Essa imagem dava àquelas ideias difusas uma urgência física e impactante: Eu, o animal miserável do quarto lúgubre ao lado. Kafka era prudente, e só deixaria Felice Bauer ler *A metamorfose* muito mais tarde. Ela não tinha como saber que ele estava se referindo à ficção que elaborara, e deve ter ficado estarrecida com sua teimosia em se fantasiar fora da comunidade humana:

> Meu verdadeiro receio — talvez essa seja a pior coisa a se dizer e ouvir — é que eu nunca possa te possuir. Que, na melhor das hipóteses, eu fique limitado, como um cão cegamente fiel, a beijar a mão que você me estende distraidamente, o que não será um sinal de amor, mas tão somente um sinal do desespero do animal condenado à mudez e ao eterno alheamento.

* Franz Kafka, *A metamorfose*. Trad. de Modesto Carone. São Paulo: Companhia das Letras, 2018, p. 79.

Caso Felice tenha pensado que o único problema de Kafka era uma fobia sexual (que não lhe devia ser estranha), em breve ela se surpreenderia: "Muitas vezes — e no mais íntimo talvez ininterruptamente — me pergunto se sou um ser humano". E logo em seguida: "Não tenho serpenteado à sua frente há meses como uma coisa venenosa?". Por fim, o clímax, em setembro de 1913: "mais pareço estar deitado no chão, como um bicho com o qual não se pode (tampouco eu posso) lidar nem com conselhos nem com persuasão".[3]

Tais autodepreciações, que soam compulsivas de tanto que se repetem, podem ser atribuídas a grandes decepções na vida de Kafka, sobretudo na relação com Felice — que ele havia interpretado desde o começo como a chance da sua vida, como possibilidade de redenção, e que aos poucos empacava. Por outro lado, a crescente radicalidade de sua expressão metafórica deve-se àquele cenário infernal que Kafka retratou com delicadeza no dia 17 de novembro de 1912 e em várias outras noites sucessivamente, para enfim chamá-lo de *A metamorfose*. A metáfora central do "inseto" concentrava o que Kafka havia vivido; o que viveu depois estaria sob a sombra daquela metáfora: uma clássica retroalimentação entre vida e obra, que talvez não se apresente de forma tão clara na obra de nenhum outro autor de língua alemã. "Escrita autobiográfica", eis a fórmula. Mas essa é só uma parcela da verdade. O outro lado da moeda, que só aparece raramente, é a "vida transformada em literatura". E só a combinação dos dois lados revela a espantosa ressonância entre realidade e ficção, tão característica da obra de Kafka.

A pesquisa sobre *A metamorfose*, particularmente, provou que a escrita de Kafka é "autobiográfica" em um sentido muito direto. E quando Peter Demetz se queixa de que a recepção da obra de Kafka está alcançando, nesse meio tempo, a magnitude "do grupo Shell, mais ou menos",[4] isso pode estar ligado à maneira provocativa como esse autor transformava momentos da própria vida em literatura, que não podia ser mais cifrada. Isso cria uma tentação irresistível para o leitor avançado, que instintivamente quer entrar no jogo; agrada-o que os nomes "Raban" e "Samsa" rimem com "Kafka". Leitores ainda mais avançados ouvem em "Samsa" o eco de "Sacher-Masoch", autor da *Vênus das Peles*, refletida por sua vez na "dama das peles", aquela fotografia num recorte de jornal mencionada com tanta frequência, e que o metamorfoseado defende como sua última propriedade dos dias de humano. Quanto mais conhecemos da vida de Kafka, mais múltiplo e intrincado se torna esse labirinto de referências cruzadas e alusões, e fica cada vez mais difícil distinguir inofensivos resíduos diários dos tijolos realmente significativos e determinantes para a forma. Se Kafka quase acaba com um olho roxo, diante da porta de casa, ao topar contra a maca de um açougueiro, e seis semanas depois esse exato açougueiro sobe as escadas "numa postura altiva", no fim de *A metamorfose* — isso "significa" alguma coisa? Não sabemos, mas podemos especular à vontade se Kafka criou a associação com "carne fresca" de propósito ou sem querer, depois da morte de Gregor, o devorador de resíduos. É um jogo totalmente legítimo, desde que não o confundamos com interpretação.

Outro fato de importância central é que em *A metamorfose* não é o pai, e sim a irmã que profere a sentença de morte de Gregor: "Precisamos tentar nos livrar dele", ela implora ao pai, e como se essa fala não fosse gélida o bastante, Kafka faz um ajuste mínimo que a torna totalmente desumana: "Precisamos tentar nos livrar *disso*". Só a irmã insiste nesse "isso", enquanto o pai continua no "ele" por algum tempo. Essa é uma daquelas catástrofes características de Kafka, pontuais, que se dão quase que dentro de uma única sílaba e com o mínimo esforço comovem ao máximo o leitor. É um princípio de estilo, que marca o ponto onde acontece o evento decisivo.

Para Kafka, devia estar claro que aquela disputa indescritível em torno da fábrica de amianto, quando Ottla se colocou pela primeira vez contra ele e o "abandonou", foi um dos pressupostos biográficos mais elementares de *A metamorfose*. Pois o que ele havia vivido daquela vez ("daquela vez" quer dizer no começo de outubro, menos de seis semanas antes), era uma cena arquetípica de ameaça, cujo desenlace permanecera aberto. A cena logo havia sido abafada por Brod e pela mãe, antes que levasse a consequências concretas, enquanto Kafka seguia a elaborá-la em seus devaneios. Ele não retratou o verdadeiro comportamento de Ottla em *A metamorfose*, e sim levou até o fim, com os meios da literatura, aquela cena interrompida. Talvez para finalmente superá-la, talvez para torturar um pouco a si mesmo e a Ottla, e também para entender melhor as coisas, arejando um pouco as relações travadas e sufocantes da família, cobertas de meias-palavras.

Com a ajuda do manuscrito original de *A metamorfose*, que por sorte foi conservado, conseguimos documentar precisamente em que medida Kafka tinha controle absoluto sobre seu jogo autobiográfico e em que medida isso lhe escapava. É assim que "Gregor", por exemplo, só por esse nome, pode ser reconhecido como parente próximo de "Georg", o protagonista de *O veredicto*. Com certeza isso foi intencional. Mas aí Kafka fica confundindo esses nomes; quatro vezes ele escolhe o errado e depois precisa corrigi-lo, uma vez inclusive deixa um nome errado passar. E a coisa fica pior: Karl, o "desaparecido", que Kafka teve de abandonar por um tempo para escrever *A metamorfose*, se intromete no processo de escrita. Ao menos seis vezes, Kafka escreve "Karl" no lugar de "Gregor". Fica claro que nem sempre ele é senhor da identificação com suas personagens. A distância emocional em relação a elas é grande o bastante para direcioná-las a um destino predeterminado, mas não é grande o bastante para conter totalmente as relações inconscientes entre elas. Vivemos aqui muito de perto o jogo de equilíbrio da produção estética: Kafka consegue se "abrir" o bastante para que o material inconsciente ou pré-consciente emerja para a luz da consciência, onde é então organizado e filtrado. Mas quanto maior a "abertura", quanto mais forte a pressão de "baixo", maior a probabilidade de fragmentos irregulares escaparem da vigilância do autor.

Outra correção espantosa no manuscrito mostra que Kafka codificava aspectos autobiográficos de seus textos com total consciência e esmero burocrático. Trata-se da passagem dos três inquilinos sinistros, que aparecem sempre no mesmo passo, a quem os Samsa, em situação financeira complicada, cedem um quarto. Quando esses inquilinos notam enfim que no quarto ao lado mora um inseto gigantesco, rescindem imediatamente a locação, e o porta-voz dos três acrescenta, com a audácia de que está em pleno direito: "Naturalmente não vou pagar o mínimo que seja nem pelos dezessete dias que aqui passei [...]". Dezessete dias? Tal precisão é incomum e arbitrária, o que Kafka deve ter notado ao revisar essa passagem pela primeira vez. Ainda assim, ele não exclui de vez o número supérfluo, mas o substitui por outro: "vinte e seis". E só no manuscrito datilografado de *A metamorfose*, ao menos seis meses depois, ele decide abrir mão desse dado: "[...] pelos dias que aqui passei [...]".

Um caso misterioso. Dezessete... vinte e seis... o que será que Kafka, em geral tão avesso aos números, pensou naquele momento? A resposta é bem evidente, e não está escondida no texto, mas sim na realidade. Pois se contarmos dezessete dias para trás a partir do dia em que ele escreveu essa frase (e graças a suas cartas a Felice podemos definir essa data com precisão), chegamos ao 17 de novembro de 1912, dia em que Kafka começou a escrever *A metamorfose*. Desde essa data, *de fato*, havia inquilinos imaginários habitando um apartamento imaginário na consciência real de Kafka. *No mais tardar* desde essa data, mas talvez há ainda mais tempo, pois o infortúnio encarnado na fantasia do inseto era um pouco mais antigo. Ele eclodiu no instante em que Felice o repreendeu pela primeira vez, chamando suas colocações de "estranhas", o que arruinou seu senso de pertencimento e suas fantasias simbióticas. Kafka fez um novo cálculo, talvez tenha até pegado o calendário nas mãos: 26 dias haviam se passado desde aquela carta.

Vemos aqui Kafka entre dois impulsos: por um lado, o desejo de retratar a intersecção entre vida e literatura com fidelidade e consciência; por outro, a convenção literária, que não permite detalhes arbitrários e irrelevantes. A exigência estética prevaleceu, como quase sempre em sua obra. Mas aquela intersecção, aquela conjunção de fantasia e realidade continuou sendo um impulso poderoso, e Kafka não queria nem conseguia diferenciar aquilo que estava acontecendo com ele daquilo que ele arquitetava. Uma passagem decisiva de *A metamorfose*, poucas horas antes da morte de Gregor, diz: "Seu último olhar [*Blick*] percorreu a mãe". Kafka começa a frase com um ato falho espetacular: "Sua última carta [*Brief*] [...]". Ele deve ter tido um sobressalto ao se dar conta e voltar da realidade para a literatura.

Para o entorno imediato de Kafka, e sobretudo para Ottla e Max Brod, a relação entre suas fantasias literárias e as circunstâncias reais de sua vida era palpável. Ao ler *O veredicto*, Ottla notou que o apartamento ali descrito era parecido demais com o deles. Kafka negou veementemente: "Assim nosso pai teria que viver na privada". (Pensando em termos psicanalíticos, ele estava oferecendo uma bela confirmação, afinal *O veredicto* trata de um pai esquecido antes da hora.) No caso de *A metamorfose*, era bem mais difícil negar a proximidade com a realidade, e anos mais tarde Kafka confessaria a Gustav Janouch que se permitira uma "indiscrição" ao criar uma narrativa "sobre as pragas da própria família".[5] Friedrich Thieberger, professor do Gymnasium em Praga que mais tarde ensinaria hebraico para Kafka, lembra-se de um encontro que revela o quanto Kafka estava identificado com o enredo, vivendo-o como se fosse real. O que ele narra só pode ter se passado depois da publicação de *A metamorfose*, talvez no final de 1915 — e mesmo assim Kafka não parecia ter voltado completamente ao mundo dos mortais:

> Uma noite, eu e meu pai tínhamos acabado de fechar o portão quando Kafka chegou com minhas duas irmãs, que ele acompanhava até nossa casa. Meu pai havia lido *A metamorfose* alguns dias antes, e embora Kafka se escondesse atrás de um sorriso frio quando alguém falava sobre seus trabalhos, ficou feliz em ouvir algumas palavras de meu pai sobre essa metamorfose

de um homem em um inseto. Então Kafka deu um passo atrás e disse com uma seriedade assustadora, balançando a cabeça, como se estivessem falando de um acontecimento real: "Mas isso foi uma coisa terrível".[6]

A metamorfose contém muitos outros enigmas que só podemos entender quando conhecemos a vida de Kafka em detalhes, e talvez o autor tenha incluído alguns elementos autobiográficos cuja chave se perdeu para sempre. Pois o verdadeiro segredo dessa narrativa não é seu subtexto autobiográfico, mas sim sua superfície lisa e polida. *A metamorfose* dispensa comentários de apoio, ela surte efeito e convence por si só, parece fechada em si mesma, perfeita. Mesmo que não soubéssemos absolutamente nada sobre o autor, sem dúvida ainda faria parte do cânone da literatura mundial, e seu efeito imenso, que transcende grandes barreiras culturais, comprova a autonomia desse texto que já tem há muito tempo sua própria história.

Será que *A metamorfose* sobrevive como uma visão onírica e universal, uma fantasia coletiva independente da realidade? Certamente não. Basta imaginar o que aconteceria caso Kafka não tivesse ambientado o enredo da narrativa em seu próprio meio pequeno-burguês, mas sim na burguesia intelectual ou na aristocracia: essa história seria inverossímil e impossível, embora ela trate, é claro, de algo *em si* impossível. A consequência é paradoxal, mas inevitável: aquilo que se passa em *A metamorfose* nos parece mais possível no seio de uma família pequeno-burguesa do que em qualquer outro lugar. E um leitor japonês que conheça distinções sociais comparáveis, ainda que não idênticas, vivenciará a coisa toda mais ou menos como um europeu. Parece que a condição da "pequena burguesia" não foi criada por culturas isoladas, e sim pela história universal.

O primeiríssimo impacto de *A metamorfose* sobre o leitor desavisado é universal: o horror. Um inseto do tamanho de uma criança é uma ideia terrível, e Kafka aproveita todas as chances para intensificar esse choque dentro de sua moldura narrativa. Quando ele faz o inseto rastejar pelas paredes e pelo teto, não está só demonstrando o quanto Gregor está distante de sua vida humana pregressa, como também mantendo o pavor do leitor desperto. Os detalhes físicos teimam em retornar, suscitando asco e impedindo o leitor de sublimar seu pavor e desfrutar de *A metamorfose* como a história de uma sublime catástrofe *espiritual*. Não é nenhuma surpresa que o próprio Kafka, ao tomar distância, tenha considerado sua obra "excepcionalmente repugnante", antes de ela ser concluída.[7]

O horror é um recurso comum do gênero fantástico. E. T. A. Hoffmann e Poe deram ao horror o status de literatura, e no entorno de Kafka, Alfred Kubin (*Die andere Seite* [O outro lado], 1908) e Gustav Meyrink (*O Golem*, 1915) estavam testando efeitos semelhantes. Ainda assim, não ocorreu a ninguém reunir Kafka, Kubin e Meyrink em uma nova corrente austro-húngara do gênero fantástico. A linguagem de Kafka proíbe isso de cara, por permanecer sempre à mesma distância dos acontecimentos, sem soar forçada ou afetada. Mesmo para os terrores mais extremos, Kafka sempre encontra a expressão mais simples. Além disso, os momentos de atrocidade têm um papel bem mais modesto no conjunto de sua obra do que sua imagem popular entre não leitores faz crer; só em *Na colônia penal* ele voltará a recorrer amplamente a essa ferramenta.

Quando o leitor se acostuma ao pavor físico de *A metamorfose*, abre-se para ele uma camada mais profunda, na qual o terror adquire uma tonalidade trágica. Sem dúvida, estar preso a um corpo desfigurado é um dos pesadelos mais recônditos e antigos da humanidade: um destino tão irrevogável quanto a morte, mas sem seu consolo. Muitas vezes, a literatura abraçou esse tópos, provavelmente porque ele pode ser combinado com o motivo do amor trágico e irrealizável. Quando Gregor, apesar de sua aparência terrível, sonha em passar um tempo ao lado de sua irmã, reconhecemos o famoso motivo da fábula da *Bela e a fera*: o espírito de um homem envolto por uma casca monstruosa, condenado para sempre a venerar a mulher à distância. O Quasímodo corcunda de Victor Hugo (em *O corcunda de Notre-Dame*) e o *Fantasma da ópera* de Leroux (escrito apenas dois anos antes de *A metamorfose*) são sem dúvida parentes distantes de Gregor.

É claro que é difícil imaginar essas personagens, que há muito fazem parte do inventário da cultura pop, ao lado de Gregor. Pois seu fado não é só a terrível metamorfose — que seria material parco para uma narrativa —, mas antes e sobretudo sua dificuldade de entender o que está acontecendo. Gregor pensa e age como uma criança com uma doença incurável, para quem o sentido da palavra "incurável" é um mistério. Ele se agarra com uma lealdade infantil a relações que se revelam espúrias no momento em que são postas à prova pela primeira vez. Sem esse contratempo estúpido, tudo estaria na mais perfeita ordem, e mesmo depois de *tudo* o que aconteceu ele tenta não deixar passar nenhum pensamento negativo (isto é, verdadeiro), seguindo a máxima pequeno-burguesa "tudo ficará bem". *Ele não entende.* Nas primeiras páginas, pode até ser divertido ver Gregor tentando se convencer de que sua nova forma é uma consequência temporária de seu esgotamento. Mas o leitor logo será obrigado a constatar que esse "herói" não cresce com a experiência, que seu infortúnio é grande demais para o estreito horizonte emocional e espiritual de sua vida.

Em uma palestra sobre o autor norte-americano Nathaniel Hawthorne, Borges defende a tese de que sua *short story* "Wakefield", de 1835, prefigurava o mundo de Kafka — e não pelo absurdo da trama (um homem deixa sua esposa sem motivo aparente, continua vivendo por vinte anos na vizinhança sem ser reconhecido, e volta também abruptamente), mas sim pela "profunda *trivialidade* do protagonista, que contrasta com a magnitude de sua perdição".[8] Essa frase atinge o cerne de *A metamorfose* e determina sua modernidade. Ao mesmo tempo, marca o passo radical de Kafka para além de *O desaparecido*: o jovem Karl Roßmann, a princípio tão ingênuo, mostra certa capacidade de evolução e mesmo astúcia, o que ajuda o leitor a se identificar com ele. Gregor Samsa, por sua vez, está amordaçado e cercado de todos os lados. É um homem sem rosto entre um exército de funcionários (é impossível imaginá-lo *antes* da metamorfose), submisso aos superiores e aos pais, sem sucesso profissional e sem perspectivas, de hábitos simples, vida afetiva rasa e desejos sexuais meio sufocados, que flertam com o masoquismo. Um homem que fica feliz em saldar as dívidas do pai e que, depois de ser chutado para fora, considera esse chute razoável. No fim ele morre "tranquilo o bastante e reconciliado com todos",[9] seu cadáver é "jogado fora" com o resto do lixo, e ele certamente aprovaria se soubesse que sua família deixou-se levar por um alívio quase imperturbável.

O leitor também se sente aliviado. Ele tem de confessar a si mesmo que essa existência (que gera compaixão, mas não simpatia) é supérflua, e talvez sempre tenha sido. Propositalmente, o fim de *A metamorfose* leva o leitor a uma atitude desumana e insensível que ele evitaria na vida real, e sem dúvida os leitores contemporâneos (que ainda não sabiam que pessoas podiam de fato converter-se em lixo) sofreram com essa condenação moral. Kafka não deve ter gostado de abrir o *Prager Tagblatt* em junho de 1916 e descobrir ali um breve texto em prosa de estilo desajeitado sobre o retorno de seu herói da lata de lixo para a comunidade humana: *Die Rückverwandlung des Gregor Samsa* [A metamorfose inversa do Gregor Samsa].[10] Alguém não suportara os próprios sentimentos contraditórios e deprimentes ao ler sobre o fim de um homem tão medíocre, e simplesmente anulou esse fim, sem nenhuma consideração pela verossimilhança literária. Kafka conhecia o autor: chamava-se Karl Müller e publicava sob o pseudônimo Karl Brand. Era um jovem escritor expressionista que vivia nas condições mais precárias no Kleinseite, o bairro inferior de Praga. Não sabemos se Kafka teve a oportunidade de lhe prestar esclarecimentos sobre *A metamorfose*, mas é pouco provável. Brand sofria gravemente de tuberculose, já nem conseguia sair de casa e morreu poucos meses depois, aos 22 anos.

Kafka parece não ter escrito nenhuma palavra naquela manhã nublada de novembro, quando foi tomado pela ideia de *A metamorfose*, que permaneceria com ele por horas. Ele confiou na memória e fez aquilo que seu herói teve de negar a si mesmo: continuou na cama. E ali queria permanecer até que Ottla anunciasse uma correspondência de Berlim. Justo naquele dia, entregaram na casa dos Bauer o buquê de flores que ele havia encomendado, com uma breve carta sem forma de tratamento e sem assinatura. Ele quis ser inteligente, evitando tanto o *du* quanto o *Sie*, até que ela optasse por um dos dois. Que bobo isso ia parecer agora. E sem dúvida eles estavam preocupados com outras coisas em Berlim. Era o aniversário da sra. Bauer, a mãe, e no dia seguinte seria o da própria Felice. Provavelmente havia um vai e vem de parentes por lá, e os Bauer não queriam nem podiam explicar as rosas a eles.

À noite, Kafka escreveria a nova história, que por muito tempo ele acreditaria ser uma "historinha". Se lhe fosse concedida só mais uma noite como aquela em que *O veredicto* fluíra para o papel... ele ansiava por "duas sessões de dez horas" para escrever *A metamorfose*, "com no máximo uma interrupção"; só então a história teria "seu fôlego e furor naturais".[11] E, enquanto isso, manter *O desaparecido* com vida por mais um tempo. Mas Kafka estava bastante enganado quanto à energia que o novo enredo exigiria dele, e caso soubesse que *A metamorfose* o manteria quase três semanas afastado de seu romance, talvez tivesse desistido dessa empreitada. Agora que ele estava havia dias sem dormir, triste, abandonado, não tinha a obrigação de agarrar a única coisa que justificava seguir vivendo?

Kafka continuava à espera, desperdiçando suas preciosas horas livres. Enfim, quando já passava das onze, o sinal desejado chegou à porta. Uma carta de Berlim, dela.

Para Felice Bauer, essa manhã de domingo também foi um evento, mas diferente do que Kafka imaginava. Se ele não conseguia sair da cama, ela nem havia se deitado. Sua cama estava intacta. Ela havia passado a noite toda fora, dançando, e só chegara em casa às sete da manhã. E como as festividades e visitas daquela data exigiam que a casa estivesse toda arrumada, Felice não podia nem pensar em descansar. Ela trocou de roupa, tomou café da manhã e se pôs a trabalhar. A mãe estava furiosa, mas não faria uma cena bem no seu dia. Tanto melhor; assim Felice podia mostrar a ela que aos 25 anos ainda era possível aguentar uma noite inteira dançando. Mas não seria fácil. Aquele seria um domingo longo, muito longo.

Quando, na noite seguinte, Felice finalmente afundou na cama, à uma da manhã, talvez ainda tenha pegado aquele cartão estranho que lhe entregaram durante o dia, acompanhado de um buquê de flores. A frase ali escrita parecia vir de outro planeta: "O mundo exterior é pequeno demais, inequívoco demais, verdadeiro demais para aquilo que cabe dentro de um único homem".[12] Ela também tinha consciência disso, às vezes. E enquanto adormecia, uma pena corria sobre o papel, em Praga. Uma grande narrativa começava.

A irmã mais nova de Kafka, Ottla, 1910.

Os pais de Kafka, Julie e Hermann, c. 1912.

Acima, à esq., Max Brod, 1914.

Acima, à dir., Isaac Löwy.

Abaixo, Kurt e Elisabeth Wolff, 1912.

Ex-líbris de Felice Bauer.

Felice Bauer.

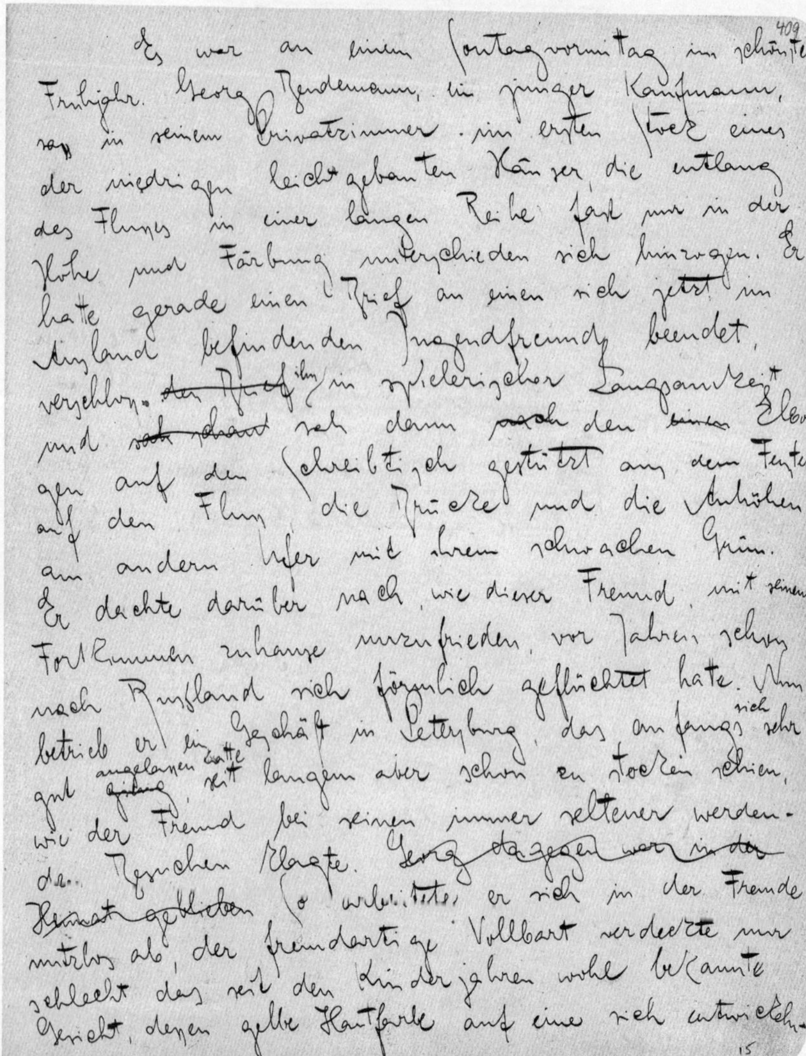

409

Es war an einem Sonntagvormittag im schönsten Frühjahr. Georg Bendemann, ein junger Kaufmann, saß in seinem Privatzimmer im ersten Stock eines der niedrigen leichtgebauten Häuser, die entlang des Flusses in einer langen Reihe fast nur in der Höhe und Färbung unterschieden sich hinzogen. Er hatte gerade einen Brief an einen sich jetzt im Ausland befindenden Jugendfreund beendet, verschloß ihn in spielerischer Langsamkeit und sah dann den Ellbogen auf den Schreibtisch gestützt aus dem Fenster auf den Fluß, die Brücke und die Anhöhen am andern Ufer mit ihrem schwachen Grün. Er dachte darüber nach, wie dieser Freund, mit seinem Fortkommen zuhause unzufrieden, vor Jahren schon nach Russland sich förmlich geflüchtet hatte. Nun betrieb er ein Geschäft in Petersburg, das anfangs sich sehr gut angelassen hatte, seit langem aber schon zu stocken schien, wie der Freund bei seinen immer seltener werdenden Besuchen klagte. So arbeitete er sich in der Fremde nutzlos ab, der fremdartige Vollbart verdeckte nur schlecht das seit den Kinderjahren wohlbekannte Gesicht, dessen gelbe Hautfarbe auf eine sich entwickeln-

15

Primeira página manuscrita da narrativa *O veredicto*.

Franz Kafka, 1910.

A metamorfose, desenho de capa de Ottomar Starke.

15.
O medo de ficar louco

Para ele se tratava sempre
de uma nova busca de estabilidade
na perda frequente dela mesma.

Robert Walser, "Erich"

"O que você vai fazer nas férias de Natal?" Kafka vira essa questão se aproximar. Ele próprio andava pensando nos próximos feriados, pois estava precisando de repouso, de algumas horas de descanso para se dedicar totalmente ao romance e, ao mesmo tempo, recuperar um pouco do sono atrasado. Desde a volta das férias de verão, depois daquela maravilhosa noite de setembro que ele passara em claro escrevendo, ele só conseguira barganhar um dia livre, e desde então não ousara repetir aquela façanha. Então Kafka se consolou pensando que ainda lhe restavam três dias de férias em 1912 — seu capital mais valioso naquele momento, que ele só gastaria depois de ponderar com muita calma.

O Natal estava com uma boa configuração naquele ano, o primeiro feriado caía numa quarta-feira, e assim era bem possível conseguir uma semana inteira longe do escritório. Kafka queria dedicá-la ao *Desaparecido*, isso já estava decidido havia muito tempo. Sua esperança inicial de concluir o romance ainda naquele ano só diminuía — *A metamorfose* já o havia apartado demais do "verdadeiro" trabalho. Mesmo assim, ele continuava decidido a reavivar sua obra principal, que estava emperrada, reunindo toda a sua concentração.

Mas rever Felice não seria muito mais urgente? E *deixar-se ver* por ela? Sem dúvida, trocar fotos era um prazer pueril e picante. Cada imagem que ele recebia de Berlim reforçava a lembrança da aparência dela, com cores novas e mais matizes. Mas Felice sentia que estava folheando o álbum de retratos de um desconhecido, e não podia fazer nada além de imaginar a voz e o gestual de Kafka a partir dos instantes capturados pela câmera. Para Kafka, a expressão corporal de Felice ficara profundamente registrada, desde o princípio. Já Felice mal conseguia imaginar Kafka em movimento, quanto mais lembrar de sua presença física três meses depois daquele encontro breve e convencional.

Segundo Canetti, isso só pode ter sido bom para Kafka. Por que ele teria falado de sua visível magreza em sua longa carta de apresentação do dia 1º de novembro, se não com a intenção de deixar seu corpo desde o princípio "fora do jogo"? Mas Canetti escreve, com um meneio de cabeça: "O amor requer peso, trata-se do corpo. Ambos precisam estar presentes. Um não corpo a solicitar amor tornar-se-á ridículo".[1] Muito bem. Mas se um corpo magro é um não corpo, o espanto de Canetti valeria ainda mais para Max Brod, que, mesmo com uma deficiência física, escreveu para Felice Bauer apenas duas semanas mais tarde, na completa inocência, que Kafka tinha "um corpo fraco em si". Na era do fitness, tal comentário seria considerado uma traição.

Para a sorte de Brod, essa interpretação não é nada convincente. Kafka falou tão cedo do seu corpo para essa mulher desconhecida, em um momento tão inadequado, que seríamos obrigados a falar em indiscrição. Mas esse corpo é tão dominante em sua autoimagem que seria impossível criar uma verdadeira "ideia" de sua pessoa sem se referir a ele. Ocasionalmente, o exibicionismo latente de Kafka nos surpreende, como ocorre quando observamos pessoas hipocondríacas em geral. Mas o fato é que a identidade do hipocondríaco está concentrada em seu corpo. Ao escondê-lo, ele renega a si próprio.

Se com essa loquacidade ele chama a atenção das pessoas em eventos sociais, se ele soa impertinente ou não, isso depende de como eram as conversas em seu tempo. Kafka vivia em uma sociedade patriarcal, na qual a corporeidade podia assumir duas condições radicalmente distantes: o corpo da mulher era *carne*, o do homem, um órgão, uma ferramenta, uma espécie de acessório cujo aspecto erótico só resplandecia em uniformes militares de pavão. Desde que a coisa não se tornasse indecente, podia-se discorrer sobre *esse* corpo em público, e não era raro que homens falassem de seus problemas físicos, como se as mulheres presentes fossem todas enfermeiras. Isso explica a naturalidade de Brod: era inimaginável que ele falasse da sexualidade de seu amigo para Felice Bauer, mas não *sobre* o corpo dele, o que era totalmente diferente.

Era fácil de entender por que Kafka temia uma viagem a Berlim. O motivo mais banal era o medo do "fracasso" sexual — um medo não de todo infundado. Por mais insuportável que fosse a ideia de satisfazer seus "desejos sexuais" e "afetivos" em dois universos diferentes durante toda a vida, ele não conseguia fazer com que os dois se tornassem um só no momento oportuno. Por ora, seu desejo ainda não havia sido desperto, não era disso que se tratava. Na verdade, era até bom não ter de importunar Felice nesse sentido, e não dava para esperar mais do que alguns encontros inocentes em Berlim. Ainda assim, a coisa podia se tornar bem desgastante. Esses encontros não poderiam acontecer *secretamente*, pois Felice era comprometida demais com a família para isso, e tampouco *abertamente*, pois nesse caso ela teria que apresentá-lo formalmente em casa — uma pessoa que ela própria mal conhecia, e que a mãe já odiava só por causa das cartas. Era uma situação complicada, que podia facilmente sair do controle. Kafka tinha a sensação de que as idealizações que foram crescendo e sendo acalentadas ao longo dos meses estavam sendo seriamente ameaçadas pelos obstáculos prosaicos que esperavam por ele em Berlim.

Ele tinha medo de entrar em cena, medo de estragar tudo com sua inabilidade, de pôr tudo a perder. Afinal, ele não sabia em que estado chegaria lá. E mesmo que o primeiro encontro transcorresse bem, depois das experiências dos últimos tempos, não havia garantia nenhuma de que a depressão, quiçá desencadeada por alguma palavra de Felice, não o confinaria já no dia seguinte à solitária cama do hotel. Não eram mais os "estados" nervosos que ele havia confessado em sua segunda carta, com humor e resignação; eram oscilações de humor que o lançavam de uma hora para outra de um extremo ao outro, que o levavam à margem da dissolução. "[...] não vou sofrer, se não vier nenhuma carta", ele assegurou, depois de ela ter correspondido ao seu *du*, e dois dias depois já dizia "querida, não me torture assim!", quando as palavras de conforto de Felice, mais ansiadas do que nunca, não vieram.[2]

Não há dúvidas de que Kafka se sentia extremamente ameaçado por essa crescente perda de integridade emocional. Ainda que não tenha sido preservada nenhuma entrada de diário daquele tempo — que tempo Kafka teria para escrever um diário? —, ele manteve seu antigo vício da auto-observação, e essas observações o faziam se perguntar se ele não estaria "doente" por estar pensando aquelas coisas. Pela primeira vez na vida, Kafka estava com um receio fundado de ficar ou de já estar louco. E a esse receio se misturava, de modo indistinguível, certa expectativa de que logo notariam essa sua loucura.

"Agora vou lhe fazer um pedido que vai soar realmente disparatado, e eu não o julgaria de outra forma caso fosse eu a ler esta carta." Essa frase é do dia 11 de novembro de 1912, e pouco depois ele chama Felice de *du*, do nada, depois de ter pedido que eles se escrevessem só uma vez por semana. Três dias depois, Kafka já não estava mais tão certo de que só *soava* disparatado: "Mas me diga, como você sabe que o que eu te escrevi aqui e ali nos últimos tempos foi tormento e não insanidade? Afinal, parecia muito a segunda opção [...]". Kafka acaba desistindo até mesmo desse distanciamento improvisado de si mesmo e passa a falar em "dor disparatada", em "insanidade das muitas cartas", em "mania de perseguição" e em "proximidade insana". Os pais de Felice deviam considerá-lo "próximo da insanidade", e isso com razão, pois "Há algo de manicômio em minha vida". Meses depois, ele inclui a constante "proximidade da loucura" entre os sofrimentos que, a longo prazo, serão impossíveis de suportar sozinho. Pensar que quem está "próximo da loucura, e portanto às margens de sua existência" tem, justamente por isso, "uma visão completa de si mesmo"[3] era um consolo duvidoso.

Na obra de Kafka, esse jogo obstinado com as variações de um conceito aparece muitas vezes como sinal de um trabalho reflexivo intenso, e não importa tanto se uma frase isolada deve ser entendida ao pé da letra, irônica ou taticamente. A melodia é decisiva, não a nota. E essa melodia era nova, ela não girava mais em torno de metáforas, nem da tolice da existência de solteiro ou da vida dupla entre o escritório e a literatura. No ano anterior, Kafka queixava-se para o seu superior de que a única provável saída para a literatura fosse a insanidade.[4] Dessa vez, era uma ruína verdadeira e irreversível.

O medo da loucura é um fenômeno recorrente entre artistas, escritores e intelectuais, ainda mais difundido entre aqueles que assumem posições estéticas de exposição. Kierkegaard conheceu esse tormento, assim como Georg Heym, Peter Altenberg, Robert Walser e Wittgenstein. "Me diga que não estou louco", rogava Georg Trakl em uma das horas mais sombrias de sua vida, e isso não era retórica.[5] Strindberg provou que é possível ultrapassar o limite e voltar; Nietzsche, ao contrário, sucumbiu ao turbilhão do "desarranjo mental", o que deve ter inquietado Kafka profundamente já nos anos de escola. Quem sabe houvesse um significado oculto na sua escolha de *Tasso*, de Goethe, como tema de uma apresentação.

Mas, agora que a coisa tinha ficado séria, ele não precisava mais recorrer a esse tópos tão raso que aproxima a criatividade da loucura; a psicologia da época já tinha coisas melhores a oferecer. A noção de que não há uma fronteira clara e bem definida entre normalidade e doença mental ainda era muito discutida, mas não mais contestada seriamente. Todos podiam observar em si próprios os "atos falhos" de Freud, um assunto em voga nas conversas dos cafés literários de Praga e Viena, e esses descarrilamentos pontuais da mente provavam que, mesmo por trás da consciência do homem mais saudável e equilibrado, estavam à espreita forças psíquicas incontroláveis, que podiam emergir a qualquer momento. Qualquer um que tivesse lido os trabalhos de Freud sabia como a teoria psicanalítica era persuasiva ao usar eventos patológicos para inferir o funcionamento "normal" das instâncias psíquicas — como se o normal fosse apenas um limite ideal do patológico.

Sem dúvida, essas eram ideias com as quais Kafka estava familiarizado havia muito tempo — ainda que ele conhecesse "pouco, infelizmente", de Freud, conforme havia admitido a Willy Haas naquele mesmo verão, mas "muito de seus discípulos".[6] No meio burguês-intelectual do pré-guerra, todos sabiam que a consciência estava perdendo poder nas mãos de Freud. É claro que isso não bastava para entender como lidar com as formas concretas de doença mental dos pontos de vista prático e ético. Pouco se havia caminhado no sentido de entender o segredo do delírio — ou do *sistema* delirante —, por mais que a psicanálise expandisse sua porta de acesso. O delírio podia irromper como uma força da natureza (*Rei Lear*, de Shakespeare), ou na forma de uma ideia fixa lastimável (*O duplo*, de Dostoiévski). Em todos os casos, essa postura radical era resultado de uma consistência extrema, que podia ser vista como uma conquista, suscitava certa timidez e, por mais que atrelasse o sublime e o risível, não podia ser descartada como mera deficiência.

Freud só lançou as bases para a questão da paranoia relativamente tarde, no verão de 1911. Sua tentativa de analisar o mecanismo da formação delirante no célebre caso do presidente do Senado, o advogado dr. Daniel Paul Schreber, é considerada hoje inadequada e até mesmo duvidosa em muitos aspectos, sobretudo porque Freud arriscava pela primeira vez uma explicação tendo como base exclusivamente depoimentos escritos, sem jamais ter encontrado o paciente. Embora seja necessária, essa ressalva não afeta a tese central para a qual aponta seu estudo, que segue válida como insight antropológico. A tese diz que o colapso de um mundo interior consistente e condizente com a realidade, que em geral equiparamos ao delírio, na verdade o precede. A catástrofe em si permanece invisível, e o que vemos não é o declínio, mas sim a ressurreição do doente, que ergue um novo mundo a partir das ruínas do antigo. O próprio Freud sublinhou a frase decisiva: "*O que consideramos produto da doença, a formação delirante, é na realidade tentativa de cura, reconstrução*".[7]

Kafka não deve ter tido contato com esse trabalho, que à época só podia ser lido numa publicação especializada da medicina. Ainda assim, algo indica que ele distinguiu instintivamente os dois lados da loucura — a desintegração do eu e sua reconstrução, que na obra de Freud se sucedem como duas fases —, e reagiu de modos muito diferentes a eles. Pessoas com ideias fixas pronunciadas não infundiam nele nem pavor nem repulsa, mesmo quando o limite da loucura já havia sido claramente ultrapassado. Pelo contrário, ele observava a autoconfiança e a força das convicções irradiadas por tais doentes com curiosidade e admiração. Quando, em fevereiro de 1912, um desconhecido o abordou na rua, pedindo por conselho jurídico — ele se sentia vítima de plágio —, Kafka anotou o longo diálogo com o "recitador", que estava claramente tomado por um delírio de referência, nos mínimos detalhes e com grande empatia. Por duas noites ele se ocupou do incidente, no diário, e parece que chegou a fazer suas próprias investigações, pois soube que seu novo amigo havia sido "internado no hospício" já no dia seguinte ao encontro. Diante desse envolvimento todo, sua conclusão soa enigmática: "como é refrescante conversar com um louco varrido". É refrescante sentir a própria agilidade e integridade mentais ("Quase não ri, o episódio apenas me despertou por completo"), e pode ser revigorante ouvir uma alma inocente, nada atormentada pela falta de autoconfiança, para se identificar um pouco com ela.[8]

Isso também vale para o peculiar encontro com Johannes Schlaf em Weimar, poucos meses depois. Schlaf, o vanguardista, uma celebridade em decadência, àquela altura nos seus cinquenta anos e pouco produtivo como escritor, estava totalmente mergulhado em uma cosmologia geocêntrica criada por ele próprio, cujo triunfo inevitável lhe traria nova e ampliada fama (assim ele esperava). Os visitantes de Praga, que o escutavam com educação, sabiam que aquilo tudo era nonsense e que Schlaf só queria dar-se ao ridículo. Mas a descrição que Kafka faz em seu diário de viagem elimina toda distância, como seu relato anterior sobre o recitador de Praga, e Kafka fala com a voz do interlocutor, sem o mais sutil traço de ironia:

> Seu pequeno telescópio de quatrocentos marcos. Não precisa dele para sua descoberta, nem da matemática. Vive em completa felicidade. Seu campo de trabalho é infinito, considerando-se que, uma vez reconhecida, sua descoberta terá enormes consequências em todas as áreas (religião, ética, estética etc.), e ele naturalmente será chamado primeiro para avaliá-las.[9]

A alegria da identidade indene. É como se Kafka invejasse o delírio metódico, justamente por sua estabilidade e incontestabilidade. Ele, que era seletivo ao lidar com as pessoas, e podia ficar tão entediado com o falatório espirituoso dos literatos a ponto de evitar os cafés, admirava agora a agitação de uma mente extraviada. Era uma mente tapada, mas autossuficiente, que já não dependia do incentivo de ninguém.

A tolerância de Kafka em relação ao sectarismo mais ingênuo, com o qual ele sempre deparava durante suas estadias em sanatórios naturistas, obedecia ao mesmo impulso. Um exemplo característico foi aquele encontro com um agrimensor cristão na estação Jungborn, poucos dias depois da memorável visita a Schlaf:

> Estou deitado na grama quando o da "Comunidade Cristã" (alto, belo corpo, bronzeado, barba pontuda, aspecto feliz) sai de seu posto de estudo para o vestiário; sigo-o inadvertidamente com os olhos, e, em vez de retornar para seu posto, ele vem em minha direção; fecho os olhos, mas ele já se apresenta: "Hitzer, agrimensor", e me dá quatro textinhos como leitura dominical. [...] Leio um pouco, depois volto a ele e tento deixar claro, inseguro por causa do respeito que lhe tenho, por que, no momento, a graça é, para mim, uma perspectiva inexistente. Ao que ele, então, me fala por uma hora e meia [...] com um belo domínio de cada palavra, só possível quando se é verdadeiro. O Goethe infeliz, que fez infelizes tantas existências. Muitas histórias. Como ele, Hitzer, proibiu o pai de falar, quando este blasfemou contra Deus em sua casa. [...] Ele vê em mim que estou perto da graça. — Como interrompo suas demonstrações e o remeto à voz interior. Bom efeito. —[10]

Mesmo que essas notas sejam dirigidas exclusivamente a Brod, Kafka não se deixa levar pela distância irônica. Ele sabe aplacar as exigências dos outros, como havia feito com o recitador, e assim evitar toda ofensa. O agrimensor cristão não poderá ter nada contra a voz interior, ainda que isso não o vá impedir de fazer outras tentativas de catequização. "Bom efeito", escreve Kafka, e se ele passa os olhos pelos textos, certamente não é com a intenção de se deixar despertar. Mas o tom de simpatia é inequívoco, e mais uma vez aparece a palavra "feliz"; fala-se até em "respeito" e "verdadeiro". Kafka parece extasiado, ele acredita muito nesse Hitzer, com certeza mais do que no erudito dr. Schiller, que com seu ateísmo e seus estrangeirismos "faz triste figura" frente aos salmos de Hitzer. E essa confiança no poder das convicções mais simples não é um estado de espírito passageiro. Meses depois — no segundo dia de trabalho em *A metamorfose* —, Kafka está atormentado pela solidão e decide, imbuído de toda a seriedade, entrar em contato justamente com esse Hitzer, como "única salvação". É só um telegrama de Felice, recebido na última hora, que o impede de pegar o papel e a pena e se preparar para uma nova decepção.

"Antes do extraordinário, os Deuses estabeleceram o patológico. Para proteger o ordinário." Kafka teria contestado com firmeza essa frase de Alfred Polgar. O extraordinário era o simples, e não importava se essa simplicidade era o resultado do mais distinto esforço artístico (como no caso de Flaubert) ou uma expressão diletante, mas firme, da identidade cultural (como no teatro amador de Isaac Löwy). O que Kafka temia e condenava era a ausência de autocontrole, a afetação estridente, a histeria, a destruição, o extremo pelo extremo. Por mais que ele tivesse consciência de que todas essas formas de expressão também podiam ser os derradeiros pedidos de socorro, gestos de defesa contra circunstâncias difíceis e aridez interior, ele não conseguia se convencer a olhar para isso mais de perto. Talvez descobrisse mais parentescos consigo próprio do que gostaria.

Era *essa* a loucura que ele temia, a loucura que não se aplaca mesmo depois de encontrar uma convicção, atividade ou relação humana, a loucura que sempre destrói e puxa para baixo tudo o que está ao seu redor. Kafka podia ser extremamente injusto quando vislumbrava tais forças destrutivas, e aquela empatia que demonstrava pela maluquice branda, temperada pelo método, era retirada assim que ele deparava com o imponderável. É difícil reconhecer Kafka em sua invectiva contra Else Lasker-Schüler:

> Não suporto seus poemas, seu vazio me suscita tédio e seu esforço artificial, repulsa; nada mais. Sua prosa também me irrita pelos mesmos motivos, é o trabalho de um cérebro que se contrai indiscriminadamente, de uma habitante exaltada de cidade grande. Mas talvez eu esteja profundamente enganado, há muitos que a amam, Werfel, por exemplo, só fala dela com entusiasmo. Sim, ela vai mal, seu segundo marido a deixou, até onde sei, nós também estamos juntando um dinheiro para ela; tive que dar cinco coroas sem ter a menor compaixão por ela; não sei o verdadeiro motivo, mas sempre a imagino como uma bêbada que se arrasta à noite pelos cafés.[11]

Kafka ainda não havia conhecido a poeta, que morava em Berlim; talvez Brod lhe houvesse mostrado algumas cartas confusas que recebera dela ("querido príncipe de Praga [...]"), e Werfel e Haas contavam sobre suas condições caóticas de vida, que conheciam pessoalmente. Era muito pouco para uma condenação tão resoluta, que se propaga inesperadamente como um veredicto literário, até chegar à própria autora. Kafka sabe que está fantasiando, sua aversão lhe parece a si próprio estranha e incompreensível. Mas ele insiste nesse gesto de repulsa, que, comparado a seus pareceres literários, sempre precisos, soa totalmente desvairado. Detesta o escapismo, o aspecto psicótico do mundo de Lasker-Schüler, que se ergue como um amontoado de cacos multicoloridos. Kafka sente que sua própria vida poderia ir nessa direção. Assim ele descreve um de seus "ataques de loucura": "as imagens já não se deixavam controlar, tudo estava desmoronando".[12] Quando o tumulto interior o sobrecarrega, ele sabe que nunca terá o consolo da loucura inofensiva, contida e alegre.

Ao menos uma vez, em 1913, Kafka viu a poeta berlinense com os próprios olhos, quando se sentou diante dela na mesa de um café em Berlim, cercado de literatos que conversavam tranquilamente. Ela, que em geral tinha uma intuição sismográfica para toda forma de depreciação e distanciamento, não notou nada daquela vez. E quando, muitos anos mais tarde, depois da morte de Kafka, lembrou-se dele para um amigo, escreveu seu nome errado ("Kaffka"), mas incrementou o topo do "K" maiúsculo com uma auréola bem desenhada. Ela havia encontrado seu par.[13]

"O que você vai fazer nas férias de Natal?" Já era a segunda vez que surgia essa pergunta, não dava mais para ignorá-la. Era um convite totalmente cabível para aquele momento. Faltavam quatro semanas, ele não podia enrolar Felice por tanto tempo. E Kafka não tinha uma desculpa convincente. Além disso, ele tinha vontade de vê-la, de verdade, estava agitado, apreensivo e com medo. Será que ele não tinha energia para alguns dias em Berlim? Tinha sim.

> Olha, eu estava decidido a não aparecer na frente de outras pessoas antes de terminar o romance, mas me pergunto, ainda que só hoje à noite, se depois de terminá-lo vou ter um aspecto um pouco melhor ou menos pior para você, querida. E não seria importante, mais do que oferecer à fúria da escrita a liberdade de seis dias e noites seguidos, enfim satisfazer meus pobres olhos com sua visão? Responda, de minha parte eu digo um grande "sim".[14]

Ele teve que fazer suas reservas também dessa vez, e como Felice gostava de ignorá-las, sublinhou-as com um traço espesso. Em vão. Ela estava de acordo, sem pressioná-lo: deixava todas as possibilidades em aberto. Kafka voltou a ter sonhos intensos, e para muito além do Natal: pensava em uma temporada no campo, em férias de verão juntos, e mesmo "nos anos seguintes". Ele sempre alude à viagem que se aproxima, e que agora realmente o atormenta. A intensidade das cenas antecipadas em suas fantasias faz com que ele volte a desconfiar se aquela névoa quente de palavras que o rodeia há semanas está anunciando ou apagando o fogo vivo do encontro: "Se eu tivesse reunido o tempo que gastei escrevendo cartas para você e o usado em uma viagem a Berlim, estaria há muito tempo com você e poderia estar olhando nos seus olhos".[15]

Isso soava razoável, e até um pouco calculista. Mas Kafka *queria* ser razoável agora. Pois Felice tinha feito uma proposta maravilhosa, uma proposta que juntava pragmatismo e instinto em surpreendente harmonia: ela acreditava que um deveria tentar ficar calmo *pelo bem do outro*. De fato, era isso. Ele nunca teria chegado a tal formulação; soava tão simples que ele nem notou que continha uma delicada censura. E Kafka agarrou-se à última esperança, chegou a prometer que pararia com seus tormentos e lamentos pelas cartas que não vinham — ao menos até que eles se vissem em Berlim, pois lá, ele acreditava que todos os danos causados podiam ser reparados na hora. "[...] e de agora em diante, cartas tranquilas, como deve ser quando se escreve à amada, que se quer afagar, e não chicotear."[16]

Muitas das cartas que Kafka escreve nas semanas seguintes são tão alegres que deixam sua intenção clara demais. Ele lhe oferece a exigida "tranquilidade" com uma frequência suspeita, quase em forma de súplica. Tenta dominar o pêndulo interno que oscila com violência, a ponto de decidir limitar a correspondência a uma carta por dia, para não ter de se desfazer da sonhada simbiose a cada poucas horas.

Por que era tudo tão mais fácil para Max? Ele também estava se perguntando havia meses se devia ou não se casar com a pequena Elsa Taussig. Mas no caso dele não era o medo de falhar, e sim aquela típica inquietação de trocar a liberdade por novas obrigações. Esse problema seria resolvido. Kafka, que devia subestimar os lados sombrios e difíceis de Elsa, e só a conhecia como uma mulher meiga, tranquila, que talvez fosse até dedicada demais ao amigo, encorajou-o sem pensar duas vezes. É claro que Max precisava se casar, libertar-se dos pais, construir a própria família, expandir sua existência, isso era natural. Mas Kafka ainda não havia pensado na sequência. Para quê, afinal? Brod vivia tendo problemas com mulheres; era terrivelmente ciumento, e jamais irresoluto. Ele não sabia desse tormento, e sempre encontrava um caminho. De fato, quando Brod de repente se sentiu pronto para se casar, manejou o problema da maneira mais prática possível, e tudo correu muito mais rápido do que o esperado.

De repente Kafka entendeu que essa união também mudaria sua vida para sempre. Ele ficara retraído naquele outono, não travara novas amizades, e mesmo assim negligenciara as antigas. Estava mais isolado do que nunca. Aos poucos, as frequentes noites na casa de Brod e os encontros ocasionais na casa de Baum foram se tornando hábitos, e não era mais preciso refletir sobre eles, pois pareciam destinados à eternidade. Mas de repente havia um deadline. O noivado seria celebrado na casa dos Brod ainda antes do Natal, e o casamento, no começo de fevereiro. Max arrastou o amigo pelas lojas de móveis em Praga, pediu que ele fosse testemunha no cartório, juntos visitaram e avaliaram apartamentos. Foi uma aula inesperada para Kafka, que estava vendo na prática o que significava para um homem construir a própria casa. De repente ele entendeu que o casamento era uma *forma* social com um raio de ação considerável, não só dentro da família — que só falava disso —, mas também dentro do círculo mais próximo de amigos. Um amigo que se casava não podia mais deixar todas as portas abertas, mesmo que se esforçasse para isso. No novo apartamento que Max estava alugando, não muito distante do escritório de Kafka, não seria mais possível aparecer à noite, como ele fazia na casa da família de Brod, se esticar no sofá e bater um papo até ser enxotado pelos bocejos insistentes de todos. "Enfim ele ficou noivo e está sendo tirado de mim", Kafka escreveu a Felice, ainda sob a influência da festa, e com um pressentimento totalmente correto. O próprio noivo via a coisa de uma maneira bem diferente, e chegou a repreender o amigo: se havia certa distância entre eles, isso se devia exclusivamente a sua vida reclusa. Brod estava enganado. E quando, dois anos depois, essa conjuntura se repetiu e Felix Weltsch saiu da casa dos pais para se casar, Kafka já tinha experiência o bastante para saber o que aquilo queria dizer: "Um amigo casado não é amigo nenhum".[17]

Ele andava meio abandonado. Sentado na escrivaninha, lamentava-se à amada distante de que Brod estivesse com outras coisas na cabeça, enquanto ouvia — meio abafado através da porta — que ali ao lado também estavam falando cada vez mais em casamento. Pois os Kafka também tinham uma boda pela frente: Valli, a segunda filha, que desde meados de setembro estava noiva de um trabalhador assalariado oito anos mais velho, deixaria a família no fim do ano e mudaria para uma casa própria. Então só restaria Ottla. Mas até lá era natural que o ruído e o alvoroço fossem aumentando. Havia muito para discutir e organizar, e Josef Pollak, o novo cunhado de Kafka, estava apresentando seus familiares, o que envolvia muitos apertos de mão, discursos exaltados, bons votos e, como sempre, o sorriso amarelo de Franz, o irmão mais velho. Mas a verdade é que o entusiasmo não era de todo sincero. Pollak vinha de uma família de camponeses judeus que vivia em Brod, na Boêmia — de lá não dava para esperar nenhuma ajuda com a fábrica de amianto, que mal parava de pé. Hermann Kafka, que torcera por outro tipo de casamento e agora precisava mais uma vez enfiar as mãos nos bolsos para oferecer um dote respeitável, não parava de se queixar.

Seu filho não se importava com isso, ele tinha outras preocupações. Pois Pollak, conhecido como "Pepa" ou "Peppo" entre os familiares, tinha uma voz alta que penetrava facilmente pelas paredes, para o desespero de Kafka. Assim que Pollak chegava ao apartamento, não havia mais nenhum canto silencioso, e enquanto todos passavam horas tratando da imensa lista de convidados do casamento, de nada adiantava se retirar um pouco de cena e fechar a porta do quarto: um depois do outro, os nomes invadiam os ouvidos de Kafka, e lá se ia mais uma vez o imprescindível sono da tarde.

É claro que dessa vez não era só o barulho que perturbava Kafka. As atividades na sala ao lado e a súbita determinação de Brod o relembravam de seu próprio medo da prova de fogo que seria contrair uma união publicamente, e conforme as férias de Natal se aproximavam, esse medo se tornava cada vez mais difícil de controlar. Embora as festividades tivessem significados bem diferentes para as duas pessoas diretamente envolvidas, a irmã e Brod, elas se tornaram uma só ameaça para Kafka. E quando, algumas semanas mais tarde, ele reflete sobre sua persistente depressão, só consegue articular *uma* causa: "Tristeza, que tem toda espécie de motivo. Acompanhar esses dois processos de noivado, de Max e de minha irmã, não é o menor deles. Hoje, na cama, eu me lamentava para você desses dois noivados, em um longo discurso [...]".[18]

No mesmo mês, aliás, na mesma semana em que a questão do casamento começa a pressioná-lo a tomar uma decisão, ele passa a ver a literatura (o polo que ele imagina do lado oposto) sob uma outra luz, e isso eletriza sua vida social. É uma das muitas "coincidências" típicas da vida de Kafka. Ao contrário de Brod, ele só conhecia a literatura *de dentro* até então, primeiro como leitor solitário, depois em seu pequeno círculo literário, e por fim diante das páginas em branco de seus cadernos, como um espaço para suas fantasmagorias mais íntimas. Superá-las dava-lhe alegria, mas por vezes a confusão era torturante. Claro que Kafka lia em voz alta em algumas ocasiões, mas isso não era uma verdadeira abertura, era como contar um sonho para bons amigos. Ele ainda não tinha ouvido nenhuma crítica imparcial àquilo que lhe parecia bem-sucedido, sem falar do efeito sobre um leitorado anônimo, que ele não conseguia sequer imaginar. Suas pequenas publicações haviam passado despercebidas entre os tantos folhetins de Praga.

Mas agora Willy Haas havia tido a ideia (ou alguém o animara a fazê-lo, provavelmente Brod) de convidar o círculo literário de domingo, Kafka--Brod-Baum, para uma leitura semipública. A Associação Herder, presidida por ele, planejava uma "noite de autores de Praga" para os seus membros no Hotel Erzherzog Stephan (hoje chamado Grand Hotel Europa), na Wenzelsplatz, à qual "membros das respectivas famílias, também mulheres" eram expressamente bem-vindos. É claro que Brod e Baum aceitaram o convite. E Kafka não precisou que insistissem. Ele nunca tinha lido nada de seus cadernos diante de um público, é verdade, e ele quase colapsara de nervoso na palestra sobre a língua iídiche em meados de fevereiro. Mas, daquela vez, ele suspeitava não saber o bastante sobre o assunto e estar caminhando sobre um solo frágil, enquanto dessa vez ele estava seguro de uma coisa: *O veredicto* tinha dado certo, era "indubitável", podia ser ouvido por outras pessoas.

A estreia de Kafka foi planejada estrategicamente: ele seria o último do triunvirato, depois de Brod e Baum, de modo que as frases *dele* ressoariam por mais tempo. O maior efeito viria do contraste em relação à narrativa convencional e realista de Oskar Baum: os primeiros parágrafos de *O veredicto* não eram tão distantes desse estilo, de modo que a plateia seria como que embalada em segurança, até que de repente contrastes mais radicais surgissem e tudo deslizasse pelo declive de um pesadelo.

Os poucos convidados que apareceram nem suspeitavam que estavam presenciando um momento histórico para a literatura — a primeira de apenas duas leituras públicas de um autor que se tornaria universal. Mas eles devem ter sentido que Kafka era o mais envolvido com a coisa. Para ele, essa leitura não era só uma experiência narcísica e passageira; ela deflagrou forças interiores destrutivas, que ele ainda não tinha superado (nem superaria por muito tempo), mas que havia dominado provisoriamente com a estrutura formal de *O veredicto*. Era como revelar uma ferida ainda aberta. "Ele lia", lembra-se o autor Rudolf Fuchs, de Praga, "com uma magia tão silenciosa e desesperada, que hoje, depois de nada menos que vinte anos, ainda o vejo diante de mim no pequeno e escuro auditório."[19] Paul Wiegler, com quem Kafka já havia cruzado e que também estava presente na ocasião, entusiasmou-se em uma resenha: "a irrupção de um talento grande, surpreendentemente grande, apaixonado e disciplinado, que já tem a capacidade de traçar seu próprio caminho".[20] Fuchs, Wiegler e o resto da plateia comovida não devem ter visto que durante a leitura Kafka amarfanhou, bem destrambelhado, um postal ilustrado de Felice Bauer, e que ao fim seus olhos estavam cobertos de lágrimas.

A caminho de casa, Kafka estava animado, quase inebriado, e Brod não terá economizado nas palavras para reforçar o sucesso e fazer o amigo tirar proveito daquele momento. Ele não tinha dito como era importante aparecer em público? E se a ideia era um dia acabar com o tormento do escritório, onde os dois estavam jogando a vida fora, eles precisavam mostrar do que eram capazes.

A fala de Brod também tinha sido boa. Os versos que ele recitara faziam parte do volume recém-publicado *Die Höhe des Gefühls*, e essa era a sua *quarta* publicação em livro naquele ano, sem falar da dúzia de ensaios e artigos que mantinha seu nome sempre presente no mundo literário. Ele ainda não podia viver da escrita, havia circunstâncias adversas, mas provavelmente era só uma questão de tempo. E o que Kafka tinha para mostrar? O manuscrito de *A metamorfose* ainda o esperava sobre a escrivaninha, e na gaveta havia um romance inacabado. Ele não conseguiria trabalhar em nenhum dos dois durante a noite (que era o melhor momento), e a culpa era toda da leitura em público. Isso só podia levá-lo a uma conclusão, e ele precisava dividi-la com Felice imediatamente, para atenuar um pouco o êxtase: "Qualquer outra noite é mais importante que a de hoje, que só serviu ao meu prazer, enquanto as outras noites são destinadas à minha libertação". Então ele só tinha sacrificado algumas horas, mais uma vez? Não era bem assim.

> Querida, sinto um prazer infernal em ler em voz alta; vociferar para os ouvidos preparados e atentos da plateia faz muito bem ao meu pobre coração. Mas fui competente ao vociferar com eles, e quanto à música

> que vinha das salas vizinhas, querendo me poupar do esforço da leitura, simplesmente sumi com ela. Você sabe, comandar as pessoas, ou ao menos acreditar estar em seu comando — não há maior satisfação para o corpo. Quando criança — o que eu era até alguns anos atrás —, gostava de sonhar que estava em uma grande sala cheia de gente — provido de um coração, uma voz e um intelecto um pouco mais fortes do que eu tinha naquele momento —, lendo em voz alta toda a *Educação sentimental*, sem interrupção, ao longo de quantos dias e noites fossem necessários, naturalmente em francês (oh, minha amada pronúncia!), e as paredes ressoariam com a leitura. Sempre que fiz um discurso, e discursar é ainda melhor que ler em voz alta (foram bem poucas vezes), senti essa elevação, e tampouco hoje me arrependi. É — e aí devia residir minha desculpa — o único prazer de certo modo público que me permiti no último trimestre.[21]

Felice podia respirar aliviada: enfim alguma coisa inequivocadamente "positiva". Pelo visto Kafka se deixara impressionar pela reação do público e dos amigos — afinal, ele já havia alguma vez falado em "libertação"? Até a resenha de Wiegler ele lhe enviou. É claro que ele tinha de acrescentar sua própria pirueta também dessa vez. Pois enquanto Brod estava sóbrio e argumentava: "Você precisa ir a público, se quiser se libertar", Kafka deixava claro mais uma vez seu gosto pela dialética. "Qualquer outra noite é mais importante que a de hoje", o que poderia ser traduzido por: "Se eu quero ir a público, devo agora me manter distante do público, e no momento é um luxo me mostrar". Isso já era quase coqueteria.

Brod, no entanto, conhecia muito bem esses meandros. Era assim que Kafka ficava sempre que as coisas estavam indo na direção certa. A maravilhosa *Metamorfose*, da qual ele já havia lido trechos em voz alta para os amigos, estava quase concluída (Brod deve ter ficado sabendo de sua conclusão no noivado), e uma vez que essa narrativa estivesse impressa, Kafka não conseguiria mais fugir tão fácil. Era bom que justo agora estivesse saindo seu primeiro livro, *Contemplação*, que sem dúvida deixaria alguns críticos perplexos e prepararia o solo para o futuro sucesso.

Kafka recebeu um primeiro exemplar de *Contemplação* no dia 10 de dezembro. Não sabemos o que ele sentiu ao abrir o pequeno pacote de Leipzig, mas é certo que nada perto do entusiasmo ardente de Werfel ao apresentar seu *Weltfreund* [O amigo do mundo] aos pais desconfiados, um ano antes. Com certeza, fazer sua primeira leitura em público e ver sair seu primeiro livro na mesma semana era um sinal que o próprio Kafka não podia ignorar. Mas ele não era um principiante. Com *O foguista*, *O veredicto* e *A metamorfose*, Kafka atingia agora um nível de trabalho que fazia aquelas miniaturas antigas de *Contemplação* parecerem brincadeirinhas sem importância. O único impulso proveitoso que ele podia esperar dessa publicação era o lembrete constante de que agora se esperavam mais coisas dele, e melhores.

De todo modo, Kafka deve ter sentido o coração bater mais forte ao folhear seu primeiro livro, ainda que por motivos totalmente diversos. Afinal, aqueles eram os "fragmentos" que ele havia espalhado no chão diante dos olhos de Felice: uma lembrança do único encontro até agora, um fetiche, uma das poucas *coisas em comum* entre eles, sobre as quais Kafka tanto falava e escrevia, desesperadamente. O livro pertencia a ela, estava claro. E se ele dizia havia meses que só a escrita dava à sua vida uma pontinha de legitimidade, não estava em tempo de apresentar *por escrito* tal legitimação, por mais modesta que fosse?

Dois dias depois, o pacote estava chegando a Berlim. E como Kafka não sabia por que mãos passaria seu presente, pensou numa dedicatória bem esperta:

> Para a srta. Felice Bauer,
> na esperança de cativar sua simpatia
> com essas lembranças
> de velhos, tristes tempos.
> Franz Kafka
> Praga II XII 12

Velhos tempos? Era uma expressão ambígua, e só a destinatária poderia saber que Kafka estava falando de um passado recente, de quatro meses antes. Muitas coisas haviam acontecido desde então, ele tinha certa razão. Mas na carta que acompanhava o pacote, Kafka falava em um "livro velho, pequeno" — um livro que acabava de sair da gráfica! Uma obra peculiar. Eram apenas 99 páginas, impressas numa fonte tão grande que fazia lembrar uma cartilha infantil. Ela mostrou o volume para as colegas, que não esconderam seu espanto. Havia realmente muito pouca coisa escrita naquele livro.

Dor de cabeça, dor nos olhos, dor de dente, dor de garganta. E uma aspirina por dia. Felice Bauer andava mal. Nunca tinha visitado tantos médicos na vida. Ela aparentava estar extenuada, "como um cadáver de férias", alguém lhe assegurou com sinceridade. Até a mãe estava ficando nervosa, mesmo que não considerasse afrouxar as rédeas ou parar de insistir nas obrigações familiares. Afinal, ao menos no domingo Felice podia ajudar com o trabalho em casa, eles mal a viam durante a semana. Outro dia, em um aniversário da empresa, ela havia atuado em uma pequena apresentação teatral; ia aos ensaios uma noite depois da outra, e na festa foi de novo aquela história de dançar até de manhã. Eles sabiam que faltar em tais eventos não era de seu feitio, mesmo que o dia de trabalho tivesse sido exaustivo. Mas para que então aquela correspondência disparatada, que sugava energias e não levava a nada, à noite, à luz de velas? "Isso vai ser sua ruína!", a mãe vivia gritando. E quando Felice quase desabou de cansaço no fim do Chanuká, às três da manhã, os comentários da família, acompanhados de meneios de cabeça, não devem ter sido especialmente reconfortantes: dançar e escrever não cansam, né?

Kafka sabia que Felice era cuidadosa e atenuava suas preocupações ao passá-las adiante. Afinal, eles haviam prometido um ao outro "tranquilidade", e ele participava desse jogo, ainda que sem muito empenho: "Que vergonha! [...] A amada de um adepto de tratamentos naturais está com dor de garganta!". Mas as queixas dela eram enfáticas o bastante, e se aquilo que chegava até ele em forma de insinuação era só uma parcela da verdade, tanto pior. Ela havia garantido que não teria segredos com ele, mas continuava falando em códigos. Apesar de toda a insistência, Kafka não conseguia entender o que exatamente estava acontecendo na casa dos Bauer.

De fato, Felice Bauer não conseguia deixar aquele amigo tão difícil adentrar seu santuário. O escândalo em torno das cartas abertas pela mãe envolvia-o diretamente, e sobre isso ela lhe escrevia, com lágrimas nos olhos. Só quando a pressão se tornava insuportável ela dava a entender que era sempre tragada para dentro dos conflitos e das cenas difíceis entre os pais, sem detalhar a história prévia da fuga do pai e de sua eventual volta para casa. No ambiente de trabalho ela também estava enfrentando humilhações, e só depois de muita hesitação informou Kafka do ocorrido. Aparentemente, um representante furioso da empresa Lindström havia se queixado do material de propaganda feito pela srta. Bauer, que, segundo ele, não servia para nada. A coisa foi tão longe que o diretor Heinemann teve de acalmar sua gerente, que chorava de raiva. Por fim, Kafka soube, antes do Natal, que uma "bomba" ameaçava explodir no seio da família Bauer, mas Felice não respondeu às suas perguntas, nem nesse mês nem nos seguintes.

"Bomba": uma palavra grosseira para uma coisa séria. Felice tinha o dom da distância irônica, além de uma impertinência típica de Berlim, e assim driblava muito bem fricções sociais e situações embaraçosas. Se soubesse o que se passava com ela, talvez Kafka não apreciasse tanto esse tom. Era aquele desastre moral que deixava nervosa qualquer família burguesa com meninas crescendo e jovens mulheres esperando pelo casamento: o assim chamado "passo em falso". Os Kafka haviam sido poupados (até então), mas os Bauer foram atingidos, apesar do rígido regimento materno: Erna, a irmã de Felice um ano mais velha, estava grávida de cinco meses. E solteira. Uma catástrofe.

Por sorte, Erna estava bem longe da linha de tiro e por ora não precisava temer o tribunal da família, nem encontros com parentes de Berlim. Ela morava em Sebnitz, um vilarejo trinta quilômetros ao sudeste de Dresden, na fronteira com a Boêmia. Trabalhava em uma empresa de instalações elétricas, provavelmente como secretária. Não sabemos como foi parar lá, nem quem era o pai de seu filho;[22] o que sabemos é que não se falava em casamento e que Erna não tinha apoio material nem emocional em Sebnitz. Ela confiava na irmã. Como é que contaria uma coisa dessas para os pais?

Mas a bomba não explodiu. Seja porque Erna não teve coragem de viajar a Berlim, seja porque os pais brigavam tanto que a grande confissão foi sendo procrastinada, as duas mantiveram o segredo entre elas. Era um peso sobretudo para Felice, que teve de encenar a pior das comédias justo naquele momento, no Natal, quando tudo convidava à reconciliação. Deve ter sido a primeira vez que ela escondeu uma coisa tão grave dos pais e dos irmãos. Felice não estava acostumada a resolver sozinha problemas desse tipo, e seu aspecto estava cada vez pior. Mas sua mãe e Kafka não perceberam que o problema eram as poucas horas de sono e a pressão da responsabilidade. Onde estaria o espaço para a *sua* vida?

Felice havia se enfiado em um clássico *double bind*, que ela não enxergou com clareza e que por isso acabou sendo transferido para a vida de Kafka. Quando ela pensava na família, nos abismos que se abriam entre as pessoas que lhe eram mais próximas, sentia que precisava manter Kafka distante de Berlim. Sua visita acentuaria as tensões, e ela não ganharia um novo confidente para aliviá-la. Era impensável confidenciar a uma pessoa ainda tão distante coisas que ela não podia revelar nem aos pais. Anna Bauer não hesitava em ler as cartas mais íntimas da filha. O que aconteceria se um dia ela descobrisse seu próprio infortúnio dessa forma enviesada?

Por outro lado, uma mulher profissionalmente autônoma de 25 anos não era obrigada a fazer para sempre o papel de guardiã da paz na casa dos pais. Quando Felice refletia sobre sua própria situação, tudo o que almejava era estar perto de um homem que a ouvisse, sem ficar aplicando critérios morais às fraquezas humanas. As cartas de Kafka eram compassivas e carinhosas; ele sempre queria estar a par de suas preocupações, e chegou a captar, instintivamente, o cerne de seu infortúnio: "Estou aqui para ouvir tudo, só para os seus pais é preciso dissimular [...]".[23] Ignorando o constante autoflagelo de Kafka — e Felice tendia a ignorar esse traço estranho e incompreensível —, não havia por que não aceitar sua ajuda.

Com base apenas nas cartas que Kafka lhe manda em resposta, fica claro que Felice deseja se aproximar dele. Ela precisa dele e, só agora que o espaço emocional protegido da família se tornou uma espécie de campo de batalha, parece valorizar realmente a intensa vida interior de Kafka. Ela lhe pede que volte a escrever duas cartas por dia; seus próprios relatos se tornam mais longos, precisos, íntimos. Menciona a infância e até mesmo uma paixão anterior. Quando Kafka está mal, ela envia um telegrama reconfortante, e ele também recebe felicitações telegráficas quando faz sua primeira leitura em público. Ela manda flores e um pacotinho com uma foto. Leva a foto dele em uma medalha pendurada no pescoço. Vemos certo orgulho entrar em cena, pois ela declara ao amado distante que ele é uma pessoa verdadeiramente "extraordinária", "capaz de grande coisa". Kafka fica estarrecido. Em duas ocasiões ela lhe escreve uma frase que promete *tudo* e que coloca como um fato consumado aquela simbiose profunda pela qual Kafka ainda acreditava ter de lutar: "Somos totalmente um do outro".[24]

Mas ela não o convida. No dia 9 de dezembro, Kafka menciona pela última vez a possível viagem a Berlim, e chega a associá-la à ideia de um pedido de casamento. Felice parece assustada, não consegue se explicar, então silencia. Kafka precisava de uma frase decisiva que nunca chega: "Por favor, venha de uma vez". Só na madrugada de 22 para 23 de dezembro ele volta a falar que "poderia estar em Berlim, com você, meu melhor refúgio", mas já é quase tarde demais para tomar uma decisão. Por um momento, Kafka se acalma ao pensar que no Natal não haveria quase nenhuma oportunidade de manter uma conversa longa e sem interrupção, já que parentes estariam entrando e saindo da casa dos Bauer sem parar. Essa é a última racionalização de que ele precisa para ceder ao seu medo, e enfim a oscilante balança interna começa a pender para um lado — o errado. Kafka não viaja a Berlim.

Ele se arrependeria muito, mais tarde. "Em 1912, eu devia ter ido", lamenta em um cartão-postal para Felice, e não por acaso tal insight lhe ocorre justamente no Natal de 1915. Não só como visitante ou como pretendente, não, ele devia ter ido a Berlim para sempre. O que o impediu, segundo ele, foi apenas o comodismo e aquele típico medo de mudança que acomete qualquer funcionário.

É difícil concordar com isso; Kafka devia estar incorrendo aqui em uma espécie de projeção retrospectiva. Em suas cartas de dezembro de 1912, não há nenhum traço da letargia do funcionalismo público, mas ele se refere quase que diariamente ao ciclo vicioso de uma profecia depressiva que se realiza sozinha. Ele acabara de tomar emprestada para si a figura do *inseto monstruoso*, e sentia que sua cabeça estava chegando ao limite da loucura. Parecia fora de cogitação que uma mulher fosse entendê-lo e aceitá-lo assim, como ele era de fato. A complacência de Felice, sua abertura afetuosa, que ele certamente notava, só podia estar baseada em ilusão. *Não podia ser*. E a prova era que ela não queria mais aceitar a visita a Berlim, que já havia sido combinada por alto. Kafka não entendia que esse silêncio era a expressão de um conflito, e que a estratégia de discrição usada pela família Bauer levava Felice a resolver conflitos assim. Esse silêncio quase que habitual, no qual ela sempre recairia até o fim, não era teimosia, mas inabilidade: Felice nunca havia aprendido que revelar podia ser uma forma de cura. Ela não conhecia esse modo de se comunicar, e não tinha outros horizontes além de um falar positivo; a negação só aparecia em omissões e escusas. *Tudo ficará bem*. Kafka, por sua vez, permanecia numa exegese negativa de si mesmo, que ele havia transformado em metáforas literárias e assim tornado imune à mudança. Não havia como romper essa barreira, nem de fora nem de dentro. Era para deixar qualquer um *louco*.

Eles combinaram tudo com um aperto de mãos enérgico, daquela vez, quando tudo ainda era jogo. Agora Felice estendeu a mão hesitante, e Kafka viu uma mão, mas ainda mais uma hesitação. E foi assim que os dois perderam a peripécia — aquele instante que não volta mais.

16.
Guerra dos Bálcãs: O massacre logo ao lado

Nas folgas eu não sei de diversões que valham
Palestras sobre luta e guerras,
Quando em Turquia, e outras longínquas terras
Os povos entre si batalham.

Este é o famoso credo do pequeno-burguês alemão, tirado do *Fausto* de Goethe.* Mais de um século se passara, e de novo havia uma batalha na Turquia, não de exércitos, e sim de povos, no sentido mais estrito do termo. Dessa vez, não em "longínquas terras", e sim bem ao lado.

Por alguns dias, todos riram dos "ladrões de carneiros" de Montenegro, que estavam desafiando seriamente o gigante Império Otomano. Nos ministérios de Relações Exteriores de Viena e Berlim, o máximo que fizeram foi erguer uma sobrancelha. Mas a coisa mudou de figura no meio de outubro, quando dos Bálcãs começaram a chegar manchetes de tirar o fôlego. O exército turco em fuga. Perdas monstruosas. Massacre da população civil. Atrocidades inenarráveis. A cólera em Constantinopla. Circulavam pelo mundo fotos de cadáveres amontoados em carroças e de figuras esfarrapadas se arrastando em direção ao Leste.

O que havia acontecido? Os combates duravam pouco mais de uma semana quando anunciaram na Sérvia, na Bulgária e na Grécia que estava em tempo de expulsar definitivamente os turcos do continente europeu e libertar os membros das diversas nacionalidades do domínio do Crescente. Esse era o único objetivo da Federação Balcânica, que se estabelecera na primavera

* J. W. Goethe, *Fausto.* Primeira parte. Trad. de Jenny Klabin Segall; apres., comentários e notas de Marcus Vinicius Mazzari. 2. ed. São Paulo: Editora 34, 2006, p. 100.

sob a proteção da Rússia. E o momento era oportuno: a jovem liderança turca estava claramente enfraquecida, seu exército em um estado miserável depois de perder uma guerra contra a Itália, e a população dos territórios turcos nos Bálcãs — não só a cristã — farta da autocracia. No dia 17 de outubro de 1912, foram três declarações de guerra. A caçada havia começado.

Tratava-se de nada menos que uma redistribuição total dos Bálcãs — uma guerra de conquista, portanto. Cada um dos Estados envolvidos podia contar que não só "governaria" a área ocupada, como também a anexaria ao próprio território, a longo prazo. Isso dava um peso enorme à ofensiva concentrada. Em certos locais onde os agressores disputavam uns com os outros, todos queriam ser os primeiros e ninguém tinha sequer tempo de cuidar dos próprios feridos, quanto mais dos presos turcos, que eram abatidos cruelmente ou morriam de fome. Enquanto a linha de frente se movesse na direção correta — e com ela as futuras fronteiras do Estado —, vidas humanas não valiam nada. O povo voltaria a crescer, o lebensraum não. E esse cálculo, tão impiedoso como suicida, se refletia diretamente no número de mortos. O exército turco ocidental, que dentro de poucas semanas teve de recuar praticamente até o Bósforo, perdeu cerca de 100 mil soldados, enquanto os agressores vitoriosos perderam quase 130 mil — um em cada seis combatentes.

Os jornais ocidentais logo foram distribuídos, cunhando a expressão "matadouro dos Bálcãs". Diziam que aquela não seria uma guerra com os parâmetros de sociedades civilizadas, mas um retorno à Idade da Pedra. Claro, o humanitarismo sentimental e a demagogia dos pacifistas, que imperaram durante o XIX Congresso pela Paz Mundial em Genebra, um mês antes, eram ingênuos e covardes. A guerra em si era inevitável, e aqueles que a lamentavam não conheciam o efeito educativo da batalha. Mas havia uma diferença entre um confronto armado e essa carnificina cega; e era lamentável a situação desse comando militar que não tinha ideia melhor do que envenenar as fontes de água dos vilarejos para atrapalhar o inimigo na perseguição.

Esse era o tom característico dos jornais liberais, sobretudo da Alemanha e da Áustria-Hungria. Pela primeira vez os leitores se informavam sobre o combate praticamente *ao vivo*, e ficavam aliviados quando o comentário político lhes assegurava que aquela não era uma guerra *de verdade*, mesmo que isso viesse logo ao lado dos relatos atrozes. Era fácil manter tais ilusões. A burguesia não tinha consciência da realidade da guerra, só a conhecia a partir de livros escolares e das memórias dos avós — na maioria heroicamente enobrecidas. Assim, a "guerra fratricida" dos Habsburgo contra os Hohenzollern (1866) e a guerra contra a França (1870-1) devem ter lhes parecido duelos coletivos — sangrentos até, mas conduzidos por regras sérias e com um resultado claro. Ninguém se lembrava do lado sórdido da guerra: o embrutecimento emocional, a tortura da privação de sono, as amputações, os gritos, o fedor, a sujeira, as epidemias, os insetos, as humilhações, os estupros. Os comandantes militares consideraram desde o princípio a possibilidade de usar o terror e o assassinato indiscriminado como recurso de guerra, mas isso foi recalcado assim que veio à tona. Todos se esqueceram do "Hunnenrede", o célebre discurso proferido em 1900 por Guilherme II, que citava os hunos e impunha a seu corpo expedicionário de partida para a China: "Perdão não será concedido, prisioneiros não serão detidos". Todos se esqueceram do massacre da população líbia pelos italianos (com os quais havia uma aliança, afinal) — e isso fazia poucos meses. Os critérios não podiam ser muito rígidos nas colônias.

Nas ruas e nos cafés, discutia-se em pormenores o que se devia pensar da independência descarada dos países balcânicos, que até então só eram conhecidos como peças de manobra das grandes potências europeias. Aquela ação concentrada e tão bem-sucedida de monarquias de fachada, subdesenvolvidas, só podia ser uma jogada dos russos, que se aproveitavam da fraqueza dos turcos para finalmente colocar a Monarquia de Habsburgo contra a parede.

Esse pensamento primitivo, orientado apenas pela geografia, que abstraía completamente a população dos Estados atuantes, dominava os centros de poder em Viena. Não ocorreu a ninguém que futuros laços econômicos pudessem tornar obsoletas as imagens historicamente consolidadas de inimigos. Não, ter como vizinha austral uma Grande Sérvia que se estendesse até o mar Adriático era o pior pesadelo político imaginável, e para evitá-lo valia até mesmo correr o risco de uma grande guerra contra a Rússia. Se a decisão tivesse ficado unicamente a cargo do Estado-Maior (cuja direção agora fora novamente confiada a Franz Conrad von Hötzendorf, um dos mais rigorosos belicistas), a Primeira Guerra Mundial poderia ter começado já em novembro de 1912. No fim, os alemães fizeram intervenções constantes por trás dos bastidores, impedindo que os austríacos invadissem o "matadouro", mas estes continuaram ameaçando fazê-lo até a primavera de 1913. O choque direto entre Áustria-Hungria e Rússia foi evitado novamente, mas por pouco. Os dois lados já haviam se mobilizado.

O marechal de campo Conrad von Hötzendorf terá ficado grato à esperteza dos alemães por terem adiado a guerra para uma ocasião mais favorável. No dia 25 de maio de 1913, poucos dias antes do fim definitivo da Guerra dos Bálcãs, ele ficou branco de susto ao receber a notícia de que seu próprio chefe de espionagem, um tal de coronel Redl, havia vendido fazia tempo para os militares russos o plano de invasão do exército austro-húngaro. Eles teriam se entregado de bandeja.[1]

Um dos problemas metodológicos mais difíceis de toda biografia é determinar a influência de certos acontecimentos políticos sobre a vida prática e a subjetividade de um indivíduo. Ainda mais quando catástrofes de grandes dimensões, que sulcam o destino de milhões de pessoas, deixam rastos insignificantes nos documentos autobiográficos, como é o caso de Kafka. Essa escassez de material, por si só, gera muitas especulações. Teria Kafka perdido todo o interesse na política? Será que quando pegava o *Prager Tagblatt* ele saltava direto para o caderno de cultura? Estaria Kafka tão mergulhado em problemas pessoais a ponto de não se afetar com aquilo que agitava todos à sua volta?

Dificilmente. A Guerra dos Bálcãs devia tocar um nervo especialmente sensível em Praga, onde a vida pública estava sob a tensão constante entre alemães e tchecos. Muitos tchecos mostravam abertamente sua simpatia pelos eslavos meridionais, que eram "povos irmãos", e se entusiasmavam com seus êxitos; o movimento "neoeslavo" vivia uma conjuntura favorável, e havia até mesmo voluntários tchecos aventurando-se nas zonas de guerra para prestar ajuda humanitária. Nos locais onde alemães e tchecos eram obrigados a se encontrar — o Instituto de Seguros contra Acidentes de Trabalho, por exemplo —, a tendência era explosiva, e mesmo que Kafka tivesse tapado os ouvidos a cada vez que a palavra "Bálcãs" fosse pronunciada, ele teria notado a atmosfera inflamada. Ele próprio era leal ao Império, e não ficava indiferente aos interesses estratégicos de seu Estado. No dia 27 de outubro, confessou a Felice Bauer que as notícias sobre o debacle turco o deprimiam, pois "é também um grande golpe para nossas colônias". Soa estranha a naturalidade com a qual Kafka assume as versões oficiais. A Áustria-Hungria não possuía colônias... daí terem se apropriado do termo para designar as províncias da Bósnia e Herzegovina na fronteira direta com a Sérvia, que foram anexadas em 1908 — e onde militares e oficiais austríacos comportaram-se como colonizadores, é claro.

Quando Kafka se sentava em família para comer, sem dúvida eles falavam na guerra, que parecia a cada dia mais próxima. Marcha de ambos os lados em direção à fronteira entre a Galícia e a Rússia, mobilização da frota austríaca, manifestações frenéticas dos social-democratas — os sinais eram claros. Se Franz e o genro Karl fossem para o campo de batalha, o que seria da fábrica de amianto dos Kafka? Melhor nem pensar. Eles ficaram nervosos e chegaram a adiar o casamento de Valli. Até o fim do ano, a coisa explodiria.

Quando Kafka estava com amigos, eles tentavam juntos elaborar as notícias atrozes do dia a dia. No diário de Brod, há uma entrada característica desse momento, datada de 30 de outubro: "Passeei com Kafka; a desgraça dos turcos o lembra de sua própria desgraça". Kafka certamente *não* precisava ser lembrado de sua própria desgraça. Brod parecia achar estranho que o amigo não conseguisse falar sobre um acontecimento de importância histórica sem vinculá-lo à sua própria experiência. Ele passara muito tempo observando imagens de soldados, e agora essas imagens o perseguiam durante o sono.[2] Brod, pelo contrário, buscava chegar o quanto antes a uma conclusão geral para evitar o horror imediato. Como comentário aos acontecimentos, ele apresentou à *Aktion* um poema pueril, "Weltgeschichte" [História do mundo], e Pfemfert, o editor da revista, o publicou — o que só se explica pela dificuldade geral de encontrar uma expressão adequada para o terror.

Assim foi que fizeram os milhares
quando nasceram do seio da terra
Assim é que os que hoje a habitam fazem

E uma coisa me parece tão bela
que em todas as eras que turvou o combate
*não se tenham matado de forma completa.**

Essas são as duas últimas de quatro estrofes. Aquilo que todos acreditam ser novo, Brod desloca para o mais longe possível do próprio corpo, conforme a perspectiva de uma eternidade antropológica. E "a desgraça dos turcos" o lembra da desgraça de todos que já viveram. Difícil imaginar uma oposição mais forte aos pensamentos de seu amigo. Bem que gostaríamos de saber o que Kafka disse sobre esses versos.

* *"So haben sie's getrieben die Millionen,/ Wie sie der Erde Schoss seit je gebar,/ So treiben sie's, die heute sie bewohnen,// Und eines dünkt mich da nur wunderbar:/ In all den kampfdurchschütterten Aeonen/ Dass sie sich nicht vernichtet ganz und gar."*

***

Seguiu-se um epílogo sangrento no verão de 1913, quando a Bulgária, insatisfeita com a distribuição do imenso espólio, voltou-se contra seus aliados sérvios e perdeu tudo de novo, entre outros enormes sacrifícios. No imaginário coletivo da Europa Central, essa guerra ficará sob a sombra da noite de quatro anos da Primeira Guerra Mundial. A situação foi bem diferente para muitos dos contemporâneos, que a princípio imaginavam se tratar de uma espécie de ensaio geral (e de fato, a indústria armamentista usou os Bálcãs como um espaço bem-vindo de testes para seus mais novos produtos). Mesmo depois de perderem a Grande Guerra, o choque de 1912 não foi esquecido. Era como se uma guilhotina tivesse sido instalada na praça central, sem que ninguém soubesse para quem era destinada. Dava para desviar os olhos, mas não o pensamento. Parte da responsabilidade era das mídias, que haviam se tornado mais rápidas. O desejo inicial de aventura por parte dos fotógrafos e correspondentes de guerra, denunciado com amargura por Karl Kraus, dissipara-se rapidamente. Egon Erwin Kisch, que não estava entre os mais sensíveis, havia viajado em maio de 1913 aos Bálcãs para o jornal *Bohemia*, de Praga, e mesmo ele já não era capaz de ajudar seus leitores a superar, com sua escrita ágil de costume, as imagens devastadoras que se ofereciam a seus olhos. Ainda que não se possa comprovar, é bem provável que Brod e Kafka ouvissem dele ainda mais notícias em primeira mão, impublicáveis.

É claro que, da distância de várias gerações, é difícil medir o impacto psicológico de um evento assim inquietante, e ainda mais o efeito de um evento *ameaçador*. Por isso não conseguimos determinar em que medida o risco constante de guerra teve efeito sobre as oscilações de humor de Kafka. Foi uma fase eruptiva de sua vida, de uma intensidade por muito tempo ansiada, ainda que torturante. Foram os meses de cortejo mais intenso a Felice Bauer; as semanas em que ele escreveu *A metamorfose* e a maior parte de *O desaparecido*; os dias de seu primeiro reconhecimento público como escritor. Nossa imagem dessa época ficaria incompleta se desconsiderássemos que Kafka ainda teve de contar que tudo aquilo pudesse acabar, e sua vida seria assim totalmente entregue a uma vontade anônima. Uma vontade cega e, para piorar, ignorante, como sabemos hoje. Só dois anos mais tarde ficou claro para os homens “aptos ao serviço militar” do Reino de Habsburgo como eles chegaram perto da morte precoce sob o comando do coronel Redl nos campos congelados da Galícia.

17.
Mil novecentos e treze

É uma tendência lamentável de muitas mulheres levar tudo o que é dito ao pé da letra.

Herbert Eulenberg

Kafka estava sozinho, mal-humorado, furioso. Assim que passaram os feriados, ele entendeu que havia cometido um erro, e ficado em Praga à toa. *O desaparecido* não queria mais avançar. E dessa vez não adiantaria mudar a chave para uma nova narrativa para manter a cabeça funcionando. *A metamorfose* havia prestado esse serviço, mas o recomeço já estava perdendo a força depois de algumas páginas. Ele quis fazer malabarismo com quatro novas personagens de uma vez; era pedir demais.

Agora Felice lhe escrevia duas vezes ao dia, e suas cartas voltaram a ser mais carinhosas, mais sinceras; talvez estivesse com a consciência pesada por não tê-lo convidado. Ela fez pequenas confissões, mencionando a tensão entre os pais, e Kafka respondia com a mesma cautela; não dava para saber em que mãos aquilo poderia parar. Mas ele não ficou feliz de verdade com suas muitas e longas cartas; estavam cheias de nomes que não lhe diziam nada, além de não aplacarem seu anseio por exclusividade e intimidade. Kafka ficava especialmente "ciumento" e atormentado quando ela mencionava outros escritores. Felice lia tanto, tão indiscriminadamente, e estava tão disposta a mostrar seu reconhecimento e entusiasmo por qualquer celebridade do momento, que ele nem ousava se queixar de sua própria produtividade em declínio. Se ela tinha tempo, energia e vontade o bastante para ler romances medíocres e assistir a peças de teatro "populares" — sem falar das inúmeras revistas que assinava —, por que não parava para ler o livro que pertencia a ela e a mais ninguém?

Para Canetti, Kafka se decepcionou de vez com Felice Bauer por ela ter custado tanto a ler o exemplar autografado de *Contemplação*, até então a única legitimação pública de Kafka como autor, apenas para, no fim, dizer alguma coisa qualquer que o machucasse o mínimo possível, por pura obrigação. Isso mudou tudo. Ele achava fundamental que ela esperasse algo dele, e não lhe desse "cegamente" a força para escrever. Com o longo silêncio de Felice sobre o primeiro livro de Kafka, diz Canetti, ele não tinha mais sua bênção, e o equilíbrio que ela lhe dava foi destruído.[1]

É uma interpretação dura, e incompatível com os gestos ambíguos de Kafka, que vivia entrincheirado quando se tratava de seus textos. Felice nem sequer conhecia *O veredicto*, supostamente "sua história", e quando pediu para ler *A metamorfose*, Kafka negou expressamente: preferiria ler-lhe em voz alta.[2] Mas ele logo abandona a ideia de ler em voz alta, e não faz uma cópia para Felice. Isso lhe teria permitido soltar um pouco a narrativa sem correr grandes riscos. Será que ele esperava que ela insistisse? Nada indica. Um autor que quer elogio e compreensão se comporta bem diferente.

Kafka já havia criticado Felice mais de uma vez, delicadamente, por fugir de questões sérias, e agora com *Contemplação* ele parecia ter perdido de vez a paciência. Depois de mais de cem cartas, era a primeira vez que ele tomava coragem para censurá-la, não pela quantidade de "combustível" que ela lhe dava, mas pelo seu comportamento. Fazia duas semanas e meia que *Contemplação* repousava sobre sua mesa de cabeceira. E o que ela estava lendo? Huch, Lagerlöf, Eulenberg, Jacobsen.

> Meu livro te agrada tão pouco quanto minha fotografia te agradou daquela vez. Isso não seria tão grave, afinal o que está ali é, na maior parte, coisa velha, mas ainda assim é um pedaço de mim, e um pedaço de mim que você não conhece. Mas isso não seria nada grave; te sinto tão próxima em todo o resto que estou disposto, quando te tiver junto a mim, a *começar* chutando o pequeno livro com *meu* pé. Se você me tem amor no presente, o passado pode ficar onde quer que seja, e se tiver que ser assim, tão longe quanto o medo do futuro. Mas o fato de que você não me diz, de que você não me diz em duas palavras que ele não te agrada… Você não precisaria dizer que ele não te agrada (afinal essa nem deve ser a verdade), mas que você simplesmente não consegue se encontrar dentro dele. Há realmente uma desordem infernal ali dentro, ou melhor: são raios de esperança no meio de uma confusão sem fim, e é preciso chegar muito perto para ver alguma coisa. Por isso seria totalmente compreensível se você não soubesse o que fazer com o livro, e ficaria a esperança de que ele ainda te aliciasse em um momento bom e fraco. Ninguém deve saber o que fazer com ele, isso está e sempre esteve claro

para mim — o esforço e o dinheiro que o perdulário editor teve que sacrificar por mim e que está completamente perdido também me atormentam; a edição se deu totalmente por acaso, talvez eu te conte um dia se tiver oportunidade, eu nunca teria pensado nisso deliberadamente. Mas só digo tudo isso para te deixar claro como uma avaliação incerta de sua parte me pareceria natural. Mas você não disse nada, até anunciou uma vez que diria alguma coisa, mas não disse nada. [...] Querida, olha, quero saber que você está totalmente dedicada a mim, nada, nem a coisa mais ínfima deve deixar de ser dita, nós somos sim — eu pensava — um do outro, uma blusa da qual você gosta talvez não me agrade em si, mas já que você a veste, ela me agradará, meu livro não te agrada em si, mas na medida em que é meu, você certamente gosta dele — só que quando é assim a gente diz, e diz as *duas coisas*.[3]

Kafka sente que tem razão — o que é bem raro; ele não pensa em diminuir seu próprio feito só para que Felice se sinta melhor; está disposto a admitir que seu primeiro livro é difícil e confuso, mas não que é ruim. Felice ainda não conhecia esse tom. Ela se desculpa, até agora não encontrou a calma necessária. Sem muita sinceridade, ele declara que todas as suas repreensões são "falatório". Mas quando ela finalmente faz algumas perguntas sobre *Contemplação*, em meados de janeiro, ele já perdeu a vontade de falar sobre isso. Dessa vez, é ela que fica esperando em vão por uma resposta. Mais de dois anos depois, quando Felice volta a pegar o pequeno volume para lê-lo — talvez para agradar a Kafka —, é duramente repreendida pelo seu amigo, que mudou e se tornou mais fechado: "Por que você lê livros tão velhos e nada bons, como *Contemplação*?".[4]

Sabemos que Kafka não esperava uma crítica estética de Felice Bauer. Caso ela tivesse se atrevido a dar um veredicto literário, ele ficaria muito contente e o interpretaria como uma aproximação, como uma ampliação da superfície de contato entre eles. Mas a opinião dela influenciaria pouco o seu próprio veredicto e a direção de seu trabalho. Afinal, ele nunca havia conhecido uma mulher que julgasse capaz disso, e quando lia para mulheres em voz alta — para as irmãs, para Hedwig Weiler, e mais tarde também para Felice —, o que mais lhe interessava era o efeito imediato, se a linguagem conseguia ou não atingir um ouvido atento. Os comentários decisivos sobre suas experiências literárias estavam em outra parte. Nesse sentido, Kafka não se comportava muito diferente de Brod, que até lia com frequência para as suas amantes, mas só registrava no diário as reações imediatas, sem explicar tudo racionalmente. Havia uma diferença fundamental entre agradar às próprias amigas ou a um crítico literário influente com um trabalho do qual se estava orgulhoso — mesmo que se tratasse de uma leitora tão atenta quando Elsa Taussig. O "difusor" estava tão sujeito aos próprios preconceitos e preferências quanto a amadora, mas isso não significava nada para esses autores. Daí a perplexidade de Kafka quando o escritor Otto Stoessl, venerado por ele, louvou sua "alegria leve, profunda" e seu "humor da própria boa forma", depois da leitura de *Contemplação*.[5] Isso não teria acontecido com Felice.

Já nas primeiras cartas, ela sempre falava de suas experiências de leitura, de modo que Kafka tinha uma ideia bem precisa da coleção de Felice (que não era o bastante para ele, é claro, mas ela realmente não conseguia dar conta das referências bibliográficas que ele exigia). A julgar pelos volumes anteriores à guerra que foram preservados em seu espólio, Felice tinha predileção por autores da atualidade que já tinham sua importância reconhecida, entre eles Gerhart Hauptmann e Arthur Schnitzler, e sobretudo escandinavos como Ibsen, Björnson, Hamsun, Strindberg. A literatura do Norte estava em voga desde os anos 1890, e mesmo autores de terceira categoria encontravam seu público a reboque dos grandes. Felice Bauer, como todos os leitores burgueses assalariados, se informava essencialmente em revistas, anúncios e vitrines; seguia a corrente sem pensar muito sobre isso. Ela tinha uma clara aversão por tudo que houvesse de obscuro e demandasse interpretação, e não surpreende que fosse simpática à concisão e à clareza (conceitos que significavam coisas bem diferentes para Kafka).[6] Além disso, chama a atenção seu envolvimento profundo com Strindberg; sua estante contava com os 27 volumes das *Obras completas*. Ela se atentava até aos trabalhos mais fracos, como o romance *Götiska rummen* [Os quartos góticos], lido imediatamente antes de conhecer Kafka. Anotava frases que a tocavam, pedia comentários ao amigo de Praga, e no fim de 1916 assistiu a uma série de palestras sobre o autor.

A princípio, Kafka achou natural que Felice não lesse sistematicamente nem procurasse satisfazer necessidades claras e objetivas na leitura, e poucas vezes tentou combater isso com suas próprias sugestões. Ela só descobriria seus impulsos educativos muito mais tarde. Mas ele não conseguia se conformar que ela adiasse a leitura de *suas* obras para um momento oportuno. Será que ela ainda não havia entendido que aquelas letras impressas eram a vida inteira para ele? Não, ela não havia entendido. Felice respondia ironicamente às queixas seríssimas que ele fazia sobre os muitos nomes de escritores que apareciam em suas cartas, e reclamava seu próprio direito ao ciúme — de suas viagens noturnas à América, de *O desaparecido*. Kafka ficou impassível: "O romance sou eu, minhas histórias sou eu, onde haveria, eu te pergunto, o menor espaço para o ciúme?".[7]

Mil novecentos e treze. Um ano novo. O som dos sinos preenchia a escuridão da cidade, uma salva de canhões vinha do Hradschin, pelas janelas abertas se ouvia o estampido das rolhas, e vivas ressoavam nas ruas, em alemão e tcheco. Onde estava Kafka? Ele ficou escondido, não apareceu nem na casa de Weltsch, que o convidara, nem no café, nem na casa de Brod, que devia estar fazendo um brinde com a noiva e os futuros sogros.

Kafka não estava no clima de festa, ele tinha se recolhido e estava sozinho diante da janela do quarto, como tantas vezes nos últimos meses. Olhou para a ponte do outro lado, sentou-se à escrivaninha e a pena correu sobre o papel, com toda a corda. Pensamentos obsessivos o dominavam, visões estranhas: Felice bate nele com seu guarda chuva, um casal algemado é levado ao cadafalso. Ele precisa se desvencilhar dessas imagens, e isso resulta em uma carta terrível. 1913 é um divisor de águas. Em 1913 ele teria de concluir o romance, ou tudo teria sido em vão. Em 1913 ele veria Felice, ou nunca mais a veria.

Kafka estava com medo. Não porque estava "abandonado como um cão", como lhe parecia agora.[8] Ele não havia sido abandonado, os amigos estavam esperando por ele, e Felice continuava com ele, apesar de tudo. Mas ele sentia que justo agora, no começo de um ano decisivo, sua energia vinha diminuindo, sua reserva de imagens secava, as personagens que ele habitava viravam-lhe as costas. Ele estava sentindo isso havia semanas, tentara criar para si próprio mais momentos de tranquilidade, renunciara à viagem a Berlim, se apartara cada vez mais de Brod. Nada disso ajudou. Sim, ele escrevia. Mas as sessões da noite estavam cada vez mais curtas, e as interrupções cada vez mais frequentes. E cada interrupção era o fim. Pois quando a palavra escrita é "eu", quando não há a menor brecha entre a linguagem e a vida, o desprezo da palavra pela leitora mais amada é uma espécie de pena de morte; a falta total da palavra equivale à própria morte.

Kafka havia lido biografias o bastante para saber que textos literários surgem por vezes dos piores tormentos emocionais, de depressões agudas.

Kleist e Dostoiévski haviam passado por isso. Mas o que *ele* estava vivendo agora era diferente e ameaçador: um esvaziamento, uma depressão estéril que não atiçava nenhum fogo purificador, apenas o deixava com dor de cabeça e roubava-lhe o sono. Ele dizia que estava vivendo um "estado de aridez, desânimo", e tudo, mesmo a lancinante infelicidade, parecia-lhe mais suportável do que aquele tédio.[9]

Kafka não podia contar com o consolo de ninguém. Brod, Weltsch, Felice — agora cada um tinha suas próprias preocupações. E o que é que eles poderiam dizer? Que tempos melhores estavam por vir? Eles não tinham ideia da pressão à qual Kafka estivera submetido nos últimos meses, mesmo que ele sempre se queixasse. O barulho no apartamento, os "preparativos para o casamento", o peso na consciência por causa da fábrica de amianto, o sono leve e sempre interrompido, a constante agitação interior devida às cartas de Felice, as viagens de trabalho (nem *A metamorfose* ficou incólume), o medo do fracasso profissional, as conversas sobre a guerra, a preocupação com as irmãs; isso sem falar da energia emocional incomensurável que a escrita noturna lhe exigia. "Não é nenhuma surpresa", eis o melhor que os amigos poderiam ter lhe dito. No começo de 1913, Kafka devia estar completamente *esgotado*, ainda que ele próprio não aceitasse isso.

Seus pensamentos iam em outra direção, seguindo de novo a lógica fatal da autoacusação. Ele não havia protegido o bastante sua vida noturna, sua vida real, era isso. Ele se deixara distrair. E, pior ainda, estava a ponto de perpetuar esse estado de distração morna e infrutífera, a olhos vistos. O que mais significava o cortejo de Felice? Era uma empreitada que não daria nem em uma derrota terrível, nem em casamento. Havia anos que ele era dominado pelo *horror vacui* da solteirice, e agora levava uma espécie de golpe ao descobrir que também tinha pavor da superabundância e que não estava imune ao turbilhão causado por uma pessoa próxima e ao poder de um cotidiano corrosivo. Kafka nunca havia se perguntado seriamente "*O que seria de mim em um casamento?*". Agora, no começo de um novo ano, ele não conseguia tirar isso da cabeça.

Brod foi o primeiro a sentir como Kafka havia mudado, quando notou que o amigo o olhava com um olhar estranho e inquisitivo. Kafka não entendia por que o amigo não defendia de modo mais enérgico sua vida pregressa, voltada a sua produção. "Nós gostamos de nos sacrificar", Brod assegurara algumas semanas antes, descontraidamente, referindo-se à literatura. "Como se ela não devorasse nosso coração." É fácil dizer isso quando o casamento já está marcado. Na verdade, Brod nem pensava em se sacrificar; estava começando a se acomodar. "Ele tem algo de homem casado", Kafka deixou escapar, "é independente dos estados de espírito, e alegre na superfície, apesar do sofrimento e da inquietação."[10]

Não era a primeira vez que Kafka mostrava a Felice ser contra o casamento. "[...] eu nunca poderia me expor ao risco de ser pai", escreveu no fim de dezembro,[11] mas ela não o levou muito a sério; já conhecia um pouco sua birra com noivados, casamentos e nascimentos, quando tinha que fazer o papel do congratulador contente. Felice então lhe contou que ela própria havia entrado numa aposta: teria de pagar uma garrafa do melhor champanhe quando se casasse. Por essa Kafka não esperava. Mas ele também não precisava se sentir superado justo ali onde acreditava ser diferente de todos os outros. Pois anos antes ele também havia apostado com algum conhecido qualquer, mas *dez garrafas*. Mais um ponto para ele. Felice se rendeu, e provavelmente ainda deu risada. Mas se enganou de achar que aquele era só um jogo divertido entre dois apaixonados. Kafka havia mudado as regras do jogo, implacável, e bastava passar os olhos pelas cartas dele para se convencer disso.

Na noite profunda

Na noite fria, absorto na leitura
de meu livro, esqueci-me da hora de me deitar.
Os perfumes de minha colcha bordada em ouro
se dissiparam e o fogo se apagou.
Minha bela amiga, que até então a duras penas
dominara sua ira, toma de mim a lamparina
*e me pergunta: Sabe que horas são?**

Um poema chinês do século XVIII que Kafka retirou de um de seus livros preferidos e copiou para Felice. Ele lhe diz que ela deve dormir durante a noite e deixar a escrita para ele, afinal o poema comprova "que em toda parte, mesmo na China, o trabalho noturno é coisa dos homens".[12] Kafka deve ter ficado feliz de evocar essa fantasia, que por ser tão improvável era

* Ricardo Piglia, *O último leitor*. Trad. de Heloisa Jahn. São Paulo: Companhia das Letras, 2006.

ainda mais erótica: ele na escrivaninha, Felice ao seu lado, na cama. As cartas dele mostram que Felice também ficou tomada por essa imagem durante muito tempo.

Mas agora, dois meses depois, ele se perguntava o que aconteceria se essa cena um dia se tornasse realidade.

> Essa amiga do poema não está na pior, dessa vez a lamparina realmente se apaga, o flagelo não foi tão grande, ainda há alegria o bastante dentro dela. Mas como seria se ela fosse a esposa e essa noite não fosse uma noite qualquer, e sim um exemplo de todas as noites e então naturalmente não só das noites, e sim de toda uma vida em comum, dessa vida que seria uma batalha pela lamparina? Que leitor ainda conseguiria sorrir? Por isso, a amiga no poema não tem razão, porque ela vence dessa vez e não quer nada além de vencer uma vez; mas porque ela é bela e só quer vencer uma vez e nunca consegue convencer um erudito de uma vez, mesmo o leitor mais severo a perdoa. Uma esposa, por outro lado, sempre teria razão, ela não estaria exigindo uma vitória, e sim sua existência, que o homem absorto em seus livros não pode lhe dar, ainda que talvez esteja pretensamente olhando para os livros e passe os dias e as noites pensando apenas na mulher que ele ama acima de tudo, mas ama com sua incapacidade inata. [...] Querida, que poema terrível, eu nunca o teria criado.[13]

Mais uma vez, a cena doméstica se torna o núcleo de uma fantasia, mas dessa vez não erótica, e sim *jurídica*. Pela primeira vez, Kafka chama pelo nome o irrefutável, absoluto e eterno *direito da esposa* — que de repente se ergue diante dele como uma fatalidade terrível, chegando a ofuscar a "infelicidade do solteiro". Kafka invocará frequentemente esse direito nos anos seguintes; é uma ideia à qual ele realmente se agarra, e com a qual irá chicotear-se até sangrar. Mas não se enganem: quanto mais ele torna absoluto esse princípio que lhe é hostil, esse direito vital que leva à morte da literatura, mais se afasta fisicamente dele. Felice deve ter sentido que não era uma alegria ter razão dessa maneira. Ter razão não desperta a simpatia de ninguém, muito menos o amor. E que existência frágil e duvidosa é essa que uma esposa não *tem*, mas precisa *exigir* de outra pessoa?

A concessão de Kafka, aparentemente tão radical, voltada contra sua própria existência, é na verdade um gesto sofisticado e ambivalente de autodefesa, que não deve ser entendido como uma constituição "masoquista", conforme o clichê da psicologia. Pois se discuto com uma pessoa que tem razão per se — não pelo que diz ou faz, mas simplesmente por sua posição no mundo —, então não tenho razão per se, independente do que decido, e por isso posso fazer mais uma vez aquilo que me parece correto, com uma liberdade nova, como que adquirida pela porta dos fundos; já não importa. Em outras palavras: Kafka coloca a futura esposa num pedestal para seguir tranquilo seu caminho. Seu gesto não é de submissão, e sim de demarcação. Enquanto faz uma reverência ao direito vital da esposa, ele esboça uma fantasia radical e sem precedentes, que condena esse direito absoluto à impotência absoluta:

> Uma vez você escreveu que queria sentar-se ao meu lado enquanto escrevo; só entenda que assim eu não conseguiria escrever (em geral já não consigo muito), mas assim eu não conseguiria escrever absolutamente nada. Escrever quer dizer abrir-se excessivamente; a mais extrema abertura e entrega, que faz qualquer pessoa acreditar que está perdida ao se relacionar com outras pessoas, e diante da qual ela sempre recua, portanto, enquanto está em sã consciência — pois todo mundo quer viver, enquanto vive —, essa abertura e entrega não é nem de longe suficiente para a escrita. O que a escrita aproveita dessa superfície — quando não há outro jeito e as fontes mais profundas se calam — não é nada e desmorona no instante em que um sentimento mais verdadeiro faz esse piso superior oscilar. Por isso nunca estamos sozinhos o bastante quando escrevemos, por isso não pode haver silêncio o bastante ao redor quando escrevemos, a noite ainda não é noite o bastante. Por isso não podemos dispor de tempo o bastante, pois os caminhos são longos e desviar é fácil, às vezes temos medo e vontade de voltar correndo, mesmo sem ser coibidos ou seduzidos (uma vontade que mais tarde sempre será duramente castigada), como quando recebemos um beijo inesperado da boca mais amada! Muitas vezes já pensei que para mim o melhor modo de viver seria estar na sala mais recôndita de um amplo porão trancado, com material de escrita e uma lamparina. A comida que me trariam seria sempre deixada longe da minha sala, atrás da porta mais exterior do porão. O caminho até a comida, de pijama, atravessando todas as abóbodas do porão, seria meu único passeio. Em seguida eu voltaria para a minha mesa, comeria devagar e com ponderação,

e logo começaria a escrever outra vez. O que eu escreveria! De que profundidade eu arrancaria tudo! Sem esforço! Pois a concentração mais extrema não conhece o esforço.[14]

A única coisa que resta à esposa é o papel da guarda, e quando Kafka assegurou a Felice, como um consolo, que esse porão também pertenceria "incondicionalmente" a ela, deve ter soado como uma troça. Não, ele não podia estar falando sério; tinha que ser só um estado de espírito passageiro. E foi exatamente isso que ela disse a ele, o intransigente.

Agora ele andava se arriscando um pouco mais a sair do apartamento; ele se desvencilhava da escrivaninha, via pessoas. Fazia um ano que não ia ao teatro, mas o balé russo o animou, com o famoso Nijinski. Ele já tinha visto essa companhia uma vez, por isso não corria o risco de sentir tédio nem tristeza. Aí havia as visitas a Weltsch, as horas de papo no café com Werfel (que havia voltado a Praga por algumas semanas), um debate com Martin Buber numa roda maior. Kafka reapareceu. E enfim superou o casamento de Valli, que ele temia havia tanto tempo; de botas de verniz, fraque e cartola, entrou como *Kranzelherr** na sinagoga e forçou-se até mesmo a fazer um pequeno discurso de boas-vindas aos convidados, ainda que tenha corrido direto da festa para o café, a fim de se recompor — o que não deve ter deixado ninguém surpreso. Ele via esse tipo de festividade como uma desgraça, uma desgraça totalmente pessoal e dirigida contra ele. Seu único consolo era pensar que sempre havia uma última dança, que alguma hora a coisa sempre chegava ao fim. Toda aquela excitação feminina, aquelas inúmeras visitas familiares, aquela invasão de estranhos, que sempre causavam embaraço e envolviam mentiras ("E este é o nosso Franz!"), agora finalmente se encerravam, dando lugar àquela agitação usual, regular, previsível. É claro

* O termo *Kranzelherr* aparece em carta de Kafka a Felice, mas não está dicionarizado em alemão, por isso talvez seja indicado entre aspas no original de Stach. As traduções para o inglês e o espanhol optaram por "padrinho" (*best man, caballero de honor*), mas "padrinho" não seria apropriado para o casamento judaico. A raiz *Kranz* poderia apontar para a coroa que acompanha a Torá. Nesse sentido, *Kranzelherr* poderia ser, em iídiche, o homem que a carrega. Ou ainda a palavra correta, digitada com erro por Kafka, seria *Kanzelherr*, "mestre de púlpito", igualmente imprecisa para a tradição judaica. Em edição crítica de outra obra, *Anatol*, de Arthur Schnitzler, a palavra *Kranzelherr* aparece riscada e substituída por *Zeuge*, "testemunha".

que as queixas referentes à soma inacreditável que esse casamento consumira bateriam por semanas a sua porta. A fábrica de amianto precisaria enfim render alguma coisa...

Embora essa participação involuntária no casamento tenha lhe causado agonia, Kafka estava abrindo uma fresta da porta, e isso lhe fez bem naquele momento, como o alívio súbito de uma cãimbra. A animação de Brod também teve seu efeito. Quando lemos em conjunto as cartas que Kafka escreveu em janeiro de 1913, temos a impressão de que não é mais "do fundo do coração" que ele se queixa da paralisação do romance. Há um claro indício de resignação, mas também a necessidade não dita (e talvez até inconsciente) de reduzir a pressão, de tirar os membros tesos de baixo da escrivaninha e livrar-se por algum tempo do jugo que ele mesmo se impôs. Felice notou bem a mudança de tom e sentiu que o amigo estava mais flexível, mas não dava para ignorar que nem isso o deixava alegre de verdade. Ele falava cada vez menos de uma possível conclusão do romance, e menos ainda de um encontro em Berlim. Declarou-se satisfeito até com as cartas dela, pois "já que os outros desejos são irrealizáveis, nesse momento ou para sempre, está tudo bem, ainda que não tão bem quanto poderia estar".[15] Felice chorava quando lia tais frases. Ela só o conhecia numa luta constante pelo próximo momento de sossego, pela próxima página extraída "do fundo", e de repente ele estava sorrindo como um paciente obediente diante de ordens médicas.

> Meu romance! Anteontem à noite me declarei totalmente vencido por ele. Ele me escapa, já não consigo contê-lo, não devo escrever nada que não tenha relação nenhuma comigo, mas nos últimos tempos a coisa afrouxou demais, palavras falsas surgem e não querem desaparecer, o romance corre um perigo maior se eu continuar trabalhando nele do que se por ora deixá-lo. Além disso, estou dormindo há uma semana como um sentinela, acordo assustado a todo instante. As dores de cabeça tornaram-se um dispositivo regular, e há sintomas menores de nervosismo que se alternam e não param de agir sobre mim: em poucas palavras, vou parar totalmente de escrever e não vou fazer nada além de descansar, a princípio por uma semana, mas talvez por muito mais tempo. Ontem à noite não escrevi e dormi excepcionalmente bem. Se eu soubesse que você também está descansando, gostaria ainda mais do meu descanso.[16]

Muito razoável. Se essa voz não soasse tão estranha.

18.
O desaparecido: Perfeição e ruína

Escrever me causa repugnância,
mas acho maravilhoso ter escrito.

Fredric Brown

O desaparecido, *O processo*, *O castelo*, *O homem sem qualidades*, *Fluß ohne Ufer* [Rio sem margens] — as cinco grandes ruínas da prosa moderna de língua alemã. Três delas foram escritas por Kafka,* um número triste para uma vida, e francamente bizarro para a literatura comparada, que clama por esclarecimento.

Os documentos não deixam nem sombra de dúvida: Kafka, que sabia muito bem se sabotar, *queria* concluir seus grandes projetos. Mesmo que suas queixas sempre girassem em torno da escrita, mesmo que muitas vezes ele passasse meses sem tocar em textos terminados, parecendo esquecê-los, o que mais importava não era o trabalho, e sim seu resultado. O caminho *não* era o objetivo, não mesmo, disso ninguém precisava lembrá-lo. Mesmo que a escrita fosse uma espécie de droga que dissolvia fronteiras e gerava prazer, seus efeitos terapêuticos não teriam deixado Kafka satisfeito a longo prazo.

Também é uma lenda — própria apenas para alimentar um conceito "pseudorromântico" de literatura — que Kafka visse o fracasso (em geral) e o caráter fragmentário de seus romances (em particular) como expressão de seus anseios estéticos ou de si próprio. O contrário é verdadeiro. O que ele mais admirava e ambicionava, até suas últimas experiências, era absoluta coesão formal, tanto no detalhe como no todo. Isso significava que um texto literário tinha de se desdobrar *organicamente* de seu embrião ficcional e metafórico, sem viradas arbitrárias, esquematismos, coincidências forçadas, detalhes supérfluos que desviassem a atenção e outras impurezas do

* As três primeiras obras são de Kafka; *O homem sem qualidades*, de Robert Musil; e *Fluß ohne Ufer*, de Henny Jahnn.

tipo. Kafka considerava esse mandamento da pureza tão indiscutível que nunca chegou a justificá-lo expressamente; ele não tinha nem vontade nem capacidade de assumir uma estética bem elaborada. Mas todas as suas observações apontam na mesma direção. Pouco antes de interromper *O desaparecido*, por exemplo, ele declara sua admiração pela lírica de Werfel: "Como um tal poema surge, trazendo no começo seu fim inerente, com um desenvolvimento ininterrupto, interior, fluido — como se arregalam os olhos de quem está ali, encolhido no canapé!".[1] E vice-versa: seu descontentamento com a parte final de *A metamorfose* só se deixa entender quando levamos em conta que, depois da morte de Gregor, Kafka teve de romper a perspectiva e abandonar o lugar da narrativa, o que claramente perturbou seu senso de simetria formal. Ele tampouco ficou satisfeito com o fim de *Na colônia penal*, provavelmente pelos mesmos motivos.

Kafka queria mais que coesão, ele queria o "fim inerente", que já se agita como um feto sob a superfície da primeira frase e vai ganhando contornos delicados. Com isso nos perguntamos se seus projetos de romance traziam a possibilidade de uma unidade interna, se eles eram *termináveis*, e não condenados desde o princípio a fragmentos. Kafka não só fracassa permanentemente em ter um objetivo predeterminado, como descreve esse fracasso em seu romance: quanto mais o jovem "desaparecido" sonha com o lado seguro da sociedade americana, mais se distancia dele; para o acusado, o Supremo Tribunal é invisível; para o agrimensor, as autoridades do castelo são inalcançáveis. Ainda que essa ideia estivesse distante de Kafka, não daria para pensar que, segundo uma lei oculta, o fracasso do autor refletia o de seus heróis? Que ele criava uma unidade estética mais elevada, chegava cada vez mais perto da perfeição desejada à medida que *não* concluía seus romances?

É uma tese sedutora, paradoxal de um modo kafkiano, que provavelmente teria agradado ao autor, caso ele tivesse tido o prazer de participar de um simpósio sobre Kafka.[2] Seu ponto fraco é que ela subestima as possibilidades do romance moderno, em que forma e conteúdo se eletrizam mutuamente. Sem dúvida, os romances de Beckett são construções fechadas de elevada consciência formal, mas eles falam apenas de fragmentação, desintegração e ruína. A tagarelice redundante das personagens, as lascas de pensamento que se acendem nesses cérebros isolados, depois se desgastam e desaparecem de novo sem deixar rastos — tudo isso é resultado da mais sofisticada arte da linguagem. De nada serve objetar que já não se trata de romances. Beckett pensa no passo seguinte de uma evolução que já havia começado muito antes no romance europeu: a dissolução de uma percepção interior e exterior sólidas, a demolição daquela entidade questionável que se chama "eu". E onde, no meio desse turbilhão, devemos traçar o limite histórico no qual o romance deixa de ser romance? Em *Fome*, de Hamsun? Em *O processo*, de Kafka? Em *Orlando*, de Virginia Woolf?

Um romance que trata do fracasso não precisa fracassar, e por sorte um autor tem infinitas possibilidades de refutar esse psicologismo simplista. Isso estava bem claro para Kafka, e nunca lhe passou pela cabeça que sua misteriosa incapacidade de concluir uma que fosse de suas grandes empreitadas literárias tivesse alguma coisa a ver com sua forma e conteúdo. O "fim inerente" não era o que faltava; ele sabia onde seus romances iam dar. Mas a rede era fina e sempre se rasgava antes de ser esticada. Ele tomava isso por fraqueza e incapacidade, uma sina de sua própria natureza, e a cada novo fracasso ficava mais convencido disso. "Cheguei a meu limite definitivo", escreveu depois de interromper *O processo*, "aquele diante do qual eu talvez tenha de ficar sentado anos até, de novo, quem sabe, começar a escrever outra história que, de novo, permanecerá inacabada. Esse destino me persegue."[3]

Precisamos levar isso a sério. Depois de mais de uma década e meia de experiência com as impenetráveis leis da escrita, Kafka sabia que a inspiração não bastava. Para arrancar do trabalho já iniciado paixão e concentração renovadas por meses a fio, também era necessário ter energia emocional, e até mesmo uma espécie de obsessão voluntária. Mas esse estado alerta e exaltado que ele tinha como ideal criativo desde a noite em que escreveu *O veredicto* era limitado e tinha seus próprios obstáculos internos. O próprio ato de escrever reduzia a voltagem. O evento inicial que havia rasgado as profundidades psíquicas, num processo doloroso e delicioso, ia sendo coberto aos poucos por experiências novas, distintas, até que em determinado momento a obra incompleta desenvolvia seu próprio campo de forças, vinha com exigências alheias, deixando de ser jogo e se tornando tarefa.

Mas isso não vale para qualquer obra, para qualquer autor? Afinal, ele começa um romance sob *certas* circunstâncias e o termina sob *outras*. Busca uma forma que dure, que subsista independente de seu criador, e por isso precisa proteger sua obra da influência corrosiva da contingência biográfica. Isso é ainda mais verdadeiro quando ele próprio é objeto do que escreve.

Nenhuma frase deselegante, nenhuma frase feita, nenhuma metáfora acochambrada pode ser perdoada pelo fato de que seu autor estava mal no momento em que as escreveu. O distanciamento de si próprio é um dos pré-requisitos da escrita, é como se fosse a base psicológica na qual esse ofício pode florescer. Kafka não dominava seu ofício?

Ele nunca teve certeza disso. Quando, no começo de março de 1913, seis semanas depois de interromper *O desaparecido*, folheou os cadernos que havia deixado de lado, decidiu que só o primeiro capítulo, "O foguista", provinha "da verdade interior", enquanto todo o resto, ao menos 350 páginas manuscritas, fora escrito "como que em memória de um sentimento grande, mas totalmente ausente", e por isso era "indiscutivelmente descartável", ponto-final. Kurt Wolff não teve acesso a mais informações. Ele teria gostado de publicar *O desaparecido*, mas só recebeu de Kafka "O foguista", e mesmo este com a instrução expressa de identificá-lo como "fragmento" (o que já naquela época não era particularmente favorável às vendas).[4]

O que levava Kafka a se censurar tanto? O fato de não ter sido um "sentimento" a conduzi-lo, e sim a lembrança de um sentimento — em outras palavras, a interposição da consciência. Essa crítica soa absurda. Contando com a primeira versão do romance, que fora descartada, seu projeto *Amerika* já lhe havia tomado mais de um ano, e era inevitável que no decorrer desse tempo os primeiros impulsos e fantasias fossem recobertos por reflexões, lembranças e repercussões do próprio texto. Se ele tivesse passado esse tempo no silêncio sepulcral de um porão, como tanto desejara, teria dado na mesma. E se ele tivesse se entregado às imagens sombrias que, no fim do ano, o importunavam cada vez mais, para então só escrever o que viesse diretamente do "sentimento", é provável que *O desaparecido* não tivesse ido além dos primeiros dois ou três capítulos.

Mas os textos de Kafka não estavam tão à mercê de seus estados de espírito e preocupações como a imagem do escritor imerso em si mesmo nos faz acreditar. A crescente sombra a que ele se opôs (em vão), a irrupção de ideias obsessivas, o retraimento emocional, a perda de prazer na invenção — tudo isso deixou traços impossíveis de ignorar em *O desaparecido*. Nada, absolutamente nada no elegante salão do capitão, que serve de palco ao tribunal de *O foguista*, aponta para a caverna escura onde vive Brunelda e onde poucos meses depois o aplicado Karl prestará seu repugnante serviço, que o autor descreve em detalhes atormentadores. Realidade e mito se afastam, entram em conflito, e aos poucos Kafka vê o sonho de um mundo novo e mais puro escapar de suas mãos. Entra o pó de uma Europa antiga, abafada. E ele consegue integrar essa nebulosidade progressiva ao plano original por longas passagens, e com tanta maestria, que nenhum leitor terá a sensação de que está nas mãos de um narrador desgovernado. Pelo contrário: quanto mais fundo cai o protagonista, mais o romance se carrega de um cinza turvo. Quanto mais as situações descritas se tornam fechadas e sem esperança, mais se acumulam os estilhaços de perversidade; a personagem de Brunelda traz para o primeiro plano uma presença física que é tudo menos "americana". O equilíbrio entre humor e crueldade, que ainda lembra o pastelão na engrenagem do gigantesco "Hotel Occidental", se desloca cada vez mais na direção de um quadro plúmbeo. Tudo isso faz com que a vertigem da queda, do *destino*, tenha uma intensidade muito maior do que seria possível numa descrição naturalista. E produz *coesão*, de modo que o leitor desconfiado, que volta algumas páginas para ler *O foguista* pela segunda vez, de repente acha possível notar sinais do que está por vir.

Na verdade, o que atormentava Kafka era um entrave fundamental na "estética de sua produção", que ele considerava característico de seu próprio fracasso. Em uma de suas numerosas notas sobre as condições para que a poesia seja criada, Valéry tratou esse problema com precisão:

> Muitas vezes, acontece de um poeta fazer um longo poema a partir de um único *verso*. [...] Este lhe ocorreu em um estado de espírito bem parecido com o sonho, completo e isolado [...]. Agora, é uma questão de fazer um poema com esse verso. E é aí que começa a novela; há um processo de expansão, de ajuste etc., e a dificuldade está em encontrar o caminho de volta para um estado de espírito que seja *digno* do primeiro. O diabo está na continuação.[5]

Kafka teria assinado embaixo dessa reflexão na hora. Pois o que Valéry chama aqui de "novela" (e que ele menosprezou durante toda a vida) é o momento em que entra em jogo o trabalho artesanal, a técnica literária: o primeiro verso foi *encontrado*, os demais são *feitos*. Isso não pode acontecer em sonho, pois exige consciência, distância, cálculo. Assim, a "continuação" vem inevitavelmente acompanhada de um luto, luto pelo fim da liberdade e do prazer da criação pura.

Para Kafka, não faltavam ideias, e sim "continuações". Não por acaso, as ideias só se esgotaram (em janeiro de 1913) quando os problemas técnicos da continuação se tornaram demasiado maçantes. Diferente de outros autores tão frágeis emocionalmente quanto ele, Kafka sempre fracassava ao deparar com a barreira da técnica narrativa. O problema não era só que a inspiração esmorecia, ou que ele era suscetível a seus diferentes estados de ânimo. O problema era sobretudo o tipo de tarefa a que ele se propunha. O que Kafka exigia de seus textos era muito mais do que coesão na forma, na aparência exterior. Ele queria uma conexão entre as referências no interior do texto, se possível sem lacunas; a interligação absoluta de todos os motivos, imagens e conceitos. E levou isso a cabo nas narrativas que concluiu, começando por *O veredicto*. Não há em Kafka nenhum resíduo narrativo; não há motivos cegos ou detalhes meramente ilustrativos — seja a cor de uma peça de roupa, um gesto característico, ou a indicação do horário. Tudo carrega significado, tudo remete a alguma coisa, tudo volta. O livro *Kafka-Kommentar*, de Hartmut Binder, reúne milhares de exemplos que não deixam dúvidas: os textos de Kafka sempre dão a impressão de uma perfeição assombrosa, graças a suas qualidades formais. A elevada densidade específica e o peso do significado não toleram uma leitura de entretenimento, deleite e desfrute, por nem um instante. Daí também a notória polarização entre entusiasmo e rejeição que os escritos de Kafka provocam, sobretudo entre leitores jovens e inexperientes. Para quem não se abre ao caráter visionário e fabuloso desses textos, o esforço narrativo parecerá simplesmente "forçado".

Uma condensação tão radical, levada aos limites da linguagem, que, mesmo quando se trata de um poema, só dá certo raras vezes, leva a dificuldades técnicas incalculáveis no horizonte aberto do romance. Ela exige uma atenção crescente, pois é preciso segurar, fiar e atar cada vez mais fios. Quanto mais estreitas essas ligações, mais a continuação do romance se torna uma tarefa *artesanal* que, para ser levada a cabo, exige ideias precisas e, ao mesmo tempo, um regimento inflexível da racionalidade. Conforme a narrativa progride, é mais improvável que uma ideia espontânea "caiba" ali onde aparece.

Isso lança luz sobre o *instante* do fracasso, embora não sobre seu motivo cabal: é o instante no qual o esforço técnico ameaça sufocar a criação, é a própria crise criativa. Várias vezes na vida, Kafka chegou a esse ponto, mas nunca o ultrapassou. Aqui, o elemento criativo de sua escrita chegava ao limite. Do ponto de vista literário, esse fracasso é trágico, no sentido mais estrito da palavra. Pois significa que os dois grandes princípios orientadores da arte literária, *a palavra imediatamente dada e a palavra perfeitamente concebida*, são incompatíveis e não podem coexistir a longo prazo. São polos. Ambos alcançáveis. Mas não em uma só expedição, como Kafka acreditava.

"O que Karl está fazendo?" O próprio Kafka teria gostado de saber. Mas quando se virou para ver quem o lembrava de seu romance, ali no meio da rua, só viu as costas de um estranho, que já se distanciava num solilóquio inofensivo. Não era um sinal encorajador, quem quer que tivesse enviado aquele homem.

Mas era cedo demais para dar um fim àquilo; a descida ao inferno era um longo caminho. Kafka tinha outros planos para o seu herói que, enquanto trabalhava como "pau pra toda obra" no apartamento escuro e abafado de Brunelda, agarrava-se à esperança de que aquele era um intermezzo, e a primeira oportunidade de fuga seria a porta de entrada para uma vida digna. Uma ilusão. Pois o manuscrito de *O desaparecido* deixa bem claro: o que o espera lá fora não é a América do self-made man, e sim uma correnteza implacável que irá arrastá-lo mais abaixo a cada passo, primeiro para o ambiente da prostituição organizada, e depois provavelmente para a selva da máfia, com suas conexões e seus negócios. Kafka tinha uma imagem vívida desse reino sombrio da sociedade americana, não menos estruturado que o mundo dos cidadãos direitos. Era o assunto preferido de algumas reportagens do *Prager Tagblatt*, que traziam títulos promissores: "As casas de jogo de Nova York", "O truste dos batedores de carteira de Nova York". Kafka não queria perder a parte mais engraçada da piada: a ânsia de Karl por um posto fixo e com chances de crescimento teria de ser preenchida *assim*.

Mas e a conclusão, o "fim inerente"? Será que o próprio romance ainda daria uma segunda chance ao seu herói? Será que o enredo já não estava barato demais, meio "Bem está o que bem acaba", com aquele tio podre de rico que vai ao encontro do pobre rapaz, em "O foguista", só para conduzi-lo à necessária *altura da queda*? Será que daria para esperar do leitor que aceitasse um segundo milagre desse tipo?

O final planejado de *O desaparecido* e a visão surpreendente na qual o manuscrito é interrompido — que parece vir de outra realidade — estão entre os numerosos enigmas do legado de Kafka, que provavelmente nunca serão solucionados. Só há duas notas que oferecem algum tipo de explicação ao caso, e elas não revelam o mistério, só o aprofundam; elas se contradizem de modo tão explícito que não parecem se referir a um só romance.

Max Brod não teve nenhuma dúvida. Em 1927, no posfácio à primeira edição do romance, ele escreveu:

> A partir de conversas, sei que o capítulo incompleto sobre "O teatro natural de Oklahoma" deveria ser o capítulo final e soar conciliatório (Kafka amava especialmente o início desse capítulo, e o lia em voz alta de modo comovente e belo). Sorrindo e com palavras enigmáticas, Kafka deu a entender que seu jovem herói reencontraria profissão, liberdade, apoio, e até mesmo a pátria e os pais, nesse teatro "quase ilimitado", como que por meio de uma magia celestial.

É de imaginar que Brod, sua mulher e todos que sabiam do andamento de *O foguista* — Baum, Weltsch, Ottla, Felice — tenham perguntado a ele em algum momento como a coisa "acabaria". Mas Kafka não gostava de falar sobre seus textos, especialmente quando ele próprio não sabia que fim teriam. Ainda assim, os amigos parecem ter arrancado dele ao menos um palpite, somando os esforços. É claro que, tendo em vista o conhecido pessimismo de Kafka, esse palpite soava suspeito e não deve ter deixado ninguém muito satisfeito.

Eles tinham razão. Pois no dia 30 de setembro de 1915, Kafka escreve no seu diário: "Roßmann e K., o inocente e o culpado, ambos por fim punidos indistintamente com a morte; o inocente, com mão mais leve, antes posto de lado que abatido". Essa frase é bem clara e não deixa muita margem para interpretação. Kafka queria deixar seu herói morrer, e queria até mesmo *matá-lo* ao lado de Josef K., o acusado. Ele escreve essa frase com uma fria determinação, como se isso já tivesse acontecido há muito tempo, como se fosse um passado irrevogável. Fica o dito pelo não dito: um registro confuso.

É claro que o próprio capítulo "Oklahoma" fala a favor da versão de Brod. Sua gênese já é estranha o bastante. Quando Kafka retomou os velhos cadernos, em agosto de 1914, no meio de um novo surto produtivo, ele os leu com olhos diferentes dos de um ano e meio antes. Ele havia guardado a segunda versão do romance inteira, e isso era sinal de que ainda não tinha dito adeus ao mundo de *O desaparecido*. Kafka já expusera demais seu romance.

Ele havia revisto aquele juízo severo, e não estava mais convencido de que aquilo seria só um fragmento. As personagens ainda tinham vida o bastante, valia a pena fazer uma última tentativa. Qualquer outro autor teria começado por uma revisão crítica, mas Kafka simplesmente voltou a pena para o lugar onde havia parado em janeiro de 1913: na mesma página, debaixo da última linha, que já estava um pouco desbotada. Essa manobra forçada foi bem sucedida, e a costura ficou invisível,[6] o que revela como Kafka estava controlado ao voltar para um sonho pensado anos antes.

Ele saltou alguns episódios e apressou o caminho de seu herói rumo à cena noturna da América, em "Partida de Brunelda". São quatro páginas grotescas, em que Karl aparece como burro de carga, a diva monstruosa no carrinho de mão, um casal inocente a caminho de um bordel que leva o nome sedutor de "Empresa nº 25". Ali, Karl entrega sua carga, olha assombrado para a sujeira (que ele mais sente do que vê), e deixa que a primeira reprimenda de um novo torturador entre por um ouvido e saia por outro. "Tristemente [...]", escreve Kafka, então risca essa palavra e substitui por uma melhor: "*Lentamente* retirou o pano de cima de Brunelda". Esta última revisão na espiral descendente é necessária, pois quem está triste na verdade é o próprio Kafka, ainda menos ávido por sujeira e violência do que seu jovem alterego. De novo ele desiste, interrompe a frase no meio. Esse é o fim, onde começa o verdadeiro milagre desse romance.

> Karl viu na esquina de uma rua um cartaz com os seguintes dizeres: "Hoje no hipódromo de Clayton, das seis da manhã à meia-noite, contratam-se pessoas para o Theatro em Oklahama! O grande Theatro de Oklahama vos chama! E chama só hoje, só uma vez! Quem perder a oportunidade agora, a perderá para sempre! Quem pensa no futuro nos pertence! Todos são bem-vindos! Quem quiser ser artista, apresente-se! Somos um teatro que pode aproveitar a todos, cada qual em seu lugar! Quem decidir juntar-se a nós receba aqui e agora as nossas felicitações! Mas, apressem-se, para serem atendidos até a meia-noite! Às doze tudo será fechado e não reabrirá mais! Maldito seja aquele que não acredita em nós! Avante, para Clayton!"
>
> Embora houvesse muita gente diante dele, o cartaz não parecia encontrar grande repercussão. Havia tantos cartazes, ninguém mais acreditava em cartazes. E este era ainda mais inverossímil do que os cartazes em geral costumam ser. Mas sobretudo havia nele um grande erro:

> não havia nem uma palavra sobre o pagamento. Fosse o pagamento minimamente digno de nota, com certeza o cartaz o teria mencionado — não teria esquecido a coisa mais atraente. Ninguém queria ser artista; mas com certeza todo mundo queria ser pago por seu trabalho.*

Essas são as primeiras daquelas frases que Kafka "amava especialmente" e "lia em voz alta de modo comovente e belo", a abertura do capítulo que Max Brod publicou do espólio de Kafka com um título formulado por ele próprio, "O Teatro Natural de Oklahoma".[7] O pagamento não será mencionado em nenhum momento desse capítulo. Pois a felicidade que o "teatro" tem a oferecer não pode ser medida em dinheiro. É a felicidade de ser bem-vindo. Karl evita examinar com mais atenção esse cartaz tão sedutor quanto suspeito, pois aprendeu que depois de cada "sim" vem um "mas". E, no entanto, ele passa os olhos mais uma vez pelo texto, para gravar bem no fundo uma frase: *Todos são bem-vindos.*

Kafka nunca chegou a descrever o legendário teatro. Ainda assim, ficamos sabendo que é "quase sem limites", e deve ser mesmo, pois só o esforço empregado na contratação de pessoal tem a dimensão de uma campanha eleitoral para a presidência americana. De todos os mecanismos sociais que Kafka descreve em *O desaparecido* com minúcia, esse teatro parece o mais colossal — como se fosse uma soma de transatlântico, conglomerado industrial e grande hotel. É difícil imaginar que forma Kafka daria a um organismo assim sem margens.

Agora que o braço de ferro da desgraça havia se afrouxado e ele estava decidido a fundar um mundo alternativo, não muito ligado à vida prévia de Karl, Kafka sucumbe ao prazer da livre fabulação. Centenas de mulheres fantasiadas de anjo e tocando trombetas são contratadas para atrair os candidatos. Quem tiver coragem de se aproximar não será levado a uma sala alugada nos fundos, e sim a um hipódromo. Os senhores que os conduzem parecem estar convencidos de que um em cada dois cidadãos abandonaria tudo para seguir seu chamado, de tão monumentais os esforços para dar conta da esperada avalanche. Há uma seleção minuciosa já na entrada: é a primeira das grandes sátiras que Kafka faz da burocracia. Todos podem ser aproveitados, sem exceção, conforme os chefes de pessoal do

* Franz Kafka, *O desaparecido ou Amerika*, op. cit., pp. 247-8.

teatro voltam a assegurar várias vezes aos interessados (que são surpreendentemente poucos). Ainda assim, eles exigem que os dados falsos ou duvidosos que lhes são apresentados diariamente e que aceitam de bom grado sejam destinados exatamente aos arquivos previstos *para este fim*, e a mais nenhum lugar. Assim, Karl é levado primeiro ao "gabinete para engenheiros", depois ao gabinete "para pessoas com conhecimentos técnicos", e por fim ao gabinete "para ginasianos europeus". No manuscrito há até um "Diretor de ex-ginasianos europeus", mas Kafka retira essa parte. Também não dava para exagerar.

Era essa a "América ultramoderna" que ele queria mostrar? Certamente não, ainda que alguns exageros fossem emprestados de modelos reais, como a linguagem publicitária grandiloquente, comum na América da virada de século. Os detalhes estão certos, o conjunto não é desse mundo. O leitor tem prazer em acolher esse enredo de conto de fadas, e de certo modo acredita em Kafka — em que outro autor ele acreditaria? —, porque é fácil ver tudo como sátira. É um mundo kafkiano, mas de cabeça para baixo: promessa em vez de ameaça, satisfação em vez de decepção.

Se Kafka tivesse rasgado o capítulo de Oklahoma, será que algum de seus leitores e exegetas teria imaginado tal reviravolta? É a primeira e única vez que ele transforma as esperanças de seu herói em realidade, em vez de aniquilá-las.[8] Por que, então, ele se queixa desse capítulo no diário, muito *depois* de terminá-lo? É impensável que um adolescente seja "punido com a morte" em um mundo no qual todos os desejos se realizam, mesmo que, ao contrário da afirmação de Brod, Oklahoma não seja o último capítulo de *O desaparecido*.[9] A menos que Kafka ainda tivesse em vista uma terceira versão de seu romance — e nada sugere isso —, sua confissão nos obriga a dar um salto para o além: ou o teatro de Oklahoma é um sonho, talvez o sonho de um moribundo, ou é *o paraíso*, no qual o inocente encontra seu lugar... depois da ruína. Kafka marcou com tanta clareza a natureza transcendente de seu mundo alternativo, inclusive com elementos da escatologia cristã, que quase não nos resta escolha. Ali, ressoam ameaças apocalípticas ("Maldito seja aquele que não acredita em nós"); há anjos e diabos; a "ressurreição" é acompanhada do som das trombetas; o *primeiro* que se apresenta (Karl) é o *último* a ser aceito; os recém-chegados, que não trazem uma única peça de bagagem, se reúnem para uma grande ceia; e os "chefes" (a princípio "diretores", depois alterado por Kafka) são de uma doçura sobrenatural.

Não é de espantar que Kafka sorrisse ao falar que seu romance terminaria numa "magia paradisíaca". Essa não era toda a verdade, e Brod provavelmente teria se decepcionado ao saber disso. Mas Kafka cumpriu o que havia prometido. Se "pátria" é o "estado de quem escapou", segundo uma frase da *Dialética do esclarecimento*,[10] então Karl havia de fato recuperado sua pátria. Ele *havia* escapado: da maldição dos pais, do tutor impiedoso, dos superiores sádicos, dos tormentos causados por companheiros de viagem intrometidos, das mulheres exigentes, da sujeira, do dinheiro, da luta. Ele havia escapado de uma sociedade fria de lobos que não tolera nenhum momento de descanso, uma sociedade na qual nada se alcança a longo prazo que não seja às custas dos outros.

Kafka encontrou uma imagem para esse paraíso, o *seu* paraíso, que penetra na consciência de um golpe, realmente como um golpe, e que não tem par na literatura de língua alemã, com sua sobreposição irônica de técnica, utopia e redenção. É a imagem do painel de anúncios no hipódromo de Clayton. Um painel em que costumam aparecer os nomes dos vencedores. Agora ela serve para divulgar os nomes daqueles que foram aceitos de bom grado pelo Teatro de Oklahoma, o maior teatro do mundo. Cada um deles é um vencedor.

19.
Invenção e exagero

"Maldição; contra que estou lutando?"
"Contra as dificuldades, como qualquer outro."

August Strindberg, *Rumo a Damasco*

Felice dançava tango. Embora vivesse pressionada por uma vida que ameaçava escapar de suas mãos, dividida entre o escritório, a vida doméstica, desgraças secretas e cartas íntimas, ela nem pensava em abrir mão dos inofensivos prazeres do entretenimento urbano. Refletir era terrível e, por outro lado, a expectativa de uma noite animada de dança, com a possibilidade de "espairecer dignamente",[1] banhava até mesmo os momentos mais tensos e exaustivos numa luz suave. E o sabor picante que ficava depois de uma noite dessas também era ótimo; lembrar-se dos vestidos mais originais, dos comentários tolos e dos casais surpreendentes que se formavam, sem falar na vibrante consciência feminina de ter agradado.

O amigo triste de Praga entendia lamentavelmente pouco desses assuntos. Como um provinciano, perguntou sem rodeios se "tango" era uma coisa mexicana, sendo que a febre do tango já vinha se difundindo na Europa havia muito tempo, e qualquer datilógrafa sabia o que era um "look de tango" e um "chá de tango". Por que então não havia fotos dela dançando? Não, melhor não. O imperador em pessoa tinha se irritado com a nova moda, por ser considerada moralmente precária (sendo que ele só conhecia a variação franco-prussiana do tango). Será que na cidade de Praga, tão romântica, as pessoas não seriam mais esclarecidas?[2]

Por trás da constante ânsia de Kafka por fotografias, estava a sensação justificada de ele não ter uma verdadeira ligação com aquele ambiente cosmopolita no qual Felice se sentia em casa. Ele sabia que esse campo de forças fazia com que ela levasse uma vida nervosa, voltada para fora, em constante oscilação, e enquanto ele não pudesse ver aquilo com os próprios olhos, tinha que *saber* de tudo. Afinal, aquela era a vida da qual ele se "alimentava". Mas, mesmo que ficasse sabendo de "tudo", o que não acontecia todos os dias, ainda era o olhar *dele* que capturava tudo, e esse olhar era preciso, mas parcial. Uma vez, ela participou de uma rifa. Foi o ponto alto da festa; ela foi presenteada com bilhetes de todos os lados, e sempre era chamada à frente sob aplausos para receber os muitos pequenos prêmios. Em uma carta para Kafka, ela listou tudo o que tinha ganhado. Será que ele estava satisfeito agora? Sem dúvida. Mas o que mais chamou sua atenção foi que entre os prêmios estava uma caneta-tinteiro, um instrumento usado para escrever cartas.[3]

"Se desse mesmo para enlaçar garotas com a escrita!" Fazia pouco mais de seis meses que Kafka havia suspirado essa frase, e agora ele a acharia indecente de tão ingênua, se Brod fosse maldoso o bastante para lembrar o amigo do que dissera. Nesse meio-tempo, Kafka tinha passado por uma experiência que nem poderia imaginar durante aquele enamoramento terrível do último verão. Sim, é possível "enlaçar" uma mulher só com a escrita, e Felice estava usando uma expressão ainda mais forte: "Você me ganhou completamente". Mas isso é que era o diabo. Ele a havia seduzido e tornado dependente, mas de quê? De um espelho turvo, uma voz sem corpo, um "espírito falso".[4] Ele não havia conseguido extrair nem um pedacinho de realidade da escrita, nenhum contato físico, nada que fosse tão real quanto o movimento de seus dedos ao escrever. Seria um milagre que Felice não se fartasse daquilo? Naquela noite de Ano-Novo, enquanto ele olhava para o escuro lá fora pela janela de seu quarto frio, ela estava dançando e flertando em um baile, com tanta intensidade a ponto de ter de inventar uma desculpa para dissuadir um dançarino "muito bem-apessoado", um pediatra, de fazer maiores movimentos em sua direção. Em um minuto, esse homem havia conseguido aquilo com que Kafka fantasiava todo o tempo. E era vergonhoso que Felice falasse sobre isso de forma tão provocante e franca.[5]

A mesma magia que dava às cartas o poder de criar intimidade também cuidava de que elas nunca se convertessem em contato físico, e era impossível continuar ignorando esse fato. Kafka entendeu que essa proximidade intermediada por uma placa de vidro correspondia exatamente à sua relação com o resto do mundo. Ele vivia dentro de uma bolha transparente onde não havia relações afetivas, e até agora só havia encostado nela para ter certeza de onde estava o seu limite; nos últimos meses, havia pousado as mãos sobre esse limite e sentido um calor — essa era a grande diferença. Daí o esforço de tantas noites.

Felice percebia que, aos poucos, Kafka estava perdendo a confiança na escrita. O fluxo de cartas, que em dezembro havia se convertido em uma verdadeira rebentação, foi diminuindo até se perder.[6] Ao mesmo tempo,

Kafka começou a se repetir; independente do ponto de onde partia, depois de algumas poucas frases, toda carta começava a girar em torno do mesmo eixo; dava-se um momento de automatismo amorfo, semelhante ao lamento dos doentes que já não têm nada a dizer, só precisam de um alívio. Assim, suas queixas sobre sua própria falta de valor não só aumentavam (sabe-se lá quantas dessas Felice já havia deixado passar), agora elas também se tornavam ácidas, urgentes e carentes de humor, ofuscando todo o resto.

Kafka claramente tomou gosto pela ladainha; ele disse a Felice que infelizmente o tom de queixa estava sempre à sua disposição, como a um pedinte na rua. Felice estava acostumada às ladainhas; em uma família de sete pessoas, muitas coisas precisavam ser repetidas muitas vezes, e bem alto, se não, era impossível se colocar. Apesar de suas próprias afirmações, Kafka ainda era capaz de momentos de profundo afeto, mas o pior era que agora esses momentos vinham sendo ofuscados pelo refrão intermitente da autoacusação.

"Que você saiba, minha querida, que penso em você com tanto amor e cuidado, como se Deus a tivesse confiado a mim com as palavras mais inequívocas", ele escreve na noite do dia 26 para o dia 27 de janeiro. Isso devia soar encantador para uma mulher que precisava cuidar dos outros o dia inteiro, e para quem a mera ideia de relaxar e se ver livre de responsabilidades tinha algo de fabuloso. Mas Kafka não deixou por isso. Duas semanas mais tarde, esse mesmo desejo terno, quase maternal, aparece entremeado e obscurecido pela mais profunda resignação:

> Às vezes, minha querida, acho mesmo que sou um caso perdido para as relações humanas. É claro que gosto da minha irmã, e no momento do convite fiquei honestamente contente de ela querer viajar comigo a Leitmeritz, eu estava feliz de dar-lhe o prazer da viagem e poder cuidar dela propriamente, pois cuidar de alguém é meu eterno desejo secreto, que talvez ninguém à minha volta reconheça ou considere — mas, depois de três ou quatro horas de viagem juntos, de viajar juntos na mesma carruagem, de tomar café da manhã juntos, quando me despedi dela em Leitmeritz para ir ao tribunal, fiquei feliz, eu realmente não conseguia respirar, sozinho me sentia confortável como nunca me senti ao lado da minha irmã. Por quê, minha querida, por quê? Já te aconteceu alguma coisa minimamente parecida, com uma pessoa que você amava? E não eram circunstâncias nem um pouco extraordinárias, pois nos despedimos amigavelmente e depois de seis horas nos reencontramos

amigavelmente. E não foi coisa de uma vez só; amanhã e depois de amanhã, quando calhar, a mesma coisa vai se repetir. — Minha querida, a melhor coisa seria deitar aos seus pés e ficar em silêncio.[7]

Essas palavras eram fruto de um verdadeiro desespero, e por um tempo Felice ficou se perguntando se ela era a responsável pela terrível transformação do amigo diante de seus olhos. Agora ele tinha começado a falar inclusive na compulsão de seu amor e de como ele precisaria se privar do direito à amada. "Você não conseguiria viver nem dois dias ao meu lado."[8] Claro, ele estava mal porque já não era capaz de escrever. Mas as repetições a desiludiam e começavam a dar-lhe nos nervos. Kafka não podia estar falando sério. Ele estava exagerando, e de um modo que não era digno de um homem adulto. "Eu não acredito nisso", ela enfim explodiu, "e você também não acredita." Era só a distância que o deixava desanimado e lhe dava a sensação de que ela poderia ser "tomada" dele.[9]

Essa era de novo a velha e pragmática Felice. *Tudo ficará bem*. Mas dessa vez, outra voz agitava-se dentro dela. O segredo que a desafortunada irmã descarregara sobre ela a deprimia e obrigava a enfrentar seus próprios limites e fraquezas. Felice também estava cada vez mais distante dos pais e dos irmãos, aos quais se via obrigada a mentir havia meses, e sentia-se impotente. E por isso talvez em alguns momentos fosse compreensiva. No dia seguinte, enviou flores a Kafka.

Até os últimos anos da vida, Kafka seguiu lidando de modo nebuloso com as críticas. Era impossível discutir com ele, e até os ataques feitos sem cuidado não pareciam afetá-lo. Ou ele dava razão a seu interlocutor (como sempre acontecia com Brod, que não via por onde começar uma "polêmica"), ou se defendia de um modo tão tépido, visivelmente abaixo de suas próprias possibilidades, que ninguém sabia bem se era arrogância, teimosia ou fraqueza. Hedwig Weiler já havia passado por essa experiência e não deve ter entendido o que estava acontecendo. Kafka era eloquente na hora de formular uma acusação contra si mesmo, mas parecia ausente quando se tratava de estruturar sua defesa.

Esse comportamento era difícil de entender, porque invertia completamente um reflexo universal, que quase todos percebem em si mesmos e por isso pressupõem nos outros. Quem é confrontado com críticas sente em um primeiro momento o impulso de contestar tudo, e até o ladrão apanhado em flagrante busca involuntariamente palavras para explicar o que aqueles bens estão fazendo em suas mãos. Será que um protesto tão mecânico realmente serve aos próprios fins? Essa é uma pergunta secundária, adquirida; a necessidade moral de fazer justiça ao agressor é uma floração bastante tardia e rara do desenvolvimento do ego. Kafka, ao contrário, parecia ter muita dificuldade em *não* estender a mão nem trocar de lado imediatamente. O que quer que apresentassem contra ele desaparecia como um ruído numa sala à prova de som, ou na melhor das hipóteses voltava na forma de um simples eco. Kafka acenava com a cabeça, sorria, seguia, e de repente o lugar onde se esperava apanhá-lo estava vazio.

Seria esse um truque, um modo especialmente elástico de defesa? Não há como negar que Kafka fazia todos os esforços para fugir de críticas dolorosas, antecipando-se a elas; mas se esse era um truque, ele pagara caro pelo seu efeito. Sua atitude negligente por vezes dava a impressão de arrogância, como se ele quisesse dar a entender: "Fale o que quiser, eu já disse tudo isso a mim mesmo, de um jeito muito mais mordaz e preciso!". Mas quase ninguém podia imaginar *em que medida* Kafka era de fato mordaz e preciso quando observava a si mesmo. Felice foi a primeira a ter acesso a esse inferno da investigação individual. O próprio Brod, que já tentava entender Kafka fazia muito mais tempo, sempre se deixava enganar pelo riso infantil do amigo. Ele não conhecia o diário de Kafka, cuja precisão impiedosa deixava suas próprias anotações muito para trás, e teria ficado horrorizado com o que se passava nas cartas a Felice (que ele só conseguiria ver décadas depois da morte de Kafka).

É difícil conversar com um acusado que quer logo sair fazendo confissões. Felice achava que Kafka estava exagerando, mas repreendê-lo por isso era tão inútil quanto qualquer outra coisa. Se ela folheasse os "arquivos", poderia ler na entrada de 13 de fevereiro que o próprio Kafka não só se acusava de notório exagero, como de um exagero "transparente", para o qual teria uma "tendência". E isso também era um exagero, sem dúvida. Mas, por isso mesmo, difícil de superar.

A mesma coisa acontecia quando o acusavam de ser pessimista demais e de projetar no mundo, sem querer, seu próprio estado de espírito. Felice Bauer sabia que dividia essa teoria com Brod, e que Kafka também já tinha ouvido isso de outras pessoas. Ele levou isso bastante a sério, refletiu a respeito e chegou à conclusão — não poderia ser diferente — de que essa observação infelizmente estava certa. Ninguém melhor que ele para forjar nisso um ponto moral:

> Eu não vivo em paz comigo mesmo, não sou sempre "alguma coisa" e se um dia fui "alguma coisa", pago por isso com o "não ser" de meses. É claro que, se eu não tomo consciência disso a tempo, meu modo de julgar as pessoas sofre, assim como meu modo de julgar o mundo em geral; uma grande parte da minha visão desolada do mundo provém desse veredicto enviesado, que pode ser endireitado mecanicamente pela reflexão, mas só por um inútil momento.[10]

É uma concessão surpreendente, se considerarmos o anseio de Kafka por verdade, que não era pequeno. Nenhum intelectual aceita bem quando o acusam de estar se projetando — e é disso que se trata quando se é chamado de pessimista. É uma acusação que corrói a base de sua identidade, e por isso é tão ofensiva quanto a suposição de que ele estaria bêbado. Quem projeta conflitos interiores para fora sem estar consciente disso não está mais em plena posse de sua capacidade de julgamento, e por isso deve se perguntar se, em vez de submeter seu pensamento ao escrutínio público, não faria bem em se calar.

Kafka desconfiava do jargão da psicologia, e em nenhum momento fala em "projeções". Mas a psicanálise poderia talvez tê-lo fortalecido para suportar os ataques e observar-se de modo ainda mais contundente. Kafka devia saber que estava correndo o risco de descobrir distorções não tão distantes da temida formação delirante. Ele se arriscou a ir bem longe, mais longe do que nunca. Com a suspeita de que a "visão desolada do mundo" poderia vir dele mesmo, Kafka se aproximou mais das margens da autodestruição do que com as queixas (tantas vezes repetidas) sobre sua própria insignificância.

Conhecendo Kafka só a partir de suas declarações escritas, daria para pensar que se tratava de um homem inacessível, amuado e sem alegria de viver. Até Felice Bauer passou um tempo sujeita a esse julgamento equivocado, que a posteridade ainda cultivaria por décadas. Ela não conseguia imaginar como um homem tão tímido e suscetível atravessava os dias. E como sua seriedade, cada vez maior, estava se tornando um pouco inquietante para Felice, um dia ela lhe perguntou diretamente se ele era capaz de rir.

"Não duvide disso", Kafka respondeu, como se estivesse esperando por aquela pergunta, "sou até conhecido como alguém que ri muito, mas nesse sentido eu era muito mais abobalhado do que sou agora." E então ele passou muitas páginas contando, nos mínimos detalhes, do dia em que foi acometido por um ataque de riso sem fim, na presença de todos os colegas, ao ver seu chefe máximo.[11] Já fazia dois anos e meio, e essa história acabou se tornando uma "lenda" dentro do departamento, que ele agora difundia para Felice com todos os recursos narrativos do humor e do suspense. É impossível ler esse texto de Kafka sem ser contaminado por uma alegria "infundada". Mas não era uma resposta à pergunta de Felice. E "alguém que ri muito" também não era exatamente o que ela imaginava de um amigo bem-humorado. Ele não estava exagerando outra vez?

Claro que sim. Mas essa mesma carta, que sem querer se converte em uma joia do humor, mostra claramente como os exageros de Kafka são fruto de sua vontade de fabulação. Ele sentia uma alegria genuína em inventar, em descrever personagens e cenas paradoxais, e ao fazer isso não estava tão preocupado em acumular detalhes vibrantes, mas sim com o desdobramento gráfico de uma ideia nitidamente delineada. Em seus rascunhos, a fantasia de Kafka lembra só de longe a imaginação cenográfica de um Balzac, de um Dickens ou de um Dostoiévski; na realidade, ela se assemelha mais às manobras abstratas de um matemático que joga com axiomas ligeiramente alterados para ver onde aquilo vai dar. Alguém ri a plenos pulmões numa ocasião solene. Alguém é perseguido por duas pequenas bolas e não consegue se livrar delas. Alguém acorda de manhã como um inseto. Alguém para de comer. E agora, o que vai acontecer, assumindo que o resto do universo permaneça inalterado? Kafka muda a posição de uma única agulha entre os trilhos, deixa o globo terrestre rolar por um trilho paralelo e então observa atentamente onde esse trilho vai dar. É o desejo de *pensar mais adiante*, a tentação de seguir um caminho nunca percorrido, um anseio que — conforme Kafka acabou entendendo em suas inúmeras noites de insônia — muito se parece com a *compulsão* de pensar mais adiante.

Nem sempre ficava muito claro se Kafka estava com os dois pés no chão ou se estava "pensando mais adiante". Um exemplo aparentemente inofensivo, mas muito emblemático, são as fantasias tecnológicas que a atividade profissional de Felice lhe inspirava. Ali se ocultava o germe de uma grave oposição entre eles, pois Kafka não tinha nenhuma consideração por aquelas complicadas máquinas de ditar, os Parlograph, que ela passava o dia inteiro tentando difundir. Ignorando que a mulher desejada poderia estar mais identificada com o seu ganha-pão do que ele com o seu, Kafka defendia o escritório livre de tecnologia:

> Alguém compra isso? Fico feliz (quando em casos excepcionais não escrevo eu mesmo à máquina) de poder ditar para uma pessoa viva (esse é meu principal trabalho), que pega um pouco no sono, aqui e ali, quando nada me vem à cabeça, ou que se estica um pouco, aqui e ali, ou acende o cachimbo, e nesse meio-tempo me deixa olhar calmamente pela janela. Ou que, como hoje por exemplo, quando o insultei por estar escrevendo devagar demais, lembra-me, para me tranquilizar, que recebi uma carta. Há um Parlograph que possa fazer isso? Lembro-me que há algum tempo nos apresentaram um ditafone (naquela época eu ainda não tinha o preconceito que tenho hoje contra os produtos da sua concorrência), mas era excessivamente maçante e nada prático.[12]

Todos diziam que as coisas eram bem pacatas nos escritórios austro-húngaros, mas saber que havia datilógrafos enchendo o cachimbo de tabaco durante o trabalho deve ter surpreendido até a senhorita de Berlim, que nem era muito desinformada. Não admirava que o Parlograph fosse tão difícil de vender na Boêmia, e que Kafka nunca tivesse visto aquele aparelho maravilhoso.

Mas Felice se enganou ao pensar que aquela era a mesma resistência a inovações técnicas que ela estava habituada a combater todos os dias, em tantas pessoas. O dissenso era mais profundo. Kafka havia escondido dela — e só depois de centenas de cartas a coisa veio à luz — que ele conhecia por experiência própria as consequências de revoluções tecnológicas no processo de produção, e que, na região industrial da Boêmia, poucas pessoas sabiam mais de seus efeitos psicológicos e físicos do que ele. Ele já pressentia havia muito tempo onde aquilo ia dar. Embora Felice não soubesse disso, ele próprio já havia desenhado o futuro da mecanização como um pesadelo preciso, em *O desaparecido*, e esse pesadelo não se baseava em projeções, infelizmente, mas sim na realidade dos Estados Unidos.

Kafka temia que essas condições invadissem os domínios do trabalho intelectual, ainda relativamente intactos, e o material promocional que ela lhe enviou não era exatamente feito para acalmá-lo. A empresa Lindström dizia (com uma ingenuidade que hoje soa reveladora) que a principal vantagem de seus produtos tecnológicos era libertar o processo de produção das casualidades da constituição humana: se a secretária estivesse doente, ou mesmo o chefe, o trabalho poderia continuar sem interrupção com a ajuda do Parlograph. A máquina não tinha vontade própria e estava pronta para o ditado a qualquer hora, mesmo à noite, aos domingos, em viagens de negócios, em hotéis — inclusive nas férias. Kafka intuía que a mera *possibilidade* de usar meios mecânicos para reduzir o trabalho intelectual logo se transformaria em *obrigação* de usar esses meios. Ele sabia que Felice estava convencida da qualidade daquilo que vendia, mas sua resistência se tornava cada vez mais forte.

> Uma máquina, com sua demanda silenciosa e grave, parece me exercer uma pressão muito mais forte e cruel sobre o trabalhador do que um ser humano. Como é insignificante e fácil de controlar, de mandar embora, de calar aos gritos, de repreender, de questionar, de encarar um datilógrafo vivo; aquele que dita é o mestre, mas diante do Parlograph ele é rebaixado, um operário que precisa operar com seu cérebro uma máquina roncadora. Como serão impostos os pensamentos, em um longo fio, à pobre razão, que trabalha devagar por natureza! Fique feliz, minha querida, que você não precisa responder a essa objeção em sua carta de promoção; é irrefutável [...].[13]

Irrefutável talvez fosse um pouco demais, e nem sempre era possível ser "o mestre". Havia, por exemplo, uma escrevente no escritório de Kafka que nunca fumava nem adormecia quando o ditado parava, e sim tamborilava insistentemente com os dedos sobre a mesa... há um Parlograph que possa fazer isso? Aliás: para o exército que fazia os trabalhos de datilografia, que não tinha a opção de seguir uma voz humana ou uma faixa de áudio, os prós e os contras apareciam sob uma luz bem diferente, mais fria, e essa ideia tão óbvia só não ocorreu a Kafka porque ele nunca tinha estado em um escritório de datilografia dominado por máquinas Parlograph.

Ele podia acabar deixando Felice um tanto constrangida. Pois ela estava escondendo dele um pequeno segredo, que a ligava de modo mais estreito a essa máquina diabólica do que ele jamais poderia imaginar. Ela tinha um folioscópio, aquela sequência de fotografias que se move como as imagens de um filme quando folheada rapidamente com os polegares, do mesmo modo que um baralho nas mãos de um jogador. Fazia alguns anos que a Lindström havia mandado fazer e reproduzir esse folioscópio; ele mostrava o perfil de uma taquígrafa usando fones de ouvido para escutar um ditado gravado pelo Parlograph, enquanto digitava na máquina de escrever — uma peça publicitária incrível, que contava com meia dúzia de tecnologias diferentes. O uso do aparelho era revelado aos potenciais compradores da forma mais visual possível e, ao mesmo tempo, a empresa mostrava que estava atualizada em *todos* os aspectos.

Felice tinha um motivo simples para esconder esse filme de poucos segundos do amigo de Praga: a jovem mulher que ali se via, atarefada entre dois aparelhos mecânicos, isolada do mundo por fones de ouvido, não era ninguém menos do que ela própria. Ela havia ingressado na empresa como taquígrafa, em agosto de 1909, pouco depois de o Parlograph ter chegado ao mercado, e como o aparelho também era usado na Lindström, Felice Bauer deve ter sido uma das primeiras mulheres que aprendeu a usá-lo no dia a dia. E ela era a mais rápida. Ao ver o complexo tecnológico exibido no filme, a maior parte dos contemporâneos deve ter se lembrado de uma sala de máquinas, e não de um escritório, e com toda a razão. Quando, quase noventa anos mais tarde, o folioscópio que havia sido mantido no espólio de Felice Bauer foi gravado em uma fita magnética, o começo e o fim da sequência se encaixaram quase perfeitamente. Assim, a repetição mostra um processo ditado pelo ritmo da máquina, e à primeira vista é difícil diferenciá-lo do trabalho na linha de montagem.[14]

Ao que parece, Felice Bauer tinha a sensação de que essas imagens não a favoreciam muito. E é fácil imaginar o que Kafka teria dito a respeito; ele não perderia essa chance de argumentar contra a tecnologia de gabinete que tanto odiava. Ela deve ter ficado ainda mais surpresa quando ele de repente apareceu com sugestões para a *difusão* do Parlograph: deveriam instalá-lo em hotéis, montar escritórios comerciais de datilografia, fazer o aparelho funcionar com moedas e até mesmo organizar um serviço de transcrição que incluísse o serviço postal. "Já consigo ver os pequenos automóveis da Lindström A.G. recolhendo os cilindros usados desses Parlograph e trazendo novos cilindros."

O que deu nele de repente? Ele se deixara convencer, ou só havia mudado de opinião para agradá-la? Nem uma coisa nem outra. Kafka ainda considerava o aparelho tão "pouco prático" que não poderia "recomendá-lo a ninguém". Sua franqueza não deixava nada a desejar, aliás, era quase uma afronta.[15] Mas ele havia descoberto que o Parlograph podia ser uma espécie de brinquedo, um objeto imaginário para seus experimentos. Na longa carta que escreveu na noite de 22 para 23 de janeiro, na qual até enumera suas ideias tecnológicas para oferecer um panorama melhor, essa transição pode ser observada de perto. Depois de quatro sugestões que, com um pouco de boa vontade, ainda podem ser consideradas dignas de nota, de repente Kafka decola e começa a "pensar mais adiante", sem se ater às amarras da plausibilidade e da lógica:

> Alguém inventará uma combinação de telefone e Parlograph, o que não pode ser tão difícil assim. Sem dúvida, depois de amanhã você já me comunicará que a coisa deu certo. Isso teria enorme importância para as redações, as agências de notícia etc. Mais difícil, mas também possível, seria uma combinação de gramofone e telefone. Mais difícil porque ninguém entende o gramofone, e um Parlograph não pode pedir por uma pronúncia clara. [...] Aliás, é adorável a ideia de que em Berlim um Parlograph vá até o telefone, e em Praga, um gramofone, e os dois tenham uma breve conversa. Mas, minha querida, a combinação de Parlograph e telefone precisa ser inventada, sem falta.[16]

Felice não respondeu. Ela não podia continuar levando aquilo a sério, e talvez fosse melhor não encorajar o inventor de Praga a fazer outras sugestões desse tipo. Afinal, durante sua longa jornada na empresa, ela já tinha bastante trabalho tentando conciliar aquilo que passava pela cabeça dos clientes e representantes de vendas e aquilo que os capatazes logo ao lado diziam ser possível do ponto de vista técnico.

É curioso que, no momento em que Kafka "exagera" da forma mais grosseira e parece se distanciar ao máximo da realidade de seu tempo, ele se aproxima ao máximo daquilo que a tecnologia faz brotar de dentro de si. Hoje, quando a combinação de telefone e ditafone já foi produzida há muito tempo e a secretária eletrônica mudou a comunicação de milhões e milhões de pessoas, ninguém mais fica admirado de saber que máquinas também falam e até *respondem*. Nós conhecemos suas vozes, e sabemos que raramente anunciam coisas boas. "Você ligou para o Franz Kafka em Praga. No momento não posso falar, por favor, deixe um recado depois do sinal. Até logo."

Sozinhos a dois. A dois sozinhos. Felice tinha solução até para o impossível: "Vou procurar um lugarzinho agradável para você", ela prometeu, "e depois te deixo em paz".[17] Kafka havia falado da Côte d'Azur, de St. Raphaël, onde Max e Elsa tinham passado a lua de mel. De lá vieram belos cartões-postais, que puseram Kafka a sonhar; quem sabe no verão, ou no outono...? Ele ficava imaginando como seria sentar-se sozinho em um banco sob palmeiras. E como seria sentar-se *lado a lado* em um banco sob palmeiras.

A sugestão de Felice o deixou assustado. Aquilo era fantasioso demais para ser verdade. E talvez ela estivesse mesmo só fantasiando. Kafka não tinha ideia disso, mas para ela era muito mais fácil imaginar uma viagem para o Sul do que um encontro em Berlim. Nada tinha mudado em sua situação familiar, e não havia um fim à vista para aquele segredo torturante. Fazia tempo que ela tentava oferecer oportunidades de vida e uma fonte de rendimento para sua irmã Erna, que agora estava no sexto mês da gravidez e tinha Felice como única confidente. Mesmo assim, Felice não conseguia tomar a decisão de contar tudo para Kafka.

O que mais o torturava era sua política de insinuações. Ele soube que Felice ia para Dresden no fim de semana. Para chegar até lá, não eram oito horas de trem, e sim quatro, e Kafka ficava nervoso pensando se devia ou não se aventurar. Ele não tinha ideia do que o esperava, talvez Felice estivesse viajando com a mãe, talvez tivesse compromissos de trabalho — havia motivos o bastante para deixar-se vencer pelo medo do reencontro. Em breve ele ficaria muito arrependido de não ter ido, pois se revelaria que Felice estava em Dresden por causa da "desgraça" da irmã, e que sua família não tinha ideia de nada disso. Se ele soubesse… "provavelmente eu teria ido a Dresden, apesar da minha situação, pois mesmo com toda a minha apatia, eu não teria suportado saber que você estava lá sozinha e infeliz".[18]

Isso não era de todo irreal. A perspectiva de um encontro sob o signo de uma missão comum inspirava menos medo a Kafka do que um encontro que só tivesse a si próprio como tema e que em algumas poucas horas tivesse que cumprir as promessas de meses. Ela o privara da oportunidade de mostrar seu senso prático e seu afeto, sem maiores riscos, e agora só lhe restava viajar sozinho a Dresden, em caso de necessidade, se ainda tivesse alguma coisa para resolver ali.

Infelizmente, era tarde demais para isso. Naquele meio-tempo, Felice havia encontrado um abrigo para a irmã em Hannover. Ela manteve o endereço em segredo, escondido não só dos pais, mas também de Kafka. Contar para ele parecia-lhe perigoso demais: a mãe havia interceptado mais uma vez as cartas de Kafka, e em algum momento ele iria abrir demais a boca. Kafka já podia ter adivinhado havia muito tempo o que estava acontecendo, mas ela teve de se conformar que ele seguisse falando da "irmã de Dresden" semanas depois da mudança de Erna, no começo de março. Sem saber, ele estava brincando com fogo.

Mas agora Kafka estava ocupado demais consigo mesmo, quase em pânico e, portanto, seria incapaz de intuir o que se passava na vida alheia. Suas cartas, sempre queixosas, haviam se tornado particularmente vazias, e Felice começou a suspeitar que ele estava escrevendo por obrigação, só para garantir que ela lhe daria atenção diariamente. É claro que, mesmo encasulado, ele não podia deixar de notar que alguma coisa estava acontecendo com Felice. Ele sabia que não era responsável por nada, mas tudo aquilo era extremamente parecido com suas próprias oscilações nervosas. Uma hora, ela dizia que ele não precisava se preocupar — e até mandou um telegrama para salientar isso —, depois estava de novo "no fim da linha", seu cabelo estava ficando branco, e uma vez até fantasiou que um acidente de carro seria a solução mais rápida para todos os problemas.[19]

Essas frases devem ter afetado Kafka da mesma maneira como aqueles tapinhas trazem alguém inconsciente de volta à vida. Ele entendeu que alguma coisa tinha de acontecer naquele momento. Fazia tempo que aquela dança dos infernos havia recomeçado dentro dele — vou, não vou, vou sim —, e já em dezembro essa dança não havia levado a nada além de vertigem e desengano. Três meses antes, ele ainda poderia tentar se convencer de que a culpa era do romance, pelo qual tinha que batalhar, pelo qual tinha que sacrificar cada hora livre. Mas agora que ele não escrevia mais nada, tirando algumas tentativas breves e infrutíferas, o conflito entre medo e desejo estava totalmente escancarado. O que o prendia em Praga? O que o atraía em Berlim? Ele só conseguia usar a linguagem torturante da racionalização. "Não devemos nos ver, pois não posso me mostrar no meu estado atual." Praga, portanto. "Precisamos nos ver, para que você finalmente abandone suas ilusões a meu respeito." Berlim, portanto. Essa tensão nunca se resolveria por si própria. Mas ele perderia a amada se não fosse até ela.

Não sabemos de onde veio o último empurrão. Talvez Brod o tenha convencido mais uma vez, talvez ele tenha entendido de repente, com o sofrimento inexplicável de Felice, que a intimidade pela qual ele batalhava era irreal. Na noite de 16 de março de 1913, Kafka aproveitou um de seus momentos de controle, cada vez mais raros, para escrever a ela:

> Deixe-me perguntar sem rodeios, Felice: você teria qualquer hora livre para mim na Páscoa, ou seja, no domingo ou na segunda-feira, e se tivesse, acharia bom que eu fosse até você? Repito, poderia ser a qualquer hora, eu não faria nada em Berlim além de esperar por ela (tenho poucos conhecidos em Berlim e não quero vê-los, sobretudo porque eles me fariam encontrar muitos escritores e minhas preocupações estão embaralhadas demais para que eu possa suportar isso), e se não fosse uma hora inteira, mas quatro quartos de hora, também seria bom, eu não

> perderia nenhum deles, eu não sairia do lado do telefone. A pergunta principal continua sendo a mesma, se você acharia bom; lembre-se de que tipo de homem você vai receber se eu for te visitar. Mas não quero ver seus parentes, minha querida, não estou apto para isso agora, e estarei ainda menos em Berlim, e isso que não estou pensando, e isso que estou longe de pensar que não me resta quase nenhum terno dos últimos anos que poderia vestir à sua frente, mesmo à sua frente.

Essa carta era uma surpresa que mal deixava escolha. Felice concordou, sem pensar muito a respeito. Nos seis dias e nas seis noites que Kafka precisava aguentar até a Páscoa, ele não parou de pensar em obstáculos que pudessem comprometer a viagem — o que já era bem menos surpreendente. Felice não deu atenção alguma a isso; ela claramente achava que as cartas não eram mais necessárias, já que agora eles se veriam e conversariam ao vivo, de modo que a responsabilidade ficou toda com ele. Kafka tremia de excitação, não conseguia dormir, e a palavra "Berlim" atravessava cada pensamento que ele tentava agarrar. Em que estado ele chegaria lá, pelos céus? Ainda na manhã da viagem, ele mandou três palavras, que na verdade eram a soma de todas as palavras anteriores, um último estrebuchar: "Ainda estou indeciso". Mas à tarde, logo depois do expediente, ele chegou na hora certa à Staatsbahnhof. Por sorte, Otto Pick, um jornalista, tradutor e amigo de Brod, também estava viajando a Berlim, com o escritor tcheco František Khol. Assim, Kafka se viu em agradável companhia, o que o impediu de entrar em pânico. Se ele quisesse voltar para a plataforma, teria que dar aos companheiros de viagem esclarecimentos que não saberia dar a ninguém.

Por volta das 10h30, o trem entrou em Berlim. Eles trocaram apertos de mão e se despediram no hall monumental da Anhalter Bahnhof. Até amanhã à noite, no café dos escritores, o Josty? Talvez, vamos ver; agora, era uma questão de resistir àquela noite. Com poucos passos, Kafka chegou até a Königgrätzerstraße (hoje Stresemannstraße), e então ao hotel Askanischer Hof. O porteiro da noite o saudou e apresentou-lhe o livro de hóspedes. Kafka hesitou. "Não há nenhuma mensagem para mim?"

20.
Fobia sexual e entrega

A tinta é amarga, a vida é doce.

Albert Ehrenstein

Em alemão, *Biographie* é um estrangeirismo; o correspondente vernáculo seria *Lebensbeschreibung*, ao pé da letra, "retrato da vida". Mas, quase sempre, a biografia silencia onde a palavra escrita termina e a vida começa. O biógrafo não estava presente. Seu trabalho é a reconstrução, e seu material não são os fatos, como o leitor gostaria de acreditar, e sim os vestígios que esses fatos deixaram na linguagem — no que foi registrado, impresso e transmitido de geração em geração. Por isso, raramente o voyeur é um bom biógrafo, e por outro lado são incontáveis as biografias que nada fazem além de transformar material escrito em material escrito. Isso pode acontecer de um modo mais ou menos inteligente, e muitas vezes essa é a única alternativa que resta ao biógrafo. Ele descobre que o lado espontâneo, físico, orgânico da vida, ou seja, aquilo que se tentou capturar como a *vida* por excelência, tem a tendência de suplantar a escrita. Caso não queira se tornar um roteirista, esse é um paradoxo que o biógrafo precisa fazer chegar ao leitor, sem desembaraçá-lo.

Amigos que vivem na mesma cidade se falam com frequência, mas raramente escrevem um ao outro. Por isso, faz todo o sentido que sua amizade deixe menos vestígios do que uma relação qualquer com um conhecido, limitada a saudações de Ano-Novo e de aniversário. As correspondências entre amantes dos séculos XVIII e XIX, que em grande parte foram preservadas, se interrompem na véspera do casamento. Muitas vezes, quem abre esses baús de cartas atravessa imensos salões nos quais o desejo se desenvolve, e o último desses salões, que deveria trazer a realização desses desejos, fica para sempre trancado para a posteridade. Só ficamos sabendo como a coisa "acabou" quando ela acabou mal, porque é mais fácil transformar a desgraça em escrita do que a alegria.

Duas pessoas se encontram rapidamente e ao longo de vários meses trocam as cartas mais intensas (de partir o coração, até), antes de voltarem a se encontrar, em um mundo que já não é o mesmo. Alguém que se enfia na vida de um casal desses terá de se conformar, dolorosamente, com os limites metodológicos do gênero biográfico. As expectativas de uma correspondência desse tipo acabam sendo transferidas, inevitavelmente, para o leitor. Como os próprios envolvidos, ele começa a fantasiar, imagina possíveis continuações e como transcorrerá o novo encontro, que enfim terá de acontecer. Começa a ler essas mensagens como um *romance epistolar*, o tempo todo perturbado pela ideia de que não viverá o momento de resolução. É como se ele seguisse ofegante os preparativos para uma aventura arriscada num futuro muito distante, com a total consciência de que a escolha entre sucesso e catástrofe só é tomada quando a própria vida termina.

"Depois que ele a avisou por meio de um mensageiro que teria de partir de volta para Praga às quatro da tarde, eles finalmente se encontraram e passaram algumas horas torturantes passeando pelo bosque de Grunewald. Eram totalmente estranhos um ao outro." Com essas palavras secas, Ernst Pawel resume o primeiro reencontro de Kafka e Felice Bauer, no domingo de Páscoa de 1913. Como ele sabe disso? Não há testemunhas. E tampouco há relato que tenha saído da boca ou da caneta de algum dos presentes e chegado até aqui. Se reunirmos os poucos estilhaços de memória que estão espalhados na correspondência de Kafka das semanas seguintes, não descobrimos muita coisa, além de que os dois de fato estiveram no bosque de Grunewald naquela tarde (não por muito tempo, no entanto), e que lá se sentaram um ao lado do outro no tronco de uma árvore. Sim, e em algum momento, talvez na despedida, ele a abraçou, pois se refere ao perfume em seu pescoço. De passagem, ele viu também o irmão de Felice, que não suspeitava de nada. E falaram mais uma vez ao telefone, antes de Kafka partir. Mais do que isso não sabemos, e todo o resto vem da imaginação desenfreada do biógrafo, que leva a coisa um pouquinho além do permitido. Assim surgem as lendas.[1]

Só em um romance barato daria para imaginar duas pessoas cambaleando uma em direção à outra, felizes e animadas, numa situação dessas. Por mais hábil e despreocupada que Felice fosse, ela deve ter sentido que aquela seria uma prova de resultado irreversível. Fazia tempo que cada um havia criado uma imagem do outro dentro de si, com a qual já estava familiarizado. Isso era inevitável, mesmo com todas as fotografias, e agora era uma questão de ajustar essa imagem à realidade, o que era cansativo e embaraçoso. Quando Kafka lhe confessou, alguns dias mais tarde, que ao telefone havia sentido a "felicidade de uma conexão" com mais força do que antes, na sua presença,[2] não podemos descartar a hipótese de que a mesma coisa tenha acontecido com Felice, mesmo que ela fosse menos complicada.

Fazia dias e semanas que Kafka esperava por aquele encontro, e o resto do mundo não lhe importava mais. Se esse encontro tivesse sido de fato "torturante", ele provavelmente não teria encontrado outras pessoas naquele dia. Seu trem para Praga havia partido, e ele teve que ficar um pouco mais. Ninguém teria sentido sua falta se ele tivesse vagueado sem rumo pela cidade ou se tivesse esperado pelo próximo trem no mesmo sofá onde havia passado a maior parte da manhã. Mas ele não sentiu necessidade de se esconder, pelo contrário: como se o encontro com Felice lhe tivesse dado um excesso de energia social, ele decidiu enfim ver, em carne e osso, algumas das pessoas que até então só conhecia indiretamente, a partir dos relatos entusiasmados dos amigos de Praga.

Otto Pick deve ter ficado surpreso quando ele de fato apareceu no Josty, uma "confeitaria com um toque literário"[3] na Potsdamer Platz, afinal ele sabia que, mesmo em Praga, Kafka raramente dava as caras nos pontos de encontro correspondentes. Ele teria ficado ainda mais surpreso se soubesse o tamanho da aversão que aquele escritor meigo e tímido teve de superar para aparecer em um ponto de encontro da vanguarda berlinense. Afinal, lá estava justamente a poeta Else Lasker-Schüler — aliás, foi por sua causa que Pick viajou a Berlim, pois queria convencê-la a se apresentar em Praga. Como durante a longa viagem de trem eles haviam tido toda a chance de falar sobre os planos e compromissos literários, Kafka sabia que encontraria Lasker-Schüler no Josty, ao lado de seu velho amigo Paul Zech, e ainda Albert Ehrenstein, um jovem e polêmico membro da *Fackel* que Brod odiava especialmente.

Kafka parece ter escondido esse encontro memorável da amada de Berlim. Só sabemos que ele aconteceu graças a um documento extremamente curioso, um cartão-postal que os presentes enviaram para o editor de todos, Kurt Wolff, em Leipzig. Estavam muito bem-humorados e seguiram a tradição que a cena pedia. "Com os melhores cumprimentos de uma reunião geral dos autores da sua editora", escreveu Otto Pick, seguido da assinatura dos irmãos Carl e Albert Ehrenstein. Kafka aproveitou a ocasião para enviar um breve recado, pois Wolff lhe havia pedido alguns dias antes o manuscrito de *A metamorfose*, depois de ouvir um boato a respeito da boca de seu editor Franz Werfel: "Estimado sr. Wolff! Não acredite em Werfel!

Ele não conhece uma só palavra da história. Quando a tiver passado a limpo, é claro que a enviarei com muito prazer. Ao seu dispor, F. Kafka". Depois desse feito gramatical, ainda assinaram Paul Zech e, por último, com uma caligrafia inconfundível, uma tal de "Abigail Basileus III". Uma joia da história da literatura alemã.

Também é curioso que dois dos signatários, Kafka e Pick, tenham acompanhado o cartão-postal em seu percurso até o destinatário. Como ambos estavam voltando para Praga juntos, e Pick tinha um projeto de livro para discutir com Wolff, parecia natural convencer Kafka a fazer um pequeno desvio, passando por Leipzig. A Kurt Wolff Verlag existia oficialmente fazia pouco mais de um mês; Ernst Rowohlt tinha saído da sociedade havia um bom tempo, e agora Kafka tinha a oportunidade de conhecer Kurt Wolff como editor independente. Wolff era quatro anos mais novo que ele, e até então os dois só tinham trocado poucas linhas, extremamente polidas. Quem também apareceu foi Isaac Löwy, o ator judeu do Leste Europeu que sempre mantinha Kafka a par de suas desastrosas peregrinações, mas que Kafka não via fazia muito tempo.

É como um assombroso eco: dessa reunião em Leipzig, também só sabemos graças a um cartão-postal que Kafka assinou ao lado de outras pessoas. Uma breve saudação a Felice, seguida de cinco nomes: Franz, Franz Werfel, Fr. Khol, Otto Pick, I. Löwy. Com certeza, foi uma ideia de Kafka; os amigos não tinham a menor ideia a quem estavam saudando. E de novo teria sido bom correr atrás de suas próprias palavras. Mas, dessa vez, o trem de Kafka foi na direção contrária. Ele voltou para Praga bem tarde, cansado até os ossos.

Aquele choque dos dias de Páscoa foi auspicioso. "Você sabia que agora, depois da minha volta, você é um milagre mais incompreensível para mim do que em qualquer outro momento?"[4] Era como se cortinas espessas estivessem se abrindo ao meio-dia. Por alguns dias, as fantasias interiores, os jogos mentais e os sonhos foram ofuscados por aquela presença real. Incapaz de inventar a verdadeira Felice, ele teve de vivê-la. Mas, agora, era cada vez menos possível enfiar-se de novo naquele casulo. Ele tinha que voltar a Berlim o quanto antes, e havia prometido que faria isso. Antes passar dezesseis horas sobre rodas ruidosas a continuar tendo aqueles sonhos com gosto de tinta. Mas em um domingo normal não dava para ir e voltar, e ainda havia sete semanas até Pentecostes. Pensar nisso era terrível.

Felice parece tê-lo lembrado de que era possível esperar muito mais tempo, até sete meses, bastava que um confiasse no outro. Será que não haveria uma poção mágica para superar aquela distância? Fotos? Mas Kafka foi quase rude ao rejeitar o alimento oferecido.

> Eu te vi por muito tempo na realidade (ao menos nesse sentido aproveitei bem o tempo) para que suas fotografias pudessem me servir de alguma coisa agora. Não quero vê-las. Nas fotografias você está suave e tende ao genérico, mas vi seu rosto real, humano, inevitavelmente imperfeito, e me perdi nele. Como eu poderia emergir e me orientar em meras fotografias![5]

Em vez disso, Kafka encontrava agora vestígios de Felice no rosto e nos gestos de estranhos, uma rede extremamente requintada de semelhanças, contrastes e alusões. O delírio de referência do amante o tomara com intensidade renovada; e com isso, também a consciência de ser vulnerável, do risco próximo de dissolução.

Kafka tinha vontade de se entregar, e isso contrastava profundamente com as fantasias masculinas de potência de seu tempo. A *entrega*, essa capacidade de acolher o outro dentro de si e ao mesmo tempo se colocar totalmente em suas mãos, ainda era associada ao feminino. O termo servia tanto para a permissividade sexual quanto para uma vida totalmente dedicada ao cuidado e à compaixão. Esse duplo sentido fazia dele um conceito de base, um substrato da feminilidade. Assim, a maternidade e a promiscuidade, as faces diurna e noturna do "segundo sexo", podiam ser reduzidas a um único princípio: a tendência de as mulheres renunciarem a si mesmas, fosse como anjos ou prostitutas.

Alguns anos antes, uma obra de arte havia ilustrado de forma assustadora como esse modelo era estreito e limitado do ponto de vista emocional: a escultura *Sakuntala* (*L'Abandon*), da artista francesa Camille Claudel. Ela mostra um casal cuja expressão corporal é tão perfeitamente equilibrada que é impossível dizer quem se entrega a quem. Nenhuma das duas figuras de mármore deixa que alguma coisa aconteça a si própria, nenhuma delas abre mão de sua individualidade, nenhuma é "altruísta". A coisa saltava aos olhos dos espectadores contemporâneos, mas não queria entrar na cabeça de ninguém: entrega e submissão *não* são a mesma coisa. A obra fazia uma utopia brilhar, que ia muito além do debate de gênero da época — tão além que a maioria dos críticos não notou a revolta feminina que ocorria sob os holofotes de uma exposição pública, e Claudel teve de se sujeitar à acusação de que havia simplesmente plagiado o clássico *O beijo*, de Rodin, seu amante, que era muito mais famoso. Se hoje compararmos fotografias daquelas duas esculturas, uma tensão assustadora salta aos olhos;[6] mas em 1905 ela se manteve *invisível* ao público. Será que Kafka teria sido capaz de um olhar mais livre? Infelizmente, a própria escultora impediu que esse interessante experimento acontecesse. Em 1909, seu irmão Paul foi a Praga como cônsul francês, e ela lhe escreveu: "Não leve minhas esculturas a Praga, não quero expor nesse país em nenhuma hipótese. Admiradores desse calibre não me interessam em absoluto".[7]

Ela era louca, mas sabia do que estava falando. Mesmo nos círculos da vanguarda literária e artística, havia pouquíssimos homens antes da Primeira Guerra Mundial que estivessem caminhando em direção a uma utopia erótica na qual a consciência feminina também tivesse lugar, e ainda menos em Praga, um quintal cultural aos olhos de Claudel. Kafka era um desses homens, mas ele ainda era desconhecido àquela altura. Ele sabia que a entrega é um jogo de renúncia a si próprio, e que para manter esse jogo é preciso ter amor-próprio. A entrega é uma conquista da maturidade psicológica, que Kafka observava sobretudo em sua irmã Ottla, na qual ele via "receptividade e fronteira, entrega e autonomia, timidez e coragem, em um equilíbrio infalível".[8] Ele sempre mencionava o termo em suas conversas com Felice, mesmo quando já não tinha como se assegurar de seu efeito: "Quer você queira ou não, estou agora com vontade de me lançar aos seus pés e me entregar a você, de modo que não sobre rastro nem lembrança de mim para qualquer outra pessoa".[9] Ele não teme por sua masculinidade. E, ainda assim, adia o cumprimento de sua promessa, mantendo seu recuo. Kafka se considera fraco. E a entrega dos fracos acaba em submissão, disso ele sabe muito bem.

No bosque de Grunewald, Kafka não havia conseguido colocar para fora o verdadeiro motivo dessa hesitação, e Felice também não o pressionou por clareza, assegurando-o firmemente de que se responsabilizaria "por tudo". Talvez ela esperasse antecipar-se, assim, a outras autoacusações dele — em vão. Pois Kafka anunciou que ainda enviaria uma longa e terrível confissão, e, de fato, uma semana depois ela recebeu uma carta sem cabeçalho, cujo tom não prometia nada de bom.

> Meu verdadeiro receio — talvez essa seja a pior coisa a se dizer e ouvir — é que eu nunca possa te possuir. Que, na melhor das hipóteses, eu fique limitado, como um cão cegamente fiel, a beijar a mão que você me estende distraidamente, o que não será um sinal de amor, mas tão somente um sinal do desespero do animal condenado à mudez e ao eterno alheamento. Que eu me sente com você e, como já aconteceu, sinta a respiração e a vida de seu corpo ao meu lado, e no fundo esteja mais longe de você do que estou agora no meu quarto. Que eu nunca esteja em condições de conduzir o seu olhar, e que ele esteja realmente perdido para mim se você olhar pela janela ou apoiar o rosto sobre as mãos. Que eu passe de mãos dadas com você, aparentemente unidos, pelo mundo todo, e que nada disso seja verdade. Em poucas palavras, que eu me mantenha sempre excluído de você, mesmo que você se curve tanto em minha direção a ponto de correr perigo.[10]

O animal mudo: Kafka reanima aqui o enredo de *A metamorfose* e assim encobre o mais convencional dos medos masculinos: o da impotência. Felice entendeu. Mas pareceu-lhe que o esforço cenográfico de Kafka criou um páthos inadequado para uma coisa tão simples. Afinal, eram só imagens, ela disse em um telegrama, achando que assim o tranquilizaria. Não, Kafka respondeu de modo implacável, não eram imagens, nada de imagens, mas sim *fatos*.

É fácil imaginar por que as fantasias de Kafka se tornavam cada vez mais apavorantes, justamente agora que o objetivo almejado estava um pouco mais próximo. Quando encontrou Felice pela primeira vez, meses antes, ele registrou em detalhes como não sentiu nenhuma excitação sexual, mas agora evitava pensar nisso. Era um esquecimento bem-vindo, que abria as portas para as delícias da idealização. O encontro no bosque de Grunewald, por outro lado, representava o duro choque da realidade material, a *entrada dos corpos em cena*. Kafka tinha um senso aguçado para a expressividade do corpo humano, e muitas vezes o descrevia como se fosse apenas um *rosto*. Agora, ele dirigia esse olhar inquiridor para Felice, tateando sua superfície: carne, calor, respiração. Ele buscava o vestígio material de uma existência feminina inigualável, única. Pois só o que é único é *vida*.

Ao mesmo tempo, Kafka sabia que aquele era o corpo que, num futuro não tão distante, ele pressionaria contra o seu. Olhando de fora, esse era o destino de seu cortejo. Era o esperado, o pressuposto. Hoje, é difícil ter clareza de que até os anos 1920 o caminho para o casamento não passava por uma fase difusa de incursões e experiências. Se um homem se candidatasse e recebesse um sinal de que havia uma simpatia inicial, ele se via percorrendo um trilho que levaria a estações precisamente definidas: envolvimento das famílias, investigações mútuas, negociações de dote, noivado, boda aberta ao público e "consumação" do casamento. Havia trilhos paralelos — que podiam envolver quartos discretamente alugados, conforme fazia Brod —, mas a direção e a estação final eram sempre as mesmas. Para quem não queria ir até lá, só restava puxar o freio de emergência, e isso raramente acontecia sem que houvesse um escândalo, afinal isso obrigava todos os outros envolvidos — e às vezes eram dúzias deles — a desembarcarem do trem.

Os próprios contemporâneos já viam com humor essa ritualização e judicialização da sexualidade. Em um mundo cosmopolita, com tango, tênis feminino e propagandas de brinquedos eróticos, essas longas preliminares e regras soavam bizarras. Mas só as mesas de solteiros conseguiam se divertir ingenuamente falando de "integridade", "Kranzgeld"* e "obrigações matrimoniais"; a diversão acabava assim que alguém se "declarasse". Em um tribunal, a "declaração" de um possível noivo tinha tanto valor quanto o aperto de mãos de um vendedor de cavalos, e assim a exuberância inconsequente de um casal apaixonado podia de repente ganhar relevância legal.

O próprio Kafka só havia se divertido com aquele poema do erudito chinês que está tão envolvido com os livros a ponto de esquecer a namorada enquanto ainda conseguia ver nele um jogo de gato e rato de final previsível: a amada chama para a cama, como a esposa que chama para o jantar. Ingenuamente, ele havia copiado esse poema e o enviado para Felice. De repente, ocorreu-lhe que esse jogo chegaria ao fim assim que o homem dos livros se casasse com sua namorada. Com uma esposa não se joga; ela assume uma posição, um posto, que lhe dá "razão", e negar-lhe essa razão significa iniciar uma batalha. É claro que Kafka não estava pensando em um artigo, mesmo que, como advogado, essa terminologia lhe fosse próxima o bastante. Ele estava pensando em um "direito feminino à vida", que o marido tem de satisfazer. O pavor que o tomava com esse pensamento não pode ser explicado por escrúpulos morais; tampouco pela ansiedade

* *Kranzgeld*, literalmente "o dinheiro da coroa", era a soma a que uma mulher tinha direito quando um noivado era interrompido depois de ela ter perdido a virgindade com o noivo. A lei alemã foi abolida no fim do século XX.

de Kafka em torno de sua "escrita". Esse pavor vinha antes de uma *lei* impalpável, e por isso mesmo mais poderosa, que pode tornar mesmo os assuntos mais íntimos em objetos de fervor público.

Hoje, nos países democráticos, essa intervenção sobre os corpos é atenuada e dissimulada ideologicamente, de diversas formas. É raro que o Estado expresse abertamente seu interesse na reprodução ordenada dos cidadãos; só as disputas jurídicas em torno da homossexualidade e do aborto nos lembram que ainda há esse interesse. Mas no tempo de Kafka a *lei* ainda talhava a carne dos homens e, mais do que isso, habitava o âmago da própria linguagem. "Meu verdadeiro receio [...] é que eu nunca possa te possuir." *Possuir*. Ele fala como um comerciante. Mas de que outro modo deveria falar? Mais de uma semana depois, Kafka pergunta a Felice se ela realmente entendeu de que se trata, mas não consegue encontrar palavras que não machuquem e, ao mesmo tempo, dissipem toda dúvida. Tais palavras não existem. Pois não há uma cultura do erotismo que passe longe de "posse" e "consumação", uma cultura em que um entendimento imparcial, franco e ao mesmo tempo amoroso seja possível. O sexo é mudo. E nesse silêncio reside a lei.

Essa exigência tácita sobre os corpos é o que torna um homem impotente, e não se pode dizer que Kafka fosse especialmente instável nesse ponto. Brod, que era bem menos escrupuloso, tinha o mesmo problema. Ele também "falhava" por vezes, quando uma prostituta esquecia de criar uma aparente intimidade, quando não era "carinhosa", conforme ele formulou em seu diário. "Não ser carinhosa" significava lembrá-lo de que, agora que ele já havia pagado, *tinha* de exercer seus direitos, pois a lei do consumidor queria assim. Mas não é o dinheiro que arrefece, e sim esse modelo social, que isola o sexo e o rebaixa a um serviço acessível. Por isso, até os casais oficiais, que "se amavam", viam-se diante do mesmo problema. Com as obrigações sociais e morais, não restava nem tempo nem espaço para desenvolver uma intimidade. E então chegava a hora do casamento. De uma hora para outra, o proibido não só se tornava permitido, como *exigido*. E isso fazia com que noivas e noivos olhassem apavorados para seus "parceiros".

Quatro gerações antes, Immanuel Kant já havia explicado por que o direito e a lei deveriam interferir nesse terreno:

> O uso natural que um sexo faz dos órgãos sexuais do outro é um *gozo* com vistas ao qual uma parte se entrega à outra. Nesse ato um ser

> humano se converte a si mesmo em coisa, o que contradiz o direito da humanidade em sua própria pessoa. Isso só é possível sob a única condição de que, quando uma pessoa é adquirida por outra *como coisa*, esta, por sua vez, adquire aquela reciprocamente; pois assim se recupera a si mesma de novo e restabelece sua personalidade.[11]

O sujeito burguês se puxa pelos cabelos para fora de um pântano cuja verdadeira profundidade ele nem imagina. Menos com menos dá mais. Se você me converte em coisa e eu te converto em coisa, a dignidade dos dois está restabelecida. Kant não nota que oferece um forte argumento para a proteção contratual da prostituição. E, sobretudo, escapa-lhe (ou não lhe interessa) que o estatuto jurídico e moral que ele considera *objetivo* ataca duramente a realidade subjetiva do indivíduo. Não cabe dizer que o olhar de posse que um homem dirige a uma mulher seja enobrecido ou atenuado por sua "legitimidade" cerimonial. Pelo contrário, é sob *esse* olhar que o corpo do outro é convertido em carne. É um olhar temeroso que se antecipa ao próprio desejo sexual. A pergunta não é mais "eu desejo esse corpo?", e sim "serei capaz de desejá-lo *quando chegar o momento*?". Esse olhar é quase tão destrutivo quanto o do "cliente" na rua das prostitutas. Ele decompõe a imagem do outro em uma soma de encantos parciais que, tomados individualmente, nunca são bonitos, e só na melhor das hipóteses — raríssimas vezes —, perfeitos. (E a perfeição, por sua vez, carrega consigo outros medos.)

Alguma coisa sempre deixa a desejar; nenhum corpo passa impune por essa prova. No caso de Felice, são os dentes, destruídos de tanto comer doces e desfigurados por obturações e coroas de ouro. Sim, só agora Kafka via "seu rosto real, humano, inevitavelmente imperfeito", mas Felice nem deve ter imaginado que essas palavras tão simpáticas e sinceras se deviam a um verdadeiro pavor. Ele teve de baixar o olhar; o ouro e a porcelana amarelo-cinzenta em sua boca lhe causaram repulsa, então ele levantou o olhar de novo e a fitou para se certificar de que não estava sonhando. Agora que aquele rosto exigia alguma coisa de Kafka, ele o via *nu* pela primeira vez.[12]

É natural se perguntar como um psiquiatra ou um psicanalista teriam reagido ao medo de Kafka, mas também questionável. Os contemporâneos já conheciam bem a autonomia da psique; fazia tempo que as terminologias da psicologia, da neurologia e da psiquiatria faziam parte da linguagem cotidiana, e dizer que certos sintomas físicos não deviam ser tratados no próprio local, mas sim "na cabeça", era um lugar-comum. O conceito de "impotência psíquica" já tinha sido ouvido em inúmeras conferências públicas, e todos sabiam que aquilo tinha alguma coisa a ver com o "nervosismo". A principal obra de Alfred Adler tinha acabado de ser publicada, *Über den nervösen Charakter* [Sobre o caráter nervoso], e segundo ela, a impotência psíquica seria um dos mecanismos inconscientes de proteção do neurótico, que assim tentaria manter o outro sexo à distância. Assim, a impotência seria, tal como a frigidez, um sinal claro da falta de *entrega*.[13]

Sem dúvida, Kafka conhecia essas teses, e talvez ele estivesse no público da conferência de Adler no Karolinum de Praga, no dia 3 de janeiro de 1913. Típica daquele tempo, essa forma de educação sexual — que tendia a subestimar o aspecto cultural e ideológico da relação entre os sexos — não deve tê-lo impressionado. Kafka nao se deixava levar pela cartada dos termos científicos; o otimismo médico de Adler deve ter lhe parecido bastante ingênuo. E nem nas suas cartas nem no diário há indícios de que em algum momento ele tenha adotado esse ponto de vista da "saúde mental".

É claro que, se Kafka tivesse de fato se confidenciado a um analista — como ousaram fazer Hesse, Broch, Arnold Zweig e até mesmo Musil —, logo teria vindo à tona um "material" psicológico que teria colocado a sociedade freudiana em choque e, ao mesmo tempo, a teria convencido de sua própria competência. Os pensamentos compulsivos que vinham atormentando Kafka havia anos tinham adquirido, nesse meio-tempo, a dinâmica de atos de violência interna. Eles o assaltavam como as armas de um inimigo invisível, aninhado em suas próprias entranhas. Começaram como fantasias de submissão, insignificância e inferioridade; Kafka as adaptou, transformou-as simbolicamente e fez delas "histórias". Era um "negócio extremamente voluptuoso", conforme confessou a Felice, por mais que os resultados escritos fossem "excepcionalmente repulsivos".[14] Mas continuava sendo um jogo; Kafka seguia fazendo malabarismos com as facas que lhe atiravam, e quando se feria com elas, fazia-lhe bem compadecer-se um pouco de si mesmo. Ele se enfiou na couraça de Gregor Samsa, onde tudo era permitido, mesmo o sonho do incesto, mesmo lágrimas pela própria morte.

O escritor é onipotente; aonde quer que ele vá, sua vontade acontece. Por algum tempo, Kafka deve ter alimentado a ilusão de que assim se livraria de seus fantasmas. Depois de colocar o último ponto-final em *A metamorfose*, ele mostrou pouquíssimo interesse na história. Como se tivesse colocado de lado aqueles fantasmas amedrontadores. Mas, logo depois, ele deixa escapar um comentário que comprova que o imaginário não pode ser movido da vida para a literatura: "diga-me", ele pede a Felice, "que você seguirá tendo amor por mim, como quer que eu seja, que seguirá tendo amor por mim a qualquer preço, não há degradação que eu não assumiria — mas aonde é que isso vai me levar?".[15]

Kafka se assusta. *Aonde é que isso vai me levar?* À loucura, sem dúvida. Ele ainda falará disso muitas vezes. Mas as imagens monótonas de submissão, de abandono animal, são apenas sombras de coisas piores, indizíveis, que ele não pode descarregar sobre aquela mulher distante. É fácil para ela dizer palavras de conforto, já que não tem dimensão de toda a verdade. *Franz, são imagens, só imagens.* Tanto pior. Se só as imagens tinham tal poder sobre ele, como conseguiria responder no futuro às exigências da realidade, de que a própria Felice era representante? Não, tal violência não pode ser fruto de um sonho fugaz. *Não são imagens, Felice, são fatos.*

Brod deve ter sido o único para quem Kafka conseguiu expressar as fantasias autodestrutivas que o atormentavam cada vez mais. Brod era paciente; ele sabia que Kafka conseguia rir depois de dizer coisas terríveis, e fazia muito tempo que estava habituado às frases chocantes, cheias de revelações, que por vezes saíam da boca de seu doce amigo. Eram coisas passageiras. Mas a mensagem que Brod encontrou no dia 3 de abril de 1913 em sua mesa, na direção dos Correios de Praga, era de outra natureza, e já preocupava só por sua extensão. Brod não tinha visto nada do gênero desde a ameaça de suicídio de Kafka, em outubro do ano anterior:

> Caríssimo Max! Se não fosse parecer idiota demais sem uma explicação satisfatória — e como eu poderia reunir em palavras uma explicação satisfatória! — dizer simplesmente que a melhor coisa que posso fazer, sendo como sou, é não aparecer em lugar nenhum — essa seria a resposta mais adequada. Normalmente, quando não dava para ir a nenhum outro lugar, ao menos me agarrava ao escritório, mas hoje eu sabia que se fosse seguir apenas minha vontade, e muitos impedimentos não há, nada seria melhor do que me lançar aos pés do meu diretor e pedir a ele que não me mande embora, por humanidade (não vejo nenhuma outra razão, embora o mundo exterior, por sorte, veja bem diferente). A ideia de que estou estendido no chão, retalhado como um assado e com a mão empurro devagar um desses pedaços de carne para um cachorro num canto — é uma dessas ideias que serve de alimento

diário para a minha cabeça. Ontem mandei para Berlim a grande confissão: ela é uma verdadeira mártir e estou claramente minando o terreno em que ela costumava viver feliz e em harmonia com o mundo inteiro.

Já não eram ideias fixas, era tortura. Brod também conhecia o poder devastador dos pensamentos obsessivos; quando ele estava sofrendo de ciúmes, imaginava as cenas que mais temia em detalhes cada vez mais dramáticos, e entendeu que nem a natureza mais otimista é imune a certas formas de atormentar-se a si mesmo. As fantasias de Kafka, por outro lado, pareciam não ter qualquer ligação com aquilo que as desencadeara. Aquele cão no canto — o que tinha a ver com Felice? E o próprio corpo, preparado e dissecado como um objeto morto — o que era aquilo, se não um lampejo de loucura? Pouco depois, a coisa aparece com precisão implacável no diário de Kafka: "Sempre e de novo a imagem de uma larga faca de açougueiro que, a toda pressa e com regularidade mecânica, penetra-me pelo lado e me arranca fatias muito finas, as quais, dada a rapidez do trabalho, voam quase enroladas para longe".[16] E logo a coisa ficaria ainda mais sangrenta nesses cadernos. Brod só leria isso décadas mais tarde, mas Kafka já não conseguia se conter, e não devia ser muito mais cuidadoso nas conversas.

Aquela carta terrível tinha um pós-escrito que deve ter deixado Brod alarmado de um modo bem diferente. Para Kafka, o percurso do sofrimento até a reação para remediá-lo era tão longo e torturante, que ninguém podia assistir àquilo sem intervir. Mas, dessa vez, ele foi além das queixas; se recompôs e tomou uma atitude.

> Eu iria hoje, caríssimo Max, mas hoje tenho um percurso importante a fazer. Vou a Nusle tentar que um dos horticultores me aceite para trabalhar à tarde na encosta de Nusle. Então irei amanhã, Max.

Inacreditável. Mal haviam se passado seis meses desde que tinham conseguido, com grande esforço e dificuldade, poupá-lo do percurso diário à fábrica de amianto da família e oferecer-lhe o benefício das tardes livres. E para que ele queria usar o tempo que os outros haviam batalhado para ele? Para picar batatas e cortar rabanetes. A escrivaninha de casa mais o ameaçava do que atraía naquele momento, e Brod tinha de entender por quê. Kafka tinha se sobrecarregado, e enquanto tivesse que aparecer no serviço às oito da manhã, sua fuga do dia para a noite estaria condenada ao fracasso.

Mas *por isso* ele iria para Nusle? Imagine só Brod, Werfel, Haas ou algum dos outros escritores de Praga entre canteiros de legumes, de galochas, sob chuva ou sol — assim podemos calcular como Kafka, com essa nova demonstração de sua teimosia, se distanciava do meio urbano, que aos seus amigos parecia ser o único natural.

Não sabemos como ele foi ter essa ideia, mas ela não é de todo estranha. Atividade física ao "ar livre" era um dos conselhos baratos de todos os médicos naturistas, e Moriz Schnitzer, um sectário que tentara envenenar o cérebro de Kafka dois anos antes, também recomendava a jardinagem contra todos os males. A colheita de frutas e o revolvimento do feno no último verão lhe haviam feito bem. A atividade manual aliviava a tensão, era um prazer em si, e ninguém podia reclamar "se um corpo, que sem bons talentos naturais é continuamente atacado e sacudido em sua vida de escrivaninha e canapé, um dia ataca e sacode ele próprio com a pá".[17] Sim, ele tinha vontade de usar a força.

Kafka não estava propriamente doente, mas tampouco saudável: os distúrbios de sono e as dores de cabeça haviam aumentado outra vez, junto com problemas digestivos incômodos e erupções cutâneas misteriosas, e enfim ele foi obrigado a entender que não era nem um pouco imune a resfriados. Isso tudo era suficiente para justificar seu mau humor crônico, mas não para justificar um atestado médico e um tratamento em sanatório. Ele teve de buscar tratamento em Praga, e como isso não poderia ser feito sem uma mudança radical de cenário, Kafka foi parar num subúrbio de trabalhadores e pessoas pobres, onde ninguém o conhecia, ninguém falava alemão, e ele não tinha que tirar o chapéu de poucos em poucos passos. Ao menos uma vez por dia, ele queria "sair", sair de tudo.

Agora, no meio da primavera, Kafka percebia que os hábitos já estabelecidos como a natação, o remo e a caminhada não bastavam mais, o que era um claro indício de que não era o mal-estar físico que o impulsionava para fora da cidade, e sim os tormentos psicológicos, os pensamentos obsessivos. Ele estava farto. Fobias sexuais ligadas à potência, fantasias de submissão e dilaceramento — parecia-lhe que a única forma de acabar com esse redemoinho terrível era buscar para seus pensamentos um objetivo próximo, fácil de alcançar, em vez de deixá-los dando voltas no lugar. Ele ansiava por um trabalho simples, *que fizesse sentido*, e no fim o experimento pelo qual optou foi a suave terapia mental que já havia atraído centenas de milhares de pessoas às hortas urbanas da cidade.

Depois de uma longa busca, no dia 3 de abril ele foi parar na horta Dvorsky, onde havia tanto canteiros de flores quanto de legumes. Essa escolha foi fácil para Kafka. Ele tinha pouco a ganhar com flores; por outro lado, já vinha cultivando havia algum tempo um interesse metódico pelo que ele próprio comia, como tantos outros vegetarianos. Ele mentiu, dizendo que pretendia comprar um terreno para sua própria horta em breve, e por isso precisava de alguma orientação; duas horas por dia, talvez no começo da noite. Foi uma maneira engenhosa de se apresentar, já que Kafka não conseguiria esconder por muito tempo que não tinha nem experiência em atividades manuais nem pertencia ao meio social de Nusle. Então eles concordaram com um aperto de mãos. E quatro dias mais tarde, Kafka já apareceu em seu novo serviço, de camisa e calça, uma chuva fria caindo sobre ele.

A encosta de Nusle oferece uma bela vista do forte Vyšehrad. Ali, havia muitas hortas e árvores frutíferas para consumo dos habitantes, e, entre elas, áreas verdes onde as famílias dos trabalhadores podiam deitar-se depois do expediente. Vendia-se cerveja, meninas esganiçavam nos carrosséis e balanços, e os metais criavam uma atmosfera que mais lembrava o parque de diversões de Viena, o Wurstelprater, do que um sanatório. Nusle não era Jungborn, e o cheiro de salsicha grelhada era difícil de conciliar com as memórias das montanhas de Harz. Kafka teve de se conformar com o fato de que queria "sair", mas acabou "entrando" em outro lugar, um mundo social paralelo, que era tudo menos um refúgio para os hipocondríacos da cidade grande.

É claro que Kafka já conhecia aquela região fazia muito tempo. Vyšehrad, Nusle e Michle eram lugares por onde se passava depois de desembarcar do bonde, na última parada, para ir ao campo, e quando criança ele deve ter ido à grande festa popular de Nusle, a Fidlowacka, que acontecia todo ano. Como funcionário de seguradora, Kafka tratava quase que diariamente com trabalhadores, e para ver de perto como as pessoas pobres tinham prazeres diferentes das ricas, bastava sair da Sophieninsel, tão bem cuidada, e entrar na Hetzinsel. Ali, ele já havia se sentado muitas vezes em bares ao ar livre, por vezes com Brod, à beira de uma feira não muito sofisticada.

Mas, em Nusle, aconteceu uma coisa diferente, para a qual Kafka não estava preparado. Em Jungborn, tinha ficado claro que ele era bem menos inibido quando estava lidando com pessoas desconhecidas e sem pretensões intelectuais; nesse contexto, ele conseguia ser mais aberto, amigável e tolerante em relação às exigências sociais do que nos lugares onde cada rosto era como um abismo. Isso tinha a ver com o difundido preconceito de que pessoas simples viviam em condições simples (um equívoco que seria deixado de lado depois de uma mera espiada em um hospital psiquiátrico). Mas quando não corria o risco de se tornar testemunha de tormentos que o lembravam de seus próprios, Kafka se sentia melhor e mais saudável, e isso estava estampado em seu rosto. Enquanto isso, sua abertura inspirava confiança; quando ele não se excluía deliberadamente, logo se tornava popular. As pessoas percebiam que ele gostava de ouvir, e logo começavam a contar suas histórias. E assim foi na horta.

> A história da filha do jardineiro, que, anteontem, interrompeu-me no trabalho. Eu, que busco me curar de minha neurastenia pelo trabalho, tenho de ouvir que o irmão dessa senhorita, que se chamava Jan, era o jardineiro de fato, provável sucessor do velho Dvorsky e que já era inclusive o proprietário do jardim de flores, envenenou-se há dois meses, aos 28 anos de idade, em decorrência da melancolia. No verão, ainda estava relativamente bem, a despeito de sua natureza solitária, porque tinha ao menos de se relacionar com os clientes; no inverno, ao contrário, fechou-se em si mesmo. Sua amada era funcionária — *úřednice* — e moça igualmente melancólica. Com frequência, iam juntos ao cemitério.[18]*

Outro homem havia estado ali onde Kafka estava agora, quase da mesma idade, uma sombra, uma imagem no espelho, que havia segurado a mesma ferramenta nas mãos, e talvez Kafka só pudesse trabalhar e bater papo ali porque aquele outro *não podia mais* trabalhar e bater papo ali, porque ele não havia mais visto sentido em revolver a terra, enquanto ele, Kafka, derramava seu suor com um orgulho idiota, para fazer alguma coisa de útil que o curasse, alguma coisa de útil de que aquele outro fugira fazia muito tempo. Sim, ele também tinha desejado "sair". Era terrível.

Não sabemos o que Kafka respondeu; se voltou para casa mais cedo naquele dia; se voltou no dia seguinte, se ainda tinha alguma vontade de continuar o que já havia começado sem muito entusiasmo. Ele nunca mais mencionou a horta Dvorsky em Nusle.

* Franz Kafka, *Diários 1909-1923*, op. cit., p. 293.

21.
Ambientes de trabalho: A alta tecnologia e os fantasmas da burocracia

*O que são saudades perante
as grandes ascensões?*

Fernando Pessoa, *Livro do desassossego*

A melhor máquina de escrever do mundo se chamava Underwood. E Rose L. Fritz, estenógrafa de Königsberg, finalista do campeonato mundial de datilografia daquele ano, tinha vindo para provar isso: com inimagináveis doze toques por segundo, ela disparou um texto no papel, sem erros, e sem que as alavancas do mecanismo (muito bem lubrificado) enroscassem umas nas outras. Os jornalistas que tinham de cobrir a Feira de Artigos de Escritório e Propaganda de Frankfurt estavam tão surpresos quanto os visitantes do ramo.

Felice Bauer não podia perder essa demonstração. Era uma jogada de publicidade da concorrência, nada mais que isso. Ela sabia do que máquinas de escrever e secretárias eram capazes, e fazia anos que já conhecia aquele ruído crepitante das baterias Underwood e Oliver. Mas no grande estande que estava sob sua responsabilidade, a melodia era outra: o ranger discreto, audível só nos fones, do Parlograph, cuja "eficiência colossal" foi destacada até mesmo pelo *Frankfurter Zeitung*. E *essa* era a música do futuro.

Sem dúvida, a decisão da Lindström A.G. de enviar sua hábil e elegante diretora a um evento tão importante foi acertada. No pavilhão de Frankfurt, o que a empresa tinha a apresentar foi considerado o non plus ultra da tecnologia alemã para escritórios. Além do Parlograph, havia uma nova máquina de franquear totalmente automática, entre outras. O fato de que uma mulher conduzisse as negociações e, ao mesmo tempo, fosse capaz de apresentar o funcionamento da mais moderna das tecnologias, dava à empresa um ar de cosmopolitismo, e não deixava a coisa muito fácil para os joviais vendedores de arquivos para cartas e máquinas de apontar lápis.

Os jovens diretores da Lindström sabiam fazer bom uso dessa vantagem, e Felice não foi poupada. Ao longo daqueles dias, ela teve que explicar o funcionamento do Parlograph mais de cem vezes, sem dúvida. Tudo ao som das bandas militares, que toda tarde animavam os visitantes e irritavam os expositores.

Só às oito da noite o pavilhão era fechado, mas depois disso ainda havia inúmeros jantares de negócios, incluindo um grande banquete no Frankfurter Hof. Depois de apenas cinco dias — e isso infelizmente era só metade do tempo — a espetacular dama de Berlim estava resfriada, rouca e totalmente extenuada.

É bem possível que Kafka, mais ávido do que nunca pelos detalhes da vida de Felice, tenha pedido ao garçom de um café na rua Graben que lhe trouxesse o *Frankfurter Zeitung*, e que então tenha aberto o caderno de economia e lá deparado com as seguintes frases:

> Nossos antepassados não podiam nem sonhar com o amor que os engenheiros mecânicos do século XX dedicariam ao tratamento da *carta*. Há máquinas de selar e franquear automáticas, que ao mesmo tempo oferecem um valioso rastreamento de postagem, e abridores mecânicos de cartas. O uso do fonógrafo para fins comerciais será apresentado por um grande número de expositores.[1]

Kafka adorava pensar na relação entre as notícias de jornal e sua própria vida. Aquela, por exemplo, tinha sido escrita com o único objetivo de tirar sarro dele. Afinal, aquele amor à carta que teria unido os "engenheiros mecânicos do século XX" não era suficiente para *responder* cartas. Felice andava calada, e dessa vez não lhe parecia negligência, mas sim a frieza daqueles que têm coisas mais importantes a fazer. Algumas palavras foram lançadas de Frankfurt, com dias de atraso, e depois ele não ouviu mais nada dela. Só um telegrama que Kafka enviou ao hotel Monopol surtiu efeito e foi prontamente respondido, ainda que com um pouco de nervosismo: "por favor, não fique preocupado à toa, tudo está como antes".

Não há dúvidas de que Kafka estava chegando ao limite de sua capacidade de imaginação. Enquanto era torturado pela fantasia de que Felice conheceria muita "gente jovem, importante, bem-vestida, forte, saudável, engraçada" em Frankfurt, e certamente "gostaria de uma dessas pessoas"[2] — conforme confessou no mesmo dia —, essa viagem era o maior desafio profissional que ela enfrentava em muito tempo. Atuar ao longo de dez dias sob o olhar direto de seus superiores, com um sucesso ou fracasso que poderia ser contabilizado em marcos, era quase como uma prova, e ela tinha de passar por essa prova *sorrindo*. Felice usava cada instante livre para se recompor. É pouco provável que ainda tivesse cabeça para homens jovens e fortes em Frankfurt.

Por mais que Kafka invejasse aqueles que se identificavam com o próprio ganha-pão, ele não conseguia se imaginar deixando as obrigações profissionais ofuscarem a vida pessoal, mesmo que por poucos dias. Uma relação amorosa — se é que esse era o caso — tinha que ser mais importante do que a mais importante clientela, e sempre havia tempo para três palavras em um cartão-postal. Ao menos era assim que ele levava a coisa, independentemente de quem estivesse esperando à porta do escritório — mesmo que fosse o presidente em pessoa.

Ele achava o comportamento de Felice inconstante e contraditório, e passou três semanas se queixando daquele incompreensível "silêncio de Frankfurt".[3] Mas nunca parece lhe ter passado pela cabeça que sua própria relação com tudo o que tinha a ver com sua atividade profissional era muito mais difícil de entender para quem estava longe, e realmente paradoxal. O escritório no quarto andar do Instituto de Seguros contra Acidentes de Trabalho era um motivo recorrente de suas lamúrias, mas suas observações não deixavam claro o que havia de tão terrível ali. Bem diferente dos conflitos com a família e das lutas internas em torno de sua decrescente capacidade de escrever, que Kafka pintava com tons infernais. Em vão Felice esperou que seu correspondente lhe explicasse suas verdadeiras atividades profissionais. A julgar pelas anedotas que Kafka contava, era de temer que um funcionário tão tolo e desinteressado pudesse antes ser transferido para o departamento de datilografia do que ao andar da diretoria. E Kafka alimentava esse mal-entendido sempre que podia.

Mas um dos rituais obrigatórios de precaução era perguntar a um pretendente sobre seu futuro profissional, antes de entrar nas visitas e seus consequentes compromissos sociais e sexuais. Isso era legítimo, e Felice também queria saber de uma vez por todas onde estava pisando antes de convidar Kafka pela primeira vez a Berlim. Se ela própria não tivesse se lembrado disso, com certeza os pais teriam ditado a pergunta decisiva, uma pergunta que parecia bastante simples. Kafka devia contar com isso havia muito tempo, mas mostrou surpresa:

> Recentemente, a partir da carta do meu tio, você perguntou pelos meus planos e perspectivas. Fiquei espantado com a pergunta [...]. É claro que não tenho plano nenhum, perspectiva nenhuma, não posso ir para o futuro, o que posso fazer é precipitar-me no futuro, contorcer-me no futuro, tropeçar no futuro, e a melhor coisa que posso fazer é continuar deitado.

> Mas realmente não tenho planos e perspectivas, quando estou bem, sou totalmente preenchido pelo presente, e quando estou mal, temo o presente, quanto mais o futuro![4]

É fácil imaginar o que eles devem ter achado, em Berlim, dessa teimosia e dessa surpresa fingida. O sinal estava claro: *não vou ser interrogado*. O engraçado é que na mesma carta, mas algumas linhas antes, Kafka já havia respondido à pergunta decisiva, mas en passant, e de um modo tão provocativo e negligente, que não dava para saber se era bazófia ou fleuma. Ele disse, com toda a seriedade, que o trabalho que tinha de levar a cabo era tão insignificante como ele próprio: "nós damos certo. Nos próximos dias, vou me tornar vice-secretário, que é o que mereço".

Kafka sabia como os casamentos eram alinhavados, e sabia que não podia se recusar a dar uma resposta. Mas respondeu segundo suas próprias regras, e de modo que Felice não pudesse jamais apresentar essa boa notícia à família. Ele foi promovido, e aí? O que esses assuntos superficiais estavam fazendo em cartas que eram sua força vital, o que eles tinham a ver com um "futuro" de verdade? Se Felice Bauer soubesse da verdade por trás dessa informação que Kafka lançou meio a contragosto, talvez tivesse ficado aliviada, talvez espantada, mas nunca feliz.

Sim, Kafka merecia virar vice-secretário. Fazia muito tempo que ele não só esperava por isso, como *pressionava* de todas as formas para ser promovido. No começo de dezembro de 1912, no meio do tumulto interno em torno de *A metamorfose*, esgotado das viagens de trabalho, entusiasmado com a primeira leitura pública de uma obra sua, ele ainda havia conseguido reunir a força e a concentração para escrever uma petição de dezesseis páginas, recheada de tabelas. Nela, queixava-se ao "louvável conselho administrativo" do Instituto de Seguros contra Acidentes de Trabalho de que ele e os demais assistentes jurídicos do instituto não ganhavam mais do que funcionários com educação secundária. Isso teria feito com que ele "sofresse um prejuízo econômico considerável", e essa injustiça pedia por uma "ampla regulamentação de seu salário e cargo", ou seja: aumento significativo do ordenado e promoção a vice-secretário, que lhe cabia de qualquer forma depois de três anos trabalhando como assistente (aqui, Kafka arredondou um pouco para cima).[5]

Não era todo dia que o conselho administrativo, formado por quase vinte pessoas, recebia uma carta daquelas. A argumentação era afiada e sustentada por números reunidos meticulosamente, processados com tanta clareza, de modo quase didático que não podiam deixar de causar impressão, mesmo que passassem por uma análise superficial. Também não dava para ignorar a urgência da reivindicação. Em vez de recorrer às súplicas, Kafka demonstrou ao conselho administrativo — ainda que seguisse à risca a etiqueta — graves falhas na definição dos níveis salariais, e por isso era improvável que fosse atendido de imediato. Além disso, ele não se limitou a expor sua própria situação, mas se lançou como porta-voz de um grupo. Caso eles aceitassem os argumentos apresentados, teriam de considerar todos os outros assistentes jurídicos com os quais Kafka certamente havia chegado a um acordo nas reuniões regulares da Associação dos Funcionários Alemães do Instituto de Seguros contra Acidentes de Trabalho. Isso era o equivalente a uma coerção. Naquele tempo, tudo o que lembrasse, mesmo que de longe, a defesa organizada dos interesses dos trabalhadores, despertava imediatamente uma suspeita de insubordinação — sobretudo quando vinha de judeus.

Não sabemos como o instituto resolveu esse dilema; quanto a Kafka, eles se portaram como qualquer autoridade que se surpreende com bons argumentos: deixaram-no à espera. E claro que os desejos do requerente só foram satisfeitos parcialmente, e aos poucos. Foram quase três meses até que a promoção a vice-secretário fosse anunciada, e dois anos para que Kafka finalmente — e isso mediante nova reivindicação — avançasse para o nível salarial a que ele já acreditava ter direito em 1912.[6]

Kafka só conseguiu isso graças à intervenção de seus superiores. Suas contribuições às publicações do instituto eram pérolas no meio da areia movediça dos comunicados oficiais, e não havia nada a criticar nos documentos escritos por ele. Mas fazia muito tempo que ele era mais do que um "excelente assistente jurídico" (conforme seu chefe, Eugen Pfohl, lhe certificara); com uma rara combinação de saberes técnicos, específicos do mundo dos seguros e jurídicos, ele havia se tornado indispensável. Ainda choviam recursos da parte dos empresários que não queriam pagar os prêmios do seguro contra acidentes estipulados em Praga: em parte diziam que as condições nas respectivas empresas eram muito menos perigosas do que se supunha, em parte contestavam o valor dos salários a partir dos quais os prêmios eram calculados. Fazia muito tempo que o departamento jurídico da repartição de Kafka estava sobrecarregado com esses recursos. Pois para indeferi-los não bastava ter conhecimento jurídico sobre os direitos e deveres das partes envolvidas (empresário, seguradora, vítima do acidente); também era necessário ter um conhecimento técnico considerável para poder avaliar as situações objetivas de risco em cada setor de produção, e determinar se as taxas de acidentes eram "normais" ou resultado de negligência. O instituto não teve outra escolha senão transferir essas querelas do departamento jurídico para o departamento de gestão, mais competente do ponto de vista técnico, que compreendia setenta funcionários, incluindo Kafka. E como ele era um dos poucos que conseguia dar conta dos casos mais difíceis, logo foi promovido a chefe adjunto desse departamento.

Era um cargo que exigia uma capacidade de negociação considerável. Pois, em seu esforço para manter os prêmios do seguro os mais baixos possíveis, os empresários também recorriam a especialistas, que os muniam de argumentos. Se eles quisessem evitar que uma enxurrada de recursos idênticos recaísse sobre o instituto, era preciso sentar-se em tempo hábil com os representantes das organizações empresariais e buscar um acordo pacífico. "Explicar e convencer" eram as palavras de ordem do instituto para aplacar, ao menos, as querelas inevitáveis. E foi assim que uma comissão da associação regional de proprietários de serrarias, por exemplo, sentou-se no escritório de Kafka à espera de esclarecimentos.[7]

Sem dúvida, eles estavam no endereço certo. Desde sua palestra pública no outono de 1910, quando Kafka enfrentou pela primeira vez um auditório cheio de empresários furiosos na pequena cidade industrial de Gablonz, ele havia aperfeiçoado sua capacidade retórica. Onde quer que fosse, explicava que os conflitos eram fruto de mal-entendidos e falhas temporárias, e nunca esquecia de frisar que uma distribuição justa dos prêmios era tanto do interesse do instituto quanto dos empresários. Ele não cedia nem um milímetro. Calmamente, explicava por que o instituto não podia em nenhuma hipótese aceitar questionários preenchidos incorretamente, e por que ele era obrigado a fazer exigências adicionais se necessário. E já em novembro de 1911 ele havia explicado, em um artigo abrangente, que o ônus da dívida de sua repartição vinha da desinformação deliberada. Só quando as empresas tiveram que tornar públicas suas folhas de pagamento, o instituto passou a operar com lucro.[8]

Para os advogados dos empresários, Kafka deve ter sido um adversário extremamente difícil, não só por causa de sua eloquência e de seus conhecimentos técnicos, mas sobretudo porque conseguia ser ao mesmo tempo delicado e persistente, quase sem deixar pontos fracos à mostra. Os vestígios da atividade profissional de Kafka mostram que ele reagia às agressões e ameaças da mesma forma que na "vida privada", antecipando-se a elas para mitigá-las. Assim, ele dava a entender que também aceitava outros pontos de vista, e que estava disposto a avaliar questões controversas de *todos* os lados. Mas, se o próprio Kafka já tinha antecipado as objeções e as avaliado com suposta imparcialidade, devia ser mais difícil para seu interlocutor manter essas objeções e insistir em sua estratégia de lobby.

Uma carta de protesto da Cooperativa de Fabricantes de Produtos de Madeira e Brinquedos dos Erzgebirge [Montes Metalíferos], no começo de 1912, dirigida não ao instituto de Kafka, mas diretamente à autoridade máxima sobre ele, o Ministério do Interior em Viena, mostra como eram duras as batalhas travadas.[9] Essa carta dizia que os precursores das leis sociais da Áustria "se revirariam na própria cova", caso vissem "como o seu trabalho é tratado pelo Instituto de Seguros contra Acidentes de Trabalho do Reino da Boêmia". Isto é, de modo genérico, sem considerar a realidade de cada empresa e os problemas econômicos de cada setor. Os signatários ameaçavam explorar cada lacuna da lei, caso isso não mudasse radicalmente.

Esse recurso ao Ministério só foi resolvido em outubro de 1913, por meio de uma conversa entre representantes do Instituto de Seguros e dos empresários. Kafka não pôde participar dessa reunião nos Erzgebirge porque estava de férias; ainda assim, ele foi incumbido da tarefa inglória de formular um parecer definitivo a partir da ata da reunião, que fosse aceitável a todas as partes. Fazia sentido classificar certas subdivisões da produção de brinquedos em uma categoria inferior de risco, e assim ceder um pouco aos empresários. Mas os donos das fábricas não buscavam apenas lacunas nas leis. Eles fugiam sistematicamente a suas obrigações legais, ocultando parte dos salários pagos. Todos sabiam disso, os trabalhadores, as cooperativas e a seguradora. E o Ministério *devia* saber — a outra opção seria pensar que o instituto tinha contraído ele próprio seu déficit abissal. A esse respeito, um colega enervado de Kafka havia apontado anteriormente: "A declaração parcial [*Einbekennung*] em consequência do não reconhecimento [*Nichtanerkennung*] do princípio de seguro coletivo [é] um problema insolúvel dessas empresas". É claro que pouca coisa podia ser feita com esse tipo de jogo de palavras. Mas menos aceitável ainda era ignorar essas práticas para não gerar conflito.

Kafka encontrou uma solução elegante, que só pode ser apreciada por especialistas da história dos seguros. Mas essa solução deve ter soado no mínimo irritante em um ambiente dominado por advogados. Pois, em seu extenso resumo, Kafka não se limita a relatar os fatos, mas os situa em um amplo contexto histórico e econômico. Ele chega a enumerar um a um os truques usados pela parte contrária (precisa fazer isso para defender os interesses de sua repartição), mas formula esse catálogo de pecados como se não lhe interessasse a questão da culpa, mas apenas as *circunstâncias*. Essa é a perspectiva do historiador, e não do acusador:

> O que foi especialmente desanimador para essa indústria, e o principal causador de sua enérgica rejeição, foi o fato de que a determinação da nona categoria de risco ocorreu bem no momento em que o curso de desenvolvimento dessa indústria havia chegado ao fim, e em que se configuravam para ela graves crises.
>
> A autodefesa, em si justificada, mas conduzida de modo equivocado e por isso causadora de novas irregularidades, consistia inicialmente em uma declaração falsa de salários no momento de pagar os prêmios. Quando isso foi descoberto pelas autoridades responsáveis pela fiscalização salarial e levou a pagamentos adicionais, as empresas foram além e criaram folhas de pagamento falsas; como isso em geral tampouco as protegia da posterior cobrança de prêmios, elas recorreram à separação entre empresas de trabalhos manuais e empresas com operação de máquinas, e a regra era que a empresa de trabalhos manuais fosse transferida para o nome da mulher do empresário, de acordo com a legislação comercial. [...] Toda essa autodefesa teria levado a um agravamento das irregularidades, se as negociações diretas entre o instituto e a cooperativa não lhe tivessem posto um fim. [...]
>
> Há uma importante razão indireta para que todos se interessem por esse assunto: a manutenção da capacidade competitiva dessas empresas em relação às empresas do Reich alemão, logo depois da fronteira, cujos prêmios dos seguros contra acidentes, ao menos até o acordo apresentado acima, eram muito mais baixos [...].

Ele estava dançando na corda bamba da diplomacia. Era uma saída convincente. Kafka dá a entender que o instituto não se deixa jamais enganar, mas que tampouco segue a lei à risca e que está totalmente disposto a levar em conta as preocupações objetivas e os interesses dos empresários — uma flexibilidade administrativa que não era nada óbvia à época, e que mesmo hoje não seria. Afinal, tratava-se de um documento oficioso, assinado pelo diretor do instituto e arquivado pelo Ministério do Interior, e qualquer formulação ambígua poderia em algum momento se voltar contra o instituto e causar prejuízos econômicos consideráveis. Pensando nisso, Kafka foi até o limite das possibilidades jurídicas — e um pouco além. Pois ele havia chamado a "autodefesa" ilícita dos empresários de "em si justificada", e esse "em si" poderia sair caro, se a parte contrária o interpretasse de má-fé.

É claro que sempre acontecia de empresas se recusarem a pagar os prêmios exigidos, apesar de todas as repreensões e "explicações". Esses casos precisavam ser levados aos tribunais, e, mais uma vez, tudo dependia do poder de persuasão daquele que defendia os interesses do instituto. Confiar no conhecimento técnico e atuarial dos juízes de cada distrito não era muito inteligente; era preciso apresentar as questões complexas do modo mais simples possível, sem mostrar nenhuma vulnerabilidade do ponto de vista jurídico. Os empresários tinham uma vantagem: só eles sabiam o que acontecia de fato em suas empresas, e os representantes do instituto não tinham como fazer uma inspeção e ver a situação com seus próprios olhos. Esse direito era reservado aos inspetores industriais do Estado, que, no entanto, estavam longe de entender das técnicas modernas de prevenção contra acidentes como Kafka, por exemplo. Ainda assim, os pareceres desses inspetores eram indispensáveis; eles podiam ser decisivos para um caso, mas também podiam complicá-lo mais. Era preciso se conformar com isso.

O fato de que o diretor, Marschner, e o chefe do departamento, Pfohl, consideravam Franz Kafka capaz de representar os interesses do instituto sozinho, em condições tão delicadas, comprova que eles confiavam não apenas em sua perícia e agilidade, como também em sua assertividade. Eles sabiam que ele não era tão ingênuo e canhestro como podia parecer à primeira vista, e essa confiança valeu a pena. Só no dia 26 de novembro de 1912, Kafka ganhou no tribunal do distrito de Kratzau (hoje Chrastava) prêmios no valor de 4500 coroas, muito mais do que ganhava no ano todo — e isso embora tenha tido que interromper o trabalho noturno em *A metamorfose* para essa viagem de negócios, e por isso não estivesse nem bem preparado nem totalmente focado. Ele amaldiçoou esse sucesso, porque temia que lhe custasse outras viagens ao norte da Boêmia, e amaldiçoou por anos sua aparição em Kratzau, pois acreditava que *A metamorfose* "teria ficado muito melhor se, na época, a viagem de trabalho não [o] houvesse [...] perturbado".[10] Mas tudo indica que no momento decisivo ele usou todas as suas reservas para o triunfo de seu "instituto".

Esse era o *outro* Kafka. É improvável que Felice Bauer o tenha conhecido em algum momento, e improvável que ele tenha dado à mostra, mesmo em uma conversa privada, uma imagem vívida de seu trabalho, que envolvia grande responsabilidade. Se ela soubesse, teria ficado orgulhosa dele. E seu orgulho seria ofuscado quando ela notasse como uma pessoa pode se esconder ao mesmo tempo que parece revelar-se por inteiro. Literalmente *ao mesmo tempo*. Pois aquele extenso pedido por um aumento de salário e uma promoção tinha a mesma data de uma carta à amada, em que lhe enviava um exemplar autografado de *Contemplação*. Sim, ele usava todos os registros. Mas ninguém podia ouvi-los *todos*. "[...] dado que uma regulamentação salarial da mesma escala que a dos funcionários com educação secundária teria pressionado imerecidamente para baixo o nível de seus salários em relação àquele do grande grupo de funcionários acima mencionado e assim reduzido de modo injusto a contínua tensão entre os salários que existia antes da regulamentação [...]" — essa é a voz de Kafka na tarde do dia 11 de dezembro. Poucas horas depois, ele soava assim:

> Só me diga sempre, minha querida, onde você está, como está vestida, como estão as coisas à sua volta quando você me escreve. Sua carta escrita de dentro do bonde me coloca em uma proximidade quase insana de você. Como é que você faz para escrever de lá? O papel está no seu joelho, e você se debruça para a frente ao escrever?

Nenhuma palavra sobre o maldito escritório, nem naquele dia, nem no seguinte, nem no outro. Era como se Felice estivesse olhando para a roda de um moinho cuja metade oculta é sempre aquela que está sob pressão, que *trabalha*. Discrição não era, e nunca passou pela sua cabeça que um homem poderia se envergonhar de seus sucessos profissionais da mesma forma que ela se envergonhava de seus segredos de família. Mas se não era discrição, o que era?

Quando chegou a hora de escolher a profissão, Kafka e Brod decidiram separar estritamente "ganha-pão de literatura"; mas os dois acabaram entendendo que isso levava a uma vida instável, que consumia uma enorme quantidade de energia à toa. Fazia muito tempo que Brod andava levando trabalhos literários e leituras para o escritório, na direção dos Correios de Praga, onde mantinha as tarefas profissionais do dia a dia distantes da alma (o que deu tão certo que, já no fim dos anos 1920, ele tinha dificuldade de se lembrar delas).[11] Kafka, por outro lado, que tinha um senso de responsabilidade maior e era bem mais exigido, tentava se manter firme nessa separação — de modo que os inevitáveis reveses o atingiam cada vez mais em cheio. O que ele exigia de si mesmo era uma divisão da experiência psíquica, uma ausência de si por horas a fio — "Há momentos no escritório em que, falando ou ditando, durmo melhor do que durante o sono"[12] — e por anos ele alimentou a ilusão de que se manter o mais alheio possível das oito às catorze horas só dependia da força de vontade.

Por mais astuto que ele fosse no gabinete, esse pensamento era bastante ingênuo. Pois Kafka não estava considerando uma coisa bem óbvia, uma coisa que tornava aquela divisão totalmente impossível, caso ele não quisesse perder o pé e mergulhar no turbilhão da loucura. Já se sabe que a alternância entre atividades intelectuais diferentes pode ser regeneradora e revigorante, sobretudo quando as atividades estão realmente distantes uma da outra (é mais cansativo ter uma aula de matemática de quatro horas seguidas do que trocar de matéria três vezes por dia). Mas agora Kafka tinha que desistir desse efeito restaurador. Pois os lados diurno e noturno de sua vida, o trabalho do dia e o trabalho da noite, eram parecidos demais, *aparentados demais* para serem efetivamente isolados um do outro e para dar à pessoa "adormecida" um descanso da outra atividade. Kafka não era nem o dr. Jekyll nem o mr. Hyde; ele era um "excelente assistente jurídico" também na sua escrivaninha, à noite, aliás um dos mais excelentes, e no escritório não suportava manter a segunda melhor formulação possível, depois de ter encontrado a melhor — não muito diferente do que na calada da noite.

Assim, Kafka nunca abandonava o único meio em que conseguia respirar: a linguagem. Ele precisava ser claro e preciso em todo lugar e a toda hora; é isso que comprovam os textos escritos para o instituto, nos quais é possível reconhecê-lo, apesar das expressões burocráticas padrão. O que o torturava não era tanto a distração, ter de emergir por horas de uma intensidade interior esmagadora — ele sabia que essas pausas tinham seu poder curativo. Insuportável mesmo era colocar sua capacidade de se expressar com precisão, que havia tanto tempo lhe era tão natural quanto a capacidade de falar, a serviço de conteúdos que lhe eram indiferentes, e assim prostituí-la — não muito diferente de um concertista que precisa fazer seu ganha-pão como violinista de um café. Cada ditado lembrava-o do que teria sido capaz de ditar, e cada esforço linguístico que a escrita oficial lhe exigia parecia-lhe um desperdício que não poderia nunca mais ser reparado, e nem mesmo perdoado:

> Por fim, encontro a palavra "estigmatizar" e a frase correspondente, mas, de nojo e vergonha, não deixo que me saiam da boca, como se se tratasse de carne crua, talhada de meu próprio corpo (tamanho esforço me custou encontrá-las). Finalmente, digo a frase, mas me assusta muitíssimo que

> tudo em mim esteja pronto para o trabalho literário, um trabalho que seria para mim uma solução divina e que me faria verdadeiramente vivo, ao passo que, no escritório, e por causa de um mísero documento, privo um corpo tão apto à felicidade de um pedaço de sua carne.[13]*

Kafka escreve isso quase um ano antes de sua "abertura" literária, e a metáfora do corpo, que ele desenvolverá de modo ímpar em sua obra, ainda soa um pouco excessiva, literária. Mas ele está falando sério. "Se escrevi alguma coisa boa à noite, no dia seguinte fico ardendo no escritório e não consigo fazer nada", ele se queixara em sua consulta com Rudolf Steiner, e sabia, desde seu primeiro posto na Assicurazioni Generali, que a coisa ainda podia ficar muito pior.

Não, essas aflições não eram novas. Mas a situação tinha mudado, os pesos tinham se deslocado. A única coisa que explica Kafka ter perseguido com tanto afinco sua carreira no instituto — justo agora, que ele havia comprovado com *O veredicto*, *A metamorfose* e *O foguista* estar apto para o trabalho literário — é Felice ter entrado em cena, oferecendo um objetivo concreto para sua ânsia pela felicidade do casamento. Era uma oportunidade que o impelia a encontrar soluções práticas. A novidade era que agora aquele "fogo" que ele quase sentia no corpo era reavivado dia após dia e hora após hora pelas cartas de uma mulher amada; cartas que costumavam chegar até ele no escritório, entre outras cartas insignificantes, ou enquanto ele ditava respostas tão insignificantes quanto elas. As cartas cruzavam umas com as outras, perturbavam-se e sobrepunham-se umas às outras, confundiam-se umas com as outras. Elas se tornaram para Kafka a coisa mais desejada e a mais odiada ao mesmo tempo. E seu grito de ajuda a Felice, "Não suporto suas cartas diárias [...]", esse grito de ajuda que veio pouco antes de ele chamá-la de *du* pela primeira vez, mostra que o conflito entre vida interior e não vida exterior dava-se agora no espaço mais estreito, no menor dos palcos, em um só papel de carta.

Kafka considerava essa permeabilidade entre "escritório" e "vida" suja e até mesmo obscena, e em seus romances encontrará imagens muito mais profundas do que a experiência direta que as originou. A raiva que o tomava antes de cada uma daquelas viagens de trabalho só se explica por esse asco.

* Franz Kafka, *Diários 1909-1923*, op. cit., p. 71.

Os documentos comprovam que entre 1912 e 1913 Kafka viajou três vezes a Aussig, duas vezes a Leitmeritz e uma vez a Kratzau, comparecendo a tribunais distritais e regionais do Norte da Boêmia. Pode não parecer tanto esforço, mas ele partia sempre à primeira hora da manhã, e assim o escritório invadia seu santuário, a intimidade da noite, o cone de luz sobre a escrivaninha de sua casa. Ali, ele precisava arrastar manuscritos e cartas de amor para os lados a fim de dar lugar aos documentos. Nesse território tão recôndito, que até a família respeitava, o único em que ele acreditava estar "consigo mesmo", espalhava-se agora a poeira de anos de correspondência. As cartas tratavam de recursos de classificação, protocolos de investigação de acidentes e da porcentagem de trabalho mecânico na fabricação de peças de dominó e armas de brinquedo.

Em seu perspicaz ensaio "Der Beamte", o economista político Alfred Weber diz que o "funcionário público" corre um risco constante de considerar a vida que o aparelho burocrático lhe oferece como a vida *em si*. Kafka conhecia esse texto e ficou bem impressionado, pois mostrava, com imagens literárias poderosas, a relação direta entre a experiência psicológica e as incrustações sociais.[14] Mas ele ainda não tinha interiorizado nada disso em 1912; quanto mais intensa e mais extasiada a produção noturna, mais ele tendia a ver o Instituto de Seguros contra Acidentes de Trabalho como inimigo não da vida, mas da escrita. Esse era seu infortúnio individual, que ele podia no máximo compartilhar com Brod:

> Com essa escrita, a que ainda nem me dediquei por muito tempo numa base regular, passei de um funcionário nada exemplar, mas bem útil para algumas coisas (meu título atual é de assistente jurídico) para terror do meu chefe. Sem dúvida, minha mesa no escritório nunca foi organizada, mas agora ela está coberta por uma pilha desordenada de papéis e documentos, por acaso sei o que está por cima, e por baixo suspeito de coisas terríveis. Às vezes, acho que estou quase ouvindo como sou triturado pela escrita de um lado e pelo escritório do outro. Então voltam os momentos em que encontro um relativo equilíbrio entre os dois, especialmente quando escrevi mal em casa, mas temo que aos poucos esteja perdendo essa capacidade (não a de escrever mal). Olho às vezes à minha volta no escritório com olhares que antes ninguém consideraria possíveis em um escritório.[15]

Poucos meses depois, Kafka deve ter entendido que, mesmo encontrando um equilíbrio perfeito, tudo o que ele conseguiria seria uma distribuição justa e suportável de seus recursos pessoais: tempo e energia. Nada mudava no terrível grau de abstração do trabalho burocrático, essa peste de papel que infecta o pensamento, depois a fala, e por fim a pessoa inteira. As coisas não andavam melhores para Felice? Ela vendia um produto de utilidade reconhecida, que podia ser experimentado por todos os sentidos, e ainda por cima era bonito. Mas ela não levava o Parlograph para casa. O que *ele* vendia, por outro lado, era abstrato, disforme, e só podia ser explicado com termos técnicos, relacionados a processos sombrios: refinamentos estatísticos, possibilidades no papel, entradas e saídas em contas anônimas — tudo isso "mais fantástico do que estúpido", conforme ele resumiria anos depois.[16] Sua tarefa era levar a cabo o princípio de seguro coletivo na indústria da Boêmia do Norte — mas quem é que sabia o que era isso, excluindo-se aqueles que trabalhavam no mesmo ambiente que ele? Quem ele ainda poderia convencer de que se tratava de um posto avançado de assistência social? Será que ele próprio ainda acreditava nisso? Era um exclave mental, árido, poeirento, entupido de arquivos, como qualquer outra repartição.

E foi assim que Kafka fugiu — não para dentro, dessa vez, não de uma mesa para outra, mas para fora daquele mundo da fantasia, farfalhante, rangente, onde as canetas arranhavam o papel, para mergulhar de cabeça no imediatismo de uma horta, onde ele ficava suado, ofegante, e revolvia a terra molhada.

> Meu objetivo principal era me libertar da autotortura por algumas horas, em oposição ao assombroso trabalho no escritório, que literalmente me foge quando quero agarrá-lo — no escritório está o verdadeiro inferno, outro eu já não temo —, executar um trabalho obtuso, honesto, útil, silencioso, solitário, saudável, extenuante.[17]

Burocracia, alienação, anonimato: palavras-chave da crítica cultural, que estavam entre as ferramentas indispensáveis para interpretar a obra de Kafka profissionalmente, sobretudo nos anos 1950 e 1960. Se hoje relemos o que estava sendo discutido àquela época, com uma excitação induzida pela ideologia, logo nos cansamos. Questionar se Kafka *queria* retratar a ruína do sujeito burguês diante da primazia da ordem social, ou se sua obra literária não *é*, antes, um mero sintoma dessa mesma ruína — essa questão soa hoje insípida, banal. Não faz sentido contrapor o "realismo" de Kafka a sua "decadência", ainda mais quando tais categorias são exploradas como argumentos ideológicos matadores, à la Lukács. É indiscutível que na obra de Kafka estejam registradas experiências que logo se revelariam extremamente significativas para a história do século XX; elas denotam a zona quente em que as histórias política, cultural e cotidiana das sociedades industriais do Ocidente se sobrepõem. Mas como ele teve acesso a essas experiências? Será que passou por elas, inventou-as, imaginou-as, ou as profetizou?

Kafka não era um teórico e não participou do enaltecimento da sociologia como ciência representativa da modernidade, o que estava em voga à época. Ele lia, escrevia e lia, e se uma herança inesperada o tivesse levado à independência financeira, talvez tivesse desaparecido para sempre na selva da literatura. Mas Kafka tinha que trabalhar para os outros, e o que via enquanto trabalhava entrava tão fundo nele quanto o que lia — em geral, contra sua vontade. Enquanto Brod abordava temas que correspondiam a seus estados de espírito e interesses do momento, Kafka trabalhava e transformava o que encontrava pelo caminho, tanto dentro quando fora. E ele quase nunca tinha escolha. Daí a impressão de que estava seguindo uma "determinação", bem diferente de todos os autores de seu entorno.

Durante algum tempo, Kafka tentou cobrir esse flanco demasiado aberto — por meio do recalque e do silêncio. Ele conseguiu reproduzir as impressões de uma viagem de negócios, sem mencionar o "negócio" uma só vez.[18] Nos diários, ele descreve seus colegas de sofrimento, as conversas no escritório e a melancolia do dia a dia na repartição — mas é bem raro ele aludir à matéria concreta de seu trabalho. Nem um único processo concreto é sequer esboçado, mesmo quando ele escapava da rotina e só tinha que lidar com viagens, visitas e reuniões com o diretor Marschner. Se não tivéssemos nada além desses registros, saberíamos tão pouco sobre as funções de Kafka como sabemos sobre as de seus grandes colegas Italo Svevo, Konstantinos Kaváfis e Fernando Pessoa, que também tinham uma vida de gabinete.

Kafka era tudo menos uma vítima da burocracia; ele não era uma engrenagem anônima de um mecanismo impenetrável, mas tinha autonomia para tomar decisões e conseguia manter a visão livre dos gerentes, que ia bem além das costas recurvadas dos escriturários e copistas. Quando o mundo profissional começou a invadir sua imaginação literária, ele manteve essa perspectiva. Assim, nas descrições de *O desaparecido*, a loucura moderna da racionalização adquire traços satíricos, e a entropia, o desgaste da máquina social descontrolada estão bem claros, observados por um olhar bem informado e ao mesmo tempo distante. Em *A metamorfose*, por outro lado, a esfera econômica pesa como uma fatalidade sinistra sobre uma família pequeno-burguesa, que não poderia ser mais medíocre. O que envenena todas as relações humanas não é o ritmo frenético e a especialização do trabalho, e sim uma junção de dependência econômica e patriarcal, que lembra o pré-capitalismo. A terrível insignificância do indivíduo, que Kafka retratava alimentando-se de sua própria experiência interior, não condizia com a vivência profissional de um funcionário experiente. Ao escolher a profissão de caixeiro-viajante para Gregor Samsa, Kafka pôde se valer dos meios mais simples para retratar o "serviço" se imiscuindo na "vida" de seu herói: itinerários de trem são ditados e o superior invade o mundo de seu subordinado. Mas era inimaginável que o chefe do departamento, Pfohl, batesse um dia à porta dos Kafka para tirar seu funcionário negligente da cama. Desta maneira, escrevendo, Kafka teve de mergulhar em uma situação que talvez até fosse sentida assim, mas não era sua realidade social.

"A escrita e o escritório se excluem mutuamente", ele escreveu no verão de 1913, "pois a escrita tem seu centro de gravidade na profundeza, enquanto o escritório está na parte de cima da vida."[19] Como ele suspeitava, essa era apenas metade da verdade. Afinal, fazia muito tempo que as experiências em escritórios, fábricas e salas de tribunal tinham se depositado como um sedimento fino nas camadas mais profundas de sua imaginação literária. Embora ele quisesse muito separar a profissão do resto da vida, e inclusive exigisse isso de Felice, ele bebia desse material, e assim arruinava seus planos, permitindo que aquele mundo fluísse para dentro da literatura. *Tudo* voltava: o indivíduo que pode ser substituído e o registro burocrático de grandes coletivos (em *O desaparecido*), as montanhas de documentos que proliferam organicamente (em *O processo* e *O castelo*), o escritório como devaneio e a miséria dos bairros operários (em *O processo*), o mundo cão dos assalariados ("Blumfeld, um solteirão de meia-idade"), a máquina que trabalha indiferente aos homens (em *Na colônia penal*), a morte na pedreira e no canteiro de obras (*O processo* e *O desaparecido*), sim, e até para as armas de brinquedo da Boêmia ele encontrou um uso (no fragmento "An alle meine Hausgenossen" [A todos os meus companheiros de casa]).

Enquanto Kafka trabalhava, *isso* trabalhava... trabalho e vida, escritório e vida, organização e vida encontravam-se na literatura. E será que ele ainda não sabia que essa interpenetração, por mais que o torturasse, e *porque* o torturava, era o ponto de fuga secreto de sua literatura? Fantástico, "kafkiano", as pessoas diriam mais tarde. Mas ainda era tempo, Kafka ainda sonhava com promoção, aumento de salário e férias, e seu colega Josef K. cumpria tranquilamente suas horas de escritório. Faltava um ano para a sua detenção.

22.
O pedido

Não posso pegar mais uma folha, ou isso continuaria para sempre [...]

Goethe para Amalie von Levetzow

Pequena, ossuda, fechada, lábios finos e apertados, ereta como uma vara, o tronco atado, o centro protegido pela enorme fivela de um cinto — na única de suas fotos que foi preservada do período pré-guerra, Anna Bauer parece tanto a caricatura de uma sogra que chega a ser inacreditável. Embora ela seja a menor entre os vários membros da família que se reuniram numa praia para tirar a foto, ela os domina todos, inclusive Felice, que sorri radiante ao seu lado, e com seu enorme chapéu da última moda já pertence a um outro mundo, visivelmente, mas ainda assim não consegue fazer frente à sentinela que olha duramente para a câmera, mesmo que abrace a cintura da mãe.

Kafka encarou esse "dragão" — como se dizia ingenuamente à época — pela primeira vez no domingo de Pentecostes de 1913. A reverência era obrigatória, e um buquê de flores foi providenciado. Ela ficou dura, observando. Anna sabia o bastante sobre ele, muito mais do que ele sobre ela. Era um funcionário mediano, um escritor, as duas coisas com perspectivas moderadas, e além disso, doidinho. Por que justo *ele*? Um casamenteiro mais habilidoso teria aberto outras frentes para Felice, que era tão eficiente. A menina tinha 25 anos, era madura e estava na melhor idade para se casar. Conseguia gerir seus próprios recursos e trazia suas economias para o casal. Uma pérola no mercado dos casamentos judaicos. Mas eles já tinham passado dessa fase. Felice era cabeçuda, e uma vez até obrigara a mãe relutante a mandar um sinal ao pretendente de Praga. "Saudações, Frau A. Bauer", Kafka leu em um cartão-postal da amada no dia 4 de fevereiro. Bem perto da temperatura de congelamento.

Se ele tivesse escolha, teria preferido qualquer outro fim de semana para sua primeira visita à casa dos Bauer. A família, e sobretudo a infatigável Felice, estava ocupada com outras coisas naqueles dias. Ferdinand, vulgo

"Ferri", o irmão mimado e único filho homem da casa, ficou noivo da filha de seu chefe, e por isso transcorriam os dias de recepção nos dois apartamentos, para apresentar o novo casal aos parentes e amigos. Se Kafka não fosse a essas recepções, não veria Felice por mais de uma ou duas horas; se fosse, teria de parabenizar pessoas que ele próprio estava vendo pela primeira vez, sem falar que os Bauer teriam dificuldade de explicar o que ele estava fazendo ali. Mas a despreocupação de Felice funcionou mais uma vez; ela não tinha medo de cometer pequenas incorreções, e foi assim que Kafka — que era muito mais complicado e estava considerando seriamente aparecer em Berlim com seu terno preto — enfim passou por cima de sua apreensão e aceitou o convite.

No fim, ele não chegou a ver o apartamento na Emmanuelkirchstraße, que era o cenário de tantos de seus devaneios. Os Bauer tinham "melhorado" de vida e estavam morando, fazia algumas semanas, na Wilmersdorfer Straße, em Charlottenburg, um bairro burguês. Para Kafka, isso só podia ser bom, afinal o novo apartamento ficava mais próximo do hotel Askanischer Hof, ao qual já estava acostumado. Ele nem deve ter notado a nova decoração do apartamento, que provavelmente estava sendo exibida pela primeira vez naquela ocasião. Estava morrendo de medo.

Era sua primeira incursão visível e palpável no universo particular de Felice, sua primeira entrada em cena, e a sensação de estar no palco, de ter que representar um papel, importunava-o e amordaçava-o. No comentário que escreve, ainda sob o impacto do evento, parece ter se perdido em um cenário expressionista:

> Como vai sua família? Tive uma impressão tão confusa dela, talvez porque a família me deu a impressão de uma completa resignação em relação a mim. Senti-me tão pequeno, e todos eram gigantes à minha volta, com uma expressão tão fatalista no rosto (salvo sua irmã Erna, de quem logo me senti mais próximo). Isso tudo correspondia às circunstâncias, eles te possuíam e por isso eram grandes, eu não te possuía e por isso era pequeno, mas só <u>eu</u> estava vendo as coisas assim, eles não, portanto não sei o que os levou a esse comportamento que, apesar de toda a gentileza e hospitalidade, os dominava. Devo ter lhes dado uma impressão terrível, não quero saber nada a esse respeito; só gostaria de saber o que sua irmã Erna disse, mesmo que tenha sido muito crítico ou maldoso. Você vai me dizer?[1]

Ele, que com seu 1,82 metro superava a todos na altura, considerava-os "gigantes" à sua volta. Mais uma vez, Kafka se equilibrava na linha tênue entre alucinação projetiva e empatia social. Ele nota à primeira vista que Erna não faz exatamente parte daquilo, que é mais sensível do que os outros, mais flexível, mais necessitada de afeto (mesmo que não tenha como saber que tudo isso tem uma causa bem precisa: duas semanas antes, escondida de todos os parentes, ela dá à luz sua filha Eva). Quando se trata de sua própria posição, por outro lado, esse olhar é ensombrecido, volta-se para dentro, e ele considera o embaraço espelhado no rosto dos outros como um veredicto legítimo de si mesmo.

É claro que os Bauer não sabiam exatamente o que fazer com aquele homem de sorriso envergonhado. Naquele dia, Ferri era o centro das atenções, todos estavam aliviados de ver que aquele malandro enfim tomaria rumo, e não conseguiam logo se ocupar do próximo caso, que, aliás, era bem mais complicado. Mesmo que Kafka não tivesse dito nada a respeito, deve ter sido constrangedor confrontar-se, justo naquele dia, com alguém que acabava de ficar noivo, sendo tão bajulado por seus futuros sogros quanto pela própria família, e esse curioso espelhamento — em que um como que encarnava os anseios do outro — não deve ter escapado aos Bauer.

A isso tudo se somava um elemento ainda mais difícil de julgar: havia um homem especialmente erudito à mesa, um escritor, que não era "rebuscado", mas se expressava de modo original e delicado, mesmo com toda a discrição. O nome desse homem já aparecia no *Berliner Tageblatt*, seu segundo livro estava sendo impresso, e, segundo diziam por aí, ele era íntimo de pessoas que estavam em alta. Isso não podia passar batido em uma família que emulava os modelos da burguesia urbana, e que, contudo, desde sua mudança da província silesiana, tinha uma formação cheia de lacunas. O que Kafka considerava fatalismo da família era também um sentimento semiconsciente de sua própria inadequação. É bem provável que Felice tenha sublinhado ainda mais essa vantagem do amigo de Praga para justificar a intensidade de sua correspondência, e ela nem precisava exagerar.

Pois ela seguia tão convicta quanto antes de que Kafka era capaz de "grande coisa", conforme lhe havia escrito em certa ocasião, e como podia apreciar esse potencial bem melhor do que os outros membros de sua família, que só tinham ouvido boatos a respeito, também ficou numa situação constrangedora. Kafka nem conseguia imaginar que alguém pudesse se sentir inferior a *ele*, mas Felice se sentia assim muitas vezes, e cada vez mais, quanto mais eles se aproximavam do momento de tomar uma decisão. Ela tinha medo de não corresponder às suas exigências no casamento. Mas Kafka levava as mãos à cabeça quando ouvia essas coisas. "Não sou nada, absolutamente nada", ele exclamava[2] — mas para quê, quem é que levaria uma coisa dessas ao pé da letra? Ela o teria considerado um cretino se tivesse levado a sério cada vez que ele se diminuía, cada vez que se autocensurava.

Sem perceber, ele ergueu uma barreira, e doía chocar-se contra ela a cada vez que encontrava Felice. Ainda assim, eles podiam ter fugido do tumulto do noivado com uma viagem juntos ao Nikolassee. Mas quando estava sozinha com ele, ela ficava calada, e como havia acontecido em Grunewald sete semanas antes, "essa menina em geral segura de si, de raciocínio rápido, altiva" era tomada por uma "indiferença opaca". Ela fazia poucas perguntas e evitava olhá-lo nos olhos.[3] Talvez tenha notado, como Kafka, a falta de atração sexual; é possível que a timidez também tenha contribuído, a imaturidade erótica, ou quem sabe só a inexperiência. Não sabemos. Certo é que Felice, que em casa fazia trocadilhos, imitava com perfeição o dialeto saxão de seus colegas e, quando a pressão de todos os lados se tornava intensa demais, encontrava alento no humor berlinense — certo é que essa "senhora infantil", como ela própria se caracterizou uma vez,[4] viu-se privada de suas formas de expressão mais elementares. Não se dizem besteiras a um cavalheiro desconhecido, e menos ainda a um senhor que sabia se expressar como Kafka, e que mostrava uma seriedade e uma urgência que a deprimiam. Sim, ela sofria com ele, Kafka tinha razão, mas não porque faltava alguma coisa, e sim porque *sobrava*. Kafka era uma tarefa, um teste, mas não da forma como *ele* entendia dessas palavras. Ela não sabia expressá-lo. E no fim ele também acabou emudecendo.

Não se falou em casamento, para a surpresa da mãe de Felice. Ela constatou que aquela onerosa visita não tivera nem sentido nem finalidade. E essa informação chegou até Kafka, que ficou com a palavra final: "Diga à sua mãe: a viagem teve sentido e finalidade, mas não à pessoa que a levou a cabo".[5]

Felix Weltsch, que agora Kafka via quase mais do que Brod, teve uma ideia brilhante. "Você precisa de um guardião", ele disse quando os dois se encontraram na orla do Moldava. Um representante, portanto. Essa ideia fez todo o sentido para Kafka. Delegar todas as decisões, livrar-se de tudo de uma vez — essa era a única forma de salvação que ele ainda podia vislumbrar. Mas onde estaria o curador que poderia desatar esse nó entre o escritório, a escrita e o casamento? Se ele se demitisse da companhia de seguros — uma tentação contra a qual tinha de lutar quase todo dia —, nada garantia que, com a liberdade para escrever, a capacidade de escrever também voltaria, e ao mesmo tempo, com essa decisão, os sonhos de casamento e família tornavam-se cada vez mais distantes. Abrir mão de Felice? Ele não se atrevia a imaginar essa derrota e a longa solidão que dela resultaria. Racionar a escrita, rebaixá-la a uma espécie de hobby, "com meta e moderação", conforme Felice imaginava? Olhando de fora, parecia a coisa mais óbvia a fazer. Tirando as cartas, ele não escrevia nada fazia meses — e continuava vivo. Mas essa sede era implacável, e Kafka sabia que, no momento decisivo, optaria pela escrita em detrimento da vida.

É desconcertante — e não muito agradável nem para o leitor mais conciliador — como Kafka gosta de se submeter ao controle alheio em situações críticas, livrando-se assim da própria responsabilidade. Mais uma semana inteira sem ouvir nada de Felice — e o que Kafka faz? Ele se queixa tanto para Max, até que o amigo fica com pena dele e faz uma intervenção direta em Berlim. Não é a primeira vez que isso acontece. Felice ignora quando ele a alerta de suas moléstias de saúde, e até quando faz alusões à sua inadequação sexual; ela não parece entender que seria afetada por esses problemas no casamento — e o que Kafka faz? Decide escrever para o pai dela, o bondoso Carl Bauer, que ele só encontrou uma vez, e que nem imagina os problemas de Kafka. Justo a ele Kafka pede conselhos, e — será que estamos lendo direito? — o endereço de um médico confiável. A coisa ainda fica pior. Kafka promete a Felice que essa carta deve passar primeiro pelas suas mãos, pois "não quero me esconder atrás do seu pai". Pouco depois, ele tem de confessar a ela que havia mobilizado outra leitora, sua própria mãe. Mas, logo antes, ele lhe assegurara de que "com a miopia dela, limitada a mim e ao instante", era "impossível se aconselhar".[6]

Kafka puxa os outros para dentro de seus assuntos mais pessoais, de modo tão calculista quanto ingênuo. É como se o espaço exíguo que ele havia batalhado fosse delimitado apenas por uma linha na areia traçada por uma criança num momento de brincadeira. Eis um sintoma claro de sua sobrecarga. Ele recua e tenta se agarrar ao primeiro graveto que aparecer: Max, Ottla, Julie. Está cercado de pessoas que, se não são capazes, ao menos têm vontade de ajudá-lo. Kafka fica tentado a aceitar, ainda mais quando a ajuda é oferecida quase que instintivamente, sem qualquer hesitação. Mas é impossível se apoiar em uma pessoa como se fosse uma parede. Aquele que quer ajudar segue sua própria intuição. Essa é a lição dolorosa que Kafka enfim terá de aprender.

8 de junho de 1913: a decisão está tomada. Sem dúvida, os poucos que sabiam de tudo convenceram Kafka a ser mais ativo e comprometido. Não se pode segurar uma pessoa, conforme avança seu relógio interno; o tempo vai se esgotando, e ele corrói mais as relações, quanto menos clareza elas têm de si próprias. Há padrões de comportamento que evitam a ruína e não podem ser ignorados impunemente. Para cortejar uma mulher, é preciso seguir tais padrões, como um fluxograma secreto, em que as partes interessadas e os espectadores podem acompanhar o progresso do jogo e quem é responsável por fazer a coisa "continuar". Por meio das cartas, eles tinham tateado o terreno e aprendido a gostar um do outro; um prelúdio que já durava tempo demais. Depois veio a primeira conversa, o passeio no Grunewald. Depois, o convite de Felice para que ele se apresentasse à sua família. Olhando de fora, tudo estava correndo bem, o caminho estava livre. Mas o súbito marasmo, o silêncio incômodo da amante e algumas pequenas insinuações, inconfundíveis, não deixavam dúvidas de que agora a vez era dele.

Parecia-lhe que uma porta estava se abrindo, inesperadamente, e atrás dela havia uma escuridão impenetrável. Ele se obrigou a ver de perto. Enfim se sentou à escrivaninha, pegou a caneta e tomou fôlego.

> Sem dúvida, você já entendeu minha estranha situação. Tirando todo o resto, entre mim e você está o médico. Não sabemos o que ele dirá, nessas decisões o diagnóstico médico não é tão decisivo, se fosse assim, não seria o caso de pedi-lo. Como disse, eu não estava realmente doente, mas estou sim. É possível que outras circunstâncias de vida me tornassem saudável, mas é impossível criar essas outras circunstâncias de vida. A decisão médica (que, como já posso dizer, não será necessariamente decisão para mim) depende apenas do caráter do médico desconhecido. Meu clínico geral, por exemplo, em sua estúpida irresponsabilidade, não veria o mínimo inconveniente, pelo contrário; talvez um médico melhor levasse as mãos à cabeça.
>
> Agora lembre-se, Felice, em face dessa incerteza é difícil articular as palavras e elas devem também soar estranhas. É cedo demais para dizer. Só que depois será tarde demais, não haverá mais tempo para discutir

> essas coisas que você menciona em sua última carta. Mas não está mais em tempo de longas hesitações, ao menos é o que eu sinto, e por isso pergunto: na condição mencionada acima, que infelizmente não pode ser ignorada, você quer considerar se quer se tornar minha mulher? Você quer?[7]

Cedo demais em face da incerteza. Tarde demais para discutir as coisas. Na condição mencionada acima. Era uma lenga-lenga, quase o espectro de uma carta oficial. Kafka notou isso, hesitou, deixou a carta ali parada por dias.

Depois ele se reergueu. A responsabilidade era grande demais, ele não podia deixar Felice sozinha no meio daquele nevoeiro, e por isso começou a relembrar-lhe de todas as consequências implicadas no "sim": viver com um homem profundamente imaturo, infeliz, sozinho, tímido e socialmente inapto até com os amigos, a perda do entorno familiar, do trabalho, das amigas — e tudo isso sem qualquer perspectiva de viver as alegrias da maternidade. Ela ainda teria que renunciar a alguns confortos: Kafka quantifica sua renda, menciona seu direito à pensão, não pode esperar uma grande fortuna dos pais, "da literatura, absolutamente nada". Ele explica tudo mais uma vez, com insistência e precisão, dessa vez até evita metáforas para que ninguém possa dizer que foi pouco claro em algum ponto. Por fim, na última das dezoito páginas, pede por uma resposta minuciosa, e se não minuciosa, ao menos "clara, de modo que corresponda ao seu caráter, que em essência é claro, só um pouco enevoado por minha causa".

Abaixo, Kafka escreveu seu primeiro nome, sem se despedir, e concluiu a carta. Seu cérebro vinha trabalhando nela havia mais de uma semana, já estava bom. Era uma segunda-feira à tarde, dia 16 de junho. Reinava um silêncio estranho na casa dos Kafka; Ottla estava na loja e fazia duas semanas que os pais estavam em Franzensbad, de férias. Kafka se vestiu de novo, ele tinha prometido que uma vez ou outra passaria na loja de artigos de luxo da família para ver se estava tudo em ordem, supostamente era bom que o pessoal visse ao menos o Herr Doktor, o filho do patrão; só Deus sabe o que o pai esperava disso. Mais tarde, ele levaria a carta ao correio.

Mas, justo hoje, havia muito a fazer, e quando Kafka finalmente saiu da loja, a carta pesada na mão, todas as agências dos Correios estavam fechadas. Só restava a Staatsbahnhof: lá, no último minuto, ainda era possível depositar cartas no vagão de bagagem do trem expresso para Berlim. Ele se pôs a caminho, com seu usual passo largo. Um conhecido o abordou, e os dois travaram uma conversa rápida. Ele queria saber o que havia dentro daquele envelope tão espesso. "Um pedido de casamento", Kafka respondeu. E os dois deram risada.

Os biógrafos concordam: "É o mais estranho de todos os pedidos de casamento", escreve Canetti, e Pawel é ainda mais explícito: "É difícil imaginar um pedido de casamento mais desencorajador".[8] É verdade. E tendo em mente que o triste inventário de Kafka implicava uma decisão que definiria a vida de duas pessoas pelas próximas décadas, podemos acrescentar: é um desaforo. Afinal, alguém já viu um pedido que se limita a listar motivos plausíveis para *recusá-lo*?

Quem lê hoje o "tratado" de Kafka — que é como ele próprio chama sua carta — tem a sensação desagradável de ser testemunha de uma aberração. E por quê? Tudo o que Kafka alega é claramente *bem-intencionado*. Ele não quer fazer nada de errado, e quer ter a certeza de que a amada não tomará uma decisão crucial baseada em premissas erradas. Os interesses dela o preocupam mais do que seus próprios, e considerando o que está em jogo para ele, temos de reconhecer que está sendo extremamente altruísta. Do ponto de vista moral, tudo está bem. Mas essa moral se alastra em forma de dúvidas neuróticas torturantes, e são tantas as dúvidas que a seriedade da empreitada toda é colocada em questão.

O pedido de Kafka traz a marca de um humor bizarro, como se alguém estivesse fazendo exercícios de natação fora d'água. A forma e o conteúdo divergem radicalmente. Kafka entende que precisa se adequar ao modelo do pedido: "[...] por isso pergunto [...]". Mas esse pedido contém um "desejo" que só pode ser resolvido bem no fundo de uma pessoa. Mais tarde, ele reafirmará isso expressamente: "só o nosso mais íntimo poderá dizer se queremos viver juntos", ele escreve. "Cada um de nós precisa encontrar dentro de si a direção e o veredicto para isso."[9] Mais uma vez, Kafka assume um ideal "romântico" de amor, que busca ancorar a ligação entre homem e mulher na pura interioridade. Mas que valor teria, então, um "pedido" em que esse íntimo não pudesse aparecer? E haveria algum "formulário" com espaço para essa intimidade? Kafka cria esse lugar para si. Como alguém que não preenche o campo "nasc." apenas com sua data de nascimento, mas também com o motivo, o processo e as circunstâncias do parto. Engraçado e honesto na mesma medida.

Claro que essa sinceridade foi colocada em questão. Dizer que Kafka — seja inconsciente ou semiconsciente — antecipou uma resposta negativa porque queria que ela se tornasse real é óbvio demais. Nesse caso, uma decisão externa a ele colocaria fim à luta entre casamento e literatura, que ele não conseguia resolver por si só. Pode-se dizer que isso está ao mesmo tempo certo e errado. Pois, considerando a relação de dependência que tinha se estabelecido, não há dúvida de que ele teria ficado desesperado com um "não" formal, que provavelmente significaria o fim da relação. Ele queria ser aceito como era, em plena consciência e pela necessidade mais íntima. Mas o que ele mais ansiava, a única coisa que o teria deixado feliz, era um *adiamento* — não esse que já vinha se dando havia meses, como um obstáculo sujeito a uma lei invisível que ninguém entendia, nem mesmo ele próprio, e que Felice observava encolhendo os ombros, na melhor das hipóteses, ou, o que é mais provável, com um enfado cada vez maior. Não, o que ele queria era um adiamento *consensual*, uma moratória concedida com conhecimento de causa e, portanto, sem prejuízo de sua dignidade. "Vamos esperar até que você possa escrever de novo — e no meio-tempo tiramos juntos férias de verão." Por que Felice não podia dizer *essa* frase? Porque ela não entendia que Kafka ainda esperava por outra decisão, uma decisão para a qual não havia modelos, formulários ou *pedidos*.

> O mundo formidável que trago na cabeça. Mas como libertar-me e libertá-lo sem me dilacerar? E dilacerar-me é preferível a contê-lo ou enterrá-lo em mim. É para isso que estou aqui, isso me é muito claro.

Kafka escreve essas palavras no diário poucos dias depois de seu pedido, e elas são tão importantes para ele que no mesmo dia fala abertamente: "isto é, que a escrita é a parte realmente boa do meu caráter [...] se eu não tivesse isso, esse mundo na cabeça que quer ser libertado, eu nunca teria me atrevido a pensar que queria te conquistar."[10] É a primeira vez que ele confessa sua vocação com tamanha clareza. Dez anos antes, afirmava quase o contrário, entremeando toda a desgraça com piscadelas: "Deus não quer que eu escreva, mas preciso fazê-lo".[11] Realmente, dali ele percorreu um longo caminho. De repente, a certeza: ele tinha aquela missão. Mas onde estavam as forças para levá-la a cabo? Como ele estava distante daquela noite em que escreveu de cabo a rabo! Kafka escutava sua voz interior.

Então Felice disse *sim*. Ela não precisou nem de dois dias — dois dias em que o chão tremeu sob os pés de Kafka. Agora, ele ouvia esse sim como se estivesse sonhando. Ela sabia o que estava fazendo? Não, não sabia. Felice entendeu o pedido e ignorou as notas de rodapé. É claro que o que ele escreveu sobre sua saúde deixou-a apreensiva; será que ele não podia dizer de uma vez de que se tratava? "Vamos parar com isso!", ela escreveu, impaciente. E aquela lista de tudo o que falava contra ele... bem, ela acreditou no que Kafka disse, mas considerou suas autoacusações "duras demais". Felice não tinha tanto medo a ponto de ser dissuadida. E os sacrifícios que ela faria, as perdas que ele havia listado em tanta minúcia? Ela respondeu que receberia alguma coisa em troca, a saber, "um homem bom e doce" — difícil imaginar Kafka diante dessas linhas.

Pode parecer cegueira. Mas pensar assim seria subestimar o peso que as convenções atribuíam a tais cartas. Um pretendente digno de ser levado a sério havia feito um pedido; cabia agora à srta. Bauer elaborar a resposta positiva. Uma geração antes, consultavam-se conselheiros e utilizavam-se textos prontos para essas tarefas. Foi o que aconteceu com os Kafka e os Löwy, por exemplo. Não é de admirar que ela tenha deixado escapar alguns floreios, que nem de longe satisfaziam a necessidade imperiosa de Kafka de uma autêntica interioridade. Mas Felice não era ingênua, e provavelmente não teria concordado em se casar com ele se não tivesse notado certa sinceridade e senso de responsabilidade nas infindáveis dúvidas de Kafka a seu próprio respeito. Ela também via o desconhecido, o incompatível, o inacessível, contudo, e o alertara de que ele provavelmente não suportaria viver com ela. Quando ele lhe descreveu mais uma vez o isolamento social que esperava por ela em sua nova vida de Praga — uma versão deliciosamente acentuada da fantasia do porão —, ela jogou a bola de volta para ele, sem se impressionar. Disse que uma vida como aquela que Kafka descrevia seria "realmente difícil para ela", "mas você não sabe se conseguiria viver tão recluso", e "você não sabe se eu poderia substituir todas as outras pessoas para você". Essas frases acertaram o âmago de suas projeções; eram quase espirituosas.[12]

Ele exigia demais dela, e sabia disso. Mas tinha menos clareza de seus próprios limites. Com uma empatia impressionante, conseguia simular as perdas que um casamento com ele, o miserável, traria para aquela "menina" burguesa. Mas nem refletiu sobre o que significava *de fato* um casamento para Felice. Claro que ela insistiria na sua carreira profissional, claro que iria querer filhos, claro que os pais, os irmãos e os parentes iriam e viriam, como não? Isso era pressuposto, e ele via pelas irmãs casadas, Elli e Valli, como as pessoas se adaptavam rápido e ficavam contentes com uma vida assim. Mas essa conclusão foi precipitada, e se Kafka tivesse levado mais a sério os sinais claros que Felice estava lhe mandando, de que sua normalidade tinha sido há muito minada e estava desmoronando, talvez o grande medo tivesse diminuído um pouco.

Aquilo que mais o torturava poderia ter sido uma pista: os momentos de silêncio de Felice, que sempre vinham quando ela se afastava de casa para ir à feira em Frankfurt, descansar perto do mar, ou visitar a irmã Erna em Dresden, e mais tarde em Hannover. Normalmente, é o novo, o estrangeiro, que nos leva a falar; mas quando viajava, Felice mandava cartões-postais que não diziam nada, enquanto o cotidiano ao lado da família fazia com que ela sentisse necessidade de cartas, de uma conversa diária. Kafka não parecia notar como esse comportamento anticíclico era curioso. Não podemos ir muito além de conjecturas, mas parece que, para Felice Bauer, Kafka era um canal para o mundo exterior, a chave de uma porta, um contrapeso às tensões e responsabilidades no seio da família. Assim como Kafka, Felice queria *sair*, e nas vezes em que esteve fora, a título de experiência, pensou menos nele. Mas a perspectiva de casar-se com ele abria a possibilidade de ganhar uma coisa sem perder a outra: viver em condições estáveis, confortáveis e respeitáveis, e ainda assim estar *em liberdade*, lá fora, onde era possível se mover livremente, onde a vida era interessante. E o preço de que Kafka sempre falava? Ela sabia bem o que era se adaptar, isso não a assustava. "Vou me acostumar com você", escreveu.[13]

O trem estava em movimento. Kafka ainda tentou diminuir o ritmo — ela não tinha pensado bem em tudo, tinha que responder às suas questões de forma mais minuciosa e "precisa" —, mas havia criado uma realidade mais forte do que qualquer imaginação. No dia 1º de julho, ele reconheceu:

> Só havia três respostas possíveis: "É impossível, e por isso não quero", "É impossível, e por isso não quero por enquanto", ou "É impossível, mas eu quero mesmo assim". Tomo sua carta como resposta no sentido da terceira resposta (<u>me preocupa bastante que não corresponda exatamente</u>) e te tomo como minha amada noiva. E logo digo (não consigo me segurar), mas talvez pela última vez, que tenho um medo absurdo do nosso futuro e do infortúnio que pode se desenvolver a partir de nossa convivência, devido a minha natureza e culpa, e que deverá

te afetar primeiro e completamente, pois no fundo sou uma pessoa fria, egoísta e insensível, apesar de toda a fraqueza, que mais esconde isso do que ameniza.

Não era a última vez que Felice ouviria isso. A que ela devia se ater? Kafka estava nervoso e continuava falando de impossibilidades. Mas a vida real mostraria que ele estava errado, e ele se acalmaria. Ela era sua noiva.

Mas, naquela noite, Kafka foi ao cinema. Ele viu o cinejornal, e depois três curtas-metragens, o pastelão de sempre. Achou *Só um funcionário como genro* especialmente engraçado. Podemos supor que riu enquanto assistia. Em casa, então, voltou a pegar o diário. "O desejo da solidão inconsciente", escreveu.[14]

A "força normativa dos fatos", que tem ocupado há muito tempo as ciências políticas e sociais, tem raízes profundas na psique que ainda não foram sondadas. Cumprir uma obrigação tranquiliza, e o cumprimento não quer saber o que foi cumprido, nem por quê. A pressão social, as resistências externas, os impedimentos práticos e até mesmo a necessidade material despertam uma energia obtusa que se contrapõe a toda dúvida e reflexão, atraindo aqueles que não *querem* mais refletir. O que está "dado", por mais desolador que seja, exerce uma atração secreta, sórdida, pois nos livra da responsabilidade, do fardo da liberdade e da memória; conhecemos esse fenômeno dos tempos de pós-guerra. A inquietação forçada com a qual os casamentos — e especialmente os mais questionáveis — são discutidos e organizados até os últimos detalhes escancara esse mecanismo de defesa. Tudo depende de fechar completa e definitivamente a brecha fina, mas fatal, entre o que deve ser feito agora e o que deve ser feito em seguida.

Talvez Felice Bauer acreditasse que Kafka também faria alguma coisa. Decisões abertas nos levam a pintar o que está por vir em cores vivas; decisões que já foram tomadas, por outro lado, nos obrigam a agir. Kafka sabia disso, e graças a seus "guardiões" Brod e Weltsch, já devia ter antecipado muitas vezes a terrível corrida de obstáculos que agora estava à sua frente. Mas vale prestar atenção: as cartas de Kafka dão a impressão de que as torturantes fantasias e dúvidas que o assombravam até durante o sono o haviam paralisado do ponto de vista social, e ele não tinha encontrado um modo prático de se relacionar com o casamento. Ninguém mais confiava que ele pudesse colocar alguma coisa em movimento, mas essa impressão engana. Kafka não falava muito sobre aquilo que se esperava dele, também no escritório, mas acabava cumprindo suas obrigações. Assim que Felice disse "sim", ele começou a procurar uma casa própria em Praga; sem refletir muito, tornou-se membro de uma cooperativa habitacional e reservou imediatamente um apartamento — que só ficaria pronto no ano seguinte. Felice deve ter ficado tão surpresa quanto nós.

O próximo passo era bem mais difícil. Eles tinham que contar a novidade aos pais de uma forma que fosse, por um lado, solene o bastante, e que evitasse, por outro lado, o constrangimento de um pedido explícito de aprovação. Claro que Kafka podia se casar com quem quisesse, e Felice também já era "maior de idade" fazia tempo; é difícil imaginar que um dos dois pudesse ser impedido por um "não" dos pais. Mas, sem nenhum traço de ironia, eles discutiam quem deveria escrever para qual dos pais do outro primeiro, e se era necessário que Hermann Kafka viajasse até Berlim para o primeiro encontro oficial (Felice era a favor disso). Muito mais tarde, em *Carta ao pai*, Kafka mencionará explicitamente a opção patriarcal pela "proibição".

Isso é estranho, e não parece compatível com a noção de independência intelectual a partir da qual se formula. Mas, para pessoas que ainda estavam profundamente enraizadas no século XIX, o consenso de que as decisões sobre parceiro, estilo de vida e reprodução são totalmente privadas e devem ser respeitadas era, na melhor das hipóteses, uma ideia racional, e na pior e mais frequente das hipóteses, um sinal de ruína moral. Quem se reproduz amplia e enriquece o organismo da família — essa era a realidade. Quem anexa um elemento estranho a esse organismo deve prestar contas à família e concede-lhe o direito de aceitar ou rejeitar esse elemento a seu bel-prazer. Do mesmo modo, a partir do momento em que o novo elemento é aceito, a família tem a obrigação de sustentá-lo com seus próprios recursos em caso de necessidade. Enquanto estiver vivo, o pai é a cabeça desse organismo.

Essa lógica ainda era tão poderosa para a burguesia do pré-guerra que era preciso ter muito cuidado ao falar em uma ordem "simbólica". É essa a camada psicossocial profunda de que trata a narrativa *O veredicto*, uma camada que hoje está soterrada, mas que à época só estava coberta pelo finíssimo verniz da prática jurídica ilustrada. O verdadeiro poder dos pais, ligado à vida prática, mesmo em relação aos filhos adultos, ia muito além do poder do Código Civil, e a consciência de clã judaica só intensificava tudo isso.

É claro que, no domingo à mesa de almoço, não se falava nem no organismo nem em sua reprodução, e sim no "nome" da família, "nosso bom nome". Esse substrato um tanto platônico, difícil de definir, tinha, como todos sabiam, propriedades extremamente intrincadas e exigia um cuidado constante. Para conquistar um bom nome levava anos, e todos precisavam cooperar; em um só dia ele podia ser arruinado, e por conta própria. O bom nome podia melhorar com a ascensão social, mas aqueles que estavam no topo eram os que menos precisavam dele. Ser pobre piorava o nome, assim como uma conduta irregular, e nem sempre era claro o que pesava mais. Essa estranha natureza dupla do bom nome foi a primeira armadilha em que Kafka, o noivo, caiu.

Era dia 3 de julho de 1913, o trigésimo aniversário de Kafka. Um dia no escritório como qualquer outro. Mas, quando ele voltou para casa no começo da tarde, tudo estava mais silencioso do que o habitual: o pai tinha viajado para o interior, então ele se sentou para almoçar só com a mãe, que estava num clima mais ou menos festivo. Era uma oportunidade perfeita para jogar conforme as regras e finalmente anunciar a grande decisão. Sim, agora ele tinha uma noiva, disse — sabendo que estava erguendo uma bandeira de guerra, mais do que contando uma novidade. É claro que eles já esperavam por esse dia havia muito tempo; o conselho da família reunira-se mais de uma vez para discutir o assunto quando ele não estava. Mas, conforme revelava-se agora, eles não ficavam só no palavreado. Eles tomavam decisões, e havia muito tempo estavam com os espinhos eriçados. Era como se Kafka tivesse tocado no nervo desse organismo chamado "família" — e o reflexo veio sem demora:

> O pedido [da minha mãe] era que eu lhe permitisse colher informações sobre sua família; até a informação chegar, eu seguiria livre para agir conforme minha vontade, eles não me impediriam e não poderiam me impedir, mas em todo caso eu deveria esperar até lá para escrever a carta aos seus pais. Quanto a isso, eu disse que já estávamos envolvidos, a carta aos pais não seria na verdade um passo adiante. Minha mãe insistiu no pedido. Não sei bem por quê, talvez por meu constante sentimento de culpa em relação a meus pais, cedi e escrevi o nome do seu pai para a minha mãe. Pareceu-me um pouco ridículo quando pensei que seus pais, se tivessem desejos semelhantes, só receberiam boas

informações a nosso respeito, e que nenhum serviço de informações teria condições de dizer a verdade sobre mim.[15]

A consciência pesada de Kafka não passa batida; ele usa um eufemismo para reduzir a intervenção enérgica dos pais a um "pedido". Mas ele havia cedido, isso não podia ser negado; e fora descuidado, ingênuo, pois tinha esquecido — mais uma vez — que era impossível se casar sem "entrar para a família". O pai, por outro lado, só pensava nisso, ainda mais depois das experiências com Elli e Valli, que ainda não conseguiam sustentar o próprio lar sem aportes financeiros dos pais. Franz tampouco tinha noção de dinheiro, e era bem capaz de deixar essa carga ainda mais pesada. Pequena burguesia judaica da Silésia: deviam ser daquelas pessoas que vivem às custas de outras. Ou cujo nome mancharia o nome dos Kafka. Não, eles realmente precisavam de mais detalhes.

Esse tipo de investigação, que tratava por um lado de dinheiro, e por outro da reputação sexual de mulheres em idade de casar-se, ainda era rotineiro antes da guerra. Ninguém gostava de passar por isso, mas já que fazia parte do sistema de alerta prévio do casamento burguês e não era "nada de pessoal", não havia motivo para se ofender. Era o equivalente ao nosso atestado de antecedentes criminais, tantas vezes exigido hoje em dia. Os detetives e casamenteiros eram respeitáveis e não precisavam operar às escuras, mas sua atuação acabava sendo frouxa. Pois, no fim, essas investigações só enfatizavam a seriedade do pedido. Kafka sabia disso tudo, e a "pavimentação do casamento" das irmãs estava bem fresca na sua memória. Fazia-se assim porque todos faziam assim. Mas para Felice, a burguesa, era difícil não se importar com isso. Ela ficou dias em silêncio, ofendida. Então chegou uma carta, que falava da "banalidade da vida".

Kafka ficou consternado. Consternado? Qualquer outro noivo teria ficado desconfiado. Berlim não era justamente o Eldorado dos casamenteiros? O mercado matrimonial não era regulado de modo muito mais racional e econômico lá do que em qualquer outro lugar do mundo? E tinha de ser assim, pois valores escandalosos eram exigidos e pagos. Um funcionário mediano em uma posição comparável (que em Berlim ganhava bem mais do que Kafka) podia esperar por um dote de até 30 mil marcos — por isso, era natural que as pessoas quisessem saber com quem estavam se relacionando. Naturalmente, isso não interessava a Kafka. Ele não mencionou a hedionda palavra "dote" nenhuma vez durante o noivado, mas sabia como as coisas aconteciam entre os judeus em Berlim, e que o pai de Felice não devia ganhar nem 2 mil marcos por ano viajando como agente de seguros. Estava claro para ele que os Bauer deviam sua modesta prosperidade sobretudo às filhas trabalhadoras. O jogo estava fácil para Hermann, que deu uma longa aula para seu filho sobre a inevitável ruína que ele enfrentaria — sem dizer um "não" explícito, é claro.

Mas Felice guardava outros segredos, e o mais sombrio deles era o deslize de Erna. Ela havia cuidado para que nenhum serviço de informações chegasse até a irmã e seu filho ilegítimo. Mas o fato de o pai ter deixado a casa da família e vivido por anos com outra mulher era um demérito difícil de tirar dos dossiês, afinal esse escândalo havia mergulhado a família na vergonha pública da "impossibilidade de crédito". Como eles olhariam os Kafka nos olhos se estes ouvissem essa história por terceiros? E o que Franz, de quem Felice vinha exigindo e colhendo sinceridade havia quase um ano, diria a respeito disso?

Kafka não sabia interpretar os sinais, e não entendia em absoluto o que todas essas preocupações e preliminares tinham a ver com aquilo que o afligia de verdade. Ou melhor: ele se recusava a entender. Ele estava se recolhendo à ingenuidade da interioridade pura, e tentando impor o mesmo a Felice, mas não soava convincente:

> Meus pais, como os seus, dependem dos aspectos exteriores, pois no fundo estão à margem do nosso assunto. Não sabem nada além do que ouvem da agência, nós sabemos mais, ou acreditamos saber mais, e em todo caso sabemos coisas diferentes e mais importantes — a agência não se relaciona conosco, é um assunto de nossos pais, que podemos conceder a eles como jogo, para mantê-los ocupados.[16]

Essas frases soam um pouco forçadas; focadas demais em apaziguar as coisas para serem verdadeiras. Felice poderia ter respondido "Então vamos ficar noivos de brincadeira, aparecer de brincadeira diante dos nossos pais e do oficial de registro civil", e teria sido difícil responder a ela. Se eles tivessem ao menos deixado para trás o mundo dos casamenteiros, dos contratos matrimoniais e "bons partidos", poderiam brincar de encenar uma comédia, nem que fosse em nome da paz. Mas a comédia requer distância e autonomia, e com seu comportamento inconsistente, Kafka continuava muito aquém do modelo de *casal autônomo* que ele propunha a Felice. Primeiro, ele pressionou a mãe a deixar de lado as investigações, para não ofender a noiva sem necessidade, depois deixou que ela lesse o rascunho de uma carta aos Bauer, em que pedia oficialmente a mão de Felice em casamento. Os pais de Kafka entenderam que aquela seria sua última chance de manter o filho sob sua supervisão, pelo bem de seu próprio nome. Sem mais "pedir", Julie Kafka correu a uma agência de Praga no dia seguinte e encomendou um dossiê sobre o agente de seguros Carl Bauer, Berlim-Charlottenburg, Wilmersdorfer Straße 73.

Essa história foi embaraçosa, e Kafka teria adorado abafar a coisa toda, mesmo que passasse por covarde. Mas Felice não permitiu. As investigações feitas em seu entorno geraram boatos, que naturalmente chegaram aos ouvidos dos Bauer. Então Franz tinha cedido mais uma vez. Ou seus pais não o respeitaram? Como quer que fosse, a noiva queria saber como a coisa tinha transcorrido; a aposta era alta demais.

> Minha querida Felice, é verdade, agora recebi a informação da minha mãe. É um trabalho longo, tão horroroso quanto hilariante. Ainda vamos dar risada disso. [...] é como se tivesse sido escrito por alguém que está apaixonado por você. Por isso, cada uma de suas palavras é falsa. Deve ser impossível conseguir informações verdadeiras de modo esquemático, mesmo que a agência fosse capaz de descobrir a verdade. E mesmo assim, isso tranquiliza meus pais mil vezes mais do que minha palavra. — Imagine só que o informante está mentindo descaradamente, e na opinião dele isso te favorece. O que você acha que "mais se ouve de você?". "O que mais se ouve de você é que você sabe cozinhar bem." Essa é boa! É claro que ele não sabe que isso não vai ser nada útil na nossa casa, a menos que você aprenda tudo de novo.[17]

Encantador. Então ele também domina esse tom. Kafka pinta a comédia desse "trabalho" nas tintas mais belas, e com tanta inocência que a carta poderia ser lida em voz alta à mesa dos Bauer durante a refeição. Mas ele não se dá conta de que em sua própria carta, de um bom humor suspeito, cintila uma comédia social ainda mais fina. Depois dos pais, ele quer tranquilizar Felice, e faz exatamente o que se acreditava poder tranquilizar as mulheres àquela época: sim, Felice, sua reputação é impecável. Mas disso a noiva já sabia. Sobre dinheiro, por outro lado, nem uma palavra, e não fica claro como os pais haviam recebido esse dossiê; se ficaram contentes ou só se tranquilizaram.

O bom humor de Kafka era autêntico. Ele também ficou aliviado de saber que as investigações em Berlim (aparentemente não muito sólidas) não haviam trazido à luz qualquer surpresa que teria feito o pragmatismo tacanho dos pais triunfar mais uma vez. Tudo tinha corrido bem. Mas ele não conseguia se perdoar por ter deixado a coisa ir tão longe, e uma nova onda de culpa o devorou, roubando-lhe o sono. Ele tinha falhado, já tinha se deixado levar nos primeiros passos de independência em direção ao casamento, e Felice, o homem da família, tinha se mostrado mais independente do que ele — que a cada duas cartas enfatizava como seus pais lhe eram estranhos. Um ano depois, quando Kafka abriria a conta de débito do procurador Josef K., ficaria claro como esse assunto calava fundo.

O fato de que *O processo* começa justo no trigésimo aniversário do acusado é uma daquelas incontáveis interconexões autobiográficas que nenhum leitor imaginaria, se não tivéssemos acesso aos documentos mais pessoais da vida de Kafka. Seu trigésimo aniversário foi o dia em que ele se colocou à prova, em que ele deveria ter exigido que deixassem de lado a questão em torno da reputação de Felice. Onde ele confiava, seus pais queriam provas, mas sua oposição foi irresoluta, e Kafka teve de se perguntar se ele próprio não tinha sucumbido a uma curiosidade secreta em relação àquelas "provas". Em *O processo*, não é a proprietária ingênua, e sim o próprio Josef K. que espalha a semente da suspeita em frente à porta de sua vizinha de quarto, "F.B." — para então ficar ainda mais indignado com o efeito de seu veneno.

— Muitas vezes ela chega tarde em casa — disse K. olhando para a senhora Grubach como se ela fosse responsável por isso.

— Os jovens são assim mesmo! — disse a senhora Grubach se desculpando.

— Sem dúvida, sem dúvida — disse K. —, mas isso pode ir longe demais.

— Pode, sim — disse a senhora Grubach. — Como o senhor tem razão! Talvez até neste caso. É claro que não quero caluniar a senhorita Bürstner, ela é uma moça muito boa, simpática, amável, ordeira, pontual, trabalhadora, eu valorizo muito tudo isso, mas uma coisa é verdade, ela devia ser mais altiva e recatada. Este mês eu já a vi duas vezes em ruas distantes e sempre com um homem diferente. É muito penoso para mim, Deus é testemunha de que só ao senhor eu conto isso, mas não me vai ser possível deixar de falar pessoalmente com ela a esse respeito. Aliás, não é a única coisa que a torna suspeita aos meus olhos.

— A senhora está indo por um caminho inteiramente errado — disse K. furioso e quase incapaz de escondê-lo. — Aliás, é óbvio que a senhora também entendeu mal minha observação sobre a senhorita Bürstner, não foi isso que eu quis dizer. Honestamente advirto-a até de falar qualquer coisa à senhorita Bürstner, a senhora está completamente enganada, conheço bem a senhorita Bürstner, nada do que a senhora afirma é verdade. Aliás, talvez eu esteja indo longe demais, não quero impedi-la de dizer o que quiser a ela. Boa noite.[18]*

A sra. Grubach fica impressionada. Esse sr. K., em sua retidão, é um exemplo para a juventude frívola. E como ela teria ficado impressionada se soubesse que seu inquilino, visivelmente preocupado com o bom nome de sua vizinha, estava esquecendo de seu horário marcado com uma prostituta. Mas Kafka não precisaria ter carregado tanto nas tintas — qualquer leitor perceberá uma voz interior impura que deve ser abafada. Nem o protagonista consegue desempenhar seu papel até o fim:

— Limpeza! — ainda exclamou K. pela fresta da porta. — Se quer conservar limpa a pensão, precisa primeiro me despejar!

Fechou em seguida a porta, sem prestar mais atenção nas leves batidas que soavam.

Agosto de 1913, estância balnear Westerland, na ilha de Sylt, a "rainha do mar do Norte". Um lugar refinado e elegante para descansar, frequentado pela alta burguesia, um mercado informal de casamentos com grandes possibilidades de pensar "em outros assuntos", com diversões sortidas e bem organizadas. "Ao norte fica a área de banho para as senhoras e o banho familiar Norte", explica o guia com precisão, "ao Sul, o banho familiar Sul, com uma área separada para os senhores; no meio, há uma ampla faixa neutra de praia, repleta de castelos de areia e cadeiras de praia, na qual se desenrola uma atividade animada."[19] Felice Bauer buscava justamente atividades

* Franz Kafka, *O processo*. Trad. de Modesto Carone. São Paulo: Companhia das Letras, 1997, pp. 33-4.

animadas nas férias, não muito diferente da srta. Danziger, sua prima, que viajava com ela como escudo moral e com ela dividia um quarto na confortável pensão Sanssouci. Se Kafka tivesse decidido surpreender a noiva, ele saberia em que parte do mapa encontrá-la — certamente não na área de banho das senhoras, onde era preciso entrar no mar em carrinhos de banho opacos, seguindo estritamente as orientações do médico encarregado, e onde, por uma taxa de trinta pfennigs, uma salva-vidas certificada pelo Estado ficava à disposição durante o procedimento de imersão. Não, a zona *neutra* era moderna, o banho como um fim em si próprio, o jogo livre dos corpos na rebentação — mesmo quando não se sabia nadar, que era o caso de Felice.

Mas Kafka não viajou a Sylt, ele não conseguiu sair de Praga, e dessa vez a culpa não foi sua. Fazia muito tempo que se decidira que o chefe do departamento, Pfohl, tiraria férias em agosto — é claro que ele tinha preferência —, e para Kafka, seu suplente, isso significava presença compulsória. Mais uma vez, o *trabalho* se antecipava em relação a uma decisão de sua *vida* — mesmo que a princípio ele tenha feito parecer um compromisso que pudesse ser adiado ou repetido à vontade. "[...] mesmo que eu tivesse férias", ele escreveu a Felice, em Berlim, "dificilmente conseguiria ir, preciso usar minhas férias inteiras para me recuperar, para o seu bem."[20] Na verdade, esse novo desencontro causou um infortúnio irreparável, e conforme Kafka recebia cartões-postais de Westerland, a cada dia mais triviais, entendia que havia perdido alguma coisa.

O biógrafo não pode dar conselhos, e fazer um diagnóstico distante e inescrupuloso de relações humanas que ficaram gerações para trás, ou mesmo eras, é um dos efeitos mais repugnantes daquele nivelamento histórico que, com a hegemonia discursiva da psicologia, pode ser observado há décadas. Entretanto, se acompanhamos a cascata de medos que começou a pressionar Kafka com violência cada vez maior quando o compromisso foi selado, até por fim arrastá-lo consigo, é inevitável pensar no que ele "teria" feito e em como "seria". *Eles deveriam ter se encontrado* em um terreno neutro, longe dos pais, chefes e "guardiães" de todos os tipos. Já era tempo de ter experiências juntos, de estabelecer uma história comum — da forma que fosse — para ou suavizar aquele choque de realidade ansiosamente esperado do casamento, ou evitá-lo a tempo, percebendo que "não daria certo".

Mas nenhum dos dois entendeu o significado daquele momento, e as tentativas irresolutas de combinar um encontro mostram como tanto Kafka quanto Felice Bauer ainda estavam distantes daquele equilíbrio entre proximidade e distância, sem o qual qualquer convivência se torna inevitavelmente um suplício. No dia 2 de agosto, Kafka sugere que Felice pare em Praga "por algumas horas" na volta de Sylt. No dia seguinte, o redemoinho já vira na direção contrária: "Acho que não vou conseguir ir a Berlim uma só vez durante nosso noivado, mesmo que só nos casemos em maio". No dia 4 de agosto, ele desmente o que acabara de dizer, pois "temo que eu pereça se não ficarmos juntos logo". "Então venha, Felice", ele repete, "venha a Praga, se você puder, na volta de sua viagem." Mas, no dia 6 de agosto, ele recebe a notícia — nada surpreendente — de que Felice não está nada disposta a passar dois dias inteiros no trem para encerrar suas breves férias. No dia 11 de agosto, vem outro golpe; Felice escreve: "Ir a Praga agora está totalmente fora de questão. Mas o que te faz pensar que não poderia vir a Berlim por ora? E as férias de Natal?". Kafka fica horrorizado: ainda faltam quatro meses para o Natal! Será que ela não tem vontade de vê-lo, será que ela acredita mesmo que aquela ponte frágil, erguida sobre cartas e nada mais, ainda ficaria de pé por tanto tempo? De jeito nenhum, pois a próxima reviravolta vem logo em seguida: no dia 21 de agosto, ela pergunta se então ele não poderia vir a Berlim antes das férias de verão. Não, ele não pode, pois quer "concentrar" suas férias. Ela pergunta mais uma vez: e um encontro no meio do caminho, em Dresden talvez, não seria possível? No dia 2 de setembro, Kafka também declina dessa proposta. Agora ele tem outros planos.

Os dois estão dançando um minueto complicado, mas não especialmente gracioso. Um passo à frente, dois atrás, um baile de fantasmas sem toque e de uma lentidão peculiar. Estava claro que havia uma preponderância sufocante do imaginário sobre a realidade: os dois se alimentam de fantasias, e Felice também começa a sonhar ao ver casais felizes flanando por aí. Mas, tanto quanto Kafka, ela teme sofrer uma desilusão, e a tensão do primeiro reencontro ainda não está tão distante a ponto de ser esquecida. Todo nó pode ser desatado — ela acredita no que lhe ensinaram. Mas e uma teia feita de tantos sonhos e tão pouca realidade?

Bem nesse momento, a família Bauer se decidia a encarar de frente o inevitável. O pedido oficial de Kafka, temido havia muito tempo, chegara em meados de agosto. As investigações de costume (em que a mãe, sobretudo, deve ter insistido) tiveram um resultado morno, se tanto tranquilizador, mas nada satisfatório. Assim que Felice voltou de Sylt — não parecia especialmente descansada, o que já não surpreendia a ninguém —, o conselho da família se reuniu em Berlim. O que falava a favor desse pretendente? Sem dúvida, não eram suas cartas estranhas, e menos ainda o modo loucamente invasivo como se acumulavam. O pedido em si também continha passagens que não levavam muito em conta o que o pai de uma noiva gostaria de ouvir em tal ocasião.[21] A renda do dr. Kafka era suficiente para sustentar uma família, mas ele era um funcionário, não um homem de negócios, e por isso era provável que suas "condições" nunca melhorassem substancialmente. A fábrica de amianto, na qual ele tinha uma participação, embora não cuidasse dela, era um negócio duvidoso de fundo de quintal, que não rendia nada. E os pais... sim, eles viviam com dignidade, mas precisavam fazer contas, pois haviam usado todas as reservas para sustentar as filhas, conforme Kafka havia admitido para Felice. Não se podia esperar muito deles. Tudo indicava que eles teriam restrições. Por quê, então, por quê? Mas Felice, que vinha resistindo à reprovação de todos fazia quase um ano, seguiu firme até o último e decisivo interrogatório — até que enfim o conselho da família afrouxou e disse suas resignadas palavras finais: "O que resta é um casamento por amor".[22]

Casar

Filhos (se Deus quiser). — Companheira constante (& amiga na velhice) que se interessa por mim. — Objeto de amor & diversão — De todo modo, melhor que um cachorro. — Um lar, & alguém para cuidar da casa. — Charmes da música & do papo feminino. — Essas coisas boas para a saúde — *mas terrível perda de tempo*.

Meu Deus, é insuportável pensar em passar a vida inteira como uma abelha operária, trabalhando, trabalhando & no fim das contas, nada. — Não, não, não vai dar. — Imagine viver o dia todo sozinho em uma casa esfumaçada e suja de Londres. — Agora pense em uma esposa doce e boa em um sofá com um belo fogo & livros & música talvez. — Compare essa visão com a realidade sórdida da Grt. Marlbro' St.

Casar — Casar — Casar Q. E. D.

Não casar

Liberdade para ir aonde quiser. — Escolha da sociedade & *pouco dela*. — Conversa de homens inteligentes em clubes. — Não ser obrigado a visitar parentes & a se dobrar por qualquer besteira. — Ter a despesa & a ansiedade dos filhos — talvez brigas — *Perda de tempo* — Não poder ler à noite — gordura & ócio — ansiedade & responsabilidade — menos dinheiro para livros etc. — Se muitos filhos, a obrigação do ganha-pão. — (Mas aí trabalhar demais é muito ruim para a saúde).

Talvez minha esposa não goste de Londres; então a sentença é banimento e degradação em um tolo indolente e idiota.

Essa era a voz da mente fria e hipocondríaca; a pena de um gentleman inglês de 29 anos, bem formado e amante dos animais. Essas notas datam de 1838, um tempo em que ninguém se envergonhava de fazer contas antes de se casar. Ele quer ter certeza, por isso as questões econômicas estão em primeiro plano, a análise de custo-benefício. Mas enquanto na coluna da direita estão reunidos os fatos decisivos que falam *contra* o casamento, a coluna esquerda é limitada a imagens e visões. Ele quer sobretudo que seus dias sejam *úteis*, e seu maior medo é a perda de tempo. Mas que cara teria uma vida que fosse útil, e nada mais? — pergunta uma segunda voz, mais baixinha, mas igualmente insistente. Seria uma vida vazia, desperdiçada. *Não vai dar*. E por isso o gentleman se casa no mesmo ano, para levar uma vida muito respeitada e extraordinariamente útil, povoada por uma esposa doce, inúmeros filhos, parentes e criados. Seu nome era Charles Darwin.[23]

Três quartos de século depois, as duas vozes que interrompem uma à outra incessantemente dentro da cabeça do homem burguês ainda são as mesmas. Mas elas se tornaram mais incertas e frágeis. Já faz muito tempo que ninguém pode dizer como é que se deve levar uma vida útil e significativa (por isso, cada um diz uma coisa diferente). E por trás do charme do papo feminino, está o desejo sexual, a dissolução, o medo. Quando Kafka abre seu diário, no dia 21 de julho de 1913, para enfim pôr ordem nessa ebulição de prós e contras, para enfim tomar uma decisão que todos esperam dele e que ele teria preferido arrancar de dentro de si — revela-se mais uma vez que o casamento é tão infundado como a própria vida. São esperanças, nada além de vagas esperanças que se opõem ao peso dos fatos.

Compilação de tudo aquilo que depõe a favor do meu casamento ou contra:

1) Incapacidade de suportar a vida sozinho; não se trata de incapacidade de viver, ao contrário, é mesmo improvável que eu saiba viver com alguém, mas sou incapaz de suportar as investidas de minha própria vida, as exigências que me imponho, as ofensivas do tempo e da idade,

o vago afluxo da vontade de escrever, a insônia, a proximidade da loucura — sou incapaz de suportar tudo isso sozinho. Talvez, devo naturalmente acrescentar. A união com F[elice]. vai dar a minha vida maior poder de resistência.

2) Tudo logo me dá o que pensar. Cada chiste no jornal satírico, a lembrança de Flaubert e Grillparzer, a visão dos camisolões de dormir sobre a cama arrumada de meus pais à noite, o casamento de Max. Ontem, minha irmã disse: "Todos os casados (que conhecemos) são felizes, eu não compreendo". Também essa manifestação me deu o que pensar, e de novo senti medo.

3) Preciso passar muito tempo sozinho. Tudo que consegui foi mérito tão somente dessa solidão.

4) Odeio tudo que não tenha a ver com literatura, entedia-me conversar (mesmo que a conversa seja sobre literatura), entedia-me fazer visitas, os sofrimentos e as alegrias de meus parentes entediam-me até o fundo da alma. Conversas subtraem a importância, a seriedade e a verdade de tudo aquilo que penso.

5) O medo da união, do escoar-me para outra pessoa. Aí, nunca mais estarei sozinho.

6) Com minhas irmãs, sempre fui bem diferente do que sou com outras pessoas, sobretudo no passado assim foi muitas vezes. Destemido, aberto, poderoso, surpreendente, emotivo, como só consigo ser ao escrever. Se, com a mediação de minha mulher, pudesse ser assim com todos! Mas isso não viria em prejuízo da escrita? Isso não, isso é que não!

7) Sozinho, um dia eu talvez possa de fato deixar meu emprego. Casado, isso jamais será possível.[24]*

É uma música familiar aos ouvidos: o medo da responsabilidade; os ecos de uma ética puritana de trabalho; a resistência à ideia de profissão como ganha-pão; e por fim a certeza de que livros são mais importantes do que parentes (além da certeza de que nenhuma mulher jamais compreenderá isso). Mas tudo isso soa mais tenso no texto de Kafka, como se estivesse uma oitava acima: não é mais uma questão de conforto, hábitos ameaçados e obrigações desagradáveis — é uma questão de salvar a própria identidade

* Franz Kafka, *Diários 1909-1923*, op. cit., pp. 300-1.

e, portanto, de vida e morte, literalmente. A frase decisiva é *Aí, nunca mais estarei sozinho*, e isso já não diz respeito apenas às visitas de família, às exigências e aos "direitos" da mulher e dos filhos. O que a frase diz é *Aí, nunca mais estarei comigo mesmo. Aí nunca mais serei eu.*

Kafka espera que, com o casamento, abata-se sobre ele alguma coisa monstruosa, e na realidade impossível. Só entendemos isso quando reconhecemos a escala das idealizações com as quais ele rodeava havia muito tempo tudo o que lhe causava medo. Assim, no dia 16 de junho, na mesma carta em que pergunta se Felice quer ser sua esposa, ele afirma que, para um casamento, a "sintonia em termos de formação, conhecimento, aspirações e concepções mais elevadas [...] é quase impossível, em segundo lugar, acessória, e em terceiro lugar, nem mesmo boa e desejável". Mais do que isso:

> O que um casamento exige é sintonia humana, portanto uma sintonia que subjaz profundamente a todas as opiniões, portanto uma sintonia que não pode ser verificada, só sentida, portanto uma necessidade de convivência humana. Isso não perturba em nada a liberdade do indivíduo, que só será perturbada pela convivência humana desnecessária, em que consiste a maior parte de nossa vida.

Esse ideal de uma necessidade elevada se espatifa assim que toca o chão da realidade — isto é, no momento em que Felice diz *sim*. Pois o ideal imaginado aquece, mas o ideal vivido quer ser merecido e realizado. O que um dia foi proteção, hoje é exigência. E assim o medo, que não tem muito a ver com a liberdade, ressurge nu.

> Tenho a clara sensação de que com o casamento, *com a união, com a dissolução* dessa nulidade que sou, perecerei, e não sozinho, mas com minha esposa, e quanto mais eu amá-la, mais rápido e terrível será.[25]

Kafka organiza agora a defesa, e se entrincheira com uma energia tenaz para se proteger da ofensiva iminente. O arsenal de armas retóricas que aciona é assombroso; claramente não é uma visão edificante, e em face dos tormentos que chegam a um clímax terrível no verão de 1913, o que se vê é a imagem de um animal em pânico tentando agarrar alguma coisa com os dentes. A principal novidade é que Kafka já não se desenha apenas como uma pessoa nula, mas como uma pessoa *insuportável*, e com cada vez mais agressividade, conforme Felice se envolve com a ideia do casamento. A vida com uma pessoa como ele não será tanto uma vida em comum, antes uma vida solitária e sem alegria. Ele volta a perguntar várias vezes se ela pensou bem em tudo isso. Se o que sente por ele não é só pena. Se tem ideia de onde está se metendo.

Agora, ele também deixa pequenos impulsos tirânicos correrem soltos. Assim, pede-lhe que comece a fazer ginástica, seguindo o popular sistema de Müller, ao qual ele mesmo se mantém fiel há anos. Não aceita quando ela diz que é tedioso demais: "Insisto absolutamente no método de Müller, estou mandando o livro hoje, se for tedioso para você, é porque não está fazendo direito". Há muito tempo ele já se decidiu sobre a futura dieta do casal: "acredito, sim, que nossa casa será vegetariana, ou não?".[26] Mas a falta de pontualidade das cartas de Felice, sobretudo, e uma dicção cada vez mais impessoal e fugaz são objeto de queixa permanente, e no dia 8 de agosto, pela primeira vez, Kafka se deixa levar por uma carta que consiste, da primeira à última linha, de repreensões.

Ele está sofrendo, e diz a verdade quando lhe assegura: "sofro muito mais do que faço sofrer".[27] Anseia pela presença daquela mulher e procura por ela nas fotografias, como já havia feito no ano anterior, e quanto mais encoberta a memória dos poucos encontros entre eles, mais concretamente ele pensa que a *redenção* talvez ainda esteja a sua espera. Mas o gesto que ele deseja fica faltando, a mão sobre a testa, a palavra que sela a união íntima, *necessária*, e vence o medo. Esse gesto teria sido um presente; de modo que não pode ser exigido, e muito menos forçado. Mas Kafka insiste, não pode mais esperar. E assim não dá valor a tudo o que Felice talvez estivesse disposta a dar.

No dia 28 de agosto, chega uma carta amigável de Carl Bauer. Os pais de Felice concordam com o casamento, sem ressalvas ou qualquer dúvida aparente. Eles não parecem entender a fatalidade, estão pensando em dinheiro, dote, sustento. De novo, a responsabilidade é toda de Kafka, que já está quase decidido a fugir. Resta-lhe um último recurso, já comprovado, mas também desesperado: livrar-se da carga, deixar a decisão na mão de outras pessoas, nas mãos de um guardião. Kafka escreve uma segunda carta, mais pessoal, ao pai de Felice, uma carta cujas principais frases ele já dispôs no diário. É a repetição de seu pedido paradoxal a Felice, mas dessa vez numa forma concentrada; ele acredita que será como um veneno, que ou mata ou traz o milagre da cura.

Todo o meu ser está voltado para a literatura, mantive essa direção precisa até meus trinta anos; se eu a deixar, não vivo mais. Tudo o que sou e não sou é consequência disso. Sou taciturno, antissocial, carrancudo, egoísta, hipocondríaco e de fato adoentado. No fundo, não me queixo de nada disso, é o reflexo terreno de uma necessidade superior. (É claro que o que realmente posso fazer não está em questão, não tem relação com isso.) Vivo na minha família entre as melhores pessoas, as mais amorosas, mais estranho do que um estranho. Com minha mãe troquei em média menos de vinte palavras por dia nos últimos anos, com meu pai, pouco mais que saudações. Com minhas irmãs casadas e meus cunhados não consigo falar sem me irritar. Falta-me todo o senso de convivência em família.

Será que a filha do senhor poderia viver ao lado de uma pessoa dessas, se sua natureza, a de uma menina saudável, é predestinada à verdadeira felicidade conjugal? Será que ela suportaria levar uma vida monástica ao lado de um homem que sem dúvida a ama, como jamais poderá amar outra pessoa, mas que, em virtude de sua vocação irrevogável, passa a maior parte do tempo enfiado no quarto ou vagueando sozinho por aí? Ela terá de suportar viver totalmente separada dos pais e parentes, e de quase qualquer outro contato social, pois eu, que preferiria manter meu apartamento trancado mesmo para o meu melhor amigo, não poderia imaginar uma vida conjugal diferente para mim. E ela suportaria isso? E para quê? Para a minha literatura, altamente duvidosa aos seus olhos, e talvez até aos meus? Para isso ela teria de viver sozinha em uma cidade estrangeira, em um casamento que talvez seja mais amor e amizade do que um verdadeiro casamento.

Disse o mínimo do que eu gostaria de dizer. Acima de tudo: não queria justificar nada. Não foi possível chegar a uma solução entre a filha do senhor e eu, sozinhos; eu a amo demais para isso e ela não se dá conta e talvez só queira o impossível por pena, por mais que ela negue. Agora somos três, o senhor pode julgar![28]

Não fora Kafka que se recusara expressamente a "se esconder atrás do pai dela", não fora ele que sempre insistira que os pais deveriam ficar de fora de tais decisões de seus filhos? No fundo, essa também era a opinião de Felice, e nesse momento decisivo ela se agarrou a essa opinião com mais consistência do que seu noivo. Ela leu a carta de Kafka, mas não a repassou ao pai, e poupou o homem fraco do constrangimento de ter de responder com amabilidade a tal surto. Em vez disso, ela tentou tranquilizar Kafka e sugeriu uma conversa a dois, longe dos pais. Cheia de pressentimentos e medo, mandou um telegrama.

Era tarde demais. No dia 2 de setembro, Kafka comunicou-lhe que não conseguia "libertar-se" — nem de seu medo, nem do "desejo de abdicar da maior felicidade humana para escrever". Disse que ela também tinha de encontrar sua paz interior. Ele viajaria a Viena para participar de um congresso especializado, depois tiraria suas férias e seguiria viagem para o Sul. Por ora, ela não receberia mais cartas, no máximo alguns bilhetes com anotações de viagem. E ela também só deveria escrever-lhe "em caso extremo". Depois disso, eles poderiam se encontrar onde quer que ela desejasse.

Dessa vez ele estava falando sério, e não voltou atrás em nada. Ainda ficou por três dias em Praga, em silêncio, e depois partiu.

Uma vez — não sabemos bem quando foi, mas poderia muito bem ter sido no outono de 1913 — Felice Bauer bateu com a testa na mesa da cozinha. "O que é que vou fazer com o Franz?", gritou atordoada.[29] Até hoje não saberíamos dar uma resposta.

23. Literatura, nada mais

Eu já sabia havia muitos anos
que a parte mais difícil e mais longa dessa profissão
é a não escrita.

Ilse Aichinger, *Eiskristalle* [Cristais de gelo]

"Bastante determinado em sua maneira de agir, bastante sensual, bondoso, econômico — ainda que só por necessidade —, no mais, generoso e interessado em arte." Esse foi, em poucas palavras, o parecer de um grafólogo amador, ao qual Felice havia mostrado a caligrafia de seu noivo. Não acertou nem uma, realmente nem uma. Uma piada maravilhosa.

Kafka amava contar esse tipo de equívoco, e saber que era um enigma para outras pessoas alimentava sua vaidade. Ottla, Brod e Weltsch teriam caído na gargalhada se tivessem ouvido esse diagnóstico tão ingênuo. O próprio Kafka não pôde rir direito dessa vez, pois estava constipado. "O homem na pensão de vocês deve deixar a grafologia", decretou a Felice, quase rude. Por quê? É claro que por causa do "interesse artístico" que ele lhe concedeu por bondade — uma fórmula retórica que o fazia lembrar do olhar dos pais, que não o compreendiam e consideravam seus rabiscos um "passatempo" prejudicial à saúde. Felice também havia pedido por "meta e moderação". Essas palavras mostravam que ela dava tanta importância à orquestra dos infernos que ele esperava um dia conduzir quanto os estudantes aos soldadinhos de chumbo que empurravam para lá e para cá em suas carteiras — brincadeiras de quem está perdido em sonhos que, em algum momento, a vida de verdade acaba levando embora. Kafka era sensível e teimoso nesse ponto como em nenhum outro.

> Nem mesmo o "interesse artístico" é verdadeiro, aliás é a expressão mais mentirosa entre todas as mentiras. Não tenho interesse literário, sou feito de literatura, não sou nada além disso e nem posso ser nada além disso.

E então ele se compara a um morto-vivo, a um zumbi que faz ressoar a voz sedutora do diabo, e que sucumbe como uma carcaça morta assim que esse demônio é exorcizado. "A relação entre a literatura e mim é semelhante, muito semelhante [...]".[1]

Não haviam se passado nem dois anos desde que Kafka fizera aquele balanço e alocara todas as energias de que dispunha no prato da literatura. "É fácil reconhecer em mim uma concentração para a escrita", ele começara um pouco desajeitado, quase como se falasse de um pódio, para então enumerar com frieza e paradoxal autoconfiança tudo o que já havia sacrificado pela escrita — isto é, todos os prazeres do corpo e do espírito e toda a capacidade para a vida prática, com exceção do ganha-pão que ele tinha de suportar para cuidar do próprio sustento. "Só preciso, portanto, excluir desse conjunto o trabalho no escritório a fim de, agora que meu desenvolvimento está completo e, até onde posso ver, não tenho de sacrificar mais nada, dar início a minha vida de fato [...]".[2]

A porta para essa vida de fato se abrira ainda no mesmo ano. Kafka estava agitado no alvorecer do dia 23 de setembro de 1912, em seu quarto árido, com um caderno marrom insignificante nas mãos, e dentro dele o recém-terminado *O veredicto*. Era como se ele tivesse sido tomado por um êxtase de concentração e sobriedade, e esse êxtase perdurou por meses, mas não queria se tornar um estilo de vida, e Kafka não encontrava as forças para dar o grande salto que deixaria tudo para trás — escritório, pais, Praga. Ele se agarrava a tudo ao mesmo tempo, e tudo se agarrava a *ele*. E aí a porta voltou a se fechar.

Pessoas que se veem subtraídas de tudo buscam se aproximar de grandes ideias, e quase sempre recorrem à *identificação*. É bem mais fácil reconhecer esse padrão na tradição histórica do que onde ele cumpre seu propósito compensatório: na psique do indivíduo. O exemplo histórico mais impressionante estava bem debaixo do nariz de Kafka. Os judeus mais torturados, saqueados e privados de seus direitos, mesmo aqueles que foram forçados a se converter, sempre encontraram consolo em sua identidade étnico-religiosa. Eles continuavam judeus, por mais terríveis que fossem as perdas lá fora. Não era esse o segredo vital dos atores judeus do Leste Europeu, que suportavam a fome e o desprezo e ainda assim se mantinham fiéis à sua missão? Eles sabiam quem eram. Os emigrantes alemães, que não haviam chegado a lugar nenhum na terra distante e prometida do Oeste, para os quais os próprios filhos eram estranhos e a língua materna se tornava cada vez mais difícil de falar, também se consolavam com o fato de que "na verdade" e "apesar de tudo" eram alemães, "alemães no coração". Sobretudo nos grandes coletivos ligados à tradição, as chamadas "comunidades da memória", essa insistência em um núcleo imutável se mostra como o último ato possível de defesa quando a realidade se torna esmagadora e ameaça desintegrar as ancoragens mais profundas. "Somos e continuaremos sendo [...]": o lugar onde mais se ouve essa invocação é onde tudo está se desfazendo em pedaços há muito tempo. É um ato compensatório, mas seu preço é a interiorização radical, numa proximidade alarmante da loucura, um bloqueio dos portões, um ofuscamento de todas as janelas. *Sou e continuarei sendo.*

Kafka não devia ter consciência de que também se valia desse mecanismo para atenuar psicologicamente o esmorecimento de sua produtividade literária no começo de 1913 e torná-lo suportável. Ainda assim, a virada que o levou do desejo de escrever à total identificação foi incrivelmente veloz. Uma pessoa familiar como o tio de Madri, Alfred Löwy, havia notado uma mudança considerável nos hábitos de Kafka depois de sua ausência de um ano. Graças à abundância de material autobiográfico nesses meses decisivos — e também às cartas a Felice —, podemos ouvir nós mesmos o movimento dessa engrenagem interior.

E isso só acontece no começo do ano, não por acaso no momento em que Kafka passa a não contar mais com a conclusão de *O desaparecido*. "O romance sou eu, minhas histórias sou eu", escreve a Felice. É um páthos inaudito, quase arriscado. Se ele é *idêntico* à sua obra, não teria de ir com ela para o inferno? Claro, mas só se for para ressuscitar com a próxima obra. Não há mais dúvidas de ele é *capaz* de escrever, independentemente de quanto tempo as situações exteriores e interiores o impeçam de fazê-lo:

> Tudo o que tenho são algumas forças que, em condições normais, se concentram na literatura com uma profundidade nada evidente, às quais, contudo, não ouso confiar-me em minhas atuais circunstâncias físicas e profissionais, pois a todos os alertas internos dessas forças se contrapõem outras tantas, se não mais, advertências internas. Se eu pudesse confiar-me a elas, estou certo de que me tirariam de toda essa aflição interior de uma só vez.[3]

De um fôlego, Kafka define a essência do escritor e a si mesmo *como* escritor. Ele não é escritor porque deu mais ou menos certo nisso ou naquilo, tampouco porque um desejo ou obrigação o impulsiona ao papel e à caneta; antes porque as "forças" decisivas não precisam mais ser invocadas.

Elas estão além de qualquer dúvida, são palpáveis, estão *lá*. E o texto literário que não dá certo não é um sinal de que essas forças estão diminuindo, só quer dizer que o escritor foi *derrubado* por aquelas forças — como o cavaleiro de seu cavalo, que ainda assim e para sempre lhe *pertence*. Mesmo que ele nunca mais se atreva a montá-lo? Mesmo assim. Em seus últimos anos de vida, Kafka admitiu expressamente a possibilidade de ser escritor e ainda assim permanecer em silêncio — é claro que, sujeito à ressalva de que "um escritor que não escreve" é "um absurdo que desafia a loucura".[4]

Ele estava se deixando levar por uma definição precária, e sabia muito bem disso. Quem, além do próprio escritor, pode dizer se dispõe dessas forças ou não? Por vezes, o leitor e o crítico, claro. Mas eles dependem da obra impressa, e da disposição do autor de se submeter ao julgamento de um público anônimo e mimado. Se não há esse julgamento, não há limite para o autoengano, e isso era especialmente evidente em Praga, com sua cena cultural aquecida. Em qualquer esquina, e mesmo no Instituto de Seguros contra Acidentes de Trabalho, uma pessoa qualquer, que ninguém julgaria capaz de nada, podia de repente sacar seus próprios poemas do bolso — Karl Kraus disse uma vez que, naquela cidade provinciana, os poetas se multiplicavam "como os ratos-almiscarados",[5] e havia um fundo de verdade na sua maldosa declaração. O próprio Kafka não esperava que alguém visse *O veredicto* e *O foguista* como prova definitiva de um "chamado" literário, não a ponto de excluir qualquer outro objetivo na vida. Mas, paradoxalmente, foram esses textos que lhe incutiram autoconfiança o bastante para se entregar com tanta ênfase a uma identidade que, em última análise, já não dependia do verdadeiro sucesso. Não mais *eu consigo*, e sim *eu sou*.

É claro que não se veste a "identidade" como uma camisa; é preciso moldá-la, endireitá-la, sustentá-la. Kafka fez tudo o que podia, e não evitou nenhum recurso de estilização retórica e autopersuasão para tanto. No outono de 1913, tudo o que ele acreditava ter alcançado — na vida, no amor e no futuro casamento — desmoronou. Junto com o medo de uma relação, brotava nele uma desconfiança ainda pior, por ser inexprimível, de que a *troca de cartas* por si só esgotava as energias que ele devia destinar à escrita durante a noite. Nesse momento, ele levou a identificação com a escrita a um extremo sem precedentes na história da literatura de língua alemã. Mesmo que Felice tivesse a melhor das intenções, seria quase impossível segui-lo nesse ar rarefeito. Kafka disse que era feito de literatura e não podia ser nada além disso — se tomada ao pé da letra, essa já não era a despedida?

Ele repetiu a frase. Primeiro, uma semana mais tarde, no rascunho de uma carta com a qual pretendia chacoalhar o pai de Felice: "Como não sou nada além de literatura, nem posso ou quero ser [...]", dizia. Esse rascunho ainda estava fraco demais, ainda não estava doloroso o bastante. "Todo o meu ser está voltado para a literatura", ele especifica alguns dias depois, "mantive essa direção com determinação até os meus trinta anos; se eu deixá-la, não vivo mais." Literatura ou nada, literatura ou morte. Assim ele envia a carta. E Felice, que ainda parece acreditar que Kafka irá mudar, é repreendida uma última vez: "Não é uma inclinação à escrita, querida Felice, não é uma inclinação, sou eu mesmo, definitivamente. Uma inclinação pode ser arrancada ou reprimida. Mas esse sou eu mesmo [...]".[6]

Max Brod também sentiu como o amigo estava endurecendo e fechando os ouvidos a qualquer um que lhe fizesse objeções. Como nos verões anteriores, eles iam nadar juntos no rio Moldava, no Kleinseite, onde ficava ancorado o barco a remo de Kafka, na Escola Civil de Natação. Quando, no domingo, Kafka viajava a Radeschowitz, à pequena casa de veraneio que seu clã havia alugado — em geral ele só partia ao meio-dia, para não perder nenhuma carta de Felice —, às vezes Brod o visitava por lá. E de vez em quando conseguiam convencer Kafka a passar uma noite no cabaré Chat Noir, onde mulheres negras dançavam e podiam-se ouvir coplas otimistas como "Ich bin ja nicht tot, bin ja nur so blass" [Não estou morto, é que sou pálido]. Todos entravam no clima, Brod, sua mulher Elsa, Felix Weltsch.

Só Kafka não ficava à vontade, pois não queria distrações. Parece que ele nem passava mais os olhos no *Prager Tagblatt*. No material a que tivemos acesso, não há nenhuma declaração sobre as guerras dos Bálcãs — a segunda delas só terminou em agosto de 1913 —, sobre as mais recentes revoltas tchecas contra o regime dos Habsburgo (com a habitual trilha antissemita de fundo), ou sobre a lei marcial decretada em Praga em junho. Kafka não entrava mais em nenhum debate que o afastasse da literatura, nem mesmo com Brod, que estava se tornando um agitador sionista e invocava cada vez mais o "sentimento de comunidade" — que Kafka disse ao amigo desconhecer por completo, pois sua força mal dava para si próprio. E como um advogado de si mesmo, ele lhe mostrava passagens equivalentes nos diários de Kierkegaard: aqui já houve um *caso* parecido...

Brod ficou comovido; mas Kafka se recusava a lidar com fatos e argumentos, e isso paralisava o amigo. "Sua infelicidade, tudo ou nada", lê-se no diário de Brod. “Sua fundamentação baseada apenas em sentimento, sem análise, sem possibilidade ou necessidade de análise.” Um ano antes, ele ainda estava orgulhoso da intransigência de Kafka: “quando se trata de ideias, ele não aceita uma piada”, Brod assegurara a Felice Bauer, e ele sabia do que estava falando. Não fazia tanto tempo que eles haviam passado aquelas tardes infrutíferas escrevendo *Richard und Samuel*. Mas e se agora os ideais, e com eles um purismo radical e ilimitado, tomassem conta de sua vida?

É de pensar por que os amigos não estavam mais tão próximos nesse momento como nos velhos tempos. Não eram só os traços pequeno-burgueses de Brod, que haviam se tornado mais acentuados desde o casamento com Elsa Taussig em fevereiro de 1913, e que Kafka observava com crescente ceticismo. O problema principal era o fraco de Brod pelo pensamento analítico, que se movia por conceitos e se aferrava a conceitos, e no qual Kafka via agora menos sentido do que nunca. Não se podia falar com ele nem sobre *Anschauung und Begriff* [Visão e conceito], a obra filosófica escrita por Brod e Weltsch[7] em coautoria e agora enfim publicada, e Kafka não conseguiu esconder dos ambiciosos autores que teve de se forçar a lê-la. Ele estava mobilizando todas as forças para pôr fim a suas terríveis oscilações de humor, seus medos hipocondríacos, seus ataques de dor de cabeça e suas torturantes fantasias, dando a tudo isso uma interpretação e uma nova identidade, ainda extremamente frágil. Não surpreende que agora ele não tivesse nenhuma “necessidade de análise”. E ele estava ainda menos inclinado a discutir com o amigo, que era um escritor respeitável e casado, a incompatibilidade entre literatura e casamento. Brod, por outro lado, deve ter considerado essa resistência à análise uma completa insolência; o amigo nunca tinha se entrincheirado nessa posição tão fundamentalista e carente de humor. Mas Kafka não estava se referindo apenas a sentimentos; tudo era bem ponderado em inúmeras noites de insônia; era conhecimento, autoconhecimento no sentido mais estrito. “O mundo formidável que trago na cabeça”, ele havia escrito. “E dilacerar-me é preferível a contê-lo ou enterrá-lo em mim. É para isso que estou aqui, isso me é muito claro.”[8]

Kafka tentou com todas as forças ancorar a nova identidade num terreno que fosse seguro por estar fora de si próprio. Mais uma vez, as frases em que ele se justifica para Carl Bauer iluminam sua interioridade, como relâmpagos. Assim, no rascunho da carta de 21 de agosto, ele diz que é um homem totalmente esquivo, mas “não vejo isso como uma infelicidade para mim, porque se trata apenas de reflexo do meu objetivo”. Kafka formula a coisa de um jeito meio frouxo, e logo reconhece isso: qualquer vigarista poderia muito bem invocar um objetivo qualquer, escolhido arbitrariamente, se isso fosse justificativa o bastante para seus atos. Ele busca então formular a coisa de outra forma e embarca em um ato de violência que cabe chamar de metafísico, se comparado à sua cautela em outros momentos. Depois de acentuar, ainda mais do que no rascunho do diário, sua impiedosa autocaracterização, ele segue: "No fundo, não me queixo de nada disso, é o reflexo terreno de uma necessidade superior".[9]

É totalmente compreensível que Felice tenha preferido trancar essa carta na gaveta e escondê-la de seu verdadeiro destinatário. Necessidade superior? Nem Strindberg, aquele gênio cuja vasta obra ela colecionava e admirava, havia sido tão presunçoso. Mas era notável que Kafka evitasse termos como "autor" e "escritor". Se antes ele havia banalizado e até depreciado sua "escrita", agora a "literatura" entrava em cena, com toda a força e sem transições — a literatura, a instância mais elevada que se podia considerar. *Eu sou literatura.* E por uma necessidade sobrenatural. "Não daria para ele baixar um pouco a bola?", as amigas de Berlim lhe teriam perguntado, mas fazia muito tempo que Felice já nem conseguia ler trechos das cartas de Kafka para elas.

O próprio Kafka deve ter sentido que esse salto da intimidade do ato de escrever para o céu estrelado da literatura era difícil de compreender e talvez soasse retórico. Ele tinha coisas a explicar, e precisava revelar melhor de onde vinha essa nova e rígida interpretação de si mesmo. Então ele abriu mais um compartimento para a amada, sabendo que no dia 2 de setembro, pouco antes da partida e, numa carta que talvez seria a última por muito tempo ou para sempre, não seria correto nem honesto se despedir como se ele fosse um *nada*.

> Minha querida, isso que você está me dizendo, eu digo quase o tempo todo, a menor separação de você me queima, o que se passa entre nós dois repete-se em mim com muito mais gravidade, sucumbo diante das suas cartas, das suas fotos. E mesmo assim — veja, entre os quatro homens que (sem me aproximar deles em força e abrangência) vejo como meus parentes de sangue, Grillparzer, Dostoiévski, Kleist e Flaubert, só Dostoiévski se casou e talvez só Kleist tenha encontrado a saída correta, quando, em meio a apuros interiores e exteriores, atirou em si próprio no Wannsee.[10]

De novo, Kafka invoca *precedentes*, o mesmo que havia feito para responder às reprovações de Brod. Anos depois, ele condenaria expressamente essa estratégia: traçar tais comparações seria "absolutamente infantil".[11] Mas aqui, Kafka não está no seu melhor. Essas *não são* meras comparações, e se ele sempre sucumbe ao hábito de buscar conselhos para a própria vida na vida de outras pessoas — sua ânsia por biografias é notória —, a escolha desses nomes em particular é fundamental. Kafka busca aqui uma *ligação*, coloca-se num contexto, num discurso, faz exatamente aquilo que grandes comunidades fazem quando lutam por sua identidade: ele cria uma tradição para si próprio, uma linhagem, atrela sua própria existência, que é única, à corrente sanguínea da história. Kleist, Grillparzer, Kierkegaard, Flaubert e Dostoiévski: todos homens infelizes que, como ele, viviam dilacerados entre a vida e a escrita, homens que haviam resistido lá naquele lugar aonde Kafka queria ir, "o eterno inferno dos verdadeiros escritores".[12] Por isso mesmo, não eram modelos, e sim *parentes*; Kafka não era um imitador, e sim um *descendente*. Era identidade, nada menos que isso.

Os leitores compram livros, e são os livros que os entretêm. O que realmente move o autor, com que se identifica e que recursos interiores e exteriores mobiliza para pavimentar seu caminho, tudo isso é totalmente secundário. As pessoas só querem saber de tudo isso quando a obra lhes causa impressão, ou quando o autor faz sucesso. Relatórios da oficina de um escritor "invendável" não interessam a ninguém.

Para Felice Bauer, do mesmo modo, a literatura era aquilo que ela via no teatro ou nas vitrines das livrarias. Ela não era uma conhecedora, e entendia tão pouco do *mercado* editorial quanto dos problemas formais que precisavam ser enfrentados e tornavam a escrita um ofício. Felice teria ficado sobrecarregada se Kafka lhe tivesse pedido conselhos sobre esses assuntos, e o ouvido literário absoluto dele estava totalmente fora de seu alcance. Ela sentia esse abismo, e transferia para ele próprio uma parte do constrangimento que experimentava ao ler seus textos. Felice demorou semanas para se debruçar sobre *Contemplação* e *O veredicto*, e seus comentários limitaram-se a perguntas. Sobre *O foguista*, ela nem sequer se pronunciou; ao menos não se vê nenhum indício disso nas respostas de Kafka ou em seus diários.

Ao observar como Kafka ficava sensível e ciumento quando Felice mencionava nomes de autores contemporâneos, entendemos por que ela era tão discreta. Binding, Eulenberg, Lasker-Schüler, Schnitzler: para cada um deles, Kafka tinha objeções diferentes e bem fundadas, e tudo indica que ele não só lhe escondia o encontro em Berlim com Else Lasker-Schüler, como outro encontro em Praga — tudo para evitar perguntas curiosas.[13] A agressividade com que se referia aos autores mais bem-sucedidos — sobre a obra de Schnitzler, chega a falar em uma "massa flutuante dos mais repugnantes escrevinhados"[14] — era bastante atípica, e um alerta para que Felice Bauer fosse cuidadosa com pareceres literários, sobretudo com aqueles que colocavam a competência de Kafka em questão.

Para ele, o ato de escrever era o centro do sistema planetário da literatura. Para ela, por outro lado, o que importava era o produto que se podia comprar, pegar nas mãos e folhear. Ela não tinha uma opinião formada sobre o valor literário dos textos de Kafka; mas sabia que um escritor não pode se limitar a orgias solitárias em sua escrivaninha. É preciso publicar, tornar-se visível. Mas, se Felice tinha o mesmo tipo de expectativa que o "público" — e nada indica que ela tivesse alguma ideia da angústia que a escrita envolve —, somos obrigados a nos perguntar por que, agora que Kafka parecia disposto a sacrificar tudo pela literatura, inclusive sua "noiva", ela não exigiu que ele lhe prestasse contas do que havia publicado. *Eu sou literatura*, ele havia escrito. Muito bem, ela poderia ter respondido, *onde estão suas obras*?

> Para aqueles que acompanham a evolução de nossos melhores jovens autores, Franz Kafka é conhecido há muito por novelas e fragmentos que foram publicados na *Hyperion* e em outras revistas. Sua idiossincrasia, que o obriga a sempre lapidar mais e mais suas obras literárias, impediu-o até agora de publicar livros. Temos o prazer de anunciar a publicação da primeira obra desse espírito fino e cultivado em nossa editora. O tipo de contemplações que esse volume reúne, formalmente polidas, além de profundamente sentidas e ponderadas em seu conteúdo, coloca Kafka talvez ao lado de Robert Walser, do qual o separam, por outro lado, diferenças profundas e essenciais na reformulação literária de experiências emocionais. Um autor e um livro que estão atraindo grande interesse de todos os lados.

Esse texto foi impresso em um anúncio de página inteira da editora Ernst Rowohlt no *Börsenblatt für den Deutschen Buchhandel* [Jornal de finanças do mercado literário alemão] do dia 18 de novembro de 1912, poucos dias antes da distribuição de *Contemplação*. É típico desse ramo afirmar que o novo autor não é um novato; a referência explícita à "idiossincrasia" do autor nos leva a suspeitar de que Brod ajudou a formular esse texto.

Mas não se podia falar em um "grande interesse de todos os lados". Dos oitocentos exemplares impressos e numerados à mão pela editora de Kurt Wolff, menos da metade foi vendida em um ano. Sem dúvida, o acabamento dispendioso teve um papel nisso, pois o preço de 4,50 marcos por um volume de 99 páginas (quem achava pouco ainda podia pagar 6,50 marcos pelo "meio-couro"), com mais folhas em branco do que impressas, dava a ideia de um artigo poético para presente, que não serve ao interesse geral, e sim a um interesse bem específico.

Parece que Kurt Wolff só aprendeu a diferença entre bibliofilia e estratégia de publicação graças a seus conselheiros Franz Werfel, Kurt Pinthus e Walter Hasenclever. Assim, aquela coleção lendária de livros, Der jüngste Tag [O juízo final], que logo se estabeleceria como uma plataforma para a mais nova literatura, não nasceu de uma decisão isolada do editor, e sim de uma das inúmeras reuniões editoriais que aconteciam à noite no bar do Centraltheater de Leipzig.

A ideia de lançar livros acessíveis numa coleção, sob um título comum, era tudo menos original. A Universal-Bibliothek da Reclam já tinha comprovado havia muito tempo a rentabilidade das coleções baratas (especialmente quando se tornou possível comprar livros nas máquinas automáticas das estações de trem), e o enorme sucesso da Insel-Bücherei, que havia sido fundada no ano anterior e era objeto de inveja em Leipzig, mostrou que, com um design atraente, era possível fazer frente até à Ullstein-Büchern, com aqueles livros que pareciam descartáveis. Havia mais de quatrocentas séries de livros no mercado de língua alemã, e sua estratégia de vendas era bem simples: se o leitor tivesse gostado de alguns volumes da série, o design o levaria a autores cujos nomes não lhe diziam nada, e se tudo corresse bem ele começaria a colecionar a série (sobretudo se houvesse a possiblidade de assinatura). Os críticos, por outro lado, viam-se obrigados a avaliar o projeto inteiro, de modo que títulos mais fracos tinham grandes chances de receber "acenos".

Até então, nenhuma editora ousara começar uma coleção dessas, dedicada exclusivamente a edições originais da mais nova literatura, renunciando ao apelo de nomes proeminentes. Contrariava-se, assim, a lógica de mercado, segundo a qual um autor novo e desconhecido amplia suas chances quando aparece sob a égide de um nome grande e reconhecido. Mas os editores de Wolff tiveram outra ideia: a própria novidade serviria de argumento central, o mais novo e mais jovem como necessariamente melhor. E o título da série já devia soar como a fanfarra de uma nova era, ou ao menos de uma revolução.

Hoje, esse golpe é visto à luz de certa ironia histórica. Mas, a princípio, significou um ato de *modernização* antecipada. No começo do século, o termo "novo" estava cercado por associações que não despertavam só bons sentimentos, e ainda estávamos distantes dos dias em que qualquer produtor de sabão em pó, na falta de ideia melhor, grudava uma etiqueta "NOVO!" em seu produto. Naquela época, o que dominava, pelo contrário, em todas as páginas de propaganda, era o "comprovado milhares de vezes", e quando um produto realmente novo surgia, exigiam-se referências (pseudo) científicas para que se acreditasse que ele era parte do inevitável progresso. A novidade pela novidade ainda era — especialmente no caso de bens culturais — uma ideia mercadológica meio ousada, recente, que Kurt Wolff seguiu defendendo por anos depois de ver sua eficácia comprovada: Der neue Roman [O novo romance], Neue Geschichtenbücher [Novos livros de histórias], Der jüngste Tag (Sammlung neuer Dichtungen) [O juízo final (reunião de novas narrativas)], Die neue Lyrik [A nova poesia], Neue Dramen [Novos dramas] — essas eram as rubricas do catálogo da editora em 1917; e quando Wolff, pouco depois, fundou uma editora de livros de não ficção, seu nome logo foi encontrado: Der Neue Geist [O novo espírito]. Até o fim de sua trajetória editorial na Alemanha, Wolff seguia o mesmo lema do começo, mas, em 1930, viu-se obrigado a colocar um sinal de menos: "Por que parei: porque já não havia nada de novo visível", diz uma nota encontrada em seu espólio.

A verdadeira ironia era que os editores de Wolff (idade média: 23 anos) acreditavam *de fato* na superioridade de uma literatura absolutamente nova — sem pensar que tudo o que era novo estava condenado a ser superado pelo mais novo no dia seguinte. Eles queriam ser *vanguarda*, mas sem a obrigação, implicada nesse conceito, de superar continuamente a si próprios. Literatura como expressão desenfreada, esse era o lema; poesia como manifestação permanente da vida, não intencional, somática e inocente. Werfel, acima de tudo, com seu gosto quase pueril pela produção, projetava sua própria exaltação no panteão da futura poesia. Sem qualquer pensamento estratégico, escreveu um folheto editorial explosivo, com o título "Der jüngste Tag: Neue Dichtungen" [O juízo final: Novas narrativas], que fez os livreiros esfregarem os olhos durante a leitura. "O novo autor" era anunciado, aquele que "começaria do zero". Para ele não haveria "reminiscências, pois ele, como nenhum outro, saberá como a retrospectiva da literatura é irrelevante". O texto termina com o apelo: "O mundo começa de novo a cada segundo — vamos esquecer a literatura!!".[15]

Tolerar esses saltos e visões não dever ter sido fácil para Wolff, que era movido por um amor esteticista à literatura, influenciado por Stefan George. Ele foi esperto o bastante para garantir que teria a última palavra sobre cada manuscrito; mas também foi forte o bastante para deixar a experiência seguir seu curso — embora se perguntasse de onde é que sairiam todos esses novos autores. Isso não perturbou Werfel, o eterno descuidado; ele confiava em seus amigos dos meios literários de Praga e Berlim, e confiava que encontraria o que procurava em meio à selva de publicações literárias de língua alemã. Mas é claro que ele não queria esperar por isso: queria começar imediatamente.

Kafka apreciava a figura de Wolff, uma mistura de gentileza e distância cortês, e para mostrar a Felice que "editor amável" ele tinha (e, *sobretudo*, que tinha um editor), mostrou a ela uma de suas cartas. "É um homem maravilhoso, de cerca de 25 anos, a quem Deus deu uma bela mulher, alguns milhões de marcos, o gosto pelo mercado editorial e pouco senso de edição."[16]

Mas Kafka não gostava tanto assim da Der jüngste Tag. Ele já achava o título uma mistura estranha de publicidade e metafísica, e o fato de que só haveria uma pequena amostra de cada autor — como uma série de panfletos — tornava a empreitada menos relevante do que ele teria desejado para a própria obra. Kafka deve ter sido um dos primeiros a saber da novidade, no mais tardar em março, durante sua breve passagem por Leipzig. Sim, ele admitira ao editor, *O foguista*, o primeiro capítulo de seu romance fracassado, *talvez* ficasse bem em uma publicação separada. E depois de ler o manuscrito, poucos dias depois, Wolff logo agarrou a oportunidade: ofereceu a Kafka uma publicação na Der jüngste Tag por um modesto honorário de cem coroas, e prometeu que começaria a diagramação *imediatamente*.

Wolff teve sorte, pois Kafka, que costumava ter tantas reservas, e que Brod já vinha tentando convencer fazia algum tempo a publicar *O foguista*, havia enfim tomado uma decisão. No entanto, o autor impôs, com uma firmeza inusitada, uma condição:

> *O foguista*, *A metamorfose* (que tem 1½ o tamanho de *O foguista*) e *O veredicto* estão ligados por dentro e por fora, há entre eles um elo claro, e mais ainda secreto, e eu não gostaria de abrir mão de apresentá-los reunidos, em um livro que poderia ser intitulado *Os filhos*. Seria possível que *O foguista*, para além de sua publicação na Der jüngste Tag, fosse mais tarde incluído, no momento que você julgar apropriado, mas num futuro próximo, em um

> livro à parte com as duas outras histórias, e seria possível incluir uma declaração desse compromisso no atual contrato de *O foguista*? Para mim, a unidade das três histórias é tão importante quanto a unidade de uma delas.[17]

Não era pouca coisa o que Kakfa estava pedindo. Pois a narrativa mais extensa, *A metamorfose*, ainda era só um boato para Wolff, e embora ele já tivesse indicado para Kafka que estava disposto a ler a obra no manuscrito se necessário, Kafka não disse quando Wolff poderia contar com o texto. Ainda assim, Wolff comprou "sem ver a mercadoria". Ele não tinha muita escolha. As ofertas contratuais tinham urgência, e a editora mostrava ter pressa, por motivos bastante simples: eles estavam a poucas semanas da data prevista para o lançamento da série, e continuavam à procura de manuscritos e "novos autores". Não surpreende que Kafka, ciente desse problema, considerasse a empreitada duvidosa.[18]

De fato, o otimismo de Werfel acabou se mostrando precipitado, e quando, no fim de maio de 1913, os primeiros seis volumes da Der jüngste Tag foram enfim publicados — por oitenta pfennigs cada, quatro vezes o preço de um fascículo da Reclam —, revelou-se que, por ora, Wolff não tinha tantas opções assim. Para preencher o programa, o conselho teve até que recorrer a suas próprias produções: *Die Versuchung* [A tentação], um diálogo de Werfel que era tudo menos poético, saiu no volume número um, e num texto de dez páginas de Hasenclever, com caráter de oratória (*Das unendliche Gespräch* [A conversa sem fim]), os próprios editores apareciam num clube noturno de Leipzig. Devia ser uma piada interna. Emmy Hennings, a companheira de Hugo Ball, havia enviado alguns poemas, que juntos formavam um livreto de dezesseis páginas. Georg Trakl, por outro lado, ficou indignado de saber que uma seleção de seu primeiro volume de poemas, já contratado, sairia a princípio na Der jüngste Tag, e ameaçou rescindir o contrato. Wolff não teve escolha além de incluir dois trabalhos mais fracos de Ferdinand Hardekopf e Carl Ehrenstein ao lado de *O foguista*, de Kafka — que se elevava como uma torre sobre esse entorno questionável.

O alegre Werfel, por outro lado, ainda levaria a razão — mas de um jeito diferente do que havia imaginado. Pois mal se havia espalhado a notícia de que a Kurt Wolff Verlag estava abrindo as portas para autores competentes, mas ainda inéditos, e a editora foi invadida por uma enxurrada de manuscritos. Então Werfel, como editor da Der jüngste Tag, tinha de suar para lê-los, enquanto Kurt Wolff passava algumas semanas descansando com sua bela mulher em Paris.

***

Agora Kafka queria publicar, e já estava em tempo. Fazia anos que Brod o repreendia por esconder seus manuscritos e não notar que a fama estava a seu alcance. E ele tinha razão: a literatura era a trilha que poderia, *talvez*, tirá-lo da vida de trabalhador assalariado. Brod só esqueceu que ele próprio não era um bom exemplo. Ele, que já havia publicado quinze livros e mais de quinhentos textos breves, poemas e resenhas, continuava passando, como assistente jurídico, seis horas por dia na central dos Correios de Praga, e o dinheiro era um assunto constante em sua nova casa de família. Brod viu-se obrigado a usar seu estado civil como argumento ao pedir um salário especialmente alto, sendo que era muito bem relacionado.[19] Diferente de Hugo Salus, que era idolatrado por ele, fazia tempo que ele tinha se tornado mais do que uma celebridade local de Praga. Além disso, gozava de um prestígio considerável na cena literária de Berlim, que era mais destacada. *Die Aktion* publicava o que Brod submetia, e ainda no fim de 1914, quando o entusiasmo pré-expressionista em torno de *Schloss Nornepygge* já tinha dasaparecido havia tempos e as pessoas viviam meneando a cabeça para a postura apolítica de Brod em sinal de desaprovação, uma lista de recomendações literárias era lacônica: "tudo de Brod".[20] Enquanto isso, Kafka não era sequer mencionado.

Mas Brod tinha caído num limbo peculiar como autor. Era ambicioso, correspondia-se com todo o mundo, irrigava as redações literárias de manuscritos, mas não conseguia atingir aquele grau de atenção pública que lhe permitiria dar o salto para uma dedicação integral à literatura (com uma aterrisagem suave). Se viajasse a uma cidade alemã, podia ter certeza de que encontraria seu *Arnold Beer* na vitrine de qualquer livraria. Mas figurar ao lado de Thomas Mann e Gerhart Hauptmann, com o empurrão de uma editora grande e bem estabelecida como a S. Fischer, estava fora de questão. Não havia nem sequer a perspectiva de ganhar um prêmio literário, embora ele não hesitasse em sugerir a si próprio como candidato — como sugeriu a Richard Dehmel, o fundador do Prêmio Kleist. Brod se queixava de que não lhe faltava "tanto reconhecimento quanto impacto. Embora meu primeiro livro tenha sido publicado há sete anos, sigo numa posição de principiante".[21] Mas esse pedido de socorro tampouco teve impacto.

Kafka, que seguia as tentativas obstinadas de Brod bem de perto, não via muita esperança: se nem Max ousava abandonar de vez o tão odiado escritório... isso sem falar em Oskar Baum, que devia ter aulas de piano marcadas até o fim da vida. Não havia o que fazer, especialmente na Áustria, onde os direitos autorais estavam à deriva, enquanto o mercado literário do Reich, com suas lutas territoriais, a vaidade dos críticos e as histerias passageiras, era regido pela lei da sobrevivência do mais forte. Até então, o interesse de Kafka por esse *mercado* passava mais pelo humor do que pela tensão; um panorama eventual era suficiente para ele, e isso já havia sido providenciado. Mas ele sabia que o sucesso material só podia ser alcançado ou nos grandes palcos ou por meio de um impacto como o causado pelos *Buddenbrook*, e que agora Bernhard Kellermann parecia repetir com seu romance de ficção científica *Der Tunnel*. Todos esperavam pelo *grande romance*, o grande romance era a chave que levava ao mundo lá fora. Mas Kafka havia descartado seu grande romance; de nada serviram as tentativas de persuasão de seus amigos. Brod o obrigou a ler trechos em voz alta, arrancou o manuscrito de *O desaparecido* de suas mãos, leu ele próprio, entusiasmado — mas Kafka só resmungou, resmungou de sua própria incapacidade, como nunca se havia ouvido antes.

O que podia ser feito? A alternativa era, como qualquer autor "aspirante" sabia, um volume de narrativas. Kafka fez a coisa certa do ponto de vista estratégico, aproveitando o momento para exigir de Wolff esse volume. E ele deve ter ficado contente de ter desempenhado, ao menos dessa vez, o papel do autor que confiava em si mesmo. Quando, no fim de maio, pegou a versão impressa de *O foguista* nas mãos, ficou claro que esse volume tampouco chegaria muito além de um círculo de aficionados por literatura. Achou a capa feia, e a ilustração que Werfel incluiu por sua própria conta, totalmente inadequada. Ainda assim, ficou orgulhoso ao receber o primeiro exemplar de sua segunda publicação em livro, e na mesma noite leu *O foguista* para os pais, sem se preocupar com a expressão sinistra do pai.

Mas agora ele tinha que ter paciência. Wolff logo havia concordado em publicar o livro *Die Söhne* [Os filhos] em algum momento, mas tinha evitado comprometer-se com uma data, e essa cautela não era infundada. Pois a segunda das narrativas sugeridas por Kafka, *O veredicto*, também já estava destinada a outra publicação, a antologia *Arkadia*, organizada por Brod. Ele havia importunado Rowohlt e Wolff com inúmeras sugestões no verão de 1912, entre elas esse "Jahrbuch für Dichtkunst" [Anúario da arte literária], e os editores, que ainda tinham pouca experiência, compraram a ideia, talvez na esperança de criar uma espécie de almanaque de luxo da editora. Eles deixaram Brod livre para fazer o que quisesse, e ele partiu para o trabalho com entusiasmo. Em intervalo recorde, tinha esboçado o programa e coletado a autorização dos colaboradores. Até o convite para uma "noite dos autores em Praga", em dezembro, estava esboçado, como se eles fossem então fazer uma leitura do anuário já pronto, e na prática a publicação no fim de 1912 teria sido bem possível, pouco depois de *Contemplação*. Mas Wolff, que nesse meio-tempo tinha se separado de Rowohlt, não achou muito oportuno publicar justo o primeiro almanaque com uma ficha técnica "errada"; ele preferiu esperar até que a mudança de nome para Kurt Wolff Verlag estivesse oficialmente concluída. E foi assim que a antologia *Arkadia* — assim como *O veredicto*, de Kafka — só saiu em maio de 1913, quase junto com os primeiros volumes da coleção Der jüngste Tag.

A *Arkadia* de Brod, hoje uma raridade, é um dos produtos mais peculiares do início da década expressionista. Ao percorrer o sumário, temos a impressão de que o organizador teve olho para os aspectos formais de uma modernidade emergente, que ainda não estava nem um pouco segura de seus próprios critérios: Werfel, Blei, Kafka, Stoessl, Heimann, Wolfenstein, Tucholsky, os irmãos Janowitz e Robert Walser, que ainda era praticamente desconhecido e publica três textos de uma vez. Quem lê o prefácio, por outro lado, depara-se com um vocabulário que anuncia um novo Biedermeier literário: "Nosso anuário é uma tentativa de [...] fazer ressoar, exclusivamente e com toda a pureza, as forças que dão forma à literatura nesse momento". Para Brod, *com toda a pureza* queria dizer: nada de sátira, crítica literária, política ou ensaio. Antes, elevadas "composições" estéticas que deviam unir os autores participantes dentro de uma "igreja invisível". E Brod foi ainda mais claro ao falar com Dehmel: "Na minha opinião, no anuário *Arkadia* deveria ser reunido o que é moderado, sólido, não urgente, e suspenso-artístico-venturoso em seu cerne oculto".

A crítica contemporânea logo notou que alguma coisa estava errada. Uma igreja invisível? O projeto gráfico do volume suscitava associações que nada tinham em comum com o despertar e a elevação de uma literatura pretensamente nova: uma mulher nua, dormindo, e ao seu lado um poeta de gravata borboleta, declamando um texto com o braço estendido. Era o mais puro kitsch, redobrado pelo título *Arkadia*, que fazia um arco em letra cursiva acima do casal: "até agora, só tabernas foram nomeadas assim", Kafka comentou.[22] Brod, que mais uma vez tinha sido mal compreendido, defendeu-se: "A arcádia do escritor não é preenchida pela tranquilidade do prazer humano, e sim por uma tranquilidade sobrenatural, que emudece até os gritos mais altos do homem, pela tranquilidade do que é eternamente Uno e Certo".[23] Mas, no mais tardar com a eclosão da Primeira Guerra Mundial, o "eternamente Certo" se tornou obsoleto, e décadas mais tarde, em suas memórias, Brod teve de admitir que a pretensão, a forma e o conteúdo de sua antologia formavam um conjunto grotesco: "O número de assassinatos, suicídios e cenas de loucura reunidos na minha arcádia (incluindo aí minha própria narrativa, 'Notwehr' [Legítima defesa]) era espantoso. Fiquei realmente surpreso com o que entrou. Foi como um relâmpago".[24]

Um relâmpago oculto, é claro, pois o novo anuário não fez sucesso. Ninguém comprou *Arkadia*. E o que foi ainda pior para Brod: seu editor se despediu do projeto sem nenhum pesar. Ele logo se deu conta de que um produto de luxo, de estilo clássico, não servia para representar uma empresa que, ao mesmo tempo, difundia seus tesouros nas brochuras da Der jüngste Tag. Esperava-se outra coisa do almanaque de uma editora que acabava de ser lançada — como se provaria um ano depois, quando o *Bunte Buch* [Livro colorido], oferecido por apenas sessenta pfennigs, uma mistura de catálogo da editora, primeiras publicações, críticas e ilustrações, virou um sucesso sensacional e tornou o nome de Kurt Wolff amplamente popular.

"Hoje ao meio-dia", queixou-se Kafka, "eu precisava de um buraco para me esconder."[25] Não teria ajudado muito. Pois um hino de louvor, escrito por seu amigo Max Brod e impresso no semanário cultural *März*, ficava ressoando em seus ouvidos. Ele sabia muito bem por que era preferível fazer uma surpresa para Kafka com essa publicação, e tinha partido em lua de mel, sem permitir que o amigo desse uma olhada no manuscrito. Uma verdadeira surpresa.

> Consigo muito bem imaginar esse livro (*Contemplação*, de Franz Kafka, Verlag Ernst Rowohlt) caindo nas mãos de alguém, que então muda sua vida inteira de uma hora para outra e torna-se uma nova pessoa. De tal modo são *absolutos* esses poucos e breves fragmentos em prosa, e de uma força suave. [...] todos que conhecem Franz Kafka pessoalmente, homem reservado e de trabalho rigoroso, confirmarão o que escrevo aqui: sua característica mais marcante é que prefere o nada ao limitado ou deficiente. Esse rigor extremamente revigorante e involuntário influencia cada uma das atividades de sua vida. Quando ele não consegue atingir a perfeição, a alegria mais extasiante, abre mão de tudo. Assim, ele construiu um modo de vida e um tipo de pensamento que, se revelados por inteiro, devem ser perturbadores até para os mais incrédulos. Nessa era de compromissos, ressoa ali, no silêncio, na profundidade, o poder de

> uma interioridade medieval, de uma nova moral e religiosidade [...] é o amor pelo divino, pelo absoluto, que fala de cada linha. E com tal naturalidade, que nenhuma palavra é gasta por essa moral elementar. É assim que esse livro se destaca, com bastante seriedade, dos escritos ensaísticos ou edificantes que vêm inundando o mercado. Não, aqui a imersão mística no ideal é finalmente experimentada, por isso não pronunciada, e sobre seu terreno elevado se constrói agora, com facilidade aparentemente lúdica, um novo páthos, um novo humor, uma nova melancolia.[26]

Se Kafka tivesse o poder de abafar esse disparate, ele teria feito *tudo* o que estivesse a seu alcance. E Brod sabia disso, sem dúvida. Ele já estava tão habituado à resistência de Kafka, que a contestava sistematicamente: por acaso o livro *Contemplação* teria sido publicado se ele, Max Brod, não tivesse ignorado a apreensão crônica e o "rigor" do amigo? Certamente não. Brod havia até elaborado a lista de possíveis resenhistas. Mas uma coisa é declarar publicamente que um livro é o Mais Novo Testamento, outra é cobrir o próprio autor com o manto do profeta. Brod tinha violado uma das regras da crítica, e Kafka se sentiu constrangido com razão:

> Na verdade, ele não está elogiando meu livro, esse livro já está disponível, seu julgamento poderia ser comprovado, se alguém tivesse vontade de fazê-lo; mas ele elogia sobretudo a mim, e isso é o mais ridículo de tudo. Onde é que estou? Quem é que pode me comprovar?[27]

E quem está autorizado a fazê-lo? — ele poderia ter acrescentado. Esse gesto defensivo soa tão típico de Kafka que as conclusões erradas vêm quase que por si sós. É só boato que ele não estava preocupado com a repercussão de sua obra, e que era insensível tanto ao elogio quanto à crítica. Desde que os diários e cartas estão disponíveis, há décadas, portanto, sabemos melhor: ele não só estava a par dos veículos nos quais suas publicações eram comentadas, como pedia repetidamente — fosse a Felice, fosse à editora — que lhe conseguissem os originais desses artigos. E uma coleção de resenhas encontrada no espólio de Kafka sugere que ele chegou a contratar um serviço de clipping de trechos de jornal durante a guerra, para não perder nada.

Mas o que mais o interessava, caracteristicamente, eram as reações dos leitores que não o conheciam pessoalmente, e só sentiam o efeito do texto literário. Por isso, o macabro erro na análise de Otto Stoessl, que acreditou ler em *Contemplação* um "humor do bom estado mental [do próprio Kafka]", o atingiu em cheio. O crítico berlinense Paul Friedrich, que sabia tão pouco quanto Stoessl das circunstâncias de vida de Kafka, conseguiu ver com muito mais precisão: ele falou em "arte do solteiro", um termo que literalmente derreteu na boca de Kafka. E quando o jovem escritor Heinrich Eduard Jacob se sentiu "como que atingido por um milagre" com a prosa do *O foguista* e colocou o nome de Kafka acima do de Thomas Mann, o modesto homem se permitiu um instante de satisfação: "Faz cócegas de cima a baixo", confessou a Felice.[28]

Todas as críticas foram benevolentes, algumas entusiasmadas, não faltou encorajamento a Kafka, os nomes de Kleist, Dickens e Walser brilhavam ao lado do seu. É claro que ele teve de aceitar que a maior parte daqueles que se ocuparam de sua obra eram conhecidos, mais próximos ou mais distantes: além de Brod, Otto Pick, o poeta Camill Hoffmann e Hans Kohn, um sionista de Praga que tinha apenas 22 anos, mas era surpreendentemente objetivo e lúcido. Isso não era nada anormal em uma época de marcados grupos literários. Embora a Kurt Wolff Verlag procurasse se manter distante de grupos estabelecidos e fizesse declarações nesse sentido, a "mais nova" literatura dependia dessa solidariedade estratégica. Mas Kafka podia ter certeza de que aquelas não eram meras gentilezas, e era grato por todas as recomendações amigáveis, sem superestimar sua influência. O deslize de Brod, contudo, forçou-o a repensar pela primeira vez a combinação desastrosa entre proximidade humana e juízo literário, e isso significava tocar em um ponto muito sensível.

> Justamente porque a amizade que ele sente por mim tem sua raiz no aspecto mais humano, muito anterior ao começo da literatura, e por isso já é poderosa antes que a literatura tome fôlego, ele me sobrestima de tal forma que me envergonha e me torna vaidoso e altivo, enquanto é claro que, com sua experiência artística e força própria, ele conserva seu verdadeiro julgamento, que nada mais é do que julgamento. Entretanto, ele escreve assim. Se eu mesmo fosse trabalhar, se estivesse no fluxo de trabalho, sendo levado por ele, teria que não pensar na crítica, poderia beijar Max em pensamento por seu amor e a crítica em si não me afetaria em absoluto! Mas — e o terrível é que preciso assumir a mim mesmo que minha atitude em relação aos trabalhos de Max não é diferente da dele em relação aos meus, só que às vezes tenho consciência disso, e ele nunca.[29]

Nem mesmo no diário, nem mesmo depois da colaboração fracassada em *Richard e Samuel*, Kafka tinha ido tão longe: mesmo quando se tratava da amizade de uma vida inteira em jogo, ele sentia raramente "necessidade de análise". Uma medida do choque que isso foi para Kafka está no fato de ele ter admitido, justo em uma carta a Felice (onde tinha que contar com mal-entendidos e indiscrições) que "possuía" julgamentos "verdadeiros" sobre a obra literária de Brod, mas não conseguia expressá-los, e nem mesmo conscientizar-se deles.

Quando voltou, o próprio Brod deve ter ouvido palavras de uma clareza insólita. Pois, em outra resenha de *Contemplação* publicada alguns meses depois na *Neue Rundschau*, ele abriu mão de qualquer argumento ad hominem, e até evitou os termos pseudorreligiosos com os quais gostava de acentuar seu entusiasmo. Em vez disso, concentrou-se na "coesão do estilo" de Kafka, que contrapôs à "leveza" de Robert Walser, aparentemente tão próximo dele.[30] Kafka deve ter gostado de ler isso, e estava claro que só *essa* resenha de Brod podia servir de promoção ao livro no *Bunte Buch* da Kurt Wolff Verlag. E assim ele conseguiu abafar mais uma vez a lenda do são Francisco, ou santo Franz. Mas não para sempre.

"Onze livros foram vendidos no André", revelou Kafka, sorridente. "Dez fui eu mesmo que comprei. Só queria saber quem está com o décimo primeiro." Ele adorava esses exageros, e até Rudolf Fuchs, que registrou essa fala, não sabia o que fazer com ela.[31]

Não é fácil ter um retrato preciso da recepção inicial à obra de Kafka, e sua situação *objetiva* como escritor nunca despertou o mesmo interesse, nem de longe, que a *psicologia* de sua escrita. Não basta citar seus parcos números de vendas. Aquele círculo restrito de leitores capazes de avaliar criticamente a literatura, dispostos a deixar-se levar pelo desconhecido, pelo não definido, mesmo naquele momento cultural aquecido do pré-guerra na Alemanha e na Áustria, não continha nem 10 mil pessoas — não muito mais do que hoje. Somando-se a isso, na memória das testemunhas da época, a reclusão de Kafka e sua completa falta de interesse no mundo literário e jornalístico recobriu-se com a ideia de um autor "invisível", "para iniciados". Até Kurt Wolff deve ter sido vítima dessa leitura equivocada, já que ele assegurava, olhando para trás, "que tudo o que foi publicado por Kafka ao longo de sua vida excluía o público".[32] Isso só é verdade se tomarmos como pano de fundo aquele brilho ofuscante em que a figura de Kafka foi imersa *depois* de sua morte. Mas *O foguista* chegou a três edições, um número que não foi superado por nenhum outro autor da Der jüngste Tag, embora essa série tenha se tornado, depois de um começo apressado, um panorama admirável da expressão literária: Georg Trakl, Carl Sternheim, René Schickele, Gottfried Benn, Oskar Kokoschka — nada mau como carta de recomendação para um autor que se dava tão pouca importância.

Não, Kafka não era invisível, não mesmo. Mas ninguém se estapeava para chegar perto dele. Qualquer leitor atento notaria, já em 1913, que seus textos eram construções particularmente silenciosas e opacas, e pouco tinham a ver com o ruído que fazia a "mais nova poesia"; mas esses textos ainda não eram consagrados, e Kafka não tinha certeza nenhuma de que encontraria um lugar para publicar tudo o que concluísse. Até Kurt Wolff (que, é claro, não se lembraria disso mais tarde) abriu mão de um texto do começo da obra de Kafka: "Os aeroplanos de Brescia". Conforme se havia acordado, essa reportagem devia figurar como colaboração no volume de ensaios *Über die Schönheit hässlicher Bilder* [Sobre a beleza das imagens feias], de Max Brod. O material já estava composto, a impressão das provas para revisão já tinha até começado, quando Wolff, que não gostou do tamanho do livro, decidiu deixar de fora o texto de Kafka. Logo, "Os aeroplanos" desapareceram nas gavetas de Brod.

Wolff ressaltava, com razão, a situação ambígua em que Kafka colocava qualquer um que trabalhasse em seus textos. Ele queria publicar, mas não *aparecer*. Os textos deviam vir à luz, mas seu criador amava a obscuridade. "Você é visível demais", Kafka censurou Brod, uma vez — uma projeção emblemática de seu próprio conflito interno, que, ao contrário do que os outros imaginavam, não se baseava apenas em timidez. Eram seus próprios textos que traziam à tona, inevitavelmente, aquela ambiguidade. Pois, por um lado, Kafka seguia uma consciência cada vez mais acentuada da forma, que só aceitava o necessário, o imprescindível, o fechado-em-si-mesmo, e evitava qualquer truque ou "construção" improvisada, assim como o êxtase verbal dos expressionistas. Por outro lado, seus textos eram "intimidades", estavam enraizados nas suas profundidades psicológicas, refletiam experiências que ele não teria conseguido formular com tanta consciência e radicalidade em cartas, conversas, e talvez nem mesmo em diálogo consigo mesmo. A forma era voltada para fora, o conteúdo para dentro. No fundo, era um só empecilho que tornava tão difícil enviar um pedido de casamento quanto oferecer uma criação literária à venda: era como se ele aparecesse em uma reunião de pessoas desconhecidas, e lá, depois de fazer uma perfeita reverência, revelasse seus sonhos.

O que hoje consideramos sua realização própria — a mistura de intimidade e rigor da forma — foi uma demonstração de força à qual o próprio Kafka teve de ceder: o vivido e o imaginado chocavam-se entre si, fundiam-se como se ele estivesse sonhando acordado, desintegravam o princípio de realidade, encontrando-se em um único ponto de horror. É como se ele tivesse vivido verdadeiras ausências ao pensar em sua obra, e aquela conversa com Friedrich Thieberger, na qual Kafka definiu *A metamorfose* como uma "coisa terrível" — balançando a cabeça e com a seriedade de quem fala de um evento real —, poderia certamente ter sido confirmada por Max Brod com anedotas parecidas.

É pouco provável que Kurt Wolff tenha tido experiências desse tipo com Kafka. Mas o editor deve ter ficado inibido com os sinais contraditórios que Kafka lhe enviava: parecia que cobrar dele manuscritos era uma ofensa. Wolff logo aprendeu a evitar esse combate e incluir Max Brod — que era confiável e vivia na editora — como um mediador, o que parecia perfeito para Kafka.

Assim, é claro que não houve mais cartas de encorajamento, nem conselhos pragmáticos do editor, que poderiam ter ajudado Kafka a dar alguns passos decisivos em direção ao seu sonho de viver apenas como escritor. Em vez disso, Wolff perdeu seu autor de vista, e até esqueceu sua promessa de reunir *A metamorfose*, *O veredicto* e *O foguista* em um só volume. Kafka, por sua vez, continuou passivo, esperou um ano inteiro sem se pronunciar, e tampouco enviou o manuscrito de *A metamorfose*. Será que ele ainda esperava conseguir melhorar o fim da narrativa que não lhe agradava? Será que ele temia que Wolff questionasse a baixa em sua produtividade? Será que ele tinha assinado um acordo prometendo suas próximas obras para a Kurt Wolff Verlag[33] — uma obrigação que devia ser tanto mais penosa para ele conforme as tentativas de escrever no diário, que já andavam cada vez mais raras, fracassavam? Não sabemos. Mas é difícil de acreditar que o editor mais importante da "nova" literatura não se comunicasse com seu mais importante representante só por uma timidez insuperável, ou só porque um acreditava que era a vez do outro. Essa não podia ser *toda* a verdade.

Mas outra figura digna de nota aparecia agora no campo mental de Kafka, um verdadeiro parceiro, um companheiro de sofrimento, "um judeu bastante próximo do tipo do judeu da Europa Ocidental e do qual, por isso mesmo, a gente logo se sente próximo".[34] Era assim que ele via Ernst Weiß, um médico, um escritor, uma daquelas pessoas desiludidas dos consultórios e das salas de operação, que se tornariam vozes tão características da modernidade de língua alemã. Um ano mais velho que Kafka, de baixa estatura, vívido, de bigode e globos oculares levemente saltados, um bom nadador, dançarino, cavaleiro e esgrimista, talentoso pianista e fotógrafo amador.

Ernst Weiß vinha da cidade industrial de Brno, na Morávia, onde passou a maior parte da infância e da juventude. Se ele e Kafka tivessem se conhecido na escola — o que poderia ter acontecido, pois Weiß precisou deixar o Gymnasium de Brno por um tempo e continuar sua formação na Boêmia —, é provável que eles não tivessem se aproximado. Apesar do pano de fundo comum entre eles, dois judeus burgueses relativamente aculturados, eles não poderiam ser mais diferentes: Weiß, que cresceu sem pai, era um estudante inconstante, hiperativo, preguiçoso e atrevido; choviam sobre ele repreensões e "cartas azuis" [*blaue Briefe*], usadas pela escola para alertar os pais do mal desempenho do aluno. Kafka, que era excessivamente conformista, só o teria admirado de longe, na melhor das hipóteses. Ele teria ficado ainda mais maravilhado com a súbita diligência por que Weiß foi tomado antes da Matura, o exame de conclusão do ensino secundário, depois de tomar a decisão de se tornar médico e futuro vencedor do Prêmio Nobel.

Weiß estudou em Viena e Praga, especializou-se em cirurgia, trabalhou sob a supervisão de cirurgiões proeminentes em Berna, Berlim e Viena. Nesses primeiros anos, ele deixou poucos vestígios, seus diários se perderam, e as notas autobiográficas que ele publicaria mais tarde não são nada confiáveis. Mas é certo que a carreira médica lhe dava pouca satisfação, pois ele nunca conseguia ganhar a confiança dos pacientes, com sua natureza ora exigente, ora desconfiada, por vezes encantadora e divertida, depois completamente fechada e ríspida outra vez: era uma personalidade que parecia feita de estilhaços, e ninguém sabia o que esperar dele. Quando Weiß sentia simpatia por alguém, mostrava um lado completamente diferente do que mostrava a conhecidos que lhe eram indiferentes, e quando acreditava amar, era agressivamente possessivo e, ao mesmo tempo, dispendioso. Tinha pouco senso de propriedade, dava muitas de suas coisas para se manter em movimento, estava sempre mudando de casa, lugar, amante — e de editor. Só nos anos tardios surgiram traços melancólicos e resignados, e com tanta força que tocaram a todos os seus interlocutores por igual.

A partir dos documentos a que temos acesso, não conseguimos determinar quando e por que Ernst Weiß se tornou escritor. Durante os semestres que passou em Praga, ele já teria aparecido, aos 21 anos, na seção literária da *Lese- und Redehalle* (ou seja, aos olhos e ouvidos de Kafka),[35] mas tampouco isso pode ser verificado. O que sabemos ao certo é que, como estudante de medicina, Weiß já era amigo de escritores — sobretudo de Leo Perutz e Richard A. Bermann —, e que desde os tempos de escola escrevia seus próprios textos, é claro que sem qualquer ambição de ser publicado. Weiß parece ter desenvolvido sua ambição literária só durante a residência na Suíça, pois de repente — sem nunca ter publicado uma só linha — ele ousou escrever o "grande romance": *Die Galeere* [A galé], conforme intitulou seu livro de estreia, de modo audacioso e simbólico. Era como uma experiência canhestra, um subproduto das horas ociosas nas mesas de café de Berna e Berlim.

Mais tarde, Weiß diria que o manuscrito de seu primeiro romance foi recusado por 23 editoras. Ele também adorava exageros e mistificações. A verdade é que, durante anos, ele não conseguiu ter sucesso na publicação do romance; só no fim de 1912, provavelmente graças a recomendações de pessoas proeminentes,[36] alguns editores chegaram a um parecer mais favorável, e de repente Weiß teve liberdade de escolha. Ele poderia ter se juntado aos "novos autores" de Leipzig, pois, diferente de *O foguista*, de Kafka, narrado com ponderação, o psicodrama de *Galeere* teria se encaixado perfeitamente na fisionomia intelectual da Kurt Wolff Verlag. Mas Weiß se decidiu pela editora "mais séria", que era a S. Fischer Verlag, em Berlim.

É claro que ele não quis celebrar, contudo. Pois Weiß tinha contraído tuberculose no Hospital Geral de Viena, um *Lungenspitzenkatarrh*, catarro no ápice pulmonar, conforme rezava o diagnóstico da época, e como médico ele sabia que não se curaria nas metrópoles fuliginosas, muito menos em Berlim, por mais que o mercado editorial de lá o atraísse. Como não dispunha de economias e, portanto, um sanatório estava fora de cogitação, ele buscou um tratamento pelo qual ainda seria recompensado: aceitou um trabalho junto ao austríaco *Lloyd* como médico naval e participou de uma viagem marítima de meses, que o levou à Índia, à China e ao Japão. Quando, em junho de 1913, voltou à Europa, mais ou menos recuperado, mil exemplares de *Die Galeere* esperavam por compradores e leitores. E alguns dias depois, ele conheceu, em Praga — provavelmente em um café — um homem esbelto, de aspecto infantil e sorriso impenetrável.

Kafka logo ficou curioso, e mais uma vez sucumbiu à tentação de procurar na vida alheia possíveis conclusões para seu próprio "caso". Os paralelos não eram impressionantes? Afinal, Weiß estava prestes a fazer exatamente aquilo que Kafka sonhava fazer havia meses: pedir demissão, ir para Berlim, escrever. É verdade que o ágil cirurgião não tinha de lutar, como Kafka, contra a paralisia profunda dos autos de seguro: a atividade de um médico clínico era tudo menos "assombrosa", e, não menos importante, a viagem à Ásia tinha provado que Weiß dispunha de vontade própria, não necessariamente a de um "judeu da Europa Ocidental". Mas a interrupção de sua trajetória profissional significava também para ele um salto no escuro, e por mais determinado que ele estivesse a se mudar para Berlim, não podia se imaginar vivendo sem um cargo na área médica. Assim, ele escreveu, no dia 3 de julho, a Stefan Zweig: "eu [...] quero agora, como médico, tentar arranjar um cargo qualquer de subordinado em Berlim, que me garanta apenas o necessário para viver, já que meu plano da juventude, me tornar um 'grande cirurgião', provou-se impraticável". E em uma carta de 1914, ele anunciou que "além de minhas atividades artísticas, retomarei agora também minhas atividades médicas".[37] Mas Weiß não parece ter se esforçado muito por tal posto.

Esses giros da bússola interna deviam parecer muito familiares a Kafka, e ele observava com ainda mais simpatia os esforços que Weiß vinha fazendo para se estabelecer em Berlim. Ele não deve tê-lo encontrado muitas vezes nos meses seguintes — ainda que, em novembro de 1913, já o chame de "um bom conhecido"[38] —, mas certamente ficou sabendo que Weiß havia mudado de endereço quatro vezes em um curto período, e passava por verdadeiras dificuldades.

Die Galeere não entusiasmou nem os críticos nem o público. Foi decepcionante, mas isso não era prova de nada; afinal, a mesma coisa havia acontecido a alguns dos maiores escritores, e não impediria a editora, com toda a sua experiência, de fazer uma segunda tentativa. Mas Weiß teve que desistir por um tempo da esperança de viver dos adiantamentos de royalties de Samuel Fischer, que era um homem cauteloso. O que restava era o negócio das resenhas, a infantaria literária. Mas o pequeno número de resenhas de que temos notícias nessa fase da carreira literária de Weiß — a primeira é de janeiro de 1914 e se refere justamente ao *Foguista* de Kafka[39] — sugere que Weiß achava muito mais difícil do que Brod investir nas conexões necessárias. Ele se zangava até com seu bondoso patrono, Bermann. Kafka devia se sentir bem fraco só de pensar na luta por uma fatia da torta literária de Berlim, quando olhou de perto os 37 pfennigs que ganhou com um exemplar vendido de *Contemplação*.

No entanto, o romance *Die Galeere* parecia ter sido criado para alcançar um público com menos senso artístico, e por isso muito mais numeroso, pois, ao narrar a história da ruína física e mental de um radiologista, Weiß tinha feito realmente tudo o que estava ao seu alcance e não evitara reviravoltas baratas para manter seus leitores envolvidos: tiques expressionistas e o perfume da Viena *fin de siècle*, paixão e dependência química, sexo e ciência fria, ódio dos pais e doença fatal. Nem o ataque histérico, descrito com cuidado, ficou de fora. Tudo em vão. Será porque era tudo demasiado óbvio, os ingredientes, as costuras, a "realização"? Foi o que Kafka achou, e provavelmente com razão. O que não o impediu de se entusiasmar com a leitura: "É preciso fazer a cabeça atravessar os elementos construtivos que rodeiam o romance como uma grade, por todos os lados [...] e então se vê o que há de vívido, até que se fique realmente deslumbrado".[40]

Sair de Praga. Para o Norte? Para o Sul? Ao Norte havia Berlim, a oito horas de trem. Mas a imagem que ele tinha de Berlim havia se turvado de modo peculiar, e agora lhe parecia uma dupla exposição perturbadora. Havia a metrópole fervilhante com cinemas, teatros, cafés de artistas, clubes noturnos, gloriosos jornais, revistas, editoras, com a cacofonia dos anúncios publicitários, das cenas literárias e facções políticas, com o ronco dos pneus, a avidez dos consumistas, o olhar baixo dos que passavam apressados. E havia a plataforma da Anhalter Bahnhof, à noite, onde só rostos *estranhos* o olhavam, o quarto frio no hotel Askanischer Hof, onde *nunca* havia um recado esperando por ele, os bosques tristes onde se olhava em silêncio para o relógio. Não, lá não havia salvação, a salvação só estava no mais íntimo, onde "o que há de vívido" abria caminho, na literatura, portanto, e em nenhum outro lugar. E, por isso, estava em tempo de declarar um fim provisório: "O desejo de renunciar à maior felicidade humana para escrever corta-me incessantemente todos os músculos. Não consigo me libertar". Kafka escreveu isso no dia 2 de setembro de 1913 a sua noiva Felice Bauer.

No mesmo dia, em Berlim, naquela *primeira* e verdadeira Berlim, outro desiludido pegou a caneta e tomou uma decisão definitiva que, se tivesse chegado até Kafka, não lhe teria rasgado os músculos, mas sim a alma, como uma faca: "Arte é uma coisa para cinquenta pessoas, das quais trinta não são normais". Gottfried Benn escreveu isso a Paul Zech no dia 2 de setembro de 1913. Pouco depois, candidatou-se a um posto como médico naval.

24.
Três congressos em Viena

Nunca quis sentar-me à mesa principal
ali não se pode observar
— ali se é observado.

Robert Gernhardt

Em maio, Kafka viajou a Berlim para visitar sua noiva. Sentado à sua frente, no mesmo compartimento do trem, estava Otto Pick. Os dois encontraram Carl e Albert Ehrenstein no Café Josty.

Agora era o começo de setembro. Dessa vez, Kafka estava viajando para Viena e fugindo de sua noiva. Sentado à sua frente, no mesmo compartimento do trem, estava Otto Pick. Os dois visitaram Albert Ehrenstein em Ottakring, um distrito vienense.

Era um espelhamento patético, a repetição invertida de uma situação que um dia havia feito Kafka sonhar com o começo de uma nova vida. É claro que ele não estava consciente disso — o que não surpreende, já que nesse meio-tempo a expectativa havia se tornado um sonho recorrente de medo, pesado como chumbo, que lhe tirava o ar e obscurecia a visão de sua própria existência.

Kafka estava viajando como funcionário, a caminho do primeiro (e único) grande evento de que participaria como delegado oficial do Instituto de Seguros contra Acidentes de Trabalho. Esse II Congresso Internacional de Sistemas de Resgate e Prevenção de Acidentes, que teve sua abertura no dia 9 de setembro de 1913 na Sala de Conferências da Assembleia Nacional de Viena, já estava pesando havia muito tempo na cabeça de Kafka. Pois seus superiores, Pfohl e Marschner, tinham criado o hábito de recorrer ao dr. Kafka, tão competente quanto seguro de seu estilo, também para elaborar documentos destinados ao público, e assim ele foi incumbido da tarefa de escrever os textos das apresentações com as quais o chefe do departamento e o diretor esperavam brilhar em Viena. Como essas conferências também seriam impressas, elas tiveram de ser entregues meses *antes* do evento — e por isso, já em abril, Kafka estava às voltas com estatísticas e excertos de publicações especializadas. Naquele mesmo mês agitado, ele andou enfiando furiosamente a pá na terra da horta Dvorsky, enquanto Felice tinha praticamente desaparecido em Frankfurt; naquele mesmo mês, poucos dias antes da entrega dos manuscritos da conferência, ele ainda teve que passar a noite revendo as provas de *O foguista*. Parece que Kafka só terminou seu *ghostwriting* no último instante, e é improvável que tenha sobrado algum tempo para seus superiores incluírem suas próprias ideias nos textos que apresentariam.

Um congresso especializado com mais de 3 mil delegados, funcionários e ouvintes era a última coisa que Kafka queria no outono de 1913 — na verdade, ele estava tão pouco interessado no evento como um todo que alguns dias antes da abertura não conseguia nem sequer reproduzir o nome do congresso corretamente.[1] Podemos presumir que sua participação foi pensada como uma espécie de recompensa, de modo que declinar o convite estava fora de questão. Ao menos ele conseguiu evitar uma viagem acompanhado dos dois superiores; em vez disso, combinou de partir alguns dias antes com Otto Pick, que de novo viajaria em busca de contatos literários. Kafka ganhou assim um fim de semana livre em Viena, às custas de um só dia de férias. Depois disso, ele planejava embarcar em um trem para a Itália, para começar suas verdadeiras férias, e talvez Pick o acompanhasse. Mas disso eles poderiam falar mais tarde. Por ora, o importante era sair de Praga.

Teria sido melhor viajar sozinho. Daquela vez, durante a viagem a Berlim, Pick também atualizara Kafka com as últimas notícias da *cena*, e Kafka as recebera como uma chuva cálida e promissora. Mas agora, essas mesmas notícias pareciam-lhe superficiais. "Falatório literário besta com Pick", ele observou. "Bastante aversão. É assim (como P.) que a pessoa fica agarrada à bolha da literatura e não consegue ir embora, pois cravaram-se nela as unhas, no mais, contudo, é um homem livre, e as pernas se agitam de dar pena."[2] Em outras palavras, Pick tinha *interesses* literários, sua conversa evocava a própria imagem do escritor amador e representante literário que Kafka tinha rechaçado alguns dias antes em uma carta a Felice. *Eu sou literatura*. Pick, por sua vez, poderia muito bem ter "cravado as unhas" em qualquer outro lugar para dar estabilidade à sua vida. Levando em conta que essas observações depreciativas estavam entre as notas de viagem que ele havia prometido mandar a Felice de vez em quando — no lugar de cartas —, fica claro de onde vem a mordacidade de Kafka.

Mas, naquele momento, ele não estava preocupado em ser justo, e Pick, que teve de se adaptar aos hábitos pronunciados, às idiossincrasias e aos humores de seu acompanhante, não recebeu nada em troca. "Ele me tiraniza ao afirmar que o tiranizo", observou Kafka. Na noite de 6 de setembro, os dois se instalaram em um apartamento de dois quartos no Hotel Matschakerhof, no centro de Viena. Kafka queria enfim ficar sossegado, mas Pick forçou-o a dar uma primeira volta. Chegando à rua, Kafka logo começou a andar em seu passo rápido habitual. Quando Pick, que era um palmo mais baixo, protestou, Kafka aumentou a velocidade.

Tudo o que ele queria agora era seguir seu próprio caminho, nas poucas horas livres que ainda lhe restavam — incógnito, evitando os cafés mais conhecidos. Mas isso estava fora de questão. Que desculpa ele daria para não fazer uma breve visita a Albert Ehrenstein, um de seus primeiros e mais importantes resenhistas, que estava voltando de Berlim? Assim, logo no primeiro dia — uma manhã de domingo extraordinariamente clara e ensolarada —, ele e Pick se puseram a caminho do 16º distrito, para folhear sem muita vontade, em uma miserável habitação pequeno-burguesa, os manuscritos do primeiro volume de poesia de Ehrenstein.[3] Depois disso, os três voltaram para o centro da cidade, e Kafka dirigiu o grupo (presume-se que não muito entusiasmado) para o restaurante vegetariano Thalysia, ao lado do Hofburgtheater.

Não há dúvidas de que Pick, um mediador tão entusiástico quanto Brod, tinha a intenção de introduzir seu acompanhante, apesar de seu mau humor, à zona quente da literatura vienense. Kafka menciona dois cafés, o Beethoven e um mais famoso, Museum, o café dos artistas, projetado por Loos, onde ele pôde sentir a atmosfera daquilo que, até então, só conhecia a partir de revistas. Mas os esforços de Otto Pick não parecem ter rendido muitos frutos. Mesmo que Kafka, por estar deprimido, tenha exagerado ao dizer que estava "sentado ali como o fantasma à mesa", decerto ele não estava para muita conversa, e relutou em aceitar convites a cafés — apenas duas vezes em uma semana, como afirma a Brod.[4]

É lamentável que Pick não tenha tido a oportunidade de apresentá-lo a verdadeiras celebridades e assim quem sabe despertar sua curiosidade. Com certeza, Kafka estava animado para reencontrar Ernst Weiß, de quem se sentia cada vez mais próximo. Era um dos poucos lampejos de esperança em Viena. As outras atrações turísticas do mundo da literatura, Musil, Kokoschka e Alma Mahler, estavam todas de férias, viajando. Georg Trakl, amigo de Ehrenstein, cujos opacos e sombrios *Gedichte* [Poemas] tinham acabado de ser publicados na coleção Der jüngste Tag, estava no Tirol. Peter

Altenberg tampouco deu as caras; ele havia sido liberado de um sanatório mental, Am Steinhof, em maio, e desde então vivia no Lido, em Veneza. Na melhor das hipóteses, daria para pensar em um encontro com Karl Kraus — mas colocá-lo em prática teria sido impossível. Qualquer um da ampla comunidade em torno da *Fackel* sabia onde encontrar Kraus; no Café Imperial, por exemplo, que ficava na Kärtner Ring, a menos de dez minutos do Café Museum. Mas Ehrenstein, que era patrocinado por Kraus, sabiamente evitava aparecer por lá com pessoas da província. (E assim, um encontro literário notável, que ficaria registrado na história, *não* se realizou, pois, no dia 9 de setembro, no Café Imperial, Kafka poderia ter visto Kraus ser apresentado ao amor de sua vida, Sidonie Nádherný.)

Kafka sabia muito bem por que Kraus não queria nem ouvir falar em Praga naquele momento. A culpa era de *Brod*, aquele "polemista involuntário" do qual Kraus nunca mais tivera notícias desde a troca de farpas em 1911, e que já não aparecia em suas noites de leitura em Praga fazia um bom tempo. Brod ficava agoniado de pensar nesse embaraço. Atacando um adversário que lhe era superior, tanto do ponto de vista da linguagem quanto do intelecto, ele se expusera publicamente, e em Praga ninguém lhe estendera nem sequer um dedo. Werfel, que Brod considerava um discípulo, tinha se mandado, assim como Haas; e Kafka, ambíguo como sempre, sorriu e se ofereceu para mediar a situação. Mas Brod não queria harmonia, ele queria revanche. E foi assim que um dia, ao abrir a antologia *Arkadia*, editada por Brod, Karl Kraus deparou com algumas frases espantosas logo na primeira página:

> Essas cenas trágicas e idílicas não devem ser confundidas com certa polêmica venenosa de nossos dias. Naquelas, exprime-se o desamparo do espírito nobre, que anseia pelo regresso à sua fonte imortal. Nesta, pelo contrário, a palavra tem um excesso de complicação e fervor, a irritabilidade de uma alma que procura se perder em pequenos objetos e concatená-los cada vez mais, que enfim é reduzida a seus interesses mais pessoais, enquanto decai com cada vez mais certeza em direção à raiva e a um funcionamento satírico. O anuário *Arkadia* procura se distanciar dessa atitude odienta em relação ao mundo.

Funcionou. E quem tinha olhos para ler sabia a que poder sombrio aquele dedo estava apontando.

Mas Brod, cego de impaciência, deveria ter ouvido seu conselheiro pacifista. O prefácio de uma antologia que deveria apresentar "pura e exclusivamente a potência literária e criativa do nosso tempo", e não polêmica, era o lugar mais inapropriado para um ataque desse tipo. Caso seus colaboradores soubessem do texto, teriam notado que Brod parecia estar rasurando com a mão esquerda aquilo que decretava com a direita. Mas o próprio Brod continua: "Não se presumiu nem se buscou um consenso pessoal dos escritores entre si e com as diretrizes aqui apresentadas" — o que só podia significar que os autores não tiveram chance de intervir como moderadores.[5]

O pessoal da editora também tinha claramente dormido no ponto. Era embaraçoso, porque depois de muita insistência de Werfel, Kurt Wolff finalmente havia começado a negociar com Karl Kraus, de quem ganhara a confiança, e assim esperava fechar seu primeiro contrato com uma verdadeira estrela. Mas, agora, Kraus sentia-se "insultado por um dos mais infelizes histéricos que, no amor e no ódio, já me difamaram, o famoso *Brod*",[6] e a única coisa que restou a Wolff foi desculpar-se e distanciar-se de vez das invectivas de Brod. Kraus, que era bastante sensível, ao menos se acalmou a ponto de aceitar uma nova oferta. Mas quando descobriu que outro lançamento da Kurt Wolff Verlag, a obra *Weisheit der Langenweile* [Sabedoria do tédio], de Hiller, o acusava explicitamente de "insinceridade", ficou saturado. Em uma longa carta, enquanto reafirmava sua simpatia pelo jovem editor, Kraus voltou atrás em dois contratos já assinados com a editora.

O próprio Brod tampouco sairia impune dessa. O Império contra-atacou: no dia 15 de julho de 1913, a revista *Der Brenner* [O incinerador] publicou um ensaio intitulado "Max Brod: Eine technische Kritik mit psychologischen Ausblicken" [Max Brod: Uma crítica técnica com perspectivas psicológicas]. O autor era um vienense amante da literatura e admirador de Kraus, Leopold Liegler, que, em respeito a sua profissão de contador, publicou o texto sob o pseudônimo (facilmente verificável) "Ulrik Brendel". Liegler retrata Brod como um autor que leva uma vida ditada exclusivamente pela rotina e se vale dos assuntos mais triviais. Segundo ele, por puro esnobismo — ou desejo de distinguir-se, diríamos hoje em dia —, Brod era levado à vulgaridade, e até mesmo à margem da pornografia. E isso com um senso de linguagem pouco desenvolvido, que não o poupava nem mesmo de deslizes gramaticais (embora Liegler cite, majoritariamente, expressões típicas de Praga).

Se Brod não tivesse esquentado a cabeça, poderia ter desviado desse golpe com elegância. Pois Liegler estava claramente usando um classicismo epígono como parâmetro, que recorria a lugares-comuns como "face interior", "fonte da vida" e "essência do mundo e da divindade", sem qualquer sensibilidade para a função dos choques estéticos: fincar os pés na realidade. Liegler queixa-se seriamente de que os poemas de amor de Brod "foram todos concebidos na cama". "Sim, onde mais?", Werfel teria exclamado, mas Brod já tinha se distanciado demais de sua vitalidade inocente, assim como de seu próprio atrevimento erótico.

Ele não entendia que sua tendência de sempre olhar tudo o que havia pensado, dito e escrito como um estágio preliminar de suas convicções atuais o tornava um alvo fácil. Não via necessidade de justificar a posteriori o que já acreditava ter "superado na batalha". Mas, como relutava ainda mais em aceitar silenciosamente um ataque tão brutal, só lhe restou assumir uma postura irascível. Segundo Brod, os supostos deslizes que Liegler citava estavam fora de contexto, o agressor tinha se escondido atrás de um pseudônimo e, no mais, não estava "dando asas" à "legítima aspiração à beleza" (sic!) e sim "à inspiração de certa mesa de café em Viena". Era isso o que se lia no dia 9 de agosto na revista *Aktion*, de Berlim.

É claro que só se falava dessa troca de farpas no Café Museum. Todos ali sabiam que havia perfeita harmonia entre aquela "certa mesa de café" (por que Brod não chamou seu inimigo pelo nome?) e a revista *Der Brenner*. Deve ter havido algum tipo de acordo para que Brod, o príncipe da província, fosse mais uma vez repreendido, ainda que Liegler e Kraus não se conhecessem pessoalmente.

Kafka ouvia atentamente. Ele sabia que Brod sofria com a ideia de que novos "mal-entendidos" pudessem continuar se multiplicando descontroladamente, e que o amigo estava curioso para saber quem estava do lado de quem e onde ficava exatamente a linha de frente. Mas Kafka não era especialista em fazer esse tipo de boletim geral da atmosfera, e levou alguns dias para formular um comunicado diplomático que Brod considerasse razoavelmente aceitável:

> Falou-se muito de você, e enquanto você talvez tenha uma imagem tychônica dessas pessoas, havia à volta da mesa pessoas sentadas ao acaso, todas elas suas boas amigas, e que sempre voltavam a mencionar algum livro seu com admiração. Não digo que isso tenha algum valor, só digo que foi assim. Ainda posso te contar tudo isso em detalhes. Mas se alguém tinha alguma objeção, devia-se à visibilidade excessiva da qual você sofre para esses olhos embotados.[7]

"Imagem tychônica" era uma alusão ao grande romance que Brod estava escrevendo, *Tycho Brahes Weg zu Gott* [O caminho de Tycho Brahe até Deus], cujo protagonista acreditava estar cercado de ingratidão e traição. Também não era assim. Mas Kafka evitou entrar em detalhes, sabendo que algumas das opiniões dos "bons amigos" teriam outro efeito quando os dois estivessem conversando pessoalmente. Afinal, levantaram-se algumas objeções, o que não era nenhuma surpresa, dado o estado das coisas. E a "visibilidade excessiva" não se devia à estupidez do público — era exatamente o que Kafka havia criticado e Brod havia registrado em seu diário apenas duas semanas antes.

Para sua sorte, Kafka já tinha deixado Viena quando a polêmica passou para o próximo capítulo e os dois lados puseram mais lenha na fogueira. Claro que Liegler não podia deixar passar a acusação de que estava sendo manipulado por Karl Kraus; ele chamou seu oponente de "caluniador" e citou mais uma vez sua produção poética para mostrar a todos como Brod era incapaz de dar "formas eternas" a uma "experiência individual". Brod replicou, atribuindo-lhe uma "alma de escrivão, lamentavelmente pobre e odienta"; aos poucos, ele estava perdendo a vontade de "seguir esse ódio até o interior do difícil território das coisas artísticas e divinas". Mas a última palavra ficou por conta de uma terceira voz, Ludwig von Ficker, o editor da *Brenner*, que constatou secamente, em outro nível e com autoridade crítica, que havia em Brod uma "incompatibilidade entre a pretensão artística e a capacidade de cumpri-la".[8] Esse golpe doeu — pois significava que *Der Brenner*, a única revista séria de crítica cultural que a Áustria germanófona tinha a oferecer (ao lado da *Fackel*, mas *Die Fackel* era o mal), também estaria fechada para Brod.

Kafka não deve ter gostado muito da visão mordaz, mas extremamente pobre do ponto de vista argumentativo, que levava Brod mais uma vez a um beco sem saída. O ressentimento ressoava em cada frase, e ele ainda enfiava a metafísica no meio de tudo para se justificar, aumentando o espaçamento entre as letras para acentuar o que dizia, o que não passava muita confiança no contexto desses conflitos literários. Mas Brod tinhas seus motivos — que Kafka conhecia muito bem — para não aceitar conselhos sobre esse assunto e evitar desconfiar de si próprio. O que movia Kraus e seus adeptos parecia-lhe puramente destrutivo, "ódio", para usar sua palavra preferida; eles gostavam da destruição pela destruição, e ele achava, mais que impossível, profundamente *supérfluo* entrar num conflito objetivo com alguém que não estava preocupado com a questão, e sim com seu próprio triunfo narcisista, com o triunfo do franco-atirador.

Brod não percebeu em nenhum momento que estava confundindo causa e efeito. As tiradas contra Kraus, que Brod se permitiria fazer décadas depois em sua autobiografia, tornam hoje evidente, muito mais do que para os contemporâneos, que na verdade ele não odiava Kraus porque ficava indignado com sua crítica destrutiva; ele odiava a crítica, porque com ela Kraus o havia atingido. "Para que serve a crítica?", ele perguntara dois anos antes, e a essa altura a pergunta ainda era expressamente dirigida a seu adversário impiedoso. "O que deveria existir é a literatura, além de uma estética teórica elaborada em pormenores. Os estágios intermediários são traiçoeiros, nocivos, maus e inúteis."[9] Essa ideia vinha se tornando confortável para Brod, como uma espécie de hábito, uma vontade incondicional de pensar positivo. A consciência crítica, as ferramentas críticas não só lhe pareciam más, como antiéticas. Brod podia ficar muito nervoso só de pensar que o humor inocente de sua própria obra — como o idílio caótico do livro *Weiberwirtschaft* [Mulheres no trabalho] — podia ser tomado como crítica à humanidade ou mesmo como ironia. Assim, ele abriu os olhos do escritor e jornalista Karl Hans Strobl, que o havia convidado para colaborar com uma nova revista:

> Mas também acredito que posso aceitar com alegria os pontos do seu programa, sobre os quais o senhor discorreu em sua carta, isto é, "*alegria*, poder *edificante*"; pois o aspecto *positivo* dos meus trabalhos é o mais essencial para mim, e não, como o senhor talvez acredite, certa ironia. No fundo, o que mais odeio é a ironia, o ceticismo infundado, a rabugice.[10]

Brod só ficou interessado na alegria e no poder edificante depois de as apresentações de Buber em Praga o convencerem de que a inteligência literária não precisava necessariamente ser definida pela distância, observação e crítica. "Vanguarda" também podia significar lançar as bases para uma obra coletiva, criar coisas novas, tomar parte em alguma coisa. As energias coletivas com as quais Buber esperava libertar os judeus alemães de uma terra de ninguém cultural representavam a promessa de que, *ao menos* uma vez, se podia participar de alguma coisa, sem reservas, sem consciência pesada, e essa promessa teve um efeito irresistível sobre Brod, que se inflamava com facilidade e se dispersava entre milhares de interesses e projetos. Ele amava o páthos e o vocabulário romantizado que os sionistas culturais de Praga haviam aprendido com Buber, principalmente porque fortaleciam o indivíduo contra ofensas: agora, Karl Kraus não era mais um adversário pessoal, era um perdido, o judeu ocidental desarraigado por excelência, um *caso* lamentável. Não era um inimigo, só uma *imagem* do inimigo. Claro que ele era bastante perigoso, como um sedutor que entretinha as pessoas, e os ingressos para todas as suas leituras se esgotavam. Mas o veneno que ele espalhava já não era paralisante, e o solipsismo devastador que representava estava condenado à ruína.

"O que eu tenho em comum com os judeus?", Kafka se perguntaria pouco depois. "Pouco tenho em comum comigo mesmo [...]."[11] Os recorrentes sermões de Brod sobre "comunidade" e "Nação judaica" o deixavam nervoso, e no outono de 1913, depois de Kafka ter dito ao amigo que não tinha recursos para sentimentos de comunidade, notou-se um distanciamento insidioso entre os dois, que Brod tampouco pôde ignorar. Claro, ele conhecia Kafka o bastante para saber que o que estava em jogo, mais uma vez, era sua teimosia. Ele estava exagerando. Não havia sido a ânsia por comunidade que o impelira às apresentações daquela trupe judaica duvidosa de Lemberg, menos de dois anos antes? Ele não tinha ido ao delírio com aquelas pessoas infantis que se apresentavam com seus adereços toscos como se estivessem diante de parentes? E Kafka não tinha convocado os espectadores de sua palestra sobre a língua iídiche a se envolverem com a comunidade orgânica da cultura dos judeus do Leste Europeu, mesmo correndo o risco de fazê-los temer a existência estilhaçada dessa comunidade?

De fato. Mas o movimento sionista lidava com dimensões que pareciam a Kafka abstratas e irreais. Quer se tratasse da "renascença judaica" de Martin Buber ou de um fisiculturismo judaico à la Max Nordau, sempre se falava em "povo" e "Nação", e isso era bem diferente da vida inocente que Kafka tinha em mente, que, sem perceber, gravitava em torno de si mesma. "Povo" e "Nação" eram massas autônomas, que se constituíam por si sós e geriam a si próprias. Mas como imaginar uma *massa judia*?

Em Viena, ele a viu pela primeira vez. Judeus da Rússia, do Canadá, da Inglaterra, da França, da Alemanha, da Polônia, da Palestina, da África do Sul. Andando pela cidade em grandes grupos, formando círculos, gesticulando. Todos usavam o mesmo distintivo azul e branco. Eram os delegados e visitantes do XI Congresso Sionista Mundial, que havia sido inaugurado no dia 2 de setembro, poucos dias antes da chegada de Kafka. Um evento monumental: todas os grandes salões da cidade de Viena estavam ocupados, todas as reuniões lotadas. Quase 10 mil judeus haviam comparecido.

Claro que Kafka já estava sabendo desse evento havia muito tempo. O congresso contou com a participação de vários sionistas de Praga que ele conhecia ou eram seus amigos — o advogado Theodor Weltsch e sua filha Lise, assim como Else Bergmann, seu irmão Otto Fanta e, por fim, mas não menos importante, Klara Thein, uma beldade de quase trinta anos que Kafka conhecera na casa dos Fanta.[12] A associação estudantil Bar-Kochba também estava representada por uma delegação própria. Ainda que Kafka não tenha dito uma palavra sobre isso a Felice, é bem provável que a curiosidade em torno dessa peça o tenha feito antecipar a viagem de negócios a Viena, e os amigos devem tê-lo encorajado. No dia 29 de agosto, ele pôde estudar os temas e a programação na revista *Selbstwehr*, e encomendou os ingressos ainda de Praga.

Em geral, grandes congressos de partidos e associações não são eventos que se visitam por curiosidade. São acontecimentos, mas não *eventos*, e o vácuo intelectual que criam é, mais que circunstancial, deliberado. Ninguém que faça parte dos grupos de liderança de tais organizações (entre os sionistas, o mais alto executivo é representado por cinco membros do Comitê de Ação Direta) tem qualquer interesse em deixar que pessoas que só se veem uma vez por ano ou a cada dois anos — e às quais será preciso fornecer uma visão do todo — interfiram nos assuntos do dia a dia. É notória, por isso, a tendência de os funcionários decidirem questões fundamentais em um círculo reduzido e informal para minimizar reveses e conflitos e, se necessário, entrincheirarem-se atrás de formalidades — o que se torna tanto mais fácil, quanto mais numerosa e confusa é a associação e, consequentemente, suas assembleias gerais.

Folheando as extensas prestações de contas do Comitê de Ação que foram apresentadas nos Congressos Sionistas antes da Primeira Guerra Mundial, vemos uma organização amplamente ramificada, que operava em âmbito mundial, com associações nacionais, grupos distritais, comissões, depósitos gerais, revistas, editora e banco próprios. Acima de tudo, uma vez que as posições de liderança estavam concentradas na burguesia judeo-alemã, acreditava-se que era importante passar uma impressão de unidade, integração, previsibilidade política e social. E a melhor forma de passar essa impressão era com uma hierarquia rigorosa e burocrática — os sociais-democratas alemães já haviam mostrado como isso deveria ser feito.

Mas, na contramão desse desejo de seriedade, havia o fato de que o sionismo continuava sendo um *movimento* e que, portanto, não se podia falar em objetivos uniformes, alheios à política do dia a dia. Desde a morte de Herzl, em 1904, as futuras tarefas da organização sionista tinham sido objeto de disputas acaloradas, inclusive pessoais, e as prestações de contas não chegam nem perto de oferecer uma imagem real dessa realidade. Além disso, os sionistas foram confrontados com mudanças políticas sobre as quais não tinham qualquer influência e que, contudo, tangenciavam seus objetivos. Os judeus russos e poloneses, que continuavam fugindo de seus países por causa de pogroms e boicotes — entre eles, muitos com ideias mais socialistas do que sionistas —, nem pensaram em esperar até que dignitários sionistas de Viena, Colônia ou Berlim chegassem a um acordo quanto à futura política de assentamentos da Palestina. Herzl tinha se recusado expressamente a apoiar assentamentos já existentes enquanto o Reino Otomano não estivesse disposto a dar garantias políticas aos colonos judeus. Ele queria autonomia e, a médio prazo, o Estado Nacional judaico. Caso contrário, argumentava, os judeus seriam meros convidados, à mercê de qualquer mudança de opinião pública ou alternância no poder político. O que os judeus estavam construindo na Palestina — com doações do mundo todo — poderia ser tomado deles no dia seguinte.

A descontrolada "infiltração" judaica na Palestina continuava, contudo, e os sionistas estavam correndo atrás do tempo. Em oposição ao "sionismo político" de Herzl, que havia apostado, sem sucesso, na carta da diplomacia secreta, havia um "sionismo prático" altamente impaciente. O lema já não era negociar, e sim finalmente *agir*. Era preciso criar fatos, pois só isso convenceria os governantes de Constantinopla, bem como as potências coloniais do Ocidente, das aspirações pacíficas e civilizatórias dos sionistas. Os turcos precisavam entender que os colonos judeus na Palestina eram bons contribuintes e que seu trabalho elevava o nível de vida de toda a população, inclusive do povo árabe — sem falar que eles não só ocupavam as áreas de assentamento, como as *compravam*, o que trazia muito dinheiro para o país. Depois disso, era só uma questão de tempo para que esses progressos econômicos fossem honrados também politicamente.

Essa nova estratégia de usar todos os recursos financeiros disponíveis para o "trabalho na Palestina", e assim tornar irreversível a colonização daquele país, tinha sido deliberada dois anos antes, no X Congresso Sionista da Basileia, depois de um duro debate. David Wolffsohn, um sionista político que, como presidente, seria sucessor imediato de Herzl, fora forçado a deixar o cargo, e quem assumiu seu lugar foi Otto Warburg, um homem pragmático de Berlim, especialista em botânica e colonização. Depois disso, o Congresso da Basileia foi intitulado pelos vitoriosos sionistas práticos Congresso da Paz — um passo sagaz, embora um pouco prematuro.

O contexto dessas disputas explica por que o encontro de Viena, que parecia tão imponente aos espectadores, continuava sendo essencialmente apolítico, e não criava perspectivas. Depois da devastadora derrota militar do Império Otomano, que fora selada alguns meses antes, evitava-se falar que agora era preciso lidar com uma situação política totalmente diferente. O regime nacionalista da juventude turca, que acabara de reconhecer a perda de praticamente todas as suas províncias europeias, dificilmente veria com simpatia qualquer aspiração de autonomia na Palestina; os sionistas ainda não tinham conseguido estabelecer contatos promissores nesse sentido. O congresso, entretanto, não determinou os objetivos do movimento a longo prazo — mesmo que isso deixasse sionistas influentes da Inglaterra, da França e até da Áustria aborrecidos e determinados a se distanciar. Questões referentes à identidade judaica — e com isso todo o complexo do sionismo cultural — também ficaram de fora: assim, a maior parte da cena sionista de Praga, que não era representada por nenhum órgão significativo da organização, foi condenada ao papel de espectadora. Dessa vez, o foco devia ser apenas o trabalho prático na Palestina, e as decisões por tomar referiam-se quase exclusivamente à alocação dos recursos disponíveis no Fundo Nacional Judaico. Acima de tudo, eles se perguntavam se deviam concentrar-se totalmente na aquisição de terras e no assentamento agrícola, ou se uma infraestrutura cultural como uma universidade própria seria viável, e se valeria a pena financiá-la paralelamente.

Warburg claramente se enganava de pensar que conseguiria conduzir o Congresso Mundial dos sionistas como se fosse uma assembleia da associação prussiana, justo em Viena, a "cidade de Herzl". No dia seguinte ao seu discurso de abertura — equilibrado como o de um estadista —, o primeiro incidente ocorreu: leu-se um telegrama de boas-vindas de Max Nordau, que continuava sendo tão popular como antes, mas estava ostensivamente ausente. Nesse telegrama, ele se dirigia com palavras cordiais aos delegados, mas acusava o Comitê de Ação de se distanciar cada vez mais das ideias de

Herzl. As cenas tumultuosas que se seguiram, culminando num coro que aclamava Nordau, deixaram claro que ainda não estava em tempo de pacificar a facção política, que continuava querendo o Estado judaico e que por isso era agora chamada de "idealista". Também não ajudou em nada marchar pacificamente, numa procissão de horas, em torno do túmulo de Herzl.

A questão linguística, por trás da qual se ocultava um material ideológico explosivo, também causou permanente agitação. A língua oficial do congresso era o alemão. Mas é claro que todos os que sabiam hebraico valiam-se dessa língua, assim como alguns que não sabiam. Quem alternava entre o hebraico e o alemão era advertido por interrupções da plateia. Assim, certas moções que ninguém tinha entendido muito bem foram levadas à votação. Alguns oradores insistiram em falar iídiche. Os tradutores estavam cheios de trabalho e, em poucos dias, os atrasos em relação à (demasiado otimista) grade horária eram tão grandes que foi preciso incluir uma sessão noturna.

Quando, na manhã do dia 8 de setembro, Kafka entrou no centro de conferências, no prédio da associação dos músicos na Karlsplatz, o esgotamento já era notável. A lista de oradores era longa; mais uma vez programou-se uma sessão de doze horas; e as constantes lutas pelo poder, sobretudo pelo controle das instituições financeiras sionistas, haviam se deslocado para os bastidores. Em pleno palco, por outro lado, exibia-se aquela amálgama de jargão associativista, espírito pioneiro e ênfase dos gestos, típica da fase inicial de movimentos políticos. Qualquer um que tivesse alguma expectativa de encontrar aquela corrente de calor da *comunidade*, baseada na busca de um objetivo comum, ficaria desapontado. Até as escassas notas de Kafka refletem esse momento de decepção:

> Tipos de cabeça pequena e redonda, bochechas firmes. O delegado dos trabalhadores da Palestina, gritaria infinita. A filha de Herzl. O antigo diretor do ensino secundário de Jaffa. De pé num degrau, barba turva, paletó em movimento. Discursos alemães infrutíferos, muito hebraico, trabalho principal nas pequenas sessões. Lise W[eltsch] deixa-se levar por tudo, sem estar ali de verdade, atira bolinhas de papel no salão, desconsolada.[13]

Kafka observa *tipos*: há uma grande diferença em relação às páginas e páginas de descrições carinhosas que ele dedica aos atores judeus do Leste

Europeu, que estavam sempre brigando e fazendo as pazes outra vez. Aqui, por outro lado, ele se via sentado "em um evento como que totalmente estranho". Entediava-se. E parece que não era o único. Até o correspondente anônimo da *Selbstwehr*, que procurava e encontrou em Viena a experiência sublime de uma "massa ansiosa, atormentada e radiante de entusiasmo por um grande desejo" — aqui ele soava como Buber —, teve de admitir que os discursos eram tão maçantes a ponto de ser mais fácil se ater ao espetáculo *visual* do congresso.[14] De fato, Kafka não parece nem ter se entusiasmado com a extensa programação paralela. Poderia ter visto slides da Palestina e ginastas judeus em ação. Em vez disso, passeou pelo parque de Schönbrunn. Como ele poderia imaginar que aquela seria sua última chance em oito anos de presenciar uma assembleia sionista? Ninguém poderia imaginar. E ninguém poderia dizer que, de toda a era do domínio turco sobre a Palestina — que duraria exatamente quatro séculos —, 99% já estavam para trás.

Kafka tirou o distintivo sionista da lapela. Aí fixou outra medalha, que mostrava o transporte de um homem ferido. Era o crachá de identificação dos participantes do II Congresso Internacional de Sistemas de Resgate e Prevenção de Acidentes, que seriam oficialmente recebidos à noite na Prefeitura de Viena. Ausentar-se estava fora de questão; Marschner, o diretor, e Pfohl, o chefe do departamento, tinham de se apresentar pessoalmente, bem como todos os oradores, e o dr. Otto Přibram, presidente do Instituto de Seguros contra Acidentes de Trabalho, também estaria presente; o que diriam se o chefe adjunto do departamento não desse as caras, justo ele que, por seus leais serviços, fora presenteado com uma viagem a Viena? Pela segunda vez naquele dia, Kafka procurava seu lugar em meio a uma multidão de mil pessoas. Houve uma meia dúzia de discursos de boas-vindas, seguidos por um bufê frio. Na mesa que lhe foi destinada, havia uma bandeirola da Boêmia. Uma tropa de jovens escoteiros reabastecia os copos.

Kafka estava com dor de cabeça. À noite, esperava em vão pelo sono, hora após hora. Nunca tinha se sentido tão mal durante uma viagem. Normalmente, mesmo no mais modesto quarto de hotel (desde que fosse limpo), ele tinha uma sensação desconhecida de liberdade. Dessa vez, rolava na cama, trocava as compressas frias sobre a testa, e ficava ouvindo Otto Pick, que tinha de passar pelo quarto de Kafka para chegar a sua própria cama.

Poucos dias antes, ele havia tido a ideia mais simples, e ao mesmo tempo mais genial: assumir o medo, seguir apenas a própria necessidade, viver com Felice, "os dois juntos, mas livres, cada um por si, não estar casado, nem na aparência nem na realidade, só estar junto, e assim ter dado o último passo possível para além da amizade entre os homens, bem rente ao limite que está colocado para mim, onde o pé já se firma". Será que essa era uma vida humanamente possível? Kafka acreditou nisso por algumas horas. Então caiu nas suas mãos a biografia de Grillparzer, seu "parente de sangue", escrita por Heinrich Laube. Ele começou a folheá-la. Grillparzer tentou pôr em prática aquilo com que Kafka sonhava. "Ele fez isso, exatamente isso [...]. Mas que vida insuportável, pecaminosa, repulsiva, e ainda assim é aquela que eu, embora talvez com sofrimentos maiores do que ele, pois sou muito mais fraco em alguns aspectos, consegui levar."[15] Assim, apagou-se aquela imagem sonhada, mas antes que o desencanto tomasse conta de tudo, Kafka a incluiu nas notas que mandou a Felice. Já não importava. Ao partir de Praga, ele tinha abandonado a aura íntima do *casal*. Por isso, agora essas coisas podiam ser ditas. Olhando bem, ele lhe propunha uma vida em comum sem sexualidade. Nunca mais se arriscaria a ir tão longe.

O que é certo é que, ao longo das noites de insônia e dor de cabeça que passou no Hotel Matschakerhof, ele não se ocupou nem com o congresso literário permanente dos cafés de Viena, nem com o congresso sionista, nem com o congresso dos salvadores e preventores de acidentes. Kafka pensava em Grillparzer e na sua novela *Der arme Spielmann* [O pobre músico], que sabia quase de cor. Pensava no fato de que Grillparzer havia almoçado regularmente naquele mesmo prédio, alguns lances de escada abaixo. Pensava na árdua viagem a Veneza, passando por Trieste, que ensinara a Grillparzer o que significava ficar nauseado no mar (será que ele intuía que a mesma coisa esperava por ele uma semana mais tarde?). Pensava na súbita extinção do desejo sexual — aparentemente sem motivo, mas duradoura — que, para seu próprio terror, Grillparzer teve de encarar diversas vezes, mesmo em relação a Kathi Fröhlich, sua "eterna esposa". E talvez pensasse naquela infelicidade profunda que Grillparzer expôs uma vez a seu confidente Georg Altmütter:

> Quisera Deus que meu ser fosse capaz dessa entrega imprudente, desse ausentar-se em pensamentos, dessa conexão, desse extinguir-se em um objeto amado! Mas — não sei, será que devo chamar isso de extremo

> egoísmo, se não alguma coisa pior, ou é apenas a consequência de uma aspiração ilimitada pela arte e por aquilo que pertence à arte, o que tira da minha mente todas as outras coisas, de tal modo que eu possa apreendê-las por instantes, mas nunca as reter por muito tempo? — Em poucas palavras: não sou capaz de amar. Por mais que um ser valioso me atraia, há sempre alguma coisa mais elevada [...] acho que notei que só amo na pessoa amada a imagem que minha fantasia fez dela, de modo que o real se torna para mim um artifício que me encanta por sua conformidade com meus pensamentos, mas que, ao menor desvio, afasta-me ainda mais violentamente.[16]

Foi através do filtro dessas leituras que Kafka vivenciou Viena, essa "aldeia gigante e agonizante", e quando falou da cidade nos meses seguintes — sobretudo nas cartas a Grete Bloch —, soava como se tivesse estado ali por causa de Grillparzer. A vida do conselheiro Grillparzer, que ziguezagueava entre profissão e vocação sem encontrar uma saída, dava mais legitimidade à amargura de Kafka, que se sentia pressionado por tantas pessoas e obrigações em um momento tão decisivo de sua vida. Kafka o via como a verdadeira personificação da desgraça. "Grillparzer provou que é possível sofrer devidamente em Viena." Ele tentava não levar a identificação a um extremo. Não bastava que *alguém* já tivesse percorrido essa trilha? A tentação ainda era virulenta, e anos mais tarde Kafka teve de fazer uma advertência a si mesmo: "Você não considera Grillparzer um exemplo realmente digno de ser imitado, malfadado, ao qual as futuras gerações deveriam agradecer porque ele sofreu por elas". Ele queria ser um descendente, não um sucessor. Se a queda era inevitável, que fosse do próprio caminho, do próprio cume.[17]

"Dispositivos de segurança a bordo de embarcações comerciais modernas"... "O sistema de ensaio técnico a serviço da prevenção de acidentes"... "Sobre a prevenção de colapsos em estruturas de concreto"... Não havia escapatória. Hora após hora, por cinco longos dias, Kafka ficou sentado no Parlamento de Viena. Nada de notas, nada de detalhes nas cartas — ele fechou as cortinas, como sempre fazia quando mergulhava no submundo dos funcionários e trabalhadores assalariados.

Mais de duzentos oradores tinham se inscrito no II Congresso Internacional de Sistemas de Resgate e Prevenção de Acidentes, fluxo que, por si só, deixou os organizadores entusiasmados. O inevitável volume que seria publicado alguns meses depois do congresso somava quase 1600 páginas, um volume característico do júbilo pueril daquela época por tudo o que era gigantesco. Ainda estávamos bem distantes do atual etos da especialização, e por isso *qualquer* um que tivesse minimamente a ver com acidentes e sua superação tinha sido convidado: médicos, socorristas, bombeiros, guias de montanha, engenheiros, ferroviários. Para fazer tal evento acontecer, era necessária uma organização rígida, e enquanto um "comitê de senhoras" de 86 membros mantinha em constante movimento as esposas que tinham vindo acompanhar os maridos, os senhores eram divididos em grupos temáticos de trabalho. Cada um dispunha de quinze minutos para ler suas apresentações, algumas delas já disponíveis em várias cópias, e então discuti-las. As decisões tomadas eram submetidas à plenária do congresso para aprovação e, de lá, aos governos de todos os Estados representados no congresso.

Kafka e seus superiores foram alocados na Seção X: Prevenção de Acidentes (é inevitável pensar, aqui, no duplo sentido da repartição X, em *O castelo*) — um grupo de trabalho que, como o pessoal de Praga deve ter notado, era uma espécie de posto avançado de operações do congresso. A grande maioria dos oradores ocupava-se de medidas *práticas* de resgate, e ainda que na seção IV fosse possível desfrutar de uma apresentação sobre a "Prevenção de acidentes causados por queda de bagagens em vagões de trem", enquanto na seção III refletia-se sobre "O suicídio e a luta contra ele", o congresso era entendido como um *encontro de samaritanos*, e nenhum orador hesitou em lançar esse conceito à sala. Colocando de uma forma mais vulgar, ali se encontravam especialistas em catástrofes que *já tinham acontecido*, e a organização levou isso em conta ao criar seções próprias para primeiros socorros, acidentes desportivos, acidentes alpinos e resgate no mar. Na publicação do congresso, salientava-se expressamente que a prevenção contra acidentes, ou seja, o trabalho com catástrofes *que ainda não aconteceram*, também deveria ter seu lugar, como uma inovação e uma "ideia feliz". "Que essa confraternização pavimentada entre técnicos e samaritanos seja duradoura!"[18]

Kafka não era nem samaritano, nem técnico. O que era, então, e o que estava fazendo ali? Ele entendia de prevenção de acidentes, e já tinha escrito artigos sobre possíveis melhorias técnicas. Mas isso já fazia alguns anos, e no dia a dia ele não lidava com máquinas, e sim com autos de seguro. Kafka ouviu duas apresentações que ele mesmo havia escrito: Pfohl falou sobre "A organização da prevenção contra acidentes na Áustria", e o diretor Marschner, sobre a "Prevenção contra acidentes no âmbito do seguro contra acidentes, com especial atenção ao Instituto de Seguros contra Acidentes de Trabalho de Praga". Sem dúvida, Kafka aplaudiu, educadamente. Mas, para ele que tinha mais facilidade em se colocar no papel do observador neutro do que no seu próprio, essas sessões devem ter sido torturantes, ao expor-lhe a assombrosa imaterialidade de sua própria profissão. Prevenção de acidentes é profilaxia, portanto uma coisa abstrata. Era preciso começar explicando aos samaritanos ali presentes a ética social da coisa. Kafka ocupava-se, no entanto, dos fundamentos jurídicos dos seguros de proteção contra acidentes, da "condição de possibilidade", de uma profilaxia de segundo grau, que era levada a cabo exclusivamente em correspondências e pastas de arquivo. Ele sabia muito bem — mesmo que não diga uma palavra a respeito em cartas ou diários — que uma regulamentação da lei de seguros, compreensível apenas para um punhado de especialistas, podia ser o começo de uma cadeia de causas e efeitos, e no fim dessa cadeia se choraria por mais ou menos sangue derramado, mais ou menos membros arrancados. Mas essa cadeia causal é longa e tênue, e um burocrata que precisa justificar a função social de sua atividade com eloquência não é visto com muita simpatia por um médico experiente de resgate.

Kafka não teve nenhum lampejo de interesse, não só porque o evento era uma operação enorme e anônima, mas também porque seu grupo profissional estava claramente deslocado. No fim, ele ainda levantou a mão algumas vezes, conforme seu dever; a seção X chegou a oito resoluções, entre elas a recomendação de que futuros condutores fossem submetidos a testes de visão, além da exigência de "reservar certas partes do mar exclusivamente para a pesca de esponjas, com corpos despidos e tridentes". Como funcionário, Kafka já imaginava o que aconteceria com essas resoluções. "[...] difícil imaginar alguma coisa mais inútil do que esse tipo de congresso", ele lamentou, quando o evento enfim acabou.[19]

A cobertura da imprensa, forçadamente positiva, mostra como a ideia de profilaxia não estava muito internalizada na consciência dos socorristas profissionais. Na noite de 13 de setembro, na Prefeitura, houve uma recepção de encerramento em homenagem aos participantes do congresso — sem dúvida, Kafka teve de aparecer ali de novo —, com discursos ora patéticos, ora "caprichosos", e inúmeros brindes aos convidados, aos organizadores, ao prefeito, ao governo e ao imperador. Era um ritual, com papéis claramente definidos. O discurso do ministro do Interior, von Heinold, trouxe à tona conteúdos políticos explosivos, ao descrever a legislação social, o samaritanismo e a Convenção de Genebra sobre o tratamento de presos de guerra como contrapesos indispensáveis ao nacionalismo que reinava em toda a Europa. Se levarmos em conta as várias formas internas de nacionalismo que o Império dos Habsburgo tentava controlar, entendemos como era surpreendente o caráter filantrópico dessa fala.

Os alemães do Reich ali presentes não tinham esse tipo de problema. O prefeito de Berlim, Georg Reicke, que foi o próximo a subir ao pódio, palavreou com naturalidade sobre as atrações da capital austríaca, citando num mesmo fôlego as valsas vienenses, as "belas mulheres de Viena" e os "belos e suaves versos de Grillparzer" (aqui, um dos ouvintes ficou abalado), para então lembrar o risco de guerra que acabava de ser superado: "Os senhores podem ter certeza de que a leal fraternidade militar segue firme entre os homens do Reich alemão!". Aplausos prolongados, nota a *Neue Freie Presse*. Aplausos dos especialistas que, nos dias anteriores, haviam ovacionado palestras sobre cirurgia de guerra e sobre o uso de paramédicos na Guerra dos Bálcãs. Sem dúvida, o serviço de resgate parecia-lhes mais familiar. Mas eles ainda tinham que aprender tudo sobre a *prevenção* contra acidentes.

Sempre que pôde, Kafka disse não, mesmo às apresentações festivas no Hoftheater, para as quais tinha ingressos à vontade. Mas para onde ele podia fugir, onde podia descansar? É, ele deveria ter dado uma olhada nos guias de viagem ao menos uma vez ao longo daqueles dias. Assim, teria se informado de que, na Prefeitura de Viena, onde cantavam-se os versos suaves de Grillparzer, situava-se o Museu Histórico, e nele, por sua vez, a "sala Grillparzer". Quando Kafka ficou sabendo disso, já era tarde demais, e meses depois ainda estava falando dessa oportunidade perdida.

Tinha começado a chover; a chuva estava ficando cada vez mais forte e já durava horas, depois dias. As excursões dos congressistas foram canceladas, e os espetaculares exercícios de resgate que os samaritanos esperavam ver nos cincjornais afundaram literalmente na lama. No canal do Danúbio, demonstrou-se, para uma multidão estupefata, como tirar profissionalmente da água pessoas desesperadas que não sabiam nadar. No fim, mal dava para diferenciar os "resgatados" dos espectadores encharcados. Mas, mesmo com essa diversão toda, parece que Kafka não apareceu. Ele estava com outro resgate em mente. Cumpriu as obrigações inevitáveis:

palestras, recepções, encontros informais com colegas do trabalho, depois desapareceu. Para onde ele foi, não sabemos.

Três congressos dançavam em sua cabeça; não é nenhuma surpresa que a dor não fosse embora. Três reinos chamavam por ele, cada um em sua própria língua. Ele tinha passaporte para os três. Mas era cansativo estar sempre atravessando barreiras, olhando para caras novas. Chegou um telegrama de Berlim. Kafka sentiu como se um sol pálido estivesse se pondo, e seus últimos raios chegassem até ele.

Ao menos uma vez, houve um contato humano, e linhas desconhecidas se cruzaram. Não é porque Kafka tenha escrito alguma coisa a respeito que sabemos disso, e sim porque uma câmera fixou o instante memorável. A foto foi tirada em um parque de diversões de Viena, o Wurstelprater. Ela mostra um avião pintado numa tela. Há uma janela, de modo que quem se coloca atrás da tela parece estar sentado na cabine do piloto. A simpática foto mostra quatro passageiros: Lise Weltsch (sionismo), Otto Pick (literatura), Albert Ehrenstein (literatura), Franz Kafka (literatura, sionismo, prevenção contra acidentes). O último está bem à esquerda, perto de onde o piloto estaria sentado em um avião de verdade. É claro que dá as costas para o sentido do voo. É o único que sorri.

25.
Trieste, Veneza, Verona, Riva

Mas, se não há nada,
há tão pouco de mau quanto de bom

Friedrich Theodor Vischer, *Auch einer* [Alguém também]

Começa com pequenas fissuras nas bordas do teto. Logo, pequenos pedaços de argamassa começam a cair. A partir do centro, as cores se espalham, bruxuleantes, o teto parece tornar-se transparente, atrás dele veem-se os contornos de uma figura em movimento. Enfim, o teto se rompe e se abre como um céu:

> Ainda de grande altura, eu a avaliara mal, um anjo envolto em panos roxo-azulados cingidos por dourados cordões foi descendo lentamente na penumbra, sustentado por grandes asas brancas reluzentes como seda, a espada estendendo-se horizontalmente do braço levantado. "Um anjo, pois!", pensei. "Vem voando em minha direção o dia todo, e eu, em minha descrença, não sabia. Agora, vai falar comigo." Baixei o olhar. Ao erguê-lo outra vez, o anjo decerto ainda seguia ali, pendendo bem baixo do teto que voltara a se fechar, mas não se tratava de um anjo vivo, e sim de uma figura pintada em madeira provinda da proa de um navio, como aquelas que em geral penduram no teto dos bares frequentados por marinheiros. Nada mais que isso. O punho da espada prestava-se a acomodar velas e acolher a cera derretida.

Kafka registrou esse devaneio no dia 25 de junho de 1914. W. G. Sebald, que fez da curta e solitária viagem de Kafka pela Itália objeto de uma narrativa, desloca a visão do anjo para o dia 14 de setembro de 1913, a noite em que Kafka chega à cidade portuária de Trieste, na Áustria, depois de passar doze horas no trem. Claro, poderia ter sido assim. No Corso, Kafka esticou as pernas, que tinham ficado rígidas (e assim, poderíamos seguir desdobrando essa ideia, encontrou os amigos Svevo e Joyce; é inimaginável o rumo que a literatura mundial teria tomado nessa noite), passou por algumas "tabernas de marinheiros", então deitou-se no quarto de hotel, iluminado a duras penas por uma única lâmpada, olhou para o teto e sonhou em "desfazer" os dias sem sentido em Viena, "isso é, pela raiz".[1]

Também poderia ter sido na noite seguinte, em Veneza, no Hotel Sandwirth, administrado por austríacos, no largo passeio da Riva degli Schiavoni, onde Kafka se recuperou de uma leve náusea que o acometera durante a travessia tempestuosa de navio, e de onde olhava para a lagoa, ainda sob a chuva torrencial que o perseguira desde Viena.

Não sabemos. Não sabemos se Kafka viu de Trieste — aquela cidade para a qual esperava ser transferido nos tempos de Assicurazioni Generali — mais do que a estação ferroviária e a plataforma das balsas, não sabemos o que ele fez por quatro ou cinco dias em Veneza e por que ficou lá mais tempo do que o planejado, e não sabemos, tampouco, como depois ele passou um ou dois dias em Verona, exceto que observou uma festa folclórica, chorou no cinema vendo um melodrama e, contrariado, sentou-se na igreja Santa Anastasia, recomendada por todos os guias de viagem. Mesmo a divertida compilação de Sebald, "A vilegiatura do dr. K. em Riva",[2] sofre visivelmente de uma falta de dados empíricos — e não fica claro se saber da programação turística diária de Kafka nos ajudaria a suspender o caráter particularmente irreal dessa viagem.

Como Pick sabiamente declinou da viagem dos dois juntos à Itália, Kafka está totalmente sozinho; mas não escreve, não diz quase nada, não faz um diário, não responde às cartas da família. À primeira vista, seu comportamento não é muito diferente daquele de outros burgueses instruídos que viajavam naquela época. Ele delira com Veneza — "Como é bonita", escreve a Brod, "e como a subestimamos!" —, e compara o que vê com a *Viagem à Itália* de Goethe, frase por frase, de modo que até adota uma imagem dele para descrever sua primeira experiência. "Enfim em Veneza", diz a Felice. "Mas agora preciso me lançar para dentro dela [...]", enquanto em Goethe se lê "Depois da refeição, apressei-me para ter uma ideia do todo e lancei-me sem acompanhante, orientando-me apenas pelos pontos cardeais, no labirinto da cidade [...]".[3] Kafka deve ter feito exatamente a mesma coisa. É pouco provável que tenha passado "quatro dias miseráveis pensando sobre seu destino no quarto de hotel", como afirma Ernst Pawel.[4]

Mas nada o marcava. Ou melhor: só os símbolos de sua própria vida o marcavam. Os inúmeros casais viajando em lua de mel, que lotavam a praça de São Marcos diante dos fotógrafos. A mão que o homem pousava em volta da cintura da recém-casada. Gestos que ficavam marcados a ferro e fogo. Ele queria desviar os olhos, mas mirava fixamente aquela imagem, sentia--se tomado de repugnância e, ao mesmo tempo, pensava em como seria deixar sua *própria* mão repousar ali, numa alegria impensada.

Justo naquele momento, embora ele tenha pedido para não ser incomodado, chegou uma carta de Felice, uma carta que ignorava todos os sinais de distanciamento. Felice queria saber quando, de uma vez por todas, ele escreveria a seu pai. Ela clamava por clareza e sinceridade. Perguntava se ele não tinha simplesmente que "desistir demais de si próprio". Ela acertou em cheio, não dava para negar, ainda que ele tenha protestado contra a sugestão de que estaria fazendo cálculos como um comerciante. Não, não havia nada a ponderar.

> Eu poderia escrever ao seu pai, em total acordo com você e totalmente de coração, mas à mais ínfima aproximação da mais ínfima realidade, eu sairia de novo de mim e sentiria, sem pensar duas vezes, a compulsão mais irresistível por buscar a solidão. Isso só poderia levar a uma infelicidade ainda mais profunda do que a que temos hoje, Felice. Estou aqui sozinho, não converso com quase ninguém, exceto os funcionários dos hotéis, estou triste quase a ponto de transbordar, e acredito, contudo, estar em um estado que me é apropriado, que me foi destinado por uma justiça superior, que não posso superar e que devo suportar até meu fim.[5]

Em outras palavras: não há o que fazer. Felice deve ter sentido uma mistura de raiva e tristeza diante dessas linhas. Ela não estava pedindo a coisa mais simples, mais natural do mundo? Uma resposta amável à amável carta do pai, que tinha aberto todas as portas, mesmo que isso não fosse nada natural depois *daquele* tipo de pedido de casamento. Mas Kafka apelava mais uma vez a algum poder supremo para se livrar da responsabilidade e não ter de fazer a coisa mais simples.

No fim, contudo, predominou o espanto. Kafka encerrava a carta com uma frase que — ela teve de dizer a si própria — já se anunciava havia muito tempo, de uma firmeza e uma inequivocidade inusuais, que acabavam com qualquer esperança: "Temos de nos despedir", ele escreveu. E depois, só a assinatura: "Franz". Ela olhou para o papel de carta do Hotel Sandwirth.

No canto esquerdo, acima, uma vista da Riva degli Schiavoni, com barcos a vapor logo atrás, bonita de ver. Isso era tudo? Não, depois ainda chegou um postal de Verona. E então nada mais, por semanas. Agora, Kafka estava falando sério.

Desenzano. Ele estava deitado ao sol, na grama, na margem sul, plana do lago de Garda. À esquerda, conseguia ver alguns quilômetros da orla oeste, que levava a Salo e depois à Riviera do lago de Garda, e à direita, a longa e estreita língua da península de Sirmione. "Posso finalmente desfrutar da solidão pela qual tanto ansiei várias vezes [...]", Goethe havia escrito. "Em Veneza talvez uma única pessoa me conheça, sendo bastante improvável que justamente ela venha a meu encontro."[6] Kafka destacou uma folha. "Minha única alegria", ele escreveu, "consiste no fato de que ninguém sabe onde estou." Não fazia muito sentido mandar uma frase dessas. Ele guardou a nota. O navio a vapor estava se aproximando. Kafka levou sua bagagem até o cais e comprou uma passagem para Riva. O vapor partiu. A próxima parada era a pequena estância terapêutica de Sirmione. Depois vinha Manerba. Depois *San Felice*.

Kafka estava a caminho do Sanatório dr. Von Hartungen, havia muito uma recomendação secreta que circulava entre hipocondríacos, histéricos, neurastênicos e workaholics europeus. Dez anos antes, Heinrich Mann, um cliente habitual, havia retratado o fundador do sanatório, o dr. Christoph Hartung von Hartungen, no romance *Göttinnen* [Deusas]. Praticamente ao mesmo tempo, Thomas Mann esboçou o dia a dia no sanatório, na novela *Tristão*. Hermann Sudermann e Christian Morgenstern também foram tratados por Hartungen, que teve contato com Max Oppenheimer, Rudolf Steiner, Cesare Lombroso, Sigmund Freud, Wilhelm Stekel e Magnus Hirschfeld. Não há dúvida de que Kafka, que tinha experiência com sanatórios, já conhecia aquele havia muito tempo; inclusive ele o visitara, quatro anos antes, na companhia de Brod.

Mas Kafka não estava nada feliz com a decisão de hospedar-se ali. Ter de passar as curtas férias anuais em "tratamento" e na companhia de pessoas que sofriam de todo tipo de moléstia já era ruim o bastante; para compensar, ele havia escolhido uma estância terapêutica na Riviera italiana, Pegli, a poucos quilômetros de Gênova. "No ponto mais belo do golfo", conforme a avaliação do *Almanaque termal*, havia a famosa Kurhaus do dr. Ernst, um spa "com varandas ensolaradas e uma vista magnífica do mar e das montanhas". E para contrastar, como ponto de fuga, havia a estimulante cidade portuária de Gênova, que se acessava de bonde: "isso teria sido ao mesmo tempo viagem e sanatório", Kafka escreveu a Felice. Assim, ele poderia participar da conversa quando, como tantas outras vezes, Brod e Weltsch começassem a delirar com a Riviera, que para Kafka já era "o glorioso Sul". Mas, de novo, ele teve azar: dois anos antes, tinha sido Brod, com seu medo da cólera, que os impedira de ir a Gênova, e agora ele acabava de descobrir que ali a temporada das termas só começava em outubro. A notícia o decepcionou a ponto de ele falar em um "grande infortúnio".[7]

O sanatório Hartungen ficava à margem norte do lago de Garda, portanto em território austríaco, na periferia de Riva, em uma propriedade de cerca de 20 mil metros quadrados, disposta à maneira de um parque. Quem chegava ali precisava primeiro se submeter a um exame médico. Caso nenhuma doença contagiosa fosse identificada — especialmente a tuberculose, que não era tolerada na casa havia anos —, o novato recebia um plano individualizado de tratamento e dieta, que era monitorado com suavidade, mas pulso firme, pelo médico da estância, em suas duas visitas obrigatórias na semana. O arsenal completo de naturopatia era prescrito, mas sobretudo "banhos de ar, sol, areia, banhos no lago, parciais, completos e de assento", conforme prometia o folheto da clínica em 1912. Por uma taxa adicional, havia ainda banhos elétricos disponíveis, assim como banhos de ácido carbônico, oxigênio, agulhas de pinheiro, enxofre e lama. Aqueles que não tomavam banho iam passear (também de acordo com um plano preciso), faziam fisioterapia sob supervisão, participavam de "jogos suecos ao ar livre", recebiam massagens normais ou por fricção.

Ali se reuniam, sobretudo, pacientes bem abastados, "nervosos", sofrendo de sintomas inespecíficos, assim como convalescentes que buscavam um ambiente protegido, com o mínimo de estímulos possível. O sanatório era menos atraente para os apóstolos de todos os credos, pois ali o sectarismo era reprovado, e experimentava-se de quase tudo; não havia aquele tabu em torno dos remédios da medicina alopática. Assim como no sanatório Jungborn, em Harz, onde Kafka estivera no ano anterior, em Hartungen havia "moradas de luz e ar", mas ali não adotaram a "nudez" de Jungborn; trajes de banho eram o mínimo permitido. Além disso, jogos e excursões em grandes grupos não eram bem vistos. A experiência mostrava que eles não só eram barulhentos, como também deixavam todos estressados.

Para evitar, entretanto, um isolamento que fosse prejudicial ao tratamento, os hóspedes faziam as refeições juntos, em longas mesas. Aí também imperava um conjunto de regras. A ordem dos assentos era estritamente determinada pela ordem de chegada ao sanatório, e é claro que qualquer substância estimulante era um tabu: especiarias, chá, café, álcool, nicotina. Dois hóspedes que pediram cerveja, vinho e filés à mesa foram convidados a se retirar do sanatório no mesmo dia — uma anedota da casa que todo mundo gostava de repetir. O que havia era, sobretudo, comida vegetariana: muito leite, quefir, sucos de fruta. A intenção não era perder peso sistematicamente; pelo contrário, aos nervosos crônicos aconselhava-se *ganhar* peso, e para isso havia "regimes de engorda" especiais, pagos à parte.

Sem dúvida, o sucesso da família de médicos von Hartungen, que já era a segunda geração a administrar o sanatório e recebia entre duzentos e trezentos pacientes por ano, devia-se sobretudo a seu otimismo em relação a uma naturopatia consistente. Não era a doença que precisava ser tratada, e sim o doente: eis o lema da família. Isso significava que o ambiente tinha uma função decisiva: todas as salas eram limpas e banhadas de luz, qualquer desejo especial era acolhido com gentileza, e o atendimento médico era muito mais individualizado do que nos demais centros de tratamento. Havia inclusive hóspedes regulares, que continuavam trocando cartas com os Hartungen o ano todo e se aconselhavam (ou apenas "se estruturavam") com eles. Esse componente psicoterapêutico do tratamento foi ganhando cada vez mais espaço com o passar dos anos e, na época da estadia de Kafka, eles estavam até experimentando práticas psicanalíticas, claro que sem o devido profissionalismo.[8]

Não é de admirar que houvesse limites para a implantação da psicanálise no sanatório; aquele otimismo forçado só podia ser mantido se todas as influências "negativas" fossem, na medida do possível, eliminadas — um procedimento totalmente incompatível com a prática psicanalítica. A humanidade ainda estava distante da terrível dialética entre o *positive thinking* e o desprezo pela humanidade, que caracterizariam o esoterismo do fim do século. Mas os encantadores Hartungen eram implacáveis quando se tratava de manter seus pacientes felizes e poupar-lhes do contato com o esforço, a decadência e o sofrimento irremediável. Eles recusavam pacientes que não mostravam nenhuma chance de cura definitiva, e isso não se aplicava somente às doenças infecciosas, mas também às doenças mentais. Até o complexo serviço de limpeza dos edifícios era mantido às escondidas dos pacientes — ninguém via nem ouvia nada. É claro que havia limites para aquele "santuário" utópico e socialmente controlado, que buscava suspender a entropia do sofrimento humano. Por coincidência, um incidente que abalou por muito tempo aquela atmosfera ordenada ocorreu justamente durante a estadia de Kafka — e muito perto dele.

Kafka estava "ansiando por solidão",[9] queria concentrar-se em si mesmo. Todo dia, ele tomava banho no lago, remava, fazia passeios. Sem companhia, levando *Viagem à Itália*, de Goethe, sob o braço, tomou o barco a vapor para Malcesine, que ficava a poucos quilômetros de distância, mas já em território italiano. Malcesine fazia parte do programa turístico obrigatório: era o cenário de uma famosa aventura de Goethe, maravilhosamente descrita por ele. Depois de desenhar o pequeno castelo do lago, já àquela época em ruínas, Goethe foi acusado de espionagem por uma multidão cada vez mais numerosa, e por pouco não foi preso. Kafka procurou o local exato e ali se plantou. Se tivesse sacado uma câmera, teria passado pela mesma coisa que Goethe: a fronteira ainda corria por ali, e aquela vigilância paranoica, que seguia considerando a última ruína como uma fortificação de importância militar, não tinha diminuído, nem de um lado nem do outro. *Proibido fotografar*. Em vez disso, ele discutiu com o supervisor do castelo, que lhe deu informações divergentes das de Goethe. Não era tão comum que um turista quisesse saber de tudo com tanta precisão.

À noite, na "sala de conversação", havia aquele papo furado de sempre, e os hóspedes ficavam passando tempo com jogos inofensivos. Assim como em Jungborn, Kafka não ficou de todo apartado — ali, ele tinha ainda menos vontade de ficar sozinho no seu quarto de enfermo —, e de vez em quando participava de um círculo reduzido. Um dia, uma elegante e enfadada jovem russa tirou as cartas de todos os presentes. Até Kafka mostrou-se interessado; a dica mais questionável seria bem-vinda para ele naquele momento. Mas o resultado foi devastador: ambição, preocupações, riqueza *sim*. Amor *não*.

Ele não gostava de ser observado enquanto comia; a possibilidade de comprar o que quisesse e jantar tranquilo em seu próprio quarto era bem mais tentadora. Mas isso saía (intencionalmente) muito mais caro; sem falar que, pelo preço cobrado ali a cada semana, ele poderia ter se hospedado no Lido-Palace, que ficava logo ao lado e incluía pensão completa. Ele não tinha realmente economizado desde que partira de Viena. Então se sentava três vezes por dia em uma mesa para dezoito pessoas, sorria, falava pouco e observava alternadamente os dois vizinhos bastante opostos que o acaso colocara ali: um major-general austríaco aposentado, de 66 anos, "que também não fala nada, mas que quando decide tomar a palavra, fala com muita inteligência, ou ao menos se sobrepõe a todos os outros", e uma menina de uns dezoito anos, uma "suíça com cara de italiana, com uma voz abafada, que está insatisfeita com seus vizinhos". Foi isso que Kafka relatou a Brod no dia 28 de setembro. Mas essa constelação peculiar, que não agradou muito a ninguém, só duraria alguns dias. No dia 3 de outubro, uma sexta-feira, quando o grupo se reuniu para o café da manhã, às sete e meia, um dos lugares ao lado de Kafka ficou vazio. O general tinha se suicidado com um tiro, trinta minutos antes, em seu quarto. "Neurastenia", informava o diagnóstico do relatório médico.[10]

> Acho que preciso ser muito sincero e te dizer uma coisa que basicamente ninguém ouviu de mim até agora. No sanatório, me apaixonei por uma menina, uma criança de cerca de dezoito anos, uma suíça que vive na Itália, perto de Gênova, que, portanto, não me poderia ser mais estranha em termos de sangue, totalmente imatura, mas notável, e muito valiosa e profunda, apesar de sua morbidez. Até uma garota muito mais insignificante poderia ter se apoderado de mim em meu estado desolado e vazio daquele momento, você recebeu meu bilhete de Desenzano, que foi escrito cerca de dez dias antes. Ficou claro, tanto para mim quanto para ela, que não combinávamos um com o outro, e que, passados os dez dias que tínhamos a nossa disposição, tudo teria que terminar e que nenhuma carta, nenhuma linha deveria ser escrita. Ainda assim, significávamos muito um para o outro, e tive de fazer grandes movimentos para que ela não começasse a chorar na despedida diante de todo o grupo, e eu não estava muito melhor que isso. Com minha partida, tudo terminou.[11]

Dez dias: é raro Kafka ser tão preciso. Será que ele consultou o calendário quando fez essa confissão, meses mais tarde? Provavelmente não. Sua estadia no sanatório Hartungen durou até o dia 13 de outubro. Exatamente dez dias antes, seu vizinho de mesa tinha se retirado, de modo violento e inesperado. E nesse dia, não mais sorridente, Kafka havia se voltado para a pequena suíça.

Não é difícil pintar esse cenário. A polícia está na casa, hóspedes do spa são interrogados como possíveis testemunhas, trabalhadores carregam um caixão escada abaixo, o dr. Von Hartungen tenta acalmar seus clientes mais sensíveis. Ninguém mais está com disposição para a mesa de jogo, por horas as pessoas ficam mais confiantes umas nas outras, querendo falar sobre o que perceberam, suspeitaram, previram ou não julgaram possível, e a proximidade da morte confere às conversas uma dimensão que as tira daquele fluxo de conversas vazias. A menina da Suíça, que por vezes trazia um livro no colo para escapar do tédio, nota que seu impenetrável vizinho de mesa diz coisas interessantes. Ele encontra palavras, enquanto todos os outros lutam para construir frases. Isso a acalma. Ela sabe que ele está ocupando o quarto logo abaixo do dela, e se inclina para cumprimentá-lo. Para Kafka, por sua vez, essa intimidade inesperada faz bem. Um romance começa.

Kafka manteve em segredo esse relacionamento breve, tão profundo quanto sem perspectivas, que — paradoxalmente, quando se pensa em seu evento desencadeador — o trouxe de volta ao mundo dos vivos depois de semanas de petrificação. Ele a chama de "G.W." no diário, ou simplesmente de "W.". É provável que Ottla não tenha ficado sabendo de nada, nem Brod, nem Weltsch; a menina tinha pedido discrição, e mesmo que no ano seguinte Kafka ainda não tivesse "se livrado" completamente dessa história, e até tenha tido vontade de mandar-lhe lembranças por meio de um conhecido, ele parece ter respeitado a proibição de falar com ela ou escrever-lhe cartas. Ficou inibido até diante de suas páginas de anotações. "Tudo resiste a ser escrito", observou.[12]

Não era tão surpreendente, pois ele já tinha escrito o bastante. Parecia-lhe agora que, onde quer que a intimidade brotasse, esgotava-se à força nas palavras. Em vez de criar clareza, ele tinha dado um nó inextricável, e o hábito de observar seus sentimentos em relação a Felice como se fossem fenômenos totalmente estranhos acabara por *torná-los* estranhos. "Se pudesse me livrar de ao menos <u>uma coisa</u>", ele escreveu de Riva, ainda sem suspeitar como a felicidade estava perto, "se eu não tivesse que pensar nisso o tempo todo, se às vezes, em geral de manhã quando me levanto, isso não se atirasse sobre mim, como que agarrado a alguma coisa viva."[13]

Com a menina suíça, era diferente: ela não o ameaçava, nem com obrigações sociais, nem sexuais, e assim, por um breve período, suspendeu-se aquela compulsão por observar a si mesmo, por ponderar o tempo todo entre querer, dever e poder. A tensão passou, e Kafka conseguiu se entregar à necessidade de ternura e intimidade, que estava enterrada havia meses sob os escombros da reflexão e do remorso. O flash teve um efeito tão duradouro que ele chegou a recorrer a palavras e imagens sentimentais em seu diário, que soam estranhas a ponto de parecerem citações alheias: "A doçura da tristeza e do amor. Ser alvo do sorriso dela no bote. Isso foi o mais belo. Sempre e apenas o desejo de morrer e o aguentar-se: somente isso é amor". No fim da sua vida, ele viu esse episódio com ainda mais sobriedade: "entorpecimento pacífico".[14]

Sem dúvida, ele está sendo injusto, e a resignação o cegou. A verdade é que Kafka só conseguiria conter seu tumulto interior em um ambiente controlado, e essas condições não teriam durado muito tempo fora do sanatório. Ele foi um *Kurschatten*, um acompanhante de spa, também no sentido mais duvidoso da palavra. Brincou, deixou-se levar. Observava a menina que contava histórias com vivacidade, perdida em pensamentos, que amava contos de fadas e vestidos bonitos, que antes de dormir cantava uma canção e de vez em quando dava umas batidinhas no chão do quarto para mandar-lhe sinais. Era um espelho que só refletia a beleza. E ela era *cristã*: por mais que estivesse doente, não mostrava o menor traço do nervosismo, do excesso de vontade de agradar ou do atormentado anseio por pertencimento que eram característicos dos judeus do Oeste da Europa. Pela primeira vez na vida — aos trinta anos — Kafka acreditou estar entendendo uma mulher que *não* conhecia nada disso. E uma noite, ao inclinar-se sobre o parapeito da janela do quarto e olhar para cima, ela o abençoou.

Só ao voltar a Praga e deparar-se com a típica feminilidade urbana, mas agora com um olhar fresco, Kafka parece ter se conscientizado de como aquele idílio de férias era frágil e artificial. "De resto", ele escreveu,

> que significado tem refletir por um bom trecho do caminho, como fiz essa noite, sobre essa amizade com W. e sobre quantos prazeres ela não me custou com a russa, que talvez, e não se há em absoluto de excluir essa possibilidade, tivesse me deixado entrar à noite em seu quarto, bem na diagonal do meu?[15]*

Logo que as engrenagens da introspecção voltaram a girar vertiginosamente como de costume, Kafka teve de admitir para si mesmo que só era capaz de sentir amor quando a sexualidade estava fora de cena. Isso não tinha *nada*

* Franz Kafka, *Diários 1909-1923*, op. cit., p. 310.

a ver com a mão do noivo em torno da cintura da noiva. E será que ele teria encontrado o *amor* nos braços da russa elegante e supersticiosa? Tão pouco quanto o "prazer" que a inocente G.W. lhe ofereceu. Por isso, tudo tinha de "terminar" em dez dias; esse era o preço que tinha de ser pago para defender o paraíso do poder corrosivo do sexo. E essa posição não poderia ser mantida por muito tempo — o que devia estar bem claro para Kafka.

Dois princípios, dois nomes: a russa e a suíça. Pela primeira vez, o nó havia sido desatado, e ele via uma separação clara entre aquilo que, em outros momentos, misturava-se numa indefinição torturante, turva, assustadora. Só falar sobre isso é que não era permitido. Sem dúvida, a menina suíça soube de Felice, ele quis ser sincero nesse ponto. Mas se ela tivesse dado uma olhada no diário de Kafka, nas frases terríveis de poucas semanas antes, teria visto outra face, impenetrável. Essas frases eram de uma radicalidade e de um desespero neurótico que tornavam irreconhecível o homem bondoso, carinhoso e singular de Praga. Ela teria recuado ao ler afirmações como estas: "O coito como castigo pela felicidade do estar junto. Viver o mais asceticamente possível, mais até do que um celibatário; essa representa, para mim, a única possibilidade de suportar o casamento. Mas e ela?".[16]

Kafka esteve duas vezes em Riva: com Brod, no verão de 1909, e sozinho, no outono de 1913. Ele nunca voltará a ver a pequena cidade, como tampouco voltará a ver Trieste, Veneza, Verona ou o "glorioso Sul" com os próprios olhos. Dois anos depois, Riva já estará na linha de fogo, cercada por fortes incrementados de última hora e armados até os dentes. Em vez de turistas e hóspedes dos balneários, o que predominará na paisagem serão os uniformes; o lago estará vazio, as coloridas velas latinas desaparecerão, não haverá mais navio a vapor navegando para Malcesine, os sanatórios estarão fechados, e seus belos edifícios terão sido requisitados pelas forças armadas.

Agora que Riva tinha ido de idílio a zona de morte, era especialmente tocante que Kafka tivesse congelado a memória e a registrado em imagens míticas. Será que àquela época, quando chegou lentamente ao pequeno porto, a mão sobre a bolsa de viagem, o olhar para os barqueiros trabalhando com seriedade, ele ainda pertencia a este mundo? Kafka imagina a cena em contraplano, vista do cais, exatamente como um habitante de Riva deve tê-la vivenciado: essa silhueta imóvel sobre o barco... não, aquele que desembarcava ali não era só mais um homem. Kafka revê a cena inúmeras vezes, anos depois ela continua voltando, e aos poucos ganha uma urgência mítica, arcaica. Ele tenta capturar o evento em palavras. Inventa um personagem e o chama de "caçador Graco", um fantasma desgraçado, apátrida, eternamente errante, um homem de passado insondável, suspenso entre a vida e a morte, preso para sempre à barca que deveria tê-lo transportado um dia ao submundo, uma barca que agora não "tem leme" e "navega com o vento que sopra nas regiões inferiores da morte".* De poucos em poucos anos, ele pousa à margem norte do lago, uma visão estranhamente familiar para os habitantes locais. Mas quem é ele? O judeu errante? Um fantasma? Kafka não consegue explicar o caçador Graco; o texto é interrompido no meio, fica como fragmento. Meses depois, tenta de novo. Sua última tentativa se dá em abril de 1917, quando muda o foco narrativo, a dicção — tudo em vão.

O que nos resta é o começo de uma narrativa de beleza quase dolorosa, uma paisagem morta-viva, sem som, inequivocadamente em Riva, ainda assim em lugar nenhum, o fragmento de um filme mudo, ou melhor: um filme cuja faixa de áudio está *vazia*, mas cuja leve crepitação suscita a expectativa de alguma coisa monstruosa:

> Dois meninos estavam sentados na amurada do cais jogando dados. Um homem lia um jornal na escadaria de um monumento, à sombra do herói que brandia o sabre. Uma jovem enchia o balde de água na fonte. Um vendedor de frutas estava estendido ao lado de sua mercadoria e olhava para o mar. No fundo de uma taverna viam-se dois homens tomando vinho, através dos buracos vazios da porta e da janela. O taverneiro estava sentado a uma mesa adiante e cochilava. Uma barca balançava suavemente, como se fosse levada sobre as águas ao pequeno porto. Um homem de blusão azul saltou para a terra e puxou o cabo pelas argolas. Outros dois homens de casacos escuros com botões de prata transportavam atrás do barqueiro um esquife sobre o qual era evidente que jazia um ser humano, debaixo de um grande tecido de seda estampado de flores e provido de franjas.[17]**

É o caçador Graco que eles carregam para a terra. *Gracchio* [gralha] é a forma italiana do nome alemão *Dohle*. E *Dohle*, em tcheco, é *kavka*.

* Franz Kafka, "O caçador Graco". In: *Narrativas do espólio*. Trad. de Modesto Carone. São Paulo: Companhia das Letras, 2002, p. 72. ** Ibid., p. 66.

26.
Grete Bloch: A mensageira entra em cena

Se você pensar com clareza,
movimento é impossível.

Max Brod, *Schloss Nornepygge*

Mui prezado senhor,

Tomo a liberdade de escrever-lhe, embora não nos conheçamos, pois pesa-me no coração a felicidade da minha amiga Felice. Preocupada com o seu prolongado silêncio, ela pediu-me que me encontrasse com o senhor. Por sorte, estarei em Praga a negócios no início de novembro. Assim sendo, caso o senhor queira, poderíamos nos conhecer. Ouvi de Felice muitas coisas boas sobre o senhor, e acredito que o nosso encontro seria duplamente proveitoso para mim. Poderei atender ao pedido de uma amiga e, ao mesmo tempo, conhecer uma pessoa excepcional. Peço, portanto que marque o local e a hora [...].*

Uma carta educada, escrita por volta de 1998. A autora é a polonesa Anna Bolecka, que, com seu romance epistolar *Querido Franz*, fez uso daquele exercício de imaginação que o biógrafo, comprometido com a hermenêutica, se nega a experimentar: a ornamentação em cores daquilo que a tradição nos apresenta como mero contorno, como impressão borrada de uma realidade passada. Nem adianta perguntar se isso é *permitido*. A tentação está dada, e ela é forte. É claro que quem sucumbe a ela deve ter clareza de que mesmo a mais viva imaginação não é capaz de saciar a fome, já que não consegue produzir evidências. Tudo o que sabemos indica que a verdadeira remetente dessa carta usava outro tipo de linguagem.

Seu nome era Grete (oficialmente, Margarethe) Bloch: uma confidente e mediadora de Felice Bauer, que no fim de outubro de 1913 convidou o

* Anna Bolecka, *Querido Franz: Um romance epistolar sobre Kafka*. Trad. de Tomasz Barcinski. Rio de Janeiro: Record, 2002. Adaptou-se apenas a grafia de "Felice"; na tradução dele, "Felicja".

escritor para um encontro no hotel Schwarzes Roß, em Praga. Era um passo inusual para uma mulher de 21 anos, que exigia muita autoconfiança. Grete Bloch, no entanto, era bem treinada socialmente e tinha poucos motivos para se sentir intimidada pela formação e energia masculinas de Kafka. Graduada em uma escola de comércio, ela integrava o pequeno grupo de funcionárias mulheres com atividades de maior responsabilidade. Muitas datilógrafas da época olhavam para o círculo de colegas e clientes essencialmente como uma rede de contatos para o casamento, mas essa não era a postura de Bloch. Assim como Felice Bauer, ela tinha se especializado em uma máquina para escritórios, a "máquina de escrever e faturar com adição automática Elliot-Fisher", e trabalhava para empresas de diversas cidades que vendiam essa máquina, ao mesmo tempo que cuidava do respectivo treinamento do pessoal dos escritórios. Quando Kafka a conheceu, ela estava se mudando de Berlim para Viena — um interlúdio que duraria pouco mais de seis meses.

É provável que Felice Bauer e Grete Bloch tenham se encontrado pela primeira vez em Frankfurt, durante a exposição de artigos para escritório. As duas pertenciam ao "mundo feminino, infelizmente mal representado" (segundo o impresso de Hamburgo dedicado ao assunto, o *Schreibmaschinen-Zeitung*), e certamente ficaram felizes de encontrar outra pessoa numa situação parecida. Elas não terão demorado a notar as grandes semelhanças entre elas, para além das fofocas correntes do ramo: o pai de Grete Bloch também era um representante de vendas de sucesso moderado, ela também usava a renda para ajudar a família — que não era particularmente harmoniosa —, em especial seu irmão um ano mais velho. Hans Bloch, um estudante que mais tarde se tornaria médico, era feito de uma matéria muito diferente do terrível Ferri Bauer, é claro. Era enérgico, às vezes rude, fez algumas tentativas literárias, mas não tinha muito talento e, como aluno do Gymnasium, já se dedicara ao sionismo de corpo e alma. A notável associação sionista à qual ele havia aderido deixara marcas imponentes em seu rosto.

Até então, Kafka não sabia quase nada sobre a nova amiga de Felice; mas não parece ter ficado especialmente surpreso com a intromissão de uma nova personagem no complicado jogo entre Praga e Berlim. Ele próprio havia usado — de modo nada seletivo, e com sucesso variável — as pessoas mais diversas como intermediárias: sua mãe, Max Brod e até a irmã deste, Sophie. Felice, por sua vez, voltara-se mais uma vez a Brod depois da carta de despedida que Kafka lhe enviara de Veneza; tampouco ela hesitava em mobilizar tropas para ajudá-la em situações críticas e aumentar a pressão sobre Kafka, mesmo que ele jamais tenha considerado isso ilegítimo.

Ainda assim, uma surpresa esperava por ele. Kafka tinha imaginado uma amiga mais velha, maternal, enfadonha, até matronal, talvez o duplo de uma daquelas tias severas que entravam e saíam da casa dos Bauer. Em vez disso, ele encontrou uma mulher jovem, baixa, de constituição delicada, mas extremamente ágil, enérgica e perspicaz, que não mostrou a mínima timidez nem diante do doutor, nem diante do autor. E que manteve sua autonomia em relação àquela que lhe passara a tarefa. Revelou-se que a srta. Bloch não tinha vindo como uma mediadora, e sim que recebera ordens para convencer Kafka a viajar a Berlim. No mais, ela se mostrou pouco informada — "a senhorita está procurando a razão de nosso infortúnio no lugar errado", Kafka notou com surpresa[1] —, e tomou a liberdade, depois de concluir sua missão, de falar longamente sobre Felice, de um modo que não teria levado *ninguém* a voltar atrás, exceto Kafka. Os dois tinham tanto a falar que ainda passaram a tarde seguinte juntos e, no mais, encontraram-se na plataforma de trem de onde Grete Bloch partiu. Além de ter sido informado em detalhes sobre todo o calvário das próteses dentárias e coroas de ouro de Felice, Kafka também tinha ouvido pela primeira vez um dos segredos mais bem guardados da família Bauer: o fiasco do noivado de Ferri, irmão de Felice.

Fazia seis meses que Ferdinand Bauer tinha ficado noivo de Lydia Heilborn, filha de seu empregador, um fabricante de roupas em Berlim. O espetáculo de que Kafka havia participado (por acaso, e sem grande entusiasmo) ainda estava bem fresco em sua memória: Ferri, o galo do terreiro, os pais radiantes, e sobretudo os olhos de Felice, que repousavam com mais brilho sobre seu irmão do que sobre seu futuro noivo. Essa felicidade fundava-se em um alívio palpável. Ferri não só dependia da família financeiramente, ele os tinha literalmente extorquido mais de uma vez, obrigando-os a escolher entre a vergonha pública e a quitação de suas dívidas. Mas esses desvios eram agora coisa do passado, Ferri estava bem arranjado, e seu casamento faria com que ele e a família Bauer subissem alguns degraus na escada dos "bons nomes". Quem teria ousado sonhar com isso? A festa foi planejada com muito zelo, e logo se encontrou um apartamento apropriado.

Tanto maior a queda. A implosão social que se seguiu foi mais devastadora do que tudo o que os Bauer tinham enfrentado até então. Revelou-se que Ferri tinha torrado o dinheiro de clientes e vendido mercadorias por conta própria — como tantas outras vezes —, mas dessa vez numa escala que já não podia ser regularizada por contribuições discretas da família. Em outras palavras: Ferri havia cruzado a linha da criminalidade, roubando de seu próprio sogro — na ingênua presunção, talvez, de que os Heilborn não correriam o risco de tornar o caso um escândalo público. Mas *essa* família não se deixava extorquir em nenhuma hipótese. Eles cortaram o laço, e depois do fim abrupto do noivado, com a rescisão imediata de seu contrato de trabalho, Ferri teria de comemorar por não haverem mandado a polícia à sua casa.

Grete Bloch ainda não estava ciente da amplitude real dessa derrocada quando conheceu Kafka, mas o que ela relatou já era perturbador o bastante. Ele estava tomando conhecimento do que até agora era só uma presunção: Felice não confiava muito nele quando se tratava da família Bauer. Ela havia guardado segredo, e não autorizara Grete, de modo algum, a passar tais embaraços adiante. Só depois de meses, Kafka ouviria algumas alusões a esse episódio de uma fonte primária. Mas, acima de tudo, a história fez com que ele desconfiasse da srta. Bloch: ela não podia ser uma amiga de verdade, contando coisas daquele tipo para uma pessoa que havia conhecido poucas horas antes.

Ele tinha feito uma promessa, contudo, e manteve sua palavra. Viajou a Berlim no fim de semana seguinte. Já não importava, o encontro não podia piorar as coisas, a situação não podia ficar mais complicada do que já estava. Mais uma despedida, mais um recomeço? "De Veneza, terminei as coisas", ele escreveu, "realmente não conseguia mais suportar o barulho na minha cabeça." Em Riva, ele ainda acreditava que tudo estava "muito claro" e tinha "terminado completamente havia catorze dias. Tive de dizer que não consigo, e realmente não consigo". Chegando a Praga, ele começara a fazer planos em segredo, "Planos para o Natal, como se eu pudesse reunir toda a felicidade no último momento". Ele ansiava por vê-la, mas ansiava também por verdade e clareza. "Uma longa vida em comum é tão impossível para mim sem mentira como sem verdade. O primeiro olhar que lançaria aos seus pais seria mentira."[2]

Sábado, 8 de novembro de 1913, 22h27: depois de oito horas de trem, Kafka chega à Anhalter Bahnhof, em Berlim. Felice Bauer não está na plataforma. Ele vai para o hotel Askanischer Hof. Não há mensagem para ele. *Domingo, 9 de novembro, 8h30*: como Kafka ainda não tem notícias de Felice Bauer, manda um mensageiro de bicicleta ao seu apartamento em Charlottenburg. *Depois das 9h*: o mensageiro volta com um recado de Felice Bauer, no qual ela diz que entrará em contato por telefone em quinze minutos. *10h*: ela liga para Kafka. *Das 10h15 às 11h45*: os dois passeiam pelo Tiergarten. Pegam um táxi. *12h*: Felice se despede de Kafka diante da entrada de um cemitério, onde irá a um funeral, e promete ligar em três horas para então acompanhá-lo até o trem. *13h*: nesse meio tempo, Kafka almoçou e está de volta ao hotel. Ele decide visitar o escritor Ernst Weiß, que mora em Schöneberg. *14h45*: Kafka se despede de Ernst Weiß. *15h*: Kafka já voltou ao hotel. Até depois das *16h* ele espera, em vão, por uma ligação de Felice Bauer, então vai para a Anhalter Bahnhof. Felice Bauer não está na plataforma. *16h28*: Kafka parte de Berlim. *18h*: Felice Bauer vai até a estação com seu irmão Ferri, que presumivelmente está viajando a Bruxelas.

A ironia desse relatório de Kafka, detalhado e objetivo, não pode ser ignorada. Ele tinha avisado a Grete Bloch que aquela causa não era muito promissora. Se pudesse revelar-lhe *o que* havia sido discutido durante aquele passeio de no máximo noventa minutos, que o fizera passar dois dias fora de casa, se pudesse contar que ele e Felice não tinham concordado em *nada*, que o noivado estava sendo expressamente colocado em espera... mas Kafka foi discreto. A própria Felice deveria contar essas coisas para a amiga, se tivesse vontade. De qualquer maneira, era a Grete Bloch que ele devia essa viagem; por isso, não quis poupá-la de um balanço: "Foi assim que parti de Berlim, como aquele que foi para lá, sem justificativa nenhuma. E, no entanto, havia uma espécie de sentido nisso".[3]

No dia seguinte à sua volta, Kafka passa a noite inteira escrevendo um relatório de dezesseis páginas sobre o encontro em Berlim, o que sugere que era ele quem precisava clarear as coisas e fazer um balanço. Kafka poderia muito bem ter feito isso no diário — e de fato há passagens na carta a Grete Bloch que descrevem todo o emaranhado da história de Felice de forma distanciada e elaborada, como se ele estivesse encenando o próprio tribunal diante de um júri invisível.

> Antes de tudo, devo dizer que conheço F. na forma de quatro meninas quase incompatíveis entre si, mas todas igualmente caras para mim. A primeira é a que esteve em Praga, a segunda era a que me escrevia cartas (que era diversa em si, mas ainda assim uniforme), a terceira é aquela

> com quem estou quando vou a Berlim, e a quarta é a que transita entre pessoas estranhas e sobre a qual só ouço em cartas ou em suas próprias narrativas. Agora, a terceira, ela não tem muita afeição por mim. Nada é mais natural, não acho nada mais natural. A cada retorno de Berlim, fiquei espantado ao reconhecer isso, e dessa vez, tive a sensação adicional de que é razoável pensar dessa forma. É o anjo bom de F. que a conduz assim, passando tão perto de mim e talvez nunca tão perto de fato.[4]

Não era a primeira vez que ele tocava nesse ponto. Para Grete Bloch, contudo, essa era uma perspectiva totalmente nova e surpreendente: se quem mantinha os dois separados era um anjo bom, ela própria, a mediadora, era um anjo *mau*. Era isso que Kafka estava tentando dizer a ela? Bem, em todo caso, sua missão tinha terminado. Ela havia feito aquilo que lhe fora pedido, e com a consciência limpa. Não era responsável pelo futuro daquelas duas pessoas.

Mas Grete Bloch continuou no jogo. Sem dúvida, a autodepreciação de Kafka, sua franqueza e bom-humor a impressionaram, e a descrição daquela viagem tão triste quanto supérflua tocou-a mais do que deveria. Ela própria andava mais suscetível a desventuras, o que não correspondia a sua natureza ativa, tudo menos romântica. Em Viena, longe dos amigos e da família, sentia-se estranha e infeliz. Seu novo emprego era bem pago, mas não lhe dava alegria, o quarto de pensão era inóspito, e ela precisava se esforçar muito para sair da cama nas horas livres. Grete estava se sentido perdida, dependente, sensível, o que para ela significava fragilidade.

Kafka, por sua vez, ficou desconfiado. Claro que era um alívio falar livremente sobre a noiva distante — a antiga noiva? —, e ele ficou grato por isso. Mas sentia que novas trapalhadas se aproximavam. A srta. Bloch era mais complicada, mais apaixonada, mais sensível, e ao mesmo tempo mais ágil do que Felice do ponto de vista intelectual, portanto mais impenetrável no conjunto, até "esquisita", como ele lhe escreveu uma vez. Sim, ela tinha sido franca, mas também um pouco atrevida. Ele queria saber de Felice, mas sem o sabor insípido da fofoca. Por isso, era difícil achar o tom certo agora, e respondia mais por obrigação do que por necessidade. Kafka lhe escreveu um sonho, o que era curioso, já que mal a conhecia. Ficou tocado de saber que ela perdera algumas horas de sono lendo o relato de sua viagem, e tinha vontade de "fazer alguma coisa equivalente a beijar suas mãos".[5] Mas ela passou semanas sem ouvir nada dele. "Carta falsa de Bl[och].", ele escreve no diário no dia 18 de dezembro. Uma carta que não mencionava Felice. De repente, a mensageira estava falando por conta própria. Ele começou a responder, parou, trancou tudo na gaveta da escrivaninha.

Kafka sentia-se revigorado, o vale mais sombrio da depressão tinha sido deixado para trás. As noites de insônia na Itália pareciam-lhe noites de desesperança e aridez, mas ele havia misteriosamente se "recuperado". Apesar do fim irrevogável, o doce flerte com a suíça o lembrara de que, em meio a todos os pensamentos obsessivos e a todas as agonias, ele ainda era capaz de sentir impulsos de felicidade, carinho e erotismo. Suas cartas vão se tornando mais resolutas e precisas, a frequência das queixas diminui, e embora Kafka não consiga sustentar diante de Felice a decisão de se separar, ele parece ter ganhado em firmeza e dignidade.

Isso é ainda mais espantoso quando levamos em conta que Kafka estava agora retraído em seus segredos, como não acontecia havia muito tempo. Até a relação com Ottla estava mais frouxa; fazia meses que ele não ficava orgulhoso de alguma coisa que escrevia a ponto de ler em voz alta para a irmã, e não andava mais no clima das habituais brincadeiras de banheiro. Kafka ouvia com atenção quando ela contava dos encontros semanais da Associação de Meninas e Mulheres Judias, seu clube sionista, mas dividir com ela os problemas de Berlim não seria muito esperto, pois com o tempo ela acabaria cedendo à curiosidade dos pais, com os quais passava muitas horas por dia.

Com Brod, dava para falar mais abertamente. Mas Brod não ouvia. Ele ficava dando palestras improvisadas sobre a "comunidade judaica" e instruindo Kafka sobre a necessidade de ter um pensamento social, falava mal de seu trabalho, lamentava-se de o Prêmio Kleist ter sido concedido a Oskar Loerke e não a ele, e sobretudo não conseguia superar a derrota que tivera de engolir depois dos ataques da revista *Brenner*. Embora ele próprio tivesse acelerado essa derrota com uma manobra bastante desajeitada: queixar-se junto ao mais importante colaborador da revista, o fundamentalista tirolês Carl Dallago, um cabeça-dura que não vivia muito longe de Riva e a quem Brod um dia visitara. Em várias cartas, Brod chamava a crítica do adversário de "infame", "caluniosa" e "jornalística", e renovava expressamente sua suspeita de que tudo teria sido inspirado por Kraus. Será que ele acreditava seriamente que, depois de tais invectivas — que questionavam diretamente a seriedade da *Brenner* — Dallago defenderia Brod para o seu editor?

É claro que o contrário aconteceu: Dallago não só se resguardou do contato com Brod, como encaminhou suas cartas a Ludwig von Ficker, que por sua vez as mostrou para Karl Kraus, o suposto intriguista. Brod só lhe deu mais alimento. E agora Kafka, o diplomático, que havia se encontrado com Dallago em Riva — possivelmente a pedido de Brod —, não tinha como salvar nada. É pouco provável que Kafka tenha batalhado por seu amigo nessa ocasião. Dallago relatou, lacônico: "Conheci esses dias o escritor Kafka por aqui. Uma pessoa realmente muito gentil, que cria coisas valiosas".[6]

Não dava para ignorar que Brod estava ficando deprimido e vendo seu forçado otimismo solapar, como consequência de sua própria teimosia. Isso não escapava a seus adversários. "A propósito, o homem deve ter sofrido muito no último ano depois de ter sido abandonado por certas pessoas", escreveu o poeta Hans Janowitz a Ludwig von Ficker, por exemplo, "e se ele é mesmo um autor, escreverá agora as melhores coisas".[7] Janowitz sabia do que estava falando — ele mesmo acabara de romper com Brod, depois de se queixar em vão do agressivo prefácio à *Arkadia*. Werfel também parecia agora ter passado definitivamente para o outro lado; para Brod, era um tormento ler os elogios de Werfel à *Fackel*, enquanto ele próprio era ridicularizado por Kraus como "comissionista de Deus".[8] Será que Werfel era mesmo capaz de ignorar isso? Ele não entendia com quem estava se envolvendo? E o nobre Kurt Wolff, que justo agora, depois de um longo namoro, assinava os primeiros contratos de edição com Kraus? Teriam sido todos seduzidos, ludibriados?

Brod sofria e reclamava. Ele não tinha mais ouvidos para as preocupações de Kafka, mas tentava desviar a atenção do amigo para seus próprios interesses. Assim, ele o convenceu a participar de um seminário filosófico de Christian von Ehrenfels sobre *Anschauung und Begriff* [Visão e conceito], entre outras coisas. Kafka ainda não tinha lido o trabalho conjunto de seus dois amigos mais próximos, mas reuniu forças e acompanhou Brod duas vezes ao seminário. No diário de Brod, consta que o amigo teria se mostrado "entusiasmado". Nas notas do próprio Kafka, lê-se "Dia perdido".[9] Ele tinha basicamente passado a sessão inteira observando uma estudante que se parecia com Felice Bauer.

A distância crescente entre eles era inegável; mesmo Kafka, que tinha medo de perder as coisas e por isso evitava reflexões desse tipo, não podia mais se enganar: "Anteontem à noite em casa de Max. Ele se faz cada vez mais um estranho, o que muitas vezes já foi para mim, mas agora assim me torno para ele também". Brod o sobrecarregava, forçava-o a ouvi-lo contra a vontade, pressionava-o a fazer falsos gestos e delicadezas, dava-lhe nos nervos. A verdade é que Kafka até estaria disposto a atrasar a viagem para Berlim em uma semana, só para não ter de ficar sentado por horas diante de Brod — o homem que poucas semanas antes ele louvara expressamente como seu único companheiro de viagem possível.[10]

Mas Kafka não queria que outra pessoa lhe mantivesse aberta uma janela para o mundo; ele mesmo queria sair. Começou a ser visto entre pessoas de novo, visitou Felix Weltsch, ia ao cinema e ao cabaré Lucerna, vagueava quase todo fim de tarde em torno da estação central, ouviu leituras de Brod, Leo Fantl, Bermann e Ehrenstein, além de uma palestra religiosa de Hugo Bergmann. Até a vontade de ler publicamente em voz alta voltou, e quando lhe ofereceram a possibilidade de participar de uma noite literária no salão de festas da Câmara Municipal Judaica, para a qual judeus pobres tinham entrada gratuita com direito a chá e bolo, começou a tremer já durante à tarde por efeito de uma agradável emoção, nas mãos de novo *Michael Kohlhaas*, de Kleist, a coisa mais difícil que alguém poderia se propor a ler em voz alta.

Ele também começou a cultivar sua relação com Ernst Weiß, de modo a se tornar uma amizade; leu *Die Galeere* e passou tardes e noites inteiras com Weiß, que veio a Praga passar o Natal com a mãe. Kafka não estava com vontade de ficar sozinho nem no Ano-Novo — uma data crítica, em que costumava fazer um balanço da vida —, e aceitou um convite de Lise Weltsch. Foi uma noite gostosa entre amigos sionistas. Kafka foi o último a chegar.

27 de novembro de 1913: Kafka escreve a Felice Bauer por correio registrado. Não recebe resposta. Mais ou menos ao mesmo tempo, Elsa Brod convida Felice Bauer para uma festa de Natal em Praga; não há resposta. No dia *14 de dezembro*, presumivelmente, Kafka manda uma carta expressa a Felice, que também fica sem resposta. No dia *18 de dezembro*, Ernst Weiß vai até a Lindström A.G. e se apresenta no escritório de Felice Bauer, com mais uma carta de Kafka no bolso. Ela faz chegar a Weiß uma breve nota, em que promete responder minuciosamente a Kafka no mesmo dia. Kafka também espera por essa carta em vão. Por volta de *20 de dezembro*, Kafka pede de novo por notícias. No dia seguinte, recebe de Felice um telegrama que anuncia uma carta. Essa carta não chega. Então o próprio Kafka liga para o escritório de Felice Bauer. Ela promete de novo uma carta, ao mesmo tempo que pede a Kafka que *não* vá a Berlim no Natal. No dia seguinte, ou no outro,

Kafka lhe diz por telegrama que não recebeu carta alguma. Ela responde por telegrama que a carta já foi escrita e está pronta para ser enviada. Como até a tarde do dia *29 de dezembro* nenhuma carta havia chegado, Kafka escreve de novo. Sua carta ainda não havia sido enviada quando, às *17h*, recebe uma carta de Felice Bauer, a primeira em mais de sete semanas.

Esse parece o calendário de Sísifo, e não do amor. Os tempos em que Kafka ficava fora de si depois de cinco ou seis dias de "silêncio frankfurtiano" já tinham ficado para trás, esquecidos. Agora, tratava-se de algo bem diferente, e pior: Felice tinha dito inverdades. Pela primeira vez, ele ouvia de sua boca uma mentira inequívoca.

O que fazer? Kafka sempre evitou fazer julgamentos morais. Por experiência própria, sabia que eles despertavam rebeldia e resistência. Ou eram falados para as paredes, ou se de fato acertavam o alvo, entravam por um ouvido e saíam por outro. A essência de uma pessoa é imutável. Um mentiroso mente mesmo quanto está falando a verdade. Uma não mentirosa, por sua vez, mente apenas sob pressão; é sua natureza particular que determina se ela sucumbirá a conflitos internos ou externos. Era nisso que Kafka acreditava naquele momento.

Se ele não tivesse se agarrado com toda força a esse modelo heurístico da humanidade — bastante insatisfatório, por mais que correspondesse precisamente a seu pensamento "antipsicologizante" —, a relação com Felice teria chegado ao fim naquele momento. É claro que a questão da verdade e veracidade ainda estava longe de mergulhar naquela obscuridade quase ontológica que, nos anos posteriores, ele procuraria circundar com metáforas cada vez mais precisas. "A mentira é terrível, não há pior tormento mental."[11] Essa frase só se tornou irrefutável em 1920, depois de ele próprio fazer inúmeras tentativas nesse sentido. Mas, já em 1913, teria sido impossível para Kafka se unir a uma mulher que não tinha nenhuma dificuldade em mentir. Ele achava que Felice era mais forte do que era de fato, e ficou chocado quando soube que ela já não respondia tampouco a sua amiga Grete Bloch, e dava-lhe a mesma desculpa esfarrapada, falando em cartas escritas, mas não enviadas.

Se Kafka soubesse o que estava se passando na família Bauer, teria confirmado suas suposições. Não, Felice não era uma mentirosa. Na escuridão das noites de insônia, ela tinha tentado talvez, com certeza, formular frases que tornassem o inacreditável um pouco mais crível. Mas eram frases pela metade, que não podiam ser enviadas pelo correio. Ela havia buscado palavras que fossem verdadeiras e que, ao mesmo tempo, não expusessem os seus. Mas não encontrara tais palavras.

Havia outra coisa que Kafka estava tendo bem mais dificuldade de superar, e que na verdade nunca superou completamente: Felice estava começando a fazer cálculos, pesar as coisas. "Nós dois teríamos que abrir mão de muita coisa com um casamento", ela escreveu, "nem é o caso de avaliar sobre quem cairia o excesso de peso. É bastante coisa para nós dois."[12] Sem admitir a si próprio, Kafka ficou horrorizado de escutar o eco de suas próprias tentativas de fazer, no diário, uma "Compilação de tudo aquilo que depõe a favor do meu casamento ou contra". *Aí, nunca mais estarei sozinho*: esse era o item negativo que mais tinha pesado, seis meses antes. *Aí, estarei sempre sozinho*: agora Felice podia contra-atacar com a mesma acuidade de cálculo. Ao pedi-la em casamento, ele não a havia encorajado expressamente a pesar as coisas?

> Agora reflita, Felice, sobre as mudanças que um casamento traria para nós, o que cada um perderia e o que cada um ganharia. Eu perderia minha solidão, que na maior parte do tempo é terrível, e ganharia você, que amo mais do que qualquer outra pessoa. Mas você perderia sua vida anterior, com a qual estava quase inteiramente satisfeita. Você perderia Berlim, o escritório, que te agrada, as amigas, os pequenos prazeres, a perspectiva de se casar com um homem saudável, divertido e bom, e de ter filhos bonitos e saudáveis, pelos quais você, se pensar bem, anseia muito. Em troca dessa perda inestimável, você ganharia um homem doente, fraco, insociável, silencioso, triste, rígido, quase sem esperança, cuja única virtude, talvez, seja te amar. Em vez de se sacrificar por filhos de verdade, o que corresponderia a sua natureza de menina saudável, você teria que se sacrificar por esse homem que é infantil, e infantil no pior sentido, e que talvez, na melhor das hipóteses, poderia aprender com você a linguagem humana, letra por letra. E você estaria perdendo em cada pequena coisa, em cada uma delas.[13]

Assim constava nos autos, e parecia claro o bastante. Ainda assim, Kafka sentiu uma dor no peito quando viu que agora Felice tinha de fato começado a fazer cálculos, e não era só isso, ela estava pesando as coisas *em voz alta*. Não foi bem isso que ele quis dizer. O que deveria ser feito, então?

Bem, seis meses antes, Kafka não queria só dizer alguma coisa, ele queria mostrar alguma coisa: "Vou te provar que sou digno de você, ao não pensar na minha felicidade em primeiro lugar, e sim em tudo o que você poderia perder nesse processo. Me preocupo com *suas* perdas". Era um gesto ao qual Felice agora respondia com um movimento diametralmente oposto: "Muito bem, pense você nas *minhas* perdas". Um banho de água fria, um desastre em termos de comunicação. Ela não conhecia as regras do jogo?

Se Kafka tivesse conseguido conter sua excitação, sem dúvida teria se lembrado que aquele estranho pedido de casamento tinha um segundo subtexto, bem mais profundo: "É melhor eu te dizer desde já que tenho medo. Isso atenuará minha culpa caso fracassemos e você venha a se arrepender". Naquela época, essa camada tampouco escapara de Kafka, e ele não teve medo de mostrar a Felice o que estava acontecendo lá embaixo: o mero cálculo da autopreservação. Mas — e aqui Kafka teria que ter dado só mais um passo para ver o mundo lá fora: cada um de nós não traz abismos dentro de si? Não cabia pensar que Felice, com sua frase sobre o "excesso de peso", estivesse dizendo *exatamente a mesma coisa*, com, sem ou contra a sua vontade? Que esse fosse justamente o ponto de encontro entre eles?

Mas Kafka buscava outra saída, e de novo optou pela porta dos fundos, que lhe dava a ideia de uma natureza humana inalterável. Felice estava mentindo, mas não era uma mentirosa. Felice estava fazendo cálculos, mas não era uma calculista. "Aliás", ele assegurou a Grete Bloch, "a frase é tão terrível (por mais verdade que possa conter), que não pode refletir os sentimentos de F. Isso contradiz completamente a natureza de F., precisa contradizê-la [...]."[14]

Em uma carta de 35 páginas, escrita ao longo de diversos dias, entre 29 de dezembro de 1913 e 2 de janeiro de 1914, Kafka voltou a pedir Felice Bauer em casamento. Não estava certo, alegou, que a ideia de perda o tivesse inibido até então. Ele não teria que abrir mão de nada, pelo contrário, "continuaria sendo, depois do casamento, aquele que sou, e isso é a pior coisa que poderia esperar por você, se você quisesse".

Felice sublinhou essa frase. Responder, não respondeu.

27.
No zero absoluto

De que jamais serviu a razão
nos grandes momentos da vida?

Julien Green, *Leviatã*

A Oppelthaus, na esquina do Altstädter Ring com a Niklasstraße, era um daqueles novos edifícios de prestígio que emprestavam à amontoada Cidade Velha de Praga um sotaque burguês-urbano na virada do século, depois da revitalização do gueto judaico. As coisas não deviam andar mal para os Kafka, já que em novembro de 1913 eles conseguiram ocupar um dos apartamentos de seis quartos, claros, embelezados com janelas salientes — um verdadeiro luxo, se pensarmos que depois do casamento de Elli e Valli não eram mais seis pessoas que ocupavam esse espaço, e sim quatro, sendo que o único filho homem já tinha uma noiva, e havia até um quarto separado na mansarda para os empregados. Já fazia muito tempo que banheira e elevador eram itens indispensáveis para Hermann Kafka, que era cardíaco, e podemos supor que a proximidade da loja de artigos de luxo da família, que ficava no Palácio Kinsky, cruzando a praça, quase à distância de um grito, foi um fator determinante para a mudança.

Para Kafka, essa "melhoria" significava, acima de tudo, *paz*. Desde que concluíra seu doutorado, fazia mais de seis anos, ele sempre havia ocupado um quarto que a família usava de corredor, um quarto frio — ainda mais com as janelas sempre abertas — e ao mesmo tempo quente, por causa da lamentável proximidade do quarto dos pais. Certamente, ele não lamentou perder aquele "quartel-general do barulho", para o qual erigira um pequeno monumento literário. O novo apartamento tinha ainda duas entradas distintas, o que reduzia categoricamente a pressão social da família. Agora, era possível receber visitas sem que elas precisassem entrar na parte mais íntima da casa — assim, por exemplo, as aulas de hebraico que Kafka começou a fazer depois da guerra não tiveram lugar em seu próprio quarto, e sim em uma pequena sala adjacente atrás da cozinha.

Da janela, é claro que ele não via mais o rio, a ponte, a piscina e o parque, mas sim o centro topográfico de sua vida, o Altstädter Ring, que era incrustado de memórias. Anos mais tarde, ele explicaria a um visitante: "Aqui ficava o meu Gymnasium, ali no prédio em frente, a Universidade, e um trecho adiante, à esquerda, meu escritório". E nasci a menos de cem metros daqui, poderia ter acrescentado, nós morávamos ali atrás da Prefeitura, na casa Minuta, na época em que eu frequentava a Volksschule; na face sul da praça, do lado oposto, depois da farmácia Zum Einhorn, há um salão literário que frequentei há alguns anos, e no piso abaixo da minha sala de aula fica hoje a loja dos meus pais. "Nesse pequeno círculo", Kafka acrescentou com melancolia, traçando com o dedo pequenos círculos no ar, "está encerrada toda a minha vida."[1]

Tanto mais rápido ele se adaptou ali, e é óbvio que além dos impulsos absorvidos em Riva, agora o novo ambiente também agia como uma irritação estimulante — ele estava olhando para o familiar, mas de uma perspectiva inusual. Kafka abre o diário com muito mais frequência agora, e as empreitadas literárias ganham claramente densidade e força plástica. "De onde esta súbita confiança?", ele se perguntava, provavelmente logo depois da mudança; e um pouco mais tarde, quando, pela primeira vez em muitos meses, enfim consegue escrever algumas páginas coerentes, diz: "Contudo, a firmeza que me propicia escrever ao menos um mínimo é indubitável e maravilhosa".[2]

Ele poderia ter invertido essa frase. Escrever como Kafka escrevia *pressupõe* firmeza: a disciplina necessária para abrir os cadernos dia após dia, semana após semana, de novo — e sem a certeza de sucesso num futuro próximo —, apesar de todos os distúrbios internos e externos, sentar-se em silêncio e em parte esperar por um estado de concentração relaxada, em parte provocá-lo, sem poder *forçá-lo*; esse ato precário de autocontrole exige vontade. Kafka tinha que se proteger não só da depressão crônica e da desolação mental que a acompanhava, como também de uma inundação interna descontrolada que não fecunda, só destrói.

Olhando para a vida e a escrita de Kafka no inverno de 1913-4, notamos uma inconsistência peculiar. A energia nova que veio com a viagem coloca sua caneta em movimento, aguça seu pensamento e sua visão, e o efeito disso é inconfundível, mesmo na determinação relaxada — para os seus padrões — com a qual cumpre obrigações sociais. Tudo isso só não se aplica a sua relação com Felice Bauer; nela, prossegue aquela oscilação mecânica entre paralisia e luta cega, que leva Kafka, passo a passo, a uma posição insustentável. Ele exige uma resposta dela, uma resposta mais precisa, bate a testa na parede até sangrar enquanto ela não responde, e não consegue entender a causa de seu silêncio. Grete Bloch tenta consolá-lo uma vez, dizendo que a obstinação dele era, na verdade, um bom sinal — para ela, o sinal de que ele ainda estava levando a coisa a sério. "Há alguma verdade nisso", Kafka respondeu. "Mas a obstinação também pode ser consequência do desespero."[3] E é provável que houvesse nisso *mais* verdade. O inseto que quer ir em direção à chama também é obstinado.

Poderíamos falar em "clivagem", dissociação — a metáfora da psicologia está à mão. Mas ela não é precisa. Pois Kafka vive num estado de alerta máximo que permeia tudo por igual, mesmo a coisa mais dolorosa: ele ousa mencionar explicitamente o distanciamento de Brod, faz considerações gerais sobre o suicídio, sem ignorar que essa questão está novamente na sua *própria* ordem do dia e, ao escrever *para si próprio*, é até capaz de assumir uma posição sóbria e empática, terapêutica: "O ódio da auto-observação ativa", ele escreve no diário no começo de dezembro.

> Interpretações psíquicas como: "Ontem, estava assim, mas isso porque...". Ou "Hoje estou assim, mas isso porque...". Não é verdade, não foi por isso nem por aquilo e, portanto, não é assim nem assado. Suportar a si mesmo com tranquilidade e sem precipitação, viver como se tem de viver, e não girando feito um cachorro.[4*]

O objetivo está claro. Mas três dias depois, ele decide mandar Ernst Weiß em sua inútil missão ao escritório de Felice.

Kafka se comporta como alguém que, em 1912, ateou fogo a seu próprio porão para esquentar a casa. Talvez essa seja a imagem mais precisa. Se ele apagar o fogo, tem medo de congelar. Se não o apagar, logo não restará nada para aquecer a casa. A solução só pode ser fechar bem todas as portas, limitar o fogo a *um* ambiente, e habitar como antes os outros quartos, aquecidos apenas de longe. Mas, para isso, é necessário visitar com frequência aquele porão, a fundação quente da casa, para reacender o fogo que se consome, independente dos meios, mesmo que seja com os suprimentos mais

* Franz Kafka, *Diários 1909-1923*, op. cit., p. 323.

preciosos, independentemente do que ele se propôs a fazer ou se proibiu de fazer na segurança da escrivaninha e com a mente sóbria. *Lá embaixo*, não há escolha.

> Te amo, Felice, com tudo o que há de humanamente bom em mim, com tudo o que há de digno em mim de vaguear entre os vivos. Se isso é pouco, então eu sou pouco. Te amo exatamente como você é, o que me parece bom em você, o que não me parece bom, tudo, tudo. Com você não é assim, mesmo que todo o resto seja pressuposto. Você não está satisfeita comigo, você tem várias objeções a meu respeito, quer que eu seja diferente do que sou. Devo viver "mais na realidade", devo me orientar "pelo que me é dado" etc. Você não percebe que você, se quer esse tipo de coisa por uma necessidade real, não me quer mais, mas quer me deixar para trás. Por que querer mudar as pessoas, Felice? Isso não está certo. Precisamos aceitar as pessoas como elas são ou deixá-las como elas são. Não podemos mudá-las, no máximo perturbá-las em sua essência. O homem não é feito de detalhes que possam ser retirados um a um e substituídos por outra coisa. Na verdade, tudo é um todo, e se você puxar uma ponta, a outra se mexe, independente de sua vontade. Ainda assim, Felice, — mesmo que você queira fazer objeções sobre várias coisas em mim e mudá-las, até isso eu amo, e só quero que você também saiba disso.

Kafka escreve essa passagem em seu segundo pedido de casamento, no dia 2 de janeiro de 1914. É a voz de uma racionalidade atravessada pelo erotismo e ainda assim quase esclarecida, suave, um tom puro que Kafka não teria sido capaz de produzir poucos meses antes. É impossível ler essa passagem sem se emocionar, assim como é impossível imaginar que Felice Bauer possa ter deixado essa carta de lado, impassível. Mas, na mesma carta, há outras frases que soam como interrupções feias e perturbam definitivamente esse tom puro:

> Ouso até dizer que te amo tanto que iria querer casar-me com você mesmo que você dissesse expressamente que só te restou uma inclinação tépida por mim, e mesmo ela incerta. Seria ruim e desonesto tirar proveito de sua piedade dessa forma, mas não saberia mais o que fazer.[5]

Essa é de novo a voz do medo do fogo, o aperto, aquela sobreposição de desejo de fundir-se e cálculo, que teria certamente levado ao desespero qualquer outra mulher mais refletida e emocionalmente refinada. Kafka não sabia que não se ganha uma pessoa de joelhos? Que, querendo ou não, a pessoa que está de pé precisa olhar para baixo, para aquela que está de joelhos? E que as autodepreciações, uma vez expressadas, imediatamente se tornam *realidade*?

Kafka sabia disso tudo. E até admitiu a Grete Bloch: "Humilhar-me mais do que fiz naquela carta é impossível".[6] Mas por que ele levou quatro semanas, quatro semanas de espera inútil, para conseguir se reerguer? Porque agora ele tinha direcionado seu olhar curioso para outro lugar, porque tinha começado a pensar em alimentar um segundo incêndio, agora que o primeiro parecia irremediavelmente extinto.

Duas almas abandonadas. O futuro noivo em Praga, cujas cartas de amor são arquivadas, mas não respondidas. Grete Bloch em Viena, há meses sem notícias de sua amiga Felice, sem uma só palavra gentil de sua própria família (apesar das abundantes remessas de dinheiro), e nenhum sinal daquele funcionário melancólico de Praga, com jeito de menino, que deixa duas cartas sem resposta e nem sequer atende ao telefone do escritório.

No fim de janeiro, eles finalmente se encontraram. Não é difícil adivinhar por que Kafka, depois de longa hesitação, escolhe esse momento para agarrar a chance que lhe era oferecida: ali onde não havia como passar, a tentação de contar mais uma vez com uma mediação era muito forte. Ernst Weiß não tinha sido particularmente bem-sucedido; ainda assim, conseguira alguma coisa parecida com uma resposta. Recentemente, a mulher de Brod, Elsa, tinha começado a fazer um esforço para se aproximar de Felice, e isso devia ser coisa de Kafka. Apesar da forte relutância, Kafka tinha enfim confessado à mãe seus planos matrimoniais, embora soubesse havia muito tempo que ela não se intimidaria em fazer intervenções arbitrárias. No fim, ele até flertou com a ideia de mobilizar a irmã de Felice, Erna, cujo olhar lhe inspirava confiança.

E por que não Grete Bloch? Ela estava disposta a ajudar, de pronto, sem hesitação, e depois do curso do primeiro encontro, ele já não se surpreenderia com pequenos embustes e revelações delicadas. Mas Kafka não ficou muito à vontade quando ela lhe enviou uma carta antiga de Felice Bauer, na qual ele era chamado de "pobre rapaz". E a coisa ficou bem sinistra quando

Felice, meio coagida por uma carta claramente hipócrita de Grete, enfim mandou uma mensagem apressada e vazia para Kafka, que acabava com as seguintes palavras: "Você ainda vai ouvir de mim de novo. Tive que escrever este cartão".[7] Essa, portanto, foi a resposta ao seu pedido em casamento. Ela não queria, mas *teve* que fazê-lo. Tal era o poder de sua amiga.

Kafka não podia ignorar completamente a oscilação do sismógrafo moral. Ele não conseguia mentir para Felice; mesmo em sua longa carta de Ano-Novo, com a qual pretendia forçar um recomeço, pareceu-lhe correto contar sobre Riva, para que ninguém pudesse repreendê-lo por aparecer *tarde demais* com certas confissões. Mas ele estava a serviço de uma noção mais jurídica da verdade. E se envolvia agora em uma mentira de dimensões completamente diferentes. Pois, enquanto a relação com Felice se convertia, aos poucos, de paixão em tarefa, em *projeto*, Kafka e Grete Bloch trocavam material emocional, e a jovem mulher deve ter tomado essa troca erroneamente como erótica. E Kafka ia desfrutando daquele doce sentimento de participar ativamente de alguma coisa, aquele sentimento que as primeiras cartas de Berlim tinham despertado nele e que desde então havia se perdido.

Ela provocara esse sentimento, provavelmente por necessidade, mas com certeza consciente, dada sua inteligência e capacidade de observação. Ao contrário de Felice, Grete Bloch lia e examinava cada palavra. Desde o começo, Kafka lhe confessara que a compaixão por meninas, por *todas* as meninas, era o único sentimento que ninguém lhe podia negar (e isso não era um exagero, pois ele se acabava só de *ouvir falar* em meninas chorando). Agora, para seu espanto, ele recebia uma carta em que ela lhe revelava seus próprios "estados indignos de menção", é claro que com certa reserva, dizendo que isso dificilmente lhe interessaria — o que tornava a coisa ainda mais sedutora.[8] Depois da primeira reação animada de Kafka, ela quase nunca o deixou esperar, como se soubesse que aquilo que o tirava infalivelmente de sua caverna era a constância na dedicação.

De fato, é incrível como Kafka se agarra rápido, sem hesitar, a essa nova e inesperada fonte de calor. Canetti destacou com razão, logo depois da publicação das cartas, que Kafka repete até os mínimos detalhes, em sua comunicação com Grete Bloch, um padrão discursivo que caracterizava suas primeiras cartas a Felice.

> Agora é ela a cujo respeito Kafka quer saber tudo e faz as mesmas perguntas habituais. Deseja que lhe descreva seu estilo de vida, seu trabalho, o escritório, as viagens. Reclama respostas imediatas a suas cartas e, ao recebê-las às vezes com atraso, pede que se combine um intercâmbio regular, que ela, no entanto, recusa. Interessa-se pela saúde dela. Faz questão de saber o que lê. [...] É natural que a abreviatura da correspondência anterior lhe cause menos problemas do que outrora o intercâmbio original: trata-se de um teclado em cujo manejo já tem experiência. Nas cartas dirigidas a Grete Bloch depara-se-nos um tom brincalhão que jamais existia naquelas outras, e Kafka empenha-se indisfarçadamente em granjear a simpatia da moça.[9]

Um leitor que acompanhasse a dupla correspondência de Kafka na primavera de 1914 sem saber da relação entre seus integrantes não adivinharia imediatamente quem era a "parceira epistolar" e quem era a escolhida para o casamento. Aquela era a "querida srta. Grete"; esta, uma certa "F.". Para aquela, "as mais, mais calorosas saudações de seu Franz K."; para esta, "Franz", "Seu Franz" ou só "F.". Claro, só se fala em esperança e em amor nas cartas a Felice. Mas esses sentimentos parecem esvaziados por gestos de submissão e por uma dívida — às vezes subliminar, às vezes explícita — que não para de crescer. Nesse momento, Kafka já triunfa sobre si mesmo como um juiz que não faz julgamentos a partir de motivos pessoais, mas que está a serviço de uma causa — um amor cortês que parece envenenado pela moralidade, e uma moral, por sua vez, que repousa sobre o pedestal de concreto da lógica jurídica. Ele está fazendo cálculos. "No escritório. Há muito o que fazer. Eu não estava bravo. Estava furioso, triste, e algumas coisas desse tipo, mas não bravo. [...] Por uma questão de precisão, acrescento que você não ficou dois, e sim três dias sem escrever." A Grete Bloch, ele traz o mesmo assunto com um tom bem diferente: "Uma carta já não foi respondida, a segunda não será respondida amanhã, e assim seguirá, mas não por muito tempo".[10]

Foi uma das poucas ocasiões em que Kafka buscou alívio na ironia. Ela não lhe caía bem, sobretudo do ponto de vista de Grete Bloch, pois era incompatível com a persistência obsessiva e constante que o mantinha batendo às portas fechadas de Berlim. Mas a nova confidente parece tê-lo poupado de encarar essa contradição, e não há sinal de que alguma vez tenha feito a pergunta decisiva, a única pergunta que se impunha: o que você quer com Felice? Essa pergunta era proibida. Ou melhor: Kafka já tinha, ele próprio, dado conta desse assunto, com seu tão acreditado método de antecipação defensiva, e assim o riscara da pauta: "O que me surpreendeu, acima de tudo, é que você não diz em sua carta nenhuma palavra de reprovação, e nem mesmo de espanto por eu ter pedido F. de novo em casamento. Fiz isso porque não pude evitar, não tenho muitas outras explicações".[11] Não era uma explicação. Mas, assim, Kafka acreditou que estaria a salvo da pergunta *decisiva*.

Era um jogo de três. Alguém tinha que perder. Kafka jogou enquanto pôde, atormentado por suas hesitações, mas ansiando por calor, às vezes de verdade, às vezes de modo tático. Não há dúvidas de que a correspondência com Grete Bloch o estabilizava, muito além de qualquer mediação que ela pudesse oferecer. Agora ele tinha *mais uma* ajudante. Quantas foram, mesmo? Isso ainda importava? Ele já não havia chegado ao ponto da mais profunda humilhação, o zero absoluto, onde nada mais se move *por si só*?

Na sexta-feira, dia 27 de fevereiro de 1914, Kafka viajou pela quarta vez a Berlim, dessa vez sem avisar, e decidido a não ser mais rejeitado. Ele tinha tirado um precioso dia de folga, porque queria começar melhor as coisas. No escritório, em um dia de trabalho, ela *teria* que recebê-lo.

Tudo estava correndo bem. Ela o recebeu com gentileza, não pareceu surpresa além da medida, mostrou-lhe o escritório (a residência que ele habitava com a imaginação havia um ano e meio) e passou a hora do almoço com ele em uma confeitaria. Kafka foi buscá-la no fim do expediente e os dois andaram abraçados pelas ruas de Berlim. Ela ainda tinha duas horas, e nada mais, infelizmente. Mais tarde, naquela mesma noite, ainda teria que ir a um baile, por "causa do trabalho", o que, para Kafka, extrapolava todos os limites.

Eles ainda teriam tempo no domingo, e ele devia ter deixado as coisas por ali naquele momento, mas não se aguentou. Kafka se arrependeria de não ter criado uma situação um pouco mais relaxada, de não ter preparado um pouco mais o terreno. Sem deixar-se desencorajar pelas evasivas inconfundíveis de Felice, continuou insistindo, exigiu explicações, enfim fez a pergunta *decisiva* — e o que ouviu foi pior do que as fantasias mais sombrias que haviam acompanhado aquela viagem.

> F. gosta muito de mim, mas em sua opinião isso não é suficiente para um casamento, para esse casamento; ela tem um medo insuperável de um futuro em comum; talvez não seja capaz de suportar minhas idiossincrasias; não poderia abrir mão de Berlim; teme ter de abrir mão de seus lindos vestidos, viajar na terceira classe, ter lugares piores no teatro (isso soa tão ridículo, quando escrito) etc. [...] ela diz que não se casaria com outro, nunca jogaria fora minhas cartas, não gostaria de devolver minhas fotografias, nem de recuperar as suas fotografias, preferiria continuar escrevendo, embora também pudesse concordar em não escrever mais.[12]

Esse foi, portanto, o "material" com que Kafka passou a noite seguinte no Askanischer Hof, uma noite de insônia, sem dúvida — mas não que ele já tivesse dormido bem algum dia naquele maldito hotel. Fazia sentido que aquilo lhe estivesse acontecendo. O que ele ouvia era o eco de sua própria voz. Ele mesmo tinha incutido esse medo nela, gota a gota, inventando imagens aterrorizantes e cenários inteiros de uma convivência infernal, para intensificar o efeito. Nem em sua carta de Ano-Novo, com a qual uma nova era devia começar, ele conseguira se manter distante de suas visões de porões e cavernas: "em vez das relações sociais", ele dizia, "e em vez da sua família, você teria um homem que, na maior parte do tempo (ao menos agora, na maior parte do tempo), está triste e calado, e cuja rara felicidade pessoal reside em um trabalho que, enquanto trabalho, se manteria necessariamente alheio a você".[13]

Felice também tinha sublinhado essa frase. A ideia era que aquilo fosse um pedido de casamento? Ela estava com medo, sim, sem dúvida. Não dava para confiar nesse homem, e o que ele contava de Riva não era nada surpreendente. Mas havia outra coisa que a atormentava ainda *mais*, e ela não devia estar muito melhor do que Kafka na noite anterior ao dia 1º de março, em Charlottenburg, a cinco quilômetros do hotel dele.

Ferri, o ladrão, o fracasso, o irmão amado, estava prestes a fazer as malas: a última saída era fugir para a América. A passagem de navio estava reservada, o dia da partida marcado. Faltavam dez dias. Ele não podia mais ser visto em Berlim, nem em seu meio profissional, e muito menos entre conhecidos e colegas. Tinha caído do primeiro degrau da escada de ascensão social e se tornado um daqueles tipos que os caricaturistas dos jornais já conheciam muito bem: o caixa desonesto que é expulso da Europa com um pontapé. As tentativas de refugiar-se em algum outro lugar tinham todas falhado. Ferri tinha levado a família à beira de uma catástrofe social;

os Bauer, que viviam brigando, viram cenas que nunca tinham visto antes. Quem levou o pior golpe foi Felice: de onde ela tiraria forças, em uma situação dessas, para responder cartas e refletir sobre seu próprio futuro? Era preciso tranquilizar os parentes e proteger Ferri de arruinar-se ainda mais. Ela comprou a passagem, arranjou o capital inicial e enviou dinheiro para os Estados Unidos, mas ele partiu descontente, ingrato como sempre. Só depois de várias semanas, e por *caminhos tortuosos*, os Bauer receberam a notícia de que Ferri tinha chegado bem e estava a salvo.

Na maior parte dos casos, a emigração para a América significava uma despedida para sempre. Os pais de Ferri já tinham mais de sessenta anos e não podiam contar com a possibilidade de ver o único filho homem de novo. As cartas custavam semanas a chegar, e era inevitável que as irmãs também se afastassem; visitas estavam fora de questão, pois significavam um gasto muito grande de tempo e dinheiro. De fato, só depois de treze anos os membros sobreviventes da família se reencontrariam. Em 1927, Ferri, que nesse meio-tempo tinha se tornado um homem casado, pai e empresário independente, conhecido por "Fred E. Bauer", foi abraçado em Berlim por uma anciã que um dia havia sido sua mãe.

Se os prudentes pais de Kafka tivessem tido a ideia de pedir um segundo dossiê, mais atual, sobre os potenciais parentes, eles provavelmente teriam deparado com uma surpresa desagradável. Não sabemos se Carl Bauer de fato teve de se comprometer a pagar de seu próprio bolso os danos causados pelo filho para evitar um processo judicial, como Kafka presumiu mais tarde. O que sabemos ao certo é que Felice perdeu suas economias, e não tinha dote *nenhum* para trazer ao casamento. A paz dessa família foi comprada a um preço muito alto. A transferência mensal que os Bauer esperavam da filha Erna deve ter sido custeada por Felice ao longo de meses — de que outra forma elas manteriam a gravidez de Erna em segredo? Não era de admirar, portanto, que apesar de sua renda relativamente alta, Felice ainda se visse compelida a fazer trabalhos de datilografia pagos por hora, depois do expediente, com certeza adentrando algumas noites.

Kafka observou bem: "F. tem um aspecto cambiante, ao ar livre parece em geral renovada, dentro de casa, às vezes cansada, envelhecida, com a pele manchada e áspera".[14] O que lhe escapou foi o desespero da vergonha social, que sufocava Felice e a impedia de falar. *Tudo ficará bem* — a máxima fatal de sua arte de viver, a máxima do recalque crônico, falhava agora de modo irrevogável. Franz, o sonhador, com sua constante insistência na sinceridade, não tinha se provado mais realista, mais apto para a vida prática? Ela não estava se enroscando cada vez mais na mentira? Em vez de lhe pedir duas vezes que não viesse a Berlim *em nenhuma hipótese* no Natal, não seria mais razoável e justo simplesmente lhe dizer que ali estava uma família desfeita, consumida em si mesma, que agora poderia suportar tudo, menos estranhos testemunhando sua sina? Ela sempre lhe pedira para orientar-se pelo que estava *dado*. Mas, infelizmente, falhara em dividir com ele a tempo o que estava dado, e a ideia de fazer isso *agora* era terrível. Haveria palavras? Ela teria de expor tudo o que lhe era caro? "Meus pais viveram por anos separados, minha irmã tem um filho fora do casamento, meu irmão é um impostor, e eu não tenho mais nada..." Não, não, isso não.

Os dois se encontraram no Tiergarten.[15] O mesmo lugar, o mesmo itinerário. Às dezesseis horas, como sempre, Kafka deixaria o hotel, de malas feitas, para estar a postos como um funcionário fiel na segunda-feira de manhã. Restavam algumas horas. A decisão precisava ser tomada. E ele nunca esteve tão decidido a aproveitar a última das últimas chances.

Mas ele foi rejeitado. Gaguejando, em meias frases, a cabeça em geral virada para o lado, Felice lhe disse que não conseguia tomar uma decisão. "Eu posso gostar de você, mas isso não é suficiente para o casamento. Não quero fazer as coisas pela metade." "A outra opção também é só metade", colocou Kafka, cuja presença de espírito sobrepôs-se ao choque por alguns segundos. "Sim", ela respondeu, "mas é a metade maior." E por fim havia a lembrança de um amor antigo; talvez isso também a estivesse atrapalhando.

Kafka não desistiu. Ela já havia falado de outra maneira sobre seus sentimentos. Podia até citar, sabia tudo de cor. Mas agora não queria ouvir nada daquilo. "É assim. Você precisa acreditar. Não se agarre a cada palavra." Ele não acreditou, até ameaçou ir atrás do pai dela para entender o que havia acontecido, o que havia mudado. Ela ficou furiosa... Palavras, ele procurava palavras, só as palavras certas podiam segurar aquela mulher que parecia a ponto de se despedir. "Diga 'sim'", ele lhe pediu enfim, "ainda que você considere que seus sentimentos por mim não são suficientes para o matrimônio, meu amor por você é grande o bastante para suprir o que falta e, sobretudo, forte o bastante para arcar com tudo."* "Pare de pedir", ela

* Franz Kafka, *Diários 1909-1923*, op. cit., p. 347.

retrucou duramente, "você está sempre querendo o impossível." Sim, o impossível... é preciso querer o impossível, essa era uma das frases preferidas de seu amigo Felix, e Kafka sempre havia rido dela, afinal o possível já lhe parecia estar a uma altura inalcançável. Mas e se fosse verdade? E se um só passo em uma direção completamente impensável ainda fosse capaz de tirá-los desse lugar? "Amo você o bastante", ele disse, procurando o olhar que o evitava, "para me despir de tudo que possa perturbá-la. Vou me transformar num outro homem."*

No começo do ano, quando, apesar de tudo, pedira-a de novo em casamento, Kafka considerava impossível se humilhar mais... À época, esse sentimento ainda ocultava um grão de esperança; ele acreditava que as coisas só podiam melhorar. Mas essa esperança provou-se enganosa. Agora ele estava vendo o que era humilhação. *Berlim, Tiergarten*: era o zero absoluto de seus trinta anos de existência. Não havia dignidade no que os dois estavam fazendo, um despedaçar-se sem toque, que Strindberg não poderia ter imaginado com mais crueldade. Foi, conforme ele se lembraria semanas mais tarde, uma "humilhação mais profunda do que qualquer cão já sofreu". Suas perguntas caíram no vazio. Ele não ouviu explicações, e suas repreensões foram lançadas ao vento. No fim, ainda se *traiu*, deixando-se levar — numa queda livre, como que sem pensar — por promessas que até uma criança saberia impossíveis de cumprir. Não se pode mudar as pessoas, é preciso aceitá-las como são... Fazia só dois meses que ele havia dito isso. E agora, a rigor, prometia matar o que havia de *mais seu*, retirar-se do mundo. Kafka foi capaz de perdoar a rejeição. Mas nunca perdoaria Felice por invocar, mais tarde, tais promessas.

Eles passearam por três horas. Em um café, encontraram justamente Ernst Weiß. Por ali ficaram, Felice conversou um pouco, foi simpática, também com seu companheiro, que se forçou a falar sobre o ofício da escrita e o gabinete. Weiß disse que um homem casado deveria ter um emprego seguro.

Então, Kafka acompanhou Felice até sua casa. Na escadaria, eles se despediram. Kafka curvou-se, abriu a luva dela rapidamente e pressionou os lábios contra a sua mão. Quando olhou para cima de novo, viu um rosto deformado e hostil.

* Ibid.

28.
Kafka e Musil

Como me proponho a fazer tudo isso,
estou curioso para saber
o que farei na realidade...

Robert Musil, *Tagebuch* [Diário], 1910

Publicou-se um pequeno volume escrito por Siegfried Jacobsohn, o editor do *Schaubühne*, um homem íntegro e, portanto, temido nos círculos teatrais. O título era surpreendente: *Der Fall Jacobsohn* [O caso Jacobsohn]. Era um caso de nove anos antes, um escândalo que custara o emprego e a reputação a Jacobsohn, à época um rapaz de 22 anos, cabeça do folhetim do *Welt am Montag*, em Berlim. Ele foi acusado de plágio. Amigos viraram-lhe as costas, publicaram-se ataques de tom antissemita, Jacobsohn ficou isolado. Viajou por alguns meses à Itália, depois a Paris. Poderia ter ficado lá, como correspondente, longe do tumulto. Mas não fez isso. Ele sabia o que queria; voltou a Berlim e pegou dinheiro emprestado para fundar sua própria revista de teatro, o projeto de sua vida.

Kafka mal tinha voltado de sua própria viagem à Itália quando leu o livro, com avidez e assombro. "Essa força de viver, de decidir, de fincar o pé com vontade no lugar certo. Ele se sente na própria pele como um exímio remador se sentiria em seu bote ou em qualquer outro. Queria lhe escrever."[1] Mas o sentimento de elevação que Kafka lhe tomou emprestado evanesceu quando ele começou a refletir sobre seu próprio caso. Jacobsohn tinha dado a volta por cima, Kafka tinha se arrastado para casa. Que cara teria a *sua* prestação de contas? *O caso K.* seria uma leitura triste.

Ele se aconselhou com Brod, e pela centésima vez os dois analisaram as possibilidades de escapar do tão odiado escritório. É, aqueles tempos em que os amigos podiam sonhar em estar por aí, sem que o peso das obrigações sociais os mantivesse atados ao chão, tinham ficado para trás. Brod havia se casado, talvez logo se tornasse pai, e enquanto isso crescia sua autoridade local como defensor do sionismo. Ele tinha novas obrigações e laços, que não lhe permitiam mais pensar seriamente em deixar sua cidade natal. Podia escrever de qualquer lugar, tornar-se famoso de qualquer lugar. E já que não havia esperança de gozar na Riviera de uma grande herança, por que não puxar os fios de Praga? Agora, mais do que nunca, ele esperava encontrar nas obras teatrais e em seu romance *Tycho Brahe* a saída para o tédio (e, secretamente, também para o embaraço) de ser um oficial dos Correios.

Para Kafka, era bem diferente. Ele sempre falava em demitir-se e sair de Praga, como se fosse tudo a mesma coisa, como se ele fosse demitir-se da *cidade*. Ele não envelhecia em Praga, parecia-lhe que nada se movia por ali. Karlsbrücke, Hradschin, Kettensteg, Kronprinz-Rudolfs-Quai, Karlsbrücke... Kafka tinha realmente esgotado certos passeios. A família estava pendurada no Altstädter Ring, e Kafka com ela, como uma criança na barra da saia da mãe. Por toda parte, havia lembranças, acontecimentos, coisas insistentemente familiares. "Para uma pessoa que seja minimamente inquieta", ele escreveu alguns anos depois, "mesmo que essa pessoa goste de se enganar a esse respeito, a cidade natal é muito pouco inata, um lugar de memórias, de melancolia, de mesquinhez, de vergonha, de sedução, de uso indevido das energias."[2]

E não era diferente com as pessoas. Kafka conhecia muitas pessoas de vista, em toda parte tinha de levantar o chapéu. Os garçons da cafeteria sabiam que ele não tomava café e que era amigo do famoso Werfel. A pequena e incestuosa comunidade dos sionistas o estimava e respeitava, mesmo que ele ficasse quieto. Os poucos amigos íntimos, contudo, estavam ampliando seus círculos e o deixando para trás, um depois do outro, encontrando seu lugar. Felix Weltsch havia sido o último; fazia pouco tempo que ele também tinha decidido casar-se, apesar de prever todo o infortúnio, e Kafka quase ficou feliz com isso, pois significava o fim de uma "espécie de fraternidade dos solteiros" que "era totalmente assombrosa em alguns momentos".[3] Mas ele não sabia o que poderia ocupar esse posto.

Não se podia dizer que o lugar de onde se escrevia era indiferente. Ernst Weiß também conhecia Praga, mas nem em sonho lhe ocorreria viver e trabalhar ali. Não havia nenhuma editora digna de nota, nenhuma revista importante, nenhum palco proeminente; seria o mesmo que se mudar para a floresta boêmia. Ele não entendia o que Kafka estava esperando; aquela funcionária de Berlim não era uma mulher pela qual valia a pena esperar; aos poucos, Weiß começou a odiá-la por impedir o amigo de cumprir seu *destino*.

Mas, de fato, Kafka já tinha avançado muito mais com suas reflexões do que Brod e Weiß podiam imaginar. Ele não gostava de comunicar decisões antes da hora, e como demorava para tomá-las, tinha um raro prazer em apresentar às pessoas fatos consumados — mesmo que Brod sempre se aborrecesse com esse "secretismo". Dessa vez, em especial, Kafka sentia que a coisa certa a fazer era agir metodicamente e não deixar que a decisão fosse influenciada pelas objeções dos outros. Era fácil falar que ele tinha de *demitir-se*, deixar o serviço público. O fato era que, com uma única assinatura, ele lançaria a literatura, o amor e a vida material num turbilhão.

A questão da renda parecia-lhe o menor dos obstáculos; nesse ponto, ele se sentia até superior a Brod, que ficava fazendo contas ansiosamente. Eles não tinham conhecidos em comum que, com dois ou três salários economizados, puseram-se a caminho da Palestina? Comparado a isso, ir até a estação de Praga e pedir uma passagem "só de ida para Berlim" não era nenhum ato heroico. A caderneta de poupança de Kafka registrava quase 5 mil coroas tchecas, e esse seria o capital inicial do casamento. Mas, sozinho, ele achava que poderia muito bem sobreviver por dois anos com tal soma, já que não tinha necessidade nenhuma além de um quarto limpo, tranquilo, e uma porção diária de verduras frescas. Ernst Weiß tinha ousado recomeçar *sem* tais garantias.

A questão do destino tampouco exigia uma análise profunda. Kafka era um advogado austríaco especializado em tecnologia, seguros e administração. Tirando Praga, só em Viena ele teria chances de usar esse conhecimento para ganhar a vida: uma cidade que sempre lhe parecera assombrosa, impregnada de fantasias de morte, e cuja imagem era agora distorcida pelas vívidas memórias de uma cabeça torturada pela dor, pela depressão e pela insônia, a ponto de causar-lhe asco. Viena era o passado, uma espécie de Praga alargada e incômoda, já Berlim era estranha, excitante, apontava para o futuro: o próprio Brod já se dera conta disso, bem no começo de sua trajetória literária, embora à época, em 1906, tivesse uma ligação bem mais íntima com a literatura impressionista de Viena. Lá embaixo, contudo, naquela "aldeia gigante e moribunda", as cartas pareciam distribuídas em definitivo; os literatos lutavam pelo legado e consumiam-se em disputas de território. Quem não estava do lado de Karl Kraus estava contra ele, e ninguém ouvia aqueles que não tomavam partido.

Em uma entrada de diário na forma de diálogo, em que a autoanálise ganha contornos de um interrogatório interno, Kafka chegou com sobriedade a uma conclusão:

> Preciso, portanto, sair da Áustria, mas como não possuo talento para línguas e só poderia desempenhar pessimamente trabalho físico ou comercial, tenho de ir para a Alemanha, ao menos de início, e, ali, para Berlim, que é onde são maiores as possibilidades de conseguir me manter. Lá, posso explorar melhor e mais rapidamente minhas habilidades como escritor no jornalismo e encontrar, assim, algum sustento em certa medida adequado. Se, além disso, serei capaz de trabalho mais inspirado, isso não posso dizer agora, nem mesmo com o grau mais mínimo de certeza. O que creio saber efetivamente é que, da situação de autonomia e liberdade que terei em Berlim (e por mais miserável que ela seja), extrairei a única felicidade de que sou capaz no momento.[4]*

Para Berlim, portanto. Mas quem o conhecia por lá? Alguns autores que estavam, eles próprios, passando fome. As pessoas que trabalhavam em jornais e editoras, por outro lado, a cena dos "multiplicadores", era mal-acostumada e difícil de impressionar. Eles dificilmente se interessariam por rumores da província austríaca, onde qualquer coisa que rimasse era impressa, como bem sabiam. Em Berlim, era preciso saber usar as palavras de ordem, mostrar-se, participar da conversa, e a melhor coisa que se podia esperar era uma publicação que deixasse seu nome à vista entre uma multidão de talentos "promissores".

Não é difícil adivinhar o conselho que Brod, Pick e Weiß deram a Kafka, o eterno procrastinador: se seu *grande romance* ainda não está pronto, tire de uma vez *A metamorfose* da gaveta. Já fazia nove meses que Kafka tinha prometido a seu editor um manuscrito datilografado da narrativa, e Kurt Wolff tinha concordado em reunir *O veredicto*, *O foguista* e *A metamorfose* em um volume autônomo, independente das estreias na coleção Der jüngste Tag. Kafka queria o título *Die Söhne* [Os filhos]. Mas não havia se esforçado muito pelo progresso desse projeto, nem Wolff tinha voltado a entrar em contato com ele. Era uma situação incômoda: o editor parecia desinteressado, mas o autor se sentia comprometido, porque ele próprio havia feito a proposta. Agora, de volta da Itália e determinado a libertar-se, Kafka tinha pressa.

* Franz Kafka, *Diários 1909-1923*, op. cit., p. 349.

Ele não amava *A metamorfose*, e quanto mais tempo se dedicava à digitação e à revisão do texto, mais claras ficavam-lhe as marcas que as condições impróprias de escrita haviam deixado. Cada interrupção parecia-lhe gravada no corpo do texto, como feridas que saltariam aos olhos de todos. Ele quase sentia inveja de si mesmo ao pensar em *O veredicto*, que tinha sido escrito de *um* golpe; Kafka concluiu que não poderia ter feito melhor *aquela* joia. *A metamorfose*, por outro lado, estava aquém desse epítome da perfeição. "Grande aversão", ele escreve, enfim. "Final ilegível. Imperfeito quase até a medula."[5] Esse julgamento equivocado, entretanto, não teve consequências maiores. Kafka queria ir para Berlim. E, por isso, enfim entregou *A metamorfose*.

Por uma feliz coincidência, justo nesse momento, no inverno de 1913-4, a Kurt Wolff Verlag conseguiu resolver um de seus problemas mais urgentes: a falta de um periódico literário próprio. Samuel Fischer tinha demonstrado, com a *Neue Rundschau*, o impulso que uma "revista da casa", dirigida com talento, dava ao programa beletrista de uma editora, e Wolff, assim como Rowohlt, tinha total clareza de que teria que recuperar, de alguma forma, o atraso em relação ao concorrente mais estabelecido. Aquilo que se apresenta aos autores como um espaço mais ou menos respeitável para desenvolver um discurso é, economicamente falando, uma ferramenta de publicidade, uma "ação" (para usar o jargão de vendas) permanente que, por meio de amostras literárias, atrai amantes dos livros e os mantém fidelizados. Sem falar que uma revista própria abre a possibilidade de abordar autores de outras editoras com sutileza — uma ferramenta de que Wolff sentia falta, pois ele não era do tipo que fazia um cortejo descarado. Mas todas as tentativas de criar um megafone próprio para a editora tinham falhado até então. Wolff ficou esperançoso quando assumiu a *Der lose Vogel* [O pássaro solto], editada por Franz Blei (que vivia cheio de projetos), mas a revista não tinha salvação.

Entretanto, a relação com Blei, que agora morava em Berlim, traria outros benefícios. Afinal, foi ele quem pôs Wolff em contato com um mecenas de apenas 22 anos, tão ambicioso quanto ignorante em matéria de literatura e edição, um homem riquíssimo e que, no entanto, não conseguia avançar sozinho com seus planos: Erik-Ernst Schwabach, fundador da Verlag der Weißen Bücher [Editora dos Livros Brancos]. Inflamável e instável, Schwabach sonhava com uma revista própria, sem dispor dos canais de distribuição necessários. Wolff logo conseguiu convencê-lo das vantagens de uma colaboração, e assim surgiu um novo órgão literário, fundado em conjunto, que naturalmente havia de se chamar *Die weißen Blätter* [As folhas brancas]. A revista, editada por Franz Blei, passou a ser publicada em setembro de 1913, nominalmente na editora de Schwabach, mas de fato sob o teto da Kurt Wolff Verlag. Schwabach entrou com um impressionante aporte de capital de 300 mil marcos, o equivalente hoje a uma fortuna de milhões, que o corpo editorial de Wolff celebrou conforme o esperado. "O Schwabach pagará por isso": essa era uma espécie de bordão que dava asas aos editores na hora de planejar o programa.

A aparição desse mecenas e a fundação da *Die weißen Blätter* abriu uma oportunidade inesperada para Kafka. Agora, havia um lugar onde *A metamorfose* podia ser publicada *imediatamente*, sem que ele precisasse romper sua palavra; pois logo ficaria evidente que a revista era o órgão pelo qual Kurt Wolff tanto ansiara, onde prévias dos livros da editora poderiam ser publicadas. Assim, não fazia diferença mandar um manuscrito para o editor da revista, Franz Blei, ou para o editor de livros, Franz Werfel — no fim ele iria parar no mesmo escritório. Mas Brod, a par de tudo como sempre, terá assegurado várias vezes ao amigo que não havia mais impedimentos morais para trazer o tesouro à luz (e, portanto, ele não tinha mais desculpa). Foi assim que, no fim de janeiro de 1914, uma cópia limpa de *A metamorfose* apareceu na mesa de Franz Blei: 77 páginas datilografadas.

Kafka não foi o único protegido de Blei a ser atraído para a capital da Alemanha. Blei também podia reivindicar para si, com razão, o título de primeiro padrinho de Robert Musil, autor que se preparava para dar um grande salto. Os paralelos são espantosos, ainda que não sejam nada ocasionais: Kafka e Musil, dois funcionários, um de uma seguradora de Praga, outro de uma biblioteca universitária de Viena, os dois com sintomas psicossomáticos de toda sorte, os dois entediados, os dois desesperados de ver o tédio tornar-se rapidamente um estado habitual. E os dois chegaram à mesma conclusão: ganhar a vida com a literatura só podia significar *sair* da Áustria. Um episódio tragicômico da literatura recente é que a vida desses dois autores, que décadas depois serão identificados como as principais estrelas do modernismo de língua alemã, só tenha se cruzado porque eles estavam lidando com o mesmo problema existencial no mesmo instante. Não foi um grande momento.

Musil era três anos mais velho que Kafka, e mais enérgico. É especialmente tocante ver como ele pôs em prática, aparentemente sem hesitar, uma ideia com a qual Kafka andava às voltas em seus devaneios e suas intermináveis espirais de pensamento. No começo de agosto de 1913, Musil apresentou um atestado médico à Universidade Técnica de Viena e tirou uma licença de seis meses. "Neurastenia", "episódios de palpitação", "transtornos digestivos", "insônia", "depressão" — a lista mostra que era totalmente possível conseguir seis meses de descanso com sintomas que Kafka também poderia muito bem ter alegado. (Dois anos mais tarde, Musil estaria deitado sob explosões de estilhaços, e não se notou nenhuma alteração em seus batimentos cardíacos.)[6] Ele já tinha passado por uma tentativa frustrada de criar raízes na cena literária alemã; o casamento com Martha Marcovaldi na primavera de 1911 o impedira de ficar lá por mais tempo. Mas, dessa vez, Musil estava decidido a colocar tudo o que tinha a oferecer na balança: seus dois livros, sua obra futura, sua força de trabalho.

O primeiro caminho estava traçado e o levou até Leipzig, ao encontro de Kurt Wolff. Na mala, Musil levava seu *O jovem Törless* e a novela *Uniões*: era o dote com o qual esperava convencer o editor a pagar-lhe um fixo mensal. Mas, embora Werfel tenha intervindo vigorosamente a seu favor, as conversas não levaram a lugar nenhum — é de imaginar que Wolff tenha mostrado certas reservas ao encarar Musil, um homem exigente e com pressa.

Então Musil foi a Berlim ter com o grande concorrente de Wolff, Samuel Fischer. Logo se viu que ele tinha bem mais chances ali. Musil foi esperto de se apresentar não apenas como autor, mas como um editor que poderia recrutar jovens autores, e isso chegou em boa hora para dar fim a certos sintomas escleróticos da mais renomada editora literária. A imagem conservadora da *Neue Rundschau*, sobretudo, fazia com que muitos expoentes de uma literatura jovem, combativa e expressiva preferissem publicar nas revistas mais destacadas do momento, e não na revista "líder". Era preciso levar em consideração a carreira dos autores da casa e seus leitores burgueses. Temia-se até que um estilo uniforme estivesse se estabelecendo furtivamente na *Neue Rundschau*, e qualquer um que o adotasse estaria arruinado como artista. Samuel Fisher conhecia essas vozes, mas não tinha nenhum interesse em fazer experimentações e nem considerou vestir a *Neue Rundschau* de trajes expressionistas para fazer frente à coleção Der jüngste Tag e à revista *Weiße Blätter*.

Musil sugeriu outro caminho. Era preciso criar um campo próprio de jogo para os mais jovens, uma espécie de palco de ensaios, ainda sob a logomarca da S. Fischer, mas que fosse tão claramente distinto do programa estabelecido a ponto de não ocorrer a nenhum crítico que padrões literários consagrados estavam sendo colocados em questão. Uma segunda revista, pois, ou, melhor ainda, um suplemento da *Neue Rundschau* que pudesse ser assinado e cancelado separadamente. Fazia sentido para Fischer, e antes que o caráter definitivo do novo fórum estivesse decidido, ele assinou um contrato que tornava Musil funcionário da S. Fischer Verlag, a partir do dia 1º de fevereiro de 1914 — com o objetivo de "atrair a geração de jovens escritores".[7]

Curiosamente, foram preservados poucos documentos que se referem à atividade editorial de Musil, mas é certo que ele começou o trabalho cheio de energia e desenvolveu uma atividade quase frenética desde o primeiro dia. Agora, ele próprio tinha se tornado um "multiplicador", e estava decidido a seguir seus próprios critérios estéticos e intelectuais, sem ficar olhando de relance para os deuses da casa: Thomas Mann, Gerhart Hauptmann e Walther Rathenau. A prova mais espantosa disso é que uma das primeiras coisas que Musil fez quando começou a trabalhar foi pedir o endereço de Kafka para Max Brod.

Era como se, com o convite amigável e acolhedor de Musil, uma porta do céu se abrisse de repente, com um chamado para Kafka. "Por favor", ele leu espantado, "considere essa 'revista' como um órgão pessoal para tudo o que quiser ver realizado em arte ou em outros campos afins. Sobretudo o que for seu." Muitos autores teriam dado *tudo* para ler essas palavras. E Kafka não ficou impassível: "Alegra-me e me entristece", escreveu, "porque não tenho nada".[8] Ele se sentiu lisonjeado, vivo, estimulado. O que estava esperando? Literatura ou casamento — ainda era essa a questão? Felice seguia parada, a relação nunca lhe parecera mais distante e sem perspectivas, e Kafka estava tão decidido a incendiar as pontes atrás de si que pronunciou a palavra "demissão" na mesa de jantar — sem levar em conta que ali essa ameaça caía como uma bomba, que implicaria intermináveis negociações sussurradas entre a fúria e o desespero. Ele já devia estar ciente de que Franz Blei tinha reservas quanto à extensão de *A metamorfose*, e antes de saber exatamente o que Musil queria, decidiu oferecer também a ele a narrativa. Kafka provavelmente não teria ousado tal façanha sem o conselho de seus amigos mais iniciados no mundo literário. "Não tenho nada": ele não poderia e não deveria ficar parado nesse ponto agora, apesar de toda a lealdade a seu editor.

A situação era muito mais confusa e moralmente difícil do que Kafka imaginava. Wolff e Fischer eram concorrentes. Portanto, Franz Blei, editor da *Weiße Blätter*, e Robert Musil, editor da *Neue Rundschau*, também eram, ainda que fossem amigos de anos. Enquanto Kafka pensava no que dizer para pedir de volta a Blei o manuscrito de *A metamorfose* e então encaminhá-lo ao endereço de Musil, que era claramente muito mais promissor, Musil foi sem grande cerimônia até o Café des Westens e pegou o volume com suas próprias mãos, poucas horas depois de ouvir um sim de Kafka. Musil conhecia *O foguista*, e isso era o bastante. Ele tinha alguma ideia do escritor com quem estava lidando.

Kafka devia saber um pouco sobre aquele homem com quem compartilhava um destino. Não há outra forma de interpretar o fato de que, em sua segunda carta, ele tenha revelado a Musil sua intenção de começar a viver de literatura e mudar-se para Berlim. Musil respondeu prontamente: "Embora você sinta necessidade de manter seus planos em silêncio, nos próximos tempos vou dividir com você algumas reflexões sobre o assunto, que deverão me aliviar um pouco da grande responsabilidade que você me atribui com sua bondade".[9] Soa como se os dois fossem íntimos, e em nada se parece com uma estratégia para enrolá-lo. Infelizmente, não temos acesso às "reflexões" anunciadas por Musil. De fato, há indícios de que ele não estava só cumprindo sua responsabilidade como conselheiro, mas que também podia ajudar Kafka com uma alternativa concreta, possivelmente como colaborador avulso da editora. Com o manuscrito de *A metamorfose* em mãos, no entanto, Musil foi até o editor responsável da *Neue Rundschau* para convencê-lo de que esse texto caberia melhor na seção "clássica" da revista, e não na vitrine de novos talentos. Mais do que isso ele não podia fazer. Até onde sabemos, Musil não revelou como estava desapontado por Kafka não ter nada a oferecer ou prometer além de uma volumosa narrativa. E não pôde fazer nada quando, meses depois, a S. Fischer Verlag voltou a relativizar a promessa de publicação, exigindo que *A metamorfose* fosse drasticamente encurtada, nem quando Kafka ficou indignado, recusou a proposta e cancelou a publicação como um todo.

A metamorfose não foi publicada na *Neue Rundschau*, e sim na *Weiße Blätter*. A narrativa não saiu na primavera de 1914, quando poderia ter se tornado a base de uma existência literária mais ou menos livre, e sim no outono de 1915, quando a guerra já tinha acabado com as perspectivas de Kafka havia muito tempo. Foi publicada com gralhas de impressão e erros gramaticais, pois Kafka nunca chegou a ver uma prova. E assim, sem zelo, começava uma inigualável carreira, depois de uma série de começos em falso e com uma forma prejudicada: mais uma mostra daquela "lei fundamental" de sua vida, que uma vez Kafka definiu assim para Grete Bloch:

> Até agora, consegui tudo o que queria, mas não foi de uma vez, nunca sem desvios, em geral no caminho de volta, sempre no último esforço e, até onde posso julgar, quase no último instante. Não tarde demais, mas quase tarde demais, sempre na última batida do coração. E nunca consegui alcançar tudo o que queria, em geral não estava mais tudo disponível, e mesmo que tivesse estado, eu não teria conseguido lidar com tudo, mas ainda assim recebi um grande tanto, e em geral o mais importante.[10]

Tudo parecia se repetir. Mas toda repetição aponta para uma lei, e Kafka estava ansioso como nunca para encontrar tais leis e formulá-las. "Não há balança em que os dois pratos subam ao mesmo tempo", reza uma delas.[11] Uma imagem bonita e precisa. Seria um milagre se Kafka não tivesse pensado na justiça ao formulá-la. Mas nada poderia ajudá-lo a sair dessa situação em que tinha se enfiado, além de uma dessas balanças fabulosas.

Ele tinha delegado a Berlim a decisão sobre sua futura existência. Ou melhor: as *duas* decisões. Estava apto a casar? Não tinha jogado fora havia muito tempo a confiança que nele havia sido depositada? Era o que estava sendo discutido em Charlottenburg, na Wilmersdorfer Straße, 73. Se o veredicto fosse negativo — e tudo apontava para isso —, ele decidiria firmemente ficar sozinho e viver para a literatura dali em diante.

O tribunal civil, contudo, reuniu-se em outros lugares: no escritório de Musil, na mesa habitual de Franz Blei no Café des Westens, e talvez em outros dois ou três pontos de encontro do mundo editorial. Depois de uma condenação em primeira instância, Kafka acreditava que ali seria decidido o que aconteceria com as ruínas remanescentes da sua vida, com sua *bancarrota*. A narrativa tinha valor o bastante para justificar outra empreitada, melhor, mais feliz? E seria justificável mandar para a selva da literatura alguém que já era um fracasso nos assuntos mais cotidianos?

Esse acúmulo de decisões no espaço e no tempo foi deixando Kafka cada vez mais impaciente. Aquela aparição surpresa no trabalho de Felice, que terminou com a humilhação mais profunda no Tiergarten, tinha uma conexão oculta, mas indubitável com o cheque em branco que Kafka havia recebido de Musil apenas quatro dias antes. Podemos até conceber (embora não comprovar) que Kafka tenha visitado Musil exatamente no fim de semana em que esperava tomar uma decisão acerca do casamento. Era a típica dinâmica do "agora ou nunca", alimentada pela oferta amigável de Musil, que agora impulsionava Kafka para além daquele zero absoluto. Ele estava se sentindo miserável; nunca tinha passado por nada pior do que aquelas cenas no Tiergarten. Mas continuou em movimento, continuou capaz de agir. Revogou tudo o que tinha prometido a Felice naquele estado inconsciente de necessidade. E pela primeira vez atreveu-se a criar condições.

É como se os papéis tivessem sido invertidos. Kafka sabe o que quer: é o momento em que seu destino será revelado. Felice Bauer, por outro lado, vacila conforme seus estados de espírito, que já não consegue controlar. Ela desperta novas esperanças — não por acaso, no mesmo dia em que seu irmão deixa a Alemanha — e afunda de novo no silêncio. Não quer mais ouvir sobre o Tiergarten, e ainda assim cita as frases mais lamentáveis de Kafka. Recusa encontrá-lo em Dresden, em território neutro. Confessa ainda não ter dito "tudo", mas não responde quando Kafka implora que ela enfim fale abertamente.

No dia 19 de março, Kafka escreve a Grete Bloch: "Isso tem que ter um fim, bom ou mau". Ele aumenta a pressão muito além da medida compatível com as convenções, a etiqueta social e até com as regras discursivas da vida íntima burguesa. A mãe de Kafka escreve a Felice. Ele escreve para os pais dela. Manda telegramas. As mensagens voam quase de hora em hora entre Praga e Berlim, entrecruzam-se, reforçam e negam umas às outras. Ele ameaça entrar num trem. Fará qualquer coisa para arrancar dela uma decisão.

No sábado, dia 21 de março, Kafka enfim gasta seus últimos trunfos, dizendo que não quer mais presentes enviados sem muita convicção ou cartas forçadas; ele quer clareza. Kafka coloca sobre ela todo o peso da responsabilidade, explica as consequências de sua decisão. E a ameaça com o fim.

> Diga-me, Felice: por que você se força, por que você quer se forçar? O que mudou desde o passeio no Tiergarten? Nada, você mesma diz. Mas o que mudou em você desde nossos dias bons? Tudo, você também diz isso. Por que então você quer se sacrificar, por quê? Não pergunte sempre se eu te quero! Ler essa pergunta me deixa triste, para morrer. Essas perguntas estão na sua carta, mas não há nenhuma palavra, nenhuma palavrinha a seu respeito, nenhuma palavra sobre o que você espera para você, nenhuma palavra sobre o que o casamento significaria para você.

Tudo isso aponta numa mesma direção, para você é um sacrifício, portanto não há mais nada a dizer a esse respeito. [...]

Você pergunta sobre meus planos, não sei bem o que você quer dizer com isso, mas acho que agora posso te falar abertamente sobre eles. Quando voltei de Riva, estava decidido a me demitir, por diversas razões. Já fazia um ano, e até mais tempo, que tinha notado que meu trabalho só faria sentido, que ele só faria realmente sentido para mim se me casasse com você (desde que te conheci, ninguém mais passou pela minha cabeça, e nem passará). Assim, meu trabalho faria realmente sentido, seria quase agradável. [...] Se eu não me casar com você, então meu trabalho, por mais fácil que seja para mim (tirando momentos excepcionais), se tornaria uma coisa repulsiva, pois ganho mais do que preciso, e isso não faz sentido. [...]

E então, Felice? Sinto como se estivesse na plataforma da Anhalter Bahnhof, excepcionalmente você teria vindo, eu veria seu rosto à minha frente e teria de me despedir de você para sempre. — Espero uma carta expressa na segunda-feira, um milagre; o que sei eu do que espero. A partir de terça-feira, não espero mais nada.[12]

Era um ultimato. Felice Bauer teria que reagir *imediatamente*. Kafka sabe que não há mais espaço para aumentar a pressão, ele chegou ao máximo, precisa arrancar dela uma decisão. Interrompendo seu próprio silêncio, ele elabora uma candidatura que deverá lhe trazer uma posição insignificante em Berlim, provavelmente arranjada por Musil. E mantém essa carta no bolso, como uma arma.

Não há resposta na segunda-feira de manhã. Kafka faz seu trabalho mecanicamente; ninguém no escritório tem ideia de que ele está esperando um sinal para se demitir. Não há tampouco carta na tarde de segunda-feira. "Já estava me sentindo um homem em liberdade, no bom e no mau sentido."[13] Às cinco horas, finalmente, chega um telegrama de Felice, anunciando uma carta para terça-feira.

Na terça-feira, o mesmo jogo. Kafka espera em vão pela decisão. Carta nenhuma chega, nem no escritório, nem em casa. Poderia enviar sua candidatura agora, mas hesita. Na quarta, finalmente, *o veredicto*. Felice escreve que não é autônoma, que precisa de um homem em quem possa confiar. Em Berlim, ela contaria tudo o que ele quisesse saber. Mas será que ele poderia aceitá-la como se nada tivesse acontecido? Nesse caso, sim... eles poderiam tentar ficar juntos de novo.

29.
Plano matrimonial e ascetismo

Keep going, going on,
call that going, call that on

Samuel Beckett, *How It Is*

Um guarda de fronteira pode ser casado? Um guarda de fronteira, um posto avançado dos mais extremos, que tem de lutar dia e noite, se não com tártaros e citas, com ataques de uma melancolia congênita; que, se não luta dia e noite, mas goza provisoriamente de um longo período de paz, nunca sabe em que momento será necessário lutar de novo, de modo que não pode nem sequer chamar essa paz de trégua? Um guarda de fronteira, a serviço do intelecto, pode ser casado?

Grillparzer nunca possuiu sua eterna noiva; Kierkegaard se separa de Regine, a quem ama infinitamente, para manter-se fiel a ela por toda a vida. Claudel torna-se católico. Essa é a vontade deles, ou um destino superior? Talvez seja preciso renunciar de alguma forma a essa vida terrena quando o desejo é tornar-se imortal.

A primeira citação vem dos *Stadien auf dem Lebensweg* [Estádios no caminho da vida], de Kierkegaard, a segunda, de um ensaio de Willy Haas publicado na *Brenner*:[1] um fascículo que Haas faz chegar a Kafka com uma dedicatória escrita de próprio punho. Mas Kafka não acreditava naquela imagem gasta e desde sempre ilusória do gênio que renuncia à vida em nome da imortalidade. Todo mundo quer viver. Alguns, no entanto, não conseguem, estão distraídos, têm muito a fazer *do lado de dentro*.

Kierkegaard, sem dúvida, estava entre eles. Curvado desde cedo ao terror pietista do pai e consumido por episódios de depressão, decidiu espontaneamente, aos 27 anos, ficar noivo de uma menina dez anos mais nova, totalmente imatura. Mas as barreiras psicológicas que haviam tornado possível esse ato de vontade duraram só alguns dias; logo as hesitações, a reflexão compulsiva e a fobia sexual assumiram o comando definitivo. Kierkegaard torturou-se ao longo de um ano inteiro antes de tomar uma decisão, e então se separou, decidido a substituir a Regine Olsen de carne e osso por uma imagem onírica de mesmo nome.

"Como suspeitava", Kafka escreveu depois de uma primeira passada de olhos nos diários de Kierkegaard, "seu caso, apesar das diferenças essenciais, é muito parecido com o meu; pelo menos estamos os dois do mesmo lado do mundo. Como um amigo, ele me oferece confirmação."[2] A impressão deve ter sido violenta como um golpe de machado, pois no mesmo dia Kafka escreveu a Carl Bauer para deixar o mais claro possível, outra vez, com quem sua filha estava se envolvendo.

É claro que Kafka não considerava o dinamarquês seu "parente de sangue". A vaidade moral de Kierkegaard, seu orgulho de ter feito esse enorme sacrifício e optado por uma "vida intelectual" sem vínculos sociais, as constantes meias revelações em cuja sombra a ex-noiva teve de continuar vivendo, e por fim o isolamento deliberado de Kierkegaard, que uma vez assumiu nunca em toda a vida ter considerado a possibilidade de confiar totalmente em alguém — Kafka teve de traduzir tudo isso para a sua própria linguagem, a fim de entender que ele próprio ainda não tinha escapado dessas escolhas. Enquanto isso, as palavras simples de Flaubert, que foi tomado pelo desgosto e pela inveja ao ver uma mulher rodeada pelos filhos, ecoaram em Kafka pelo resto da vida: "*Ils sont dans le vrai*". Eles escolheram a coisa certa.

A coisa certa. Com uma frequência notável, Kafka falava do que era certo, verdadeiro, necessário, e não do que desejava. É provável que tenha seguido essa linha na Páscoa de 1914, em Berlim, quando, depois de mais uma conversa com Felice e seus pais, enfim tomou uma decisão sólida: os dois ficariam noivos imediatamente, ela pediria demissão da Lindström A.G., o casamento seria em setembro e Felice se mudaria para Praga. No dia seguinte, ele lhe escreveu: "Com certeza, nunca tomei nenhuma atitude que me desse a sensação tão clara de ter feito uma coisa boa e absolutamente necessária, como quando ficamos noivos, e depois e agora. Com essa indubitabilidade, certamente não".[3] Ele estava até disposto a ignorar que a pequena comemoração passaria sem que Felice lhe tivesse concedido um só momento de intimidade. Estava sofrendo com isso, mas não era a coisa mais importante. A pior parte era que ele não tinha certeza de que ela também sentia esse pertencimento, de que também tinha feito uma *escolha* consciente. Ele não poderia deixar de perguntar-lhe isso, de sondá-la repetidas vezes. Em nome do casamento, Kafka estava agora jogando fora todos os seus planos de mudança e demissão, com uma determinação que foi para Felice como o banho de água fria da necessidade e da *obrigação*. Ela reclamou disso, mas em vão.

> Não diga que estou sendo muito duro com você; tudo em mim que é capaz de amar está a seu serviço. Mas veja, já faz mais de um ano e meio que estamos correndo um em direção ao outro, e depois do primeiro mês já parecíamos estar cara a cara. E agora, depois de tanto tempo, depois de tanto correr, ainda estamos tão distantes um do outro. É seu dever absoluto, F., na medida do possível, ganhar clareza a seu próprio respeito. Não podemos nos machucar quando enfim estivermos juntos; seria lamentável para nós.[4]

Soa razoável e verdadeiro. No entanto, depois de tantos meses de hesitação, Kafka mostra uma diligência que parece mais forçada do que entusiasmada. O que Felice entende como intransigência é na verdade um esforço tremendo para mostrar boas intenções e se autoconvencer. Para os outros, é a coisa óbvia a fazer, o passo definitivo para aderir à sociedade; para ele, são os preparativos de uma expedição. É como se Kafka estivesse carregando todos os seus pertences para dentro do trem, para garantir que não haveria mais desvios, agora que ele havia reconhecido o caminho necessário e certo. Ele solta os freios. Mas os trilhos estão em declive.

Graças às cartas de Kafka a Grete Bloch, até hoje podemos determinar a sequência de eventos, ou ao menos seus contornos. No geral, as referências à sua vida vão se tornando mais escassas; muito do que ele costumava elaborar em longos devaneios epistolares e em ainda mais longas cartas imaginadas é tratado agora em conversas com os pais durante o jantar e com Felice ao telefone, pois é hora de realizar os planos. Detalhes podem ser inferidos aqui e ali, mas os poucos fatos indubitáveis deixam claro que Kafka não foi autorizado a seguir seu próprio roteiro. O plano de casamento estava predeterminado; era uma lista que deveria ser verificada ponto a ponto. Kafka não foi poupado de nenhum deles, e não havia nenhum deles que não apresentasse problemas.

Começou com a busca por um apartamento. Kafka era membro de uma cooperativa de construção, mas fazia tempo que não a mencionava. A casa para a qual tinha o direito de se mudar ainda nem devia existir. Ele folheou os anúncios nos jornais de Praga, embarcou em um longo périplo de visitas.

No início, evitou o centro, a região em torno do Altstädter Ring — não só porque queria uma zona de segurança entre ele e a família, mas sobretudo porque ansiava por tranquilidade, sol e ar fresco, além de quartos com vista, coisa que só havia nos bairros periféricos de Praga. Sonhou até com uma pequena casa com jardim, fora da cidade.[5] Mas lá só se falava tcheco: será que ele poderia exigir de Felice que começasse sua nova vida em um lugar duplamente estranho, na província austro-húngara e entre pessoas que teriam de lhe explicar cada palavra? Ele pensou na irmã de Felice, Else, que já estava infeliz o bastante em Budapeste.

Kafka corria de um apartamento para o outro. Estava com um pouco de medo das exigências de Felice, mas ainda mais de portas batendo, crianças gritando e estudantes de piano escondidos atrás de cada parede. Antes caro demais do que barulhento demais. Ele levou um mês inteiro para encontrar um meio-termo tolerável: "3 quartos, sol da manhã, centro da cidade, gás, luz elétrica, quarto de empregada, banheiro, 1300 coroas. Essas são as vantagens. As desvantagens: 4º andar, sem elevador, vista para um beco desolador e bastante ruidoso".[6] Sem falar que não contava com nenhuma folha de grama diante da porta, e ficava a menos de cinco minutos de distância do apartamento dos pais. Mas estava situado na Cidade Velha, em território alemão, como Felice desejava. No próximo verão, eles veriam. Seria um acordo provisório.

Já fazia quase dois anos daquela visita única e memorável de Felice Bauer a Praga. Havia algo de fabuloso, mágico, no fato de que ela voltaria como noiva daquele homem do qual só conseguira se lembrar direito, à época, depois de ver fotografias. Agora, eles já tinham uma história em comum, não um prelúdio, e sim um pré-casamento, que parecia concentrar tudo o que se pode tirar de um casamento, da alegria da primeira aproximação à dor do mais profundo afastamento. E quando ela andou pela primeira vez ao encontro dos Kafka, na plataforma da estação Franz-Josef, em Praga, de braço dado com a mãe, a mesma ansiedade devia se esconder atrás de cada rosto sorridente. Agora ninguém podia olhar para trás. Eles tinham que acabar logo com aquilo e comemorar o casamento.

"Meus parentes quase gostam dela mais do que eu gostaria", Kafka reclamou logo depois.[7] O sucesso de Felice não é nenhuma surpresa, afinal esse é seu papel preferido. Amabilidade, atenção, uma alegria distribuída por igual entre tios, tias e cunhadas, essa era quase a regra. Não havia o menor vestígio de pesar pelo irmão perdido, pelo choque que ainda paralisava os Bauer. E Felice tampouco deu mostras de como achou as irmãs de Kafka chatas e a família toda rígida. Ela causou impressão com suas amostras do dialeto de Berlim, seus movimentos livres e urbanos, sua roupa elegante e sua aparente independência. Kafka, que estava orgulhoso, mas tinha dificuldade em acompanhá-la, ficou meio desajeitado ao lado de sua noiva. De modo que alguns terão se perguntado secretamente como aquele excêntrico havia conseguido uma mulher daquelas: aquela mulher que estava decidida a se chamar *Felice Kafka*.

Ele sentia que novas armadilhas estavam sendo instaladas. Eram olhos demais fitando os cantos mais íntimos de sua existência. Dezenas de cartas de felicitação chegaram: de amigos, colegas, empresários, parentes distantes; algumas delas ele leu amuado, outras desapareceram na gaveta sem que as abrisse. Kafka tinha de falar com o diretor Marschner, para pedir a bênçao do instituto. E por fim, talvez o pior: tinha que anunciar seu próprio nome e o de Felice em um jornal de Praga, sob a rubrica "Notícias de família". Sim, ele sabia que isso também fazia parte do plano matrimonial: se você tinha um bom nome, era sua obrigação exibi-lo em certas ocasiões. Ainda assim, Kafka hesitou e tentou achar alguma desculpa. Enfim, no dia 21 de abril, abriu o *Berliner Tageblatt* e encontrou o que esperava e temia havia muito tempo. Mais uma vez, tinham se antecipado a ele: "Carl Bauer e sua esposa Anna, nascida Danziger, Hermann Kafka e sua esposa Julie têm a honra de anunciar o noivado de seus filhos Felice e Franz [...]". Logo abaixo: "Felice Bauer. Dr. Franz Kafka. Noivos. Dia da recepção: segunda-feira de Pentecostes, 1º de junho". Ele foi obrigado a acreditar naquilo. Estava lá, preto no branco, era real. Mas todos aqueles nomes... O que tinham a ver com ele? "Dr. Franz Kafka", lia-se três dias depois no *Prager Tagblatt*, "vice-secretário do Instituto de Seguros contra Acidentes de Trabalho em Praga, está noivo da srta. Felice Bauer, de Berlim". Ponto-final.

Não temos detalhes, mas a súbita mudança de chave da imaginação para a realidade deve ter consumido uma enorme quantidade de energia psíquica de Kafka. Ele trazia dentro de si uma linha de frente que defendia o princípio de realidade, e que agora ele tinha de vigiar dia e noite, mas essa zona de batalha era longa demais para que ele conseguisse evitar todas as intromissões. Havia muita coisa não dita, e por isso criou-se um efeito incontrolável e surpreendente.

Assim, por exemplo, Kafka passou a convocar a noiva a se autoanalisar com uma insistência notável, e o sentido oculto por trás disso era bastante agressivo. Ao delegar a decisão a Berlim, ele tinha colocado seu destino nas mãos de Felice, bem no momento em que Musil agitava as uvas mais apetitosas diante de seu rosto. Em vez de agarrar a chance, ele havia renunciado a ela, destruindo a candidatura que já estava dentro do envelope. Fora um sacrifício. E agora ele queria saber exatamente *pelo quê*.

Faltou dizer que Kafka não estava tirando suas forças das cartas de Felice, que giravam em torno de seu dote e de preocupações com a moradia, e sim de sua correspondência regular com Grete Bloch. Com estranha urgência, ele lhe pedia que estivesse ao seu lado nos momentos decisivos que estavam por vir. Kafka chega a propor, com toda a seriedade, que ele, Felice e Grete deixem para trás a rigorosa sra. Bauer e os demais visitantes curiosos e passem um belo dia em Gmünd, três horas de trem ao sul de Praga. Ele passou semanas se agarrando a esse sonho, e não lhe ocorreu que tanto os novos quanto os velhos parentes ficariam atônitos com tal audácia. Seria uma afronta, um desrespeito ao que era "dado", e a noiva, fiel à sua família, claramente *não* estaria disposta a fazer isso.

A pontualidade que Kafka espera das cartas de Grete Bloch e com a qual lhe responde mostra como ele havia se tornado dependente daquela segunda fonte de energia feminina. Ele lhe pede expressamente que mande ao menos um cartão com uma única frase, em vez de não mandar nada. Quer a continuidade e a constância que nunca conseguiu impor a Felice. Kafka entendeu tarde demais que a centelha viva das cartas de Viena vinha às custas de uma apreensão constante, e que essa inquietação, por sua vez, *custava-lhe* forças. Se, por um lado, Grete Bloch o encorajava a finalmente tomar uma iniciativa e tornar o casamento realidade, ao mesmo tempo ela tocava em sentimentos que Kafka reprimia, forçando-o a admitir anseios dos quais vinha desviando os olhos havia meses. Viver como um escritor solteiro em Berlim, livre em todos os sentidos da palavra, ou como o marido provedor de Felice em Praga: será que essas eram as únicas alternativas? Será que casar-se e *ainda assim* ir a Berlim para fazer da escrita uma profissão não era uma possibilidade?, Grete Bloch perguntava, com aparente ingenuidade. *Impossível*, Kafka respondeu prontamente; afinal, ele não poderia esperar que Felice abrisse mão de seu emprego bem remunerado, para então viver com ele na mesma cidade, e possivelmente na pobreza.

Muito razoável e generoso da parte dele. Mas Kafka já tinha sido mordido. Por que não era Felice quem lhe fazia aquelas perguntas? Não dizia muito mais respeito a ela? Será que ela tinha ideia do que significaria para ele ficar preso em Praga para sempre? E talvez por isso não estivesse falando com a amiga, pois não queria ser perturbada por anseios e ideias utópicas?

Kafka vacilou e começou a questionar, a princípio com cautela e depois com cada vez mais firmeza, o peso daquele "ou uma coisa ou outra" a que tinha submetido sua vida por desespero. Com certeza, era necessário se casar, necessário e certo. Mas isso não significava que ele tinha de desenrolar implacavelmente, sem olhar para os lados, aquele plano que parecia mais feito para famílias do que para indivíduos — mesmo que Felice se submetesse a ele com toda a facilidade. Há desejos que não se podem matar. Será justo enterrar tais desejos vivos, será coerente com o amor exigir isso de uma pessoa? "A coisa mais importante não é que eu escreva em Praga", ele confessa a Grete Bloch no dia 4 de junho, quando tudo já parece há muito tempo decidido, com um apartamento alugado e os preparativos para a mudança de Felice a todo vapor, "a coisa mais importante é que eu consiga sair de Praga". Ele sabe que assim o pacto está praticamente rompido. Mas ainda levaria meses para admitir essa verdade a Felice:

> A coisa mais apropriada e natural para o meu trabalho teria sido, no entanto, jogar tudo fora e procurar um apartamento em algum lugar, ainda mais alto do que no 4º andar, não em Praga, em outro lugar, mas tudo indica que nem você nem eu somos capazes de viver na miséria por autoimposição. Talvez eu seja ainda menos capaz que você. Bem, mas nenhum dos dois tentou até agora. Será que eu esperava essa proposta de você? Não exatamente; de tanta alegria, eu não saberia o que fazer ao ouvir tal proposta, mas esperar, não a esperava.[8]

Quando buscamos uma visão geral da correspondência tortuosa entre Kafka e Felice Bauer do primeiro contato em setembro de 1912 até o "dia da recepção" em Berlim, a celebração oficial do noivado no feriado de Pentecostes de 1914, somos confrontados com o espetáculo de uma tremenda ondulação emocional e mental. É o recurso da repetição, que ofusca qualquer outro efeito: uma espécie de música minimalista em que o novo é introduzido por variações microscópicas, enquanto o antigo se mantém sempre audível. Ainda assim, a leitura é excitante e irresistível, sobretudo pela riqueza metafórica de Kafka e por seu humor, que não parece se apagar nem nos momentos de mais completo torpor. Mas o que prevalece é a experiência de um tormento quase contagioso, que se multiplica à medida que filtramos as cartas como matéria-prima para um rastreamento biográfico (em vez de "sorvê-las", como Kafka gostava de fazer com elas).

De onde vem essa agonia que sentimos? Será a vergonha do voyeur, que as cartas despertam em qualquer leitor? A desgraça, o desamparo e o fracasso de que nos tornamos testemunhas íntimas? Sem dúvida, essas são pessoas que se movem à beira da patologia psicossocial. Mas essa insistência na paralisação, esses recalques, a concatenação de cálculo e sentimento, as regressões, o recuo diante das tentativas mútuas de aproximação, o narcisismo, as cenas perturbadoras e indignas, e até mesmo a ficcionalidade, o caráter não vivido da relação — todos esses fenômenos eram comuns nas sociedades burguesas, em que havia um ideal de amor, e compromissos eram criados com extrema facilidade. Hoje, parece que essa intimidade pela qual se batalhava aparece muitas vezes já *no começo* de uma relação — ainda que a intimidade obtida por meio do "contato" sexual seja apenas um estágio atrofiado daquilo que o amor ideal prometeu um dia. Como os tabus em torno da sexualidade foram sendo amplamente eliminados, é preciso adotar uma perspectiva histórica para entender por que os envolvidos dificultavam tanto as coisas para si mesmos. Mas seria ingênuo demais tirar a conclusão inversa, de que tal drama seria impensável em uma sociedade liberalizada e hedonista. Repetições compulsivas, regressões, distanciamento e desentendimento mútuo, a irrealidade das relações — tudo isso também está presente *ao lado* e *em companhia* da sexualidade, e acontece com maior frequência, quanto mais cegamente a sexualidade é usada como instrumento ou substituto para um almejado sentimento de segurança. Por isso, o vazio que se abre em meio a essa luxúria irrefletida tornou-se um tema central da literatura contemporânea.

Não, as cartas a Felice não são testemunho de um caso singular que clama pelos ouvidos de um psicanalista. A resistência e a repugnância que a leitura das cartas é capaz de provocar no leitor, ao lado de toda a compaixão, são próprias do meio epistolar, da *escrita* sistemática de processos que seriam familiares ao aparecer em conversas, olhares, gestos ou no corpo a corpo. É o horror que emana dos arquivos de tribunais: a escrita age como uma lupa que move o que está vivo a uma proximidade que torna tudo assustador e, em certo sentido, *morto*: como uma pele em que se podem contar poros e pelos. Ao mesmo tempo, olhamos para os escritos como para um filme em câmera lenta. Em algumas cartas de Kafka, as flutuações psicológicas aparecem, mais do que em tempo real, ralentadas, e para ele próprio isso podia gerar efeitos amplificadores sinistros. Ele podia revisitar eventos que acabavam de tocá-lo superficialmente, citá-los e repeti-los até que ficassem gravados, até decorá-los — e nós com ele.

Kafka tinha uma confiança quase ilimitada na escrita (não na palavra). Ele tinha modelos. Na primavera de 1913, pergunta a Felice se ela conhece a famosa correspondência entre Elizabeth Barrett e Robert Browning, e dois anos depois ainda a estava incitando a lê-la com urgência.[9] Em 1905, uma ampla seleção dessas cartas foi publicada em alemão, mas é provável que Kafka não as tenha lido antes de 1912. Elas devem tê-lo deixado eletrizado, pois antecipavam seu próprio projeto, "enlaçar uma garota com a escrita". Barrett e Browning, a poeta e o poeta, também se conheceram e amaram por meio de cartas, e no fim ousaram casar-se secretamente, fugir da Inglaterra e embarcar para a Itália numa vida sem segurança material, longe das famílias. Kafka ignora ou esconde uma diferença crucial, contudo. Aquelas cartas de retórica polida não serviam para *substituir* os encontros pessoais, e sim para aliviar a tensão em torno deles, prepará-los e acompanhá-los. Logo a coisa se encaminhou para visitas semanais que, mesmo com toda a cautela vitoriana, ajudaram a tornar a relação uma realidade. Robert Browning fez uma contagem meticulosa: em dezesseis meses, viu sua namorada noventa vezes, e na 91ª trocou anéis com ela. Kafka, por sua vez, não contava seus encontros, e fazia bem em não contá-los.

Um mar de palavras. Uma onda discursiva, aparentemente sem começo, sem meio, sem fim. Para experimentá-la, é preciso se deixar levar por ela. Mas tomar uma boa distância é necessário para identificar onde estão as correntes decisivas: lá no fundo.

O próprio Kafka negou que suas cartas fossem repetitivas. No Ano-Novo de 1914, ele afirmou que questões decisivas tinham mudado, e que seu segundo pedido de casamento tinha de ser levado mais a sério do que o primeiro:

> O que me impediu foi uma sensação imaginada de que eu teria uma obrigação maior na solidão completa, não exatamente um benefício, não bem um prazer (ao menos não no sentido que você pensa), mas dever e

> sofrimento. Já não acredito nisso, era uma construção, nada mais (talvez reconhecê-la também me ajude a seguir adiante), e é fácil refutá-la com o fato de que não posso viver sem você. [...] De minha parte, nunca foi uma questão de "perda", só um "obstáculo", e esse obstáculo não existe mais.[10]

Já nesse momento, dois meses antes de ser subjugado no Tiergarten, em Berlim, ele está disposto a tatear suas próprias fundações. Mas Kafka ainda não suspeita que essa tentativa irá terminar em uma profunda desvalorização de si próprio. Ele se engana ao contrapor vida e pensamento. Há mais em jogo do que meras "construções" que, como figuras de imaginação, são tão fáceis de erguer quanto de tirar da frente; não, há muito mais em jogo — essa será a grande constatação de 1914, que virá a um preço elevado.

O que estava de fato em jogo aqui tinha um nome, que Kafka só pronunciava raramente: *ascetismo*, uma palavra mágica, um complexo intrincado de imagens, paradigmas culturais, idiossincrasias, medos e refinadas técnicas psicológicas que ele incorporou sem dificuldades em seus pensamentos e sentimentos e aos poucos transformou em uma zona central de sua identidade. Com toda a razão, atribuía a si mesmo "grandes e inatas habilidades ascéticas".[11] Depois de seus "anos de errância", Kafka foi persistente e coerente ao submeter sua vida à lei da renúncia e da total simplificação, o que é surpreendente e está em absoluta contradição com sua suposta falta de força de vontade. Ele renuncia ao calor, à carne, às drogas, aos medicamentos. Reduz a ingestão de alimentos, fortalece o corpo, simplifica a vida. É uma ascese definida a princípio pela *negação*, uma *supressão* obstinada, por vezes pedante, que faz as pessoas rirem às suas costas e seu pai lançar comentários desdenhosos, sem que isso influencie minimamente a direção tomada por Kafka.

Mas a ascese não é um programa de austeridade por si só; é sobretudo uma prática de autodirecionamento e autoformação, baseada na utopia de um controle absoluto sobre o corpo, o eu e a vida. Kafka foi mergulhando cada vez mais fundo nesse campo de forças, que orientava todos os seus interesses, hábitos e preferências. O consumo de nozes e frutas, a mastigação impecável, os inúmeros exercícios de ginástica, as longas caminhadas — se, a partir das preocupações de Kafka com seu próprio corpo, concluíssemos que ele queria "emagrecer" a todo custo, estaríamos fazendo uma projeção ingênua e quase ridícula dos ideais de condicionamento físico de hoje. É antes o contrário: Kafka se expande ao tratar de seu corpo e dar-lhe forma, ganha controle não só sobre o próprio corpo, mas também sobre suas percepções internas, sobre o quanto se sente em casa ou estranho em seu próprio corpo. Ele tem uma crescente aversão, e até mesmo ódio de tudo o que coloca em xeque a autonomia conquistada: médicos desinformados que se aproximam de seu corpo como se fossem encanadores, remédios com efeitos imprevisíveis. É indigno do ser humano, resmunga Kafka, combater a insônia com valeriana. Afinal, ninguém dorme mal por não ter valeriana o bastante no corpo.[12]

Esse excesso de energia idealista que Kafka dirige aqui contra uma inofensiva xícara de chá de valeriana é bastante típico da época, e encontramos invectivas similares em inúmeras publicações sobre medicina natural e dietética. O professor de ginástica de Kafka, Müller, gostava de citar a seguinte frase de Tácito: "Quando um homem faz trinta anos, ou é um idiota, ou é seu próprio médico" (embora no lugar do "médico" preferisse usar "consultor sanitário", para evitar pedidos de indenização por danos físicos).[13] O desejo de assumir a responsabilidade pelo próprio corpo vai além do objetivo da cura. É uma questão de controle e autonomia. Confiar em médicos não é só irracional, mas "indigno" — isso já estava claro para Kafka havia muito tempo, antes mesmo de ser paciente do sanatório Jungborn, cujo fundador também pensava assim.

Essa determinação superior e exagerada de Kafka é ainda mais conspícua quando se trata de higiene no sentido estrito, ou seja, do combate à sujeira. Já se sabia havia muito tempo que doenças podiam surgir de condições de higiene precárias; mas com a descoberta dos "patógenos" isso ficou comprovado, dando a Kafka mais um motivo para ser "limpo". Todos os movimentos críticos da civilização na virada do século enfatizavam a necessidade de uma vida higiênica; defendiam-se, por questões bacteriológicas, a medicina natural, o movimento de reforma das vestimentas e a dieta vegetariana. O campo conceitual de "higiene-limpeza-ordem" foi se tornando aos poucos uma construção intelectual, dentro da qual os significados literais e metafóricos dos termos se confundiam. Levar uma vida "pura" podia significar muita coisa, e era bem possível que alguém fosse sujo e puro *ao mesmo tempo* — o que Kafka chamaria, mais tarde, de "peculiaridade daqueles que pensam intensamente".[14] Era preciso saber o que se queria dizer e em que ponto do extenso campo semântico a pessoa estava situada.

Crianças da classe trabalhadora eram sujas, mas prostitutas também eram sujas. Como conotações sexuais eram associadas a esses termos, era quase impossível distinguir entre o que ainda era razoavelmente justificável dentro daquele campo semântico e o que era pura ideologia. As pessoas eram tão enfáticas ao falar sobre doenças venéreas e sobre a "limpeza" como proteção contra elas, que todos perdiam o desejo. O higienista era habilitado para falar de *tudo*. Por isso, ninguém ficava surpreso de ver Müller, o professor de ginástica, fazer propaganda de suas "sandálias originais J. P. Müller" e, no instante seguinte, de seu próximo livro sobre *Geschlechtsmoral und Lebensglück* [Moralidade sexual e alegria de viver].

Não há dúvida de que era o medo de seu ego poroso — ou seja, medo da dissolução, liquefação, e por fim *medo da morte* — que levava Kafka a uma estratégia ascética de sobrevivência. Não devemos ser apressados e afirmar que o verdadeiro motivo desse medo está na sexualidade. Claro que relações sexuais prometem experiências de dissolução das mais intensas, e, portanto, é natural interpretar o ascetismo de Kafka como uma evasão, como uma renúncia sexual transformada em algo positivo, e em última instância como racionalização de uma incapacidade. Essa estratégia de transformar uma coisa *sofrida* em uma coisa *deliberada*, e assim sair do papel de inferioridade, pode ser observada em Kafka nos mais diferentes contextos. Mas a explicação não funciona como uma chave geral para entendê-lo. Mesmo que a fobia sexual tenha sido o primeiro impulso por trás da escolha ascética de Kafka, ela não explica a coerência com que o autor se agarra a essa escolha pelo resto da vida, e ainda menos sua maneira inventiva de submeter uma esfera da vida depois da outra — e no fim até a literatura — à forma ascética. Sem falar que Kafka só viveu um medo manifesto da sexualidade quando sua autoimagem ascética já estava constituída havia muito tempo.

O medo de Kafka era mais abrangente, e totalmente justificado: oscilações de humor incontroláveis, fantasias obsessivas, devaneios esmagadores, impulsos que atingiam a consciência como chamas, impressões alheias que inundavam o ego por horas a fio — ele tinha total clareza de que estava vivendo experiências psíquicas extremas, completamente estranhas às pessoas que já havia conhecido, e que, portanto, não eram *normais*. Por isso mesmo, elas eram difíceis de comunicar. Para convencer os outros de como havia chegado perto da loucura, Kafka teria de se expor e se entregar a seu contexto social em tal medida, que colocaria em risco o controle duramente conquistado, de modo que o medo só aumentaria. Era inconcebível que ele se submetesse às manipulações de um psicoterapeuta: não toleraria que outros pousassem o cinzel sobre aquela imagem de si mesmo que ele próprio estava esculpindo. Só a Milena Jesenská ele confessaria seu medo mais elementar e o chamaria pelo nome. O próprio Max Brod só teria ideia do que estava acontecendo com Kafka depois da morte do amigo. No dia a dia, Kafka recorria usualmente a lamentos autodepreciativos e apresentava uma imagem de "desespero cômico". Assim, ele atenuava a necessidade que tinha de comunicar o que sentia, mas também escondia a verdadeira dimensão da ameaça interna. Dizem que a dor mais profunda é impronunciável; por isso, ninguém acredita naquele que se lamenta demais.

Muito já se disse que o tema central da vida de Kafka seria um "desenraizamento" especificamente moderno, uma relação fraturada com o judaísmo em particular, agravada de diversas formas por uma ruína generalizada da tradição, pelo antissemitismo onipresente e pela situação particularmente insular da minoria alemã em Praga. Tudo isso é verdade, e desde seu encontro com os atores do Leste Europeu, Kafka começou a se ver como um caso modelo nesse sentido: o típico judeu ocidental desgarrado. Mas isso tudo poderia ser igualmente aplicado a Max Brod, que tirou conclusões bem diferentes sobre seu "caso" e foi desenvolvendo uma disposição emocional que o distanciava cada vez mais de Kafka. Brod buscava *conteúdos* culturais e intelectuais com os quais pudesse se identificar, uma visão de mundo que o livraria de suas últimas dúvidas inoportunas. Ele arregaçava as mangas e se servia da abundância de opções que se lhe ofereciam dentro e fora do judaísmo; colocava uma coisa de lado para conseguir apreender a outra, e estava sempre *engajado* — em geral mais do que os amigos gostariam.

Kafka, por sua vez, se viu na situação de um homem em busca de uma base segura, que deve colocar os dois pés no chão *antes* de usar as mãos. Diferente de Brod, que se definia a partir de conteúdos e interesses, e por isso defendia tudo o que considerava verdade como se fosse seu ego desnudado, Kafka tinha que começar resolvendo o problema da *atitude* correta, a questão da forma que mantém a vida no trilho. Daí o modo aparentemente indiscriminado de procurar padrões de corte nas vidas alheias: Napoleão, Goethe, Berlioz, Grillparzer, Dostoiévski... poderia ser também um plantador que enfrentasse a floresta virgem, uma socialista que se emancipasse da própria classe, o editor de uma revista de teatro, um sionista, um explorador polar, um antroposofista: por toda parte, Kafka buscava modelos de sucesso, estratégias de asserção, e a princípio não importava *no que* a pessoa estava se afirmando.

É claro que qualquer visão de mundo exitosa, ou minimamente "estável", é capaz de proteger uma pessoa da ruína psicológica; o mesmo acontece quando uma vida inteira é colocada a serviço de um interesse. Kafka sentia um profundo respeito quando observava fenômenos assim, mesmo que se tratasse das crenças religiosas mais simples — como no caso dos judeus refugiados do Leste da Europa, que ele estava prestes a conhecer — ou das mais patentes maluquices, como a cosmologia privada do poeta Johannes Schlaf. Mas, com razão, ele se perguntava se tais estruturas, que são sempre discutíveis e intercambiáveis, poderiam a longo prazo curar a fragmentação interior. Afinal, tradições, teorias e conteúdos intelectuais não protegiam ninguém de nada: era possível ser um sionista convicto e, ao mesmo tempo, um associativista, um pequeno empresário ou um notório cliente de bordel. Era possível ser um amante da literatura e, ao mesmo tempo, um obstinado nacionalista alemão, um tirano no casamento ou um exagerado em termos de higiene. Do outro lado, o ascetismo pelo qual Kafka finalmente optou tinha como objetivo eliminar tais rupturas até suas origens mais profundas, *curá-las*, concentrar a própria existência em um único grande projeto e assim criar autoconfiança — não só a confiança incutida por uma firme convicção, mas também a certeza *de si mesmo.*

O grande projeto ascético que Kafka levou à perfeição nos anos anteriores a 1914, tornando-o primeiro praticável para então penetrá-lo com suas reflexões e dominá-lo com sua linguagem — essa grande *autoinvenção* precisa ser vista como a conquista emocional decisiva que transformou o inconspícuo judeu de Praga no irrepetível e inimitável "fenômeno Kafka". Pois tratava-se, sim, de uma conquista: uma integração emocional bem-sucedida e indispensável, com a qual Kafka colocou pouco a pouco todos os aspectos de sua vida a serviço de uma ideia principal e assim deu forma a sua existência.

O sonho de escrever numa reclusão subterrânea, aquela fantasia do porão com a qual Kafka tanto irritara sua futura noiva, não era um capricho; ele devia ser levado a sério como um símbolo que ele oferecia à própria vida despedaçada. Literatura e ascetismo não era uma combinação exatamente convincente. Nem Brod, nem Werfel, nem Weiß conseguiam entender por que a boa literatura deveria vir às custas de mulheres bonitas, conversas intensas e boa comida, e isso sem falar na ideia lunática de habitar um quarto anecoico de porão para conseguir escrever com tranquilidade. Cada vez mais convicto de que a literatura "pura" só surgiria em condições apropriadas, ou seja, "puras", Kafka ficou isolado entre os amigos. Ao mesmo tempo, com uma força de vontade focada na pureza, ele mostrava o que era possível alcançar no estilo. O próprio Brod teve de reconhecer que a linguagem pura, impoluta, ascética que Kafka perseguia não era estéril ou anêmica, mas liberava uma energia estética inaudita. Era a prova de que a simbiose entre literatura e ascetismo não tinha apenas o propósito de fechar uma fenda emocional e conciliar dois "interesses" de Kafka; essa simbiose também podia se tornar *produtiva* — a ponto de tirar o fôlego.

Ainda que só tenhamos indícios, é bem provável que essa integração bem-sucedida entre todas as esferas de sua vida tenha salvado Kafka da doença mental e do suicídio. Com sua conduta tensa e seu *estilo* ascético, ele se diferenciava visivelmente de seu entorno, sobretudo da família, o que lhe permitia identificar-se consigo mesmo e, claro, cultivar uma forma de orgulho narcisista que equilibrava os torturantes sentimentos de inferioridade. A cada vez que ouvisse uma censura, justificada ou não, Kafka podia agora responder: "É assim que sou; é impossível mudar uma pessoa". Felice Bauer também teve de ouvir essa frase mais de uma vez, e não devia entender por que *mesmo assim* Kafka continuava arrependido e culpado.

Por outro lado, não devemos ignorar que Kafka pagou um preço muito alto por essa estilização de sua existência. Caso tivesse se contentado em adotar uma versão ligeiramente renovada dos ideais pequeno-burgueses dos pais, que eram flexíveis o bastante, levar uma vida *decente* teria sido o bastante para conseguir reconhecimento e liberdade de movimento. Mas Kafka queria uma vida *pura*, e assim perdeu toda margem de manobra, toda possibilidade de trégua emocional. Afinal, a sujeira é onipresente, e a pureza, extremamente difícil de obter: esse é o reverso inevitável do ascetismo, a consequência paranoica do fundamentalismo, aquela armadura de aço que dá suporte à consciência e *ao mesmo tempo* a puxa para o chão. "Sem uma relação humana, inexistem mentiras visíveis em meu interior", escreveu Kafka com toda a seriedade. "O círculo aí delimitado é puro." Em 1916, ele ainda acreditava que "manter-se puro" era uma das qualidades positivas e definitivas da solteirice, essa forma de vida que ele tanto havia temido por ser vazia e assustadora.[15] Em outras palavras: para manter-se puro, é preciso fechar os portões. Reforçar a armadura. Erguer paredes mais altas.

Só anos depois, Kafka entenderia que estava criando um sistema de exigências que não só ampliava o caráter narcísico de sua vida, como consumia toda sua vitalidade. Na narrativa *A construção*, ele encontra o símbolo mais vívido para isso: um eu que se amuralha para manter-se autossuficiente encontra-se em um estado de sítio permanente, e assim é condenado à vigilância eterna. Tudo é igualmente ameaçador, todos os lugares igualmente vulneráveis. Não se pode baixar a guarda em nenhuma parte, todo descuido será punido, e uma "construção" emocional que seja permeável em um único ponto será destruída, como um navio que afunda por causa de um pequeno furo. Se nada pode entrar, se todas as rachaduras estão tapadas, nada pode tampouco *sair*. "Minha cela — minha fortaleza", lê-se laconicamente no diário, e é difícil pensar numa comparação mais precisa e mais acertada.[16]

Essa lógica fundamentalista de pureza, que considera sujo tudo o que não é *absolutamente* puro, oferece a chave para aquela teimosia peculiar de que sempre acusavam Kafka, e que ele estava convicto de ter lhe custado o casamento. Um eu igualmente sensível em todos os pontos, porque pode romper em qualquer um deles, não é capaz de distinguir entre o que é importante e o que é marginal; não consegue nem *deve* fazer essa distinção. Nivela-se, assim, o abismo entre seriedade e diversão, entre trabalho e descanso. Kafka falava claramente de "trabalho" quando se referia a suas empreitadas literárias da noite (o escritório era apenas chamado de "escritório"), e já não sabia o que era "tempo livre" como o entendemos hoje — isso é, tempo livre de responsabilidade — desde sua fase criativa no outono de 1912. Kafka teria sido incapaz de manter um hobby — não podemos imaginá-lo como colecionador, como alguém que faz trabalhos manuais ou joga cartas.

Mas ele também começou a confundir, aos poucos, a diferença entre convicções profundas e hábitos secundários: tudo lhe parecia igualmente significativo, tudo igualmente próximo ao seu âmago. Na pequena celebração privada do noivado, na Páscoa de 1914, ele não conseguiu tocar a carne à sua frente, mesmo sabendo que sua recusa perturbaria o momento solene. Ali, entre pessoas que queriam que ele fosse diferente do que era, Kafka não podia baixar a guarda. Já no restaurante com Erna, que o admirava, ele conseguiu pedir um prato com carne: "Se você estivesse presente", confessou a Felice, "provavelmente eu teria pedido amêndoas".[17] Vale imaginar o comentário que veio de Berlim.

Essa necessidade de manter a compostura, de se diferenciar visivelmente na vida cotidiana, tornava-se cada vez mais premente, e por fim quase incontrolável, à medida que o fatal "dia da recepção" se aproximava, o noivado público que seria celebrado pelas duas famílias e por inúmeros convidados, e cujo anúncio no *Berliner Tageblatt* já havia sido um pesadelo para Kafka. Soava-lhe, escreveu a Felice, "como se estivesse escrito que no domingo de Pentecostes F. K. andaria em círculos em um teatro de variedades".[18] Ele sabia do que estava falando, pois não era o primeiro dia de recepção que vivenciaria em Berlim. Todos os parentes e amigos de Felice que, no ano anterior, haviam formado uma fila para dar um presente de noivado a Ferri (seu irmão, que estava bem feliz) e a sua noiva Lydia, dessa vez lançariam um olhar especialmente curioso e vigilante ao noivo de Praga, e se perguntariam se *dessa vez* as coisas dariam certo com os Bauer.

Já fazia muito tempo que esse evento não era *seu*; cada vez mais, outras mãos estavam invadindo sua vida, sem qualquer cerimônia. Quando Kafka perguntou a Felice em segredo se seria possível dar uma pequena alegria a Ottla e deixá-la ir a Berlim alguns dias antes da festa, ficou furioso de ver seu plano transformar-se em um objeto de negociação entre duas famílias, que chegaram a um entendimento sem sua participação (Ottla acabou viajando com a mãe). Grete Bloch também parece não ter entendido como Kafka precisava de apoio, como precisava conversar com alguém de confiança. Justo naquele momento, ela tinha decidido deixar Viena e voltar a seu antigo posto de trabalho em Berlim; Kafka esperava que eles viajassem juntos, mas a ideia não deu em nada. Assim, em vez de reunir forças para o evento que estava por vir, ele teve de fazer uma longa viagem de trem com o pai, com quem não passava tanto tempo sozinho havia muitos anos. Não sabemos do que os dois falaram, mas é de temer que Hermann Kafka tenha sacado suas cartas.

Kafka tinha chegado ao seu objetivo, o objetivo de tantas cartas e tantas queixas. Agora, só havia o terrível andar em círculos no teatro de variedades. Mas, de algum modo, o feriado de Pentecostes também passou, e em algum momento estava superado. Como todos se reuniram em um só lugar, um resumo por escrito não se fez necessário. Infelizmente, tampouco temos fotos desse momento. Embora Felice tivesse uma *Plattenkamera*, uma câmera de chapa fotográfica, ela não tinha prática com o aparelho. Em Praga, ela já tentara tirar uma foto de seu noivo. Quando foi revelada, não se via nada além de uma pequena nuvem branca.

De modo que só nos restam vestígios, flashes de memória, a centelha de um filme mudo danificado: Felice Bauer de vestido azul, recebendo um beijo de Kafka diante de todos; em algum lugar da sala, Grete Bloch e seu irmão Hans, o sionista convicto; Franz e Felice nos lugares de honra da grande mesa; Ottla, a irmã orgulhosa; as tias e os tios, além de alguns colegas, as jovens secretárias de Felice, comovidas às lágrimas; Erna, que sofrendo em silêncio repousa os olhos sobre Kafka com doçura; o presente de Felice, um livro encadernado em camurça que ele fica girando nas mãos;[19] o tilintar das taças; a discussão animada sobre o enxoval, a medição das peças de roupa de cama, os conselhos das mães, as compras em conjunto; e enfim, o único evento promovido pelo próprio Kafka, uma visita dos dois a Martin Buber. E então a viagem de volta, com o pai, a mãe e a irmã no compartimento.

O programa todo, ato por ato. É proibido abandonar o palco e o auditório antes da hora. Kafka precisou de quatro dias para reunir a coragem e escrever uma crítica:

> De volta de Berlim. Ataram-me qual um criminoso. Se tivessem me sentado a um canto, me acorrentado de verdade, posto guardas diante de mim e apenas desse modo me deixado assistir a tudo, não teria sido pior. Assim foi meu noivado, todos tentando trazer-me à vida e, sendo isso impossível, tolerar-me no estado em que me encontrava. F[elice]., por certo, menos que todos os outros, e com absoluta razão, porque foi quem mais sofreu. O que para os demais era mera manifestação passageira, para ela era uma ameaça.[20]*

Se Kafka estava certo, Felice Bauer deve ter sofrido ao longo desses dias pouco excitantes de festa, como uma punição por anos de repressão e silêncio. Enquanto não se falava em casamento, ela não tinha pensado muito nas idiossincrasias de Kafka. Passou por cima delas com humor, meneios de cabeça e advertências inofensivas. Quando o formato da futura vida a dois se tornou um problema que não podia mais ser contornado, ela se viu diante de uma fortaleza e de uma ponte levadiça que era içada a toda pressa. Felice estava pagando o preço por nunca ter tentado se comunicar com Kafka seriamente, em *termos concretos*, enquanto ainda era tempo.

* Franz Kafka, *Diários 1909-1923*, op. cit., pp. 360-1.

Ela não deve ter entendido por que Kafka estava resistindo tanto à compra de uma mobília tipicamente burguesa. Deve ter inclusive se sentido ameaçada por sua obstinação. Na primeira visita aos Kafka, ela provavelmente notara que o quarto de seu noivo era pouco acolhedor e de mobiliário austero. Logo ficou claro que não se tratava de descuido, e sim de "um sistema": como quase *tudo*, os móveis também eram uma questão de princípio para Kafka.

> Que quartos vi agora, de novo! Há que se acreditar que as pessoas, por ignorância ou de modo deliberado, se afundam na sujeira. Ao menos aqui é assim, elas entendem a sujeira, quero dizer, aparadores abarrotados, tapetes diante das janelas, composições de fotografia sobre escrivaninhas maltratadas, pilhas de lençóis nas camas, palmeiras envasadas nos cantos, tudo isso eles entendem como luxo.[21]

É preciso olhar com atenção: espartanismo e simplicidade são elementos de "pureza", de modo que superlotação é sinônimo de "sujeira" para Kafka. Só na terceira frase ocorre-lhe que nada disso é evidente para Felice e que, portanto, requer uma explicação. Provavelmente, é a primeira vez que ele tem de admitir com tanta sinceridade que o tipo de casa em que Felice Bauer foi criada, o único que ela considerava "confortável" e ao mesmo tempo "imponente", não passava, aos seus olhos, de lixo e sujeira. Assim, Kafka viu essa pressão por participar da construção de um ninho tão questionável como um ataque à sua pessoa. Diante da pressão de todos os membros das duas famílias, Kafka não podia dizer o que *realmente* queria, e esse foi um dos grandes infortúnios daquelas festividades desastrosas de noivado.

> Em vez disso, fomos comprar móveis em Berlim para a casa de um funcionário de Praga. Móveis pesados que, uma vez alocados, pareciam quase impossíveis de mover. Foi justamente sua solidez o que você mais valorizou. O aparador comprimia meu peito, era um perfeito monumento funerário, ou um monumento à vida do funcionário de Praga. Se, durante a visita, em algum lugar distante da loja de móveis, o sino da morte tivesse soado, não teria sido inapropriado.[22]

Parece que ele conseguiu adiar ao menos uma parte das compras planejadas, que afinal seriam por *sua* conta, embora todos se afastassem horrorizados das poltronas baratas de palha que ele considerava as melhores e mais confortáveis. Ninguém entendeu essa nova renitência, e o que ficou da experiência pouco promissora foi que com Kafka qualquer coisa, mas qualquer coisa mesmo, podia ser tornar um problema.

Não sabemos que cara tinham os apartamentos dos amigos casados de Kafka, mas podemos supor que, ao menos *nesse ponto*, ele não estava sozinho em sua aversão às cavernas burguesas convenientemente acolchoadas. Desde a virada do século, a simplicidade, a ênfase na funcionalidade e uma honestidade exemplar dos materiais já eram exigências de artistas e artesãos, sustentadas pela crítica cultural. Em seu influente ensaio "Ornamento e crime" (1908), o arquiteto e designer Adolf Loos, um dos poucos amigos da vida toda de Karl Kraus, comparava o vício de cobrir tudo com adereços às concepções estéticas dos Papuas, que preferiam rostos tatuados a rostos naturais. Em março de 1913, Loos tinha feito uma palestra em Praga, cujo título já revelava sua preocupação com um estilo de vida simples, mas consistente, orientado às necessidades naturais: "Stehen, gehen, sitzen, liegen, schlafen, essen und trinken" [Ficar de pé, andar, sentar, deitar, dormir, comer e beber].

Tais ideias não eram mais consideradas aberrações, e os móveis ascéticos que Kafka desejava já existiam havia muito tempo. Assim que os dois decidiram se casar, ele pediu que lhe enviassem folhetos das Deutsche Werkstätten [oficinas alemãs], que ofereciam mobiliário completo em várias faixas de preço. Ali, não se produziam aparadores decorativos, nem as pesadas camas de casal que Kafka odiava especialmente, e sim móveis funcionais baratos, facilmente desmontáveis e transportáveis, os precursores dos móveis modulares em série. Foram sobretudo as famílias de trabalhadores e funcionários de baixo escalão que ajudaram essa empresa a crescer rapidamente. Deutsche Werkstätten era uma sociedade anônima que, desde 1913, empregava mais de quinhentas pessoas. A clientela burguesa, contudo, continuava torcendo o nariz para os móveis feitos por máquinas, que lhe pareciam parcos e nada elegantes. Essa clientela se sentia desconfortável entre móveis que não eram nada compatíveis com almofadas, cobertores, bibelôs, vasos, quadrinhos, leques, plaquinhas de oração, tapetes, peles, acessórios de concha, borlas, franjas e capas floridas de pelúcia.[23]

Não por acaso, as Deutsche Werkstätten haviam deslocado suas operações para Hellerau, a cidade-jardim vizinha de Dresden, um conjunto habitacional modelo de cerca de 2 mil habitantes, que, com foco numa vida natural e saudável, oferecia uma das poucas perspectivas utópicas *concretas* de sair da sociedade de massas no período pré-guerra. O carpinteiro Karl Schmidt, que gostava de ser chamado de "Goethe da madeira", era cofundador da Sociedade da Cidade-Jardim Hellerau Ltda., sem fins lucrativos, assim como proprietário das Deutsche Werkstätten, e o simples fato de uma empresa desse porte ter *saído* da cidade e se movido em direção ao lar do seus operários causava sensação entre filantropos de todos os tipos. Artistas, arquitetos e artesãos progressistas se interessaram por Hellerau, assim como escritores. Ali estava sediado o Instituto Educacional de Música e Ritmo fundado por Émile Jaques-Dalcroze, assim como a editora e gráfica de Jakob Hegner, que por sua vez mantinha relações com a cena de escritores de Berlim, Leipzig e Praga.

Kafka também devia saber mais sobre a cidade-jardim — um tema popular nos cafés — do que indicam suas primeiras cartas e diários. Se ele tivesse liberdade para escolher onde morar, certamente Hellerau estaria em sua lista mais reduzida. Quando Otto Pick sugeriu que Kafka o acompanhasse até Hellerau, em junho de 1914, outras razões foram decisivas para que ele aceitasse. Além da curiosidade de Kafka pelo Instituto Educacional de Dalcroze, ele deve ter ido principalmente para ver móveis.

Em Viena, já tinha se provado que Kafka não gostava de ficar andando de um lado para outro. O homem taciturno e sempre sorridente de Praga tampouco deve ter deixado uma impressão muito profunda na colônia de artistas de Hellerau. Ainda assim, Kafka teve uma conversa com Hegner, que lhe deu livros de literatura francesa e queria contratá-lo como tradutor, e se sentou em um grupo maior no pequeno jardim da frente da casa do ferreiro artístico Georg von Mendelssohn, onde pôde brincar com seu filho de cinco anos, Peter (futuro biógrafo de Thomas Mann). Kurt Wolff deu as caras, além de Haas e outros conhecidos de Praga — um pouco de gente demais. Kafka logo ficou cheio, e embora já estivesse no meio do caminho até Berlim, desistiu de continuar a viagem e avisou por telefone que não iria. Ainda fez um desvio para Leipzig para ver uma exposição sobre livros e artes gráficas, e então voltou para Praga.

Marcou-se um encontro naquela noite em um café de Praga para conversar sobre a viagem, e Kafka, que tinha a sensação de ter se "comportado terrivelmente", não queria ficar de lado mais uma vez. Mas ninguém falou de Hellerau. Uma coisa grande tinha acontecido no meio do caminho, uma coisa inimaginável. Na torre da Prefeitura de Praga e no Cassino Alemão, bandeiras de luto tremulavam. Todas as salas de cinema e teatros de variedade estavam fechados. Na Cidade Velha, havia uma grande confusão, turistas voltando para casa, pessoas curiosas, comovidas, agitadas. Quase todas seguravam a edição extra de um jornal de Praga. Na primeira página, uma moldura preta e grossa cercava uma manchete gigantesca: *Herdeiro do trono e esposa assassinados*. A manchete do século.

"Um horror após o outro", Kafka escreveu no diário. Mas ele não se referia ao atentado em Sarajevo.[24] Estava hipersensível às pessoas, retirava-se sempre que podia, e mal deve ter participado dos debates acalorados no escritório ou à mesa de jantar. Sim, Franz Ferdinand estava morto: um homem sombrio, que de todo modo quase ninguém conseguia imaginar como futuro imperador. O nome do assassino era Gavrilo Princip, um jovem fanático que odiava as forças de ocupação austríacas na Bósnia. Mas por trás disso estavam os sérvios: a vitória da Guerra dos Bálcãs lhes havia subido à cabeça, e agora eles estavam precisando de uma lição. "Ninguém me poupa de nada", disse o velho imperador quando a terrível notícia do duplo assassinato chegou até ele. E entre todas as palavras de ordem que surgiam agora, essa talvez tenha sido a única voz que realmente afetou Kafka.

30.
Tribunal em Berlim

> *Não pergunte quantos quilômetros você percorreu, não,*
> *pergunte quantos faltam*
>
> Ovídio, *Remedia amoris*

Em um dia quente de junho de 1914, Franz Kafka está à porta da loja de artigos de luxo dos pais. O expediente acaba, a loja fecha, os poucos funcionários saem um depois do outro da abóbada fria e escura da loja para ganhar a noite clara de verão, de chapéu na mão cumprimentam o filho do chefe e se põem a caminho de casa. Quando o último funcionário desaparece de sua vista, Kafka tranca a loja, reflete por um momento e então se senta diante da entrada, na rua.

Pouco tempo depois, passa por ali um casal de conhecidos. O homem toca seu ombro e pergunta o que significa aquilo. Kafka responde que não consegue lidar com os funcionários e clientes, por isso não abrirá mais a loja no dia seguinte. O conhecido fica admirado, depois responde que é normal desistir da loja, já aconteceu com outras pessoas, não é nada demais. "Mas por que está sentado aí no chão?" "E para onde hei de ir?", Kafka responde...

A cena não é real, mas é genuína; pode ser lida no diário de Kafka,[1] e se desenrolou em sua cabeça poucos dias depois do noivado em Berlim, em uma noite quente de junho de 1914, enquanto ele, com a chave na mão, despedia-se dos funcionários da loja dos pais. Por algumas semanas, Kafka ficou no comando, pois os pais tinham viajado a Franzensbad para descansar, como faziam quase todo verão. No entanto, explicar-lhes o sonho de fechar definitivamente a loja teria sido um esforço inútil. Assim, em vez de se sentar na rua, Kafka foi para seu silencioso apartamento na diagonal oposta do Altstädter Ring, e escreveu o que *quase* tinha acontecido.

A cena curta, escrita em primeira pessoa, é característica do estado de espírito de Kafka depois da decepcionante festa de noivado, depois de vagar por lojas e mais lojas de móveis e roupa de cama, depois de ouvir todas aquelas vozes imateriais de Berlim, que aos poucos se tornavam indistinguíveis. Ele sentia como se estivesse flutuando em águas salobras. Será que realmente queria tudo aquilo? Felice continuava estranha, ainda baixava o olhar quando ele se aproximava, enquanto ele próprio não conseguia ignorar a atenção receosa dos Bauer. "Todo o direito que a tradição me dá pelo fato de estar noivo é, para mim, repugnante e totalmente inútil", ele notara semanas antes. "Estar noivo não é nada, agora, além de representar, sem casamento, uma comédia do casamento para a diversão dos outros. Isso não posso fazer, pelo contrário, só posso sofrer loucamente sob tais circunstâncias."[2] Foi exatamente o que aconteceu. Kafka só não esperava que essa experiência teria tamanho ímpeto dentro dele.

Suas cartas tornam-se mais breves e superficiais; sua linguagem, decididamente turva. Ele faz as velhas queixas de sempre: nervosismo, dor de cabeça, cansaço excessivo, mal-estar geral. Soa como se estivesse dando uma aula. Cancela um encontro com Grete Bloch, porque sente dificuldade de aparecer em público, conforme sua explicação lacônica. Fica claro que ela não correspondeu às expectativas que Kafka depositou em sua presença física; apesar das discordâncias, ela e Felice pertenciam ao mesmo lado do mundo. O fluxo de calor tinha de se esgotar bem no momento em que o que estava "dado" reivindicava seus direitos. Kafka se lembrará disso, e dois de seus romances contarão essa história: quando tudo depende delas, as mulheres correm para o que está dado, para aquilo que é como é.

O papel que Grete Bloch desempenhou na vida de Kafka é difícil de entender e levantou inúmeras especulações que não puderam ser nem comprovadas nem refutadas ao longo das décadas. Isso não foi suficiente para dissipá-las, e em vez disso lhes emprestou a aura de um boato do mundo literário: quanto mais "picante", mais persistente. A mais extravagante dessas lendas diz que a relação entre Kafka e Grete Bloch resultou no nascimento de um filho, do qual Kafka, entretanto, nunca soube. Foi Max Brod quem plantou essa história, e usou sua autoridade de confidente do suposto pai para dar-lhe credibilidade. É claro que ele não conseguiu apresentar nenhuma prova. O que havia acontecido?

Em abril de 1940, Grete Bloch, havia algum tempo exilada na Itália, escreveu uma espécie de confissão tardia a um amigo, o músico Wolfgang A. Schocken. Nessa carta, ela falava de uma viagem a Praga muitos anos antes:

> Daquela vez, visitei o túmulo do homem que significou muitíssimo para mim; morreu em 1924, e sua maestria é elogiada até hoje. Era o pai do

> meu filho, que morreu em Munique em 1921, pouco antes de fazer sete anos. Longe de mim e dele, de quem tive de me separar na guerra e que não voltei a ver — exceto por poucas horas —, porque morreu de uma doença fatal em sua terra natal, longe de mim. Nunca falei sobre isso.

Grete Bloch já tinha falado de Kafka, que ela chamou de uma "pessoa fabulosa", mas nunca havia sugerido tal intimidade. Ainda assim, segundo Schocken, as características que ela menciona apontavam claramente para Kafka. Schocken guardou por oito anos essa suposição, que foi crescendo até se tornar uma autossugestão, conforme revela o teor de seu relato. Depois, dividiu o conteúdo da carta com Max Brod, em troca da promessa de não a tornar pública.[3]

Brod não apenas rompeu essa promessa, como fez da suposição de Schocken a sua própria, e a anunciou como um *fato* consumado. Ele não parou para pensar nem no fato de que Grete Bloch *não* menciona o nome de Kafka (o que poderia ter feito na carta para Schocken), nem na alusão à morte do amado "em sua terra natal" (o que não se aplica a Kafka). A rigor, ela não está nem sequer falando de um escritor, e sim de um mestre em alguma disciplina *qualquer*. Brod deve ter ficado especialmente tentado a lançar luz sobre um caso que Kafka tinha escondido dele — nos meses decisivos, o confidente de Kafka não era Brod, e sim Ernst Weiß, que estava sempre a par do que acontecia no triângulo Franz-Felice-Grete, e que tentou várias vezes influenciar Kafka em seus planos matrimoniais. Brod sabia bem pouco a respeito, e tampouco teve a chance de comprovar sua versão da história, já que as cartas de Kafka para Grete Bloch e Felice Bauer ainda não estavam acessíveis em 1948. O fato de ele continuar insistindo nessa história *depois* de ter lido as cartas é incompreensível — e talvez o exemplo mais gritante do tratamento notoriamente irrefletido que Brod dava às memórias e fontes.[4]

Quais são os fatos? Realmente, Grete Bloch foi mãe de um menino: conservou-se uma foto em que ela é vista com o filho. Suas declarações indicam que essa criança nasceu em 1914 ou 1915. Há uma única alusão a tal ponto de virada nas cartas de Kafka, e só no ano seguinte: "Como a srta. Bloch aguenta isso, e o que significa para ela?", ele pergunta a Felice Bauer e, no dia seguinte, acrescenta: "A dor da srta. Grete me afeta muito; agora você certamente não a deixará como fez outras vezes no passado [...] sem razão aparente".[5] Kafka não podia dar um nome mais claro a essa "dor", pois a censura da guerra o obrigava a usar postais, que eram abertos. O tom de urgência não deixa dúvidas, contudo, de que se tratava de um evento significativo, existencial: um parto, um aborto, a descoberta de uma gravidez ilegítima, ou ainda o abandono por parte do pai de seu filho já nascido. Não sabemos. Nem os diários nem as cartas de Kafka sugerem minimamente que ele teria visto Grete Bloch a sós outra vez depois daquele primeiro encontro. Mas se ele fosse de fato o causador do infortúnio, não teria sido muito inteligente fazer tais perguntas hipócritas — sem falar que elas contrastavam completamente com sua usual hesitação.

Mas quem era o pai da criança? Quanto a esse ponto, também temos apenas indícios confusos. Quando Grete Bloch conheceu Kafka, ela estava vivendo uma relação complicada com um "homem de Munique", uma relação que envolvia outra mulher. Aparentemente, Bloch estava tentando se desvencilhar dele, pois pediu a Kafka que levasse até o correio uma carta para seu amante — talvez para evitar um carimbo de Viena. Kafka sabia o que estava fazendo, pois expressou "preocupações" em relação a essa artimanha e recomendou que, em vez disso, os dois conversassem.[6] É impressionante que Munique esteja de novo em jogo, uma cidade com a qual Grete Bloch não tinha nenhuma relação aparente — mas essa prova isolada é fraca demais.

Grete Bloch era mais complicada que Felice Bauer, mais sensível, mais apaixonada e sem dúvida mais ativa do ponto de vista sexual. O erotismo era para ela uma opção consciente, também quando se tratava de Kafka. Ela o achava atraente e buscava sinais inequívocos em suas cartas. Por vezes tinha receio, já que havia um risco de dupla traição à amiga de Berlim, por vezes estava ávida, e também sentia necessidade de atenção. A princípio, Bloch deve tê-lo achado adoravelmente desajeitado, mas ao mesmo tempo refinado, pois Kafka era encantador no seu jeito de mostrar as próprias fraquezas — uma percepção que ela teve de rever quando ele deixou de responder várias de suas cartas. Ela o cortejava, e havia tentado medir a temperatura da relação, o que pode ser comprovado por uma carta de defesa que Kafka lhe escreve no começo de fevereiro de 1914, em que ele enfim abandona sua postura reservada, confessando "que tentei <u>me aproximar de você</u>, [...] ao mesmo tempo instigado e contido, <u>e que lhe imputei o fracasso dessa tentativa, apesar de todo autoconhecimento</u>. E isso <u>só</u> acontece porque você me conheceu por meio de F. [...]".[7] Os grifos não são de Kafka, e sim da destinatária, e o duplo sublinhado na pequena palavra "só" fala muito. A Grete Bloch, parecia claro que ele estava tratando a própria noiva como um obstáculo.

Nas semanas seguintes, não faltaram sinais de intimidade. "Seu pequeno cartão", escreveu Kafka, "me agradou mais do que tudo o que recebi de Berlim. Você é — agora vou dizer uma estupidez monstruosa, ou melhor: não é estúpido o que vou dizer, e sim que eu o diga — você é a mais querida e mais doce criatura." Aqui, Grete Bloch deu um passo atrás; isso já era um caso grave, quase uma traição. Ela disse que só estava esperando para ver o noivado não oficial de Kafka, e então pediu suas cartas de volta — uma das convenções do ritual de casamento. Mas isso nem passou pela cabeça de Kafka: "Meu noivado e meu casamento não alteram em nada nossa relação, que encerra ao menos para mim possibilidades belas e completamente indispensáveis".[8]

Ao falar com Felice, Kafka não escondia sua simpatia pela antiga mensageira: ele estava criando barreiras, novas sementes de mal-entendido, enquanto fazia a figura mais inocente. Ele teve sorte, porque a noiva, em geral sensível, não estava muito ligada dessa vez, ou talvez não levasse Kafka tão a sério como objeto de desejo. Ele até conseguiu convencer Felice a convidar Grete Bloch para morar com eles por alguns meses no novo apartamento de Praga — uma lua de mel a três, um projeto extravagante que teria causado o maior espanto na família de Kafka, e até entre seus amigos. Será que Kafka era tão ingênuo a ponto de ignorar as tensões que surgiriam de uma situação dessas?

Grete Bloch já não podia acreditar, e observava com cada vez mais desgosto os incessantes movimentos táticos de Kafka. Com certeza, ela sofreu uma desilusão no temido "dia da recepção" em Berlim, como Canetti suspeita — mas não porque só compreendeu naquele momento que estava perdendo um potencial companheiro, e sim porque não reconheceu Kafka. Sete meses depois do primeiro e único encontro dos dois, ela encontrava um homem distante, desajeitado, calado, que assistia ao seu próprio noivado como se a um funeral, e olhava à sua volta em busca de ajuda.

Kafka entendeu que havia forças centrífugas em ação dentro dele. O que as cartas podiam fazer para combater isso? "Você não pode imaginar o que realmente significa para mim", ele assegurou a Grete Bloch logo que voltou a Praga.[9] Mas depois do que tinha visto, ela já não queria ouvir tais palavras. O homem não tinha a menor ideia do que queria. Não havia nele mais nenhum traço de charme, humor ou jogo de conquista. Era uma figura hesitante, que teve de ser literalmente empurrada para o casamento. E o que ela tinha a ver com isso? Ela tinha suas próprias preocupações, seu problema estava em Munique, não em Berlim. Havia feito tudo o que podia. Ainda assim, perto da meta almejada, Kafka continuou vendo motivos para se queixar, mais do que nunca. Ela foi áspera na resposta, dizendo que ele ainda seria capaz de se recompor no breve período até o casamento.

Uma única carta de Grete Bloch para Kafka foi preservada, aparentemente um rascunho, mas são essas as frases que marcam o momento da decisão, o fim de toda a ambiguidade, o fim do jogo.

> Doutor, estou quase sem palavras. Se você não está enganando a si mesmo — ainda posso torcer por isso, depois de todas essas evidências em contrário? — as coisas vão mal. De repente, estou vendo tudo com muita clareza, e estou completamente desesperada. O fato de eu ter me forçado a ver a felicidade de vocês dois no noivado e de você ter decidido por esse caminho cria — isso é certo — uma responsabilidade sem fim, de que não me sinto mais à altura.
>
> Quase quis implorar-lhe que não viesse até aqui, se não conseguir ser claro, firme consigo mesmo e absolutamente alegre. Falei bem rápido com F. Depois de todas essas cartas, mal ouso olhá-la nos olhos. — A única coisa da qual você pode se ressentir é de minha ridícula e irresponsável fraqueza ao responder as cartas anteriores.[10]

Kafka ficou ofendido, e foi quase cruel: será que finalmente a convenci? Mas Grete Bloch já não respondeu. Em vez disso, pegou uma das últimas cartas de Kafka e a levou até a amiga.

Franz não sabia o que Felice e Grete escreviam uma à outra. Felice não sabia o que Franz e Grete escreviam um ao outro. Grete não sabia o que Franz e Felice escreviam um ao outro. Por isso, Franz contou a Grete e Grete contou a Franz o que Felice havia escrito — agora só faltava *um* lado para fechar essa figura geométrica. E isso aconteceu no começo de julho de 1914, quando Grete Bloch contou para Felice Bauer o que Franz Kafka havia escrito.

Olhando em retrospecto para essa ciranda, tão cômica quanto desgastante — ou seja, sabendo como ela termina —, é difícil entender como Kafka não viu a coisa se aproximar. Ele não tinha apenas sido indiscreto, ele tinha tomado grande parte em arbitrariedades, tanto verbais quanto escritas, ao encorajar Grete Bloch, por exemplo, a "emprestar-lhe" as cartas de Felice. Ele não queria que ela mentisse por sua causa, isso não, mas queria ler a conversa das amigas, já que a própria Felice se recusava a responder-lhe. Com certeza, Kafka havia feito isso em um momento de crise, durante um daqueles terríveis momentos de silêncio, sem ver outra forma de ajudar a si mesmo. Mas agora Grete Bloch, a "mensageira", que nunca titubeava, também estava em crise. Ela se sentia sobrecarregada por Kafka, e de repente, em Berlim — perto dos pais, do irmão, dos amigos —, viu suas forças renovadas para interromper sonhos irresponsáveis e esclarecer as coisas. Ela tinha sido bem-sucedida em sua mediação, mas Kafka não queria *realmente* se casar. E Felice precisava saber disso a tempo.

Não sabemos qual das cartas duvidosas de Kafka chegou primeiro aos olhos de Felice, nem podemos dizer com certeza se era uma das cartas que conhecemos, ou se Kafka de fato "quase havia humilhado" a noiva, como reconheceria mais tarde.[11] Em todo caso, o que ela viu era ruim o bastante. Felice ficou furiosa, e pela primeira vez sentiu por Kafka alguma coisa parecida com ódio, ódio por todas as dificuldades que seguiam se somando e que ela atribuiu unicamente à natureza instável de seu noivo. Felice tinha chegado ao limite. Agora, queria uma explicação.

Deve ter havido tensão também entre as duas mulheres. Mais uma vez, Grete Bloch era a mensageira, mas agora ela trazia notícias que inevitavelmente punham em xeque seu próprio papel nisso. Sem que Felice soubesse, ela havia mantido uma intensa correspondência paralela com Kafka, tão franca a ponto de encorajá-lo a cometer indiscrições. Foi desleal, para dizer o mínimo, e, com um pouco de má vontade, o aviso tardio podia ser interpretado como uma confissão tardia. Mas Grete Bloch não era menos "eficiente" que Felice, e como todas as pessoas eficientes, estava relutante em se colocar na defensiva. Foi assim que lá por julho, ou talvez só no começo de agosto de 1914, ela recorreu à única arma que lhe restava, ainda que fosse uma arma estrondosa: ofereceu entregar a Felice *toda* a sua correspondência com Kafka. Ou *quase* toda.

É uma sorte — e na verdade um milagre, em vista da série de eventos catastróficos do século XX que enterraram consigo muitos materiais biográficos de Kafka — que quase todas as suas cartas a Grete Bloch tenham sido preservadas, e que tenham se mantido exatamente na disposição que o desastre do verão de 1914 lhes havia conferido. Restaram *dois* maços de cartas em dois continentes: em um deles, estavam as cartas de Kafka que Grete Bloch encaminhou à sua amiga Felice, que seguiram em sua posse e mais tarde foram levadas para os Estados Unidos; no outro, as cartas que Grete Bloch *não* passou adiante, mas confiou a um amigo décadas depois, no exílio italiano, bem a tempo. Essa divisão da correspondência foi desfeita depois de mais de oitenta anos, com os instrumentos estéreis da filologia de edição, e ao mesmo tempo ficou para sempre marcada. Desde que as cartas de Kafka ganharam uma edição crítica e seus escritos foram aferidos com precisão, qualquer um é livre para deslizar o dedo por essa fronteira entre interesse próprio e indiscrição, que as duas mulheres um dia consideraram imperativa.

O estado das cartas reconstituídas mostra que Grete Bloch deixou alguns critérios operarem ao entregar as provas reunidas; as observações de Kafka que se referiam exclusivamente a *sua própria* vida privada não deveriam ser reveladas a Felice. Ou ela reteve essas cartas, ou cortou as passagens em questão sem nenhuma cerimônia. Felice parece ter sido obrigada a aceitar esse procedimento bizarro de proteger a esfera íntima de uma pessoa (com a tesoura na mão) e ao mesmo tempo expor a de outra, consciente de que estava deixando Grete Bloch livre para encobrir seu próprio papel.

E foi assim. Todas as cartas ou passagens de cartas que indicavam que Kafka havia sido de algum modo encorajado ou seduzido foram censuradas: considerações sobre seu vestido, que ele prometeu olhar "com os olhos mais ternos" (por que ela estava escrevendo sobre vestidos?), sobre suas fotos, que ele contempla longa e detidamente (arrá, ela lhe enviou fotos), e sobre o fato de Grete ser "a mais querida e mais doce criatura" (elogios que ela tinha aceitado de bom grado). Grete também não pôde mostrar que ele estava tentando se "aproximar" dela, pois essa frase ela própria tinha grifado, o que era bastante suspeito. Assim como tudo o que deixava expostas suas próprias fraquezas: crises de depressão, conflitos com os pais, desinteresse no trabalho e acima de tudo, é claro, o "homem de Munique".

Por outro lado, Felice fica sabendo, em primeira mão, que seu noivo "preferiria esquecer" a família Bauer, que considerava o amor dela pelo irmão uma "desgraça", que havia tentado várias vezes, sem sucesso, combinar alguma coisa com Grete Bloch, e que se recusou a devolver suas cartas. Felice Bauer foi obrigada a ler que não era ela, e sim Ernst Weiß, quem representava a liberdade e a vitalidade de Berlim de que Kafka precisava. Justo Weiß, o homem que havia tentado dissuadi-lo do casamento e que aparentemente — como mostravam as cartas — estava muito mais por dentro do assunto do que Felice imaginava. Para piorar, ela não foi poupada da prova número um, uma confissão lamentável que Kafka fez apenas cinco dias depois da grande festa de noivado: "Às vezes — você é a única a saber por ora — realmente não sei como posso, do jeito que sou, assumir a responsabilidade de me casar. Um casamento baseado na estabilidade da mulher? Será um edifício torto, não?".[12] Já era o bastante.

No dia 12 de julho, seis semanas depois do noivado, Kafka finalmente deu as caras em Berlim. Era a época das férias de verão, e como o casamento se aproximava e ele não tinha dinheiro para um sanatório, quis ficar numa pensão barata situada perto do mar Báltico, mas ao mesmo tempo distante do alvoroço da praia, em Gleschendorf, não muito longe de Lübeck. Assim, ele poderia passar duas vezes na casa dos Bauer para discutir os últimos detalhes da mudança de Felice. Ele vinha falando bastante com ela ao telefone, e já imaginava que teria momentos pouco agradáveis pela frente: perguntas inquisidoras, represálias, uma discussão. Mas quando a hora marcada chegou, ele se viu diante de um tribunal.

Um quarto no hotel Askanischer Hof, lateral ou de fundos, cuja única janela abre para o pátio. Uma tarde em pleno verão, paredes que refletem luz e calor. Embora seja domingo, há um barulho ininterrupto na quadra estreita, e um penetrante mau cheiro.

Três mulheres estão sentadas diante de Kafka: Felice Bauer, sua irmã Erna e Grete Bloch. Ele fica surpreso e incomodado ao ver Erna ali. Era a única que ainda olhava para ele com gentileza, mas Kafka sabe pouco sobre ela — os dois nunca falaram nada de pessoal. Ele também gostaria de pedir a Grete Bloch que saísse. O que ela estava fazendo ali, agora que ele enfim poderia estar a sós com a noiva, depois de tanto tempo? Kafka não entende.

Felice Bauer abre a bolsa e tira dali uma carta de Kafka para Grete Bloch. A destinatária explica que depois dessa carta se sentiu obrigada a avisar a amiga. A noiva anuncia que quer ter clareza sobre as constantes reservas de Kafka. Ela diz que já explicou a mesma coisa para a família e que houve uma briga, por isso agora está nervosa, impaciente, cansada. Felice não consegue se controlar, boceja, usa a mão para limpar o nariz e depois passa os dedos pelo cabelo. Então, de repente, reúne forças, fica agressiva, diz palavras de uma sinceridade implacável e fala de coisas íntimas, ignorando as testemunhas.

Não sabemos que perguntas foram feitas a Kafka nesse interrogatório. Mas a distribuição dos papéis está clara. Felice Bauer não quer abdicar daquilo que qualquer mulher de seu status social pode esperar. Não quer se apresentar diante do juiz de paz com um homem que está procurando a saída. Não quer abrir mão do trabalho, da família, das amigas, dos prazeres urbanos, para viver em Praga com um funcionário mal-humorado que quer se mudar justamente para o lugar de onde ela vem. E não quer se adaptar a um homem que não para de falar em compreensão e amor, mas que se mantém intransigente nos assuntos mais ínfimos, que não toca no assado servido em sua homenagem, que fica preocupado com o "toque pessoal" que ela — naturalmente — quer dar em seu futuro apartamento, e que, por fim, mostrando pouca consideração pela família dela, implora-lhe que abra mão de uma festa de casamento conforme o ritual judaico.

Mas Kafka não está em condições de dar a explicação que lhe é pedida. O que não deu certo em 350 cartas não pode ser recuperado com algumas frases, e certamente não na frente de testemunhas. Muito bem, ele pode ter feito uma coisa ou outra por mera teimosia, isso ele admite. Mas ela não entende sua situação, e sua escrita mais do que nunca não lhe interessa. Ela não é nada além de infeliz e hostil. Kafka começa a observá-la. Pensa que esse pode ser o último encontro. A última vez depois de tantas palavras e pensamentos e sonhos. Ele já não consegue ouvir direito. Felice está esperando. Kafka não tem mesmo nada a dizer? Aparentemente, não. De modo que não resta nada além de pronunciar o veredicto: o noivado está cancelado. Não haverá casamento. É a única coisa certa e sensata a fazer. Não há mais nada a dizer. As cadeiras são afastadas, todos se levantam. Só Felice fica sentada.

Kafka vai para Charlottenburg. Ele precisa explicar a situação aos pais dela. O pai, que acaba de voltar de uma viagem internacional para tentar evitar o cancelamento, julga tudo com calma. A sra. Bauer, normalmente rígida, senta à mesa e chora. É claro que a culpa é toda da srta. Bloch, aquela exaltada. A suposta amiga nunca fora bem-vinda ali, mas agora que ela havia deixado completamente maluca até a "Fe", em geral tão autônoma e inteligente, eles entenderam como a desconfiança tinha razão de ser. Que fazer? Kafka já é quase um membro da família; Grete Bloch, não. E a família tem que se manter unida.

Kafka promete voltar no dia seguinte. Ele sai da casa, anda pela Mommsenstraße, vira-se mais uma vez. Para sua surpresa, vê os pais de Felice e uma tia prostrados à janela, acenando para ele como se estivessem se despedindo na plataforma de trem. Kafka levanta a mão e continua caminhando. Dali a alguns metros, passa na frente da casa de Musil, provavelmente sem saber. Dali ninguém acena.

Na manhã seguinte, depois de uma noite tumultuosa, Kafka pega um papel de carta do Askanischer Hof.

> Agora já não sei como posso e devo me dirigir a vocês. Não irei, seria um tormento inútil para todos nós. Eu sei o que vocês me diriam. Vocês sabem como eu reagiria. Portanto, não irei.
>
> Provavelmente, viajarei essa tarde a Lübeck. Como um consolo relativamente pequeno, mas ainda assim um consolo, levo comigo a ideia de que possamos seguir em bons termos uns com os outros, e que fiquemos em bons termos, ainda que a união que todos desejávamos tenha se provado impossível a todos. Felice com certeza os convenceu tanto quanto a mim. Vejo com cada vez mais clareza.
>
> Adeus, vocês têm minha admiração incondicional, especialmente depois da conduta de vocês ontem; não pensem mal de mim.
>
> Com gratidão,
> Franz K.[13]

Kafka fecha o envelope. É a segunda vez que precisa chamar um mensageiro de bicicleta daquele hotel. A segunda, e certamente a última. Ele paga o mensageiro. Então prepara uma pequena bolsa e vai até a Stralauer Ufer, onde há uma piscina pública.

Berlim, pleno verão; segunda-feira, 13 de julho de 1914. Hoje também fará calor na cidade. Tudo parece um pouco mais tranquilo, as multidões desaceleradas. Quem não precisa trabalhar vai até o lago Wannsee, e quem pode pagar, até o mar. Felice não pode se permitir um passeio, porque no dia seguinte fará uma viagem de trabalho que ainda precisa preparar. Ela informou Kafka a respeito, um telegrama espera por ele no hotel. Mas Kafka já não responde. À noite, na hora de fazer as malas, ela é repreendida pelos pais. Os gastos, as compras caras — tudo à toa. Felice está feliz de partir, e tem medo da volta.

Pelos jornais, os berlinenses descobrem que as autoridades também estão de férias. Isso é reconfortante. Talvez a coisa não seja tão dramática com os austríacos e o assassinato de Franz Ferdinand. Eles devem ser capazes de lidar com os sérvios por conta própria. Também o imperador Guilherme prefere tomar um pouco de ar fresco, e embora se preocupe em perder alguma coisa importante, zarpa para o mar a bordo do *S.M.S. Hohenzollern*,* como em todo verão, para viajar pela costa da Noruega acompanhado de um bando de cavalheiros animados. Ele foi fortemente aconselhado nesse sentido pelo chanceler Bethmann Hollweg, que, por sua vez, procura descansar em sua propriedade na Marca de Brandemburgo, conforme informam os jornais (o que eles não informam é que Hollweg volta várias vezes em segredo a Berlim para planejar uma guerra mundial). O vice-chanceler Delbrück também está de férias, assim como o ministro da Guerra, Falkenhayn; o chefe de Estado-Maior, Moltke; e seu suplente, Waldersee. Até o grande almirante Tirpitz, o mais proeminente dos "falcões", saiu de férias, levando consigo seus mapas-múndi. Todos se foram, a sede está vazia. Mas todos estarão de volta a tempo.

* A sigla S.M.S. significa *Seiner Majestät Schiff* [navio de sua Majestade] e antecede nomes de navios da Marinha Imperial Alemã.

31.
A Grande Guerra

Só há tragédias da ignorância.

Peter Altenberg, *Pròdromos*

A crise de julho de 1914 é o evento político mais bem documentado e amplamente pesquisado da história da Europa. E ainda assim ela é — ao lado do Holocausto — o evento que submete nossa compreensão histórica à prova mais dura. Em nenhum outro momento, as causas ideológicas, culturais, econômicas e políticas de uma catástrofe são tão facilmente identificáveis, e a supremacia de todos esses fatores sobre a vontade individual, inclusive sobre a vontade daqueles que se aliaram, é evidente, como se "sistemas" e "estruturas", e não pessoas, estivessem tomando decisões. Ao mesmo tempo, as resoluções das pessoas responsáveis, e muitas vezes seus motivos subjetivos, são rastreáveis até o último detalhe, e quanto mais nos aprofundamos, mais difícil fica acreditar que não importa quem quis e quem não quis a guerra, quando e por quê.

Quando olhamos apenas para as causas estruturais da Primeira Guerra Mundial — em especial o militarismo alemão e os efervescentes nacionalismos dentro do Império dos Habsburgo — temos a impressão de que a Europa toda vinha operando havia anos sobre um piso inclinado, e o declive cada vez maior desse piso tornava um deslizamento inevitável *mais cedo ou mais tarde*. Todos os fatores trabalhavam na mesma direção, e nessa direção estava a Grande Guerra. Quando, por outro lado, acompanhamos as ações dos protagonistas, que podem ser rastreadas dia a dia e, conforme as decisões se aproximam, hora a hora, vemos um quadro totalmente diferente: algumas alavancas tiveram que ser movidas, e um certo número de botões teve de ser pressionado para que a guerra imaginada se tornasse real, e caso alguém tivesse se recusado a tomar uma só dessas atitudes, a Grande Guerra *não* teria acontecido.

Afinal, a Primeira Guerra Mundial "eclodiu" ou foi "desencadeada"? Já que qualquer resposta a essa pergunta tem amplas consequências morais, não admira que ela tenha levado mais de meio século para ser discutida com sobriedade. Aqueles que estavam convencidos, no começo da guerra, de que a História podia ser conduzida são justamente os que falam, mais tarde, depois que tudo estava perdido e 9 milhões de soldados haviam sido mortos, em um destino sinistro e inexorável. Assim, um dos principais responsáveis, o chefe do Estado-Maior austríaco, Franz Conrad von Hötzendorf, escreveu o seguinte: "De resto, a Guerra Mundial foi uma dessas catástrofes que não podem ser nem provocadas nem evitadas por um indivíduo".[1] Manfried Rauchensteiner, historiador militar que escreveu uma obra de referência nada patriótica sobre o declínio do Império Austro-Húngaro, concordou expressamente com essa afirmação, e se houvesse uma enquete entre *todos* os historiadores da atualidade, provavelmente ela teria o mesmo resultado.

Agora, dizer que o Império Áustro-Húngaro "escorregou" para dentro de uma guerra mundial, conforme a versão oficial da época, uma guerra que "ninguém queria", como Stefan Zweig ainda acreditaria décadas depois,[2] isso ninguém mais pode fazer, dadas as esmagadoras evidências em contrário. A decisão de usar o atentado de Sarajevo como ensejo para um ataque militar à Sérvia foi tomada alguns dias depois, em conversas informais, pelos principais políticos; e o primeiro-ministro húngaro, Tisza — a única voz de peso que se opôs à ideia —, logo voltou atrás, acreditando que poderia contar com a retaguarda do poderoso aliado alemão. O almejado "cheque em branco" de Guilherme II chegou no dia 5 de julho, sem conversas prévias, sem impor condições, sem definir os objetivos da guerra, apenas com a única exigência de que, se a ideia fosse mesmo atacar, isso deveria ser feito *imediatamente*. Era tudo o que os radicais queriam. Dois dias depois, o conselho de ministros já se pronunciava a favor da guerra.

Assim, as principais diretrizes foram traçadas em Berlim e Viena, e os debates dos dias seguintes só serviram para encontrar um procedimento que legitimasse a decisão e colocasse a Áustria em seu lugar de direito diante da opinião pública mundial. Contrariando o conselho dos militares mais destacados de invadir a Sérvia sem mais delongas, decidiu-se no dia 14 de julho que um ultimato de curto prazo e com exigências inaceitáveis seria apresentado. Esse ultimato levou cinco dias para ser formulado, e outros dias se passaram até que o imperador Franz Joseph aprovasse e assinasse o texto. No dia 23 de julho de 1914, exatamente às seis horas da tarde, o ultimato chegou à capital da Sérvia, Belgrado. O prazo era de 48 horas, e para garantir que ninguém mais interviesse, deixaram outras quinze horas transcorrerem antes de comunicar o teor do texto a outras grandes potências.

A mensagem causou espanto, porque o ultimato continha exigências que feriam gravemente a autonomia da Sérvia e que só lhe ofereciam duas alternativas: a submissão ou a guerra. Estava claro que a Rússia e seus aliados não podiam ficar parados olhando para tal ação punitiva, e os comentaristas políticos falaram abertamente a respeito. Ainda assim, o que prevalecia na Áustria era uma sensação de alívio. Os cavalheiros de Viena deram-se tempo, muito tempo; quase quatro semanas haviam se passado desde o atentado, e a imprensa estava tendo cada vez mais dificuldade de explicar por que nada havia acontecido até então. As autoridades diziam que era preciso esperar os resultados das investigações, mas ninguém acreditava nisso. Afinal, estava claro que o assassinato de Sarajevo, se não havia sido organizado pelos sérvios, ao menos havia sido diretamente provocado pela propaganda sérvia; o que mais havia por ser investigado? Mais incompreensível ainda era que pessoas com um papel importante, como Conrad von Hötzendorf e o ministro de Guerra austro-húngaro, Krobatin, saíssem de férias justo naquele momento.

Mas essa impressão de que nada estava sendo feito em Viena era falsa. As decisões mais importantes já tinham sido tomadas e acordadas com a Alemanha havia muito tempo (é surpreendente que nada disso tenha vindo a público), mas havia bons motivos para manter a calma por mais alguns dias. O presidente francês, Poincaré, estava fazendo uma visita de Estado ao tsar russo naquele momento, e teria sido muito imprudente, do ponto de vista tático, atacar enquanto os dois principais oponentes da política austríaca estavam reunidos. O resumo de uma conversa entre o conde Tisza e o ministro das Relações Exteriores austríaco, conde Berchtold, em que uma decisão definitiva quanto ao prazo do ultimato foi tomada, e, portanto, quanto ao início da guerra, mostra que os diplomatas austríacos sabiam exatamente como diplomatas deviam se comportar em uma situação dessas, e como estavam determinados a não deixar absolutamente nada ao acaso:

> Dizem que, na conversa de hoje, houve unanimidade no sentido de que seria aconselhável esperar a partida do sr. Poincaré de Petersburgo para invadir Belgrado. Pois seria bom evitar, se possível, que em Petersburgo, em um ambiente regado a champanhe e sob a influência do sr. Poincaré, de Iswolsky (embaixador russo em Paris) e dos grão-príncipes, seja celebrada uma irmandade que então influenciaria e possivelmente determinaria a tomada de posição dos dois reinos. Seria bom também que os brindes tivessem sido feitos antes da entrega da nota.[3]

"Que pena!", escreveu o imperador Guilherme II à margem desse relatório. As coisas não estavam andando tão rápido quanto ele queria. Mas os vienenses tinham razão. Assim, eles se informaram sobre o horário de partida do sr. Poincaré de São Petersburgo, e determinou-se que o ultimato seria entregue exatamente naquela hora. Foi um trabalho de precisão.

As férias foram solicitadas, como uma medida dos austríacos para dar uma sensação de segurança ao país estrangeiro. Eles foram inteligentes, tão inteligentes que os alemães os imitaram. Os sérvios foram menos inteligentes. O chefe do Estado-Maior deles também estava de férias — em um território inimigo, a Áustria.

Quando observamos as últimas medidas tomadas pelos responsáveis em Viena e Berlim, aquelas que desencadearam a guerra, parece que realmente se pensou em tudo; em tudo, menos nas consequências. Discutiu-se muito mais a fundo como seria feito o transporte das tropas do que o que aconteceria com a Sérvia, o arqui-inimigo, quando a guerra fosse vencida. Fazia muito tempo que as telefonistas da Áustria-Hungria seguiam a orientação de interromper as chamadas de longa distância que mencionassem a guerra — só não estava claro ainda em quantas frentes tal guerra seria travada. Uma azáfama, a um só tempo perfeccionista e inocente, dominava a situação: a caricatura de uma razão cega, instrumental, que estabelece os itinerários, mas deixa a condução em mãos alheias.

Um segundo olhar revela um quadro diferente, entretanto, e as fontes provam que nem só os técnicos de guerra estavam trabalhando. Tanto no conselho de ministros austro-húngaros quanto na liderança militar, todos tinham clareza de que dessa vez havia mais coisas em jogo do que a punição de um arruaceiro, e mais do que o possível desencadeamento de uma terceira Guerra dos Bálcãs. Em fevereiro de 1913, o herdeiro do trono, Franz Ferdinand, já tinha chamado de "loucura" qualquer plano de guerra anti-sérvio: "Se agirmos contra a Sérvia, a Rússia estará atrás dela, e teremos a guerra contra a Rússia. O imperador da Áustria e o tsar irão mesmo empurrar um ao outro do trono, deixando o caminho livre para a revolução?".[4] Palavras proféticas. O conde Tisza apresentou um argumento ainda mais sólido no dia 8 de julho de 1914, quando a guerra contra a Sérvia já era negócio fechado. Ele advertiu seu imperador de que esse ataque levaria inevitavelmente a uma Guerra Mundial. Pois a Rússia, agora uma potência militar, não ficaria de braços cruzados como fizera cinco anos antes com a anexação austríaca da Bósnia-Herzegovina, observando seu posto avançado eslavo ser humilhado. A Áustria enfrentaria um contra-ataque russo, e isso acionaria o mecanismo europeu de alianças: Alemanha contra Rússia, França contra Alemanha.

Os demais riscos eram incalculáveis, sobretudo o posicionamento da Itália, que embora estivesse ligada à Áustria e à Alemanha por acordos políticos secretos, vinha se mostrando cada vez mais abertamente como rival da Áustria. Até Conrad von Hötzendorf, que estava plenamente consciente do perigo russo, teve de admitir que uma guerra em *três* frentes (que de fato aconteceria em maio de 1915) não poderia ser vencida. Ainda assim, ele seguiu defendendo que era preciso primeiro atacar a Sérvia, para então ver o que aconteceria. Pouco antes do começo da guerra, ele escreveu: "Em 1908-1909, teria sido um jogo de cartas marcadas; em 1912-1913, um jogo com alguma chance; agora é arriscar todas as fichas".[5] Os cavalheiros estavam sentados à roleta, e sabiam disso.

Os militares alemães estavam igualmente dispostos a assumir riscos. Muito se especulou sobre o que teria realmente motivado as partes responsáveis do Reich alemão, que estavam sempre falando em uma ameaça de "cerco", a *forçar* a aliança militar das grandes potências adversárias de modo tão irresponsável e confiante. Bem, a resposta dos livros didáticos é que os alemães tinham seu Plano Schlieffen: uma estratégia militar que, em caso de guerra, previa derrotar os dois principais oponentes, *um depois do outro*, em poucos dias. A ideia era cercar e destruir o exército francês a partir do Norte, passando pelo território belga, e só então direcionar toda a força militar contra a Rússia.

Pesquisas históricas recentes não deixam dúvidas de que se trata de uma lenda.[6] Mesmo os militares que ainda acreditavam, em 1914, que o curso de uma guerra moderna poderia ser previsto para além de algumas semanas, duvidavam que um plano desses pudesse *decidir* a guerra. Sem falar que a coisa só podia funcionar se o governo britânico ficasse em silêncio — o que não faria em nenhuma hipótese, como havia deixado bem claro. No entorno de Guilherme II, ninguém mais acreditava na guerra curta que ele havia prometido a seus súditos, e o fatalismo deliberado com que os mais agressivos defensores da guerra se encaminhavam para a catástrofe é realmente chocante. Até o chefe de Estado-Maior alemão, Helmuth von Moltke, que, assim como seu colega austríaco Conrad, não perdia havia anos uma oportunidade de apelar para alguma "guerra preventiva", falou no dia 28 de julho de 1914 em uma iminente "guerra mundial", "que destruirá a cultura de quase toda a Europa por décadas". E o ministro de Guerra prussiano Falkenhayn, que considerava até Moltke hesitante demais, disse o seguinte no dia da invasão alemã da Bélgica, 4 de agosto: "Mesmo que nos arruinemos por isso, ainda assim foi bonito". A Europa nas mãos de jogadores.

As pessoas diretamente afetadas acreditavam — assim como a maior parte dos historiadores, mais tarde — que a liderança política e militar de 1914 tinha um alto grau de inteligência estratégica, independentemente de sua atitude em relação à guerra. "Eles sabem o que estão fazendo, eles têm um plano", esse era o teor das frases daqueles que aguardavam ansiosamente o começo da guerra. Enquanto isso, aqueles que temiam esse dia agarravam-se à ideia de que os chefes não deixariam a coisa chegar ao ponto de uma guerra, "pois seria a Guerra Mundial". Ninguém, nem Karl Kraus, o clarividente, nem Franz Pfemfert, o democrata radical, tinha ideia, antes da guerra, da indiferença assassina que na verdade reinava, tanto em relação aos fatos como em relação aos "recursos humanos".

Políticos e militares sabiam o que estavam fazendo, mas a população não tinha a menor ideia. Não havia uma opinião pública crítica, os monarcas eram particularmente intocáveis e considerados a última instância confiável, embora se soubesse que eles não tinham controle de tudo e assinavam documentos que nem sequer tinham lido.[7] Em todo caso, havia liberdade de imprensa, e era bem possível atingir o sistema em pontos nevrálgicos. Assim, sob o título "Los von Österreich!" [A marcha da Áustria!], Pfemfert escreveu, um ano e meio antes da guerra, sobre o "risco público da solidariedade armamentista entre Alemanha e Áustria".[8] A imprensa estava bem distante das possibilidades do jornalismo investigativo que temos hoje, e oferecia uma imagem nebulosa e distorcida da realidade. Havia inúmeros rumores não confirmados "de círculos bem informados", e como a rede de correspondentes autônomos ainda era extremamente exígua, os jornais se citavam exaustivamente uns aos outros, ou agarravam os restos que lhes eram lançados nas raras conferências de imprensa realizadas por agências governamentais. Quanto à política externa, os jornais social-democratas não estavam numa situação muito diferente daquela dos jornais liberais, conservadores e católicos, que eram bem mais abundantes.

No epicentro do desastre, em Viena, havia uma ignorância quase grotesca, dada a magnitude das apostas. Os leitores da *Neue Freie Presse* só souberam o que estava escrito na fatídica nota para a Sérvia poucas horas antes de o ultimato expirar. Ao mesmo tempo, todos especulavam sobre uma ansiada "localização" do conflito — e, portanto, sobre a não interferência dos Estados europeus —, e esse termo publicitário da diplomacia austríaca ficou registrado em quase todas as manchetes da época. "Pela localização, contra a Guerra Mundial", dizia a manchete do *Prager Tagblatt* na manhã de 27 de julho — quando a mobilização já tinha começado havia muito tempo e a imprensa estava sujeita à censura da guerra. É claro que essa censura era extremamente grosseira, deixando tarjas brancas nas páginas dos jornais, e o leitor que ainda estivesse interessado na verdade podia intuir muitas coisas. Sem falar que os censores estavam longe de deter os meios de se apoderar da memória. Nenhum jornalista político teria ousado escrever que soldados da Baixa Áustria foram mortos com a munição da Fábrica Hirtenberg de Cartuchos, Espoletas e Artigos de metal; que os operários da Sociedade Austríaca de Fabricação de Armas de Steyr, que marchavam para a frente na Sérvia, lá eram esperados por 200 mil espingardas inimigas que eles próprios tinham produzido apenas seis meses antes. Para saber de tudo isso, bastava que os leitores avançassem até a seção de economia.

> Para nós, a guerra estava *alinhada* com outros sonhos para a humanidade, hoje quase esquecidos, alinhada, portanto, com o moto-contínuo ou a fonte da juventude, a tintura dos alquimistas que transforma qualquer metal em ouro, o elixir da longa vida. Em todo caso, a guerra era possível na periferia da vida civilizada, em países atrasados dos Bálcãs, nas colônias. Entre povos cultivados, que trabalhavam pacificamente, soava como um disparate utópico, mesmo que nossos pais a tivessem vivido em 1866 e 1870. Mas nós éramos a geração mimada. A discussão em torno da música de Richard Wagner, em torno dos fundamentos do judaísmo e do cristianismo, em torno da pintura impressionista etc., era muito mais importante para nós. E agora esse tempo de paz tinha chegado ao fim de repente. Nunca uma geração foi tão brutalmente atropelada pelos fatos.[9]

Max Brod deixa em aberto o que quis dizer com "nós" — mas sua descrição caracteriza uma postura apolítica que, sem dúvida, era predominante no seu entorno imediato, inclusive nas últimas semanas de paz. No ano anterior, sob a pressão dos acontecimentos, as pessoas até discutiam nos cafés se a Áustria seria ou não arrastada para a Guerra dos Bálcãs, mas era como se estivessem preocupadas com o contágio de um vírus *estrangeiro*. O fato de que justamente os povos "cultivados" haviam sido os responsáveis por levar violência aos protetorados e às colônias era uma questão periférica, lembrada ocasionalmente, comparável à proteção dos animais. Nem os pacifistas esclarecidos devem ter imaginado que essa violência logo se voltaria contra sua própria cultura europeia. A guerra estava totalmente ausente do planejamento das vidas individuais, das fantasias e dos sonhos que envolviam o futuro de cada um: isso valia tanto para os "veteranos" quanto para os "novatos", para os judeus e não judeus, valia para Brod, Baum, Werfel, Haas, Weiß, Musil, Wolff, para a cena de Hellerau, para o círculo da *Fackel*, para os sionistas de Praga. E como podemos comprovar, valia também para Kafka.

Com o coração gelado depois do severo julgamento no Askanischer Hof, infeliz, e ao mesmo tempo liberto de suas dúvidas angustiantes e, portanto, estranhamente fortalecido, receptivo e concentrado, Kafka havia viajado para o mar Báltico, seu destino de férias. O que aconteceria agora? Antes da partida, Erna, a irmã de Felice, havia tentado distraí-lo e confortá-lo, mas não era de conforto que ele precisava agora, e distração ele já tivera o bastante. Abriu-se um espaço vazio que tinha de ser preenchido. Ele tinha que lembrar quem era *sem Felice*.

Ernst Weiß e sua namorada, "Hanni" [Johanna] Bleschke (a futura atriz Rahel Sanzara), também estavam partindo em férias de verão, e como os caminhos se cruzariam, combinaram de encontrar Kafka em Lübeck. Weiß mal deve ter conseguido esconder sua satisfação com aquele escândalo que tanto aguardara: como Kafka podia ter achado que se encaixaria em um ambiente tão burguês e se adaptaria a uma mulher tão eficiente, e nada além de eficiente? Weiß o alertara, e estava certo. Mas também deve ter achado a calma de Kafka um tanto suspeita. Pensando que talvez fosse melhor não o deixar sozinho, ele o convenceu a cancelar seu quarto em Gleschendorf para viajar com Hanni e ele para a Dinamarca, à estância balnear de Marielyst, na ilha de Falster.

Kafka deixou-se levar, mas se arrependeria mais uma vez. Weiß tinha segurança para tratar de todas as questões práticas, e isso era contagiante, mas tendia um pouco ao monólogo, assim como Brod. Trazia consigo o manuscrito de seu segundo romance, *Der Kampf* [A luta]; Kafka já conhecia o texto, e ajudá-lo na revisão não seria mal, trabalhar a *linguagem* enquanto não tivesse um trabalho próprio em vista. Por outro lado, Weiß, o bom conselheiro, não sabia resolver seus próprios problemas; as brigas com sua namorada eram enervantes e, para piorar, ele tinha escolhido um destino e uma hospedagem desoladores, além de inapropriados para um vegetariano (o Hotel do Balneário, de teto de palha, era uma antiga fazenda). Kafka não levou nem 24 horas para fazer as malas de novo, e foi difícil impedi-lo de partir.

Era preciso tomar uma decisão imediatamente, quando talvez ainda fosse possível extrair alguma força da terrível derrota. Já no dia seguinte, ele informou sua família em Praga sobre a separação de Felice, mas não mencionou outros planos. Os pais sabiam das ideias que andavam passando por sua cabeça; ele tinha ameaçado expressamente demitir-se; até o tio de Madri estava ciente disso e cobrara Kafka, apontando-lhe o dedo. Os Kafka sabiam, seu filho era influenciável, e repreensões sérias sempre tinham seu efeito, mesmo que por um prazo determinado. Mas nunca tinham visto como ele podia ser firme.

Deve ter sido um choque quando os pais de Kafka, que vinham calculando os custos do cancelamento do matrimônio, e sobretudo do apartamento alugado à toa em Praga, receberam o seguinte apelo:

> Vejam, talvez eu ainda não lhes tenha dado nenhum sofrimento verdadeiro e grave, a não ser que a dissolução desse noivado o seja, de longe não posso julgá-lo assim. Mas menos ainda lhes dei uma alegria verdadeira e definitiva, e isso, acreditem em mim, somente porque não pude dar essa alegria a mim mesmo em definitivo. Você, pai, entenderá melhor por que é assim, mesmo que não consiga reconhecer o que realmente quero. Às vezes, você conta como as coisas eram difíceis para você na infância. Você não acha que essa foi uma boa maneira de nutrir sua autoestima e satisfação? Você não acha, aliás você já disse exatamente isso, que comigo estava tudo bem demais? Até agora, cresci em um estado de dependência e conforto exterior. Você não acha que isso não foi nada bom para a minha natureza, por mais bondoso e amável que tenham sido todos que cuidavam dela? Sem dúvida, há pessoas que sabem garantir sua independência onde quer que estejam, mas não sou uma delas. Fato é que também há pessoas que não perdem sua dependência em lugar nenhum, e descobrir se não sou uma delas me parece valer todo esforço. Tampouco é válido alegar que sou velho demais para fazer tal experiência. Sou mais jovem do que pareço ser. Esse é o único efeito bom da dependência, manter as pessoas jovens. Ainda assim, isso só acontece quando ela acaba.

> Nunca conseguirei melhorar no escritório. Nem em Praga, aliás. Tudo ali é projetado para manter a mim, a pessoa que no fundo anseia por dependência, dentro dela. Tudo me é oferecido com tanta naturalidade. O escritório me é tão incômodo, e muitas vezes insuportável, mas no fundo fácil. Desse jeito fácil, ganho mais do que preciso. Para quê? Para quem? Vou continuar subindo a escada salarial. Com que finalidade? Se esse trabalho não me convém e não me traz nem independência nem autoestima como recompensa, por que não me livro dele? [...] Tenho tudo a ganhar fora de Praga, isto é, posso me tornar um homem independente e calmo que usa todas as suas capacidades e, por um trabalho bom e verdadeiro, é recompensado com a sensação de estar realmente vivo e definitivamente satisfeito. Tal pessoa também estará em termos melhores com vocês — e esse não será o menor dos benefícios. Vocês terão um filho cujas ações individuais talvez possam desaprovar, mas no geral ficarão satisfeitos com ele, pois terão de dizer a si mesmos: "Ele faz o que pode". Hoje vocês não sentem isso, com razão.
>
> Penso na execução do meu plano do seguinte modo: tenho 5 mil coroas. Isso permite que eu viva por dois anos em algum lugar da Alemanha, Berlim ou Munique, sem ganhar nenhum dinheiro, se necessário. Esses dois anos permitem que eu trabalhe na literatura e coloque para fora o que em Praga, entre a frouxidão interior e a perturbação exterior, não conseguiria realizar com tamanha clareza, plenitude e consistência. Esse trabalho literário me permitirá viver do meu próprio rendimento depois desses dois anos, por mais modesta que seja minha vida. E por mais modesta que seja, será incomparável com a vida que levo agora em Praga e que espera por mim no futuro.[10]

É uma carta irresistível que, em sua serenidade, em sua calma aceitação e rejeição das exigências dos pais, parece antecipar a famosa *Carta ao pai*. Nota-se nela uma estratégia mais elevada, uma forma lúdica de "identificação com o agressor" que tem o efeito de desarmar e que certamente fez mais do que "perturbar" o pai de Kafka. Ano após ano, a cada vez que seus filhos o contradiziam ou pareciam se opor a ele, Hermann Kafka sempre havia usado a mesma frase pronta, proferida com uma voz retumbante: "*Vocês estão bem demais!*". Agora, seu filho não pensava em negar isso. Ele aceitou o veredicto, como sempre fazia. Mas, de repente, inverteu a ponta da espada, dirigindo-a para fora, e sua voz, que era muito mais baixa, penetrava mais fundo: "Estou bem demais? Certo, então agora vamos mudar isso". Hermann Kafka deve ter achado que só podia ser um escárnio perguntar com toda a seriedade para que servia ganhar dinheiro, e ainda invocar com tanta insensatez as palavras do pai. "Ingratidão, extravagância, desobediência, traição, loucura": mais tarde, Kafka lembrou e registrou a reação desesperada do patriarca a esse surpreendente ataque.[11]

A calma que transparece da carta de Kafka aos pais contrasta estranhamente com a queda livre das cartas que ele enviara a Felice e Grete algumas semanas e mesmo dias antes — e essa calma tinha seu preço. Ela tinha sido arrancada da concentração que Kafka dirigia agora a si mesmo com uma exclusividade hermética. Desde que liquidara sua última conta no Askanischer Hof, ele estava decidido a só seguir a própria lógica, a não deixar que ninguém nem nada interferisse, nem mesmo as demandas morais da "vida". Mas o momento que ele escolheu para — mais uma vez — trancar por dentro as portas estofadas não poderia ser mais inoportuno.

Não sabemos a data exata em que Kafka levou essa carta ao correio da Dinamarca; provavelmente no dia 20 ou 21 de julho. Nesse momento, a redação do ultimato austríaco que levaria à guerra já estava determinada, e aquele manifesto desastroso do imperador, "Aos meus povos!", já havia sido escrito. Com ele, Franz Joseph mandaria seus ignorantes súditos ao inferno uma semana depois. "Examinei e considerei tudo": em pouco tempo, essas palavras — famosas, e depois infames — estariam coladas em todas as colunas publicitárias do Império, em onze línguas diferentes.

Mas quem teria imaginado? O azar de Kafka é quase extravagante: quando ele finalmente toma a tão aguardada decisão de começar uma vida autônoma, ela é frustrada por eventos externos esmagadores, que suspendem *qualquer* decisão autônoma. Tinha de ser uma guerra mundial para impedir Kafka de deixar a comarca do pai. Só lhe restarão duas opções: o serviço militar e o escritório. Kafka terá de preencher formulários para visitar alguém do outro lado da fronteira. Não poderá mais ligar para a Alemanha. As revistas com as quais contava para ganhar a vida irão emudecer ou juntar-se ao coro patriótico. Ele ficará preso em Praga, não mais mentalmente, não, *de verdade*.

Kafka teve azar, com certeza. Mas será que esse azar consistia realmente no fato de que a guerra mundial precedeu em um dia sua demissão? Se Felice Bauer tivesse dito "não" na primavera de 1914 e, conforme havia sido decidido nesse caso, Kafka tivesse de fato estabelecido, com o apoio de Musil, uma existência literária em Berlim, ele teria que voltar de qualquer modo pouco depois da eclosão da guerra, e — sem conexões, sem a retaguarda de seus superiores — teria inevitavelmente se tornado uma peça substituta na engrenagem da reserva militar austríaca.

Não, a desgraça de Kafka foi que o último esforço exigido por essa nova decisão absorveu todos os seus outros interesses; que a guerra se tornou inevitável no momento em que Kafka não conseguia mais notá-la ou pensar nela. Ele observava os hóspedes da hospedaria dinamarquesa, descrevia no diário os momentos de comunhão e de isolamento entre eles, seus gestos e olhares. Não notou *sobre o que* falavam, mas é impossível que não tenha ouvido a palavra "guerra" aqui e ali. Ele não estava lendo os jornais? Aparentemente não, ou teria deparado com o risco de guerra, a febre da bolsa, o medo e a propaganda antecipada em quase todas as páginas. Será possível que Kafka, Ernst Weiß e Hanni Bleschke nunca tenham conversado sobre o que estava acontecendo *em sua terra natal*? Não sabemos. Em todo caso, a longa e serena carta aos pais tornou-se um desperdício de papel no instante em que foi assinada.

No fim de semana de 25 e 26 de julho, as férias de Kafka terminaram. Ele viajou para Berlim, encontrou de novo Erna, depois seguiu para Praga. No trem, havia austríacos que tinham sido "chamados às armas" e precisaram interromper suas férias mais cedo. Era o último dia em que os trens de longa distância operariam conforme o cronograma, o último dia em que as estações de trem todas não ecoariam "Die Wacht am Rhein" [A vigília no Reno]. Quando Kafka chegou a Praga, viu-se no meio de uma multidão agitada. Todos estavam nas ruas e inúmeras lojas estavam abertas, embora fosse domingo. O Oitavo Corpo de Exército, cujo comandante se encontrava no Hradschin, em Praga, já tinha sido mobilizado, e a Boêmia inteira estava invadindo a cidade. Por toda parte, havia malas de soldados, uniformes cinza para o campo, oficiais correndo de um lado para outro, sabres tilintando, gritos, canções, cenas de despedida. No meio disso tudo, havia um surpreso funcionário de seguradora, levemente bronzeado, em trajes de viagem e carregando uma pequena mala.

No dia seguinte, o jornal diz que a posição da Áustria é "inalterável". E que todos os revólveres de Praga tinham sido vendidos.

O entusiasmo pela guerra do fim de julho e do começo de agosto de 1914 é um dos fenômenos de massa mais assombrosos, difíceis de explicar e compreender do século XX. Todas as ciências humanas se esforçaram para isso, todos os historiadores importantes da história recente fizeram tentativas nesse sentido. Mas o súbito delírio, o ódio irracional, a certeza absoluta da vitória continuam sendo um mistério: parecem-nos manifestações de uma religião desaparecida, bem pesquisada, mas, ainda assim, estranha e remota.

Há uma série de razões que, um século depois, dificultam ao extremo uma compreensão desses eventos. Em primeiro lugar, naturalmente o fato de sabermos *como a coisa termina*. Qualquer tentativa de criar, a partir de uma sociedade de massas, uma "comunidade" entusiasmada culminou, até agora, em banhos de sangue, terror e em uma terrível desilusão. Hoje sabemos disso. Em agosto de 1914, por outro lado, não houvera ainda nenhuma dessas experiências psicossociais em grande escala, e a promessa e a tentação da comunidade eram irresistíveis — tanto para quem tinha uma concepção romântica quanto para quem tinha uma concepção realista da guerra.

Uma segunda razão é a relação radicalmente diversa que temos com tudo o que acontece para além de nossas fronteiras nacionais. Até hoje, o conhecimento mútuo entre alemães e franceses, alemães e ingleses ainda é escasso, se considerarmos a proximidade geográfica e histórica entre esses países. No começo do século XX, contudo, a esmagadora maioria da população só conhecia o "estrangeiro" por meio da imprensa, muitas vezes de uma forma anedótica ou folclórica. Alguns burgueses instruídos viajavam a Paris ou a Roma, alguns empresários, a Londres. As línguas eram aprendidas por razões econômicas, para que se pudesse manter uma correspondência e negociar (foi nesses termos que Kafka aprendeu italiano). As viagens eram caras e, sobretudo, demoradas, e não passaria pela cabeça de ninguém viajar até o Império Otomano só para aproveitar umas férias ensolaradas. A experiência *própria* do estrangeiro era rara: a visão política e cultural do mundo dependia muito das reproduções oferecidas por jornais, revistas e cinejornais — uma imensurável superfície de projeção sobre a qual aparecia, durante a guerra, o fantasma do inglês "pérfido", do eslavo "cruel" e do italiano "covarde", sem que houvesse um número suficiente de pessoas com uma ideia mais concreta e criteriosa para opor a essa.

Uma terceira dificuldade, muitas vezes subestimada, provém do fato de que *nós mesmos* ainda dependemos inteiramente das imagens midiáticas daquela época. Precisamos delas como fontes, provas, material visual. Mas, nessas imagens e nesses textos, o que mais vemos são massas exultantes, soldados sorridentes, gestos incisivos e slogans patrióticos de jornalistas desavisados. Não conseguimos ver nas imagens o punho que os trabalhadores cerravam dentro do bolso, frustrados porque seus líderes partidários falharam miseravelmente, nem o sofrimento massivo, mas silencioso, das namoradas, noivas, esposas e mães que se despediam de homens jovens com a consciência de que aquela podia ser uma despedida por muito tempo, ou mesmo para sempre. Esse sofrimento devia ser muito mais perceptível em cidades menores e no interior, longe de grandes e ruidosas concentrações de pessoas. A ideia de que todo um "povo" se entregou ao entusiasmo pela guerra é enganosa, e duplamente falsa no caso do Império Austro-Húngaro, onde os vários grupos étnicos tinham interesses bem distintos, mesmo no momento de maior tensão. O entusiasmo realmente "cego" devia ser mais exceção do que regra: dias antes do começo da guerra, os berlinenses estavam fazendo fila para o mercado de ouro, e as mesmas pessoas que louvaram os soldados de partida e os canhões adornados de flores no Altstädter Ring, com gritos de *Heil!* [Viva!] em alemão e tcheco, no dia seguinte estavam invadindo os bancos de Praga para esvaziar a poupança. De tão convencidos que estavam de uma pronta vitória.[12]

Mas nem só por causa da acomodação política, da propaganda e da censura vemos povos beligerantes inebriados. A perspectiva parece distorcida, sobretudo porque as palavras difundidas e preservadas até hoje são de jornalistas, escritores, acadêmicos, em suma: de "multiplicadores" que, na imensa maioria, eram *favoráveis* à guerra. Eles explicavam por que ela era inevitável, por que a Alemanha e a Áustria estavam em seu direito, por que só se podia vencer e por que a guerra, apesar de todos os sacrifícios necessários, traria a redenção, uma "renovação moral", uma "grande purificação" que estabeleceria novos valores, além de trazer autoconfiança e unidade para o povo.

São *essas* as vozes que ouvimos mais alto, e que — ao contrário dos milhões de cartas desesperadas enviadas do campo de batalha — deixaram marcas profundas na memória cultural. Os impronunciáveis poemas de guerra de Alfred Kerr, Richard Dehmel e Gerhart Hauptmann. O "Apelo ao mundo da cultura", assinado por 93 intelectuais alemães, que justificava a invasão da Bélgica. As contorções patrióticas de Thomas Mann e Hugo von Hofmannsthal. A "Canção de ódio contra a Inglaterra", que se decorava em todas as escolas alemãs. Por fim, o coro ilimitado de editoriais que faziam ameaças de guerra, como se seus próprios autores estivessem com as rédeas nas mãos, a infantaria jornalística que falava tanto da guerra a ponto de torná-la realidade, os acadêmicos e ensaístas que a legitimavam e douravam.

Às massas, que oscilavam entre o medo e o entusiasmo, não se prometeu apenas guerra, mas também paz: a grande trégua, a grande reconciliação — o que teve um papel decisivo. "Já não conheço partidos, só conheço alemães": citadas milhares de vezes, essas palavras de Guilherme II foram pronunciadas na noite de 1º de agosto, trinta minutos depois da declaração de guerra à Rússia. Elas continham uma promessa utópica e atingiram o inconsciente coletivo em seu âmago. O fim das lutas partidárias, das lutas de classe, da frieza e do anonimato da vida urbana parecia estar ao alcance das mãos. Agora, todos fariam parte disso: sociais-democratas, judeus, mulheres, desempregados, estudantes — cada um tinha sua tarefa, seu lugar, ninguém mais teria que batalhar pelo reconhecimento social de sua existência. As cenas de confraternização pública dos primeiros dias da guerra pareciam confirmar que essa promessa seria cumprida.

No Império Austro-Húngaro, a mesma carta foi usada. Ali, eram sobretudo as identidades nacionais, carregadas de ódio, que reforçavam e endureciam umas às outras. Em seu lugar, só poderia emergir uma comunidade abrangente, de orientação monárquica, formada por súditos capazes de se defender, com uma identidade "habsburga" renovada pela pressão externa. De fato, era difícil encontrar os slogans apropriados. Ao dizer "Já não conheço nacionalidades [...]", Franz Joseph não teria colhido aplausos, mas alvoroço. Por isso, o manifesto imperial de guerra foi mais cauteloso: "Confio nos meus povos, que em todas as tempestades sempre se mobilizaram com união e lealdade ao redor de meu trono [...]". Era uma ilusão, todos sabiam disso, e soava um tanto morno. Mas a notória ausência de uma propaganda arrebatadora, que a imprensa diária não conseguia nem esconder nem compensar, tinha uma razão simples; enquanto os alemães podiam apontar para um pérfido inimigo comum, que seria derrubado no que Thomas Mann chamou de uma "grande guerra popular, perfeitamente decente e até mesmo solene",[13] ninguém no Império Austro-Húngaro sabia dizer se a porção eslava da população — tchecos, eslovacos, poloneses, croatas, ucranianos, rutênios e bósnios — seria realmente persuadida a entrar em guerra contra os "irmãos eslavos" da Sérvia e da Rússia. Essa imponderabilidade afetava sobretudo a Boêmia, onde, segundo o ministro das Relações Exteriores Berchtold, uma revolução poderia eclodir caso a opinião pública não estivesse preparada o bastante para a guerra, isto é: caso não fosse criada uma *justificativa* convincente para a guerra.[14]

Essa desconfiança em relação à maioria tcheca na Boêmia seguiu envenenando a atmosfera do Império, mesmo depois de a guerra ter sido iniciada. Em Praga, revistaram-se casas de estudantes suspeitos de "agitação pan-eslavista". Espalharam-se rumores de que regimentos inteiros de soldados tchecos haviam se rendido aos russos sem oferecer qualquer resistência. No fim de novembro, o alto-comando armado enfim solicitou que a lei marcial fosse introduzida na Boêmia para que as deserções e altas traições pudessem ser rastreadas de modo mais efetivo. Não faltou muito para que a cidade de Praga vivesse os últimos quatro anos da guerra sob o jugo de uma ditadura militar. Mas o imperador recusou o pedido; ninguém sofreria tal tipo de pressão para defender o Império.

O príncipe Franz Thun-Hohenstein, governador da Boêmia, foi muito mais inteligente, enfatizando a lealdade tcheca, de modo a cortar as asinhas dos poucos que de fato nutriam simpatia pelo hostil império dos tsares ou até mesmo sonhavam com um Estado próprio. Ele sabia que os tchecos tinham tanto medo de *perder* a guerra quanto os alemães, e a ideia de uma invasão russa de Praga ou Viena era um pesadelo que *ninguém* queria imaginar. De fato, enquanto a guerra ainda parecia uma aventura com prazo de validade, os tchecos se deixaram levar pelo entusiasmo geral, como todos os demais; houve confraternizações quase impensáveis depois de todas as disputas nacionalistas, e algumas das extenuantes marchas em direção à frente de batalha terminaram em noites de cantoria em alemão e tcheco. As dificuldades que os soldados sofriam juntos criavam proximidade, e a depressão que Egon Erwin Kisch observou em seus camaradas tchecos devia ser causada mais pelo assédio dos onipresentes superiores alemães do que pelo eslavofilismo generalizado.

É claro que a tentação patriótica era mais forte ali onde a identidade comum era mais frágil: entre os judeus. Todas as organizações judaicas, desde a Centralverein deutscher Staatsbürger jüdischen Glaubens [Associação Central de Cidadãos Alemães de Fé Judaica], de tendência assimiladora, até os sionistas, passando pelos ortodoxos, tomaram para si a inesperada oferta de trégua e a aceitaram sem hesitação. "Para além do dever" — caso agora os judeus tivessem de colocar as energias a serviço da pátria, esse era o lema que resumia a aspiração coletiva.[15] A guerra oferecia a oportunidade de colocar a própria fiabilidade à prova, e de adquirir o direito de viver dentro da ansiada comunidade por meio do maior sacrifício possível: a própria vida. Na Alemanha, mais de 10 mil judeus seguiram essa lógica e se voluntariaram para o serviço militar, incentivados por autoridades belicistas como Martin Buber e Maximilian Harden.

Os judeus sentiram que eram necessários. Mas as sedutoras concessões dos governos e a visível contenção da imprensa antissemita eram medidas táticas que não mudavam em nada o *cotidiano* da guerra, em que, desde o primeiro dia, judeus continuavam servindo de para-raios coletivos. Aqueles que se sentiam prejudicados pelos sacrifícios que lhes eram exigidos chamavam os judeus de "preguiçosos". Oficiais judeus — um fenômeno até então raro — tinham de fazer mais do que os demais soldados para conquistar respeito. E quando o ceticismo se espalhava entre as tropas combatentes, os judeus eram os "derrotistas". Uma observação no diário de Kisch, que três meses depois do começo da guerra continuava na frente sérvia, é ao mesmo tempo paradoxal e característica: "A população [de Praga] tem um sentimento amargo pelos judeus, porque muitos cargos locais são ocupados por eles. E? Estou farto de ver tantos judeus aqui".[16]

Aqueles que se opunham à guerra também viam os judeus com desagrado, por causa de seu patriotismo exagerado. O pequeno partido de "realistas" tchecos, liderado por Tomáš Masaryk, ficou especialmente chocado com "a mais bélica das tribos austríacas",[17] e não sem razão, tendo em vista as ruidosas procissões que os judeus lideravam dia após dia pela Cidade Velha de Praga para demonstrar sua lealdade ao imperador. Masaryk era tido como um dos poucos políticos imunes aos slogans antissemitas, e sua defesa obstinada de um suposto assassinato ritual judaico (o chamado caso Hilsner) foi inesquecível e imperdoável: à época, em 1899, sua atividade docente foi temporariamente suspensa e ele ficou marcado como uma "não pessoa".* Quando, no começo da guerra, Max Brod, Franz Werfel e Max Wertheimer, psicólogo da Gestalt, decidiram que um apelo à paz escrito de última hora ainda pudesse talvez deter a autodestruição da Europa, foi natural que recorressem a Masaryk, um homem ponderado, o único político da Boêmia que devia gozar de alguma reputação no Ocidente. No entanto, eles tomaram um banho de água fria; Masaryk dispensou os pacifistas, observando que eles precisavam impedir, antes de tudo, que seus "compatriotas" entusiastas da guerra continuassem denunciando os tchecos.[18]

Os judeus conseguiram responder com um sólido argumento político àqueles que diziam que seu frenesi comunitário logo teria fim — o que foi

* *Unperson*, empréstimo alemão do inglês *unperson*, termo cunhado por George Orwell. Conforme o dicionário *Duden*, trata-se de uma figura pública deliberadamente ignorada pelos partidos políticos, pelos meios de comunicação em massa e por outras instâncias.

decisivo. A luta era contra o império tsarista e, portanto, contra o único regime abertamente antissemita, que seguia não só tolerando pogroms, libelos de sangue, expropriações e expulsões, mas também os usava como meios de repressão sistemática. Para os judeus, a Rússia era o império do mal, e quanto mais eles se identificavam com a sina dos irmãos e irmãs que lá viviam, maior a esperança e a crença de que a guerra — a guerra *ganha* — poria um fim a essa situação. Naturalmente, foram os sionistas, e sobretudo os exaltados sionistas culturais de Praga, que sucumbiram por mais tempo a essa ilusão. Hugo Bergmann, um amigo de infância de Kafka que no dia 1º de agosto já estava a caminho da frente galícia, escreveu em seu diário: "Em Pererau, descubro que foi declarada guerra à Rússia. Fico entusiasmado, chego a gritar: abaixo os tsares, e um judeu me responde: vingança pelos pogroms".[19]

Cenas como essa devem ter se repetido milhares de vezes. Ninguém mencionava — ou, no máximo, diziam ser "trágico" — o fato de que a França e a Inglaterra também se opunham às potências centrais. A *Rússia* era o inimigo, e todos os pensamentos se voltavam nessa direção. O antissemitismo que havia dentro de casa foi colocado de lado, e poucos refletiam, a princípio, sobre o que uma guerra no Leste da Europa significaria para os judeus da Galícia, cuja pátria se tornaria inevitavelmente um campo de batalha, ou sobre o que significaria para os membros da organização sionista internacional, que de repente se veriam em campos inimigos, ou sobre o que significaria para os colonos na Palestina, que não tinham nada a ganhar com um regime turco forte, aliado aos vencedores — poucos refletiam sobre isso, e os que refletiam guardavam tudo para si. A revista sionista *Selbstwehr* limitava-se quase exclusivamente a dois temas nos primeiros meses da guerra: as conquistas heroicas dos soldados e oficiais judeus, que eram registradas meticulosamente ao lado de todas as distinções já obtidas, e a repressão constante aos judeus russos, que agora se convertia em franco terror. Assim, o editorial de 27 de agosto intitulava-se "O dilúvio": como se a ideia de libertar os judeus houvesse tido qualquer influência sobre os planos de conquista dos governos ou sobre os cálculos dos generais. Com certeza, essa não era uma guerra judaica, mas a *Guerra Mundial*; todos falavam e escreviam e gritavam *Guerra Mundial*, era a expressão do momento, uma expressão nova e terrível. E ao mesmo tempo tão grande, tão geral e tão distante quanto o mundo. Por isso, cada um só conseguia ver e pensar essa guerra de um lado, do *seu* lado — mesmo os judeus, mesmo os sionistas.

Karl Kraus foi o primeiro a entender e a colocar em palavras essa sobrecarga fundamental. O primeiro comentário político ao qual se dedicou depois do começo da guerra e de meses sem conseguir escrever intitulou-se "In dieser großen Zeit" [Nesse grande tempo], e os ouvintes desse texto — que ele leu em voz alta pela primeira vez no dia 19 de novembro em Viena — curvaram-se à fúria apocalíptica das frases iniciais: "[...] nesse tempo", gritou Kraus, "em que está acontecendo exatamente aquilo que ninguém podia imaginar, e em que precisa *acontecer* o que ninguém mais pode *imaginar*, e se pudesse, não aconteceria [...]". Esse foi o comentário decisivo. A Grande Guerra era diferente de qualquer coisa que se pudera imaginar até aquela data. E sobretudo: a Grande Guerra era grande demais.

Mesmo diante de um acidente ferroviário com cem vítimas, a imaginação humana recua, como se estivesse diante de uma realidade incomensurável e insuportável: nada podem os gestos e palavras que envolvem a morte de cada indivíduo e a gravam na memória. Catástrofes como essa, extremamente raras em "tempos de paz", que em um único dia ceifam milhares de vidas, levam décadas para ser superadas, tanto pela sociedade quanto pelos indivíduos. Mas, durante a Primeira Guerra Mundial, em média 6 mil soldados eram mortos *por dia*, e outros 13 mil ficavam feridos: uma catástrofe permanente, que por um período incalculável, e a todo momento, superava em muitas dimensões a capacidade de elaboração de cada pessoa envolvida. Se, em 1914, qualquer pessoa tivesse o conhecimento, a imaginação e o sangue-frio necessários para conceber o cenário de uma carnificina de alta sofisticação tecnológica, com duração de mais de quatro anos — e de fato houve tais profecias —,[20] essa pessoa teria encontrado poucos ouvintes, mesmo entre os mais sensíveis, que pudessem antecipar tal evento, que dizer então de compreender seu significado.

A frivolidade no modo de lidar com a guerra, que deixou Kraus espantado, o abismo entre as preocupações mais banais do dia a dia e um sofrimento infernal, a capacidade de se deixar abalar por slogans políticos — tudo isso só pode ser compreendido diante do pano de fundo de uma sobrecarga psicológica sem precedentes na história, cujos vestígios se encontram em inúmeros documentos. A única coisa que ainda conta é o sofrimento *visível* — ou seja, aquele que se dá dentro do raio limitado da percepção dos atores e espectadores. Enquanto isso, tudo o que acontece para além desse horizonte, por mais terrível que seja, é recalcado, falseado e "justificado" com assombrosa facilidade. Nem aqueles que tinham como trabalho e vocação a tarefa de tornar o inimaginável imaginável — intelectuais, escritores, artistas — conseguiam romper essa casca dura da imaginação.

Talvez os diários de Stefan Zweig sejam o exemplo mais claro de tal sobrecarga nos primeiros meses da guerra. "A história do mundo é horrível de perto", ele lamenta no dia 2 de agosto, ainda bastante lúcido. Mas, embora Zweig escrevesse com regularidade para a *Neue Freie Presse*, um veículo pró-governo, e ali criasse slogans desde o primeiro dia da guerra, embora tivesse plena consciência da coalizão entre política e mídia e dos excessos da censura, embora tenha enfim conseguido um cargo tranquilo nos arquivos de guerra e ali passasse os dias embelezando as façanhas austríacas — apesar de toda essa experiência e conhecimento, ele sucumbia tanto quanto o leitor comum aos slogans políticos, e isso piorava conforme os eventos eram *mais remotos*, tanto do ponto de vista geográfico quanto psicológico. Zweig aplaude cada vitória do exército austríaco e alemão, fala em "nossos" sucessos e ações com uma sensação de alívio, sem pensar no preço ou na legitimidade da violência empregada. "Liège invadida pelos alemães, primeiro de modo infrutífero, depois com sucesso — um ato heroico", ele escreve em 7 de agosto. "Enfim chega da Sérvia a primeira notícia de vitória", ele fica animado uma semana depois, "infelizmente, ainda da fronteira." Zweig se sente revigorado quando recebe a notícia de que cerca de 10 mil franceses foram presos em um cativeiro alemão perto de Metz: "Com uma coragem única: é de ficar orgulhoso da língua alemã". Os soldados sérvios, ele chama de "hordas", e quando um submarino alemão afunda três cruzadores ingleses com 2 mil tripulantes, Zweig fala em um "ato heroico de prudência e ousadia". O inimigo não tem rosto, mesmo que esteja agonizante.[21]

Isso muda quando ele é obrigado a lidar com as derrotas. Como se identifica com as tropas austríacas, os temidos reveses o afetam cada vez mais, e de repente as *imagens* tomam o lugar dos slogans. "[...] preciso pensar na carnificina, as montanhas de Lemberg devem estar vermelhas de sangue", ele escreve no dia 2 de setembro, pouco depois de o recuo austríaco ser divulgado. No dia anterior, quando os informes censurados ainda falavam em vitória, esse sangue nem lhe passou pela cabeça: "Foi realmente lindo viver esse dia, já estou animado para amanhã. Estão falando em 100 mil prisioneiros". Zweig fica satisfeito com os milhares de civis executados perto da frente de batalha por mera suspeita de espionagem: "é preciso cauterizar a ferro e fogo o que a sujeira fez supurar". Mas, quando ele próprio viaja pela Galícia a fim de reunir material para um memorando patriótico, sente pena até dos adversários que está vendo pela primeira vez.[22]

Essa grande cisma, que Zweig nunca assume, e que nega por completo em sua autobiografia, é extremamente característica do ano inicial da Primeira Guerra Mundial; só ela explica o desespero daqueles que foram "pessoalmente" afetados, e que por isso se viram obrigados a abrir os olhos. Para muitos que perderam um filho, um irmão ou um amigo, o golpe "caiu do céu" — de tão profundo o abismo entre o discurso público e aquilo que atingia sempre os outros: a realidade da morte, massiva e violenta. A contradição entre as notícias vitoriosas na primeira página dos jornais (derrotas eram chamadas de "reagrupamentos") e as listas mais e mais longas de mortos na seção local era cada vez mais gritante. As autoridades sabiam muito bem o tipo de material explosivo que estava se acumulando, e, enquanto puderam, tentaram impedir que a população tivesse uma experiência mais sensorial da guerra. Mas então chegaram os primeiros trens com feridos. Nas estações de Viena e Praga, cenas de sofrimento desenrolavam-se conforme surgiam os mutilados. Barricadas foram erguidas para "poupar os soldados", só os parentes mais próximos tinham autorização para se aproximar, a miséria ao alcance da vista, e no fim as visitas só foram permitidas no hospital, entre quatro paredes. Essas barreiras precárias e esses véus tênues durariam pouco tempo. No fim de 1914, o despertar começou.

Foi justamente Gerhart Hauptmann, o escritor alemão mais conhecido de seu tempo, quem conseguiu dar a este mecanismo de autoengano a forma mais precisa. Depois do sucesso de seus dramas naturalistas, Hauptmann era tido como paladino de um humanismo incorruptível. O fato de ele ser politicamente ingênuo era considerado um bônus, e fez com que conquistasse discípulos em todas as classes sociais: uma prova de que sua humanidade era autêntica, e não apenas programática. Por isso, o choque foi ainda maior quando o Prêmio Nobel e doutor honoris causa em Oxford tornou-se propagandista de uma política de guerra agressiva, expansionista, e invocou, em cânticos de batalha escabrosos, a "honra alemã", que teria de ser defendida contra os "três ladrões": Rússia, Inglaterra e França — versos impronunciáveis, que foram adotados às pressas nos livros didáticos nas escolas alemãs.

Hauptmann era velho demais para defender a honra alemã "com a espada", isto é, com a própria vida. Além disso, teve sorte: os três filhos de seu primeiro casamento, Ivo, Eckart e Klaus, voltaram vivos da guerra. Mas o raio caiu bem perto dele: o escritor e professor silesiano Hermann Stehr, um de seus poucos amigos íntimos, perdeu o filho mais velho logo no primeiro ano da guerra. Essa deve ter sido a hora da verdade para Hauptmann. Já fazia muito tempo que ele estava saturado dos slogans de marcha e vitória, das orações fúnebres, da censura, dos cartões de racionamento de pão, da falta de gasolina, *daquela guerra sombria*, mas precisou da dor para entender qual era o estado de espírito que não deixaria a guerra terminar. Em seu diário, escreveu: "No dia 20 de junho, Willy Stehr também morreu nas montanhas de Artois. Quem olha nessa direção vê apenas crime, sangue, assassinato, dor, lágrimas. Só quem desvia o olhar disso vê fama, honra, pátria, futuro. Desvie o olhar".[23]

Teria Kafka ficado imune ao slogan da guerra? É o que desejamos, porque diante do inconcebível colapso do senso comum e da civilidade humana, narrado pelos documentos da época, buscamos um abrigo intelectual que torne essa visão um pouco mais suportável. Em meio a essa cacofonia, seria um consolo ouvir uma voz que se mantivesse pura e autêntica. Mas é justamente esse desejo que nos obriga a escutar com mais atenção. Sem dúvida, os slogans dos jornais, como "Morte pela pátria", "Ombro a ombro", "Lealdade nibelunga", ou "Façanhas bélicas dos judeus", não passaram pela cabeça de Kafka, nem saíram de seu punho. Além disso, é impensável que ele demonstrasse qualquer entusiasmo publicamente, como fez Musil: "como é bela e fraterna a guerra"[24] — para não falar nos deslizes de Gerhart Hauptmann. Ainda assim, certos estereótipos do discurso público e do zeitgeist vinham ao encontro das convicções e preferências de Kafka. Sua admiração, por vezes ingênua, do talento alemão para a organização, tão diferente do "desleixo" austríaco, só foi reforçada por tudo o que ele observou durante a viagem de volta para casa no fim de julho de 1914. Brod conta, inclusive, que Kafka era o único de seu círculo de amigos que estava convencido do "triunfo final" dos alemães, pois havia ficado muito impressionado com "a determinação lúcida, vigorosa e corajosa da população".[25] A confiança na superioridade alemã foi, aliás, um dos motivos centrais para que o gabinete de Viena entrasse despreocupado na Guerra Mundial. Elogiada por todos — até os lençóis sem rugas dos trens hospitalares alemães maravilharam Stefan Zweig —, a precisão alemã acabou sendo uma condição para que se programassem e arrancassem os últimos recursos para o prolongamento da guerra. Era um exemplo expressivo de como certos padrões culturais, engraçados quando vistos em detalhe, conduzem o grande quadro para o abismo.

Kafka *não* ficou imune, e pelo que indicam as memórias de Ernst Popper, seu colega de escola, também sucumbiu à tentação de apaziguar seu Eu extremamente vigilante e desconfiado e abandonar-se, ao menos por algumas horas, ao entusiasmo coletivo. À margem de uma das primeiras grandes manifestações do início da guerra, Popper relata ter avistado Kafka, na Wenzelsplatz, "como se estivesse em transe [...] acenando vigorosamente no ar [...] com bochechas extremamente ruborizadas". À noite, em um café, Popper diz que perguntou a ele sobre isso, e que Kafka não teria negado de forma alguma sua excitação:

> "Foi glorioso", disse com grande ênfase. Mas, em seguida, ficou pensativo e deu a entender, com algumas frases elucidativas, que seu entusiasmo não tinha a ver com a guerra, que ele temia e abominava, e sim com a grandeza da experiência patriótica das massas; era isso que o havia dominado.[26]

Nos primeiros dias da guerra, fazer essa distinção era próprio dos intelectuais austríacos de mentalidade liberal: eles estavam felizes de ver que o multiétnico Império dos Habsburgo, que estava enfraquecido e era atacado por nacionalismos, enfim parecesse autoconfiante, e *desse* ponto de vista só se podia desejar a vitória. Quando a guerra contra a Sérvia foi declarada, até Sigmund Freud, que matinha inúmeros contatos pelo mundo, sentiu-se "austríaco talvez pela primeira vez em trinta anos", mas, por outro lado, ficou "felicíssimo que nenhum de nossos filhos e genros tenha sido pessoalmente afetado". Por mais que temesse a realidade da guerra, ele também deixou-se impressionar pela promessa de que seu país sairia moralmente fortalecido daquela prova de força.[27]

Para Kafka, essa distinção tornou-se obsoleta a partir do momento em que o entusiasmo patriótico que havia convertido a vida pública em uma celebração permanente deixou de ser espontâneo para se tornar orquestrado. Bastou a *repetição* para que ele ficasse sóbrio. No dia 6 de agosto, só uma semana depois da cena testemunhada por Popper, Kafka já tinha adotado um tom completamente diferente em seu diário:

> Desfile patriótico. Discurso do prefeito. Depois, desaparece e reaparece, e a exortação em alemão: "Longa vida a nosso amado monarca!". Estou ali com meu olhar maldoso. Esses desfiles são um dos efeitos colaterais mais repugnantes da guerra. A iniciativa é dos comerciantes judeus, que são ora alemães ora tchecos, reconhecem isso, mas nunca podem gritá-lo tão alto como o fazem agora. É claro que arrastam muitos consigo. Foi tudo bem organizado. E deve se repetir todo fim de tarde; amanhã, domingo, duas vezes.[28]*

Uma olhada no manuscrito revela, como tantas vezes, o que ele pensou enquanto escrevia. "*Também* foi tudo bem organizado", Kafka havia escrito a princípio, mas eliminou a palavra "também". Agora ele sabia, por experiência própria, que as pessoas foram arrastadas até ali *porque* tudo havia sido bem organizado. E ele tinha caído nessa. Mas Kafka logo recuperou aquele olhar de fora, aquele olhar "maldoso", e voltou-se para o centro do tumulto, onde estavam os que gritavam mais alto, os organizadores, aqueles oportunistas judeus que até Masaryk considerava um horror.

É difícil avaliar até que ponto Kafka podia expressar sua aversão. Era melhor não o fazer em casa, na hora do jantar, porque ali ele estava sentado frente a frente com um desses "comerciantes judeus". O pai de Kafka, que se deliciava com as lembranças de seus tempos de exército, e ocasionalmente alegrava a família com canções militares, dificilmente teria captado o aspecto mortífero das celebrações diante de sua casa. Mas o entusiasmo da família deve ter arrefecido bem cedo, assim que entenderam que a loja *do pai* era o último lugar onde os cidadãos que seguiam em Praga deixariam suas economias. Os Kafka não tinham nada a ganhar com a guerra, e a clientela logo diminuiu. Quando, no fim de julho, os maridos de Elli e Valli foram para o campo de batalha, aquela ameaça tremenda, mas irreal, que até então eles só conheciam na forma de manchetes exageradas, condensou-se em um emaranhado de preocupações mais concretas que logo dominaram completamente o cotidiano e fizeram todos esquecer as preocupações das semanas anteriores. "Assim, a questão com Franz ficou naturalmente em segundo plano", escreveu a mãe de Kafka para Anna Bauer.[29] Ela não se referia apenas à dissolução do noivado, mas também aos preocupantes planos de seu filho para o futuro, que agora eram irrelevantes e sairiam de cena sem mais discussões.

* Franz Kafka, *Diários 1909-1923*, op. cit., p. 389.

As notas de Kafka revelam pouco sobre os aspectos visíveis da guerra; diferente de Zweig, por exemplo, ele não sentia necessidade de virar um cronista dos eventos. Fica claro, contudo, que a vida de Kafka também sofreu um corte; surpreendentemente, ele se viu *sozinho*. Num momento em que todos estavam confraternizando, isso era paradoxal e inquietante. Por um lado, a guerra forçava cada indivíduo a se manifestar, a tomar uma posição quanto às exigências coletivas, e essa pressão também devia ser palpável no escritório de Kafka, onde agora se improvisava com pessoal reduzido e ninguém mais podia se entrincheirar atrás da rotina burocrática e de sorrisos impenetráveis. Por outro lado, a tênue rede de contatos sociais que Kafka havia estabelecido rompia-se de todos os lados, e até as cenas alternativas dos cafés literários se desintegravam. Werfel estava uniformizado, assim como Willy Haas e Otto Pick. Ernst Weiß, que, como médico, era especialmente importante para a guerra, juntou-se a seu regimento de infantaria em Linz logo depois das férias que os dois passaram juntos, e o tenente Musil, cuja carreira em Berlim havia subitamente terminado, foi ao Tirol para trabalhar na "segurança da fronteira". Kurt Wolff estava perto da frente belga, e alguns sionistas de Praga, como Hugo Bergmann, dirigiam-se à Galícia.

Só os amigos mais íntimos ficaram em Praga. Oskar Baum, que era cego, teve de incluir a canção militar "Prinz-Eugen-Lied" em suas aulas, e considerava que a guerra estava acontecendo em outro continente, que ele nunca poderia adentrar. Baum foi poupado do que os outros *tinham* que ver. Felix Weltsch também estava seguro por ora, pois não havia sido convocado, mas tinha anunciado seu casamento pouco antes do começo da guerra, e agora, em meio ao tumulto geral, estava ocupado com preocupações mundanas relacionadas ao planejamento de um matrimônio, que eram dolorosamente familiares a Kafka e que ele preferia nem ver. Brod era o único com quem ainda era possível ter uma conversa franca e proveitosa, mas ele, que se definia a partir de uma rede de contatos pessoais e literários em constante crescimento, foi o mais atingido pelo inesperado golpe. "A excitação aqui não tem precedentes", Brod escreveu a Kurt Wolff. "Toda Praga foi convocada às armas: incluindo meu irmão, dois cunhados, os melhores amigos! Você não pode imaginar o desastre. Faz três dias que não pensamos nem em comer nem em dormir."[30] A isso se somaram desentendimentos com os sionistas, que estavam nervosos e se queixavam de que ainda não havia rabinos militares, e do fato de que era proibido mandar postais em hebraico dos campos de batalha. Esses desvios foram, sem dúvida, dolorosos para Brod, mesmo que ele não mencione esse capítulo em suas memórias.

Com quem mais falar, o que ler? Será que ainda havia algum canto em que a palavra "guerra" não havia entrado? Kafka fora considerado "inapto", e por isso viu-se excluído da mobilização geral. Se a grande matança terminasse tão rápido quanto os jornais prometiam, ele não seria necessário. Kafka ficou feliz com isso, *queria* agora ficar sozinho, já que estava sentindo um torpor mental que não fora minimamente atenuado pelos dias de férias. Por outro lado, ele sentia crescer um fosso interior, uma tensão nervosa. Cenas bem definidas, imagens, frases atravessavam sua consciência, era um rumorejar que ele já conhecia, e pelo qual esperava desde que tivera de colocar de lado as páginas de *O desaparecido*, mais de um ano e meio antes. "Se não me salvo no trabalho, estou perdido."[31] Kafka só conseguiu dizer isso porque a salvação estava próxima.

No dia 2 de agosto de 1914, poucas horas depois do início da catastrófica histórica do século XX, Kafka se despediu de todo o júbilo, dos suplementos dos jornais, das cantorias, dos comunicados, dos discursos, dos rumores, estocagens, desfiles, carregadores apressados, do ruído dos cavalos, carretas rolantes de armamentos, uniformes brilhando ao sol, bandeiras recém-passadas e meninas chorando. A entrada do diário com a qual Kafka vira as costas ao mundo se tornou bem famosa: "A Alemanha declarou guerra à Rússia. — À tarde, natação". São frases frias, grotescas, mas era tudo o que ele tinha a dizer.

No dia seguinte, há um grande "reagrupamento" entre os Kafka. As irmãs estão fora de si, não sabem onde estão os maridos, não suportam o silêncio de seus apartamentos. Elli se muda de volta para a casa dos pais com os dois filhos, na Oppelthaus, para o grande quarto de Franz. Valli, que está grávida, também precisa de ajuda e vai com sua filha Marianne, que ainda não tem um ano, para a casa de seus sogros em Brod, na Boêmia. Ninguém pode cuidar de Franz, ele é um homem e saberá se cuidar sozinho. Em silêncio, ele junta as roupas, escova de dentes, água de colônia, algumas cartas e manuscritos importantes e os leva para o apartamento de Valli, que no momento está vazio: Bilekgasse 10, sua primeira hospedagem permanente fora da toca de seus pais, a cinco minutos do Altstädter Ring.

Ali, ele abre de novo seus cadernos: "No mais, solidão completa. Nenhuma esposa almejada me abre a porta. Deveria casar-me em um mês. Você teve o que queria — uma expressão terrível".[32]

32.
Autojustiça: *O processo* e *Na colônia penal*

Mesmo no banco dos réus,
é sempre interessante
ouvir falar de si mesmo.

Albert Camus, *O estrangeiro*

Na tarde de uma sexta-feira, dia 29 de dezembro de 1899, um trabalhador diarista desempregado entrou no escritório do Instituto de Seguros contra Acidentes de Trabalho para pedir auxílio financeiro. Depois de uma breve análise de seu caso, ele foi dispensado. O peticionário começou a insultar os funcionários a plenos pulmões, jogou algumas cadeiras pela sala e — quando os auxiliares de escritório ouviram um barulho incomum e entraram correndo — sacou uma faca do bolso. Foi preciso chamar um policial e, só então, reunindo esforços, conseguiram arrancar a arma do homem enfurecido. Ele foi levado ao Departamento de Segurança da Polícia, onde registraram seus dados pessoais. Chamava-se Joseph Kafka e vinha do vilarejo Rotoř, no leste da Boêmia. Como ainda não havia normas reguladoras para a imprensa, a história chegou aos jornais com a menção completa do nome.[1] Hoje, ele se chamaria "Joseph K.": um herói da seção regional.

"Como essas pessoas são modestas", diria Kafka, o funcionário de seguros, cerca de dez anos depois ao seu amigo Max Brod. "Elas vêm até nós suplicando. Em vez de invadir o Instituto e fazer tudo em pedacinhos, elas vêm suplicando."[2] Seu superior, o diretor Marschner, devia ter mais informações a esse respeito, pois era assistente jurídico do instituto àquela época, e provavelmente havia testemunhado o incidente. Talvez essa história tenha chegado a Kafka mais tarde. Ele teria ficado comovido, seus amigos teriam achado mais divertido do que qualquer outra coisa, e o fato de que seu homônimo raivoso (e quiçá parente distante) tivesse recebido o nome do imperador vigente — assim como ele próprio — só tornava tudo mais engraçado.

Josef K.: a abreviação apareceu pela primeira vez em 29 de julho de 1914, só um dia depois de Kafka decidir se "salvar" na escrita. Mais uma vez, o que se lhe impunha era uma história de pai e filho, e a princípio o protagonista chamava-se Hans Gorre. Mas, então, Kafka teve a ideia de trocar o sobrenome por uma cifra, ao mesmo tempo discreta e inequívoca. Ele *sabia* o que K. significava. E o leitor podia *imaginar*.

Não sabemos se Kafka fez outras experiências com essa sombra de si mesmo antes de fazê-la passar pelo moinho de *O processo*. Várias páginas estão faltando do "Nono caderno dos diários", que ele usou para escrever o começo do romance. Eram as tentativas de escrita daqueles primeiros dias de uma nova solidão, em parte ansiada e em parte imposta, que ele encontrara no apartamento da irmã. Só no dia 10 de agosto Kafka teve a ideia decisiva, conforme nos mostram as folhas preservadas. Como de costume, ele fez um pequeno traço para marcar o começo de uma nova empreitada, e então escreveu uma frase estranha: "Alguém certamente havia caluniado Josef K. pois uma manhã ele estava aprisionado sem ter feito mal algum".*

Aprisionado? Essa é a palavra, bastante legível, que consta do manuscrito. Mas o termo leva a caminhos enganosos, como Kafka logo deve ter percebido. O aprisionamento faz parte do léxico da guerra; essa palavra aparecia todos os dias na imprensa da época, e assim a guerra havia se infiltrado nas primeiras páginas de seu romance. Mas em tempos de paz — e em *O processo* o que reina expressamente é a *paz* — o aprisionamento só pode ser pensado como uma brincadeira de criança ou como um pesadelo. Ele precisava melhorar a frase, porque sem dúvida não era um sonho o que queria descrever, como tampouco era um sonho o que queria descrever em *A metamorfose*. No dia seguinte, chegou à solução. Bastaram duas alterações para colocar o romance numa trilha diferente. E assim nasceu uma das "primeiras frases" mais famosas da literatura romanesca: "Alguém certamente havia caluniado Josef K. pois uma manhã ele foi *detido* sem ter feito mal algum".[3]**

* Aqui, seguimos a tradução de Modesto Carone para a Companhia das Letras (p. 9), com uma alteração equivalente em português: em vez de "foi detido" [*wurde verhaftet*], da versão final, "estava aprisionado" [*war gefangen*], do manuscrito de Kafka. Na citação seguinte da frase, usamos a tradução de Carone sem alterações. ** Franz Kafka, *O processo*. Trad. de Modesto Carone. São Paulo: Companhia das Letras, 1997, p. 9.

O processo de Kafka é um monstro. Nada nele é normal, nada é simples. Quer nos ocupemos de sua origem, de seu manuscrito, de sua forma, de seu conteúdo ou de sua interpretação, a conclusão é sempre a mesma: obscuridade por toda parte.

O primeiro a notar isso foi Max Brod, para quem Kafka sempre lia algumas páginas em voz alta, e que enfim levou o manuscrito embora para salvá-lo da destruição. Brod não tinha a menor dúvida de que *O processo* era uma obra fundamental e, portanto, capaz de fazer com que o amigo alcançasse a fama literária e brilhasse como uma supernova. Mas, no fim, o que ele tinha em mãos eram 161 folhas soltas, arrancadas de cadernos diferentes, em geral escritas frente e verso. Kafka havia colocado essas folhas em uma ordem improvisada, dando a cada pequeno maço, que poderia ser tomado por "capítulo", uma folha de rosto e um título provisório. Mas havia "maços" compostos de uma única folha, enquanto outros pareciam conter mais de um capítulo. Kafka não havia dito que partes considerava completas, nem as havia numerado. Brod viu-se assim diante de uma mistura de capítulos acabados, quase acabados, capítulos pela metade e recém-começados, cuja sequência ele mesmo teria que determinar, se algum dia um livro fosse sair dali. Sem dúvida, ao longo de vários anos ele teve a oportunidade de perguntar isso ao próprio autor, mas evitou fazê-lo. Ele estava feliz de ter mantido esse tesouro em segurança na sua própria gaveta, e assim se limitou a pressionar Kafka de seu modo habitual, falando publicamente em um romance "concluído" e até ameaçando, uma vez, "terminar [*O processo*] por conta própria".[4] Se Kafka tivesse suspeitado por algum momento que Brod podia estar falando sério, certamente teria exigido de volta os autos de *O processo*.

Brod era um jornalista perspicaz, mas não tinha nem as ferramentas nem os critérios de um filólogo treinado. Ele não via nenhum problema em rasurar passagens de Kafka e anotar sua própria emenda na mesma página. Sabendo que alguns leitores ainda não estavam convencidos da genialidade de Kafka, qualquer meio de desviar a atenção do caráter inacabado da obra parecia-lhe apropriado; ele acrescentou pontos e vírgulas, padronizou nomes e até deslocou frases para deixar um capítulo inacabado mais redondo. O que parecia fragmentário demais, ele eliminou ou relegou ao apêndice de edições posteriores; o resto, ordenou a seu gosto. Foi desse modo diletante que surgiu o texto ao qual gerações e gerações de exegetas se curvaram, como se fosse uma revelação.

Hoje, que qualquer um pode analisar os fac-símiles das páginas originais,[5] é fácil reconhecer que Brod fez um bom trabalho, dadas as adversas circunstâncias. Seu objetivo era levar a obra fundamental de Kafka a público o mais rápido possível depois de sua morte, e ele alcançou essa meta em apenas nove meses. Brod não foi capaz de responder como o autor teria enfim organizado e combinado as peças, e apesar dos avanços da filologia, até hoje ninguém conseguiu chegar a uma solução satisfatória para esse enigma. O problema com *esse* manuscrito é insolúvel. Tudo o que nos resta é torcer para que um sumário bolado pelo próprio Kafka um dia seja descoberto em algum sótão esquecido de Praga...

Se a intenção de Kafka era complicar ao máximo a vida de seus futuros editores, ele não poderia ter sido mais engenhoso. Mas a situação caótica dos manuscritos, que levou a décadas de disputa entre os especialistas da área, não tem nada a ver com o notório "secretismo" do autor. Todas essas adversidades são — por mais paradoxal que isso possa soar — consequência de uma decisão pragmática de *disciplinar* sua escrita. Ele havia ruminado sobre o fato de não ter conseguido chegar até o fim de *O desaparecido*, e dessa vez queria fazer as coisas de uma forma diferente, melhor. Seu desejo de extrair imagens e cenas de dentro de si sem qualquer interrupção ou distúrbio, em meio a um estado de êxtase, como se estivesse dando à luz um organismo vivo, tornava-se inatingível à medida que essas imagens ultrapassavam o escopo da *short story* para constituir um cosmos autônomo. O corpo humano tinha seus limites; ele já os sentira muitas vezes, e agora começava a aceitá-los. O romancista também precisa dormir, e mesmo que se sentasse em um porão atrás de paredes impenetráveis, ainda não estaria livre do próprio corpo, cheio de necessidades, *da vida*, das perturbações.

Fazia anos que Brod tentava convencê-lo da importância de trabalhar com mais regularidade. Mas Kafka sentia-se incapaz de impor à escrita a constância e o ritmo de um trabalho diário. Quando nenhum som e nenhum raio de luz penetravam pelas portas interiores, o melhor era se afastar e tentar de novo no dia seguinte. Quem não tinha essa paciência corria o risco de arruinar a mais bela das obras com "construções" superficiais. Anos antes, o trabalho em *Richard und Samuel* já havia mostrado que isso não funcionava. Kafka sentia calafrios ao lembrar-se daquele trabalho colaborativo que ele e Brod fizeram seguindo um cronograma, e de como o amigo ficou ofendido ao ser privado de sua continuidade.

Enquanto isso, *O processo* abria novas possibilidades de artesania que os amigos jamais haviam considerado. Kafka queria descrever um processo de verdade, com todas as características do mundo jurídico, e queria mostrar o efeito desse processo sobre um réu com uma estrutura de vida clara e uma existência baseada em um número bem limitado de relações cotidianas: locatária, vizinha, namorada, mãe, colegas, chefes, clientes, advogado, conselheiro. Será que era necessário avançar pelo destino desse indivíduo de modo tão linear e cronológico como Kafka havia feito com *O desaparecido*? Será que não havia outras estratégias possíveis? Claro, enquanto houver uma surpresa esperando pelo herói a cada esquina, só resta ao autor permanecer com ele e retomar o trabalho de onde parou. De lá ou de lugar nenhum. Pois ele deve definir a posição das agulhas que determinarão o trilho a ser percorrido pelo trem da narrativa, e isso *no exato momento* em que toma consciência da existência dessas agulhas, agora que elas aparecem pela primeira vez à luz de sua imaginação. Mas esse horizonte é estreito e, portanto, sua tarefa é sempre a mesma: a transição da última frase da última noite para a primeira frase do novo dia.

O processo, contudo, era diferente; tratava-se de um relógio cujo mecanismo repousava à plena luz da consciência. O romance tinha um começo, sobre o qual cairia, de alguma forma, o raio da acusação, e tinha um fim, que só podia consistir na execução do veredicto. Assim estava dada uma estrutura, com uma sequência de cenas ligadas entre si de modo um tanto frouxo, fluindo inevitavelmente a partir da ideia do todo. Kafka caiu na armadilha de trabalhar apenas nas cenas que mais o ocupassem. Ora neste caderno, ora naquele. Se não houvesse um caderno em branco à mão para as novas tentativas, ele virava um caderno já usado e continuava escrevendo de trás para a frente. E como o começo e o fim do romance eram pilares bem definidos sobre os quais toda sua estrutura repousaria, ele começou por escrever esses dois capítulos, talvez até *simultaneamente*.

Assim, Kafka garantiu que avançaria sobre um campo operacional limitado, e sem dúvida os amigos apoiaram sua determinação de finalmente enfrentar as dificuldades técnicas da escrita, em vez de ficar sonhando com condições ideais. Mal sabiam eles, mas Kafka, que havia meses parecia nervoso, esgotado e sobrecarregado por todo tipo de questões práticas, via agora os frutos que desejava bem diante dos olhos. A concentração e a intensidade pelas quais ansiava havia mais de um ano estavam inesperadamente ali. Agora era questão de agarrá-las, colhê-las rapidamente com ambas as mãos.

> Do ponto de vista da literatura, meu destino é bastante simples. Meu pendor para dar expressão a minha vida onírica interior deslocou tudo o mais para um plano secundário, atrofiou terrivelmente todo o resto, que não para de seguir atrofiando-se. Nada além disso pode algum dia me satisfazer. Contudo, as forças de que disponho para essa expressão são absolutamente incertas, talvez já tenham desaparecido para sempre, talvez retornem algum dia; certo é que as circunstâncias de minha vida não lhes são favoráveis. Por isso vacilo, voo sem cessar rumo ao topo da montanha, mas não consigo me manter lá em cima nem por um instante. Outros vacilam também, mas em regiões mais baixas e munidos de maior vigor; se ameaçam cair, logo os apanha o familiar que segue a seu lado para esse fim. Eu, porém, vacilo lá em cima; não se trata infelizmente de uma morte, mas dos tormentos eternos do morrer.[6]*

Essa é uma das passagens mais conhecidas e mais citadas do diário de Kafka. Ela tem sido invocada como testemunho de uma insegurança torturante, e inclusive como uma despedida da vida, que agora, depois da separação de Felice, fora completamente deslocada "para um plano secundário". De fato, essa é uma das estilizações mais poderosas que vemos Kafka fazer da própria existência. Seu páthos só pode ser comparado ao daquelas evocações de um mundo interior ilimitado que ele construía nas cartas a Felice, evocações que foram se tornando cada vez mais ruidosas conforme o casamento se aproximava. Mas aqui, Kafka fala consigo mesmo: ele fala do cume sobre o qual vacila, e da zona mortal sobre a qual se sustenta, completamente sozinho. Ele não falaria disso se não visse o cume *à sua frente*. Ele *irá* se sustentar, poucos dias depois, e ao dar os primeiros passos pelas regiões inóspitas do mundo de *O processo*, já não terá dúvidas disso.

> Estou escrevendo há dois ou três dias; tomara que continue assim. Tão protegido e enfiado no trabalho como há dois anos, não estou, mas, de todo modo, encontrei um sentido, minha vida de solteiro, regular, vazia e insana, possui uma justificativa. Posso de novo manter um diálogo

* Franz Kafka, *Diários 1909-1923*, op. cit., p. 388.

> comigo mesmo e já não fito o vazio absoluto. Somente dessa maneira pode haver alguma melhora para mim.[7]*

Kafka está no início da fase mais produtiva da sua vida. Podemos imaginar de onde vem esse súbito aporte de combustível: daquele mesmo quantum de energia que a guerra em torno do casamento consumira por meses e anos a fio. É como se uma cortina se abrisse. O palco interior, há muito imerso na penumbra, de repente brilha como se estivesse iluminado por lâmpadas elétricas. Surgem personagens, cenas, paisagens, concretas e palpáveis, como em um delírio febril. Primeiro ele é inundado, escreve frases, pequenas cenas que cintilam e desvanecem; mas logo se torna o diretor desses sonhos, toma as rédeas, cerra os punhos, tenta sempre se "motivar" mais um pouco, como se fosse seu próprio empresário: "sei que não posso ceder, se desejo superar os estágios inferiores da dor desse meu escrever já oprimido por meu modo de vida e rumar para a liberdade que talvez me aguarde".[8]

Kafka quer recuperar o que perdeu, e colhe mais do que pode segurar nas mãos. Em pouco tempo, o trabalho simultâneo nos vários cadernos de *O processo* não é mais o bastante, e ele saca o manuscrito de *O desaparecido*, aquele romance há muito abandonado e meio esquecido na gaveta. Kafka lê, reflete, começa a elaborar uma nova cena. Seu campo de experiência, com vielas e escritórios urbanos, rebenta definitivamente com as imagens inéditas que afloram. Uma noite, por exemplo, ele vislumbra a cena de uma paisagem vasta, plana e monótona, cruzada por uma linha ferroviária que leva de lugar nenhum a lugar nenhum. Há um ponto nessa paisagem, uma cabana suja que serve de estação, e dentro dela um estranho que presta um serviço tão solitário quanto disparatado. Kafka intitula essa visão siberiana de "Recordações da ferrovia de Kalda". Está claramente apartada do mundo de *O processo* e, no entanto, ele trabalha nos dois textos *ao mesmo tempo*, conforme atestam as notas do diário. As velhas fantasias de punição também voltam a aparecer, imagens de uma violência mecânica e impassível. Kafka se envolve tanto com a cena da execução em *O processo* — na qual dois educados carrascos enfiam uma faca no coração do acusado —, a ponto de, segundos antes da morte de seu herói, perder a distância narrativa e

* Ibid., p. 390.

subitamente adentrar o romance: "Eu levantei as mãos", diz o manuscrito, "e estendi todos os dedos". *Eu.*

A carga de trabalho de Kafka nos últimos meses de 1914 foi imensa, e para medi-la com precisão, devemos ter em mente sobretudo a transformação do cenário de sua vida, que poucas semanas antes ninguém ao seu redor poderia ter imaginado. "Incômodos estranhamente me fortalecem", ele assegurara a Grete Bloch quando o desastre de Berlim já se anunciava havia bastante tempo.[9] Ele foi bem assertivo nessa declaração, mas nada exagerado. Até pessoas de caráter mais firme teriam tido dificuldade de manter o equilíbrio depois daquela cena traumática no Askanischer Hof. Kafka, por sua vez, havia respondido com uma extraordinária demonstração de força; ele decidira dar adeus a Praga, aos pais, à carreira de servidor.

Mas o que ele experimentou depois do começo da guerra não eram mais incômodos, eram as sete pragas do apocalipse. Sua vida se transformou em um arranjo provisório, e sua capacidade de virar as costas para o mundo e entrincheirar-se dentro da própria cabeça foi submetida à mais dura prova. Ele havia sido expulso de seu belo e grande quarto no Altstädter Ring, e mal se instalara na Bilekgasse quando teve de se mudar de novo, em setembro, para o apartamento de Elli. Durante o jantar, ao qual Kafka chegava pontualmente, ele via as lágrimas das irmãs, os olhos temerosos das três crianças, ouvia os suspiros e queixas dos pais e os alarmantes rumores da frente de batalha, em constante mutação. Por um tempo, ele fora poupado das preocupações em torno da maldita fábrica de amianto, e agora até isso voltava para a ordem do dia. Quando o marido de Elli partiu para a guerra, quem passou a dirigir o negócio foi seu irmão Paul, um inútil que precisava ser vigiado quando se aproximava do caixa, e que até Franz achava insolente demais com os Kafka. A produção estancou, as vendas caíram, as velhas repreensões voltaram à cena. "Você me meteu nisso", Hermann Kafka exclamava para o filho, ciente de que ele não pensava em nada além de seus cadernos repletos de escritos, que esperavam por ele no apartamento da irmã. Dois anos haviam se passado desde aquele dia em que Kafka quis saltar da janela por causa dessas constantes acusações. Dessa vez, ele se contentou em pular o próximo jantar.[10]

Até no escritório, a rotina a que Kafka sempre conseguira se agarrar, mesmo em tempos de crise, havia mudado. A letárgica burocracia precisava primeiro ajustar-se às consequências econômicas da guerra, para as quais ninguém estava preparado. Não só os trabalhadores foram recrutados, como também os pequenos empresários, que naturalmente acabaram ficando em dívida com suas contribuições ao Seguro contra Acidentes de Trabalho. Empresas consideradas "importantes para a guerra" passaram a operar sob supervisão militar. Fábricas cujas mercadorias eram destinadas à exportação foram obrigadas a fechar, e o número de horas trabalhadas diminuiu drasticamente em toda a Boemia. A especialidade de Kafka, a tecnologia para a prevenção de acidentes, não interessava a mais ninguém agora que acidentes de dimensão completamente diferente apareciam nas notícias diárias. Levantavam-se questões em que ninguém jamais havia pensado. O que deveria ser feito com empresas administradas por representantes sem conhecimento jurídico? As empresas seriam autorizadas a pagar uma indenização por acidente quando o trabalhador lesado tivesse sido recrutado e ninguém soubesse nem sequer se ainda estava vivo? Um mutilado de guerra estaria assegurado em seu posto de trabalho, mesmo que sua invalidez aumentasse claramente as chances de um acidente? Aos poucos, ficou claro que o Estado teria que delegar o futuro profissional dos "inválidos de guerra" como um todo às seguradoras contra acidentes de trabalho — afinal, eram todos vítimas da tecnologia, e não havia alternativa à vista. Em fevereiro de 1915, a seguradora recebeu um decreto do Ministério do Interior a esse respeito, determinando que o "cuidado dos soldados que voltavam para casa" passava a ser uma tarefa do instituto e, portanto, uma tarefa de Kafka.

Os casos que ainda não tinham formulários próprios tinham de ser esclarecidos em conversas, e assim o "tráfego das partes" e a agitação nos corredores do Instituto de Seguros contra Acidentes de Trabalho foram aumentando sem parar. A correspondência também não podia mais ser despachada de modo tão mecânico, como os advogados costumavam fazer. A exceção virou regra; os numerosos precedentes exigiam reuniões frequentes e decisões rápidas. Entrincheirar-se atrás das crescentes montanhas de arquivos era impossível, afinal o serviço de Kafka não consistia apenas em tratar dos casos correntes; ele também era responsável pelo relatório anual de prestação de contas, cuja formulação teria de ser especialmente diplomática dessa vez, dada a miséria da guerra, e certamente estava envolvido nas comemorações do 25º aniversário do instituto, que coincidiram com o período mais caótico da economia de guerra. Por isso, Kafka tinha de prestar muita atenção ao que estava acontecendo, e dele não eram esperados apenas despachos, mas também sugestões competentes e minutas precisas. Ao mesmo tempo, o número de colegas do instituto só diminuía: os servidores públicos também iam para a guerra. Depois de dois meses, no departamento de setenta funcionários do qual o dr. Kafka era chefe adjunto, um a cada dois postos estava vazio.

Ainda assim, em outubro ele conseguiu tirar mais duas semanas de férias, que passou no apartamento de Elli na Nerudagasse, a dois quilômetros do centro da cidade. Como Kafka devia suspeitar, seria sua última chance, em muito tempo, de desanuviar a cabeça, as últimas "férias de trabalho" que ele não teria de justificar com mentiras no escritório, e cujas noites usaria de maneira disciplinada, sem permitir-se qualquer descanso — até às cinco da manhã ao menos, e uma vez até às sete e meia. Ele trabalhou em *O processo*, escreveu o fantasioso capítulo do "Teatro Natural" de *O desaparecido* e construiu o inferno mecânico de *Na colônia penal*. Chegou ao auge de sua capacidade de concentração, em que todo o espectro psíquico se expandiu a um só tempo. Pensava em uma liberdade futura e incerta, que ainda teria de ser "alcançada pela escrita" e, ainda assim, não precisava reprimir a ideia de uma morte redentora por suas próprias mãos, vertendo fantasias sádicas à linguagem do classicismo, enquanto garantia a si mesmo que estava trabalhando "bem" e com uma "compreensão plena" de sua própria situação.[11]

Não era um lamento mecânico; Kafka tinha a mais honesta convicção de que poderia ter feito um uso muito melhor daqueles primeiros meses da guerra. Quando enfim a pressão exterior saiu do controle e sua produtividade foi prejudicada — em meados de janeiro, no mais tardar, Kafka já não tinha ilusões a esse respeito —, ele procurou culpar-se a si mesmo, como de costume. Não deveria ter dormido tanto à tarde. Deveria ter ido mais cedo à fábrica de amianto. Não deveria ter se sentado à frente do manuscrito só às onze da noite, e sim duas ou três horas mais cedo. Desse modo, teria passado o dobro do tempo diante dos cadernos, e ainda assim dormido o suficiente para sobreviver ao escritório. Em outras palavras: estava em suas mãos, nas mãos de ninguém mais. Era uma questão de organização. A conclusão era sempre a mesma, Kafka só tinha de confirmá-la de vez em quando e, se necessário, convencer-se dela: a liberdade da decisão, a liberdade da responsabilidade total por si mesmo. "[...] é minha luta pela autopreservação", ele constatara poucas horas antes do começo da guerra mundial. E se pudesse ter gritado essa verdade ao seu próprio ouvido, assim teria feito.[12]

> Todos nós, quando começamos a ler um livro, sabemos depois de vinte ou trinta páginas quem é o escritor; de que se trata; como transcorre; se é sincero ou não; qual a categoria do livro em linhas gerais. Aqui, você não sabe de nada. Você tateia no escuro. O que é isso? Quem está falando?

Hoje já não podemos escrever de modo tão indolente sobre *O processo* de Kafka. Esse era o tempo da inocência, do primeiro assombro. Kurt Tucholsky não pôde se conter diante de um cosmos estético que não lhe parecia nem sonho nem realidade, nem alegoria nem símbolo. Um mundo que, por isso mesmo, clamava por sentido e compreensão, e com tanta urgência, que ele recorreu a Brod para pedir por uma palavra redentora de explicação.[13]

Esse excerto deve soar engraçado para os críticos literários de hoje; as sutilezas estéticas de *O processo* não podem ser tratadas de maneira tão irreverente. Percorremos um caminho considerável desde Tucholsky. E ainda assim: seu assombro diante do enigma insondável desse texto, sua vontade de ser capturado e dominado — não seriam esses os pressupostos de uma leitura que é a única apropriada a esse enigma? *Aqui, você não sabe de nada.* Nenhum leitor pode ser poupado dessa experiência.

Tornou-se difícil, no entanto, ler *O processo* com olhos tão inocentes. A obra de Kafka sofre da mesma sina que certas maravilhas da natureza, mostradas tantas vezes a partir da mesma perspectiva, que a experiência de fato não é mais necessária; há muito que uma imagem interna tomou o lugar da realidade. Nem a mais profunda das leituras, nem a imersão total na linguagem de Kafka nos tornam imunes às imagens secundárias que a adaptação cinematográfica de Orson Welles faz cintilar em nossa consciência; é bem possível que, ao ler o romance depois do filme, os espectadores fiquem decepcionados: o herói não é tão simpático, fala demais, e em geral o autor regateia palavras e nuances linguísticas, como se não quisesse contar alguma coisa, mas sim *provar* alguma coisa.

Aqueles que têm a leitura como profissão, críticos e germanistas, enfrentam dificuldades bastante semelhantes. Eles não se incomodam tanto com as imagens fixadas no celuloide quanto com as "traduções" discursivas que há muito as ciências humanas fizeram d'*O processo* — assim como de qualquer obra literária excepcional. Nos anos 1930 e 1940, a obra de Kafka já havia se tornado um modelo exemplar para procedimentos interpretativos cada vez mais novos e rígidos: psicanalíticos, religiosos, sociológicos, de leitura imanente... E cada uma dessas tentativas deixou sua marca no campo associativo que orbita em torno de *Kafka*, um nome internacionalmente reconhecido. As lutas obstinadas pela "chave" certa de leitura, as inúmeras expedições rumo ao cume do "significado", uns pisando nos pés dos outros — tudo isso pode parecer cômico hoje em dia; mas ainda ofusca nossa leitura do romance. Pois todo esforço intelectual, por mais falho que seja, afeta seu objeto, ao reavaliá-lo e revalorizá-lo. Quando milhares de pessoas procuram a chave-mestra, mas não conseguem encontrá-la, supor que esteja escondia de modo especialmente engenhoso é bem mais sedutor do que admitir que tal chave não exista.

É óbvio que o próprio Kafka tem sua parcela de culpa por esse furor teórico, e que a suspeita de que seria preciso primeiro traduzi-lo para então compreendê-lo está ligada a sua particular relutância em ir "direto ao ponto". Todos os seus grandes textos — *O desaparecido*, *O processo*, *O castelo*, *O veredicto* e *A metamorfose* — tratam de pessoas que estão diante de um enigma tão impenetrável quanto intrigante. Josef K. e Gregor Samsa são atingidos por esse enigma como por um raio, no momento de despertar. É a "terrível agonia de não entender" (Valéry), que se transfere irresistivelmente para nós mesmos e da qual tentamos nos livrar. Kafka aprofundou essa frustração deliberadamente, fazendo com que o leitor nunca saiba mais do que a personagem principal, e oferecendo com parcimônia sinais (que, por sua vez, devemos interpretar) para que o leitor possa prever se o que o herói faz para resolver o enigma tem alguma perspectiva de sucesso. É como andar atrás de alguém que está tateando pela escuridão. Você vê tão pouco quanto aquele que vai à sua frente, mas assim que tenta se libertar dele e fica para trás, perde sua única possibilidade de orientação.

Podemos ilustrar a origem dessa obscuridade quando tentamos *contar* um desses textos, *O processo*, por exemplo, a alguém que não o tenha lido. Um procurador bancário é informado uma manhã de que está detido. Ele descobre que há um processo contra ele em curso, mas ninguém sabe dizer-lhe qual é a acusação. Todas as suas tentativas de chegar, através de intermediários, a uma instância do tribunal que seja capaz de lhe dar alguma informação, falham. Tampouco seu advogado faz qualquer progresso. O acusado encontra-se com mulheres na esperança de conseguir algum apoio, mas esses episódios acabam se revelando superficiais. No fim, ele será pego por dois algozes, levado a uma pedreira e executado.

Logo fica evidente por que tal resumo, limitado ao enredo do romance, falha completamente em alcançar seu verdadeiro conteúdo: é *claro demais*. Josef K. será mesmo detido? O narrador afirma isso já na primeira frase. Mas a suposta prisão está limitada ao seu anúncio; depois, o homem detido pode fazer o que quiser. Ele vai trabalhar, como em qualquer outro dia. O tribunal se reporta a ele, mas não há indícios de que tomará qualquer medida. O primeiro inquérito é realizado no sótão de um prédio comum e se limita à identificação dos dados pessoais — que, ainda por cima, são falsos. Essa caricatura de um tribunal tem pouco a ver com a justiça que o leitor conhecia até então.

"Detenção", "interrogatório", "acusação": nenhuma dessas palavras deve ser entendida em seu sentido literal, tudo é um pouco diferente — embora não *totalmente* diferente — do esperado. Com razão, falou-se em "lógica onírica" — o próprio Kafka havia oferecido uma chave importante, com a evocação de sua "vida onírica interior" —, e de fato há muitas semelhanças entre a realidade de *O processo* e o efeito de estranhamento que é próprio de sonhos intensos. Aí estão incluídos detalhes extremamente nítidos, mudanças surpreendentes de tempo e espaço, resistências inexplicáveis, e sobretudo a ausência de motivos, explicações, causas. Muito do que reconhecemos está refratado, como se fosse visto através de um prisma. Na forma, o sistema judicial de Kafka é realista: há acusados, guardas, advogados, juízes, escritórios, hierarquias, documentos, penas. O que é inexplicável é o propósito desse aparato monstruoso, que parece girar sobre si mesmo, alimentar-se a si mesmo.

Quando não vemos o rosto do adversário, ele nos parece especialmente perigoso — o cinema adora usar esse recurso para suscitar o terror. Pois enquanto aquele "outro" não vem à luz, o espectador cria involuntariamente sua própria imagem, a encarnação de *seu próprio* medo. É isso o que acontece em *O processo*. Kafka mostra e aponta. Mas, se seguimos seu dedo com o olhar, um véu imediatamente desce. Seu tribunal tem uma superfície visível. Mas tudo o que identificamos nele remete a outra coisa, mais essencial, inimaginável: "os juízes supremos", "a lei". Quanto menos sabemos, mais especulamos. Todos falam sobre isso, cada um contribui com alguma coisa, mas ninguém pode se referir às suas próprias experiências, só ao que outros afirmam ter ouvido ou vivido. O tribunal ocupa o pensamento e a linguagem, tornando-se assim onipresente. Não é só o sentimento de culpa que leva o acusado ao julgamento, para enfim enfrentar cara a cara seus juízes anônimos: nenhum adversário visível é tão terrível quanto o imaginado, nenhum duelo aberto, tão assustador quanto viver no campo de visão de franco-atiradores.

Ora, se o tribunal é onipresente, isso quer dizer que ele está *aqui*, nas zonas concretas da vida. Josef K. é detido na cama, os vigias comem seu café da manhã, discutem sobre seu camisolão. Vizinhos entram pela janela. Os colegas do banco também já estão inteirados, e até como amante K. está exposto aos olhos e ouvidos de testemunhas impalpáveis. O começo do julgamento representa o fim de qualquer intimidade. Muitas vezes, essa exposição completa da vítima foi lida como uma profecia, e é de fato assombroso como as descrições de Kafka se aproximam do estatuto interno de sociedades totalitárias, sobretudo na atmosfera. Como Kafka podia saber disso duas décadas antes de a Gestapo e os "expurgos" stalinistas deixarem dezenas de milhões de pessoas congelarem em um estado de permanente medo? Pensemos nas práticas de vigilância comparativamente amigáveis das quais o soldado Švejk (de Jaroslav Hašek) consegue escapar com truques simples. Esse retrato tão realista do desleixo do Império Austro-Húngaro parece-nos hoje historicamente distante, quase fantasioso, enquanto o pesadelo de *O processo* captura em imagens um estado de espírito fundamental do século XX.

Saber de tudo isso, Kafka não sabia. Mas seu radar ia longe, e ele não precisou de uma guerra mundial para transmitir a experiência de uma violência coletiva, como que sem rosto, que penetra em tudo como areia movediça. Por ser judeu, ele aprendeu bem cedo que tal fenômeno existia, e a partir do exemplo do pai, reconheceu que o horror do poder reside justamente em suas leis próprias, em sua arbitrariedade impenetrável e aparentemente sem sentido. A carne crua e sangrenta que a guerra expunha foi só um adicional, assim como o fantasma de um corpo empalado por máquinas, que era familiar a Kafka por causa de sua própria correspondência oficial muito antes de ele conseguir dar-lhe forma literária em *A colônia penal*.

Mas o plano de construção de *O processo* não foi ditado por tentativas de fazer um diagnóstico da época ou de enviar mensagens cifradas aos leitores. Desde que os diários de Kafka vieram a público, sabemos que foi no "tribunal" do hotel Askanischer Hof que as imagens e cenas decisivas foram concebidas, e que Kafka incorporou no romance não só as humilhações acumuladas de um ano inteiro, como também inúmeras partículas de experiência, em uma escala de um para um. Centenas de equivalências e alusões biográficas foram identificadas, e outras centenas provavelmente nos escaparão para sempre. No entanto, deve ter ficado claro para Kafka que ele estava jogando por si só. Seus primeiros leitores — Brod, Baum, Weltsch e Ottla — já podiam imaginar a relação entre a srta. Bürstner e Felice Bauer, mas não a confirmar. Não sabiam que ele usava a abreviação "F.B." para as duas pessoas, e tampouco sabiam que a blusa no quarto da srta. Bürstner, tantas vezes mencionada, era a blusa da noiva. Grete Bloch, que nasceu numa segunda-feira [*Montag*, em alemão], aparece como "senhorita Montag", e um diretor que Kafka detestava, como um arrogante "diretor adjunto". Mortes na pedreira e sua prevenção eram temas que davam dores de cabeça a Kafka, o especialista em acidentes, havia anos. E o consolo devastador da sra. Grubach ao seu inquilino detido, dizendo que *ele não deveria levar isso muito a sério*, vem da mãe de Kafka — isso podemos apostar.

Era como um jogo de bloquinhos de construção feito de cifras e abreviaturas confidenciais, inacessível até para os parentes mais próximos. Será que, só com ele, Kafka era capaz de erguer um mundo ficcional tão convincente e, acima de tudo, plausível? Seria um milagre. Mas não confundamos gênese e valor. A curiosidade que nos leva a nos perguntar *de onde ele tirou isso* é totalmente legítima, mas tudo o que essa pergunta pode proporcionar são tomografias do cérebro do autor. Essa pergunta não nos ajuda a responder por que ou com que finalidade ele escreveu esses textos. Nem *O processo* nem *O desaparecido* são romances autobiográficos, e enquanto não levarmos em conta a inaudita capacidade de Kafka de transformar fatos em *símbolos* que prescindem de sua origem concreta, estaremos cegos para essas obras. Há evidências disso em todas as páginas, começando pela primeira:

> Imediatamente bateram à porta e entrou um homem que ele nunca tinha visto antes naquela casa. Era esbelto e no entanto de constituição sólida, vestia uma roupa preta justa que, como os trajes de viagem, era provida de diversas pregas, bolsos, fivelas, botões e um cinto, razão pela qual parecia particularmente prática, sem que se soubesse ao certo para o que ela servia.
>
> — Quem é o senhor? — perguntou K.

Não sabemos onde Kafka pode ter visto um desses trajes; é improvável que o tenha inventado. Mas é decisivo que essa roupa apareça como um símbolo, pois remete a uma função: é uma roupa de trabalho. A única informação que falta é a profissão correspondente. E quanto mais claro o fenômeno semiótico, mais dolorosa e ameaçadora a escuridão por trás dele. Cada detalhe diz: estou aqui, significo alguma coisa, mas não vou dizer o quê. E assim começamos a pensar em agentes de serviço secreto, em carrascos uniformizados e em homens da SS, embora *na realidade* eles não se pareçam em nada com os guardas inofensivos desse tribunal ficcional.

Em *O processo*, Kafka dá um passo significativo para além de *A metamorfose* e se refina como autor: parece que não é o narrador quem está sempre apontando para o escuro, e sim as próprias personagens. Certo, Josef K. está cercado de sinais. Mas nós os vemos exclusivamente com seus olhos, e esse olhar é altamente errático. Impressões que ele considera desimportantes o impactam por bastante tempo, e o que diz ser significativo prova-se muitas vezes sem valor. Ele considera uma falta de consideração do tribunal que o anúncio de sua detenção se dê justamente no quarto da srta. Bürstner; poucas horas depois, é atormentado por um sentimento de culpa, como se ele próprio tivesse escolhido o lugar de sua detenção.

Há uma camada profunda do romance que se manifesta sobretudo no comportamento "misterioso" e ilógico do acusado. Ele não age com soberania alguma; oscila entre gestos de subserviência e ataques pretensiosos contra o tribunal. Sem que ninguém o tenha incentivado, planeja uma grande "petição", uma justificativa por escrito de sua vida; mas quando chega a hora de fazê-la, não consegue se concentrar na coisa. Espera de sua locatária, uma mulher ignorante, a confirmação de sua inocência, assim como da srta. Bürstner, uma vizinha de quarto que ele até então mal notara, e a quem agora se agarra completamente. De repente, ocorre-lhe visitar a mãe, que evitara por anos. É indiscutível: a detenção o atingiu no âmago. Ele se sente culpado, e embora em nenhum momento se diga em que consiste essa culpa, sem dúvida ela tem a ver com o modo como K., que até agora levava uma vida uniforme, fria e sem alegrias, de repente quer que todo o mundo o ajude.

Isso lança uma luz diferente também sobre o tribunal. Embora se diga que o tribunal é "atraído" pela culpa de K., no fundo ele é impotente. Com o mais fino dos pincéis, Kafka apagou qualquer vestígio de uma atividade independente por parte do tribunal. A data do primeiro inquérito é determinada pelo próprio acusado, e não há penalidade prevista pela inobservância das demais intimações, conforme lhe é expressamente confirmado.

Os guardas é que são punidos, e isso só porque K. se queixou deles. No fim do livro, os algozes aparecem no momento em que K. os espera, nem uma hora antes. Quando ele oferece resistência física, "para experimentar", os dois não conseguem tirar a vítima do lugar, e a execução só pode acontecer depois de K. ter capitulado moralmente. O tribunal parece apenas reagir, como um espelho imenso que reflete o que K. — ao contrário de seus protestos — *de fato* quer. É só porque não conhece a si mesmo (o que talvez seja um componente de sua culpa), seu próprio rosto lhe parece tão estranho e assustador nesse espelho.

As próprias instâncias do tribunal não escondem sua indiferença. Talvez a frase mais importante do romance, uma das poucas declarações autênticas desse adversário tão estoico quanto terrível, esteja no fim do capítulo "Na catedral", na boca do capelão do presídio: "O tribunal não quer nada de você. Ele o acolhe quando você vem e o deixa quando você vai". Walter Benjamin fez um comentário à altura dessa mensagem desconcertante: "Com essas últimas palavras que K. escuta, o que se afirma, na verdade, é que o tribunal não se diferencia de qualquer outra situação. Isso vale para qualquer situação, desde que não a vejamos se desenvolver a partir de K., e sim como exterior a ele, como que esperando por ele".[14]

Talvez nenhum outro leitor tenha chegado tão perto do núcleo duro de *O processo*. A partir desse ponto de vista, a lógica onírica própria de Kafka seria a mesma coisa que o pesadelo da modernidade: a expropriação da vida de cada indivíduo que se dá às suas próprias costas. Cada pessoa é livre. Mas, independentemente das escolhas que faça, continua sendo um "caso", para o qual há muito tempo existem regras, medidas e instituições próprias. Seu impulso mais espontâneo e feliz ainda está dentro do horizonte fechado de um mundo completamente administrado e planejado.

Uma das anedotas mais citadas sobre Kafka diz que, quando ele leu para os amigos o primeiro capítulo de *O processo*, riu tanto que "teve de interromper a leitura por algum tempo", e seus ouvintes também teriam ficado "incontrolavelmente" animados. Isso é "bastante espantoso", Brod escreve em retrospectiva, "quando pensamos na gravidade terrível desse capítulo. Mas foi assim".[15]

O próprio Brod tem sua parcela de culpa no fato de que a disputa em torno das "últimas questões" supostamente tratadas nos romances de Kafka tenha ofuscado por tanto tempo seus traços cômicos e paródicos.

Se compararmos, por exemplo, *Leviatã*, de Julien Green — um romance que também retrata um inferno hermeticamente fechado —, com *O processo*, a diferença é palpável. Enquanto Green nega sistematicamente ao leitor o efeito paliativo do humor, e assim não lhe dá alternativa além de ser testemunha de um destino inelutável ou fechar o livro, em Kafka há o prazer de uma observação distanciada, e mesmo de *Schadenfreude*, aquele prazer que se experimenta diante do infortúnio alheio. Na obra de Green, vemos alguns remadores desesperados afundarem lentamente. Na obra de Kafka, seguimos a trajetória de uma telha que cai do telhado e atinge um homem na cabeça, enquanto esse mesmo homem afirma que tal evento é altamente improvável.

É o humor do ato falho, sobretudo, que está em toda parte e que abre para o leitor uma via de escape do campo de força da fatalidade; aquele humor que se produz sempre que as motivações de um homem estão à vista de todos, menos dele próprio. O acusado considera ultrajante que estranhos entrem no seu quarto sem se apresentar; então lhe ocorre mostrar sua "carteira de ciclista", ou eventualmente se matar. Ele discute com a locatária sobre os hábitos da srta. Bürstner — esquecendo que está atrasado para sua visita regular a uma prostituta. Ele se senta no táxi, orgulhoso de ter ignorado uma intimação para o interrogatório; então lhe ocorre que poderia, "por distração", ter dado ao motorista o endereço do tribunal.

A coisa toda é terrível, mas os detalhes são cômicos. O mesmo vale para o tribunal, que parece um programa de comédia a cada vez que, por instantes, um raio de luz incide sobre seus funcionários. Os juízes estudam revistas pornográficas em vez de livros de direito, e carregam mulheres no colo como se fossem animais gordos de estimação. Seus lacaios quase desmaiam quando conseguem, de repente, respirar ar fresco em vez da poeira dos documentos. Os algozes parecem tenores idosos. Acima dos acusados, na sala de espera do gabinete dos advogados, há um buraco no teto, de onde surge de vez em quando a perna de um advogado de defesa. E tudo isso é pouco perto de uma "história" que naturalmente não convence ninguém, mas que "tem muito a aparência de verdade":

> Um velho funcionário, um senhor bom e calmo, tinha estudado, um dia e uma noite sem interrupção — esses funcionários são de fato diligentes como ninguém —, uma causa judicial difícil, que estava particularmente complicada por causa das petições do advogado. De manhã,

> depois de vinte e quatro horas de trabalho provavelmente não muito profícuo, foi até a porta de entrada, ali ficou escondido e atirou abaixo todos os advogados que queriam entrar. Os advogados se reuniram no lance inferior da escada e discutiram o que deveriam fazer; por um lado não podiam, na realidade, pretender que fossem admitidos, daí mal poderem empreender legalmente algo contra o funcionário, tendo ainda, como se mencionou, de evitar que o corpo de funcionários se voltasse contra eles. Por outro lado, porém, cada dia que não passam no tribunal é perdido para eles e estavam, portanto, muito interessados em entrar. Chegaram finalmente a um acordo, no sentido de vencer o velho senhor pelo cansaço. Enviavam, um atrás do outro, um advogado que subia a escada e, depois de opor a maior resistência possível, embora passiva, se deixava atirar para baixo, onde então era recolhido pelos colegas. Isso durou cerca de uma hora, e o velho senhor, que já estava esgotado pelo trabalho noturno, ficou realmente cansado e voltou para o seu cartório. Os que estavam embaixo a princípio não quiseram acreditar, mandando primeiro um deles ir espiar atrás da porta para ver se ali não havia realmente ninguém. Em seguida, entraram e provavelmente não ousaram nem resmungar.[16]*

É a mais pura palhaçada. Ninguém ficaria surpreso se um dia essa cena fosse descoberta em um daqueles inúmeros filmes pastelão que Kafka vinha apreciando havia anos. Seu riso é o do cinéfilo.

É claro que as oportunidades de *ouvir* esse riso eram raras. Kafka se escondia, quase desaparecia, e depois de se entregar completamente ao trabalho noturno, passou a manter distância de tudo o que pudesse parecer uma possível perturbação. Brod sempre fazia um pequeno desvio para buscá-lo no escritório ao fim do expediente. Mas, depois de andarem algumas ruas juntos, Kafka virava a esquina sorrindo, e ao longo da noite não dava mais notícias. Depois de casar-se, Felix Weltsch esperou em vão, ao longo de semanas, por uma visita de Kafka — foi quase uma afronta, e o amigo imprevisível inventou desculpas esfarrapadas. Oskar Baum também deve ter

* Franz Kafka, *O processo*. Trad. de Modesto Carone. São Paulo: Companhia das Letras, 1997, pp. 147-8.

percebido que as conversas estavam perdendo o fôlego, e que Kafka se entediava na sala quente.

Kafka só ficava realmente presente durante as leituras em voz alta, e seu desejo de emprestar um ritmo audível a suas visões silenciosas não diminuía. No dia 20 de novembro, ele levou a Brod uma nova narrativa já concluída, *Na colônia penal*, e embora mais tarde Brod não conseguisse se lembrar ao certo desse momento, podemos imaginar o tamanho de seu choque. Kafka — que, como os amigos mais íntimos sabiam, estava trabalhando obsessivamente em um romance — não só apareceu de surpresa com um extenso subproduto; de modo inaudito, ele havia superado a lógica onírica de *O processo*, cujas primeiras amostras já eram bastante estranhas e de tirar o fôlego. Não por acaso, e certamente por iniciativa de Brod, duas semanas mais tarde Kafka teve a oportunidade de ler mais uma vez sua narrativa a um pequeno círculo. O lugar era inusitado: a casa dos pais de Werfel, onde além de Brod estava Otto Pick. Kafka, distraído porque não conseguia tirar os olhos das belas irmãs de Werfel, infelizmente não deixou nenhum registro do impacto que seu texto teve. Mas uma coisa é certa: ninguém riu, nem o autor, nem a plateia.

Em *Na colônia penal*, Kafka deu expressão literária ao que ainda se considerava, em 1914 — apesar do horror que rodeava a todos —, impossível de ser transformado em literatura: a tortura. Certamente, alguns dos primeiros ouvintes e leitores já haviam notado que aquilo não era *absolutamente* novo, e que Kafka também estava se valendo de um modelo; ele obviamente havia lido *O jardim dos suplícios*, de 1899, uma obra inferior do jornalista francês Octave Mirbeau que, por causa de algumas passagens pornográficas, só se vendia por debaixo do balcão. Mas o que Kafka tirou desse best-seller clandestino, já um pouco empoeirado, não foi muito além de um dispositivo narrativo que tornava possível a descrição especializada da tortura: a figura do viajante europeu que inspeciona, ao mesmo tempo fascinado e indignado, as sádicas práticas de punição em uma ilha distante da civilização. Ao contrário do exotismo forçado que Mirbeau extrai dessa constelação, Kafka está visivelmente interessado na *abstração*, e ao fazer o leitor ver através dos olhos de um observador, obriga-o a assumir o papel de uma testemunha neutra. Cria-se uma distância fria, que faz o leitor ter calafrios diante de si mesmo. Com quem ele deve se identificar? Certamente não com o algoz (o “oficial”), que nem sequer obedece a um impulso palpável de ódio, e sim a um delírio jurídico. Com o viajante? Ele olha para o sangue derramado, mas mostra pouca simpatia e se esquiva de toda responsabilidade. E a vítima é obtusa, negligenciada e de uma "sujeição tão canina".

Esse cenário está longe de ser humano, mas Kafka faz tudo para que seja impossível desviar o olhar. A desolação do palco de Beckett parece ser antecipada em décadas: além do próprio *evento*, não há nada além da luz que irradia impiedosa de um holofote suspenso no céu. Os *afazeres*, por sua vez, cumprem-se de modo tão metódico e sistemático que já não há necessidade de intervenção humana. A chocante ideia de Kafka, de deixar o procedimento de tortura para uma máquina programável enquanto o algoz só é responsável pela manutenção do software (cujo código-fonte só ele entende), soa ainda hoje — quando sua execução seria bem possível, e robôs industriais realizam tarefas muito mais difíceis do que essa como um marco de inumanidade dificilmente superável.

Kafka também negou aos seus leitores o alívio de imaginar que talvez se tratasse de um processo simbólico, de uma distopia ou de um jogo mental: a fisicalidade crua e desprovida de sombras, que supera de longe as imagens de morte e putrefação do expressionismo, é o suficiente para impedir toda evasão. O corpo humano surge como sujeira: fala-se de saliva, sangue, vômito, e tudo isso "suja" o aço polido da máquina — conforme observa o algoz indignado. Metal penetrando o corpo vivo: muitas vezes, nos primeiros meses da guerra, os contemporâneos foram confrontados com essa visão, com a qual começavam a se acostumar. Kafka, no entanto, o especialista em acidentes, que já sabia havia muito mais tempo e com muito mais precisão como as máquinas podiam arruinar o corpo humano, ultrapassa a barreira do asco (que ele já havia tocado em *A metamorfose*) e avança até aquele limite onde a sublimação literária acaba e começa o *indizível*.

Hoje, esse limite não é tão rígido, e já faz tempo que um material muito mais pesado — mais literal, mais pictórico — é justificado em nome da liberdade estética (isso sem falar nas impertinências do cinema). No entanto, ainda hoje há reservas em relação a *Na colônia penal*, de Kafka, e quando o efeito inicial de choque passou, reforçou-se a suspeita de que não se trata tanto de uma narrativa, e sim de um excesso planejado. Um seminário de estudos literários parece ser o ambiente mais propício para que *Na colônia penal* revele seus encantos. Nenhuma grande teoria hermenêutica é capaz de resistir ao desafio de desvendar o modo sem precedentes como Kafka estreita conceitos tão saturados de significado como "técnica", "corpo", "escrita", "poder", "justiça". Por isso mesmo, quanto mais anêmico o discurso, quanto mais audível o ruído dos textos secundários, mais popular se torna *Na colônia penal*.

Por outro lado, são poucos os que sentem necessidade de empreender a fundo e repetidas vezes esse ato de violência literária pelo puro prazer da leitura. A narrativa nunca teve, tampouco, acesso ao cânone mais arraigado da alta cultura literária: não a ter lido, ou mesmo considerá-la repugnante, fere bem menos o acordo geral do que uma única palavra que maldiga *O processo*. O motivo é óbvio: o texto é dominado demais pela mecânica de seu conteúdo; é como um brinquedo que se põe em marcha uma ou duas vezes e então se deixa de lado, porque já não é novidade. O próprio Kafka logo se conscientizou desse problema, que fica especialmente claro nas páginas finais: a máquina de execução fez seu trabalho, o programa foi concluído, e é uma surpresa que a narrativa ainda não tenha terminado — de tanto que identificamos sua forma com o próprio trabalho da máquina. A breve seção final, a partida frustrada do explorador, surge como um postscriptum que não parece fazer muito sentido e ao qual Kafka procurou dar um peso próprio anos depois, sem, no entanto, encontrar uma solução completamente satisfatória.[17]

Kafka não se incomodou muito de ter sido acusado de sensacionalismo logo nas primeiras resenhas.[18] Defendeu seu tema, relacionando-o expressamente a um presente saturado de violência. Quando Kurt Wolff concordou em publicar *Na colônia penal*, ainda que no mesmo instante tenha expressado seu horror e falado em "constrangimento", recebeu do autor uma resposta muito característica, amável na forma, como sempre, mas repreensiva e implacável no conteúdo:

> Sua crítica do constrangimento coincide bastante com minha opinião, que aliás é a mesma em relação a tudo que já escrevi. Note como, de uma forma ou de outra, pouca coisa está livre desse constrangimento! Para explicar essa última narrativa, acrescento apenas que não só ela é constrangedora, mas que nosso tempo em geral e meu tempo em particular foram e são igualmente constrangedores, e o meu em particular tem sido ainda mais constrangedor do que o geral.[19]

Quando Kurt Wolff pensava em Franz Kafka, seu tímido autor, devia ter em mente sobretudo as delicadas aquarelas de *Contemplação* e a linguagem luminosa de *O foguista*. Mesmo que Brod e Werfel às vezes ficassem entusiasmados com os projetos *quase* terminados com os quais o amigo já poderia ter ocupado, havia tempos, o panteão da literatura alemã, o editor nunca teve acesso a sua oficina, nem tinha a mais vaga ideia das regiões gélidas sobre as quais Kafka avançava sem que quase ninguém conseguisse acompanhá-lo. É claro que, se o manuscrito de *O processo* tivesse chegado a tempo às mãos de Kurt Wolff, ele teria ficado bem menos surpreso com *Na colônia penal*.

Pois aquela ilha nos trópicos, o sol ardente sobre o "pequeno vale, profundo e arenoso, cercado de encostas nuas por todos os lados"* — esse era um pano de fundo que o autor tinha experiência em construir e desconstruir, mas que não era capaz de desviar nosso olhar, nem por um minuto, de onde estávamos de fato. Aquele aparato de tortura, que grava a sangue a sentença nas costas do delinquente, repetidas vezes até que o reconhecimento da própria culpa coincida com a morte — esse aparato era na verdade um instrumento da *lei*, cuja fúria não se desencadeava à luz do dia, e sim em algum porão profundo e inacessível do tribunal.

À primeira passagem de olhos, notamos que *Na colônia penal* é um desdobramento de *O processo*, ainda que a narrativa se passe no extremo oposto do mundo, e soa natural que as duas obras tenham sido escritas ao mesmo tempo. Ainda assim, é surpreendente que o próprio Kafka não esperasse deparar-se com essa mina de ouro. Ele tinha tirado suas preciosas férias — uma semana inteira, e depois mais uma — não na esperança de conseguir virar a noite escrevendo outra vez, e sim com o claro propósito de levar *O processo* adiante, ou até mesmo de concluí-lo. Mas Kafka deixou aqueles cadernos de lado e começou alguma coisa que parecia completamente nova. Por quê? É uma das raras ocasiões em que conseguimos dar uma espiada no laboratório de Kafka, em que suas criações aparentemente tão perfeitas, trabalhadas e polidas até a última sílaba são reveladas em seu estado de fermentação.

Como pilar de sustentação, Kafka havia adotado a princípio uma ideia de Dostoiévski, a famosa trama de *Crime e castigo*: um homem culpado que não pode suportar a própria culpa se entrega ao juiz, até que este acaba enfim

* Franz Kafka, *O veredicto/ Na colônia penal*. Trad. de Modesto Carone. São Paulo: Companhia das Letras, 1999, p. 29.

com o jogo terrível — a ideia de autopunição, de *auto*justiça no sentido literal do termo, que Kafka considerou fecunda e paradoxal o bastante para ser desdobrada em um novo romance.

Ninguém ficará surpreso de saber que Kafka achava essa ideia atraente, dadas as inúmeras fantasias de autopunição, por vezes excessivas, que vinha alimentando havia anos nos diários. Era um desejo masoquista que ele nem sempre conseguia conter, mesmo quando o distinguia claramente, e que tinha um papel considerável em seu constante medo de um dia perder a razão. Mas o que quer dizer "masoquismo"? Um criminoso consciente de sua culpa, que resiste em seu esconderijo até que a polícia bata à sua porta, parece estar agindo conforme seu próprio interesse. Outro preferirá passear pelo gabinete do juiz de instrução e dizer: "fui eu, faça comigo o que quiser". Pode soar maluco, masoquista, mas esse segundo infrator tem muito mais chances de suportar a inevitável punição sem que haja danos irreparáveis à sua dignidade. Ele se submeteu à lei sem abrir mão de todo o seu direito de ação, e mesmo que tenha de enfrentar a morte, mantém a dignidade de determinar *quando* ela acontecerá: a dignidade última do suicida.

Kafka tinha um sentido aguçado para essa dignidade — que parecia ser apenas defensiva, mas na realidade clamava por autonomia total —, e sofria ainda mais por *não* poder controlar suas ânsias masoquistas. O masoquismo é uma perversão que extrai prazer da dor. Como toda perversão, é uma fixação que priva a pessoa de si mesma e mina sua autonomia: o anseio pelo chicote é incompatível com a dignidade e a autoestima. Do mesmo modo, será difícil conceder autonomia a uma obra literária inundada de fantasias masoquistas. Pois consumar um ato criativo extraordinário que se propaga pela consciência do leitor é completamente diferente de tornar-se mero espectador de uma descarga.

Não há dúvidas de que Kafka foi assombrado repetidas vezes, enquanto trabalhava em *O processo* — assim como no diário —, por cenas de uma crueldade irrestrita, que ele teve de atenuar para não reduzir a autojustiça de seu herói ao prazer da autoaniquilação. Como, no entanto, a escrita de Kafka era conduzida por imagens, essa busca constante por meios-termos representava um gasto considerável de energia. "Abrir-se", afinal, também significava criar uma abertura através da qual uma profusão de material perverso inundaria a consciência, enquanto a repressão total desse material teria asfixiado aquela "vida onírica interior", que era justamente o que distinguia a concentração flutuante da escrita de um estado habitual de vigília.

Podemos ver os limites que Kafka enfrenta no capítulo do "espancador", em *O processo*, no qual o acusado se torna testemunha involuntária de uma punição. As duas miseráveis vítimas — os mesmos guardas de que K. se queixou ao tribunal — são obrigadas a se despir completamente, enquanto o espancador — "ele era bronzeado como um marujo e tinha um rosto selvagem e descansado"*— veste uma roupa de couro que deixa grande parte da pele à mostra, e que costuma ser a marca registrada de uma cena sadomasoquista. Kafka desnudou, tanto quanto possível no mundo artificial do seu romance, os impulsos sexuais que alimentam a enérgica ânsia por autojustiça; sim, e inclusive faz seu herói pensar em se submeter ele mesmo à vara. Mais uma palavra, e o sangue de Josef K. jorraria. Mas *essa* punição viria em um momento inoportuno: não só porque o enredo do romance, que nesse preciso momento pressupõe uma atitude de espera e observação por parte do tribunal, ficaria entravado; a identificação do leitor com o acusado, caso este se revelasse um "mero" masoquista, também colapsaria de imediato, e a atração misteriosa exercida pelo tribunal encontraria uma explicação plausível, ainda que banal. De fato, no último instante, Kafka dá um passo atrás nessa sequência do capítulo do "espancador". Ainda assim, um suave gosto amargo se mantém, a cena soa elevada como uma alucinação, e é uma das poucas passagens em que o riso subjacente do autor silencia.

Em *Na colônia penal*, Kafka deixa fluir livre aquele mesmo sangue que ameaça incessantemente emergir dos poros de *O processo*. Aquilo que teria envenenado seu romance, ele deixou de fora e reuniu *em outra parte*. O resultado é uma narrativa pesada e fervente como chumbo fundido, um texto que, em sua seriedade e violência, continua tão isolado dentro da obra completa quanto a pena do espancador dentro de *O processo*. Kafka aceitou essa quebra — de tão grande o alívio que ele próprio sentiu ao ler o texto em voz alta. Os ouvintes, porém, ficaram horrorizados ao descer a esse porão. Não conseguiam ver nada além da *literatura* em ação. E ninguém poderia censurá-los por isso. Pois a continuação dessas cenas estava agora nos jornais, dia após dia.

* Franz Kafka, *O processo*. Trad. de Modesto Carone. São Paulo: Companhia das Letras, 1997, p. 107.

O processo de Josef K. já dura um ano. Ele acha que é o bastante. Na noite da véspera de seu 31º aniversário, ele veste roupas pretas, roupas de festa, roupas de luto. Senta-se em uma cadeira e espera. O tribunal entende e às nove horas bate à porta de K., pela segunda e última vez. Ninguém precisa pronunciar a sentença, ela é "executada": morte por esfaqueamento.

Seu 31º aniversário. Era sexta-feira, 3 de julho de 1914. Nesse dia, Kafka havia recebido uma carta de Grete Bloch em que, pela primeira vez, ela não lhe falava como confidente, e sim como acusadora; foi o dia em que ela lhe virou as costas. Ao mesmo tempo, outra mensagem desagradável chegava, provavelmente de Musil, que precisava dizer-lhe que *A metamorfose* afinal não seria publicada na *Neue Rundschau*... Duas fontes de esperança chegavam ao fim.

Mais uma coisa aconteceu naquele dia. Quem descobriu foi o jornalista Heinrich Kanner, que depois da Guerra teve uma conversa com Leon von Biliński, o ex-ministro da Fazenda austro-húngaro. Depois do atentado de Sarajevo, Biliński havia participado de reuniões decisivas do conselho de ministros, e contribuiu para estabelecer sua linha agressiva.[20] "Decidimos ir à guerra muito cedo", explicou, "logo no início." Kanner queria mais detalhes, e perguntou pela data precisa. "*Foi no dia 3 de julho*", respondeu Biliński. — O dia em que se pronunciou a sentença, a sentença sobre a Europa.

33. O retorno do Leste

Os deuses esquecem que me fizeram
então também esqueço deles

David Bowie, *Seven*

Em um dos primeiros dias de setembro de 1914, uma cena estranha podia ser vista na estação ferroviária de Praga. De um trem que acabava de chegar, surgiam figuras maltrapilhas nunca vistas ali: homens de barba cheia, alguns vestidos de cafetã, mulheres carregadas com bebês e montes indefiníveis de pano, crianças e mais crianças agarradas às saias, todas sujas e com rostos famintos. Eram mais de duzentas pessoas, que se haviam instalado na sala de espera com todos os seus pertences e que — aparentemente sem ser esperadas por ninguém — deliberavam agora, num grande alvoroço, para onde iriam. Os viajantes diminuíam o passo para observar o espetáculo. Estava claro que eram judeus. Mas ninguém entendia uma palavra do que diziam.

Finalmente, um guarda pôs fim ao espetáculo. Depois de lhe explicarem que eram todos cidadãos da Monarquia austro-húngara, e que "membros da tribo" em Praga poderiam certamente se encarregar do problema, ele levou o grupo à sede da associação judaica, na Langegasse, 41. Ali, enfim, entre os membros assustados do movimento de trabalhadores Poale Zion, havia pessoas que entendiam iídiche ou polonês. Ali, enfim, havia chá, pão e lavatórios.

Eles vinham do leste da Galícia e estavam viajando havia dias. Seu *Schtetl* havia sido invadido pelos terríveis cossacos, e eles fugiram da pequena comunidade no último instante, a princípio a pé e em carroças, para escapar de saques e estupros. Haviam deixado muitos parentes para trás, cujo destino nem ousavam imaginar. Algumas famílias foram separadas durante a fuga, havia crianças sem pais, e alguns dos pais e filhos de membros do grupo estavam servindo na frente de batalha, não se sabia onde. Só uma coisa era certa: os duzentos eram os primeiros a chegar. Muitos e muitos mais ainda viriam.

Guardas foram enviados à estação para esperar pelos próximos trens. Eram sobretudo membros do movimento Blau-Weiß [Azul-Branco] da juventude judaica, que ficaram lá por muitas horas, firmes, empunhando cartazes em hebraico para acolher pessoas desorientadas. Uma semana depois, já eram oitocentas pessoas. No fim de setembro, quando começaram as evacuações também na Galícia Central e Ocidental, 2 mil. Em novembro, 6 mil. No fim do ano, eram mais de 11 mil pessoas.[1]

A invasão de refugiados de guerra com a qual a Boêmia — o coração do Império Austro-Húngaro — e a Hungria foram confrontadas já no segundo mês de guerra teve, a princípio, um impacto *político*: ninguém havia contado com nada do gênero, nem as pessoas mais bem informadas. A euforia inicial com a guerra, que não fazia o menor sentido, logo havia dado lugar a uma espera inquieta, e fazia tempo que todos tinham entendido que a guerra seria mais longa e dura do que a arrogância dos diplomatas e militares havia sugerido. Mas a imprensa ainda estava repleta de relatos de vitória — as alemãs na primeira página e as austríacas em seguida.

A verdade era que os exércitos do Império Austro-Húngaro já tinham sofrido, duas semanas depois de os combates terem começado, uma primeira e devastadora derrota. Os sérvios, que rapidamente haviam mobilizado todos os homens disponíveis e não hesitaram em enviar crianças e avôs para a frente de batalha, reagiram ao ataque austríaco e chegaram a cruzar as fronteiras em direção à Bósnia e à Hungria. Essa derrocada dos Habsburgo se repetiu em dezembro numa escala ainda maior: 200 mil austríacos partiram para a guerra e só 160 mil voltaram, muitos deles com feridas e severas queimaduras por congelamento. Não tinham conseguido nada. E esse foi o fim de uma ação punitiva que havia sido discutida ao longo de semanas pela imprensa de guerra com metáforas de honra, como se fosse apenas uma casual bofetada no rosto.

É claro que todos estavam conscientes de que os sérvios tinham vantagem, tanto na estratégia quanto na propaganda: eles estavam lidando com apenas *um* adversário, enquanto uma tarefa muito maior esperava pelos austríacos na fronteira com a Polônia russa ao nordeste. Mas a liderança do exército austríaco continuava tendo a ilusão de que a expedição punitiva aos subdesenvolvidos Bálcãs era apenas uma tarefa e que, depois de seu cumprimento, todas as forças poderiam ser dedicadas à derrota do império tsarista. Nas primeiras semanas de guerra, já ficou evidente que essa avaliação era equivocada: as unidades que se desgastavam à toa na Sérvia estavam sendo requisitadas com urgência na Galícia, onde um exército russo superior em número, mais bem equipado e surpreendentemente rápido tirou proveito imediato das lacunas abertas. Em Viena, por outro lado, todas as dúvidas que surgiam eram sufocadas pela ambição — desconectada da realidade — de fazer qualquer coisa "equivalente" ao avanço glorioso sobre Paris dos irmãos de armas alemães e às sensacionais vitórias na Prússia Oriental, que haviam deixado a vulnerabilidade dos russos patente.

De fato, o combate ao longo dos quatrocentos quilômetros de extensão da frente da Galícia foi tão confuso no início que as autoridades militares não tiveram dificuldade para convencer a população do interior do país de que aquela era uma campanha de sucesso. Eles diziam que os ganhos austríacos de território eram só os primeiros passos para a "libertação" de toda a Polônia. Ao mesmo tempo, porém, unidades russas estavam marchando para dentro da Galícia do Leste e da Bucovina sem grandes impedimentos, o que desencadeou uma enorme onda de refugiados que só aumentava com os meses. Os leitores de Viena e Praga tiveram que esfregar os olhos: de repente, anunciavam que as grandes batalhas de Lemberg e Przemyśl se aproximavam. Eram cidades fortificadas nas profundezas de seu próprio território. Pelo amor de Deus, o que estava acontecendo?

Os refugiados traziam consigo a verdade. Bastava olhar para o número de pessoas vagando pelo país para comprovar que não podia se tratar de evacuações planejadas ou — como se dizia no caso de Lemberg — "estratégicas". Sem falar que, do outro lado da fronteira, da Polônia russa, chegavam mais refugiados, por medo de pogroms e deportações por parte do exército russo. Não havia dúvidas: *o inimigo* estava ali, e as autoridades locais foram completamente pegas de surpresa por uma situação para a qual não se tomara a menor providência administrativa. Deportavam-se os refugiados para o Oeste, de uma cidade para a outra, quando não deixavam os "evacuados" à própria sorte. Eram os acasos logísticos, a esperança de encontrar algum parente distante, e o destino dos próximos trens disponíveis que decidiam quais deles acabariam em alguma pequena cidade boêmia, em Praga, em Viena, ou mesmo no Reich alemão (que *ainda* não ousava recusar os cidadãos do Império Austro-Húngaro, um Estado aliado).

Depois do choque político, veio o choque *social*. Já se sabia que a Galícia não era uma região próspera. Mas as primeiras pessoas que de lá vieram não possuíam literalmente nada além da roupa do corpo. Entre elas, havia comerciantes, proprietários, políticos locais e conhecedores do Talmude, que tinham um aspecto mais miserável do que o último dos mendicantes. Os cidadãos de Praga oscilavam entre a repugnância e a piedade, e ao deparar-se diariamente com essas fisionomias, lembravam-se das caricaturas antissemitas que lhes eram tão familiares. Houve riso e escárnio. "Galícia em Praga", dizia a manchete do *Prager Tagblatt*, que complementava a matéria com retratos de personagens — como se estivessem reportando a chegada de um grupo "exótico" à cidade. Os patriotas também fizeram seus ataques, porque não queriam aceitar que aquelas pessoas, fugidas da guerra e supostamente responsáveis por uma atmosfera ruim, viveriam agora às custas do contribuinte. Mas foi quase exclusivamente graças à iniciativa privada que a maioria dos refugiados se salvou da ruína social e material.

Criou-se uma cozinha popular judaica; coletaram-se artigos domésticos e roupas; médicos e advogados trabalharam sem cobrar honorários; apartamentos foram providenciados. Como as ajudas financeiras do Estado, embora tivessem sido prometidas em setembro, levaram semanas e até meses a chegar, a comunidade religiosa judaica contraiu empréstimos gigantescos para conseguir adiantar o pagamento de setenta centavos diários por pessoa. O trabalho prático foi feito por organizações judaicas de caridade, mas as associações sionistas (entre elas a Associação de Meninas e Mulheres Judias, de que Ottla fazia parte) também trabalharam quase 24 horas por dia. Só no fim do ano, quando ficou claro que não era possível conceber um breve retorno dessas pessoas desarraigadas a suas terras natais, as autoridades despertaram. Ordenou-se então a construção de alojamentos na periferia da cidade para separar os judeus do Leste da Europa, que não paravam de chegar, dos habitantes locais.

Como a maioria tcheca em Praga logo se distanciou, e até os judeus que falavam tcheco não viram motivo para se responsabilizar por pessoas que lhes eram tão distantes culturalmente,[2] o problema dos refugiados ficou completamente nas mãos dos judeus alemães. É claro que muitos ficaram constrangidos: justo agora, que a guerra oferecia a oportunidade de colocar à prova a perfeita integração cultural dos judeus, esses "parentes pobres" surgiam no caminho, pessoas semicivilizadas, que precisavam antes de tudo aprender as regras básicas do comportamento burguês. Na verdade, ninguém queria ser visto ou identificado com eles. É provável que tenha havido debates vigorosos sobre o "ar do gueto" que emanava das roupas dos refugiados, sobretudo entre os líderes da comunidade religiosa. Mas, se três anos antes, quando Kafka apareceu com Isaac Löwy em um salão da comunidade, não ir ao evento era o bastante para mostrar o que se achava desse clã falante do iídiche, dessa vez era impossível evitar o problema. Característico dessa recepção gélida é um balanço formulado pelo presidente da comunidade, como se viesse da caneta de um administrador de patrimônio. Sem mencionar nem de passagem as superfícies de atrito sociais e linguísticas, ele calcula, para os leitores da *Selbstwehr*, os custos que os "judeus conservadores" estavam impondo à comunidade de Praga, até o último centavo.[3]

A tradição de solidariedade entre os judeus foi, contudo, um fator decisivo naquele momento, e não houve uma família judeo-alemã de Praga que não tenha dado alguma contribuição para ajudar os refugiados. As latas de arrecadação circulavam sem parar, e os jovens "Blau-Weiß" batiam na porta daqueles que não apareciam na sinagoga, para levar roupas velhas e cobertores em seus carrinhos de mão. Nem os judeus relativamente aculturados conseguiam escapar da pressão. Mesmo aqueles que nunca teriam pensado em ir, em vez de ao Deutsches Theater, a uma daquelas apresentações barulhentas em iídiche no Café Savoy, notavam agora que os sórdidos atores judeus do Leste da Europa não eram os últimos representantes de uma espécie em extinção, e sim representantes de um povo muito vital e numeroso. O Leste tinha retornado a Praga, e dessa vez não como folclore.

Kafka deve ter sentido certa satisfação ao enfim ver a própria família abalada em sua complacência de "judeus do Oeste". Hermann Kafka, o comerciante de artigos de luxo, havia doado cem pares de meias femininas, e no mais se mantinha à distância. Mas, dessa vez, ninguém poderia dispensar os judeus do Leste Europeu com esmolas e comentários depreciativos. Surpreendentemente, essas pessoas não ficariam impressionadas por muito tempo com nenhuma das conquistas que os judeus da cidade haviam assegurado a si mesmos nos muitos anos de adaptação consciente. As crianças da Galícia podiam até esmagar o nariz contra as vitrines do centro de Praga. Mas seus pais não viam motivo para aprender o alemão de Praga ou para se adequar aos ideais de higiene de seus benfeitores burgueses. Eles preferiam não comer nada a comer uma carne que não fosse proveniente de um abate ritual, e se fossem presenteados com louça, agradeciam, mas explicavam com toda a calma que precisavam de tudo *em dobro*: louça "para derivados de leite" e louça "para derivados de carne", o que era natural para os judeus.

Kafka registrou com muita precisão o choque *cultural* causado pelo encontro com os judeus do Leste Europeu, que eram autossuficientes e dificilmente impressionáveis. Ottla, a família Weltsch e outros conhecidos sionistas devem ter lhe contado algumas coisas, e como Brod e seus pais estavam envolvidos tanto na organização quanto na execução das medidas humanitárias, Kafka teve a oportunidade de observar de perto o choque entre as culturas.

> Ontem, na Tuchmachergasse, onde se distribuem as peças de roupa e a roupa de cama velha aos refugiados da Galícia. Max, a sra. Brod, o sr. Chaim Nagel. [...] A sra. Kannegießer, de Tarnów, esperta, vivaz, orgulhosa e modesta, quis apenas duas cobertas, mas bonitas; a despeito da proteção de Max, no entanto, recebeu apenas cobertas velhas e sujas, ao passo que as novas e boas estavam em outro cômodo, que guarda todas as peças boas para a gente melhor. Não quiseram dar a ela as boas também porque ela só precisava das cobertas por dois dias, até a chegada de suas roupas de cama de Viena, e porque, em razão do perigo do cólera, não podem aceitar a roupa de volta. — A sra. Lustig com seus muitos filhos de todos os tamanhos e uma irmã pequena, atrevida, autoconfiante e agitada. Passa tanto tempo escolhendo uma roupinha infantil que a sra. Br[od]. grita para ela: "Ou a senhora pega esta logo de uma vez ou vai ficar sem nenhuma!". A sra. Lustig então responde, gritando ainda mais alto e com um gesto amplo e tresloucado das mãos: "A *mizwe* [boa ação] vale mais que todos esses trapos [*shmattes*]".

Em outras palavras: o fato de a senhora poder me fazer um favor deveria ter mais valor para a senhora do que os seus trapos para mim.[4] Essa foi das boas. O prazer que Kafka sente diante dessa réplica é genuíno, assim como é genuíno o olhar de espanto e admiração que dirige a esses gestos vivazes, tudo menos submissos. É o mesmo olhar que ele um dia lançou sobre Löwy e seu grupo: Kafka vê o ridículo, a sujeira, a falta de instrução, mas vê também uma dignidade que supera todos esses defeitos e os torna irrepreensíveis.

O afluxo de refugiados não deixou constrangidos apenas os aculturados "judeus de três dias" e os representantes da comunidade judaica, mas também os sionistas de Praga. Sua postura em relação aos judeus do Leste Europeu, cuja vida cotidiana em geral não conheciam de perto, era bastante ambivalente. Aqueles que defendiam o sionismo oficial, rigidamente organizado, cujo maior palco a princípio fora o Congresso de Viena, consideravam o *Mauscheljudentum*, o judaísmo iídiche, um fenômeno de degeneração, que dificultava a unificação dos judeus e que merecia no máximo piedade. Muitos sionistas culturais, por outro lado, influenciados por Buber e Birnbaum, haviam dado uma carga poética à vida dos judeus do Leste da Europa, e agora colocavam os pés de volta no chão, atentando-se aos fatos políticos e culturais. Não se tratava de espíritos puros que esperavam ser forjados em nação judaica sob a condução de estudantes de Praga. Eram pessoas regidas pela ortodoxia judaica, pelas correntes místicas do hassidismo e pelas superstições mais grosseiras. Frequentavam-se entre si, temiam a influência da imoralidade ocidental sobre seus filhos, e observavam com profunda desconfiança os gestos sionistas de acolhimento.

Pois não os entendiam. Não entendiam o discurso que falava em uma suposta substância da alma judaica, que deveria superar todas as aparentes diferenças e estabelecer a unidade do povo judaico. E meneavam a cabeça em sinal de reprovação ao ouvir que o "jargão", o iídiche, a língua em que viviam, teria uma origem germânica e eles próprios seriam, portanto, um posto ocidental avançado da cultura alemã. Isso era forçar a barra, era uma maçada. E já não tinha nada a ver com a *Lei* e as *Escrituras*.

Foi a mais dura prova que o sionismo de Praga teve de enfrentar até aquele momento, e nas primeiras frases que Kafka dedica ao conflito, já fica claro que era impossível conceber qualquer entendimento. Nem uma série de noites de discussão bem intencionadas e com bastante público que a Associação do Povo Judeu dedicou ao tema "Leste e Oeste", das quais Brod participou como orador, foi capaz de gerar uma aproximação, e com um olhar aguçado Kafka observou como seu amigo, em geral tão eloquente, ficou nervoso e aos poucos assumiu uma posição defensiva.

> O desprezo dos judeus orientais pelos daqui. A legitimidade desse desprezo. Os judeus orientais conhecem o motivo desse desprezo, mas os ocidentais, não. Por exemplo, a concepção pavorosa e para lá de ridícula que minha mãe tem deles. Mesmo Max, a insuficiência, a debilidade de seu discurso, desabotoando e abotoando a casaca. E, no entanto, há aí boa vontade, a melhor das boas vontades. Um certo Wiesenfeld, ao contrário, com sua casaquinha miserável e toda abotoada, um colarinho que não tem como ficar mais imundo mas vestido como complemento solene, dispara sins e nãos sem cessar. Um sorriso diabolicamente

> desagradável em torno da boca, rugas no rosto jovem, movimentos disparatados e desconcertados dos braços. Mas o melhor é o rapaz baixinho, todo ele doutrinação, com voz aguda incapaz de qualquer gradação, uma das mãos no bolso da calça e a outra apontada ostensivamente para os ouvintes, fazendo perguntas sem parar e logo comprovando o que pretendia comprovar. A voz é de um canário. Com as filigranas de seu discurso, escava sulcos labirínticos gravados a fogo em verdadeiro tormento. Lança a cabeça para trás. Eu, como se feito de madeira, um cabideiro empurrado para o centro do salão. E, no entanto, esperança.[5]*

O discurso de Brod e outros oradores de Praga pôde ser lido, depois, na *Selbstwehr.* Eles afirmavam que não havia oposição entre sionismo e tradição religiosa. Não era apenas um argumento "frágil", era simplesmente incorreto, e se os jovens fanáticos chassídicos fossem de fato tão bem instruídos como Kafka suspeitava, não teriam dificuldade em bombardear seus anfitriões com as afirmações antirreligiosas de Herzl. Não ajudou em nada o fato de que, em outro evento, Brod ficou exaltado, então se recompôs e, com mais cuidado, falou em uma síntese que poderia ser traçada entre o sionismo e a tradição religiosa (Kafka estava sentado na sala, em silêncio). Para quê?, poderiam perguntar-lhe. A comunidade ancorada na lei, na tradição e na memória, que Brod invocava com palavras untuosas, só era uma questão para os ocidentais conformistas e decadentes: eram eles que tinham simpatia por tais ideias. Na Galícia e na Polônia, por outro lado, essa era a vida cotidiana de 2,5 milhões de pessoas, que não tinham necessidade alguma de traçar "sínteses".

Kafka notou que os oradores judeus do Leste da Europa não estavam realmente discutindo essas questões; eles usavam certezas religiosas e, em último caso, *seu próprio exemplo* para responder aos argumentos de Brod — esse devia ser um dos motivos pelos quais Kafka não abordava, no diário, o conteúdo da discussão. Não valia o esforço, pois não era uma questão de argumentos, era uma questão de *identidade* — uma identidade que não era conquistada, mas que estava enraizada no corpo e na linguagem. Espantado, sem qualquer ironia, Kafka observava "a parcialidade no modo como as judias orientais se encantam": elas aplaudiam os seus, e pouco importava se

* Franz Kafka, *Diários 1909-1923*, op. cit., p. 425.

eles gritassem no salão com voz em falsete, usassem colarinhos sujos ou se repetissem até doer. Elas não ficavam refletindo sobre o "povo hóspede" e o "povo anfitrião", e não precisavam da "nação judaica", pois já tinham sua comunidade. Não conheciam o tormento do "por um lado"/"por outro lado", a reflexão interminável do indivíduo desenraizado. Claro, elas também pagavam um preço: havia uma boa dose de teimosia, limitação, obscurantismo. Mas o que Kafka guardou dessas imagens foi a "vida judaica natural", o que há de inconcebível no *natural*.[6]

Sem dúvida, Brod teve uma sensação parecida, embora ele, como a maioria dos sionistas de Praga (mas em nítida oposição a Kafka), preferisse passar por cima de diferenças que se mostravam insuperáveis.[7] Décadas depois, ao escrever suas memórias, ele teve prazer em lembrar-se, sobretudo, da companhia de crianças e adolescentes judeus do Leste Europeu. "Escolas de emergência" judaicas foram fundadas com o objetivo de garantir às crianças refugiadas ao menos uma educação rudimentar. O dinheiro veio, mais uma vez, de iniciativas privadas e doações das lojas B'nai-B'rith. Brod e sua mulher estavam entre os cerca de cem voluntários: Elsa ensinava trabalhos manuais e Max ficou encarregado da "literatura universal". Fiel ao lema de Buber, que dizia que os judeus do Leste precisavam ser integrados gradualmente aos padrões de educação ocidentais, Brod falava a meninas da Galícia de quinze a dezenove anos sobre a obra de Homero, Dante e Shakespeare, e interpretava o texto bíblico do ponto de vista *literário*. É claro que isso rendeu protestos de pais ortodoxos. Eles acharam ultrajante que suas filhas fossem expostas a conteúdos religiosos que iam além do conhecimento ritual: afinal, desde sempre, o "aprendizado" judaico havia sido coisa de homens. Mas, dessa vez, Brod foi mais astuto, e falou das tentações às quais as crianças chassídicas estavam sendo expostas no Ocidente: "Se suas filhas não souberem nada de judaísmo, o que as impedirá de nos deixar?".[8]

O sionismo cultural fabricou o sonho do judeu intocado, que era perfeitamente correspondido pela ingenuidade, a ânsia pelo conhecimento e a atenção das crianças da Galícia. Eram seres nos quais os sionistas podiam projetar suas fantasias, sem ter de se preocupar com sínteses culturais e substratos intelectuais, e Kafka tampouco se cansava de ver os rostos tímidos, mas belos e autoconfiantes: "pele morena, pálpebras baixas e arqueadas, Ásia profunda".[9] Era como se ele se sentisse reconfortado, e até curado, diante dessa geração distante que, em meio a um oceano de violência, soube preservar sua dignidade infantil e parecia possuir a chave para outro mundo. Muitas vezes, ele visitava Brod durante suas aulas, esticava as longas pernas sob uma carteira da escola (na última fila, é claro), além de participar de algumas das excursões que os professores faziam com as crianças. Aparentemente, o silencioso e sempre sorridente Herr Doktor inspirava confiança, pois criou relações que durariam ao longo do ano seguinte: com certa "srta. Fanni Reiß" de Lemberg, por exemplo, cujos pais Kafka visitou, e a qual pôde levar à biblioteca pública e até ao teatro, em certa ocasião. Ele não imaginava, mas estabelecer uma ligação com uma mulher jovem e judia do Leste da Europa era o vislumbre de um futuro inimaginável.

Para a esmagadora maioria dos judeus alemães de Praga, as barreiras culturais eram intransponíveis. Mesmo entre os doadores mais generosos, poucos estavam dispostos a ampliar suas relações sociais e conhecer pessoas ou fazer amizades. Além disso, depois de poucos meses notava-se um fenômeno desastroso: a desgraça de um indivíduo comove, mas a miséria de uma massa de pessoas desperta aversão, e até mesmo repugnância. Não é difícil despertar sentimentos de solidariedade quando o doador sabe ou ao menos sente em quais mãos sua doação irá parar, e que benefício concreto ela representa. Para cuidar das necessidades de uma multidão anônima e cada vez maior, já não bastava passar cobertores de lã de mão em mão; os doadores tinham que adotar uma postura fria, que desconsiderasse completamente as necessidades e características de recebedores específicos (sobretudo os estranhos ou desagradáveis) — e esse era um feito para poucos. Além disso, a curiosidade dos habitantes de Praga pelas histórias incríveis que os refugiados traziam da zona de guerra logo passou: os cenários se repetiam, e as pessoas já tinham suas próprias preocupações com a guerra.

Assim, aconteceu de o fluxo de doações começar a diminuir justamente no momento em que chegavam trens inteiros trazendo judeus expulsos do Leste, e não mais um vagão ou outro. No meio da rica cidade de Praga — rica aos olhos do povo da Galícia — famílias começaram a dormir direto no chão, porque não achavam mais sacos de palha, e as crianças mendicantes, que agora eram vistas com cada vez mais frequência, deparavam-se com transeuntes cada vez mais agressivos. "Suplicamos a ajuda de cada um que tenha sentimentos humanos", lia-se na *Selbstwehr* no fim de 1914, e mesmo essa última chamada emergencial do Comitê de Ajuda da Comunidade Israelita teve pouco efeito. Antes de metade das doações necessárias ser coletada, o número de recém-chegados dobrou mais uma vez, e a comunidade não teve escolha além de comunicar às autoridades boêmias o esgotamento de seus recursos. No dia 18 de janeiro de 1915, por decreto do Ministério do Interior, a cidade de Praga foi bloqueada para refugiados.

Bloqueio e deportação. Era o fim da "paz civil". Ou melhor: o fim de um slogan que durou poucas semanas a mais que sua própria popularidade. Em Viena e Budapeste, desde dezembro já não se podia escolher livremente o lugar de residência. Concretamente, isso significava que conforme os refugiados chegavam, eram transportados à força para vilarejos ou campos que aos poucos passaram a ser chamados de "campos de concentração".

O Estado em guerra internava milhares de cidadãs e suas crianças, enquanto seus maridos e pais prestavam serviço militar — um processo sem paralelo na história política da Europa pré-1933. Até hoje, um véu de ignorância paira sobre esse fenômeno, e nos depoimentos dos contemporâneos de Praga, o conflito cultural ofusca a catástrofe social. No entorno mais próximo de Kafka, contudo, é provável que tenham se desenrolado cenas de desespero. E caso ele ainda tivesse o hábito de passear pelos arredores da estação no começo da noite — os diários não revelam nada a esse respeito —, já não se veria em um centro urbano capaz de suscitar boas lembranças de Berlim, e sim em um ponto de transbordo da guerra, sujo e superlotado. Trens com feridos. Trens com refugiados. Ali, já fazia tempo que ninguém mais cantava "Die Wacht am Rhein".

O bloqueio de Praga seguiu em vigor, mesmo que, no decorrer de 1915, a grande maioria dos exilados já tivesse deixado a cidade. Em 1916, uma nova onda de miséria da Galícia alcançou o Oeste. Como Praga, a capital do país, não podia olhar para tudo aquilo sem fazer nada, decidiu-se abrir uma exceção, com um prazo rigoroso e estritamente contingente. Três mil e quinhentos novos refugiados foram admitidos: escolhidos a dedo, e todos eles cristãos.

34. O grande estorvo

Podes sentir orgulho
*pelo mérito alcançado.**

Horácio, *Carmina*

No que me toca, Felice, nada mudou minimamente entre nós nos últimos três meses, nem para o bem, nem para o mal. É claro que estou pronto para a sua primeira ligação, e com certeza teria respondido prontamente sua carta anterior, se ela tivesse chegado. Em todo caso, não pensei em te escrever — a irrelevância das cartas e de tudo o que foi escrito ficou clara demais no Askanischer Hof — mas como minha cabeça (mesmo em sua dor, e especialmente hoje) continua a mesma, não lhe faltaram pensamentos e sonhos a seu respeito, e a convivência que tivemos dentro da minha cabeça só foi amarga às vezes, mas em geral pacífica e feliz. [...]

Não pensei em escrever, sobretudo, porque o aspecto mais importante de nossa relação me parecia bem claro. Fazia muito tempo que você estava enganada, ao referir-se tantas vezes ao que não havia sido dito. O que faltou não foi diálogo, mas confiança. Como você não conseguia acreditar no que ouvia e lia, você achava que havia coisas não ditas. Você não conseguia reconhecer o poder que meu trabalho tem sobre mim, você o reconhecia, mas estava longe de reconhecê-lo completamente. Como consequência, você acabou interpretando mal tudo o que a preocupação em torno desse trabalho, e só a preocupação em torno desse trabalho, produzia em mim, em forma de idiossincrasias que te perturbavam. Além disso, essas idiossincrasias (idiossincrasias reconhecidamente abomináveis, e especialmente repugnantes para mim mesmo) apareciam com mais força para você do que para qualquer outra pessoa. Isso era muito natural e não acontecia só por teimosia. Veja, você não era só o maior amigo, mas também o

* In: *Romana: Antologia da cultura latina*. Trad. de Maria Helena da Rocha Pereira. Coimbra: Guimarães Editores, 1986, [s.p.].

> maior inimigo do meu trabalho, ao menos do ponto de vista do trabalho, e justamente por isso, por amá-la profundamente e para além de todos os limites, ele tinha que se defender de você com todas as forças, para sua própria preservação. Ou seja, em cada detalhe. [...]
>
> Havia e há em mim dois, que brigam um com o outro. Um deles é quase como você queria, e o que lhe falta para a realização de seu desejo ele poderia alcançar por meio de novos desdobramentos. Nenhuma de suas repreensões no Askanischer Hof dizia respeito a ele. Mas o outro só pensa no trabalho, é sua única preocupação, o trabalho faz com que as ideias mais maldosas não lhe pareçam estranhas, a morte de seu melhor amigo se lhe afiguraria em primeiro lugar como um obstáculo ao trabalho, por mais temporário que fosse; a contrapartida dessa maldade reside no fato de que ele também pode sofrer por seu trabalho. Os dois agora lutam, mas não é uma luta de verdade, em que dois pares de mãos se golpeiam mutuamente. O primeiro depende do segundo, ele nunca seria capaz, nunca, por motivos pessoais, de derrubá-lo, pelo contrário, ele fica feliz quando o segundo está feliz, e quando parece que o segundo vai perder, o primeiro ajoelha-se junto a ele e não quer ver nada além dele. É assim, Felice. E, no entanto, eles lutam um com o outro e poderiam pertencer a você, só não se pode mudar nada neles, a menos que se destruam os dois.[1]

Não se pode mudar nada. Não era a primeira vez que Felice Bauer tinha de ouvir isso. Nada *tinha* mudado: ou ele estava se enganando, ou ela. Pois nunca ele havia traçado limites tão claros, e para sua surpresa, ela agora, como noiva (ou ex-noiva), tinha de suportar suas repreensões diretas, despojadas de toda a diplomacia do amor. A humilhante indiscrição no Askanischer Hof, que Kafka ainda não havia perdoado depois de três meses, a mobília do apartamento que ela tentara impor-lhe — tudo isso estava sendo discutido agora. Nunca, nem no diário, ele tinha explicado com tanta calma e determinação o que ele podia e o que não podia, o que queria e o que não queria. Kafka tomou tempo para escrever uma carta de vinte páginas.

Grete Bloch também já tinha sentido essa nova e insistente contrapressão, quando, em meados de outubro, tentou com todo cuidado se aproximar de Kafka, justamente durante suas férias, e talvez na semana mais produtiva de sua vida. Aparentemente, ela falou de Felice — mais detalhes não temos —, e assim entrou de novo em sua vida pela mesma porta pela qual a havia deixado: como mediadora. É claro que ela não podia imaginar que, naquele momento,

Kafka estava trabalhando em um romance que demonstrava a profunda futilidade de qualquer intervenção — e o tormento incurável daqueles que procuram se salvar por meio de intervenções. Grete Bloch estava com a consciência pesada, queria acertar as coisas. Mas Kafka não pensava em absolvê-la.

> Sua carta muito me surpreende. Não me surpreende que me escreva. Por que não me escreveria? A senhorita escreve que eu a odeio, mas não é verdade. Ainda que todos a odiassem, eu não a odeio, e não apenas porque não tenho esse direito. De fato, a senhorita sentou-se diante de mim como juíza no Askanischer Hof, e isso foi abominável para a senhorita, para mim, para todos — mas apenas em aparência; na realidade, fui eu a me sentar em seu posto, onde sigo até hoje.[2]

Com um cuidado quase ostensivo, Kafka evita qualquer palavra questionadora ou interrogativa que possa servir de ensejo para novas tentativas de aproximação; são frases frias como pedra polida. Entretanto, para além disso, a carta contém uma mensagem subliminar impossível de ignorar, conforme Canetti já assinalou: o aviso de que Grete Bloch foi deposta de seu cargo de juiz e que não há mais um tribunal externo a Kafka que ele reconheça.[3] Ao mesmo tempo, o papel que ela acredita ainda desempenhar em sua vida torna-se tão irrelevante que não resta nem sequer motivo para o ódio. Não surpreende que Grete Bloch tenha precisado de uma semana inteira para encontrar uma resposta. Mas, no fim, ela não consegue reavivar a correspondência.

É espantoso como Kafka, nesse meio-tempo, é bem-sucedido em transformar seus defeitos em virtudes, em integrar velhos reflexos emocionais, que um dia foram de natureza defensiva, em uma nova identidade, mais autoconfiante — trata-se de um processo da maior importância. "Diga o que quiser de mim, você não pode me diminuir mais do que eu mesmo já me diminuo." Com essa estratégia, Kafka conseguiu durante muito tempo contornar as críticas — mas também pagava seu preço. O uso demasiado frequente dessa arma a embotava, e aos poucos os sentimentos de inferioridade que subjaziam a essa estratégia começaram a transparecer para todos. "Não preciso de juiz, pois eu mesmo sou juiz." No fundo, a afirmação é a mesma. Mas agora parece de certo modo invertida, e seus espinhos apontam para fora. Embora o arrependimento autodepreciativo e por vezes charmoso de Kafka remeta ao comportamento de certos acusados, o juiz é uma figura que inspira temor. Kafka ergue um mito de seu próprio ser, com o qual pode viver e que não só cura como fortalece sua autoestima, pois ele se orgulha de sua capacidade de julgar. E inventa um mito no sentido estrito do termo: imagem, história e explicação, tudo em uma coisa só. Kafka já conhece a imagem faz tempo, é o "tribunal". Em *O processo*, ele conta a história que se desenrola aqui. E o mito do juiz interior explica por que Kafka teve de sofrer e por que esse sofrimento não é inútil como ele um dia acreditou, e sim necessário. É um *mito particular* dentro do qual Kafka começa a se sentir em casa.

Com exatamente os mesmos meios, ele agora se afirma contra Felice. No começo, Kafka havia pintado essa hesitação, essa eterna indecisão, em cores tão vivas que podia se sentir a salvo de censuras por algum tempo: "O que quero agora, em seguida não quero mais. Quando chego ao topo da escada, não sei em que estado estarei ao entrar em casa".[4] Tinha sua graça, e levou um tempo até que Felice Bauer entendesse que era, também, a verdade. No Askanischer Hof, ela enfim explodiu, sentindo que todas essas autoacusações não eram capazes de desculpar a menor coisa que fosse.

Agora, quase quatro meses depois desse desastre, Kafka aparece com uma explicação surpreendente. Ele não quer e nem pode negar que tem dificuldade de tomar decisões e se ater a elas. Mas não é por seu caráter instável ou por falta de energia e firmeza que está dificultando a vida alheia. Não, Kafka não oscila, ele está *dividido*, uma coisa é bem diferente da outra. Estar indeciso é mera fraqueza, enquanto estar dividido tem alguma coisa de trágico. Sobreviver com tal constituição interna não seria até um sinal de vitalidade? Ele não diz isso, mas está subentendido.

Não nos enganemos: o que Kafka emprega nessa carta não são recursos didáticos, e a invenção dos dois lutadores não serve apenas para fazer Felice entender uma experiência pessoal para a qual não há conceito disponível. Kafka *acredita* nessa imagem, e a forma teatral e afetuosa como a descreve é suficiente para provar sua convicção de ter descoberto alguma coisa fundamental. Certo, ele não foi tão original, não era a primeira vez que alguém colocava duas pessoas em conflito para representar um conflito interior; a psicanálise tinha predileção por imagens desse tipo, e é bem possível que Kafka tenha caído nessa ideia porque já tinha familiaridade com as instâncias psíquicas introduzidas por Freud, que "atuavam" de modo autônomo. Mas Kafka não segue a lógica do conceito, e sim da imagem, ele a toma ao pé da letra e faz dela um acontecimento mítico. A *imagem*: os dois lutadores. A *história*: a luta que nunca é decidida. Um modo fabulosamente simples e plausível de *explicar* por que Felice se sente ao mesmo tempo atraída e repelida.

Ele não esperava mais ouvir dela. De tempos em tempos, recebia uma carta de Erna, que o mantinha a par do clima na casa dos Bauer, no mais sonhava com ela "como quem sonha com uma morta". Ele não tinha ideia de que Felice, por sua vez, também sabia que ele andava trabalhando duro — Elsa Brod estava se esforçando para que os frágeis fios de comunicação entre Praga e Berlim não fossem todos rompidos, e observava de perto a reação de Kafka às novas tentativas de aproximação, informando tudo por telegrama a Felice, que esperava impaciente.[5]

"Muita autossatisfação ao longo de todo o dia", Kafka escreveu em 1º de novembro de 1914, o dia em que começou a fazer um balanço de suas contas a pedido de Felice, um trabalho inconveniente, mas sem dúvida um alívio. Por outro lado, ele logo entendeu que um novo tumulto emocional, e sobretudo a espera por uma resposta, com certeza influenciaria *O processo*: "[...] e agora, com a possibilidade que me é oferecida de me aproximar dela, F[elice]. volta a ocupar o centro de tudo. Por certo, ela perturba meu trabalho também". Isso logo se confirmaria. Ao longo de três meses, incluindo suas férias, ele havia resistido a todas as adversidades: o quarto pouco familiar, a mudança no ritmo de vida, os debates diários e acalorados sobre o futuro da loja, da fábrica e dos dois cunhados, a visão pungente dos refugiados judeus do Leste Europeu e a necessidade de decidir seu futuro; sem falar nas notícias deprimentes sobre as derrotas austríacas, que não paravam de chegar e que até os leitores mais ingênuos podiam decifrar com facilidade. Noite após noite, ele havia se libertado disso tudo para fazer o que considerava ser sua missão inelutável. Mas, de repente, a insônia e as dores de cabeça voltaram, e Kafka teve de passar algumas noites na cama para se recuperar e evitar um colapso no escritório. "A culpa é das cartas", ele soube imediatamente, "vou tentar não escrever mais nenhuma, ou apenas cartas breves." E se agarrou a essa resolução. Até o fim de janeiro, por quase três meses, ninguém recebeu uma só carta de seu punho.[6]

Mil novecentos e catorze, *annus horribilis*, um ano de infortúnios. Mesmo sem a guerra, esse teria sido o ano mais sombrio da vida de Felice Bauer até então. A bancarrota social e a emigração de seu único irmão, a perda patrimonial, a preocupação com Erna, o noivado fracassado com o funcionário de Praga e, por fim, as perguntas embaraçosas que ela tinha de ouvir na Lindström A.G., de onde havia pedido demissão — prematuramente, como se havia revelado —, colocando à disposição um cargo brilhante, que agora ela tinha de pedir de volta. Poderíamos dizer que tudo isso era o bastante para um único ano. Nada indicava que o pior golpe ainda estava por vir.

Em 5 de novembro, provavelmente o dia em que ela recebeu o volumoso memorando de Kafka, morreu Carl, pai de Felice, aos 58 anos. Não sabemos as circunstâncias exatas de sua morte, mas sabemos que foi rápida e abrupta: um infarto, para o qual ninguém estava preparado.

Carl Bauer não poderia passar incólume pelas constantes provações às quais sua família estava sendo submetida, e como seu *laisser-faire* levava a novas brigas conjugais, especialmente em tempos de crise, cada infortúnio para ele valia por dois. É claro que o passo em falso de sua filha Erna havia chegado aos seus ouvidos, mas nem por isso ele perdera a compostura: "Nada lhe era estranho", ela escreveu agradecida, "mesmo que já não fosse jovem, ele nunca esquecera que um dia havia sido jovem, de sangue quente, e atrevido, por isso era tão compreensivo com as fraquezas e os erros de seus filhos".[7] Sem dúvida, o infortúnio de Felice o afetou; ele havia até interrompido uma viagem de negócios para salvar o que podia ser salvo — ainda assim, Felice era forte, saberia se defender sozinha, e no fim das contas nada tinha acontecido que não pudesse ser ajeitado em circunstâncias mais favoráveis. Dar adeus para seu único filho homem, por outro lado — adeus para sempre, ele disse a si mesmo —, era uma catástrofe comparável ao trauma de um filho morto na guerra, que agora paralisava inúmeras pessoas de sua geração. Se de fato havia uma "morte por coração partido", Carl Brauer estava correndo riscos significativamente maiores desde o começo de 1914.

Mas, na guerra, a morte se torna um hábito, ela habita quase todas as famílias, a compaixão pela morte dos outros é abafada, o tempo de luto público e privado se abrevia. Quando há muitas mortes, os sobreviventes são deixados sozinhos. Além disso, o pensamento sobre a guerra também se intromete na morte pacífica, que ameaça perder sua importância. "A guerra também deve ter grande culpa por essa morte", escreveu a mãe de Kafka em sua carta de condolências, "pois as grandes agitações diárias não param nas roupas." E ela acrescentou uma frase verdadeira, embora não exatamente reconfortante, que sem dúvida teria deixado de fora em tempos de paz: "quando consideramos tudo com calma, a morte não é a pior coisa".[8]

A notícia não poderia ter chegado para Kafka em momento mais infeliz. Ele tinha acabado de implorar a Felice que lhe respondesse, chegou até a pedir que ela confirmasse por telégrafo o recebimento de sua carta gigantesca.

Mas, quando esse telegrama chegou, continha uma mensagem bem diferente da esperada, que o empurrou de volta ao solilóquio que ele vinha levando havia meses. Agora, eles tinham outras preocupações em Berlim.

Essa foi a prova mais dura para seu novo mito pessoal, mal Kafka havia erguido e habitado as estruturas desse edifício. Se aquela notícia tivesse chegado um ano antes, ele teria sido consumido pela culpa. Agora, no entanto, ele buscava o conceito e sua imagem correspondente para tirar a desgraça do carrossel de autoacusações vazias e transformá-la em um processo objetivo e relevante. Kafka buscava uma leitura dos eventos que mantivesse intocada sua recém-conquistada autonomia, e essa leitura não custou a chegar.

> Minha relação com a família só ganha para mim um sentido homogêneo quando me vejo como sua ruína. É a única explicação orgânica possível, a que supera todo espanto. É, ademais, o único vínculo ativo que, no momento, tenho com a família, uma vez que, de resto, encontro-me, do ponto de vista emocional, totalmente apartado dela, ainda que não de forma mais radical do que, talvez, do mundo como um todo. (Nesse aspecto, uma imagem de minha existência é a de uma estaca inútil, recoberta de neve e geada, levemente fincada de viés na terra revolvida até o fundo da beira de uma grande planície numa escura noite de inverno.) Só a ruína atua. Tornei F[elice]. infeliz, debilitei a resistência de todos aqueles que agora tanto precisam dela, contribuí para a morte do pai,* apartei F[elice]. de E[rna]. e, por fim, tornei também E[rna]. infeliz, uma infelicidade que, tudo faz prever, vai se aprofundar ainda mais. Estou atrelado a essa infelicidade e destinado a puxá-la adiante. [...] sofri tanto que jamais vou me recuperar disso (meu sono, minha memória, minha capacidade de pensar e de resistir à menor preocupação foram debilitados de maneira irremediável, consequências que, estranhamente, são mais ou menos as mesmas que acarretam as longas penas de prisão) [...].[9]**

É preciso ouvir com muita atenção: "Eu sou a ruína". Soa como um suicídio moral, a acusação mais devastadora possível. E ainda assim sentimos como Kafka se vale da semântica para expiar sua culpa. Pois se é só essa ruína que

* Morto em 5/11/1914. ** Franz Kafka, *Diários 1909-1923*, op. cit., p. 408.

"atua", e ele próprio está "destinado" a cuidar de que ela continue atuando, sua sentença já está cumprida. Sim, é vergonhoso o que ele faz a essa família, mas também há um elemento trágico: a aparente predestinação do grande crime, que é mais do que uma intensificação do pequeno crime. Kafka luta pela coerência de seu mundo, e joga fora um excesso de culpa que o derrubaria, que o baniria mais uma vez de sua escrivaninha e o lançaria num turbilhão de medo e de tédio. Ele luta pelo seu trabalho. E à medida que mais e mais elementos desse mito privado aparecem em sua escrita, começando a representá-lo, a interpretação mítica de sua própria trajetória proporciona a proteção e a energia de que precisa agora para conseguir trabalhar.

E ele mantém o equilíbrio. As mensagens perturbadoras de Grete e Felice, a notícia da morte... Kafka hesita, duvida, acredita que tudo terminou, quando de repente novos canais se abrem, e a corrente represada o leva adiante. No dia 18 de dezembro — ainda sentado, noite após noite, sobre os arquivos de seu *Processo* — Kafka começa uma nova narrativa, "O mestre-escola da aldeia"; nos últimos dias do ano, outra, "Der Unterstaatsanwalt" [O promotor assistente]; no começo de janeiro, ele nega a si mesmo uma nova empreitada que tem vontade de fazer, para pouco depois começar mais um caderno com um texto sobre os notórios "cavalos de Elberfeld" e suas supostas habilidades aritméticas. Com certeza, Kafka conhecia o texto de Maurice Maeterlinck na *Neue Rundschau*, em que as capacidades intelectuais desses cavalos eram defendidas de modo épico; a controvérsia jornalística remontava a anos antes. Mas a Kafka não interessavam os cavalos, ele precisava da *imagem* e de nada mais. "A maior parte da noite, contudo, devia servir para o verdadeiro trabalho", diz o fragmento de Elberfeld sobre o controverso adestramento, e compreendemos muito bem a que "cavalos" ele se refere. Pouco depois, a confirmação no diário: "comecei uma história nova, temi arruinar as antigas. Agora, erguem-se quatro ou cinco histórias diante de mim, como os cavalos diante de Schumann, o diretor do circo, quando o espetáculo começa".[10]

As circunstâncias que acompanharam essa fase de inspiração, que durou seis meses, foram infelizes, paradoxais e até mesmo bizarras. Parece quase inacreditável que Kafka, que por anos retratara a si mesmo como uma figura hesitante, tenha conseguido, sob tais condições, segurar a tensão entre seu cosmo interior e exterior, ao mesmo tempo que ganhava autonomia. E tudo isso em um estado de isolamento intelectual sem precedentes entre os autores mais importantes de seu tempo. Com quem ele poderia falar de literatura? Agora, Kafka via Felix Weltsch raramente, pois se sentia testemunha de um casamento visivelmente infeliz, e isso era desolador. Fazia muito tempo que não tinha notícias de Wolff, e o contato com Weiß e Musil também tinha sido cortado desde o começo da guerra. Assim, secaram as fontes de vários impulsos literários, e fecharam-se todas as perspectivas que o levavam para além de Praga. Justo agora, que Kafka enchia as gavetas com maços e mais maços de páginas escritas, ele não saberia dizer se a alegria do ato de escrever era bastante. Para que tudo isso, para quem? Ele falava do trabalho noturno como um "dever". Mas sua vontade constante de ler em voz alta nos faz duvidar de que tivesse em mente a versão protestante do cumprimento de dever, aquela que não exige nenhuma testemunha.

Sem dúvida, a energia e a perseverança com que Brod, apesar das inúmeras perturbações, manteve-se fiel ao seu grande romance o incentivaram. *Tycho Brahes Weg zu Gott* estava pronto, e Brod tinha até conseguido convencer René Schickele, o novo editor da *Weiße Blätter*, a publicar a extensa obra em episódios — uma aberração em termos jornalísticos, que fez Schickele congestionar a revista e quase arruiná-la. Kafka deve ter ficado emocionado ao abrir a primeira edição do ano: Brod não tinha dedicado o romance a algum camarada de luta política qualquer, e sim "ao meu amigo Franz Kafka": sinal de uma reaproximação cautelosa, que só havia se tornado possível graças ao interesse renovado de Kafka pelos judeus do Leste da Europa. Mas, por mais que Kafka admirasse a tenacidade com que Brod forjava seu caminho no mundo literário, e por mais convencido que Brod estivesse de que seu amigo era "o maior escritor de nosso tempo",[11] isso não significava uma aproximação *estética*, e as especulações aleatórias de Brod sobre o valor utilitário da literatura para o sionismo não configuravam uma resposta para Kafka naquele momento. Não por acaso, nas notas desse primeiro inverno de guerra, as preferências literárias de Kafka voltam a aparecer com mais frequência, e ele — que costumava ler nomes variados — permanece por quase um ano na companhia de um autor de quem se sentia emocionalmente próximo: Strindberg. "Não o leio para ler Strindberg, e sim para me deitar em seu peito", ele diz claramente no diário.[12] Strindberg havia provado que era possível usar a literatura para salvar-se das crises mais profundas e ameaçadoras, e Kafka sentia que, para além de todos os paralelos de conteúdo entre os dois autores, essa demonstração era por si só um incentivo, que às vezes significava mais do que o consolo dos amigos mais íntimos. É claro que Strindberg sempre trabalhara com rapidez, propósito e um relance de olhar para o público: um milagre em termos de produtividade, que podia ser admirado, mas não imitado.

Sem dúvida, Brod desaprovava a estratégia de Kafka de lançar-se sempre em novas histórias — se é que ele estava ciente do que o amigo andava fazendo —, e é fácil imaginar suas objeções pragmáticas. No próprio balanço de trabalho que Kafka elaborou na virada do ano — o que não costumava fazer, conforme notou expressamente —, ele teve de admitir a si mesmo que não conseguira concluir nada além de *Na colônia penal* e mais um capítulo de *O desaparecido*, mesmo com todos aqueles cadernos e todas aquelas noites. Isso era ruim, mas estava longe de ser uma derrota irreparável. Se Kafka refrescasse a memória, seria obrigado a reconhecer que o copo agora não estava meio vazio, e sim meio cheio. Afinal, as circunstâncias de vida das quais extraiu *Na colônia penal* e *O processo*, este último já bastante avançado, eram francamente infernais, se comparadas aos aborrecimentos que, dois anos antes, lhe haviam parecido tão devastadores a ponto de ele acreditar que não conseguiria mais viver. Se ele estava em condições de enfrentar essas circunstâncias, ainda havia esperança. Desde que, é claro, as coisas não piorassem. Mas será que era possível "não piorar" em meio a uma guerra mundial?

No começo de janeiro de 1915, Paul Hermann, irmão de Karl, cunhado de Kafka, foi convocado para o serviço militar. Muito já se havia discutido sobre a crise da fábrica de amianto dos Kafka, que Paul Hermann estava administrando temporariamente por meio de uma procuração, mas ninguém tinha se decidido a intervir com firmeza. Quem supervisionaria os negócios duvidosos de Paul, quem o substituiria? Agora, as respostas a essas perguntas estavam subentendidas, pois se Kafka recusasse mais uma vez a função que lhe era destinada, cruzaria a linha pela última vez e se declararia inimigo, a "ruína" da própria família. Não havia mais nenhuma chance de aquela maldita empresa contribuir minimamente com a ascensão social do clã. A produção estava paralisada — provavelmente por falta de matérias-primas, que não podiam mais ser importadas durante a guerra —, e tudo o que podia ser feito no momento era um inventário. Quanto aos clientes e credores, era preciso consolá-los com as frases mais habilidosas possíveis, para adiar a falência total por mais algum tempo.

"[...] amanhã vou à fábrica", Kafka escreve no dia 4 de janeiro, "talvez tenha de ir toda tarde, assim que Paul se apresentar ao exército. Com isso, estará tudo terminado."[13] E assim foi. Já na noite seguinte, ele teve de interromper o trabalho em "O mestre-escola da aldeia" e "Der Unterstaatsanwalt" e, apesar dos esforços desesperados para salvar ao menos *O processo*, a pressão de fora se mostrou mais forte. Uma série de novas distrações esgotavam a paciência de Kafka, e em sua agenda não havia intervalos para reflexão. Foi um acaso feliz que, apenas quatro semanas depois, Paul Hermann tenha sido enviado de volta a Praga para um treinamento militar, mas já era tarde demais para Kafka. Ele dera as costas para o trabalho por tempo demais. E, assim, a porta se fechou.

"Por que você não tenta fazer alguma coisa com a fábrica?" Essa era a voz de Felice, a voz amada, a voz temida. É provável que ela falasse com Kafka ao telefone de vez em quando, já que as cartas não só o perturbavam, como agora se arrastavam de cidade em cidade e, sob os olhos dos censores presentes em cada agência dos Correios desde o começo da guerra, tinham perdido aquela aura de intimidade que compensava *quase* toda a agonia.

No Natal, não havia lugar para ele à mesa da família enlutada. De modo que os dois combinaram um encontro em janeiro; como sempre, Kafka passaria o fim de semana em Berlim. Mas aqueles tempos em que se embarcava no trem de longa distância com a mesma facilidade com que se embarcava num bonde já haviam ficado para trás. O Estado, temendo que homens aptos para o serviço militar pudessem fugir, tinha transformado o ato pacífico de ultrapassar a fronteira em uma corrida de obstáculos burocráticos. Era preciso apresentar motivos sólidos, por escrito, e os Bauer forneceram telegramas a Kafka que o convocavam a Berlim para tratar de assuntos familiares urgentes. Como ele conhecia bem a inércia das autoridades, fez o pedido de viagem com antecedência — o propósito era uma visita à "noiva", e a solicitação informava o nome, o endereço, a ascendência, além de apresentar os telegramas —, mas, mesmo assim, o gabinete do Império Austro-Húngaro em Praga não foi capaz de emitir os documentos a tempo. Kafka não pôde revisitar o Askanischer Hof — se a viagem tivesse acontecido, ele dificilmente teria se poupado dessa dor.

Felice encontrou uma saída. Como ela teria de fazer uma viagem a trabalho depois do fim de semana que os dois planejaram passar juntos, alongaria o caminho, passando pela fronteira entre a Áustria e a Alemanha; o passaporte ela conseguiria com facilidade. A estação da fronteira da Boêmia onde Kafka desembarcou de seu trem se chamava Bodenbach — uma pequena cidade industrial à beira do Elba, que ele conhecia melhor do que gostaria, porque figurava em seus arquivos de seguros. Durante suas visitas profissionais anteriores, ele nunca tinha imaginado que pararia ali por motivos pessoais. Agora, Bodenbach era um ponto de encontro para casais, e os hoteleiros tinham se adaptado para a nova clientela.

Trata-se de um dos momentos mais hilariantes e "kafkianos" (não exatamente raros) da vida de Kafka: ele precisou da inércia das autoridades para se encontrar pela primeira vez a sós com a mulher desejada, longe da vista de parentes e conhecidos, em um ambiente completamente anônimo. Foi o primeiro encontro livre em quase dois anos e meio. Não durou uma noite, é provável que nem mesmo um dia inteiro. Mas foi longo o bastante para configurar um ensaio da promessa incomensurável que fora se acumulando em centenas de cartas.

Esse ensaio envolvia a sexualidade: tanto Kafka como Felice Bauer tinham total clareza disso. Ele havia chegado no sábado e ocupado um quarto de hotel, e Felice veio no domingo, presume-se que por volta do meio-dia. Os dois jantaram juntos no restaurante, depois foram para o quarto de Kafka, e ali ficaram sozinhos por duas horas. "Levar alguém para o quarto" era, à época, sinônimo de sexo. A situação estava bem clara, exigia clareza, e Kafka sabia que Felice jamais teria se colocado em tal situação se não estivesse preparada para alguma intimidade. "Que bem-comportados nós dois aqui, juntos", ela disse depois de um tempinho. Não era uma frase, era um gesto que revelava impaciência. Uma dama não poderia ir mais longe do que isso. Mas Kafka calou-se e não se moveu. Não sentiu nem proximidade, nem desejo. Sentiu um vazio. Essa mulher — conforme constatou uma vez no diário — era "a pessoa mais estranha" que ele já tinha conhecido. E ali, na intimidade do quarto fechado, ele teve a confirmação mais decepcionante possível.

> A meu redor, apenas tédio e desconsolo. Juntos, ainda não tivemos um único bom momento, durante o qual eu tivesse podido respirar com liberdade. A doçura no relacionamento com uma mulher amada, como a que senti em Zuckmantel e Riva, jamais a experimentei com F[elice]., a não ser nas cartas; apenas admiração, submissão, compaixão, desespero e desprezo por mim mesmo ilimitados.* Li para ela em voz alta, as

* Nota do tradutor que consta na edição dos *Diários* de Franz Kafka (Trad. de Sergio Tellaroli. São Paulo: Todavia, 2021, p. 420): "Num sanatório de Zuckmantel, na Silésia, Kafka passara duas temporadas, em 1905 e 1906, e tivera ali um relacionamento amoroso com uma mulher não identificada; e, em Riva, no começo de outubro de 1913, com a suíça G. W. Em seguida, Kafka torna a mencionar ('porteiro') a passagem do capítulo 'Na catedral', de *O processo*, que, em 7/9/1915, será publicada na revista semanal *Selbstwehr* com o título 'Diante da lei'".

frases se confundiam, enojantes, nenhuma ligação com a ouvinte, que, deitada de olhos fechados no canapé, as recebia muda.[14]

É de imaginar como andavam as coisas por trás daquelas pálpebras. Felice Bauer estava cansada. Ela tinha passado a noite nos preparativos para a viagem, e havia feito um longo percurso de trem. Talvez também quisesse ajeitar as coisas, e tudo aquilo que a irritara poucos meses antes parecia-lhe bem mais suave depois da morte do pai. Mas ali, naquele momento, naquele quarto de hotel, ela entendeu que nada tinha mudado. O homem com quem um dia havia celebrado o noivado continuava impalpável, opaco, uma voz sem corpo. E quando ela fechava os olhos, era como se uma carta lhe estivesse sendo lida.

Kafka também leu a lenda do porteiro, o coração de *O processo*. É a história de um homem que passa a vida toda diante da porta da "lei" e espera em vão por uma permissão para entrar — para enfim descobrir que essa entrada era destinada apenas a ele. Felice ouviu com mais atenção. Talvez tenha entendido por que Kafka sempre falava na "verdade" que uma história tinha de conter, mesmo que essa verdade não pudesse ser formulada com mais clareza do que a própria história. Ele não estava também diante de uma porta aberta como um convite? Não havia um só porteiro ao alcance da vista. Mas Kafka não entrou. Em vez disso, leu em voz alta uma história sobre entradas, porteiros e esperas vãs.

10 de fevereiro de 1915: cuidadosamente, Kafka guardou na mala a roupa suja, os livros e os manuscritos. A família havia pedido de volta o belo e silencioso apartamento de Elli, e fazia dias que ele estava à procura de um novo lugar para morar. Enfim ele havia encontrado um quarto no centro da cidade, em um prédio que conhecia havia muito tempo: Bilekgasse 10, o endereço de Valli e de Josef Pollak, seu marido barulhento.

Pela primeiríssima vez, Kafka viveria como *inquilino*; sua existência tinha dado mais um passo memorável em direção a seu protagonista Josef K. Pois, como ele, Kafka era agora um *sublocatário*, com uma senhoria que trazia o desjejum pela manhã e vizinhos que não moravam do outro lado da escada, mas logo atrás do papel de parede. Embora ele já tivesse previsto na literatura o constrangimento dessa intimidade involuntária que atormenta o solteirão, parecia-lhe agora que ele deveria ficar desesperado com essa situação desde o primeiro minuto.

E isso que nada de especial aconteceu, todos são atenciosos, minha senhoria desaparece na sombra por minha causa, o jovem homem que mora ao meu lado chega à noite cansado da loja, dá uns passos e já se deita na cama. Ainda assim, o apartamento é bem pequeno, ouvem-se as portas abrindo e fechando; a senhoria passa o dia inteiro em silêncio, mas tem de sussurrar algumas palavras com o outro inquilino antes de ir dormir, é difícil ouvi-la, o inquilino se ouve, sim, um pouco: as paredes são terrivelmente finas; para o desgosto da senhoria, parei o relógio de pêndulo do meu quarto, foi meu primeiro passo quando entrei, mas por isso o relógio de pêndulo do quarto ao lado bate ainda mais alto, tento ignorar os minutos, mas ele indica cada meia hora com um som altíssimo, ainda que melódico; não posso fazer papel de tirano e pedir que parem também esse relógio. Isso tampouco serviria de nada, sempre haverá alguns sussurros, a campainha vai tocar, ontem o inquilino tossiu duas vezes, hoje ainda mais, sua tosse dói mais em mim do que nele. Não posso ficar bravo com ninguém, a senhoria se desculpou logo cedo pelos sussurros, disse que tinha sido uma exceção, porque o inquilino mudou de quarto (por minha causa) e ela queria apresentá-lo ao novo quarto, e também que pendurará uma cortina pesada diante da porta. Muito gentil, mas é bem provável que na segunda-feira eu anuncie que vou deixar meu quarto.[15]

Conforme afirma expressamente em cartas e no diário, Kafka tinha total clareza de que não estava incomodado com um ruído que poderia ser medido em decibéis, e sim com a presença de pessoas estranhas — o aspecto cômico de sua descrição já seria uma prova clara o bastante disso. O tormento vem sobretudo do fato de que seu raio de intimidade havia sido perturbado e cruzado por seres vivos. Claro, tentar explicar a um não escritor como escrever exige tranquilidade era inútil. Ele não havia encontrado tal tranquilidade na casa dos pais, e os sanatórios que conhecia tampouco podiam garantir uma paz extraordinária. O curioso é que a senhoria de Kafka parece ter lutado por aquele inquilino extremamente nervoso, pois, conforme ele diz a Felice, "quase toda manhã, a velha mulher veio até minha cama e sussurrou-me novas sugestões de melhorias com as quais pretendia aumentar ainda mais a paz no apartamento".[16] Tudo isso não ajudou em nada. Em menos de um mês, Kafka voltou a fazer as malas.

Lange Gasse 18, um prédio chamado "Zum goldenen Hecht" [Ao lúcio dourado]. Um quarto de canto no quinto andar, com varanda, de frente para o apartamento que ele havia alugado um dia por desejo de Felice e do qual teve dificuldade de se livrar. Por um instante, Kafka ficou quase feliz: sol dos dois lados e ampla vista sobre os telhados da Cidade Velha; ele nunca diria que tais características bastariam para alargar-lhe o peito e incutir-lhe nova esperança. Mas logo alguém começou a jogar boliche sobre sua cabeça: uma bola pesada cruzou pelo teto do quarto, bateu no canto e rolou de volta em lentos solavancos. Kafka chamou a nova senhoria, apontou para cima. Bem, ela disse, acima havia os sótãos, e tirando eles só um estúdio que não estava alugado. Não *poderia* ser nada vindo dali, portanto. Então, Kafka respondeu, esse ruído só podia ser um daqueles tormentos infundados e, por isso mesmo, inexoráveis deste mundo. Era como se ele entregasse um cartão de visitas: dr. Franz Kafka, neurastênico. E todos sabiam com quem estavam lidando.

Mas havia soluções disponíveis, mesmo para pessoas desse tipo: Ohropax, uma plasticina para tapar os ouvidos, fabricada por uma empresa de Berlim. Kafka encomendou um pacote. Sobre sua cabeça, continuavam a rolar as rodas mecânicas do elevador. Por dois anos ele habitará esse quarto.

Talvez fosse o caso de arranjar um cachorro. Um cão pequeno, leal, alguma coisa como aquele fox terrier que um dia fora alimentado pelos Kafka. Quem tem um cão não está totalmente sozinho. Um cão é divertido e sempre demonstra gratidão. Mas um cão também tem suas desvantagens. É inevitável que traga sujeira para dentro do quarto, pois não pode estar de banho tomado o tempo todo. Além disso, os cães adoecem de tempos em tempos, o que pode ser só irritante ou, no pior dos casos, repugnante. E mesmo que permaneça saudável, um dia será velho. "É preciso, aí, atormentar-se com o animal meio cego, fraco dos pulmões, quase imóvel em virtude da gordura e com isso pagar caro as alegrias que o cachorro deu antes."[17]

Reflexões de um "solteirão de meia-idade". Seu nome é Blumfeld, e Kafka o criou em fevereiro de 1915, como última tentativa de ganhar novo fôlego. Blumfeld seria, por muito tempo, o último modelo dessa existência vazia e duvidosa que Kafka vinha criando, desde *O veredicto*, para ameaçar a si mesmo. É uma silhueta de seu autor (ainda que more no *sexto* andar, talvez em um estúdio até então inabitado), e ao mesmo tempo a sombra de Josef K. (cujo nome também aparece no manuscrito, rasurado às pressas). Pois, do mesmo modo como o acusado de *O processo* vai consumindo sua vida enquanto se envolve em reflexões sem fim sobre a natureza do tribunal, Blumfeld acompanha os desdobramentos de uma possível desgraça futura, que ele sabiamente evita ao evitar a vida como um todo, seja ela humana ou canina. O solavanco que tira a vida de Josef K. do trilho se distribui em uma sequência interminável de irritações. Enquanto ele ainda adquire certa estatura na tarefa verdadeiramente metafísica que o aflige, Blumfeld se esfrega brutalmente contra os escombros do cotidiano.

Blumfeld quer, acima de tudo, paz, uma paz sepulcral, e por isso vive a realidade como uma barragem de perturbações. Ao chegar em casa, uma dada noite, depara com duas bolas de pingue-pongue no seu quarto, que se movem milagrosamente por conta própria e o seguem como se estivessem a seu serviço. Ele elabora um plano para se livrar das bolas sem chamar atenção, mas duas pequenas meninas o atrapalham. Então volta para o escritório, onde dois jovens estagiários, supostamente designados para ajudá-lo, tornam seu dia de trabalho um tormento por causa de sua agitação pueril.

Com notável prazer masoquista, Kafka está testando um modelo tão simples quanto infinitamente variável. A interferência surge sob a forma de duplos indistinguíveis, uma perturbação em estéreo que sempre está ao lado, atrás, em cima ou embaixo, mas cuja causa nunca se vê: o tipo de perturbação que raramente se encontra num lar burguês, mas está quase sempre presente em cortiços e quartos de hotel. Kafka apenas sugeriu as possibilidades de variação, pois a história de Blumfeld ficou inacabada: ainda assim, são trinta páginas manuscritas, o texto mais longo, coeso e engraçado que Kafka produzirá em anos. Esse mesmo padrão de interferência seria retomado mais tarde no romance *O castelo*. Pois os dois "ajudantes" do agrimensor, que depois de serem lançados porta afora entram pela janela, são personagens anônimas de pastelão, risíveis como adversários e, ainda assim, pragas que alguma força transcendental impôs ao mundo para torná-lo um inferno.

Mas a ferida não dói por ser tocada, dói por ser ferida. Kafka tampouco saberia dizer o que veio primeiro: os nervos sobrecarregados, a dor de cabeça ou o barulho. Ele só sabia que aqueles eram todos ecos vindos de dentro. Não por acaso, os estagiários de Blumfeld, assim como os ajudantes de *O castelo*, são convocados justamente por aqueles que estão destinados a atormentar. O ruído do mundo também é um eco, que no ambiente acústico de uma vida solitária e vazia se converte em um barulho ininterrupto. Nesse caso, Ohropax certamente não ajuda em nada. Mas talvez um cachorro. Sim, um cão também tem vantagens, Blumfeld deveria arranjar um cão, apesar de tudo. Se Kafka tivesse terminado a história, se tivesse buscado, como sempre, o fim mais lógico, formalmente rigoroso, cômico e cruel possível, sua conclusão é fácil de imaginar: Blumfeld consegue seu cão, de graça, livre de encargos. Mas são *dois*.[18]

35. Na terra de ninguém

Não poderia ter imaginado isso. — Alguém teria que ter me contado.

Hans Henny Jahnn, *Fluß ohne Ufer* [Rio sem margens]

"O Tenente Trotta ficou sentado no trem por dezessete horas. Na décima oitava hora surgiu a última estação de estrada de ferro do leste da Monarquia. Aqui ele desceu." O que Joseph Roth retrata na *Marcha de Radetzky*, anos depois do declínio definitivo do Império dos Habsburgo, é um reino fabular que escapa à história. Um reino em que os botões dos uniformes cintilam, as costeletas brancas são minuciosamente escovadas e o imperador paga as dívidas de seus servos. Roth ao menos acerta nos itinerários; ele conhece a rota, pois esse terminal fica na cidade em que nasceu.

Era tarde demais para Kafka fazer uma viagem até a fronteira, pois essa fronteira já não existia. O verão de 1914 teria sido a última oportunidade de visitar as guaritas do Império Austro-Húngaro que ficavam mais ao Leste, muitas delas em meio a pântanos, cercadas de lama, poeira e o incessante concerto de milhares de sapos. Ali, a única distração possível era assistir ao agradável trânsito de barris de aguardente e de desertores. Mas quem queria ir à Galícia antes da Grande Guerra? "Nunca estive em Lemberg e Tchernivtsi", Max Brod escreveu no outono de 1914, "e talvez visite centenas de cidades italianas antes que me ocorra viajar à Galícia." Assim falou um sionista cultural de Praga, uma das poucas pessoas da cidade que teria *motivos* para ir contra a corrente e viajar ao Leste. "Mas quando quiseram tirar Lemberg e Tchernivtsi de mim", ele continuou, "senti no meu corpo que elas pertenciam a mim por direito e que não posso em nenhuma hipótese viver sem elas." Lá estava ela de novo, a voz dos patriotas judeus.[1]

Mas agora essa voz tinha se tornado muito mais branda. As pessoas se lembravam dos desfiles em apoio ao imperador, em frente à Prefeitura da Cidade Velha, dos obuses enfeitados de flores, como se fossem imagens de tempos imemoriais, e era difícil entender que tudo isso tinha acontecido havia menos de um ano. Praga tinha se tornado cinza; as praças, os parques, as estações de trem, todos os espaços públicos começavam a dar claros sinais de degradação, e em vez de discutir vitórias e derrotas, as pessoas nas filas de espera reclamavam dos preços, do plano econômico amador das autoridades e da ostentação descarada dos poucos beneficiários da guerra, que acabavam se tornando um alvo perfeito para toda a agitação. Ninguém mais podia negar: o dia a dia nas cidades do Império dos Habsburgo estava sendo regido por uma economia da escassez, e esta, por sua vez, não obedecia aos decretos confusos das páginas oficiais, e sim às leis do mercado negro. De nada adiantava limitar a 100% o aumento dos preços de alimentos básicos enquanto a quantidade de dinheiro em circulação ainda fosse maior do que a fome. Em apenas um ano de guerra, o preço dos alimentos em Praga tinha triplicado e quadruplicado, e no começo do inverno todos já estavam mastigando o "Kriegsbrot", o pão de guerra produzido com grãos diluídos.

Em abril de 1915, veio o inevitável racionamento, começando pelo pão e pela farinha. Uma medida que, conforme diziam os comunicados da época, visava sobretudo garantir equidade na distribuição. Isso soava muito bem, mas logo causou mal-entendidos. Havia um conceito novo, "Brotkarten", "vale-pão", que, desde o começo de fevereiro, já era familiar ao povo de Berlim, acostumado a vitórias. Mas o vale-pão não era equivalente ao pão, conforme se acreditava inicialmente. Eles até davam a cada cidadão o direito de comprar uma ração básica (140 gramas, ou cerca de 350 calorias), mas esses cupons não serviam de nada quando as prateleiras estavam vazias. Das cerca de trezentas padarias que havia em Praga antes da guerra, 280 tinham as prateleiras vazias: estavam fechadas.

As cartas e notas de Kafka não revelam o efeito que essa decadência teve em seu entorno imediato. Ele era modesto, indiferente ao dinheiro e, portanto, não notava os primeiros sinais de que a miséria se aproximava. Ainda assim, há indícios de que os Kafka também tiveram de batalhar. Seria concebível, em tempos melhores, que a filha reembolsasse a seus próprios pais o custo de sua alimentação? Na verdade, Elli e seus filhos, Felix e Gerti, não estavam morando no quarto de Franz como hóspedes permanentes, e sim como sublocatários. A notícia logo se espalhou, para o desgosto de todos. A família de Kafka andava falando mais de dinheiro do que nunca, e foi por isso que ele se lembrou de seu último pedido de aumento, em janeiro de 1915, que só fora em parte atendido. Kafka repetiu a tentativa, pedindo agora um salário ainda mais alto — afinal, dois anos de trabalho tinham se passado —, e ficou surpreso quando soube que, dessa vez, tinha sido bem-sucedido. Ele passou a receber mais 1200 coroas por ano, uma soma que, caso as coisas não piorassem e o casamento com Felice continuasse sendo um sonho indeterminado, ele não seria capaz de gastar sozinho. Assim, não lhe ocorreu nada melhor do que fazer o mesmo que os pais e subscrever títulos de guerra à primeira oportunidade. Prometiam-se 5,5% de juros, livres de impostos, ao longo de quinze anos. Não era uma doação, era um negócio. Se era um bom negócio, isso naturalmente seria decidido em outra parte, na Galícia, muitas horas de trem ao leste de Praga.

A fronteira já não existia. A faixa de terra de 250 quilômetros de largura que um dia pertencera aos Habsburgo havia se tornado uma "zona de preparação" do exército russo. Quiseram dividi-la, e agora eram eles que estavam divididos. Não só Lemberg se perdeu; a prestigiosa fortaleza de Przemyśl, considerada inexpugnável, também teve de ser deixada à própria sorte. Ali, 130 mil soldados e 30 mil civis foram presos; eles passavam frio, matavam seus cavalos e cães, transformavam a casca de bétula num substituto de farinha. O comando do exército russo, que contava com espiões e estava bem informado sobre o que acontecia em Przemyśl, só tinha que esperar; a fome e as epidemias dariam conta do resto. Essa humilhação foi difícil de explicar aos assinantes das páginas liberais.

Mas os leitores de jornais já não estavam tão sensíveis na primavera de 1915 quanto no começo da guerra. Eles haviam sido obrigados a ouvir, ver e ler coisas com as quais nunca teriam sonhado. O exército austríaco, que originalmente tinha partido em uma expedição punitiva (ninguém mais pensava nisso havia muito tempo), fora arrasado pelos "vendedores de ratoeira" sérvios, até ser expulso do país. Altos oficiais tinham levado suas tropas à morte por exaustão, e em vez de serem submetidos a um tribunal marcial, foram aposentados com honrarias. Quanto ao grande Conrad von Hötzendorf, sempre que abria a boca era para empurrar a culpa aos outros. Diziam que em junho, no mais tardar, os russos estariam diante de Budapeste.

Os Cárpatos formavam a barreira natural que agora tinha de ser defendida. Três vezes ao longo de um trimestre, e em meio ao inverno mais profundo, as tropas austro-húngaras e alemãs se uniram para fazer o inimigo retroceder. Ataques sob uma tempestade de neve, a -25°C — nunca na história das guerras se havia visto coisa parecida. Massas de homens foram levadas até ali e consumidas, como se fossem munições. As roupas se convertiam em armaduras de gelo que não podiam ser removidas de seus corpos rígidos por semanas. Aqueles que se permitiam dormir inevitavelmente morriam congelados. No meio de março, o Segundo Exército Austro-Húngaro teve de admitir que havia perdido 40 mil de seus 95 mil homens, sendo que apenas 6 mil por ação inimiga, e os demais por doenças ou queimaduras de congelamento.

É claro que tais reportagens não chegavam às agências de notícias, e anos mais tarde Kafka ainda se lembraria de como a Guerra Mundial havia sido "pacificamente" excluída dos holofotes da *Neue Freie Presse.*[2] Aqueles que buscavam uma imagem realista da guerra já não liam os jornais havia muito tempo. Todo mundo tinha algum parente ou conhecido que havia ou vivido coisas inacreditáveis, ou as ouvido de outras pessoas, e até mesmo os Kafka, que tendiam a recalcar as coisas em vez de confrontá-las, não foram poupados de detalhes concretos. Quando Josef Pollak, marido de Valli, voltou por algumas semanas a Praga por causa de um ferimento na mão, a brutalidade da guerra se impôs violentamente no coração burguês da família.

> Pepa voltou. Gritando, agitado, descontrolado. A história da toupeira que escavava o chão da trincheira abaixo dele, o que ele entendeu como um sinal divino para sair dali. Nem bem saiu, um tiro atingiu um soldado que rastejava atrás dele e jazia agora sobre a toupeira. — Seu capitão. Viram-no claramente ser levado como prisioneiro. No dia seguinte, encontraram-no na floresta, nu, atravessado por baionetas. Provavelmente levava dinheiro consigo, devem ter querido revistá-lo e roubá-lo, mas, "assim são os oficiais", ele não permitiu que lhe encostassem a mão. [...] Dormiu certa feita no palácio do príncipe Sapieha; em outra ocasião, na reserva, bem junto das baterias austríacas em ação e, em outra ainda, numa casa camponesa na qual, em cada uma das duas camas encostadas às paredes, uma à esquerda e outra à direita, dormiam duas mulheres, com uma moça deitada atrás da estufa e oito soldados dormindo no chão. — Punição para os soldados. Permanecer em pé, amarrado a uma árvore, até ficar roxo.[3]*

Kafka nunca havia se interessado pelo lero-lero de seu cunhado, que atravessava as paredes, a ponto de citar qualquer palavra; mas valorizou aquelas narrativas de guerra como uma forma de transmissão de sabedoria popular,

* Franz Kafka, *Diários 1909-1923*, op. cit., pp. 403-4.

sensorial e simbólica (que enfim calou as memórias que o pai tinha de seus tempos dourados de serviço militar). Além do cunhado, ele dispunha de outras fontes mais confiáveis, como havia sido durante a Guerra dos Bálcãs: testemunhas oculares e testemunhas de crimes, que, mesmo diante do mais profundo horror, abandonavam a distância de observação. Egon Erwin Kisch e Hugo Bergmann, sobretudo, que mantinham cada um seu diário e apareciam em Praga de tempos em tempos, devem ter transmitido a Kafka ideias muito próximas à realidade, imagens que pouco tinham a ver com as frases vazias e acusações dos editoriais. Ele se esforçava para acompanhar os eventos políticos até onde os relatórios oficiais permitiam. Mas sempre acabava se resignando diante do lodo conceitual que envolvia tudo, das abstrações que se propagavam como ecos e que, quanto mais ocas soavam, mais facilmente passavam pela censura: "ameaças da Tríplice Aliança", "neutralidade", "autoridade sueca competente", tudo isso era fácil de entender, mas pareciam-lhe "construções feitas de ar e amontoadas numa forma".[4]

Os diários e as cartas de Kafka não nos oferecem uma ideia adequada do presente da guerra, que impregnava tudo. O mestre do lamento artístico mantém-se em silêncio quando se trata de causas estruturais e de grandes acontecimentos, e não do destino de indivíduos. No escritório, sobretudo, Kafka deve ter sofrido mais do que nunca nesse momento por sua incapacidade de fazer comentários banais e participar de discussões políticas, conforme o esperado. As tensões entre alemães e tchecos tinham aumentado drasticamente desde o começo da guerra, e a animosidade ameaçava transformar-se em violência manifesta, agora que os "elementos eslavos" eram descaradamente apontados como culpados das derrotas militares por não serem considerados dignos de confiança. Kafka, que tinha de ouvir mais "partes" indignadas do que nunca, não deve ter conseguido se manter completamente de fora.

A culpa era dos tchecos. E já se sabia havia muito tempo que, entre todos os tchecos, os mais desleais eram os de Praga. Para aqueles que ainda não acreditavam nisso, a prova definitiva veio no dia 3 de abril de 1915, quando uma infantaria inteira se rendeu, praticamente sem lutar, perto de Zborów (Cárpatos). Era o Regimento de Infantaria 28, de Praga. Soldados jovens e inexperientes, quase 2 mil reservistas que entravam pela primeira vez em combate. Eles tinham recebido ordens de cavar trincheiras, mas o solo estava congelado por metros de profundidade. Quando o ataque russo chegou, os tchecos estavam sem cobertura. Ergueram as mãos e cantaram "Hej Slovene!", o hino dos desertores.

A pena máxima foi imposta, para servir de exemplo: o tradicional Regimento de Infantaria 28 foi dissolvido. Karel Kramář, importante funcionário do partido Jungtschechen [Jovens Tchecos], foi preso em Praga, e logo depois o mesmo aconteceu a Josef Schreiner, o líder do movimento Sokol, temido por ser proletário. O rumo conciliatório proposto pelo governador da Boêmia, que já no mês anterior tivera de se aposentar por causa da pressão política, havia fracassado. Agora, os ventos sopravam em outra direção. Dali em diante, as pessoas se atentariam mais a quais bandeiras se agitavam em quais janelas.

A guerra não atingiu todos os habitantes de Praga com a mesma intensidade. No centro da desgraça estavam as famílias cujos filhos tinham ido "a campo". Quando se tratava de soldados rasos, as famílias costumavam receber notícias por meio de postais censurados, nos quais esses homens não podiam nem sequer escrever seu paradeiro como remetente (se é que o conheciam em absoluto). Parentes que tivessem participado de operações de combate só seriam vistos quando fossem feridos, quando voltassem do cativeiro muitos anos depois, ou nunca mais. Os indivíduos tinham pouquíssimas chances de voltar para casa ilesos, sobretudo quando se tratava das batalhas nos Cárpatos do começo de 1915, que em matéria de crueldade não deixavam nada a desejar à "bomba de sangue" de Verdun. "Em média, um homem da linha de frente só servia por cinco ou seis semanas, até estar — estatisticamente — morto ou preso, ou ser transportado para a retaguarda, ferido ou doente."[5] Josef Pollak também passou alguns dias nessa frente, até ser novamente transportado para um hospital militar, imobilizado por seu próprio nervo ciático.

Karl Hermann, marido de Elli, foi duplamente afortunado. Não era um soldado raso; do mesmo modo que Pollak, havia servido como voluntário por um ano, e, portanto, entrou na guerra como tenente da reserva. Ele fazia parte de um regimento de logística, unidade responsável por manter o fluxo de suprimentos, mas não treinada para a guerra em si. A palavra mágica que decidia entre a vida e a morte era "Etappe", e quem conhecia as trincheiras e os arames farpados sonhava em ser transferido para lá: a retaguarda. As unidades de abastecimento, que em tempos de paz eram frequentemente consideradas fantoches paramilitares (e por isso mesmo ofereciam aos judeus mais chances de progredir), agora estavam sendo invejadas por todos: elas não só podiam como *tinham* que se manter fora do alcance do inimigo, e por isso eram razoavelmente seguras.

Oficiais da retaguarda podiam receber visitas de parentes por um curto período e depois de ampla verificação burocrática, mas tais contratempos não tinham nenhuma importância, dado o alívio emocional tão ansiado por todos. Hugo Bergmann, que estava com a saúde frágil, ficou contentíssimo quando, em janeiro de 1915, sua mãe idosa enfrentou as dificuldades de uma viagem de trem de vários dias para visitá-lo. Ela foi autorizada a ficar por 24 horas.

Elli, que não via o marido havia meses, também estava decidida a encarar a viagem e deixar os filhos sob os cuidados da família por alguns dias. Karl Hermann havia sido alocado em Nagy-Mihály (Michalovce, na Eslováquia), um vilarejo húngaro às margens da linha férrea que levava de Budapeste ao Norte, sentido Przemyśl. A frente ficava a mais de oitenta quilômetros de distância, para além da cordilheira das Besquides, e a região era considerada segura. Mas como chegar até lá, como se comunicar, onde se hospedar? Podemos imaginar as discussões acaloradas na mesa de jantar dos Kafka, que não pretendiam deixar a filha partir sozinha nessa aventura. Era preciso que um homem a acompanhasse, ao menos na viagem de ida, e dadas as circunstâncias esse homem só podia ser o irmão mais velho, o único parente próximo que ainda trajava roupas de civil.

Não sabemos como Kafka conseguiu se livrar do trabalho no escritório por uma semana inteira. Em meados de abril, ele recebeu a notícia de que as autoridades militares de Praga já estavam com os documentos de autorização. Na manhã de 22 de abril, Kafka e sua irmã Elli embarcaram no trem para Viena.

Uma garota de Žižkov. Um empresário judeu de Viena. Um tenente polonês e sua acompanhante. A esposa de um editor de jornal vienense. Dois caixeiros-viajantes judeus. Um tenente húngaro. Uma família judia de Bistritz. Um hussardo de casaco de pele. Um casal de idosos. Um oficial alemão. Uma judia húngara acompanhada da filha. Uma enfermeira. Um chefe de estação húngaro e seu pequeno filho.

Uma viagem de trem em 1915, ano de guerra, já não tinha muito a ver com as viagens até Berlim — que apesar de longas, tinham se tornado quase rotineiras, e com pontualidade de minutos —, e menos ainda com aquele deslizar voluptuoso por paisagens estrangeiras que Kafka havia experimentado em suas viagens pela Suíça, Itália e para Paris. A proximidade com estranhos não durava mais horas, mas sim dias e noites — era impossível escapar. Nesse palco rolante onde se falava alemão, tcheco, húngaro, polonês e iídiche, refugiados iam e vinham, assim como soldados voltando para casa, em serviço ou de licença. Todos espalhavam suas posses pelo compartimento e tinham histórias para contar. Era um espetáculo de duração indeterminada, e os itinerários eram quase inúteis. O trem andava, fazia intermináveis paradas em estações ínfimas, deixava os trens militares passarem, e então seguia seu percurso.

Kafka, um homem de poucas palavras, na maior parte do tempo encolhido no canto do compartimento, ouvia com atenção e observava. "Ao que parece, não logro penetrar no mundo", ele havia anotado pouco tempo antes, "consigo apenas ficar deitado tranquilamente, receber, expandir em mim o recebido e, então, dar calmamente um passo à frente."[6] Essas palavras foram escritas sem paixão. Mas, por trás delas, ocultava-se uma capacidade de percepção que, entrementes, tornara-se um potencial intelectual que Kafka manejava como se estivesse voando. Ele observava as pessoas e dias depois ainda conseguia reproduzir o que havia visto, como se estivesse sacando um álbum de fotos instantâneas. Ele era todo olhos. E esses olhos não viam só imagens, mas signos. Com uma segurança que está entre os segredos mais íntimos de Kafka, esses olhos sempre se concentravam no ponto de maior significância, de maior densidade semântica.

As notas de Kafka posteriores à sua viagem à Hungria mostram que ele tinha plena consciência desse modo de percepção, capaz de filtrar e sintetizar. Ele se fixa em um casal de idosos que se despede às lágrimas na plataforma. A sobreposição de intimidade e decadência física, que o obriga a lembrar de seus próprios pais, desencadeia a princípio vergonha e repulsa: "Comportamento familiar, sem dar atenção ao entorno. Assim se procede nos quartos de dormir". Mas então ele observa que o homem segura o queixo da sua mulher "num gracejo melancólico".

> Quanta magia há em segurar o queixo de uma velha senhora. Por fim, olham-se chorando. Não é o que querem dizer, mas poderíamos interpretá-los da seguinte maneira: a guerra perturba até mesmo esta felicidadezinha miserável que nos une, a nós, dois velhos.[7]*

* Franz Kafka, *Diários 1909-1923*, op. cit., p. 429.

Kafka não fala de sentimentos, e por isso mesmo a cena é tão convincente. A força simbólica de certos gestos humanos supera de longe a consciência dos envolvidos, e não daria para mostrar isso de modo mais vívido. Não é o que querem dizer... e, contudo, é assim.

Um dia até Viena. Mais um dia, passando por Budapeste, até Sátoraljaújhely, uma pequena cidade na fronteira gélida da guerra, um daqueles lugares inóspitos da retaguarda, de onde os refugiados judeus da Galícia eram expulsos assim que se estabeleciam. Um regimento de infantaria estava posicionado ali, um grande hospital de campanha militar fora instalado e já havia passado por sua primeira enxurrada de desgraças. No arquivo de guerra de Viena, há fotografias nas quais se veem enfermeiras sorridentes (uma delas sentou-se no compartimento de Kafka), lençóis impecáveis e uma aconchegante ala de quarentena. Uma única imagem mostra um detalhe da verdade, um *signo* que Kafka não teria ignorado, caso tivesse tido acesso a ela: são carris de bitola estreita, que levavam da estação para o hospital de campanha, e sobre os quais os feridos podiam ser transportados confortavelmente dentro de carrinhos industriais.

Sátoraljaújhely era a estação final, e quem quisesse seguir para o Norte precisava de um mandado ou de motivos muito bons para fazê-lo. As autorizações de Praga apresentadas por Kafka não foram suficientes, em todo caso, para que ele pudesse entrar em algum trem militar entre os soldados. Mais uma vez, as autoridades tinham falhado e bloqueado seu caminho. Assim, tudo o que restava era se hospedar em um hotel sujo com a irmã, que vinha sendo consumida pela impaciência, e esperar por um trem postal que partiria pela manhã. Descontente, Kafka passeou pelo Ringplatz, ouviu música cigana em um café, escreveu um postal triste para Felice, observou a incompreensível azáfama dos habitantes locais e até encontrou um conhecido de Praga. No dia seguinte, provavelmente 25 de abril, eles finalmente alcançariam seu destino. Elli abraçou seu marido uniformizado. E no diário de Kafka, a cortina cai.

De fato, um sinal lhe havia escapado. Mais do que isso: ele o havia notado, mas não compreendera seu significado. Eram os militares do Reich alemão, que pavoneavam por toda parte. Em Budapeste, ele tinha literalmente recuado diante da aparição colossal de um oficial alemão, que marchou primeiro pela plataforma e depois pelo trem, com um equipamento de diversos componentes pendurado ao redor do corpo. "Rijo em seu rigor e estatura, é quase espantoso que se mova; arregalamos os olhos para poder abarcar o todo de uma só vez, da solidez da cintura às costas largas e à esbelteza do conjunto." Também havia alemães em Sátoraljaújhely, onde Kafka observa um jovem soldado fumando um charuto, de "olhos argutos e severos, mas juvenis". Não se pode ignorar o tom de admiração que subjaz a suas anotações; Kafka ainda confia *tudo* aos alemães, inclusive a salvação da Áustria, enquanto não consegue ver nada nos militares do Império Austro-Húngaro além de uma indolência que lhe é familiar no último grau, apenas ligeiramente velada pela autodepreciação. "Afinal, é preciso fazer por merecer o soldo": com essas palavras, um tenente-coronel austríaco levanta-se da mesa onde toma um lanche para examinar os papéis de Kafka. Tal frase jamais sairia da boca de um oficial alemão profissional.[8]

Mas o que aquela gente estava fazendo ali, no meio da Hungria? Se Kafka lhes tivesse perguntado, ninguém saberia dizer com precisão. Ainda era segredo, mas esse segredo podia ser desvendado nas entrelinhas dos jornais. Já se sabia havia muito tempo que a liderança do Exército austro-húngaro clamava por um apoio massivo dos alemães, chegando quase a ameaçá-los com a própria derrota, o que arrastaria a Alemanha junto. No dia 13 de abril, Guilherme II enfim cedeu: decidiu-se que o 11º Exército Alemão seria levado em sua totalidade à Galícia do Oeste, entre Tarnów e Gorlice, onde os austríacos e húngaros se esforçavam para manter o posto, e os russos seriam submetidos ao "Trommelfeuer", "fogo de barragem" (uma nova e infernal invenção). No dia 21 de abril, os trens começaram a rodar, vindos do Oeste e do Sul. E quando Franz e Elli Kafka partiram, apenas um dia depois, não tinham ideia de que estavam entrando em uma zona de desdobramento, onde se preparava a maior e mais assassina batalha da Guerra Mundial até então. E, ao mesmo tempo, a mais bem-sucedida: pois a reconquista da Galícia — a retirada dos russos imposta pela brutalidade da força técnica — prolongaria a guerra por anos.

Poucos dias depois, Kafka descobrirá pelos jornais onde realmente esteve, e como chegou perto da guerra. Na viagem de volta, ainda não suspeita de nada. Ele deixou a irmã para trás, que voltará em breve; os filhos esperam por ela.

Ele escolhe a rota mais rápida, só desce para trocar de trem, e dorme no compartimento. Não tem vontade de ouvir ninguém, de dividir nada de importante com ninguém. Em Budapeste, faz uma pausa de duas horas.

É noite, ele vai até um café. Budapeste lhe é estranha, mas uma das irmãs de Felice mora ali, uma mulher que não parece especialmente feliz, embora tenha uma filha pequena e encantadora. Felice a visitara, *à época*, entusiasmada logo depois de ter feito novas amizades em Praga, divertidas e extraordinariamente provincianas. Sem dúvida, ela havia falado disso em Budapeste, *à época* — fazia mesmo três anos? —, e sem dúvida as duas deram muita risada. Kafka consegue criar uma imagem concreta, como se estivesse sobre um palco. Algumas migalhas de memória lhe são suficientes, fotografias, imagens de imagens, e lá está a cena.

Mas ele passa ao largo da realidade. Não é memória, não é imaginação, não é sonho, é a mais mundana realidade: Felice também está, *agora* nesse instante, no mesmo momento em que Kafka olha para o seu relógio em um café de Budapeste e chama o garçom para pagar a conta, Felice *agora* nesse instante também está nessa cidade, talvez a apenas poucas centenas de metros de distância, e para vê-la em carne e osso e tocá-la, bastaria ter escolhido outra direção ao dar o primeiro passo na rua. Ela se esqueceu de lhe dizer a tempo... talvez de propósito, talvez uma carta tenha se perdido... Ele não sabe de nada. Não sabe o que é, nem o que será.

E por isso, escolhe a outra direção, a direção errada. Vai até a estação, embarca no trem, desliza noite adentro. De volta da terra de ninguém, de volta a Praga, sozinho.

Agradecimentos

Ulrike Greb é a primeira e mais próxima leitora.

Ursula Köhler me ajudou a superar todos os penhascos e crises com sua opinião equilibrada e sempre precisa.

Agradeço a Gerda Fahrni, Henry F. Marasse e Marianne Steiner pelas informações preciosas sobre a família de Franz Kafka e de Felice Bauer. Sempre tiveram muita paciência para escutar, responder e contar.

Hans-Gerd Koch, Leo A. Lensing e Reinhard Pabst foram generosos ao disponibilizar materiais e resultados de sua própria pesquisa. Sua contribuição para esta experiência biográfica é inestimável.

Em sua leitura paciente e meticulosa, Jochen Köhler rastreou um número impressionante de irregularidades.

Pelas conversas, dicas e pela ajuda concreta, agradeço a Bernhard Echte, Arthur Fischer, Beate e Pedro Garcia Ferrero, Ekkehard W. Haring, Waltraud John, Guido Massino, Alexej Mend, Walter Mentzel, Richard Reichensperger, Uwe Schweikert, Dietrich Simon, Ulfa von den Steinen, Klaus Wagenbach, Benno Wagner, assim como a Mechthild e Christoph von Wolzogen.

Monika Schoeller, editora da S. Fischer Verlag, vem apoiando intensamente o projeto de uma biografia de Kafka desde meados dos anos 1990 — mesmo que as expectativas iniciais quanto à extensão da obra e ao tempo de trabalho tenham sido excedidas diversas vezes. Sem nenhuma restrição, ela deu a maior liberdade possível ao livro e ao autor.

Siglas e citações

Citações de obras, cartas e diários de Franz Kafka seguem a edição crítica publicada pela S. Fischer Verlag em Frankfurt am Main. Na medida do possível, as cartas foram citadas a partir dos manuscritos, mas sempre com referência aos volumes de cartas já disponíveis na edição crítica.

Uma exceção é o uso que Kafka faz de "ss" em vez de "ß" (de modo constante, a partir de 1907): aqui, os editores da edição crítica seguiram as regras ortográficas em vigor no início da edição (1982). Como essas regras entrementes foram revistas, os "ss" usados por Kafka são reproduzidos sem alterações em todas as citações da presente biografia. Isso vale também para o título dos romances *O processo* e *O castelo*, que Kafka escreveu "corretamente" se levarmos em conta as regras vigentes hoje.

As referências à edição crítica são geralmente feitas por meio de uma sigla e um número de página (por exemplo: "B2 416" refere-se ao volume *Briefe* 1913-1914 [Cartas 1913-1914], página 416). A abreviatura "App" acompanhada da sigla refere-se ao apêndice correspondente (por exemplo: "V App 153" remete à página 153 do apêndice do romance *Der Verschollene* [O desaparecido]). As siglas usadas são as seguintes:

B1 *Briefe 1900-1912* [Cartas 1900-1912]. Org. de Hans-Gerd Koch. Frankfurt am Main: S. Fischer, 1999.

B2 *Briefe 1913-1914* [Cartas 1913-1914]. Org. de Hans-Gerd Koch. Frankfurt am Main: S. Fischer, 2001.

D *Drucke zu Lebzeiten* [Obra publicada em vida]. Org. de Wolf Kittler, Hans-Gerd Koch e Gerhard Neumann. Frankfurt am Main: S. Fischer, 1994.

NSF1 *Nachgelassene Schriften und Fragmente I* [Escritos e fragmentos do espólio I]. Org. de Malcolm Pasley. Frankfurt am Main: S. Fischer, 1993.

NSF2 *Nachgelassene Schriften und Fragmente II* [Escritos e fragmentos do espólio II]. Org. de Jost Schillemeit. Frankfurt am Main: S. Fischer, 1992.

P *Der Process*. Org. de Malcolm Pasley. Frankfurt am Main: S. Fischer, 1990. [Ed. bras.: *O processo*. Trad. e posf. de Modesto Carone. São Paulo: Companhia das Letras, 1997.]

S *Das Schloss*. Org. de Malcolm Pasley. Frankfurt am Main: S. Fischer, 1982. [Ed. bras.: *O castelo*. Trad. e posf. de Modesto Carone. São Paulo: Companhia das Letras, 2000.]

T *Tagebücher*. Org. de Hans-Gerd Koch, Michael Müller e Malcolm Pasley. Frankfurt am Main: S. Fischer, 1990. [Ed. bras. dos três volumes dos *Diários* (1909-1912, 1912-1914 e 1914-1923). Trad. de Sergio Tellaroli. São Paulo: Todavia, 2021.]

V *Der Verschollene*. Org. de Jost Schillemeit. Frankfurt am Main: S. Fischer, 1983. [Ed. bras.: *O desaparecido ou Amerika*. Trad., notas e posf. de Susana Kampff Lages. 3. ed. São Paulo: Editora 34, 2012.]

Notas

Prólogo: A estrela negra [pp. 27-31]

1. Publicado no jornal *Bohemia*, de Praga, 20 mar. 1911. Reproduzido em: D 416-8. Os textos em prosa de Kafka foram publicados no primeiro número da *Hyperion* (mar. 1908); os capítulos "Conversa com o devoto" e "Conversa com o bêbado", de *Descrição de uma luta*, no oitavo número (jun. 1909). A resenha de Kafka do livro de Franz Blei *Die Puderquaste: Ein Damenbrevier* [A esponja para maquiagem: Um breviário para senhoras] (1908) foi publicada no dia 6 de fevereiro de 1909, com o título "Ein Damenbrevier" na revista *Der neue Weg* [O novo caminho], de Berlim.

1. Entre os Kafka [pp. 33-54]

1. D 441 ss. e carta a Felice Bauer, 11 de novembro de 1912 (B1 226). "Grosser Lärm" [Grande barulho] foi publicado pela primeira vez na *Herderblätter*, ano 1, n. 4-5, p. 44, out. 1912 [in: *Diários 1909-1923*, p. 121].
2. Alois Gütling, "Kollege Kafka". In: Hans-Gerd Koch (Org.). *"Als Kafka mir entgegenkam...": Erinnerungen an Franz Kafka* ["Quando Kafka veio até mim...": Recordações de Franz Kafka]. Berlim: Wagenbach Klaus, 1995, pp. 87-91, aqui p. 88.
3. Diário, 19 de janeiro de 1915 (T 718) [Ed. bras.: p. 417].
4. Publicado pela primeira vez no *Bericht der Arbeiter-Unfall-Versicherungs-Anstalt für das Königreich Böhmen in Prag über ihre Tätigkeit während der Zeit vom 1. Jänner bis 31. Dezember 1909* [Relatório do Instituto de Seguros contra Acidentes de Trabalho para o Reino da Boêmia em Praga sobre sua atividade de 1º de janeiro a 31 de dezembro de 1909]. Praga, 1910, pp. 7-12. Reproduzido em: *Franz Kafka, Amtliche Schriften* [Franz Kafka, escritos reunidos]. Org. de Klaus Hermsdorf; Benno Wagner. Frankfurt am Main: S. Fischer, 2003. Cf. carta a Felice Bauer, 2-3 de dezembro de 1912 (B1 294).
5. Diário, 19 de fevereiro de 1911 (T 29) [Ed. bras.: p. 44]. As correções manuscritas indicam que se trata de um *rascunho* da carta, e não de uma cópia.
6. Carta a Felice Bauer, 18 de novembro de 1912 (B1 242). Krofta ainda menciona o poeta tcheco Jaroslav Kvapil, que também teria sido funcionário do Instituto de Seguros contra Acidentes de Trabalho por algum tempo ("Im Amt mit Franz Kafka" [No escritório com Franz Kafka]. In: Koch (Org.). *"Als Kafka mir entgegenkam..."*, pp. 92-4, aqui p. 93).

7. Carta a Carl Bauer, 28 de agosto de 1913 (B2 272).
8. Julie a Ottla Kafka, 13 de junho de 1910 (original em posse particular). Ottla havia informado aos pais, à ocasião em tratamento na estação termal de Franzensbad, que estava trocando cartas com um homem.
9. Carta a Grete Bloch, 11 de junho de 1914.
10. Diário, 17 de janeiro de 1915 (T 716) [Ed. bras.: p. 416].
11. Não tivemos acesso ao valor do dote de Elli. Mas há referência a isso numa carta de Max Brod, que em 2 de novembro de 1912 escreveu a Felice Bauer: "Se os pais o amam tanto [a Kafka], por que não lhe dão 30 mil florins como a uma filha, para que ele possa renunciar ao cargo [...]" (B1 555). Trinta mil florins (o mesmo que 60 mil coroas) tinham um poder de compra equivalente hoje a um valor entre 250 mil e 300 mil euros — é improvável que os Kafka teriam sido capazes de levantar tal quantia por conta própria, e a formulação de Brod não deixa nada claro se ele se refere concretamente ao dote de Elli (o que teria sido bem indiscreto). Ainda assim, a carta dá uma ideia do que significava uma "provisão completa" para as pessoas da camada social de Kafka.
12. Robert Kafka, um parente distante, redigiu o contrato, cuidou do procedimento de autorização junto à Câmara do Comércio e recebeu dos dois sócios uma procuração para todos os assuntos da empresa. A fundação oficial do negócio (a "assinatura da empresa", quando os sócios tinham que apresentar uma amostra de suas assinaturas) seguiu-se no dia 16 de dezembro de 1911 no escritório de um tabelião, tendo Robert Kafka e sua secretária como testemunhas.
13. Uma caixa de empanque é um recipiente fechado em forma de caixa, atravessado por uma peça mecânica móvel, como uma haste de pistão. Esse recipiente é preenchido por material isolante, a "empacadora", que até a Segunda Guerra Mundial consistia, na maior parte dos casos, de uma massa de amianto trançado. O volume da caixa de empanque é então reduzido por meio de uma tampa de rosca, criando assim a pressão necessária para a vedação.
14. Diário, 7 de fevereiro de 1912 (T 373 ss.) [Ed. bras.: p. 207].
15. Diário, 28 de dezembro de 1911 (T 327) [Ed. bras.: p. 179].
16. Diário, 16 de dezembro de 1910 (T 131) [Ed. bras.: p. 34].

2. Solteiros, velhos e jovens [pp. 55-68]

1. Diário, 3 de janeiro de 1912 (T 341) [Ed. bras.: p. 187-8].
2. Diário, 22 de novembro de 1911 (T 263) [Ed. bras.: p. 143]. Em 1910, um austríaco de trinta anos podia esperar viver mais 34 anos (cerca de dez anos a menos que hoje). Um "velho solteiro de 45" (como diz Wilhelm Hauff em seu *Mitteilungen aus den Memoiren des Satan* [Mensagens das Memórias de satã]) ainda tinha em média 22 anos pela frente, portanto só um terço de sua vida.
3. Diário, 19 de janeiro de 1922 (T 881) [Ed. bras.: p. 519].
4. Carta a Grete Bloch, 19 de fevereiro de 1914 (B2 333).
5. Oskar Baum, *Uferdasein: Abenteuer und Erzählungen aus dem Blindenleben von heute* [Existência marginal: Aventuras e narrativas da vida dos cegos de hoje] (Berlim: A. Juncker, 1908); *Das Leben im Dunkeln* [A vida no escuro] (Stuttgart: A. Juncker, 1909). A obra do começo da carreira de Baum é de difícil de acesso hoje, mesmo em bibliotecas. Só o

romance *Die Tür ins Unmögliche* [A porta para o impossível] (Munique; Leipzig: Kurt Wolff, 1919) continuou em catálogo depois de sua morte.

6. Karl Kraus, "Selbstanzeige" [Autodenúncia], *Die Fackel*, n. 326-8, pp. 34-6, 8 jul. 1911. Franz Werfel, "Nächtliche Kahnfahrt", ibid., p. 37.
7. Em 15 de dezembro de 1911, ou seja, meses *depois* de a controvérsia com Kraus ter começado, Brod recitou alguns poemas de Werfel em Berlim, depois de ler trechos de suas próprias obras. O evento foi resenhado no *Berliner Tageblatt* por Albert Ehrenstein, que era amigo de Kraus. Na opinião de Ehrenstein, o jovem Werfel seria "muito mais talentoso" do que Brod, que já tinha uma reputação estabelecida e que, portanto, só poderia ser elogiado por sua "generosidade". De volta a Praga, Brod levou essa resenha ao *Prager Tagblatt* para que fosse reimpressa ali, mas com alguns cortes: ele riscou as palavras "muito mais talentoso", além da referência de Ehrenstein à única sala de conferências "meio vazia", assim como a crítica mordaz à performance de Brod ao piano. — Kafka observou em seu diário, no dia 18 de dezembro (T 299) [Ed. bras.: p. 163], que Brod fez alterações na resenha. Quando Brod então editou os diários de Kafka nos anos 1930, riscou sem cerimônia o parágrafo correspondente. Em sua autobiografia *Streitbares Leben* [Vida de conflito], que dedica grande espaço ao incidente, ele não menciona essas manipulações.

   Com a fraca recepção junto ao público, soa duvidoso que Werfel só tenha sido "reconhecido e aceito em sua grandeza" "a partir desta noite em Berlim", conforme consta em *Streitbares Leben* (p. 36). (Brod não menciona que Karl Kraus já havia recitado publicamente poemas de Werfel sete meses antes.) A alegação de Brod, de que o manuscrito de *Weltfreund* [O amigo do mundo] só teria sido publicado por causa de sua intervenção, também já foi refutada há muito tempo. Cf. Karl S. Guthke, "Franz Werfels Anfänge: Eine Studie zum literarischen Leben am Beginn des 'expressionistischen Jahrzehnts'" [Primeiros passos de Franz Werfel: Um estudo sobre a vida literária no começo da "década expressionista"], *Deutsche Vierteljahresschrift für Literaturwissenschaft und Geistesgeschichte* [Revista Alemã Trimestral de Estudos Literários e História do Pensamento], v. 52, pp. 71 89, 1978.
8. Diário, 18 de dezembro de 1911 (T 299) [Ed. bras.: p. 163]. A passagem integra o parágrafo que foi eliminado por Brod posteriormente.
9. Diário, 23 de dezembro de 1911 (T 308) [Ed. bras.: p. 168].
10. As duas primeiras de cinco estrofes do poema "An den Leser" [Ao leitor]. Werfel incluiria esse poema ainda na seleção *Gedichte aus den Jahren 1908-1945* [Poemas dos anos 1908-1945], publicada pouco depois de sua morte.
11. Diário, 30 de agosto de 1912 (T 433) [Ed. bras.: p. 243]; cartas a Felice Bauer, 12 de dezembro de 1912 (B1 328 ss.) e 1º-2 de janeiro de 1913 (B2 12); diário, 8 de abril de 1914 (T 514) [Ed. bras.: p. 352]; carta a Milena Jesenská, 30 de maio de 1920. Cf. a carta a Felice Bauer, 19 de janeiro de 1913: "A cada dia gosto mais desse rapaz" (B2 48). A esposa de Musil, Martha, que pintou um retrato de Werfel, faz uma observação que é bem característica dos sentimentos ambíguos que a aparência física de Werfel despertava: "À primeira vista, Werfel é feio, muito gordo, mas ao vê-lo com mais frequência, vê-se que sua cabeça é muito bonita, muito pitoresca, mas só quando ele está animado" (Martha Musil a Annina Marcovaldi, 8 de junho de 1918. In: Robert Musil, *Briefe 1901-1942* [Cartas 1901-1942]. Org. de Adolf Frisé. Reinbek: Rowohlt, 1981, p. 154).

3. Atores, sionistas, homens selvagens [pp. 69-87]

1. Diário, 14 de outubro de 1911 (T 81-3) [Ed. bras.: p. 87]; a entrada é do dia seguinte à apresentação.
2. A partir de um mapa do edifício, Hartmut Binder reconstruiu minuciosamente as condições miseráveis com as quais os atores tinham que lidar no Café Savoy. Cf., do mesmo autor, *Wo Kafka und seine Freunde zu Gast waren: Prager Kaffeehäuser und Vergnügungsstätten in historischen Bilddokumenten* [Onde Kafka e seus amigos eram visitantes: Cafés e casas de lazer de Praga em foto-documentos históricos], Praga; Furth im Wald: Vitalis, 2000, pp. 146-51.
3. Excluindo-se as anotações de Kafka, que são valiosas também em termos histórico-culturais, há pouquíssimas descrições favoráveis do teatro iídiche. Joseph Roth escreve o seguinte sobre uma apresentação em Paris: "Os carrinhos de bebê eram entregues no camarim. Guarda-chuvas eram levados para dentro da sala. Mães sentavam-se com seus bebês no piso da orquestra. As filas de cadeiras eram móveis, as poltronas podiam ser deslocadas. Os espectadores flanavam junto às paredes laterais. Quando um deixava seu lugar, o outro se sentava. Comiam-se laranjas. Salpicava e fedia. Falava-se alto, cantava-se junto, aplaudia-se os artistas em plena cena. [...] Quando chegou a hora das canções e danças russas, os artistas e os espectadores começaram a chorar" (*Juden auf Wanderschaft* [Judeus errantes]. Colônia: Kiepenheuer & Witsch, 1976, pp. 56 ss.) [trecho retraduzido para esta edição. Ed. bras.: Joseph Roth, *Judeus errantes*. Trad. de Simone Gonçalves. Belo Horizonte: Âyiné, 2016].
4. Diário, 26 de outubro de 1911 (T 198) [Ed. bras.: p. 102].
5. Diário, 5 de outubro de 1911 (T 59) [Ed. bras.: p. 74]. *Kinderloch* é a forma iídiche de *Kindlein* [criancinhas].
6. Cartas a Felice Bauer, 10 de junho de 1913 (B2 205) e 6 de novembro de 1912 (B1 215).
7. Jacques Levi, "Die Katastrophe von Prag" [A catástrofe de Praga] (1939), publicado no *Neue Zürcher Zeitung*, p. 68, 17-18 nov. 1990. Na mesma publicação, há um ensaio de Guido Massino: "'... dieses nicht niederzudrückende Feuer des Löwy': Franz Kafkas Schauspielerfreund Jizchak Löwy" ["... esse fogo de Löwy, impossível de extinguir": Isaac Löwy, o ator amigo de Franz Kafka].
8. Citado por Max Brod, *Über Franz Kafka* [Sobre Franz Kafka]. Frankfurt am Main: Fischer Taschenbuch, 1974, p. 102.
9. Carta a Kurt Pinthus, 8 de abril de 1913 (B2 162). Sobre Löwy, cf. também a carta a Felice Bauer, 8 de abril de 1913 (B2 160).
10. Peter Sprengel, *Scheunenvierteltheater: Jüdische Schauspieltruppen und jiddische Dramatik in Berlin (1900-1918)* [Teatro do Scheunenviertel: Trupes de atores judaicas e dramaturgia iídiche em Berlim (1900-1918)]. Berlim: Fannei & Walz, 1995, pp. 270 ss. A comparação que Sprengel faz entre a prática dramática e as anotações correspondentes do diário de Kafka são reveladoras. Além disso, algumas das peças a que Kafka assistiu estão reproduzidas em alemão, o que significa que textos submetidos à censura, que tiveram de ser apresentados às autoridades de Berlim e, por isso, foram preservados, serviram de modelo para a impressão.
11. Cartas a Felice Bauer, 16 de janeiro (B2 42) e 19 de janeiro de 1913 (B2 48).
12. Brod, *Streitbares Leben*, p. 227.

13. Citado a partir do artigo anônimo "Der jüdische Volksliederabend" [A noite judaica de cantigas populares], *Selbstwehr*, pp. 3 ss., 26 jan. 1912.
14. "O judaísmo do Leste da Europa, hoje, é para mim apenas uma alegoria da verdade", escreveu Brod em 2 de fevereiro de 1917 a Franz Werfel; citado a partir de: Margarita Pazi, "Der 'Prager Kreis': Ein Fazit unter dem Aspekt des Judentums" [O "círculo de Praga": Um resumo sob a perspectiva do judaísmo]. In: Pazi, *Staub und Sterne: Aufsätze zur deutsch-jüdischen Literatur* [Poeira e estrelas: Ensaios sobre a literatura judaico-alemã]. Göttingen: Wallstein, 2001, pp. 11-39, aqui p. 35, nota 15.
15. Acima de tudo, *Volkstümliche Geschichte der Juden* [História popular dos judeus], de Heinrich Graetz (1888), livro em três volumes que podia ser encontrado em quase todo lar judaico; ao lado de *Der Organismus des Judentums* [O organismo do judaísmo] (1909), de Jakob Fromer, e *Histoire de la littérature judéo-allemande* [História da literatura judaico-alemã] (1911), de Meyer Isser Pinès, uma história da literatura iídiche que só foi publicada em alemão em 1913. Kafka citou amplamente do volume de Pinès (ver T 361 ss.) [Ed. bras.: p. 197].
16. Carta a Max Brod, 28 de setembro de 1917. Kafka havia escrito o seguinte a Martin Buber, editor de *Juden*, no dia 3 de agosto: "Em todo caso, ele [Löwy] é um homem imprevisível; na minha opinião, caso concentre suas capacidades, uma obra muito rica em termos de peculiaridades pode surgir [...]" (NSF1 App 98). Mais tarde, Kafka mandou uma versão corrigida e datilografada das memórias de Löwy a Brod, que por motivos desconhecidos não a devolveu nem a encaminhou a Buber. Esse texto inclui a revisão de Kafka do exemplo citado do "teatro": "Acima de tudo, senhor nenhum de fraque, senhora nenhuma de decote [...]" (NSF1 430-6, aqui 435).
17. "Jüdisches Theater" [Teatro judaico], *Selbstwehr*, p. 6, 26 jan. 1912.
18. Diário, 3 de novembro de 1911 (T 292) [Ed. bras.: p. 120]. Sobre a circuncisão de Felix, o primeiro filho de Elli e Karl Hermann, cf. Levi, "Die Katastrophe von Prag".
19. NSF2 154 [Ed. bras.: p. 17].
20. Diário, 25 de fevereiro de 1912 (T 378) [Ed. bras.: p. 210].
21. NSF1 188-93. O texto, que só se manteve na transcrição de Elsa Taussig (futura esposa de Brod), apareceu em edições anteriores sob o título *Rede über die jiddische Sprache* [Discurso sobre a língua iídiche].
22. Diário, 25 de fevereiro de 1912 (T 378) [Ed. bras.: p. 210].
23. "Ostjüdischer Rezitationsabend" [Noite de declamação de judeus do Leste], *Selbstwehr*, p. 3, 23 fev. 1912. A expressão "sem a formação ocidental" também pode ser encontrada na crítica bastante positiva que Kurt Pinthus dedicou, em janeiro de 1913, a uma apresentação do ensemble de Löwy em Leipzig. Reproduzida em: Andreas Herzog (Org.), *Ost und West: Jüdische Publizistik 1901-1928* [Leste e Oeste: Jornalismo judaico 1901-1928]. Leipzig: Reclam, 1996, pp. 182-6. Os dois jornais de língua alemã, *Prager Tagblatt* e *Bohemia*, até publicaram anúncios prévios, mas nenhuma crítica da noite.

4. Literatura e solidão: Leipzig, Weimar [pp. 89-104]

1. Max Brod, "Reise nach Weimar" [Viagem a Weimar]. In: *Max Brod/ Franz Kafka, Eine Freundschaft: Reiseaufzeichnungen* [Max Brod/ Franz Kafka, uma amizade: Registros de viagem]. Org. de Malcolm Pasley. Frankfurt am Main: S. Fischer, 1987, p. 224.
2. A esse respeito, são programáticas as declarações de Brod em seu ensaio "Smetana", mais tarde publicadas em *Über die Schönheit hässlicher Bilder* [Sobre a beleza de imagens

feias]. Leipzig: Kurt Wolff, 1913, pp. 195-204, aqui pp. 200 ss. Segundo as notas de seu diário de viagem, Brod fez referência explícita a esse texto, que tinha saído pouco antes na revista *Die Schaubühne*, a Rowohlt e Wolff.

3. Carta a Max Brod, 10 de julho de 1912 (BI 158).
4. Kurt Wolff, *Autoren, Bücher, Abenteuer: Beobachtungen und Erinnerungen eines Verlegers* [Autores, livros, aventuras: Observações e memórias de um editor]. Berlim: Klaus Wagenbach, 1965, p. 68.
5. Wolff, *Autoren, Bücher, Abenteuer*, p. 20.
6. Diário, 5 de setembro de 1911 (T 970).
7. Diário, 19 de novembro de 1911 (T 258) [Ed. bras.: p. 140].
8. Carta a Max Brod, 12-14 de julho de 1916.
9. Diário, 8 de dezembro de 1911 (T 286) [Ed. bras.: p. 155].
10. Diário, 19 de janeiro de 1911 (T 146) [Ed. bras.: p. 43].
11. Uma das fontes mais importantes foi o relatório de campo *Amerika: Řada obrazů amerického života* [América: Uma sequência de imagens da vida americana] do político social-democrata tcheco František Soukup, publicado em 1912 pela Editora da Biblioteca Central dos Trabalhadores em Praga. No dia 1º de junho de 1912, Soukup fez uma palestra com projeção de slides em Praga sobre "Amerika und seine Beamtenschaft" [América e seu funcionalismo], à qual Kafka também assistiu. Hartmut Binder apresenta uma visão geral do tema "América" na imprensa de língua alemã de Praga à época em *Kafka: Der Schaffensprozess* [Kafka: O processo criativo]. Frankfurt am Main: Suhrkamp, 1983, pp. 101-4.
12. Diário, 26 de março de 1912 (T 413) [Ed. bras.: p. 232].
13. Diário, 25 de dezembro de 1911 (T 318) e 31 de janeiro de 1912 (T 367) [Ed. bras.: pp. 174 e 203, respectivamente].
14. Carta a Oskar Pollak do dia 24 de agosto de 1902 ou antes (BI 13). Para entender essa "ironia", é preciso ter em mente que Goethe estava tão próximo de Kafka na história quanto Kafka está próximo de nós — e a julgar pelo horizonte subjetivo do tempo, provavelmente ainda mais próximo, já que o mundo do século XIX transformava-se muito mais lentamente do que o mundo do século XX. Tratava-se da musealização de uma vida privada que Kafka ainda considerava absolutamente moderna e paradigmática.
15. Diário, 30 de junho de 1912 (T 1025).
16. Ibid., assim como Brod, "Reise nach Weimar", pp. 226, 229. A fotografia desfocada, em que Kafka e Margarethe Kirchner podem ser vistos sentados em um banco do jardim da casa de Goethe, foi reproduzida no livro de fotografias de Klaus Wagenbach, *Franz Kafka: Bilder aus seinem Leben* [Franz Kafka: Imagens de sua vida]. 2. ed. Berlim: Wagenbach, 1994, p. 156. Sem dúvida, foi Max Brod que tirou a foto.
17. Kurt Hiller, "Besprechung von Max Brods Roman Arnold Beer" [Resenha do romance de Max Brods, *Arnold Beer*], *Die Aktion*, v. 2, n. 31, cols. 973-6, 31 jul. 1912.
18. Diário, 25 de fevereiro de 1912 (T 376) e 6 de julho de 1912 (T 1035 ss.).
19. Margarethe Kirchner (depois de casada, Müller) morreu no dia do Ano-Novo de 1954, aos 58 anos. A essa altura, as *Gesammelten Werke* [Obras completas] já tinham saído pela S. Fischer Verlag; ainda assim, nos países de língua alemã, onde o domínio nazi havia bloqueado a recepção da obra de Kafka, mal se via seu nome fora dos suplementos literários.

5. Última parada: Jungborn [pp. 105-12]

1. Atestado médico de 11 de junho de 1912 (B1 508).
2. Diário, 11 de julho de 1912 (T 1043).
3. Adolf Just, *Kehrt zur Natur zurück!* [Voltem à natureza!]. 7. ed. Jungborn-Stapelburg: Jungborn, 1910, p. 686.
4. Ibid., pp. 238 ss.
5. Carta a Max Brod, 22 de julho de 1912 (B1 164); Diário, 9 de julho de 1912 (T 1042).
6. Carta a Max Brod, 17 de julho de 1912 (B1 161).
7. Carta a Max Brod, 13 de julho de 1912 (B1 160).
8. Carta a Max Brod, 10 de julho de 1912 (B1 158).
9. Carta a Felice Bauer, 17-18 de novembro de 1912 (B1 243).

6. Uma senhorita de Berlim [pp. 113-27]

1. Carta a Max Brod, 7 de agosto de 1912 (B1 165 ss.).
2. Provavelmente, a opereta escrita em colaboração com Franz Blei, *Circe und ihre Schweine* [Circe e seus porcos], reproduzida em: Jules Laforgue, *Pierrot, der Spassvogel: Eine Auswahl von Franz Blei und Max Brod* [Pierrô, o bobo alegre: Uma seleção de textos de Franz Blei e Max Brod]. Berlim; Stuttgart; Leipzig: A. Juncker, 1909. A apresentação não foi realizada.
3. Carta a Felice Bauer, 27 de outubro de 1912 (B1 191 ss.).
4. Cf. cartão-postal a Felice Bauer, 15 de agosto de 1916.
5. Diário, 20 de agosto de 1912 (T 431 ss.) [Ed. bras.: pp. 242-3].
6. Diário, 8 de novembro de 1911 (T 236) [Ed. bras.: p. 127].
7. Carta a Felice Bauer, 27 de outubro de 1912 (B1 196).
8. Kafka ficou muito satisfeito quando descobriu que Felice tinha inventado essa filial de seu empregador, e que na verdade se tratava da empresa Adler, que provavelmente vendia produtos da Lindström em consignação. Cf. carta a Felice Bauer, 4-5 de dezembro de 1912 (B1 300).
9. Cf. carta à Ernst Rowohlt Verlag, 18 de outubro de 1912 (B1 184).
10. Carta a Ernst Rowohlt, 14 de agosto de 1912 (B1 167) [in: *Diários 1909-1923*, pp. 240-1].
11. Diário, 20 de agosto de 1912 (T 431) [Ed. bras.: p. 242].
12. Diário, 5 de setembro de 1912 (T 435) [Ed. bras.: pp. 244-5].
13. Diário, 15 de setembro de 1912 (T 438) [Ed. bras.: p. 247].

7. Êxtase inicial. *O veredicto* e *O foguista* [pp. 129-40]

1. Diário, 23 de setembro de 1912 (T 460 ss.) [Ed. bras.: p. 259].
2. Diário, 25 de setembro de 1912 (T 463) [Ed. bras.: p. 261].
3. Carta a Grete Bloch, 15 de abril de 1914. Kafka prossegue: "Isso não se repetirá, eu nunca mais ousaria lê-lo em voz alta". Por que não? Sem dúvida porque havia muito tempo ele reconheceu que a desesperada "escolha temática" do artista solitário que quer voltar ao mundo por meio da mulher era a sua própria. Em 5 de julho de 1920, ele enviaria *Der arme Spielmann* [O pobre músico], de Grillparzer, a Milena Jesenská, "porque ele amou uma garota hábil com os negócios".

4. Reinhard Baumgart, *Selbstvergessenheit: Drei Wege zum Werk: Thomas Mann, Franz Kafka, Bertolt Brecht* [Alheamento: Três caminhos para a obra: Thomas Mann, Franz Kafka, Bertolt Brecht]. Frankfurt am Main: Fischer Taschenbuch, 1993, p. 176. Em sua resenha de *Contemplação*, Musil chega a falar em "bolhas de sabão".
5. Carta a Felice Bauer, 1º de novembro de 1912 (T 204). Kafka escreve aqui que cumpre essa jornada "há um mês e meio", portanto desde meados de setembro. No entanto, como as visitas e festas de família mencionadas ocorreram por volta dessa época, essa mudança de jornada só pode ter sido bem-sucedida poucos dias antes de Kafka escrever *O veredicto*. Como suas referências temporais nem sempre são confiáveis, é igualmente possível que *O veredicto* não tenha sido o primeiro fruto, mas sim o *ensejo* para uma nova forma de vida.
6. Max Brod a Felice Bauer, 22 de novembro de 1912 (B1 555).
7. Carta a Felice Bauer, 10 de junho de 1913 (B2 205).
8. Há sólidos indícios filológicos disso. Só duas semanas antes de começar a segunda versão, Kafka sonhou com o panorama do porto de Nova York que foi incorporado em *O foguista*. Certas informações essenciais sobre a América, que ele extraiu da imprensa diária, só estavam à sua disposição no momento de escrever a nova versão (Cf. Binder, *Kafka: Der Schaffensprozess*, pp. 106 ss.).

8. Quase um salto pela janela [pp. 141-56]

1. Carta a Felice Bauer, 20 de setembro de 1912 (B1 170).
2. Carta a Felice Bauer, 28 de setembro de 1912 (B1 173-5).
3. Adendos às cartas a Felice Bauer de 20-21 de dezembro de 1912 (B1 350) e de 18 de maio de 1913 (B2 192).
4. Adendo à carta a Felice Bauer, 16 de novembro de 1912 (B1 238 ss.).
5. Carta a Sophie Friedmann, 14 de outubro de 1912 (B1 182).
6. Carta a Max Brod, 7-8 de outubro de 1912 (B1 179).
7. Cf. nota de Brod à primeira edição da carta: "Sem que meu amigo soubesse, levei uma cópia dessa carta (sem o epílogo) para chamar a atenção de sua mãe, já que eu temia seriamente pela vida de Franz" (Franz Kafka, *Briefe 1902-1924*. Frankfurt am Main: S. Fischer, 1958, p. 502). A carta de Julie Kafka a Max Brod (que chegou em 8 de outubro de 1912) assim como a carta de Brod para Felice Bauer, de 22 de novembro de 1912, são citadas a partir de Brod, *Über Franz Kafka*, pp. 85 ss. e 125 ss.
8. Diário, 8 de março de 1912 (T 397) e 11 de março de 1912 (T 400) [Ed. bras.: pp. 222 e 224, respectivamente].

9. A menina, a moça e a mulher [pp. 157-68]

1. Elias Canetti, *Der andere Prozess: Kafkas Briefe an Felice*. Munique: Carl Hanser, 1969, pp. 7 ss. [Ed. bras.: "O outro processo". In: *A consciência das palavras: Ensaios*. Trad. de Márcio Suzuki e Herbert Caro. São Paulo: Companhia das Letras, 1990, p. 80].
2. Felice Bauer a Hélène Zylberberg, 6 de outubro de 1936 (o original está no Deutsches Literaturarchiv, Marbach am Neckar).
3. No fim de janeiro de 1922, Kafka escreveu a Robert Klopstock: "Não fui enganado pelas cartas, mas me enganei com as cartas, aquecendo-me em antecedência ao longo de anos com o calor que enfim foi produzido quando o monte inteiro de cartas foi lançado

ao fogo". Isso só pode dizer respeito às cartas a Felice Bauer, pois a intensa correspondência com Milena Jesenská durou apenas poucos meses. Provavelmente, Kafka já tinha concluído esse ritual de luto e purificação em 1918; um indício disso é que se *conservou* um cartão bastante tardio de Felice, escrito quase um ano depois da separação.

4. Diário, 2 de julho de 1913 (T 564) [Ed. bras.: p. 297].
5. Carta a Felice Bauer, 31 de outubro de 1912 (B1 200).
6. Sobre o funcionamento desse aparelho, cf. as ilustrações em Wolf Kittler, "Schreibmaschinen, Sprechmaschinen: Effekte technischer Medien im Werk Franz Kafkas" [Máquinas de escrever, máquinas de falar: Efeitos dos suportes tecnológicos na obra de Franz Kafka]. In: Wolf Kittler; Gerhard Neumann (Orgs.). *Franz Kafka: Schriftverkehr* [Franz Kafka: Correspondência]. Freiburg im Breisgau: Rombach, 1990, pp. 118 ss.
7. Cartas a Felice Bauer, 6 de novembro (B1 214) e 14-15 de novembro de 1912 (B1 233).
8. Carta a Felice Bauer, 24 de novembro de 1912 (B1 258).
9. Carta a Felice Bauer, 27 de novembro de 1912 (B1 274 ss.).

10. O amor e a ânsia por cartas [pp. 169-83]

1. Carta a Felice Bauer, 1º de novembro de 1912 (B1 202-5).
2. Sören Kierkegaard, *Entweder-Oder* [Ou-ou]. Munique: De Gruyter, 1988, p. 451. Para comprovar a afinidade entre o sedutor de Kierkegaard e Kafka, o biógrafo americano de Kafka, Frederick R. Karl, pergunta de modo retórico de quem seria, por exemplo, a seguinte citação: "Quando então consegui que ela aprendesse o que significa amar e o que significa me amar, o noivado se rompeu como um molde imperfeito, e ela pertence a mim. Outros ficam noivos quando chegam a esse ponto, e então têm boas perspectivas de um casamento monótono por toda a eternidade. Mas isso é assunto deles" (Frederick R. Karl, *Franz Kafka: Representative Man* [Franz Kafka: Um homem representativo]. Boston: Ticknor & Fields, 1993, pp. 309 ss.; Kierkegaard, *Entweder-Oder*, p. 439). Não há nada a adivinhar: essas frases estão a mundos de distância do pânico de Kafka, assim como de sua disposição intelectual.
3. "Ele está totalmente apaixonado por Felice e feliz. Esse seu romance é uma obra mágica" (Max Brod, diário, 3 de novembro de 1912).
4. Cartas a Felice Bauer, 4 e 5 de novembro de 1912 (B1 211, 212, 213 ss.).
5. Carta a Felice Bauer, 1º-2 de janeiro de 1913 (B2 13).
6. Carta a Felice Bauer, 8 de novembro de 1912 (B1 221).
7. Carta a Felice Bauer, 8 de novembro de 1912 (B1 221 ss.).
8. Cartas a Felice Bauer de 10, 11-12, 23-24 e 24 de dezembro de 1912 (B1 316, 327, 357, 359), assim como de 31 de dezembro de 1912-1º de janeiro de 1913 (B1 379).
9. Cf. carta a Milena Jesenská, fim de março de 1922.
10. "Uma carta [...] ocupa o lugar do discurso oral [...]. É uma imitação livre da boa conversa" (Christian Fürchtegott Gellert, *Briefe, nebst einer Praktischen Abhandlung von dem guten Geschmacke in Briefen* [Cartas, junto de um tratado prático sobre o bom gosto em cartas]. Leipzig: Wendler, 1751). "A carta deve ser um retrato fiel do discurso oral" (Karl Philipp Moritz, *Anleitung zum Briefschreiben* [Introdução à escrita de cartas]. Berlim: Arnold Wever, 1783). Os dois textos estão contidos em Angelika Ebrecht et al. (Org.), *Brieftheorie des 18. Jahrhunderts: Texte, Kommentare, Essays* [Teoria epistolar do século XVIII: Textos, comentários, ensaios]. Stuttgart: J.B. Metzler, 1990; essas citações, pp. 61, 144.

Goethe, por sua vez: "Mesmo em seus solilóquios, pessoas vivazes já imaginam que um amigo ausente está presente, ao qual comunicam seus sentimentos mais íntimos, e assim a carta também é uma espécie de solilóquio" (Prefácio de *Winckelmann und sein Jahrhundert* [Winckelmann e seu século] [1805]. In: Johann Wolfgang Goethe, *Sämtliche Werke: Briefe, Tagebücher und Gespräche* [Obras completas: Cartas, diários e diálogos], seção I, v. 19: *Ästhetische Schriften 1806-1815* [Escritos de estética]. Org. de Friedmar Apel. Frankfurt am Main: Suhrkamp, 1998, pp. 11-7, aqui p. 13).

11. Em 1966, pensando sobre sua correspondência com Walter Benjamin, Adorno escreve o seguinte: "o eu na carta já tem alguma coisa de ilusório. Subjetivamente, porém, na era da ruína da experiência, as pessoas não estão mais dispostas a escrever cartas. Por ora, parece que a técnica está privando as cartas de seu pressuposto. Como as cartas não são mais necessárias, dadas as possibilidades mais rápidas de comunicação e a redução das distâncias de tempo e espaço, desintegra-se também sua própria substância" ("Benjamin, der Briefschreiber" [Benjamin, o escritor de cartas]. In: Theodor W. Adorno, *Gesammelte Schriften* [Escritos reunidos], v. 11: *Noten zur Literatur* [Notas de literatura]. Frankfurt am Main: Suhrkamp, 1974, p. 586).
12. Walter Benjamin, *Berliner Kindheit um Neunzehnhundert*. Frankfurt am Main: Suhrkamp, 1987, p. 18 [Ed. bras.: "Infância em Berlim por volta de 1900". In: *Rua de mão única*. Trad. de Rubens Rodrigues Torres Filho e José Carlos Martins Barbosa. São Paulo: Brasiliense, 1987, Obras Escolhidas, v. 2, p. 79].
13. Max Brod, "Telephon" [Telefone]. In: *Tagebuch in Versen* [Diário em versos], Berlim: [s.n., 1910], pp. 18 ss.
14. Cartas a Gertrud Thieberger, 28 de fevereiro de 1916, e a Felice Bauer, 30 de março de 1913 (B2 149). No romance *O castelo*, Kafka usará o motivo do telefonema disperso para demonstrar a *distância* intransponível das autoridades.
15. Cf. Angelika Ebrecht, "Rettendes Herz und Puppenseele: Zur Psychologie der Fernliebe in Rilkes Briefwechsel mit Magda von Hattingberg" [Coração salvador e alma de boneca: Sobre a psicologia do amor à distância na correspondência de Rilke e Magda von Hattingberg]. In: Anita Runge; Lieselotte Steinbrügge (Orgs.). *Die Frau im Dialog: Studien zu Theorie und Geschichte des Briefes* [A mulher em diálogo: Estudos sobre a teoria e a história da carta]. Stuttgart: J.B. Metzler, 1991, pp. 147-72.
16. Carta não enviada a Felice Bauer, 9 de novembro de 1912 (B1 222 ss.).
17. Carta a Felice Bauer, 11 de novembro de 1912 (B1 225).
18. Carta a Felice Bauer, 11 de novembro de 1912 (B1 227 ss.).

11. Semanas felizes, pequenas intrigas [pp. 185-94]

1. Heinz Schlaffer, "Knabenliebe: Zur Geschichte der Liebesdichtung und zur Vorgeschichte der Frauenemanzipation" [Amor de rapazes: Sobre a história da poesia de amor e sobre a pré-história da emancipação feminina], *Merkur*, v. 49, n. 557, p. 690, 1995.
2. Max Brod a Felice Bauer, 22 de novembro de 1912 (B1 555 ss.).
3. Carta a Felice Bauer, 14 de novembro de 1912 (B1 231); carta a Max Brod, 14 de novembro de 1912 (B1 230).
4. Cf. as cartas a Felice Bauer, 9-10 de dezembro de 1912 (B1 315), 8-16 de junho de 1913 (B2 209) e 11-12 de março de 1913 (B2 131).
5. Carta a Felice Bauer, 22 de dezembro de 1912 (B1 353).

6. Cartas a Felice Bauer, 14-15 de dezembro (B1 333), 2-3 de dezembro (B1 293) e 6 de dezembro de 1912 (B1 305).
7. Carta a Felice Bauer, 15 de novembro de 1912 (B1 235).
8. Georg Simmel, "Der Brief: Aus einer Soziologie des Geheimnisses" [A carta: De uma sociologia do segredo]. In: *Aufsätze und Abhandlungen 1901-1908* [Ensaios e tratados 1901--1908]. Frankfurt am Main: Suhrkamp, 1993, v. 2, p. 394. Kafka pode ter conhecido esse texto, pois foi publicado pela primeira vez na *Österreichischen Rundschau* em 1º de junho de 1908, quando ele ainda lia com frequência revistas no Café Arco.
9. Julie Kafka a Felice Bauer, 16 de novembro de 1912 (B1 554).
10. Cf. carta a Felice Bauer, 21 de novembro de 1912 (B1 252 ss.).
11. Carta a Felice Bauer, 12-13 de dezembro de 1912 (B1 329).

12. A família Bauer [pp. 195-201]

1. Cf. carta a Felice Bauer, 27-28 de dezembro de 1912 (B1 366).
2. Ferdinand Bauer a Carl e Anna Bauer, 23 de agosto de 1911 (original em posse privada).
3. Carl Bauer a Anna Bauer, 3 de fevereiro de 1902 (original em posse privada).
4. Emilie Bauer a Carl Bauer, 22 de setembro de 1904 (original em posse privada).
5. Em uma carta de Ferri a seu pai desertor, sem dúvida escrita coletivamente, a família também é apresentada como uma comunidade moral, apelando assim com maestria à consciência pesada do indivíduo irresponsável: "Nossa querida mãe, que foi especialmente afetada pela dor sofrida nessa noite [o Ano-Novo judaico], nos descreveu em palavras amorosas que quer dedicar as últimas forças que ainda lhe restam a nós, produzir e trabalhar para nós, para tornar mais fácil de suportar a dor que indiscutivelmente nos foi infligida no coração. Todos nós decidimos atar um laço indissolúvel, baseado em amor e na bondade, na tolerância e na entrega" (Ferdinand Bauer a Carl Bauer, 3 de outubro de 1902; original em posse privada).

13. Para a América e de volta: *O desaparecido* [pp. 203-20]

1. Joseph Conrad, *Der Geheimagent: Eine einfache Geschichte*. Zurique: Haffmans, 1993, pp. 9-17. O romance foi publicado em 1907 (*The Secret Agent: A Simple Tale*), a "Nota preliminar" foi acrescentada em 1920 [Ed. bras.: *O agente secreto*. Trad. de Eduardo Furtado. São Paulo: Landmark, 2012].
2. Diário, 23 de setembro de 1912 (T 461) [Ed. bras.: p. 259].
3. Hans Kohn, "Prager Dichter" [Autores de Praga], *Selbstwehr*, 6 jun. 1913.
4. Diário, 8 de outubro de 1917 (T 841) [Ed. bras.: p. 492].
5. Cf. Dora Geritt [Olga Stüdl], "Kafka in Schelesen" [Kafka em Želízy] (1931). In: Koch (Org.), *"Als Kafka mir entgegenkam..."*, pp. 144 ss.
6. Cf. pedido de Kafka endereçado a Brod, de 29 de novembro de 1922. In: Malcolm Pasley (Org.), *Max Brod/ Franz Kafka, Eine Freundschaft: Briefwechsel* [Max Brod/ Franz Kafka, uma amizade: Correspondência]. Frankfurt am Main: S. Fischer, 1989, pp. 421 ss.
7. Carta a Kurt Wolff, 25 de maio de 1913 (B2 196).
8. V 54-5 [Ed. bras.: p. 50].
9. O mais belo exemplo: "A ponte que liga Nova York a Boston pendia suavemente sobre o rio Hudson" (V 144 [Ed. bras.: p. 98])... que, na verdade, é naturalmente o East River;

e não é Boston que fica às suas margens, e sim o Brooklyn. A famosa ponte de suspensão havia sido inaugurada no ano em que Kafka nasceu.

10. V 27 [Ed. bras.: p. 26].
11. Cartas a Felice Bauer, 9-10 de março de 1913 (B2 128), e a Kurt Wolff, 4 de abril de 1913 (B2 156).
12. V 325 [Ed. bras.: p. 209].
13. Carta a Max Brod, 13 de novembro de 1912 (B1 229).
14. Cartas a Felice Bauer, 14-15 e 17-18 de dezembro de 1912 (B1 332, 338).
15. Carta de Max Brod a Felice Bauer, 11 de novembro de 1912 (B1 545).
16. Cartas a Felice Bauer, 11 e 15 de novembro de 1912 (B1 225, 236).
17. Carta a Felice Bauer, 24 de outubro de 1912 (B1 188).
18. Canetti, *Der andere Prozess*, pp. 17-8 [Ed. bras.: p. 87].
19. Ibid., pp. 25 ss. [Ed. bras.: p. 93].
20. Diário, 11 de fevereiro de 1913 (T 491) [Ed. bras.: p. 288].
21. Carta a Max Brod, 2 ou 20 de novembro de 1917.
22. Cartas a Felice Bauer, 3 e 10 de junho de 1913 (B2 201, 205).
23. Diário, 20 de abril de 1916 (rasurado, T App 377).
24. Declaração propagada por Max Brod (*Über Franz Kafka*, pp. 327, 349).
25. Diário, 14 de agosto de 1913 (T 574) [Ed. bras.: p. 303].

14. Da vida das metáforas: *A metamorfose* [pp. 221-35]

1. Carta a Max Brod, 4 de dezembro de 1917.
2. D 195 [Ed. bras.: p. 79] e carta a Felice Bauer, 1º de novembro de 1912 (B1 202).
3. Cartas a Felice Bauer, 1º de abril (B2 150), 7 de julho (B2 234), 8 de julho (B2 234) e 16 de setembro de 1913 (B2 282).
4. Peter Demetz, "Diese Frauen wollen tiefer umarmt sein: Franz Kafkas und Max Brods 'Reiseaufzeichnungen'" [Essas mulheres querem ser abraçadas mais profundamente: "Notas de viagem" de Franz Kafka e Max Brod], *Frankfurter Allgemeine Zeitung*, 25 jun. 1988.
5. Gustav Janouch, *Gespräche mit Kafka: Aufzeichnungen und Erinnerungen* [Conversas com Kafka: Registros e memórias]. Ed. revista e aumentada. Frankfurt am Main: S. Fischer, 1968, p. 46.
6. Friedrich Thieberger, "Kafka und die Thiebergers" [Kafka e os Thieberger]. In: Koch (Org.). "*Als Kafka mir entgegenkam...*", pp. 121-7, aqui p. 123.
7. Carta a Felice Bauer, 24 de novembro de 1912 (B1 257).
8. Jorge Luis Borges, "Nathaniel Hawthorne" (1949). In: *Inquisitionen: Essays*. Frankfurt am Main: Fischer, 1992, p. 72 [Ed. bras.: "Nathaniel Hawthorne". In: *Nova antologia pessoal*. Trad. de Davi Arrigucci Jr., Heloisa Jahn e Josely Vianna Baptista. São Paulo: Companhia das Letras, 2017]. O destaque é do próprio Borges.
9. Kafka a Felice Bauer, 5-6 de dezembro de 1912 (B1 303).
10. Reimpresso em: Hartmut Binder (Org.), *Prager Profile: Vergessene Autoren im Schatten Kafkas* [Perfis de Praga: Autores esquecidos à sombra de Kafka]. Berlim: Mann, 1991, pp. 295-7.
11. Carta a Felice Bauer, 24-25 de novembro de 1912 (B1 265).
12. Carta a Felice Bauer, 13 de novembro de 1912 (B1 228).

15. O medo de ficar louco [pp. 243-62]

1. Canetti, *Der andere Prozess*, p. 28 [Ed. bras.: p. 95].
2. Cartas a Felice Bauer, 14 e 16 de novembro de 1912 (B1 232, 237).
3. Cartas a Felice Bauer, 18, 19, 30 de novembro de 1912 (B1 244, 245, 285); 11-12, 14-15, 20 de dezembro de 1912 (B1 327, 335, 347); 21-23 de junho de 1913 (B2 218); assim como diário, 21 de julho de 1913 (T 568) [Ed. bras.: p. 300].
4. Rascunho de carta a Eugen Pfohl, 19 de fevereiro de 1911 (B1 134).
5. Georg Trakl a Ludwig von Ficker, 1º ou 2 de abril de 1914. In: Ludwig von Ficker, *Briefwechsel 1909-1914* [Correspondência 1909-1914]. Org. de Ignaz Zangerle et al. Salzburg: Müller, 1986, p. 213.
6. Postal a Willy Haas, 19 de julho de 1912 (B1 162).
7. Sigmund Freud, *Psychoanalytische Bemerkungen über einen autobiographisch beschriebenen Fall von Paranoia (Dementia paranoides)*, publicado pela primeira vez em: *Jahrbuch für psychoanalytische und psychopathologische Forschung* [Anuário de pesquisas psicanalíticas e psicopatológicas], v. 3, 1911; reimpresso em: *Studienausgabe*. Frankfurt am Main: Suhrkamp, 1989; a citação é do v. 7, p. 193 [Ed. bras.: *Observações psicanalíticas sobre um caso de paranoia relatado em autobiografia ("o caso Schreber"), artigos sobre técnica e outros textos* (1911-1913). Trad. e notas de Paulo César de Souza. São Paulo: Companhia das Letras, 2010, p. 94]. A única fonte de Freud era o relatório de Schreber, publicado em 1903, *Denkwürdigkeiten eines Nervenkranken* [Memórias de um doente dos nervos].
8. Diário, 27 e 28 de fevereiro de 1912 [Ed. bras.: pp. 213, 219], 11 de março de 1912 (T 382 ss., 400) [Ed. bras.: p. 223].
9. Diário de viagem, 6 de julho de 1912 (T 1036).
10. Diário de viagem, 14 de julho de 1912 (T 1045 ss.).
11. Carta a Felice Bauer, 12-13 de fevereiro de 1913 (B2 88).
12. Carta a Felice Bauer, 6 de agosto de 1913 (B2 252).
13. Else Lasker-Schüler a Paul Goldscheider, 3 de julho de 1927. In: Else Lasker-Schüler, *Lieber gestreifter Tiger: Briefe* [Querido tigre listrado: Cartas]. Org. de Margarete Kupper. Munique: Kösel, 1969, v. 1, p. 171.
14. Carta a Felice Bauer, 27 de novembro de 1912 (B1 277).
15. Cartas a Felice Bauer, 1º, 3 e 4-5 de dezembro de 1912 (B1 290, 297, 300).
16. Carta a Felice Bauer, 4 de dezembro de 1912 (B1 297).
17. Carta a Felice Bauer, 15-16 de dezembro de 1912 (B1 336); Diário, 15 de fevereiro de 1914 (T 638) [Ed. bras.: p. 343].
18. Carta a Felice Bauer, 10-11 de janeiro de 1913 (B2 32).
19. Rudolf Fuchs, "Kafka und die Prager literarischen Kreise" [Kafka e os círculos literários de Praga]. In: Koch (Org.), *"Als Kafka mir entgegenkam..."*, pp. 103-6, aqui p. 105.
20. *Bohemia*, 6 dez. 1912; reproduzido em: Jürgen Born (Org.), *Franz Kafka: Kritik und Rezeption zu seinen Lebzeiten 1912-1924* [Franz Kafka: Crítica e recepção em vida 1912-1924]. Frankfurt am Main: S. Fischer, 1979, pp. 113 ss.
21. Carta a Felice Bauer, 4-5 de dezembro de 1912 (B1 298 ss.).
22. Algumas cartas de Kafka a Erna Bauer dos anos 1914-5, que talvez pudessem ter lançado luz sobre as circunstâncias de vida dela, foram queimadas em 1944 durante um bombardeio em Berlim.
23. Carta a Felice Bauer, 14-15 de dezembro de 1912 (B1 334).

24. Cf. as cartas a Felice Bauer, 9-10 de dezembro de 1912 (B1 315), 31 de dezembro de 1912--1º de janeiro de 1913 (B1 378).

16. Guerra dos Bálcãs: O massacre logo ao lado [pp. 263-8]

1. Documentos no Arquivo de História de Guerra de Moscou indicam que, além de Redl, ao menos um outro informante de alta patente tinha acesso ao planejamento de guerra mais secreto, mas seu nome nunca veio à tona. Ver Manfried Rauchensteiner, *Der Tod des Doppeladlers: Österreich-Ungarn und der Erste Weltkrieg* [A morte da águia bicéfala: Áustria-Hungria e a Primeira Guerra Mundial]. Graz; Viena; Colônia: Styria, 1993, p. 636, nota 282.
2. Cf. carta a Felice Bauer, 1º de novembro de 1912 (B1 204).

17. Mil novecentos e treze [pp. 269-79]

1. Canetti, *Der andere Prozess*, pp. 17 e 23.
2. Carta a Felice Bauer, 22-23 de novembro de 1912 (B1 255).
3. Carta a Felice Bauer, 29-30 de dezembro de 1912 (B1 372 ss.).
4. Cartas a Felice Bauer, 2-3 e 19 de janeiro de 1913 (B2 15, 48), 3 de março de 1915. No exemplar de *Contemplação* dedicado a Felice Bauer, não há marca alguma de leitura.
5. Carta de Otto Stoessl a Kafka, provavelmente do dia 30 de janeiro de 1913; citada a partir de uma carta de Kafka a Felice Bauer, 31 de janeiro-1º de fevereiro de 1913 (B2 72).
6. No fim de dezembro, Felice Bauer estava "muito entusiasmada" com os breves perfis literários de Herbert Eulenberg, *Schattenbilder: Eine Fibel für Kulturbedürftige unserer Zeit* [Silhuetas: Uma cartilha para os carentes de cultura em nosso tempo] (Berlim: Bruno Cassirer, 1910), por serem "concisos e claros". Kafka deve ter achado extremamente desagradável que Felice se deixasse instruir, justamente pelo famoso Eulenberg, acerca de figuras próximas a ele e com as quais se identificava, como Hebbel, Dostoiévski e Nietzsche. Foi apenas um pequeno consolo que esse livro, por acaso, *não* tivesse sido publicado pelo admirador de Eulenberg, Kurt Wolff. "Você não deve mais ler as 'Silhuetas'", ele escreveu energicamente, e até sublinhou a frase. O conceito social-democrata de "clareza", próprio de Eulenberg, não deve tê-lo ajudado a assumir uma posição mais conciliadora: "Tratava-se de ser breve, claro, evitar clichês e ser compreensível para todos, mesmo para os leigos em questões literárias. [...] Minha ambição era despertar até as grandes massas, que têm de trabalhar duro ao longo da semana, para o interesse pela arte, dar-lhes uma hora de literatura como um remédio nobre para suas vidas difíceis [...]" (*Schattenbilder*, prefácio à 2. ed., p. XXII). Cf. as cartas de Kafka a Felice Bauer, 28--29 de dezembro de 1912 (B1 367-9) e 1º de janeiro de 1913 (B2 11).
7. Carta a Felice Bauer, 2-3 de janeiro de 1913 (B2 15).
8. Carta a Felice Bauer, 31 de dezembro de 1912-1º de janeiro de 1913 (B1 377).
9. Carta a Felice Bauer, 12-13 de janeiro de 1913 (B2 38).
10. Carta de Max Brod a Felice Bauer, 22 de novembro de 1912 (B1 555); carta de Kafka a Felice Bauer, 23-24 de janeiro de 1913 (B2 59).
11. Carta a Felice Bauer, 30-31 de dezembro de 1912 (B1 375).
12. Carta a Felice Bauer, 24 de novembro de 1912 (B1 258 ss.). O poema vem do volume *Chinesische Lyrik vom 12. Jahrhundert v. Chr. bis zur Gegenwart* [Lírica chinesa do século XII a.C. até o presente], organizado por Hans Heilmann (Munique: Piper, 1905). Kafka

lia poemas desse livro em voz alta com frequência; mas o volume não foi preservado em seu espólio.

13. Carta a Felice Bauer, 21-22 de janeiro de 1913 (B2 53 ss.).
14. Carta a Felice Bauer, 14-15 de janeiro de 1913 (B2 40).
15. Carta a Felice Bauer, 10-11 de janeiro de 1913 (B2 32).
16. Carta a Felice Bauer, 26 de janeiro de 1913 (B2 63).

18. *O desaparecido*: Perfeição e ruína [pp. 281-92]

1. Carta a Felice Bauer, 1º-2 de janeiro de 1913 (B2 12).
2. É claro que essa tese — como qualquer tese imaginável sobre Kafka — já foi defendida seriamente. Assim, Winfried Kudszus alegou que *O castelo* seria "também em sua forma exterior aquilo que foi projetado para ser: um fragmento" ("Erzählung und Zeitverschiebung in Kafkas 'Prozeß' und 'Schloß'" [Narrativa e deslocamento temporal em *O processo* e *O castelo* de Kafka], *Deutsche Vierteljahresschrift für Literaturwissenschaft und Geistesgeschichte*, v. 38, p. 203, 1964).
3. Diário, 30 de novembro de 1914 (T 702) [Ed. bras.: p. 406].
4. Carta a Felice Bauer, 9-10 de março de 1913 (B2 128); cartas a Kurt Wolff, 4 e 24 de abril de 1913 (B2 156, 173).
5. Paul Valéry, *Cahiers/ Hefte* [Cadernos]. Frankfurt am Main: S. Fischer, 1993, v. 6, p. 188.
6. Ver V 370, depois da fala de Brunelda "[...] eu vou dizer a vocês: da próxima vez, não vou tolerar isso" [Ed. bras.: p. 236]. Fac-símile dessa página do manuscrito: V App 79.
7. A expressão "'Teatro Natural'" não aparece no manuscrito de Kafka; além disso, ele escreve persistentemente "Oklah*a*ma" em vez de "Oklahoma" — parece que seus ouvintes não sabiam mais do que ele.
8. É provável, embora não seja comprovável, que no começo de 1913, enquanto Kafka ainda trabalhava na ruína de seu herói, ele já tivesse a virada positiva em mente. Há um fragmento de poucas linhas (V App 49), em que Karl é promovido ao cargo de ator, embora ainda não tenha a formação necessária para isso (no capítulo do Teatro de Oklahoma, ele será primeiro admitido como ator, V 407 [Ed. bras.: p. 261]). A atual sequência temporal desse fragmento (cf. V App 71-3) é insustentável, pois a carta em que se baseia foi datada incorretamente pelos editores de *Briefe an Felice* (1º-2 de fevereiro em vez de 1º-2 de janeiro de 1913). Entretanto, caso a observação que Kafka faz nessa carta, de que ele teria tomado notas para *O desaparecido* de "inspirações isoladas para eventos futuros", de fato se refira a esse fragmento — e não temos acesso a outras notas que poderiam ser relacionadas a essa observação —, isso significaria que, já no Ano-Novo de 1913, antes de concluir o episódio de Brunelda, Kafka já tinha a ideia de base para o Teatro Natural.
9. Nesse manuscrito, encontra-se ainda o começo de outro capítulo, que deveria descrever a viagem dos recém-admitidos até Oklahoma. Brod não incluiu esse fragmento na primeira edição de *O desaparecido*.
10. Max Horkheimer; Theodor W. Adorno, *Dialektik der Aufklärung: Philosophische Fragmente*. In: Max Horkheimer, *Gesammelte Schriften*. Frankfurt am Main: S. Fischer, 1987, v. 5, p. 102 [Ed. bras.: *Dialética do esclarecimento: Fragmentos filosóficos*. Trad. de Guido A. de Almeida. Rio de Janeiro: Jorge Zahar, 1985].

19. Invenção e exagero [pp. 293-306]

1. Para Peter Altenberg, essa era a função do tango: "O tango é uma questão ética: é uma compensação por tudo o que o homem deve à mulher! O desespero da mulher se chama tango! Em algum lugar ela tem de poder desabafar 'com decência'!" ("Der Tango" [O tango], *Die Schaubühne*, v. 10, n. 1, p. 25, 1914).
2. Cf. carta a Felice Bauer, 17-18 de janeiro de 1913 (B2 45). O tango só chegou a Praga no começo de 1913. Em dezembro, ele já fazia parte do programa do Klub deutscher Künslerinnen [Clube de artistas alemãs].
3. Cf. carta a Felice Bauer, 4-5 de fevereiro de 1913 (B2 76).
4. Cartas a Felice Bauer, 17-18 de fevereiro (B2 97) e 21-22 de fevereiro de 1913 (B2 103).
5. Cf. carta a Felice Bauer, 5-6 de janeiro de 1913 (B2 21 ss.).
6. Uma das bênçãos do processamento digital dos textos é que hoje essa impressão pode ser verificada com facilidade, e podemos medir o "fluxo de cartas" de Kafka: quase 26 mil palavras em novembro de 1912, mais de 28 mil em dezembro, e então uma queda para 19 mil em janeiro, 14 mil em fevereiro, e só 10 500 palavras em março. O fato de que nos tempos de Kafka ainda não era possível manipular dessa forma o acesso ao material escrito, e portanto tampouco as cartas, representa uma diferença cultural enorme.
7. Carta a Felice Bauer, 7-8 de fevereiro de 1913 (B2 82).
8. Carta a Felice Bauer, 6-7 de março de 1913 (B2 124).
9. Cf. cartas a Felice Bauer, 9 de março e 9-10 de março de 1913 (B2 127 ss.).
10. Carta a Felice Bauer, 4-5 de março de 1913 (B2 120 ss.).
11. Carta a Felice Bauer, 8-9 de janeiro de 1913 (B2 26-9).
12. Carta a Felice Bauer, 2 de novembro de 1912 (B1 206).
13. Carta a Felice Bauer, 9-10 de janeiro de 1913 (B2 30 ss.).
14. O filme está entre os itens da exposição "Kafkas Braut: Felice Bauer in biographischen Zeugnissen" [A noiva de Kafka: Felice Bauer em testemunhos biográficos], exibida pela primeira vez na primavera de 1998 na Deutsche Bibliothek de Frankfurt am Main. Não podemos descartar que Kafka tenha visto o folioscópio mais tarde, em um de seus encontros com Felice Bauer, ainda que isso seja pouco provável. O filme jamais é mencionado, nem em seu diário, nem na correspondência.
15. Cartas a Felice Bauer, 22-23 de janeiro (B2 57) e 4-5 de fevereiro de 1913 (B2 77). Sete dias depois, Kafka menciona o Parlograph pela última vez.
16. Carta a Felice Bauer, 22-23 de janeiro de 1913 (B2 57).
17. Cf. carta a Felice Bauer, 20-21 de fevereiro de 1913 (B2 102).
18. Carta a Felice Bauer, 24-25 de fevereiro de 1913 (B2 108).
19. Cf. as cartas a Felice Bauer, 17-18 de março (B2 138), 26-27 de fevereiro (B2 111), 11-12 de março (B2 131) e 16 de março de 1913 (B2 136).

20. Fobia sexual e entrega [pp. 307-22]

1. Ernst Pawel, *Das Leben Franz Kafkas: Eine Biographie* [A vida de Franz Kafka: Uma biografia]. Reinbek: Rowohlt, 1990, p. 329. Além disso, Pawel estabelece uma datação errada, e com isso uma situação posterior e extremamente tensa é erroneamente identificada com o primeiro reencontro dos dois. A carta de Kafka entregue por um mensageiro, com a qual ele teve de lembrar Felice de sua presença em Berlim, não é do dia 23 de

março (como presumem os editores de *Briefe an Felice*), e sim do dia 9 de novembro de 1913. Também é assim que se criam as lendas.

2. Carta a Felice Bauer, 30 de março de 1913 (B2 149).
3. Otto Pick, "Dem guten Kameraden" [Ao bom camarada], *Prager Presse*, p. 3, 3 nov. 1927. Eles não podiam se encontrar no Café des Westens, mais sofisticado do ponto de vista literário, porque Else Lasker-Schüler havia "se mudado" de lá depois de uma briga com o proprietário (cf. "Unser Café: Ein offener Brief an Paul Block" [Nosso café: Uma carta aberta a Paul Block]. In: Else Lasker-Schüler, *Gesammelte Werke in drei Bänden*. Frankfurt am Main: Suhrkamp, [s.d.], v. 2, pp. 277-9).
4. Carta a Felice Bauer, 26 de março de 1913 (B2 144).
5. Carta a Felice Bauer, 28 de março de 1913 (B2 147).
6. Ver Georges Duby; Michelle Perrot, *Geschichte der Frauen, v. 4: 19. Jahrhundert* [História das mulheres, v. 4: Século XIX]. Org. de Geneviève Fraisse e Michelle Perrot. Frankfurt am Main: Campus, 1994, pp. 358 ss.
7. Citado a partir de: Reine-Marie Paris, *Camille Claudel. 1864-1943*. Frankfurt am Main: S. Fischer, 1989, p. 114.
8. Carta a Felice Bauer, 19 de outubro de 1916.
9. Carta a Felice Bauer, 11 de novembro de 1912 (B1 225).
10. Carta a Felice Bauer, 1º de abril de 1913 (B2 150).
11. Immanuel Kant, *Die Metaphysik der Sitten*. In: *Kant-Studienausgabe*. v. 4. Darmstadt: Wissenschaftliche Buchgesellschaft 1956, pp. 390 ss. [Ed. bras.: *Metafísica dos costumes*. Trad. de Clélia Aparecida Martins (primeira parte), Bruno Nadai, Diego Kosbiau e Monique Hulshof (segunda parte). Petrópolis: Vozes; Bragança Paulista: Editora Universitária São Francisco, 2013. (Coleção Pensamento Humano)].
12. Cf. carta a Grete Bloch, 16 de maio de 1914.
13. Cf. Alfred Adler, *Über den nervösen Charakter* [Sobre o caráter nervoso]. Frankfurt am Main: Suhrkamp, 1972, p. 114.
14. Carta a Felice Bauer, 24 de novembro de 1912 (B1 257).
15. Carta a Felice Bauer, 23-24 de dezembro de 1912 (B1 357).
16. Diário, 4 de maio de 1913 (T 560) [Ed. bras.: p. 294].
17. Carta a Felice Bauer, 10 de abril de 1913 (B2 164).
18. Diário, 2 de maio de 1913 (T 557 ss.) [Ed. bras.: p. 293].

21. Ambientes de trabalho: A alta tecnologia e os fantasmas da burocracia [pp. 323-38]

1. "Ausstellung für Geschäftsbedarf und Reklame" [Exposição de suprimentos comerciais e propaganda], *Frankfurter Zeitung und Handelsblatt*, 13 abr. 1913, p. 3.
2. Carta a Felice Bauer, 14 de abril de 1913 (B2 168).
3. Carta a Felice Bauer, 28 de maio de 1913 (B2 198).
4. Carta a Felice Bauer, 28 de fevereiro-1º de março de 1913 (B2 115).
5. Carta ao Instituto de Seguros contra Acidentes de Trabalho, 11 de dezembro de 1912 (B1 325 ss.).
6. Em números: no fim de 1912, a renda mensal de Kafka era de cerca de 315 coroas, incluindo "subsídio de moradia" e "subsídio de custo de vida" (isso corresponde a um poder de compra de cerca de 2 mil euros). O nível salarial reivindicado por ele teria

significado um aumento de 53% de sua remuneração; quando ele foi nomeado vice-secretário em 1º de março de 1913, contudo, seu salário aumentou em apenas 21%.

7. Carta a Max Brod e Felix Weltsch, 20 de setembro de 1912 (B1 170).
8. "Die Arbeiterunfallversicherung und die Unternehmer" [O seguro contra acidentes de trabalho e as empresas], *Tetschen-Bodenbacher Zeitung*, suplemento 1, pp. 1-3, 4 nov. 1911. Reproduzido em: Franz Kafka, *Amtliche Schriften*. Org. de Klaus Hermsdorf. Berlim: S. Fischer, 1984, pp. 163-74.
9. O processo está documentado na edição crítica dos *Amtlichen Schriften* [Escritos reunidos] de Kafka. Org. de Klaus Hermsdorf e Benno Wagner. Frankfurt am Main: S. Fischer, 2003.
10. Diário, 19 de janeiro de 1914 (T 624) [Ed. bras.: p. 335].
11. Cf. O relato de Brod, que foi publicado como parte da série de artigos "Schriftsteller in ihren Doppelberufen" [Escritores em sua dupla profissão] em 4 de maio de 1928 na revista *Die Literarische Welt*. Reproduzido em: Franz Kafka, *Amtliche Schriften*. Berlim: S. Fischer, 1984, pp. 414-21.
12. Carta a Grete Bloch, 11 de fevereiro de 1914 (B2 330).
13. Diário, 3 de outubro de 1911 (T 54) [Ed. bras.: p. 71].
14. Alfred Weber, "Der Beamte" [O funcionário público], *Die neue Rundschau*, v. 21, n. 10, p. 1327, 1910. Como Weber estivera envolvido no doutorado de Kafka, ainda que só de maneira formal, os dois se conheciam pessoalmente.
15. Carta a Felice Bauer, 3 de dezembro de 1912 (B1 296).
16. Carta a Milena Jesenská, 31 de julho de 1920.
17. Carta a Felice Bauer, 7 de abril de 1913 (B2 158 ss.).
18. Ver as notas sobre as viagens a Friedland e Reichenberg no começo de 1911 (T 931-40).
19. Carta a Felice Bauer, 26 de junho de 1913 (B2 222).

22. O pedido [pp. 339-66]

1. Carta a Felice Bauer, 15 de maio de 1913 (B2 189).
2. Carta a Felice Bauer, 8-16 de junho de 1913 (B2 209).
3. Cartas a Felice Bauer, 23 de maio (B2 194) e 13 de maio de 1913 (B2 187).
4. Cf. carta a Felice Bauer, 4-5 de dezembro de 1912 (B1 298).
5. Carta a Felice Bauer, 23-24 de maio de 1913 (B2 196).
6. Carta a Felice Bauer, 23 de maio de 1913 (B2 193-5).
7. Carta a Felice Bauer, 8-16 de junho de 1913 (B2 208).
8. Canetti, *Der andere Prozess*, p. 52; Pawel, *Das Leben Franz Kafkas*, p. 332.
9. Carta a Felice Bauer, 5 de julho de 1913 (B2 230).
10. Diário, 21 de junho de 1913 (T 562) [Ed. bras.: p. 296]; carta a Felice Bauer, 21-23 de junho de 1913 (B2 216).
11. Carta a Oskar Pollak, 8 de novembro de 1903 (B1 30).
12. Cf. as cartas a Felice Bauer, 20 de junho (B2 215) e 26 de junho de 1913 (B2 222).
13. Cf. carta a Felice Bauer, 24 de agosto de 1913 (B2 269).
14. Carta a Felice Bauer, 1º de julho de 1913 (B2 226); Diário, 1º de julho de 1913 (T 562) [Ed. bras.: p. 296].
15. Carta a Felice Bauer, 3 de julho de 1913 (B2 229). Felizmente, Felice já conhecia o uso austríaco que Kafka fazia da conjunção "até" (*bis*). É claro que sua mãe não quis dizer que

ele teria a liberdade de escolha *só até* chegarem as informações de Berlim; ele ainda teria essa liberdade *quando* elas chegassem ou *depois*.

16. Carta a Felice Bauer, 5 de julho de 1913 (B2 230).
17. Carta a Felice Bauer, 1º de agosto de 1913 (B2 246).
18. P 36 ss. [Ed. bras.: pp. 33-4].
19. *Meyers Reisebücher: Nordseebäder und Städte der Nordseeküste* [Diários de viagem de Meyer: Banhos no Nordsee e cidades da costa do Nordsee]. 4. ed. Leipzig; Viena: Bibliographisches Institut, 1912, p. 130.
20. Carta a Felice Bauer, 1º de agosto de 1913 (B2 246).
21. A primeira carta de Kafka a Carl Bauer não foi preservada. Ainda assim, o tom dessa carta pode ser deduzido a partir de uma observação no diário de 15 de agosto de 1913: "Minha mãe veio até a cama e me perguntou se eu tinha enviado a carta e se havia mantido o texto antigo. Disse-lhe que era o mesmo texto, só que ainda mais contundente. Ela disse que não me entendia" (T 576) [Ed. bras.: p. 304]. O "texto antigo", que tampouco foi preservado, é aquele rascunho do dia 20 de julho, que a mãe de Kafka leu e então correu até uma agência de informações.
22. Cf. carta a Felice Bauer, 29 de outubro de 1913 (B2 293).
23. Citado a partir de: Adrian Desmond; James Moore, *Darwin*. Munique: List, 1992, p. 294.
24. Diário, 21 de julho de 1913 (T 568-70) [Ed. bras.: pp. 300-1].
25. Carta a Felice Bauer, 10 de julho de 1913 (B2 263).
26. Cartas a Felice Bauer, 1º de julho (B2 226) e 14 de agosto de 1913 (B2 262).
27. Carta a Felice Bauer, 12 de agosto de 1913 (B2 260).
28. Carta a Carl Bauer, presume-se que de 28 de agosto de 1913 (B2 271 ss.).
29. Transmissão oral de Erna Bauer a Jürgen Born.

23. Literatura, nada mais [pp. 367-92]

1. Carta a Felice Bauer, 14 de agosto de 1913 (B2 261 ss.).
2. Diário, 3 de janeiro de 1912 (T 341) [Ed. bras.: p. 188].
3. Cartas a Felice Bauer, 2-3 de janeiro (B2 15) e 8-16 de junho de 1913 (B2 209).
4. Carta a Max Brod, 5 de julho de 1922.
5. *Die Fackel*, n. 398, p. 19, 21 abr. 1914.
6. Diário, 21 de agosto de 1913 (T 579) [Ed. bras.: p. 306]; carta a Carl Bauer, 28 de agosto de 1913 (B2 271); carta a Felice Bauer, 24 de agosto de 1913 (B2 269).
7. Felix Weltsch; Max Brod, *Anschauung und Begriff: Grundzüge eines Systems der Begriffsbildung* [Visão e conceito: Traços básicos de um sistema de formação de conceitos], publicado em fevereiro de 1913 pela Kurt Wolff Verlag, pouco tempo depois do casamento de Brod. Uma carta a Felice Bauer de 27-28 de fevereiro de 1913 deixa claro que Kafka leu ao menos a introdução mais de uma vez, provavelmente no manuscrito. O volume, contudo, não foi preservado em seu espólio.
8. Diário, 21 de junho de 1913 (T 562) [Ed. bras.: p. 296].
9. Diário, 21 de agosto de 1913 (T 580) [Ed. bras.: p. 307]; carta a Carl Bauer, 28 de agosto de 1913 (B2 272).
10. Carta a Felice Bauer, 2 de setembro de 1913 (B2 275).
11. Diário, 27 de agosto de 1916 (T 803) [Ed. bras.: p. 469].
12. Carta a Max Brod, 22 de julho de 1912 (B1 163).

13. Na noite de 5 de abril de 1913, Else Lasker-Schüler participou de uma leitura no Klub deutscher Künstlerinnen [Clube de artistas alemãs] em Praga. Segundo um postal que Otto Pick enviou a František Khol no dia anterior, Kafka havia prometido que estaria presente na procissão pelos cafés de Praga em seguida à apresentação. Já na noite de 4 a 5 de abril, houve um embate burlesco entre Else Lasker-Schüler e um guarda de Praga no Altstädter Ring, que Kafka também teria testemunhado (cf. Leopold B. Kreitner, "Der junge Kafka" [O jovem Kafka]. In: Koch (Org.), *"Als Kafka mir entgegenkam..."*, pp. 45-54, aqui pp. 52 ss.). Não se pode descartar a possibilidade de que Felice Bauer tenha ouvido sobre isso mais tarde.
14. Carta a Felice Bauer, 14-15 de fevereiro de 1913 (B2 91).
15. Citado a partir da reimpressão fac-similar em: *Imprimatur*, nova série, v. 3, 1961-2, pp. 200 ss.
16. Carta a Felice Bauer, 5 de abril de 1913 (B2 158).
17. Carta a Kurt Wolff, 11 de abril de 1913 (B2 166).
18. Cf. a carta de Alfred Löwy a Kafka, 20 de dezembro de 1913 (B2 578): "A gênese do programa da Der jüngste Tag, pelo que você descreve, é divertida; como o universo, surgiu do nada". Infelizmente, a descrição de Kafka não sobreviveu ao tempo.
19. Segundo uma carta inédita de Brod ao escritor e editor Karl Hans Strobl, 26 de junho de 1913 (o original está no Deutsches Literaturarchiv, Marbach am Neckar).
20. *Die Aktion*, ano 4, n. 48/49, 5 dez. 1914.
21. Max Brod a Richard Dehmel, 2 de junho de 1913. É claro que Brod não era o único de quem Dehmel recebia tal tipo de pedido; cf. Helmut Sembdner (Org.), *Der Kleist-Preis. 1912-1932: Eine Dokumentation* [O prêmio Kleist. 1912-1932: Uma documentação]. Berlim: E. Schmidt, 1968, pp. 52 ss.
22. Carta a Max Brod, 17 de julho de 1912 (B1 161).
23. Max Brod, "Die neue Zeitschrift" [A nova revista], *Die weißen Blätter*, n. 1, p. 1229, 1913-4.
24. Max Brod, *Streitbares Leben*. Frankfurt am Main: Insel, 1979, p. 76.
25. Carta a Felice Bauer, 14-15 de fevereiro de 1913 (B2 92).
26. Max Brod, "Das Ereignis eines Buches" [O evento de um livro], *März*, 15 fev. 1913. Reproduzido na íntegra em: *Franz Kafka: Kritik und Rezeption zu seinen Lebzeiten*. 1912-1924. Org. de Jürgen Born. Frankfurt am Main: S. Fischer, 1979, pp. 24-7.
27. Carta a Felice Bauer, 18-19 de fevereiro de 1913 (B2 99).
28. Carta a Felice Bauer, 27 de junho de 1913 (B2 224). A resenha de *O foguista* escrita por H. E. Jacobs foi publicada em 16 de junho de 1913 no *Deutsche Montags-Zeitung*, Berlim; Paul Friedrich analisou *Contemplação* em 15 de agosto de 1913 no *Literarisches Echo*.
29. Carta a Felice Bauer, 14-15 de fevereiro de 1913 (B2 92 ss.).
30. Max Brod, "Kleine Prosa" [Prosa curta], *Die neue Rundschau*, jul. 1913; uma resenha que conjugava os *Aufsätzen* [Ensaios], de Robert Walser, que também tinham sido publicados por Wolff; *Contemplação*, de Kafka; e *Das Leichenbegängnis der Gemma Ebria* [O funeral de Gemma Ebria], de Heinrich Eduard Jacob.
31. Rudolf Fuchs, "Kafka und die Prager literarischen Kreise". In: Koch (Org.). *"Als Kafka mir entgegenkam..."*, pp. 103-6, aqui p. 105. Kafka estava falando de seu primeiro livro, *Contemplação*.
32. Wolff, *Autoren, Bücher, Abenteuer*, p. 74.
33. O contrato de Kurt Wolff com Georg Trakl de abril de 1913 contém uma cláusula do tipo, que amarra o autor por cinco anos; os contratos com Max Brod, por outro lado,

não — talvez porque Brod ainda tinha obrigações em relação a Axel Juncker. Nenhum contrato de edição de Kafka resistiu ao tempo.

34. Diário, 1º de julho de 1913 (T 563) [Ed. bras.: p. 296].
35. Cf. Hugo Hecht, "Über Ernst Weiß" [Sobre Ernst Weiß], *Weiß-Blätter*, n. 3, pp. 3-5, jun. 1974; assim como Eduard Wondrák, "Zu den Erinnerungen Hugo Hechts an Ernst Weiß" [Sobre as recordações que Hugo Hecht tem de Ernst Weiß], ibid., pp. 10-2. Nas notas de Kafka sobre Ernst Weiß, nada indica um encontro tão precoce.
36. Ao lado de Richard A. Bermann e Albert Ehrenstein, Martin Buber também defendia *Die Galeere*. À época, Buber era editor da Verlag Rütten & Loening; é difícil acreditar que o romance também tenha sido "rejeitado por três anos" nessa editora, conforme Weiß afirma em seu "Autobiographische Skizze" [Rascunho autobiográfico] de 1927 (Ernst Weiß, *Die Kunst des Erzählens: Essays, Aufsätze, Schriften zur Literatur* [A arte de narrar: Ensaios, artigos, escritos sobre literatura]. Frankfurt am Main: Suhrkamp, 1982, p. 121).
37. Ambas as cartas citadas a partir de: Peter Engel, "Massenherberge mit Wohlwollen für den Fremden: Die Bedeutung Berlins im Werk und Leben von Ernst Weiß" [Albergue em massa com benevolência para o desconhecido]. In: Hans Dieter Zimmermann; Margarita Pazi (Orgs.). *Berlin und der Prager Kreis* [Berlim e o círculo de Praga]. Würzburg: Königshausen & Neumann, 1991, p. 174.
38. Carta a Grete Bloch, 10 de novembro de 1913 (B2 299).
39. Ernst Weiß, "Der jüngste Tag", *National-Zeitung*, Berlim, 18 jan. 1914.
40. Carta a Grete Bloch, 8 de fevereiro de 1914 (B2 327).

24. Três congressos em Viena [pp. 393-412]

1. Em uma carta a Felice Bauer (B2 276) do dia 2 de setembro de 1913, ele fala em um "Internat: Kongress für Rettungswesen und Hygiene" [Internato: Congresso de sistemas de resgate e saneamento].
2. Adendo à carta a Felice Bauer, 13 de setembro de 1913 (B2 279). Essa e as demais notas de Viena citadas foram escritas em 10 de setembro, quatro dias depois da chegada.
3. *Die weisse Zeit* [O tempo branco], publicado por Georg Müller em Munique. Embora o volume já tivesse sido impresso em 1914, conforme indica a página de créditos, só chegou às livrarias em 1916.
4. Carta a Max Brod, 16 de setembro de 1913 (B2 283); assim como a Felice Bauer, 9 de setembro de 1913 (B2 278), e a Grete Bloch, 14 de fevereiro de 1914 (B2 332).
5. A reação de Werfel, para quem o prefácio de Brod deve ter sido uma afronta, infelizmente não está documentada. Hans Janowitz, por outro lado, também autor da *Arkadia*, manteve uma "extensa correspondência" com Brod a respeito, que culminou com o fim da relação entre os dois; cf. carta de Janowitz a Ludwig von Ficker, 20 de setembro de 1913. In: Von Ficker, *Briefwechsel 1909-1914*, p. 181.
6. Karl Kraus a Kurt Wolff, 9 de dezembro de 1913. In: Kurt Wolff. *Briefwechsel eines Verlegers 1911-1963*. Frankfurt am Main: Fischer Taschenbuch, 1980, p. 123.
7. Carta a Max Brod, 16 de setembro de 1913 (B2 283).
8. Ulrik Brendel, "Max Brod (II)", *Der Brenner*, 1 out. 1913; Max Brod, "Schlußwort an Ulrik Brendel" [A última palavra para Ulrik Brendel], *Die Aktion*, 18 out. 1913; Ludwig von Ficker, "Schlußpunkt" [Ponto-final], *Der Brenner*, 15 nov. 1913.
9. Max Brod, "Alfred Kerr", *Die Aktion*, 1º de maio de 1911, col. 335.

10. Max Brod a Karl Hans Strobl, 26 de junho de 1913. O original da carta inédita se encontra no Deutsches Literaturarchiv, Marbach am Neckar.
11. Diário, 8 de janeiro de 1914 (T 622) [Ed. bras.: pp. 333].
12. Em suas notas de Viena, Kafka menciona Theodor e Lise Weltsch, assim como Klara Thein. A participação de Otto Fanta, e também de sua irmã Else Bergmann, casada com um amigo de juventude de Kafka, Hugo Bergmann, pode ser confirmada por uma carta de Klara Thein a Hartmut Binder, de 10 de fevereiro de 1972; ver Binder, "Frauen in Kafkas Lebenskreis (2. Teil)" [Muheres no círculo de vida de Kafka (2ª parte)], *Sudetenland*, v. 40, n. 1, pp. 25 ss., 1998.
13. Adendo a carta a Felice Bauer, 13 de setembro de 1913 (B2 281).
14. Carta a Max Brod, 16 de setembro de 1913 (B2 283). "Kongreß-Impressionen" [Impressões do congresso], *Selbstwehr*, pp. 1 ss., 26 set. 1913.
15. Adendo a carta a Felice Bauer, 13 de setembro de 1913 (B2 280).
16. Franz Grillparzer a Georg Altmütter, primavera de 1821; citado a partir de: *Grillparzers Briefe und Tagebücher: Eine Ergänzung zu seinen Werken* [Cartas e diários de Grillparzer: Um complemento a suas obras], v. 1: *Briefe* [Cartas]. Org. e notas de Carl Glossy e August Saue Stuttgart; Berlim: [s.n.], 1903, pp. 57 ss. É provável que Kafka tenha lido essa carta pouco antes de sua viagem a Viena, em um livro de Heinrich Laube: *Franz Grillparzers Lebensgeschichte* [A história de vida de Franz Grillparzer]. Stuttgart: Cotta, 1884, p. 517.
17. Cartas a Grete Bloch, 8 de abril de 1914 e 14 de fevereiro de 1914 (B2 332); Diário, 27 de agosto de 1916 (T 803) [Ed. bras.: pp. 469-7018.
18. *Bericht über den II. Internationalen Kongress für Rettungswesen und Unfallverhütung* [Relatório sobre o II Congresso Internacional de Sistemas de Resgate e Prevenção de Acidentes]. Org. de H. Charas. Viena: Verlag der Kongressleitung, 1914, "Prefácio", pp. III ss.
19. Carta a Max Brod, 16 de setembro de 1913 (B2 283).

25. Trieste, Veneza, Verona, Riva [pp. 413-24]

1. Carta a Felice Bauer, 13 de setembro de 1913 (B2 279). Literalmente a mesma formulação da carta a Max Brod, 16 de setembro de 1913 (B2 283). A visão do anjo é do diário, 25 de junho de 1914 (T 538-41).
2. In: Winfried G. Sebald, *Schwindel: Gefühle*. Frankfurt am Main: Eichborn, 2001 [Ed. bras.: *Vertigem*. Trad. de José Marcos Macedo. São Paulo: Companhia das Letras, 2008].
3. Johann Wolfgang Goethe, *Sämtliche Werke: Briefe, Tagebücher und Gespräche*, seção 1, v. 15/1: *Italienische Reise*, parte 1. Org. de Christoph Michel e Hans-Georg Dewitz. Frankfurt am Main: Suhrkamp, 1993 [Ed. bras.: *Viagem à Itália*. Trad. de Wilma Patricia Maas. São Paulo: Editora Unesp, 2017, p. 86]. Postal de Kafka a Felice Bauer, 15 de setembro de 1913 (B2 281), assim como carta a Max Brod, 16 de setembro de 1913 (B2 283). Exatamente um ano antes, o próprio Brod estivera em Veneza.
4. Pawel, *Das Leben Franz Kafkas*, p. 340.
5. Carta a Felice Bauer, 16 de setembro de 1913 (B2 282).
6. Goethe, *Sämtliche Werke*, p. 69.
7. Carta a Felice Bauer, 6 de agosto de 1913 (B2 253); carta a František Khol anterior a 12 de julho de 1914.

8. Mais detalhes sobre o sanatório Hartungen em: Albino Tonelli, *Ai confini della Mitteleuropa: Il Sanatorium von Hartungen di Riva del Garda: Dai fratelli Mann a Kafka gli ospiti della cultura europea*. Riva: Biblioteca Civica, 1995.
9. Carta a Max Brod, 28 de setembro de 1913 (B2 286).
10. Anthony Northey, "Kafka in Riva, 1913", *Neue Zürcher Zeitung*, 25-26 abr. 1987, p. 66.
11. Carta a Felice Bauer, 29 de dezembro de 1913-2 de janeiro de 1914 (B2 311).
12. Carta a František Khol anterior a 12 de julho de 1914; diário, 20 de outubro de 1913 (T 586) [Ed. bras.: p. 310].
13. Carta a Max Brod, 28 de setembro de 1913 (B2 285).
14. Diário, 22 de outubro de 1913 (T 588) e 8 de fevereiro de 1922 (T 903) [Ed. bras.: pp. 311 e 533, respectivamente].
15. Diário, 20 de outubro de 1913 (T 586) [Ed. bras.: p. 310].
16. Diário, 14 de agosto de 1913 (T 574 ss.) [Ed. bras.: p. 303].
17. NSFI 305 ss.; cf. 311 [Ed. bras.: "O caçador Graco". In: *Narrativas do espólio*. Trad. de Modesto Carone. São Paulo: Companhia das Letras, 2002, p. 66].

26. Grete Bloch: A mensageira entra em cena [pp. 425-36]

1. Carta a Grete Bloch, 10 de novembro de 1913 (B2 297).
2. Carta a Felice Bauer, 29 de dezembro de 1913 (B2 311); carta a Max Brod, 28 de setembro de 1913 (B2 285); carta a Felice Bauer, 29 de outubro de 1913 (B2 292).
3. Carta a Grete Bloch, 10 de novembro de 1913 (B2 300).
4. Ibid. (B2 298).
5. Carta a Grete Bloch, 18 de novembro de 1913 (B2 300).
6. Carl Dallago a Ludwig von Ficker, 10 de outubro de 1913. In: Von Ficker, *Briefwechsel 1909-1914*, p. 298, nota 62.
7. Hans Janowitz a Ludwig von Ficker, 20 de setembro de 1913, ibid., p. 181.
8. *Die Fackel*, n. 389-390, p. 37, 15 dez. 1913.
9. Diário, 21 de outubro de 1913 (T 587) [Ed. bras.: p. 311].
10. Diário, 24 de novembro de 1913 (T 597) [Ed. bras.: p. 317]; carta a Felice Bauer, 6 de novembro de 1913 (B2 294).
11. Carta a Milena Jesenská, 11 de novembro de 1920.
12. Cf. a carta a Felice Bauer, 29 de dezembro de 1913-2 de janeiro de 1914 (B2 310).
13. Carta a Felice Bauer, 8-16 de junho de 1913 (B2 211 ss.).
14. Carta a Grete Bloch, 1º de fevereiro de 1914 (B2 323).

27. No zero absoluto [pp. 437-48]

1. Friedrich Thieberger, "Kafka und die Thiebergers". In: Koch (Org.). *"Als Kafka mir entgegenkam..."*, pp. 121-7, aqui p. 126.
2. Diário, 6 e 27 de novembro de 1913 (T 591, 602 ss.) [Ed. bras.: pp. 313 e 319].
3. Carta a Grete Bloch, 14 de junho de 1914.
4. Diário, 9 de dezembro de 1913 (T 608) [Ed. bras.: p. 323].
5. Carta a Felice Bauer, 29 de dezembro de 1913-2 de janeiro de 1914 (B2 315 ss., 314).
6. Carta a Grete Bloch, 28 de janeiro de 1914 (B2 320).
7. Citação a partir de carta de Kafka a Grete Bloch, 14 de fevereiro de 1914 (B2 332).

8. Cartas a Grete Bloch, 10 de novembro de 1913 e 21-25 de fevereiro de 1914 (B2 297, 334). Cf. a carta a Felice Bauer de 17 de abril de 1914: "Não posso ouvir falar em meninas chorando", assim como a entrada de diário de 2 de julho de 1913: "Chorei de soluçar ao ler o relato do processo movido contra uma mulher de 23 anos, Marie Abraham, que, em decorrência da miséria e da fome, estrangulou a filha de quase nove meses, Barbara [...]" (T 564) [Ed. bras.: p. 297].
9. Canetti, *Der andere Prozess*, p. 57.
10. Carta a Felice Bauer, 28 de abril de 1914; a Grete Bloch, 16 de março de 1914 (B2 354).
11. Carta a Grete Bloch, 28 de janeiro de 1914 (B2 318).
12. Carta a Grete Bloch, 2 de março de 1914 (B2 338).
13. Carta a Felice Bauer, 29 de dezembro de 1913-2 de janeiro de 1914 (B2 313 ss.).
14. Carta a Grete Bloch, 4 de março de 1914 (B2 342).
15. Detalhes desse encontro de Kafka com Felice Bauer, assim como declarações dos dois, estão espalhados por diversos documentos; ver especialmente as cartas a Grete Bloch de 2 e 3 de março de 1914 (B2 338, 340), as cartas a Felice Bauer de 21 e 25 de março de 1914 (B2 363, 367), assim como a entrada do diário de 9 de março de 1914 (T 505 ss.) [Ed. bras.: pp. 347-9]. Outra fonte importante, uma carta a Felice Bauer escrita no dia seguinte da viagem a Berlim, está perdida. Sem dúvida, essa carta continha uma série de citações da conversa; podemos presumir que está entre as poucas cartas que Felice Bauer destruiu nos anos 1950, imediatamente antes de vender a correspondência. Na última frase da carta de Kafka a Grete Bloch, fica evidente que Felice Bauer não formulou sua negativa só no Tiergarten, mas já no dia anterior: "com isso passei a noite de sábado para domingo, com isso passei a viagem de volta" (B2 338).

28. Kafka e Musil [pp. 449-60]

1. Diário, 20 de outubro de 1913 (T 585) [Ed. bras.: p. 310].
2. Carta a Minze Eisner, março de 1920.
3. Carta a Grete Bloch, 19 de fevereiro de 1914 (B2 333).
4. Diário, 9 de março de 1914 (T 508) [Ed. bras.: p. 349].
5. Diário, 19 de janeiro de 1914 (T 624) [Ed. bras.: p. 335].
6. Robert Musil. *Briefe 1901-1942*. Org. de Adolf Frisé. Reinbek: Rowohlt, 1981, pp. 95-7. Cf. do mesmo autor, *Tagebücher* [Diários]. Org. de Adolf Frisé. Reinbek: Rowohlt, 1983, p. 312 (entrada de 22 de setembro de 1915).
7. Há um fac-símile do contrato de Musil em: Karl Corino, *Robert Musil: Leben und Werk in Bildern und Texten* [Robert Musil: Vida e obra em imagens e textos]. Reinbek: Rowohlt, 1988, p. 211.
8. Robert Musil a Franz Kafka, 22 de fevereiro de 1914 (B2 579). Diário, 23 de fevereiro de 1914 (T 500) [Ed. bras.: p. 344].
9. Robert Musil a Franz Kafka, 25 de fevereiro de 1914 (B2 581).
10. Carta a Grete Bloch, 8 de maio de 1914.
11. Carta a Grete Bloch, 1º de fevereiro de 1914 (B2 322).
12. Carta a Grete Bloch, 19 de março de 1914 (B2 358). Carta a Felice Bauer, 21 de março de 1914 (B2 362-4).
13. Carta a Grete Bloch, 26 de março de 1914 (B2 369).

29. Plano matrimonial e ascetismo [pp. 461-82]

1. Sören Kierkegaard, *Gesammelte Werke* [Obras completas], v. 4: *Stadien auf dem Lebensweg* [Estádios no caminho da vida]. Jena: E. Diederichs, 1914, p. 173. Willy Haas, "Die Verkündigung und Paul Claudel" [A anunciação e Paul Claudel], *Der Brenner*, ano 3, n. 19, p. 869, 1º de julho de 1913.
2. Diário, 21 de agosto de 1913 (T 578) [Ed. bras.: p. 306]. Kafka leu os trechos do diário ordenados por tema, que Hermann Gottsched havia compilado em um volume intitulado, conforme o desejo do próprio Kierkegaard, *Buch des Richters* [Livro do juiz] (Jena; Leipzig: E. Diederichs, 1905).
3. Carta a Felice Bauer, 14 de abril de 1914.
4. Carta a Felice Bauer, 9 de abril de 1914.
5. Cf. carta a Felice Bauer, 21-23 de junho de 1913 (B2 217).
6. Carta a Grete Bloch, 16 de maio de 1914. O endereço do apartamento alugado por Kafka era Lange Gasse 5.
7. Carta a Grete Bloch, 7 de maio de 1914.
8. Carta a Felice Bauer, fim de outubro-começo de novembro de 1914.
9. Cf. as cartas a Felice Bauer, 19 de março de 1913 (B2 141) e 3 de março de 1915.
10. Carta a Felice Bauer, 29 de dezembro de 1913-2 de janeiro de 1914 (B2 311, 314).
11. Carta a Felice Bauer, 14 de agosto de 1913 (B2 261).
12. Carta a Grete Bloch, 12 de maio de 1914.
13. Johann Peder Müller, *Mein System* [Meu sistema]. Ed. revista e aumentada. Leipzig; Zurique: [s.n., s.d.], p. 14.
14. Diário, 14 de setembro de 1915 (T 752) [Ed. bras.: p. 437].
15. Diário, 30 de agosto de 1913 (T 581) [Ed. bras.: p. 307]. Nota de 20 de agosto de 1916 (NSF2 24).
16. Diário, 19 de fevereiro de 1920 (T 859) [Ed. bras.: p. 505].
17. Carta a Felice Bauer, fim de outubro-começo de novembro de 1914.
18. Carta a Felice Bauer, 21 de abril de 1914.
19. Anselm Feuerbach, *Ein Vermächtnis* [Um legado]. Org. de Henriette Feuerbach. Berlim: Meyer & Jessen, 1912. Dedicatória escrita à mão: "Como recordação do dia 31 de maio de 1914. Felice".
20. Diário, 6 de junho de 1914 (T 528) [Ed. bras.: pp. 360-1].
21. Carta a Felice Bauer, 11 de fevereiro de 1915.
22. Carta a Felice Bauer, março de 1916.
23. A enumeração vem do livro *Die neue Wohnung: Die Frau als Schöpferin* [A nova casa: A mulher como criadora] (Leipzig: Klinkhardt & Biermann, 1924), em que o arquiteto Bruno Taut reivindicava uma simplificação radical da casa burguesa: "[…] os demais excessos serão serrados pelo carpinteiro. Todos ficarão espantados de ver como os móveis ficam lisos, limpos [!] […]" (pp. 60 ss.).
24. Diário, 30 de junho de 1914 (T 541 ss.) [Ed. bras.: p. 377].

30. Tribunal em Berlim [pp. 483-94]

1. Diário, 6 de junho de 1914 (T 530) [Ed. bras.: p. 362].
2. Carta a Felice Bauer, 14 de abril de 1914.

3. Wolfgang A. Schocken, "Wer war Grete Bloch?" [Quem foi Grete Bloch?]. In: *Exilforschung: Ein internationales Jahrbuch* [Pesquisa sobre o exílio: Um anuário internacional], *v. 4*: *Das jüdische Exil und andere Themen* [O exílio judaico e outros temas]. Munique: Edition Text+Kritik, 1986; a carta citada de Grete Bloch é de 21 de abril de 1940, aqui pp. 95 ss.
4. Brod incluiu as informações sobre um suposto filho de Kafka em 1954, nos "Adendos" a sua biografia de Kafka; ver Brod, *Über Franz Kafka*, pp. 209 ss. Em seu livro *Verzweiflung und Erlösung im Werk Franz Kafkas* [Desespero e redenção na obra de Franz Kafka], publicado em 1959, Brod cita trechos extensos das cartas de Kafka a Grete Bloch (oito anos antes de sua publicação), aparentemente sem perceber que assim estava colocando em xeque a lenda que ele próprio criara. Desde o começo, Brod também levou a sério demais o livro *Gespräche mit Kafka*, de Gustav Janouch, embora esse volume contivesse citações de um páthos que não lembra em nada o de Kafka.
5. Postais a Felice Bauer, 31 de agosto e 1º de setembro de 1916.
6. Cf. as cartas a Grete Bloch de 1º de fevereiro, 2 de março e 3 de março de 1914 (B2 323, 338, 340).
7. Carta a Grete Bloch, 1º de fevereiro de 1914 (B2 321).
8. Cartas a Grete Bloch, 21 de março de 1914 (B2 364) e 14 de abril de 1914.
9. Carta a Grete Bloch, 2 ou 3 de junho de 1914.
10. Rascunho de carta de Grete Bloch, 3 de julho de 1914, 31º aniversário de Kafka.
11. Carta a Felice Bauer, fim de outubro de 1914.
12. Carta a Grete Bloch, 6 de junho de 1914.
13. Carta a Carl e Anna Bauer, 13 de julho de 1914.

31. A Grande Guerra [pp. 495-520]

1. Citado a partir de: Manfried Rauchensteiner, *Der Tod des Doppeladlers: Österreich-Ungarn und der Erste Weltkrieg*. Graz; Viena; Colônia: Styria, 1993, p. 88.
2. Stefan Zweig, *Die Welt von Gestern: Erinnerungen eines Europäers*. Frankfurt am Main: S. Fischer, 1970, p. 255 [Ed. bras.: *Autobiografia: o mundo de ontem: Memórias de um europeu*. Trad. de Kristina Michahelles, prefácio de Alberto Dines. Rio de Janeiro: Zahar, 2014].
3. Relatório do embaixador alemão em Viena, Heinrich von Tschirnsky, para o chanceler alemão Theobald von Bethmann Hollweg, 14 de julho de 1914. Citado a partir de: Imanuel Geiss (Org.), *Juli 1914: Die europäische Krise und der Ausbruch des Ersten Weltkriegs* [Julho de 1914: A crise europeia e a eclosão da Primeira Guerra Mundial]. Munique: DTV, 1965, p. 95.
4. Citado a partir de: Carl Freiherr von Bardolff, *Soldat im alten Österreich: Erinnerungen aus meinem Leben* [Soldado na velha Áustria: Memórias da minha vida]. 2. ed. Jena: E. Diederichs, 1943, p. 177.
5. Conrad a Leopold von Chlumecky, citado em: Franz Conrad von Hötzendorf, *Aus meiner Dienstzeit 1906-1918* [Do meu tempo de serviço, 1906-1918]. Viena; Leipzig; Munique: Rikola, 1923, v. 4, p. 72. É preciso ter em mente que depois Conrad mandaria imprimir essa declaração ultrajante para documentar sua *clarividência*.
6. A esse respeito, ver Förster, "Der deutsche Generalstab und die Illusion des kurzen Krieges, 1871-1914: Metakritik eines Mythos" [O Estado-Maior alemão e a ilusão da guerra breve, 1971-1914: Metacrítica de um mito]. In: Johannes Burkhardt; Josef Becker;

Stig Förster; Günther Kronenbitter, *Lange und kurze Wege in den Ersten Weltkrieg: Vier Augsburger Beiträge zur Kriegsursachenforschung* [Caminhos longos e breves para a Primeira Guerra Mundial: Quatro contribuições de Augsburg para a pesquisa sobre as causas da guerra]. Munique: Ernst Vögel, 1996, aqui especialmente pp. 156-8. Cf., no mesmo volume, o ensaio de Günther Kronenbitter, "'Nur los lassen': Österreich-Ungarn und der Wille zum Krieg" ["Só soltar": Áustria-Hungria e a vontade de Guerra].

7. De fato, antes do começo da guerra, tanto o imperador alemão quanto o imperador austríaco foram empurrados para fora do processo decisório por seus próprios políticos. No dia 27 de julho, a declaração de guerra à Sérvia foi submetida ao imperador Franz Joseph para assinatura. Dizia que os soldados sérvios já haviam aberto fogo na fronteira. O imperador só soube dias mais tarde que se tratava de um relatório falso, muito provavelmente encomendado, depois de o ministro das Relações Exteriores já ter convenientemente manipulado o documento. Quando, no dia 28 de julho, Guilherme II viu a resposta sérvia ao ultimato austríaco, uma resposta totalmente submissa (mas que ainda assim foi considerada insatisfatória), ele puxou o freio de mão e mandou instruções para que o Ministério das Relações Exteriores aconselhasse Viena a mudar de rumo: não haveria, agora, mais motivos para a guerra. O chanceler Bethmann Hollweg alterou essa instrução conforme sua própria vontade, e esperou tanto para transmiti-la, que ficou tarde demais e a declaração de guerra à Sérvia já havia sido entregue. Assim, os botões que faltavam foram pressionados.
8. *Die Aktion*, ano 3, n. 3, 15 jan. 1913, col. 69.
9. Brod, *Streitbares Leben*, pp. 82 ss.
10. Carta a Hermann e Julie Kafka, *c.* 20 de julho de 1914.
11. Em *Carta ao pai*, ver NSF2 170 [Ed. bras.: p. 31].
12. Só no dia 27 de julho, mais de 2 milhões de coroas foram sacados pelos cidadãos de Praga (entre eles, sem dúvida, estava Hermann Kafka) — um fenômeno que se repetiu em todas as cidades do Império dos Habsburgo (Stefan Zweig anota em seu diário que teve de *implorar* por trezentas coroas em um banco de Viena). Os governos de Viena e Berlim mandaram imprimir novas cédulas às pressas para manter o controle da situação.
13. Thomas Mann a seu irmão Heinrich, em 18 de setembro de 1914 (in: Thomas Mann; Heinrich Mann, *Briefwechsel 1900-1949*. Frankfurt am Main: Fischer, 1984, p. 134). Nesse momento, o plano Schlieffen já tinha fracassado e o chefe do Estado-Maior alemão von Moltke tinha sido dispensado de seu posto depois de um colapso nervoso. As duas coisas foram escondidas da opinião pública.
14. Assim disse Berchtold em conversa com Conrad von Hötzendorf em 29 de junho de 1914, um dia depois do atentado de Sarajevo. Ver Conrad, *Aus meiner Dienstzeit*, v. 4, pp. 33 ss.
15. Citado a partir de: Egmont Zechlin, *Die deutsche Politik und die Juden im Ersten Weltkrieg* [A política alemã e os judeus na Primeira Guerra Mundial]. Göttingen: Vandenhoeck & Ruprecht, 1969, p. 87. Essa chamada ficou conhecida a partir de um artigo no *Prager Tagblatt* do dia 5 de agosto.
16. Egon Erwin Kisch, *Schreib das auf, Kisch!* [Escreva, Kisch!]. In: *Gesammelte Werke in Einzelausgaben* [Obra completa em edições únicas]. Org. de Bodo Uhse e Gisela Kisch. 4.ed. Berlim; Weimar: Aufbau, 1986, v. 1, p. 308.
17. Jan Herben, *Kniha vzpomínek* [Livro das memórias]. Praga: Družstevní práce, 1935, p. 457. Herben era um homem de confiança de Masaryk e editor da revista *Čas* [Tempo].
18. Brod, *Streitbares Leben*, pp. 97 ss. Uma observação posterior de Masaryk sobre sua relação com o judaísmo é reveladora: "Ao longo de toda minha vida, prestei atenção para

não ser injusto com os judeus; por isso, disseram que eu estava do lado deles. Quando eu teria superado o popular antissemitismo? Vocês sabem, emocionalmente, talvez nunca, só intelectualmente; afinal de contas, minha própria mãe me mantinha nessa superstição sangrenta" (Karel Čapek, *Gespräche mit Masaryk* [Conversas com Masaryk]. Stuttgart; Munique: Deutsche Verlags-Anstalt, 2001, p. 43).

19. Schmuel Hugo Bergman, *Tagebücher und Briefe* [Diários e cartas]. Org. de Miriam Sambursky, v. 1: *1901-1948*. Königstein im Taunus: Jüdische Verlag bei Athenäum, 1985, p. 59.

20. A profecia mais precisa foi feita por Friedrich Engels, que em dezembro de 1887, décadas antes da catástrofe, colocou no papel as seguintes frases: "E enfim não pode haver outra guerra para a Prússia-Alemanha além de uma guerra mundial, isto é, uma guerra mundial de uma extensão e intensidade até agora nunca imaginadas. Oito milhões a 10 milhões de soldados irão estrangular uns aos outros, e assim devastarão a Europa inteira como nenhum enxame de gafanhotos jamais fez. As devastações da Guerra dos Trinta Anos concentradas em três a quatro anos e espalhadas por todo o continente; fome, pestes, selvageria geral dos exércitos e das massas, causada por extrema necessidade; caos irremediável de nossa engrenagem artificial de comércio, indústria e crédito, terminando na bancarrota universal; colapso dos velhos Estados e de sua tradicional sabedoria estatal, de tal modo que as coroas rolam às dúzias pelo pavimento e não há ninguém que as recolha [...]". (Engels, introdução ao panfleto de Sigismund Borkheim, *Zur Erinnerung für die deutschen Mordspatrioten*: *1806-1807* [Em memória dos patriotas alemães da matança: 1806-1807]. In: Karl Marx; Friedrich Engels, *Werke* [Obras]. Berlim: Dietz, 1962, v. 21, pp. 350 ss.).

    Poucas horas antes de a guerra começar, Arthur Bernstein, articulista do *Berliner Morgenpost*, escreveu um texto com o título "Die letzte Warnung" [O último aviso]: "Um milhão de cadáveres, 2 milhões de aleijados e 50 bilhões em dívidas serão o balanço dessa guerra 'fresca, alegre'. Nada mais". Os leitores não chegaram a ver essas palavras certeiras. O artigo, já impresso, foi retirado da página na última hora, depois de o "estado de guerra iminente" ter sido anunciado. (Citado a partir de: Peter de Mendelssohn, *Zeitungsstadt Berlin*: *Menschen und Mächte in der Geschichte der deutschen Presse* [Berlim, a cidade dos jornais: Pessoas e poderes na história da imprensa alemã]. Frankfurt am Main: Ullstein, 1982, p. 254.)

21. Stefan Zweig, *Tagebücher*. Frankfurt am Main: S. Fischer, 1984, pp. 82, 85, 89, 91, 104.
22. Ibid., pp. 95, 94, 99.
23. Gerhart Hauptmann, *Tagebücher 1914 bis 1918*. Org. de Peter Sprengel. Berlim: Propyläen, 1997, p. 104 (entrada de 2 de julho de 1915).
24. Robert Musil, "Europäertum, Krieg, Deutschtum" [Europeísmo, guerra, germanidade], *Die neue Rundschau*, v. 25, pp. 1303-5, set. 1914.
25. Brod, *Streitbares Leben*, p. 93.
26. Ernst Popper, "Begegnung bei Kriegsausbruch" [Encontro na eclosão da Guerra]. In: Koch (Org.). *"Als Kafka mir entgegenkam..."*, pp. 107-11, aqui p. 108.
27. Sigmund Freud; Karl Abraham, *Briefe 1907-1926* [Cartas 1907-1926]. Org. de Hilda C. Abraham e Ernst L. Freud. 2. ed. Frankfurt am Main: Suhrkamp, 1980, pp. 180 ss. Poucos dias depois, Martin, filho de Freud, voluntariou-se para o serviço militar, também ele claramente encorajado pelo antissemitismo russo: "Sua motivação, de acordo com uma carta, era que não poderia perder a oportunidade de cruzar a fronteira russa sem mudar de religião" (ibid., p. 186).

28. Diário, 6 de agosto de 1914 (T 546 ss.); 5 de agosto de 1914 (T 546) [Ed. bras.: p. 389].
29. Julie Kafka a Anna Bauer, 7 de agosto de 1914.
30. Max Brod a Kurt Wolff, 28 de julho de 1914. In: Wolff, *Briefwechsel eines Verlegers*, p. 177.
31. Diário, 28 de julho de 1914 (T 663) [Ed. bras.: p. 381].
32. Diário, 3 de agosto de 1914 (T 544) [Ed. bras.: p. 387].

32. Autojustiça: *O processo* e *Na colônia penal* [pp. 521-46]

1. *Prager Tagblatt*, 31 de dezembro de 1899, p. 7.
2. Brod, *Über Franz Kafka*, p. 76.
3. No começo da quarta página do manuscrito, Kafka escreve de novo "aprisionado", só a partir da oitava página o discurso fala em *detenção*. Isso indica que a revisão decisiva do começo do romance só lhe ocorreu no segundo dia de trabalho.
4. "[...] na maior obra de Kafka, o romance *O processo*, que na minha opinião está acabado, mas na opinião do autor claramente inacabado, inacabável, impublicável" (Max Brod, "Der Dichter Franz Kafka" [O autor Franz Kafka], *Die neue Rundschau*, v. 32, p. 1214, 1921). Carta de Max Brod a Kafka, 1º de agosto de 1919. In: Brod; Kafka, *Eine Freundschaft: Briefwechsel*, p. 267.
5. Em 1997, *O processo* é publicado como primeiro volume da "Edição histórico-crítica completa dos manuscritos, impressos e datilografados", org. de Roland Reuß e Peter Staengle. Essa edição oferece um fac-símile completo em preto e branco.
6. Diário, 6 de agosto de 1914 (T 546) [Ed. bras.: p. 388]. Kafka adicionou mais tarde a frase "Nada além disso pode algum dia me satisfazer".
7. Diário, 15 de agosto de 1914 (T 548 ss.) [Ed. bras.: p. 390 (com ligeira alteração)].
8. Diário, 1º de setembro de 1914 (T 676) [Ed. bras.: p. 399].
9. Carta a Grete Bloch, 3 de julho de 1914.
10. Diário, 19 de dezembro de 1914 (T 710) [Ed. bras.: p. 411].
11. Diário, 15 de outubro de 1914 (T 678) [Ed. bras.: p. 400].
12. Diário, 31 de julho de 1914 (T 543) [Ed. bras.: p. 386].
13. Peter Panter (Kurt Tucholsky), "Der Prozeß" [O processo], *Die Weltbühne*, Berlim, 9 mar. 1926. Citado a partir de: Born, *Franz Kafka. Kritik und Rezeption 1924-1938*, p. 107.
14. *Benjamin über Kafka: Texte, Briefzeugnisse, Aufzeichnungen*. Org. de Hermann Schweppenhäuser. Frankfurt am Main: Suhrkamp, 1981, p. 129. A nota data de 1930-1.
15. Brod, *Über Franz Kafka*, p. 156.
16. P 158 ss. [Ed. bras.: pp. 147-8].
17. Ver as entradas de diário de 7 a 9 de agosto de 1917 (T 822-5) [Ed. bras.: pp. 481-5]. Como nem o manuscrito nem uma página datilografada foram preservados, as demais tentativas de revisão (que ocorreram, como podemos depreender das cartas de Kafka) já não podem ser reconstruídas.
18. "Kafka é um pervertido do horror", lia-se no *Münchner Zeitung* em 1916. E a *Zeitschrift für Bücherfreunde* tampouco estava muito entusiasmada com a *Colônia penal*: "Esperamos que em breve ele mostre sua arte em uma fábula menos sensacionalista", criticou, ainda em 1921, um resenhista claramente pouco lido (Born, *Franz Kafka: Kritik und Rezeption zu seinen Lebzeiten*, pp. 121 e 97).
19. Carta a Kurt Wolff, 11 de outubro de 1916. In: Wolff, *Briefwechsel eines Verlegers*, pp. 40 ss. A carta anterior de Wolff não foi preservada.

20. A ata do Conselho de Ministros do dia 7 de julho de 1914 documenta a participação retórica de Biliński na decisão de ir à guerra: "Só se acessa o sérvio por meio da violência, um sucesso diplomático não causaria nenhuma impressão na Bósnia [...]". A esse respeito, ver Rauchensteiner, *Der Tod des Doppeladlers*, p. 68.

33. O retorno do Leste [pp. 547-57]

1. Os números são incertos e já não podem ser verificados, ainda que reflitam de maneira realista o aumento exponencial. Quando, no fim de 1914, a política de refugiados nas cidades austríacas foi se tornando cada vez mais repressiva, muitos desalojados — sobretudo os judeus — não ousavam mais se registrar na polícia. Viajantes que estavam a caminho do Reich alemão, assim como refugiados que ainda podiam viver algum tempo de suas próprias economias, não estavam completamente incluídos nas estatísticas oficiais publicadas. Portanto, devemos presumir que mesmo nos números que a *Selbstwehr* publicou para Praga, ainda há uma quantidade considerável de casos não relatados que deve ser levado em conta. Em Praga, o máximo alcançado em janeiro de 1915 foi estimado em 30 mil, incluindo os refugiados não judeus (Jiri Kudela, "Die Emigration galizischer und osteuropäischer Juden nach Böhmen und Prag zwischen 1914-1916/17" [A emigração de judeus da Galícia e do Leste da Europa à Boêmia e a Praga entre 1914-1916/17], *Studia Rosenthaliana*, v. 23, pp. 125 ss., 1989).

   A extensão total dos movimentos de refugiados também são apenas aproximações, já que os desalojados foram contados em lugares diferentes e de acordo com critérios diferentes (às vezes distinguia-se inclusive entre "evacuados" e "refugiados"). No outono de 1914, devia haver cerca de 400 mil refugiados no interior da Áustria, e um ano mais tarde, cerca de 1 milhão. Para a fundamentação desses números, ver Walter Mentzel, *Kriegsflüchtlinge in Cisleithanien im Ersten Weltkrieg* [Refugiados de guerra na Cisleitânia na Primeira Guerra Mundial], tese (Doutorado), Viena, 1997. Em seguida, outras informações não detalhadas baseiam-se nos resultados da pesquisa de Mentzel.
2. "O que nos une aos refugiados judeus é só a compaixão patriótica por pessoas que são perseguidas pelo inimigo comum; no mais, nenhum ser racional poderia afirmar que são nossos irmãos", escreveu o jornal tcheco-judaico *Rozvoj* sobre os judeus da Galícia. Citado a partir de: Moses Wiesenfeld, "Begegnung mit Ostjuden" [Encontro com judeus do Leste]. In: Felix Weltsch (Org.), *Dichter, Denker, Helfer: Max Brod zum fünfzigsten Geburtstag* [Autor, pensador, ajudante: Max Brod em seu quinquagésimo aniversário]. Mährisch-Ostrau: J. Kittl, 1934, p. 55.
3. Arnold Rosenbacher, "Das Hilfswerk der Prager Kultusgemeinde" [A assistência social da comunidade religiosa de Praga], *Selbstwehr*, pp. 1 ss., 8 jan. 1915. Rosenbacher se queixa de que "ficou claro que os refugiados vivem melhor aqui do que em qualquer outro lugar, e que massas de pessoas de outras comunidades, inclusive boêmias, vieram para Praga". O verdadeiro motivo para a fuga em direção à cidade devia ser conhecido pelo prefeito da comunidade: o antissemitismo galopante no interior, que já no outono 1914 levou a ataques físicos contra os refugiados.
4. Diário, 24 de novembro de 1914 (T 698 ss.) [Ed. bras.: p. 404]. A "tradução" segue Brod, que relata o mesmo incidente em seu ensaio "Erfahrungen im ostjüdischen Schulwerk" [Experiências no trabalho com a escola judaica do Leste] (*Der Jude*, 1, p. 33, 1916-1917).
5. Diário, 11 de março de 1915 (T 730) [Ed. bras.: p. 425].

6. Diário, 25 de março de 1915 (T 733) [Ed. bras.: p. 427].
7. A *Selbstwehr* comenta sobre o evento tumultuado que Kafka descreve no diário da maneira esperada: "Também hoje, ficamos com a impressão de que, com boa vontade, as diferenças existentes podem ser superadas. A reunião contou com muitas pessoas e o público comportou-se de maneira bastante temperamental" ("Diskussionsabend des Jüdischen Volksvereines" [Noite de discussão da Associação do Povo Judeu], p. 7, 12 mar. 1915).
8. Brod, *Streitbares Leben*, p. 231.
9. Diário, 3 de novembro de 1915 (T 769) [Ed. bras.: p. 447].

34. O grande estorvo [pp. 559-74]

1. Carta a Felice Bauer, 1º-2 de novembro de 1914.
2. Carta a Grete Bloch, 15 de outubro de 1914 [in: *Diários 1909-1923*, pp. 400-1].
3. Canetti, *Der andere Prozess*, p. 75.
4. Carta a Felice Bauer, 28 de setembro de 1912 (B1 174).
5. Diário, 16 de outubro de 1914 (T 680) [Ed. bras.: p. 401]. "Kafka de novo com Felice, papel de Elsa em Berlim", diz um excerto do diário de Max Brod, que também estava ciente da situação.
6. Diário, 15 de outubro (T 681) e 3 de novembro de 1914 (T 682) [Ed. bras.: pp. 400 e 403, respectivamente].
7. Erna Bauer a Kafka, 2 de dezembro de 1914. A partir das observações de Kafka, não podemos afirmar que ele sabia, entretanto, de que se estava falando.
8. Julie Kafka à família Bauer, 27 de novembro de 1914.
9. Diário, 5 de dezembro de 1914 (T 704-6) [Ed. bras.: p. 408].
10. Maurice Maeterlinck, "Die Pferde von Elberfeld: Ein Beitrag zur Tierpsychologie" [Os cavalos de Elberfeld: Uma contribuição à psicologia animal], *Die neue Rundschau*, v. 25, n. 6, pp. 782-820, 1914; NSFI 226; Diário, 18 de janeiro de 1915 (T 718) [Ed. bras.: p. 417].
11. Brod anotou isso no diário no dia 10 de abril de 1915, depois de ter ouvido outros dois capítulos de *O processo*.
12. Diário, 4 de maio de 1915 (T 742) [Ed. bras.: p. 432].
13. Diário, 4 de janeiro de 1915 (T 715) [Ed. bras.: p. 415].
14. Diário, 16 de outubro de 1914 (T 681) e 24 de janeiro de 1915 (T 723) [Ed. bras.: pp. 401 e 420, respectivamente].
15. Carta a Felice Bauer, 11 de fevereiro de 1915.
16. Carta a Felice Bauer, 3 de março de 1915.
17. NSFI 231 [Ed. bras.: "Blumfeld, um solteirão de meia-idade". In: *Narrativas do espólio*. Trad. de Modesto Carone. São Paulo: Companhia das Letras, 2002, p. 32].
18. No dia seguinte ao início do manuscrito de Blumfeld, Kafka fala em sua "história do cão" (Diário, 9 de fevereiro de 1915, T 726 [Ed. bras.: p. 422]). Essa poderia ser uma indicação de que ele imaginava um papel mais proeminente para o motivo do que o fragmento acaba revelando.

35. Na terra de ninguém [pp. 575-85]

1. Max Brod [sem título], *Zeit-Echo: Ein Kriegstagebuch der Künstler* [Tempo-eco: Um diário de guerra dos artistas], Munique, n. 3, p. 31, out. 1914. Suas experiências com os

refugiados da Galícia não foram capazes de mudar essa postura, pois nove meses depois Brod mandou reimprimir esse texto ("Gefühl von einer Verwandlung des Staates" [Sentimento de uma transformação do Estado], *Die Weißen Blätter*, jul.-set. 1915).

2. Carta a Max Brod, 30 de junho de 1922.
3. Diário, 4 de novembro de 1914 (T 697 ss.) [Ed. bras.: pp. 403-4].
4. Diário, 19 de janeiro de 1915 (T 719) [Ed. bras.: p. 417].
5. Rauchensteiner, *Tod des Doppeladlers*, p. 203.
6. Diário, 20 de janeiro de 1915 (T 721) [Ed. bras.: pp. 418-9].
7. Diário, 27 de abril de 1915 (T 737) [Ed. bras.: p. 429].
8. Ibid. (T 737 ss., 741 ss.) [Ed. bras.: pp. 429, 431, 432].

Referências bibliográficas

Kafka

BAIONI, Giuliano. *Kafka: Literatur und Judentum*. Stuttgart; Weimar: J.B. Metzler, 1994.

BAUER, Roger. "K. und das Ungeheuer. Franz Kafka über Franz Werfel". In: DAVID, Claude (Org.). *Franz Kafka: Themen und Probleme*. Göttingen: Vandenhoeck & Ruprecht, 1980, pp. 189-209.

BAUMGART, Reinhard. *Selbstvergessenheit: Drei Wege zum Werk: Thomas Mann, Franz Kafka, Bertolt Brecht*. Frankfurt am Main: Fischer Taschenbuch, 1993.

BECK, Evelyn Torton. *Kafka and the Yiddish Theater: Its Impact on his Work*. Madison, Wisconsin: University of Wisconsin Press, 1971.

BINDER, Hartmut. "Kafka und seine Schwester Ottla". *Jahrbuch der deutschen Schillergesellschaft 12*, pp. 403-56, 1968.

_____. *Kafka-Kommentar zu sämtlichen Erzählungen*. Munique: Winkler, 1975.

_____. *Kafka-Kommentar zu den Romanen, Rezensionen, Aphorismen und zum Brief an den Vater*. Munique: Winkler, 1976.

_____ (Org.). *Kafka-Handbuch*, v. 1: *Der Mensch und seine Zeit*, v. 2: *Das Werk und seine Wirkung*. Stuttgart: J.B. Metzler, 1979.

_____. *Kafka: Der Schaffensprozeß*. Frankfurt am Main: Suhrkamp, 1983.

_____. "Wollweberei oder Baumwollweberei: Neues vom Büroalltag des Versicherungsangestellten Franz Kafka", *Sudetenland*, v. 39, n. 2, pp. 106-60, 1997.

BORGES, Jorge Luis. "Kafka und seine Vorläufer". In: *Inquisitionen: Essays 1941-1952*. Frankfurt am Main: Fischer Taschenbuch, 1992, pp. 118-21.

BORN, Jürgen (Org.). *Franz Kafka: Kritik und Rezeption zu seinen Lebzeiten 1912-1924*. Frankfurt am Main: S. Fischer, 1979.

_____. *Franz Kafka: Kritik und Rezeption 1924-1938*. Frankfurt am Main: S. Fischer, 1983.

_____. *Kafkas Bibliothek: Ein beschreibendes Verzeichnis*. Frankfurt am Main: S. Fischer, 1990.

BROD, Max. "Der Dichter Franz Kafka", *Die neue Rundschau*, v. 32, pp. 1210-6, 1921.

_____. *Über Franz Kafka*. Frankfurt am Main: Fischer Taschenbuch, 1974. Ver também: *Franz Kafka: Eine Biographie/ Franz Kafkas Glauben und Lehre/ Verzweiflung und Erlösung im Werk Franz Kafkas*.

CANETTI, Elias. *Der andere Prozeß: Kafkas Briefe an Felice Bauer*. Munique: Carl Hanser, 1969. [Ed. bras.: "O outro processo". In: *A consciência das palavras: Ensaios*. Trad. de Márcio Suzuki e Herbert Caro. São Paulo: Companhia das Letras, 1990.]

DEMETZ, Peter. "Diese Frauen wollen tiefer umarmt sein: Franz Kafkas und Max Brods 'Reiseaufzeichnungen'", *Frankfurter Allgemeine Zeitung*, 25 jun. 1988.

DIETZ, Ludwig. *Franz Kafka: Die Veröffentlichungen zu seinen Lebzeiten (1908-1924). Eine textkritische und kommentierte Bibliographie*. Heidelberg: Lothar Stiehm, 1982.

ENGEL, Peter. "'Erholen werde ich mich hier gar nicht': Kafkas Reise ins dänische Ostseebad Marielyst", *Freibeuter*, n. 16, pp. 60-6, 1983.

HERMES, Roger et al. (Orgs.). *Franz Kafka. Eine Chronik*. Berlim: Wagenbach Klaus, 1999.

JANOUCH, Gustav. *Gespräche mit Kafka: Aufzeichnungen und Erinnerungen*. Ed. revista e aumentada. Frankfurt am Main: S. Fischer, 1968.

KAFKA, Franz. *Briefe 1902-1924*. Frankfurt am Main: Schocken Books, 1958.

_____. *Amtliche Schriften*. Org. de Klaus Hermsdorf. Berlim: S. Fischer, 1984.

KARL, Frederik R. *Franz Kafka: Representative Man*. Boston: Ticknor & Fields, 1993.

KITTLER, Wolf. "Schreibmaschinen, Sprechmaschinen. Effekte technischer Medien im Werk Franz Kafkas". In: KITTLER, Wolf; NEUMANN, Gerhard (Orgs.). *Franz Kafka: Schriftverkehr*. Freiburg im Breisgau: Rombach, 1990, pp. 75-163.

KOCH, Hans-Gerd. (Org.). *"Als Kafka mir entgegenkam...": Erinnerungen an Franz Kafka*. Berlim: Wagenbach Klaus, 1995.

_____. "Kafkas Max und Brods Franz: Vexierbild einer Freundschaft". In: PLACHTA, Bodo (Org.). *Literarische Zusammenarbeit*. Tübingen: De Gruyter, 2001, pp. 245-56.

LENSING, Leo A. "Kafkas Verlobte war auch nicht so einfach", *Frankfurter Allgemeine Zeitung*, suplemento, 23 ago. 1997.

NORTHEY, Anthony. "The American Cousins and the Prager Asbestwerke". In: FLORES, A. (Org.). *The Kafka Debate*. Nova York: Gordian, 1977, pp. 133-46.

_____. "Kafka in Riva, 1913", *Neue Zürcher Zeitung*, p. 66, 25-26 abr. 1987.

_____. *Kafkas Mischpoche*. Berlim: Wagenbach, 1988.

_____. "Die Kafkas: Juden? Christen? Tschechen? Deutsche?" In: KROLOP, Kurt; ZIMMER-MANN, Hans Dieter (Orgs.). *Kafka und Prag: Colloquium im Goethe-Institut Prag, 24-27 nov. 1992*. Berlim; Nova York: De Gruyter, 1994, pp. 11-32.

PANTER, Peter (Kurt Tucholsky). "Der Prozeß". *Die Weltbühne*, v. 22, pp. 383-6, 1926.

PAWEL, Ernst. *Das Leben Franz Kafkas: Eine Biographie*. Reinbek: Carl Hanser, 1990.

ROBERT, Marthe. *Einsam wie Franz Kafka*. Frankfurt am Main: S. Fischer, 1985.

ROBERTSON, Ritchie. *Kafka. Judentum — Gesellschaft — Literatur*. Stuttgart: J.B. Metzler, 1988.

RODLAUER, Hannelore. "Kafka und Wien. Ein Briefkommentar", *Anzeiger 122*, Österreichische Akademie der Wissenschaften. Philosophische Klasse, pp. 202-48, 1985.

SCHIRRMACHER, Frank (Org.). *Verteidigung der Schrift: Kafkas Prozeß*. Frankfurt am Main: Suhrkamp, 1987.

SCHOEPS, Julius H. (Org.). *Im Streit um Kafka und das Judentum: Max Brod, Hans-Joachim Schoeps, Briefwechsel*. Königstein im Taunus: Jüdischer Verlag bei Athenäum, 1985.

SCHWEPPENHÄUSER, Hermann (Org.). *Benjamin über Kafka: Texte, Briefzeugnisse, Aufzeichnungen*. Frankfurt am Main: Suhrkamp, 1981.

STACH, Reiner. *Kafkas erotischer Mythos: Eine ästhetische Konstruktion des Weiblichen*. Frankfurt am Main: Fischer, 1987.

STOELZL, Christoph. *Kafkas böses Böhmen: Zur Sozialgeschichte eines Prager Juden*. Frankfurt am Main: Ullstein, 1989.

UNSELD, Joachim. *Franz Kafka: Ein Schriftstellerleben. Die Geschichte seiner Veröffentlichungen*. Munique; Viena: Hanser, 1982.

VOIGTS, Manfred. "Kafka und die jüdische Frau", *Aschkenas: Zeitschrift für Geschichte und Kultur der Juden*, v. 8, n. 1, pp. 125-75, 1998.

WAGENBACH, Klaus. *Franz Kafka: Eine Biographie seiner Jugend 1883-1912*. Berna: Francke, 1958.

_____. *Kafkas Prag: Ein Reiselesebuch*. Berlim: Wagenbach, 1993.

_____. *Franz Kafka. Bilder aus seinem Leben*. 2. ed. Berlim: Wagenbach, 1995.

WAGNEROVÁ, Alena. *"Im Hauptquartier des Lärms": Die Familie Kafka aus Prag*. Colônia: Bollmann, 1997.

ZISCHLER, Hanns. *Kafka geht ins Kino*. Reinbek: Rowohlt, 1996.

Literatura e estudos literários

AMANN, Klaus; WALLAS, Armin A. (Orgs.). *Expressionismus in Österreich*. Viena; Colônia; Weimar: Böhlau, 1994.

BAUER, Werner M. "Literarische Avantgarde als Ware: Kurt Wolff (1887-1963) als Verleger österreichischer Literatur". In: ZEMAN, Herbert (Org.). *Die österreichische Literatur: Ihr Profil von der Jahrhundertwende bis zur Gegenwart (1880-1980)*. Graz: Akademische Druck- und Verlagsanstalt, 1989, pp. 205-19.

BAUM, Oskar. *Uferdasein*. Berlim: A. Juncker, 1908.

_____. *Das Leben im Dunkeln*. Berlim; Stuttgart; Leipzig: A. Juncker, 1909.

_____. *Die böse Unschuld: Ein jüdischer Kleinstadtroman*. Frankfurt am Main: Rütten & Loening, 1913.

BINDER, Hartmut (Org.). *Prager Profile. Vergessene Autoren im Schatten Kafkas*. Berlim: Gebr. Mann, 1991.

_____. *Brennpunkt Berlin: Prager Schriftsteller in der deutschen Metropole*. Bonn: Kulturstiftung der deutschen Vertriebenen, 1995.

BORGES, Jorge Luis. "Nathaniel Hawthorne". In: *Inquisitionen: Essays 1941-1952*. Frankfurt am Main: Fischer, 1992, pp. 60-83.

BRAND, Karl. *Das Vermächtnis eines Jünglings*. Org. de Johannes Urzidil. Pref. de Franz Werfel. Viena; Praga; Leipzig: Strache, 1920.

BRENDEL, Ulrik. "Max Brod: Eine technische Kritik mit psychologischen Ausblicken", *Der Brenner*, v. 3, pp. 936-45, 1912-1913.

_____. "Max Brod (II)", *Der Brenner 4*, pp. 42-6, 1913-1914.

BROD, Max. *Tod den Toten!* Stuttgart: [s.n., 1906].

_____. *Der Weg des Verliebten: Gedichte*. Leipzig: Kurt Wolff, 1907.

_____. *Experimente: Vier Geschichten*. Berlim; Stuttgart; Leipzig: A. Juncker, [1907].

_____. *Schloß Nornepygge. Der Roman des Indifferenten*. Berlim; Stuttgart; Leipzig: A. Juncker, 1908.

_____. *Tagebuch in Versen*. Berlim: [s.n., 1910].

_____. "Alfred Kerr", *Die Aktion 1*, col. 335 f, 1911.

_____. *Jüdinnen*. Berlim: A. Juncker, 1911.

_____. *Abschied von der Jugend: Ein romantisches Lustspiel in drei Akten*. Berlim: A. Juncker, [1912].

_____. *Arnold Beer: Das Schicksal eines Juden*. Berlim: A. Juncker, 1912.

_____. "Das Ereignis eines Buches", *März 7*, pp. 268-70, 1912-1913.

_____. "Aphorisma zur 'technischen Kritik'", *Die Aktion 3*, col. 758-9, 1913.

_____ (Org.). *Arkadia. Ein Jahrbuch für Dichtkunst*. Leipzig: K. Wolff, 1913.

BROD, Max. *Die Höhe des Gefühls*. Leipzig: Rowohlt, 1913.

_____. "Kleine Prosa", *Die neue Rundschau*, vol. 24, pp. 1043-46, 1913.

_____. "Schlußwort an Ulrik Brendel", *Die Aktion*, v. 3, col. 977 ss., 1913.

_____. *Über die Schönheit häßlicher Bilder: Ein Vademecum für Romantiker unserer Zeit*. Leipzig: Kurt Wolff, 1913.

_____. *Weiberwirtschaft: Drei Erzählungen*. Berlim: A. Juncker, 1913.

_____. "Die neue Zeitschrift", *Die weißen Blätter*, v. 1, pp. 1227-30, 1913-1914.

_____. *Tycho Brahes Weg zu Gott*. Munique: Kurt Wolff, 1915.

_____. "Gerhart Hauptmanns Frauengestalten", *Die neue Rundschau*, v. 33, pp. 1131-41, 1922.

_____. *Der Prager Kreis*. Frankfurt am Main: Suhrkamp, 1979.

_____. *Streitbares Leben: Autobiographie 1884-1968*. Frankfurt am Main: Insel, 1979.

BROWNING, Robert; BARRETT-BROWNING, Elizabeth. *Briefe*. Berlim: S. Fischer, 1905.

CORINO, Karl. *Robert Musil. Leben und Werk in Bildern und Texten*. Reinbek: Rowohlt, 1988.

DIETZ, Ludwig. "Kurt Wolffs Bücherei 'Der jüngste Tag': Seine Geschichte und Bibliographie", *Philobiblon*, v. 7, pp. 96-118, 1963.

_____. "Das Jahrbuch für Dichtkunst 'Arkadia'", *Philobiblon 17*, pp. 178-88, 1973.

EBRECHT, Angelika et al. (Org.). *Brieftheorie des 18. Jahrhunderts: Texte, Kommentare, Essays*. Stuttgart: J.B. Metzler, 1990.

_____."Rettendes Herz und Puppenseele: Zur Psychologie der Fernliebe in Rilkes Briefwechsel mit Magda von Hattingberg". In: RUNGE, Anita; STEINBRÜGGE, Lieselotte (Orgs.). *Die Frau im Dialog: Studien zu Theorie und Geschichte des Briefes*. Stuttgart: J.B. Metzler, 1991, pp. 147-72.

EHRENSTEIN, Albert. "Ansichten eines Exterritorialen", *Die Fackel*, n. 323, pp. 1-8, 18 maio 1911.

_____. *Die weiße Zeit*. Munique: Georg Muller, 1914 [1916].

ENGEL, Peter. "'... ein guter Freund und Kamerad täte mir oft hier sehr wohl.' Ernst Weiß' Briefe an Leo Perutz", *Modern Austrian Literature*, v. 21, n. 1, pp. 27-59, 1988.

_____; MÜLLER, Hans-Harald. *Ernst Weiß — Seelenanalytiker und Erzähler von europäischem Rang: Beiträge zum Ersten internationalen Ernst Weiß-Symposium aus Anlaß des 50. Todestages*. Hamburgo, 1990. Berna: Peter Lang, 1992.

EULENBERG, Herbert. *Schattenbilder: Eine Fibel für Kulturbedürftige unserer Zeit*. Berlim: Bruno Cassirer, 1910.

FIALA-FÜRST, Ingeborg. *Der Beitrag der Prager deutschen Literatur zum deutschen Expressionismus: Relevante Topoi ausgewählter Werke*. St. Ingbert: Röhrig Universitätsverlag, 1996.

FICKER, Ludwig von. "Schlußpunkt", *Der Brenner*, v. 4, pp. 192-4, 1913-1914.

_____. *Briefwechsel 1909-1914*. Org. de Ignaz Zangerle, Walter Methlagl, Franz Seyr e Anton Unterkircher. Salzburg: Otto Müller, 1986.

GELLERT, Christian Fürchtegott. *Briefe, nebst einer Praktischen Abhandlung von dem guten Geschmacke in Briefen*. Leipzig: Wendler, 1751.

GLOSSY, Carl; SAUER, August (Orgs.). *Grillparzers Briefe und Tagebücher: Eine Ergänzung zu seinen Werken, gesammelt und mit Anmerkungen, v. 1. Briefe*. Stuttgart; Berlim: [s.n.], 1903.

GÖBEL, Wolfram. "Der Ernst Rowohlt Verlag 1910-1913. Seine Geschichte und seine Bedeutung für die Literatur seiner Zeit", *Archiv für Geschichte des Buchwesens*, v. XIV, col. 465--566, 1975.

_____. *Der Kurt Wolff Verlag 1913-1930: Expressionismus als verlegerische Aufgabe*. Munique: Buch&Media, 2000.

GOLD, Hugo (Org.). *Max Brod: Ein Gedenkbuch 1884-1969*. Tel Aviv: Olamenu, 1969.

GOLDSTÜCKER, Eduard. *Weltfreunde: Konferenz über die Prager deutsche Literatur*. Praga: Academia, 1967.

GUTHKE, Karl S. "Franz Werfels Anfänge: Eine Studie zum literarischen Leben am Beginn des 'expressionistischen Jahrzehnts'", *Deutsche Vierteljahresschrift für Literaturwissenschaft und Geistesgeschichte*, v. 52, pp. 71-89, 1978.

HAAS, Willy. "Die Verkündigung und Paul Claudel", *Der Brenner*, v. 3, pp. 853-69, 1912-1913.

______. *Die literarische Welt: Erinnerungen*. Munique: List, 1957.

HAUPTMANN, Gerhart. *Tagebücher 1914 bis 1918*. Org. de Peter Sprengel. Berlim: Propyläen, 1997.

HECHT, Hugo. "Über Ernst Weiß", *Weiß Blätter*, n. 3, pp. 3-5, jun. 1974.

HEILMANN, Hans (Org.). *Chinesische Lyrik vom 12: Jahrhundert v. Chr. bis zur Gegenwart.* Munique: Piper, 1905.

HEYDEMANN, Klaus. "Der Titularfeldwebel: Stefan Zweig im Kriegsarchiv". In: *Stefan Zweig 1881/1981: Aufsätze und Dokumente*. Org. de Dokumentationsstelle für neuere österreichische Literatur (= Zirkular, edição especial 2, out. 1981), Viena.

HILLER, Kurt. "Resenha do romance de Max Brod, *Arnold Beer*", *Die Aktion*, v. 2, cols. 973-6, 1912.

JACOBSOHN, Siegfried. *Der Fall Jacobsohn*. Berlim; Charlottenburg: Verlag der Schaubühne, 1913.

JUNGK, Peter Stephan. *Franz Werfel: Eine Lebensgeschichte*. Frankfurt am Main: Fischer Taschenbuch, 1987.

KAYSER, Werner; GRONEMEYER, Horst. *Max Brod*. Hamburger Bibliographien, v. 12. Hamburgo: Hans Christians, 1972.

KISCH, Egon Erwin. *Schreib das auf, Kisch!*. In: *Gesammelte Werke in Einzelausgaben*. Org. de Bodo Uhse e Gisela Kisch. 4. ed. Berlim; Weimar: Aufbau, 1986, v. 1, pp. 165-425.

KROLOP, Kurt. *Reflexionen der Fackel: Neue Studien über Karl Kraus*. Viena: Austrian Academy of Sciences Press, 1994.

KUDSZUS, Winfried. "Erzählung und Zeitverschiebung in Kafkas 'Prozeß' und 'Schloß'", *Deutsche Vierteljahresschrift für Literaturwissenschaft und Geistesgeschichte*, v. 38, n. 2, pp. 192-207, 1964.

LAFORGUE, Jules. *Pierrot, der Spaßvogel: Eine Auswahl von Franz Blei und Max Brod*. Berlim; Stuttgart; Leipzig: A. Juncker, 1909.

LASKER-SCHÜLER, Else. *Lieber gestreifter Tiger. Briefe. Erster Band*. Org. de Margarete Kupper. Munique: Kösel, 1969.

______. "Unser Café: Ein offener Carta a Paul Block". In: *Gesammelte Werke in drei Bänden*. Frankfurt am Main: Suhrkamp, [s.d.], v. 2, pp. 277-9.

LAUBE, Heinrich. *Franz Grillparzers Lebensgeschichte*. Stuttgart: Cotta, 1884.

LEPPIN, Paul. *Severins Gang in die Finsternis: Ein Prager Gespensterroman*. Praga: Vitalis, 1998.

MANN, Thomas; MANN, Heinrich. *Briefwechsel. 1900-1949*. Ed. revista e aumentada. Frankfurt am Main: Fischer, 1984.

MENDELSSOHN, Peter de. "Erinnerung an Jakob Hegner". In: ______. *Unterwegs mit Reiseschatten: Essays*. Frankfurt am Main: Fischer, 1977.

MIRBEAU, Octave. *Le Jardin des supplices*. Paris: Fasquelle, 1899. [Ed. port.: *O jardim dos suplícios*. 2. ed. Trad. de Marilia Caeiro. Lisboa: Estampa, 1972.]

MORITZ, Karl Philipp. *Anleitung zum Briefschreiben*. Berlim: Arnold Wever, 1783.

MUSIL, Robert. "Europäertum, Krieg, Deutschtum", *Die neue Rundschau*, v. 25, pp. 1303-5, 1914. Reproduzido em: *Gesammelte Werke*. Org. de Adolf Frisé. Reinbek: Rowohlt, 1978, v. 2, pp. 1020-2.

MUSIL, Robert. "Literarische Chronik [August 1914]", *Die neue Rundschau*, v. 25, pp. 1166-72, 1914. Reproduzido em: *Gesammelte Werke*. Org. de Adolf Frisé. Reinbek: Rowohlt, 1978, v. 2, pp. 1465-71.

_____. *Briefe 1901-1942*. Org. de Adolf Frisé. Reinbek: Rowohlt, 1981.

_____. *Tagebücher*. Org. de Adolf Frisé. Reinbek: Rowohlt, 1983.

PASLEY, Malcolm (Org.). *Max Brod. Franz Kafka. Eine Freundschaft*, v. 1: *Reiseaufzeichnungen*, v. 2: *Briefwechsel*. Frankfurt am Main: S. Fischer, 1987, 1989.

PAZI, Margarita. *Fünf Autoren des Prager Kreises*. Frankfurt am Main; Berna; Las Vegas: Peter Lang, 1978.

_____ (Org.). *Max Brod 1884-1984: Untersuchungen zu Max Brods literarischen und philosophischen Schriften*. Nova York: Peter Lang, 1987.

_____. *Staub und Sterne: Aufsätze zur deutsch-jüdischen Literatur*. Göttingen: Wallstein, 2001.

_____; ZIMMERMANN, Hans Dieter (Orgs.). *Berlin und der Prager Kreis*. Würzburg: Königshausen & Neumann, 1991.

PICK, Otto. *Freundliches Erleben. Gedichte*. Berlim: A. Juncker, 1912.

PINTHUS, Kurt. "Ernst Rowohlt und sein Verlag". In: *Rowohlt Almanach 1908 bis 1962*. Org. de Mara Hintermeier e Fritz J. Raddatz. Reinbek: Rowohlt, 1962, pp. 8-40.

RAABE, Paul (Org.). *Expressionismus: Aufzeichnungen und Erinnerungen*. Olten; Freiburg: Walter, 1965.

SCHAMSCHULA, Walter. "Franz Werfel und die Tschechen". In: ZEMAN, Herbert (Org.). *Die österreichische Literatur: Ihr Profil von der Jahrhundertwende bis zur Gegenwart (1880-1980)*. Graz: Akademische Druck- und Verlagsanstalt, 1989, pp. 343-59.

SCHARFFENBERG, Renate. "Rilke und sein Verleger Axel Juncker". *Imprimatur*, N.F., v. 5, pp. 67-80, 1967.

SCHLAFFER, Heinz. "Knabenliebe: Zur Geschichte der Liebesdichtung und zur Vorgeschichte der Frauenemanzipation", *Merkur*, v. 49, n. 557, pp. 682-94, 1995.

SCHNARRENBERGER, Michaela. "Erinnerungen an Ernst Weiß und Rahel Sanzara", *Weiß-Blätter*, n. 5, pp. 4-10, jun. 1986.

SCHOCKEN, Wolfgang A. "Wer war Grete Bloch?", *Exilforschung: Ein internationals Jahrbuch*, v. 4: *Das jüdische Exil und andere Themen*. Munique: Edition Text+Kritik, 1986, pp. 83-97.

SEBALD, Winfried G. *Schwindel. Gefühle*. Frankfurt am Main: Eichborn, 1990. [Ed. bras.: *Vertigem*. Trad. de José Marcos Macedo. São Paulo: Companhia das Letras, 2008.]

SEMBDNER, Helmut (Org.). *Der Kleist-Preis. 1912-1932: Eine Dokumentation*. Berlim: E. Schmidt, 1968.

SPIEKER, Sven. "Ernst Weiß' Briefe an Stefan Zweig: Ein Beitrag zur Biographie des Autors", *Weiß-Blätter*, n. 2, pp. 21-34, set. 1984.

STOESSL, Otto. *Morgenrot: Roman*. Munique: Georg Müller, 1912.

SUDHOFF, Dieter. "Unterm Rad: Der Schüler Ernst Weiß in Brünn", *Weiß-Blätter*, n. 10, pp. 4-21, mar. 1989.

THEWELEIT, Klaus. *Buch der Könige*, v. 1. Frankfurt am Main: [s.n., s.d.].

TIMMS, Edward. *Karl Kraus: Satiriker der Apokalypse — Leben und Werk 1874 bis 1918*. Frankfurt am Main: Suhrkamp, 1999.

UDOLPH, Ludger. "Pragbilder in Romanen der 'Prager Moderne'", *Wiener Slavistisches Jahrbuch*, v. 46, pp. 195-200, 2000.

WEIß, Ernst. *Die Galeere*. Berlim: S. Fischer, 1913.

_____. *Der Kampf*. Berlim: S. Fischer, 1916.

_____. "Autobiographische Skizze". In: *Die Kunst des Erzählens: Essays, Aufsätze, Schriften zur Literatur*. Frankfurt am Main: Suhrkamp, 1982, pp. 120-3.

WERFEL, Franz. *Der Weltfreund: Gedichte*. Berlim: A. Juncker, 1911.

WOLFF, Kurt. *Autoren, Bücher, Abenteuer: Betrachtungen und Erinnerungen eines Verlegers*. Berlim: Klaus Wagenbach, 1965.

_____. *Briefwechsel eines Verlegers 1911-1963*. Org. de Bernhard Zeller e Ellen Otten. Ed. aumentada. Frankfurt am Main: Fischer Taschenbuch, 1980.

WONDRÁK, Eduard. "Zu den Erinnerungen Hugo Hechts an Ernst Weiß", *Weiß-Blätter*, n. 3, pp. 10-2, jun. 1974.

ZWEIG, Stefan. *Die Welt von Gestern: Erinnerungen eines Europäers*. Frankfurt am Main: S. Fischer, 1970. [Ed. bras.: *Autobiografia: o mundo de ontem: Memórias de um europeu*. Trad. de Kristina Michahelles, pref. de Alberto Dines. Rio de Janeiro: Zahar, 2014.]

_____. *Tagebücher*. Frankfurt am Main: S. Fischer, 1984.

_____. *Briefe 1897-1914*. Org. de Knut Beck, Jeffrey B. Berlin e Natascha Weschenbach-Feggeler. Frankfurt am Main: S. Fischer, 1995.

_____. *Briefe 1914-1919*. Org. de Knut Beck, Jeffrey B. Berlin e Natascha Weschenbach-Feggeler. Frankfurt am Main: S. Fischer, 1998.

Filosofia, sociologia, psicologia

ADLER, Alfred. *Über den nervösen Charakter*. Frankfurt am Main: Fischer, 1972.

ADORNO, Theodor W. "Benjamin, der Briefschreiber". In: *Gesammelte Schriften*, v. 11: *Noten zur Literatur*. Frankfurt am Main: Suhrkamp, 1974, pp. 583-90.

DUBY, Georges; PERROT, Michelle. *Geschichte der Frauen*, v. 4: *19. Jahrhundert*. Org. de Geneviève Fraisse e Michelle Perrot. Frankfurt am Main: Campus, 1994.

FREUD, Sigmund. *Psychoanalytische Bemerkungen über einen autobiographisch beschriebenen Fall von Paranoia (Dementia paranoides)*. In: *Studienausgabe*. Frankfurt am Main: S. Fischer, 1989, v. 7, pp. 133-203. [Ed. bras.: *Observações psicanalíticas sobre um caso de paranoia relatado em autobiografia ("o caso Schreber"), artigos sobre técnica e outros textos (1911-1913)*. Trad. e notas de Paulo César de Souza. São Paulo: Companhia das Letras, 2010.]

FREUD, Sigmund; ABRAHAM, Karl. *Briefe 1907-1926*. Org. de Hilda C. Abraham e Ernst L. Freud. 2. ed. Frankfurt am Main: Fischer, 1980.

HORKHEIMER, Max; ADORNO, Theodor W. *Dialektik der Aufklärung: Philosophische Fragmente*. In: HORKHEIMER, Max. *Gesammelte Schriften*. Frankfurt am Main: Fischer, 1987, v. 5, pp. 11-290. [Ed. bras.: *Dialética do esclarecimento: Fragmentos filosóficos*. Trad. de Guido A. de Almeida. Rio de Janeiro: Jorge Zahar, 1985.]

KANT, Immanuel. *Die Metaphysik der Sitten*. In: *Kant-Studienausgabe*. Darmstadt: Wissenschaftliche Buchgesellschaft, 1956, v. 4, pp. 305-634. [Ed. bras.: *Metafísica dos costumes*. Trad. de Clélia Aparecida Martins (primeira parte), Bruno Nadai, Diego Kosbiau e Monique Hulshof (segunda parte). Petrópolis: Vozes; Bragança Paulista: Editora Universitária São Francisco, 2013 (Coleção Pensamento Humano).]

KIERKEGAARD, Sören. *Buch des Richters*. Seus diários de 1833 a 1855 compendiados do dinamarquês por Hermann Gottsched. Jena; Leipzig: E. Diederichs, 1905.

_____. *Stadien auf dem Lebensweg*. Jena: E. Diederichs, 1914.

SIMMEL, Georg. "Der Brief. Aus einer Soziologie des Geheimnisses". In: *Aufsätze und Abhandlungen 1901-1908*. Frankfurt am Main: Suhrkamp, 1993, v. 2, pp. 394-7.

VALÉRY, Paul. *Cahiers/ Hefte*, v. 6. Frankfurt am Main: S. Fischer, 1993.

WEBER, Alfred. "Der Beamte", *Die neue Rundschau*, v. 21, 1910, pp. 1321-39.

WELTSCH, Felix; BROD, Max. *Anschauung und Begriff: Grundzüge eines Systems der Begriffsbildung*. Leipzig: Kurt Wolff, 1913.

Judaísmo

Associação Bar-Kochba dos Ginasianos Judeus de Praga em Praga (Org.). *Vom Judentum. Ein Sammelbuch*. Leipzig: K. Wolff, 1913.

BÄRSCH, Claus-Ekkehard. *Max Brod im Kampf um das Judentum: Zum Leben und Werk eines deutsch-jüdischen Dichters aus Prag*. Viena: Passagen, 1992.

_____. "Max Brods Bewußtsein vom Judentum: Ethik in der Spannung von Dieseits und Jenseits". In: GOODMAN-THAU, Eveline; SCHMIED-KOWARZIK, Wolfdietrich (Orgs.). *Messianismus zwischen Mythos und Macht*. Berlim: Akademie, 1994, pp. 211-30.

BERGMAN, Schmuel Hugo. *Tagebücher und Briefe*, v. 1: *1901-1948*. Org. de Miriam Sambursky. Königstein im Taunus: Jüdische Verlag bei Athenäum, 1985.

BERICHT des Actions-Comités der Zionistischen Organisation an den XI. Zionisten-Kongreß, Wien 2. bis 9. September 1913. Berlim: Schoneberg, 1913.

BIRNBAUM, Nathan. *Die jüdische Moderne: Frühe zionistische Schriften*. Augsburgo: Ölbaum, 1989.

BROD, Max. "Aus der Notschule für galizische Flüchtlinge in Prag", *Jüdische Rundschau*, ano 21, n. 29, 21 jul. 1916.

_____. "Brief an eine Schülerin nach Galizien", *Der Jude*, v. 1, pp. 124 ss., 1916-1917.

_____. "Erfahrungen im ostjüdischen Schulwerk", *Der Jude*, v. 1, pp. 32-6, 1916-1917.

_____. "Unsere Literaten und die Gemeinschaft", *Der Jude*, v. 1, pp. 457-64, 1916-1917.

BUBER, Martin. *Drei Reden über das Judentum*. 3.-4. ed. Frankfurt am Main: Rütten & Loening, 1916.

_____. *Vom Geist des Judentums. Reden und Geleitworte*. Leipzig: Kurt Wolff, 1916.

_____. *Briefwechsel aus sieben Jahrzehnten*, v. 1: *1897-1918*. Org. de Grete Schaeder. Heidelberg: Lambert Schneider, 1972.

COHEN, Gary B. "Jews in German Society: Prague, 1860-1914". In: BRONSEN, David (Org.). *Jews and Germans from 1860 to 1933: The Problematic Symbiosis*. Heidelberg: Carl Winter Universitätsverlag, 1979.

DAS JÜDISCHE Prag: Eine Sammelschrift. Praga (Editora da *Selbstwehr*): Jüdischer, 1917.

GRAETZ, Heinrich. *Volkstümliche Geschichte der Juden*. 3 v. Leipzig: Oskar Leiner, 1888.

HARING, Ekkehard W. "Zwischen den Nationen: Anmerkungen zum 'Jüdischen Prag' Franz Kafkas", *Das Jüdische Echo*, Viena, v. 49, pp. 271-80, out. 2000.

HAUMANN, Heiko. "Zionismus und die Krise jüdischen Selbstverständnisses". In: HAUMANN, Heiko (Org.). *Der Traum von Israel: Die Ursprünge des modernen Zionismus*. Weinheim: Beltz Atenhäum, 1998, pp. 9-64.

HERZOG, Andreas (Org.). *Ost und West: Jüdische Publizistik 1901-1928*. Leipzig: Reclam, 1996.

IGGERS, Wilma (Org.). *Die Juden in Böhmen und Mähren: Ein historisches Lesebuch*. Munique: Beck, 1986.

KAPLAN, Marion A. *Jüdisches Bürgertum: Frau, Familie und Identität im Kaiserreich*. Hamburgo: Dölling und Galitz, 1997.

KIEVAL, Hillel J. *The Making of the Czech Jewry: National Conflict and Jewish Society in Bohemia, 1870-1918*. Oxford: Oxford University Press, 1988.

KUDELA, Jiri. "Die Emigration galizischer und osteuropäischer Juden nach Böhmen und Prag zwischen 1914-1916/17." *Studia Rosenthaliana*, v. 23, 1989.

LAPPIN, Eleonore. *Der Jude 1916-1928: Jüdische Moderne zwischen Universalismus und Partikularismus*. Tübingen: J.C.B. Mohr, 2000.

LEVI, Jacques [Isaac Löwy]. "Die Katastrophe von Prag" [1939], *Neue Zürcher Zeitung*, p. 68, 17-18 nov. 1990.

LICHTHEIM, Richard. *Das Programm des Zionismus*. 2. ed. Berlim; Wilmersdorf: Zionistische Vereinigung für Deutschland, 1913.

MASSINO, Guido. "'... dieses nicht niederzudrückende Feuer des Löwy': Franz Kafkas Schauspielerfreund Jizchak Löwy", *Neue Zürcher Zeitung*, p. 68, 17-18 nov. 1990.

______. *Fuoco inestinguibile: Franz Kafka, Jizchak Löwy e il teatro yiddish polacco*. Bulzoni: Roma, 2002.

MATTENKLOTT, Gert. "Mythologie — Messianismus — Macht". In: GOODMAN-THAU, Eveline; SCHMIED-KOWARZIK, Wolfdietrich (Orgs.). *Messianismus zwischen Mythos und Macht*. Berlim: Akademie, 1994, pp. 179-96.

MEYER, Michael A. (Org.). *Deutsch-jüdische Geschichte in der Neuzeit*, v. 3: *Umstrittene Integration 1871-1918*. Munique: C. H. Beck, 1997.

RECHTER, David. *The Jews of Vienna and the First World War*. London; Portland, Oregon: Littman Library of Jewish Civilization, 2001.

RODLAUER, Hannelore. "Ein anderer 'Prager Frühling': Der Verein 'Bar Kochba' in Prag", *Das Jüdische Echo*, Viena, v. 49, pp. 181-8, out. 2000.

ROTH, Joseph. *Juden auf Wanderschaft*. Colônia: Kiepenheuer & Witsch, 1976.

ROZENBLIT, Marsha L. *Reconstructing a National Identity: The Jews of Habsburg Austria during World War I*. Oxford: Oxford University Press, 2001.

SANDROW, Nahma. *Vagabond Stars: A World History of Yiddish Theater*. Syracuse, NY: Syracuse University Press, 1996.

SIEG, Ulrich. *Jüdische Intellektuelle im Ersten Weltkrieg: Kriegserfahrungen, weltanschauliche Debatten und kulturelle Neuentwürfe*. Berlim: Akademie, 2001.

SPRENGEL, Peter. *Scheunenvierteltheater: Jüdische Schauspieltruppen und jiddische Dramatik in Berlin (1900-1918)*. Berlim: Fannei & Walz, 1995.

WELTSCH, Felix (Org.). *Dichter, Denker, Helfer: Max Brod zum fünfzigsten Geburtstag*. Mährisch-Ostrau: J. Kittl, 1934.

ZECHLIN, Egmont. *Die deutsche Politik und die Juden im Ersten Weltkrieg*. Göttingen: Vandenhoeck & Ruprecht, 1969.

ZIMMERMANN, Hans Dieter. "Die endlose Suche nach dem Sinn: Kafka und die jiddische Moderne". In: ZIMMERMANN, Hans Dieter (Org.). *Nach erneuter Lektüre: Franz Kafkas 'Der Proceß'*. Würzburg: Königshausen & Neumann, 1992, pp. 211-22.

História política, história social, história cultural

ALTENBERG, Peter. "Der Tango", *Die Schaubühne*, v. 10, n. 1, 1914.

ARCHENHOLD, F. S. *Kometen, Weltuntergangsprophezeiungen und der Halleysche Komet*. Berlim-Treptow: Treptow-Sternwarte, 1910.

BARDOLFF, Carl Freiherr von. *Soldat im alten Österreich: Erinnerungen aus meinem Leben*. 2. ed. Jena: E. Diederichs, 1943.

BENJAMIN, Walter. *Berliner Kindheit um neunzehnhundert*. Frankfurt am Main: Suhrkamp, 1987. [Ed. bras.: "Infância em Berlim por volta de 1900". In: *Rua de mão única*. Trad. de Rubens Rodrigues Torres Filho, José Carlos Martins Barbosa. São Paulo: Brasiliense, 1987, Obras Escolhidas, v. 2,p. 79.]

BINDER, Hartmut. *Wo Kafka und seine Freunde zu Gast waren: Prager Kaffeehäuser und Vergnügungsstätten in historischen Bilddokumenten*. Praga; Furth im Wald: Vitalis, 2000.

BURKHARDT, Johannes et al. *Lange und kurze Wege in den Ersten Weltkrieg: Vier Augsburger Beiträge zur Kriegsursachenforschung*. Munique: Ernst Vögel, 1996.

BUTSCHEK, Felix. *Statistische Reihen zur österreichischen Wirtschaftsgeschichte: Die österreichische Wirtschaft seit der industriellen Revolution*. Viena: WIFO, 1993.

ČAPEK, Karel. *Gespräche mit Masaryk*. Stuttgart; Munique: Deutsche Verlags-Anstalt, 2001.

CHARAS, H. (Org.). *Bericht über den II. Internationalen Kongress für Rettungswesen und Unfallverhütung*. Viena: Verlag der Kongressleitung, 1914.

CONRAD VON HÖTZENDORF, Franz. *Aus meiner Dienstzeit 1906-1918*, v. 4. Viena; Leipzig; Munique: Rikola, 1923.

DESMOND, Adrian; MOORE, James. *Darwin*. Munique: List, 1992.

DINGES, Martin (Org.). *Medizinkritische Bewegungen im Deutschen Reich* (c. *1870*-c. *1933*). Stuttgart: Franz Steiner, 1996.

ENGELS, Friedrich. "Introdução ao panfleto de Sigismund Borkheim, *Zur Erinnerung für die deutschen Mordspatrioten*. 1806-1807". In: MARX, Karl; ENGELS, Friedrich. *Werke*. Berlim: Dietz, 1962, v. 21, pp. 346-51.

FEUERBACH, Anselm. *Ein Vermächtnis*. Org. de Henriette Feuerbach. Berlim: Meyer & Jessen, 1912.

GEISS, Imanuel (Org.). *Juli 1914: Die europäische Krise und der Ausbruch des Ersten Weltkriegs*. Munique: DTV, 1965.

HANISCH, Ernst. *Der lange Schatten des Staates: Österreichische Gesellschaftsgeschichte im 20. Jahrhundert*. Viena: Carl Ueberreuter, 1994.

HERBEN, Jan. *Kniha vzpomínek* [Livro das lembranças]. Praga: Družstevní práce, 1936.

HESSEN, Robert. "Nervenschwäche", *Die neue Rundschau*, v. 21, pp. 1531-43, 1910.

HOENSCH, Jörg K. *Geschichte Böhmens: Von der slavischen Landnahme bis zur Gegenwart*. 3. ed. Munique: C. H. Beck, 1997.

HOLITSCHER, Arthur. *Amerika heute und morgen*. Berlim: S. Fischer, 1912.

HÖSCH, Edgar. *Geschichte der Balkanländer: Von der Frühzeit bis zur Gegenwart*. Munique: C. H. Beck, 1999.

JUST, Adolf. *Kehrt zur Natur zurück!* 7. ed. Jungborn-Stapelburg: Jungborn, 1910.

JÜTTE, Robert. *Geschichte der alternativen Medizin: Von der Volksmedizin zu den unkonventionellen Therapien von heute*. Munique: C. H. Beck, 1996.

KANNER, Heinrich. *Der Schlüssel zur Kriegsschuldfrage: Ein verheimlichtes Kapitel der Vorkriegsgeschichte*. Munique: Südbayerische Verlagsgesellschaft, 1926.

KEEGAN, John. *Der Erste Weltkrieg: Eine europäische Tragödie*. Reinbek: Rowohlt, 2000.

KLEINDEL, Walter. *Österreich: Daten zur Geschichte und Kultur*. Viena: Carl Ueberreuter, 1995.

KNOBLOCH, Heinz. *Stadtmitte umsteigen: Berliner Phantasien*. Berlim: Buchverlag der Morgen, 1982.

MATERLINCK, Maurice. "Die Pferde von Elberfeld. Ein Beitrag zur Tierpsychologie", *Die neue Rundschau*, v. 24, pp. 782-820, 1914.

MENDELSSOHN, Peter de. *Zeitungsstadt Berlin: Menschen und Mächte in der Geschichte der deutschen Presse*. Frankfurt am Main: Ullstein, 1982.

MENTZEL, Walter. *Kriegsflüchtlinge in Cisleithanien im Ersten Weltkrieg*. Viena, 1997. Tese (Doutorado).

MEYERS REISEBÜCHER. *Nordseebäder und Städte der Nordseeküste*. 4. ed. Leipzig; Viena: Bibliographisches Institut, 1912.

MÜLLER, Johann. *Mein System: 15 Minuten täglicher Arbeit für die Gesundheit*. Ed. revista e aumentada. Leipzig; Zurique: [s.n., s.d.].

_____. *Mein System für Frauen*. Leipzig: Grethlein, 1913.

MUSIL, Robert. "Politik in Österreich", *Die Aktion*, v. 3, cols. 711-5, 1913.

PARIS, Reine-Marie. *Camille Claudel: 1864-1943*. Frankfurt am Main: S. Fischer, 1989.

PFEMFERT, Franz. "Los von Österreich!, *Die Aktion*, v. 3, col. 69 ss., 1913.

RADKAU, Joachim. *Das Zeitalter der Nervosität: Deutschland zwischen Bismarck und Hitler*. Munique; Viena: Hanser, 1998.

RAUCHENSTEINER, Manfried. *Der Tod des Doppeladlers: Österreich-Ungarn und der Erste Weltkrieg*. Graz; Viena; Colônia: Styria, 1993.

RITZEL, Fred. "Synkopentänze. Über Importe populärer Musik aus Amerika in der Zeit vor dem Ersten Weltkrieg". In: MAASE, Kaspar, KASCHUBA, Wolfgang (Orgs.). *Schund und Schönheit: Populäre Kultur um 1900*. Colônia; Weimar; Viena: Böhlau, 2001, pp. 161-83.

ROSENBERGER, Bernhard. *Zeitungen als Kriegstreiber?: Die Rolle der Presse im Vorfeld des Ersten Weltkriegs*. Colônia; Weimar; Viena: Böhlau, 1998.

RUMPLER, Helmut. *Eine Chance für Mitteleuropa: Bürgerliche Emanzipation und Staatsverfall in der Habsburgermonarchie*. Viena: Ueberreuter, 1997.

SANDGRUBER, Roman. *Ökonomie und Politik: Österreichische Wirtschaftsgeschichte vom Mittelalter bis zur Gegenwart*. Viena: Ueberreuter, 1995.

SAUERMANN, Eberhard. *Literarische Kriegsfürsorge: Österreichische Dichter und Publizisten im Ersten Weltkrieg*. Viena; Colônia; Weimar: Böhlau, 2000.

SOUKUP, František. *Amerika: Řada obrazů amerického života* [América: Uma sequência de imagens da vida americana]. Praga: [s.n.], 1912.

SPECTOR, Scott. *Prague Territories: National Conflict and Cultural Innovation in Franz Kafka's Fin de Siècle*. Berkeley; Los Angeles; Londres: University of California Press, 2000.

TAUT, Bruno. *Die neue Wohnung: Die Frau als Schöpferin*. Leipzig: Klinkhardt & Biermann, 1924.

TONELLI, Albino. *Ai confini della Mitteleuropa: Il Sanatorium von Hartungen di Riva del Garda: Dai fratelli Mann a Kafka gli ospiti della cultura europea*. Riva: Biblioteca Civica, 1995.

TRAMER, Hans. "Die Dreivölkerstadt Prag". In: TRAMER, Hans; WOLFENSTEIN, Kurt (Orgs.). *Robert Weltsch zum 70: Geburtstag von seinen Freunden. 20. juni 1961*. Tel Aviv: Bitaon, 1961, pp. 138-203.

TUCHMAN, Barbara. *August 1914: Ausbruch des Ersten Weltkriegs — der eigentliche Beginn unseres Jahrhunderts*. Berna; Munique: Scherz, 1979.

URBAN, Otto. *Die tschechische Gesellschaft 1848-1918*. 2 v. Viena; Colônia; Weimar: Böhlau, 1994.

URZIDIL, Johannes. "Der Kriegsausbruch in Prag", *Der Monat*, vol. 16, pp. 151-56, 1964.

WAGENBACH, Klaus. "Drei Sanatorien Kafkas: Ihre Bauten und Gebräuche", *Freibeuter*, n. 16, pp. 77-90, 1983.

WICHMANN, Hans. *Deutsche Werkstätten und WK-Verband 1898-1990: Aufbruch zum neuen Wohnen*. Munique: Prestel, 1992.

Índice onomástico

A

B

C

D

E

F

G

K

L

M

N

O

P

R

S

T

U

V

W

Z

Índice toponímico

F

G

H

I

J

K

L

M

N

O

P

R

S

T

U

V

W

Z

Índice de obras

Créditos das imagens

capa: Archiv Klaus Wagenbach
verso de capa: Map of Prague, retirado do livro The Story of Prague, de Francis Lützow/ Stanford's Geographical Establishment

pp. 236-7: Archiv Klaus Wagenbach
p. 238: [acima, à esq.] Deutsches Literaturarchiv, Marbach a. N.; [acima, à dir. e abaixo] Archiv Klaus Wagenbach
p. 239: Fine Art Images/ AGB Photo Library
p. 240: Bodleian Library, Oxford (MS. Kafka 6, fol. 15)
pp. 241-2: Archiv Klaus Wagenbach

Nota da tradução

Todas as citações dos diários de Franz Kafka reunindo anotações pessoais e esboços literários registrados entre 1909 e 1923 foram extraídas da tradução de Sergio Tellaroli, publicada pela editora Todavia.

Todas as citações dos romances, novelas e narrativas de Kafka foram retiradas das traduções de Modesto Carone para a Companhia das Letras, excluindo-se as de *O desaparecido ou Amerika*, extraídas da tradução de Susana Kampff Lages para a Editora 34.

A tradução desta obra foi apoiada por
um subsídio do Instituto Goethe.

Publicado originalmente como *Kafka: Die Jahre der Entscheidungen* (*v. II*)

Grafia atualizada segundo o Acordo Ortográfico da Língua Portuguesa de 1990, que entrou em vigor no Brasil em 2009.

As citações das obras *O processo*, *Contemplação*/ *O foguista*, *A metamorfose*, *O veredicto*/ *Na colônia penal* e *Narrativas do espólio*, de Franz Kafka, foram extraídas das traduções de Modesto Carone (1937-2019), gentilmente cedidas pelos herdeiros de Modesto Carone e pela editora Companhia das Letras.

capa
Elisa v. Randow
tratamento de imagens
Carlos Mesquita
composição
Jussara Fino
preparação
Nina Schipper
índices
Marco Mariutti
revisão
Huendel Viana
Karina Okamoto

Dados Internacionais de Catalogação na Publicação (CIP)

Stach, Reiner (1951-)
Kafka : Os anos decisivos / Reiner Stach ; tradução Sofia Mariutti. — 1. ed. — São Paulo : Todavia, 2022.

Título original: Kafka: Die Jahre der Entscheidungen (Vol. 2)
ISBN 978-65-5692-340-6

1. Biografia. 2. Perfil biográfico. 3. Literatura alemã.
I. Mariutti, Sofia. II. Kafka, Franz. III. Título.

CDD 920

Índice para catálogo sistemático:
1. Biografia : perfil biográfico 920

Bruna Heller — Bibliotecária — CRB 10/2348

todavia
Rua Luís Anhaia, 44
05433.020 São Paulo SP
T. 55 11. 3094 0500
www.todavialivros.com.br

fonte
Register*
papel
Pólen natural 80 g/m²
impressão
Geográfica

FSC
www.fsc.org
MISTO
Papel produzido
a partir de
fontes responsáveis
FSC® C019498